普通高等学校船舶与海洋工程“十三五”规划教材

船舶与海洋工程设备及系统

王炬成　赵　虹　编著
窦培林　马晓平　主审

哈尔滨工程大学出版社
Harbin Engineering University Press

内容简介

本书共6章，介绍了船舶或海上浮式结构物常规的设备及系统，包括舵设备及系统、锚设备及系统、系泊设备及系统、拖曳设备及系统、救生设备及系统、起重设备及系统。本书系统地论述了各设备及系统的组成、类型、工作原理和设计计算，内容全面丰富、图文并茂，并附有相应的应用案例，各章均设有思考题。本书全面反映了船舶与海洋工程设备及系统的最新应用和技术发展。

本书可作为高等院校船舶与海洋工程专业和航运专业的教材，也可供从事船舶工程、海洋工程及航运领域的设计人员、检验人员参考使用。

图书在版编目（CIP）数据

船舶与海洋工程设备及系统/王炬成，赵虹编著. —哈尔滨：哈尔滨工程大学出版社，2020.8
ISBN 978-7-5661-2763-1

Ⅰ. ①船… Ⅱ. ①王… ②赵… Ⅲ. ①船舶工程-工程设备②海洋工程-工程设备 Ⅳ. ①U66②P75

中国版本图书馆 CIP 数据核字（2020）第 162184 号

选题策划 史大伟 薛 力
责任编辑 薛 力
封面设计 刘长友

出版发行 哈尔滨工程大学出版社
社　　址 哈尔滨市南岗区南通大街 145 号
邮政编码 150001
发行电话 0451-82519328
传　　真 0451-82519699
经　　销 新华书店
印　　刷 哈尔滨石桥印务有限公司
开　　本 787 mm×1 092 mm 1/16
印　　张 23
字　　数 603 千字
版　　次 2020 年 8 月第 1 版
印　　次 2020 年 8 月第 1 次印刷
定　　价 60.00 元
http://www.hrbeupress.com
E-mail:heupress@hrbeu.edu.cn

前　　言

船舶与海洋工程专业舾装方向是船舶与海洋工程专业中相对独立的重要分支，随着船舶与海洋工程技术的发展，船舶与海洋工程专业舾装方向在船舶与海洋工程领域的地位越来越重要。江苏科技大学于1993年在船舶工程专业背景下设置了船舶舾装方向课程，结合船舶舾装特点，历经二十多年的船舶舾装方向办学经验的积累和船舶与海洋工程专业的建设，逐步形成了江苏科技大学船舶与海洋工程专业舾装方向的办学特色，并在该领域取得了一系列的教学和科研成果。

为了满足船舶或海上浮式结构物在营运过程中的各项性能要求，船舶或海上浮式结构物上必须配备各种用途的设备及系统，主要包括舵设备及系统、锚设备及系统、系泊设备及系统、拖曳设备及系统、救生设备及系统、起重设备及系统等。某些特种用途的船舶或海上浮式结构物上还配置有其他专用设备及系统，如海洋石油钻井平台的钻探设备，科学考察船的各种取样和探测设备以及渔船的渔捞设备等。

“船舶与海洋工程设备及系统”是一门多学科的综合性专业课程，具有内容庞杂、涉及范围广且发展迅速等突出特点。本教材系统地介绍了船舶或海上浮式结构物中的常规设备及系统，包括舵设备及系统、锚设备及系统、系泊设备及系统、拖曳设备及系统、救生设备及系统、起重设备及系统的组成、类型、工作原理和设计计算。随着船舶与海洋工程技术的发展，各种船舶与海洋工程设备及系统新的结构形式层出不穷，本教材力求在内容上开阔读者的视野，体现各设备及系统的最新技术和发展动向。但鉴于篇幅有限，本教材不可能涵盖所有方面，对有些问题也不可能做一步的深入讨论。

本教材中的各类船舶与海洋工程设备及系统的配置要求及有关设计计算，都是以现行有关法规及设计手册为依据的。这些法规及设计手册主要有《国际海上人命安全公约》（SOLAS）、《国际航行海船法定检验技术规则》《国内航行海船法定检验技术规则》《钢质海船入级规范》以及《船舶设计实用手册（舾装分册）》（第3版）等。本书编写过程中参阅并部分引用了国内外相关文献资料，也得到了国内同行专家的大力支持，在此深表谢意。

本教材由江苏科技大学王炬成副教授和赵虹副教授编著，由赵虹副教授统稿。在编写过程中得到了江苏科技大学船舶与海洋工程学院、江苏省船舶先进制造技术中心、江苏现代造船技术有限公司有关专家和老师的帮助。江苏科技大学窦培林教授和马晓平教授级高级工程师担任本书的主审。他们工作认真细致，一丝不苟，给本教材提出了许多宝贵意见，对此表示衷心的感谢。

本教材是在作者十多年的授课讲义、讲稿的基础上编写的，力求图文并茂、概念准确、思路清晰。编写过程中尽管做了很大的努力，但遗漏、不妥之处难以避免，敬请各位同仁和读者提出宝贵的意见和建议，以便再版时修正。

作　者

2019年12月于镇江

目　　录

第1章　舵设备及系统

1.1　概　　述

1.1.1　船舶操纵性的一般概念

船舶操纵性是船舶的一种改变或保持运动状态的性能，此种性能分下列两个方面：

(1)航向稳定性，即船舶保持规定航向的能力。

(2)船舶机动性，即船舶改变运动方向并按照规定的曲线轨迹运动的性能。

上述两种性能是相互制约的。航向稳定性增加时，就难以改变其运动方向，从而机动性变坏。反之，机动性增加时，将使航向稳定性变坏。因此，欲使船舶具有良好的操纵性，必须使此两种相互制约的性能得到协调、统一。海洋运输船应以航向稳定性为主；交通船、渡船应以机动性为主；内河船舶由于受到河道狭窄和弯曲的限制，机动性处于重要的地位；川江急流中的船以及战斗舰艇，对航向稳定性和机动性均有较高的要求。

船舶操纵性能与其他性能，如浮性、稳性等一样都是很重要的。船舶一旦丧失操纵性能，航行就缺乏安全的保证，极易发生搁浅、触礁甚至沉船等事故，同时也关系到船舶使用的经济性。良好的操纵性必须依靠操纵设备来保证。为了使船舶具有合适的操纵性能，必须设有一定的装置，这种装置应能按驾驶者的意图产生迫使船舶改变或保持运动状态的动力。

保证船舶操纵性的设备很多，其中舵设备因其结构简单、工作可靠，是目前使用最为广泛的船舶操纵设备。

除了舵设备以外，船舶常用的操纵机构还有转动导流管、侧向推进器、Z形推进器(又称全回转导管螺旋桨)等。此外，可调螺旋桨、推进器＋正倒车舵组合装置及喷水推进＋舵组合装置等，均是用以提高船舶操纵性的装置。总之，作为船舶重要性能之一的操纵性，日益受到人们广泛的重视，使人们对其进行深入的研究。

1.1.2　舵设备工作原理

舵是实现船舶操纵的重要设备，操舵时用于船舶的回转和机动，置于零位时用于稳定航向。除喷水船等特种船舶外，一般船舶都设有舵装置。随着船舶的类型、尺度以及用途的不同，对舵设备的要求也各异。

舵由舵叶和舵杆组成。舵叶是一块位于船舶后面的转动的平板或是一块剖面为流线型的复板，是舵借以产生水动力的工具；舵杆的作用是转动舵叶和保证舵叶具有足够的刚度。

舵叶可以看作是一个小展弦比的平板或机翼型结构，设置于船的尾端，构成了舵－船系统。利用转动舵叶来改变船舶航向时，这其中有着一系列水动力作用的过程，其工作原理如图 1.1 所示。

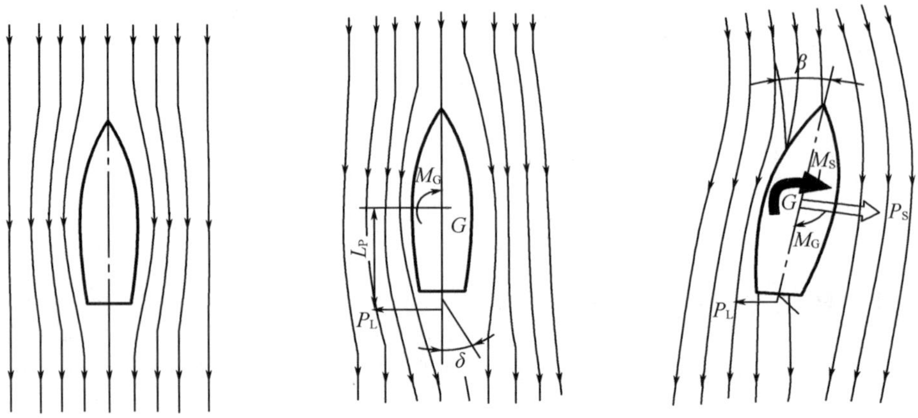

(a)舵角为0°　　(b)舵角为δ　　(c)漂角为β

图 1.1　舵－船系统的水动力作用情况

一般左右舷形状对称的船舶若不受到风、浪、流等因素的干扰，当舵叶位于中间位置（舵角为 0°）时，由于流动的对称性，船舶不会受到侧向力作用，而得以沿着直线航行。

当舵角偏转一个 δ 角时，就相当于机翼以攻角 δ，速度 V_0 运动。由于水流相对于舵叶的对称性被破坏，根据流体力学中的伯努利方程，在舵叶上产生了一个舵压力，即一个侧向力 P_L 和绕船舶重心 G 的回转力矩 $M_G = P_L \cdot L_P$。若保持在这一舵角 δ 上，在转动力矩作用下，船体产生一个绕重心回转的角速度 ω，使船体相对于水流发生偏转，船体纵中剖面与水的来流速度方向形成一个夹角，称为漂角 β，这就破坏了来流相对于船体的对称性。船体本身相当于一个短翼，因而在船体上也产生一个侧向力 P_S 和绕重心 G 的力矩 M_S。当作用在船体上诸项水动力和力矩达到平衡时，船舶将以一定的角度进入定常回转，其重心轨迹呈圆形（称回转圈）。图 1.2 表示了将舵叶偏转一个 δ 角，并以速度 V_0 保持在这一舵角上，船舶逐渐进入定常回转的过程。

从上述过程可以得到舵的工作原理：当转动舵叶时，水流以某冲角冲至舵叶上，在舵叶上产生流体动力，此作用力通过舵本身以及舵与船体的连接构件——舵杆传递至船体上。舵叶上产生的水动力的合力在垂直于船体中心线的方向上的分力相对于船体舯剖面形成了转船力矩，从而迫使船舶转动。

由上分析可见，虽然转动舵叶是引起船舶转向的起因，但是由于船体的尺度比舵叶大得多，P_S 和 M_S 要比 P_L 和 M_G 大得多，故在整个转向过程中起决定作用的是船体本身所受到的水动力和力矩。换言之，船舶的操纵性与船体的形状有密切关系。为了使船舶具有良好的操纵性，不仅应正确地设计舵设备，而且在船体设计时，还应对船体的主尺度和线型做正确的选择。

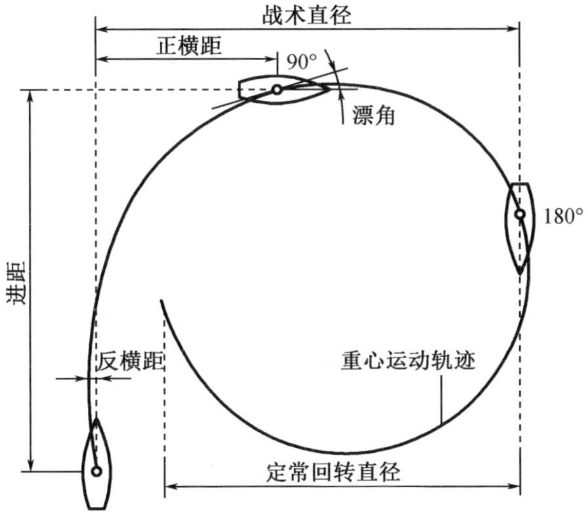

图 1.2　船舶回转运动轨迹及其特征

从船体受力的角度来看，船舶运动的稳定性与机动性对船体形状的要求是矛盾的，舵设备可以很好地调节相互制约的这两个方面。舵叶安装在船尾相当于船体的呆木，正航时，舵增加了侧投影面积，保证了航向稳定性，船一旦偏离了原来的航向，可利用转动舵叶产生的回转力矩将船纠正到原来的航向上来。当船舶需要机动时，转动舵叶又能产生侧向力使船舶改变航向，并将船舶稳定在新的航向上。

综上所述，利用舵设备来操纵船舶时，其工作机理如图 1.3 所示。船舶的操纵性可分为以下三个方面。

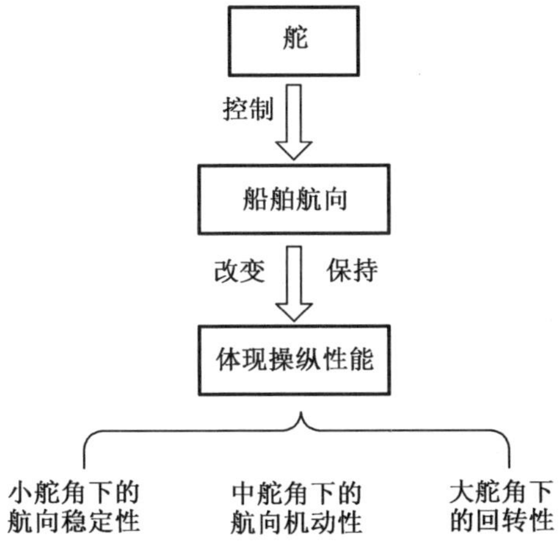

图 1.3　用舵设备操纵船舶的工作机理

(1)小舵角下的航向稳定性(航向保持性)

当发现航向偏离，利用转动舵叶来保持航向时，其转舵角一般较小，常在 5°以内。通常采用平均操舵频率和平均转舵角两个指标来衡量航向稳定性。根据航行中的实践经验，为了保持航向稳定性，平均操舵频率不大于 4 ~6 次/分钟，平均转舵角不超过 3° ~5°。

(2)中舵角下的航向机动性

利用转动舵叶来改变航向时,其转舵角常在10°~15°之间。

(3)大舵角下的回转性(紧急规避性)

遇到紧急避让时则需操满舵。在最大转舵角下,船舶定常回转直径是表征船舶回转性的重要指标。统计表明,大多数运输船舶的定常回转直径通常为船长的4~6倍。

因此,舵设备的设计,应在一定的船体线型条件下,保证船舶在以上3个方面都具有满意的操纵性能。

对于民船必须满足下列要求,才认为其具有满意的操纵性能:

①普通状况时,在微小的操舵角不大于3°~5°下,保持直线航行;

②回转时具有相当小的半径;

③能迅速应舵,特别是在浅水中时;

④只需转动较小的舵角,就能克服风浪带来的转动力矩。

其中①④为航向稳性性,②③为船舶机动性。

1.2 舵装置的分类与构造

通常舵设备(rudder gear)由舵装置(rudder)和操舵装置(steering gear)两大部分组成。舵装置由舵叶(板)、舵杆及有关连接、支承部件等组成。操舵装置由舵机和转舵装置(如舵柄、舵扇)等组成,如图1.4所示。此外,还有操舵装置的控制系统。

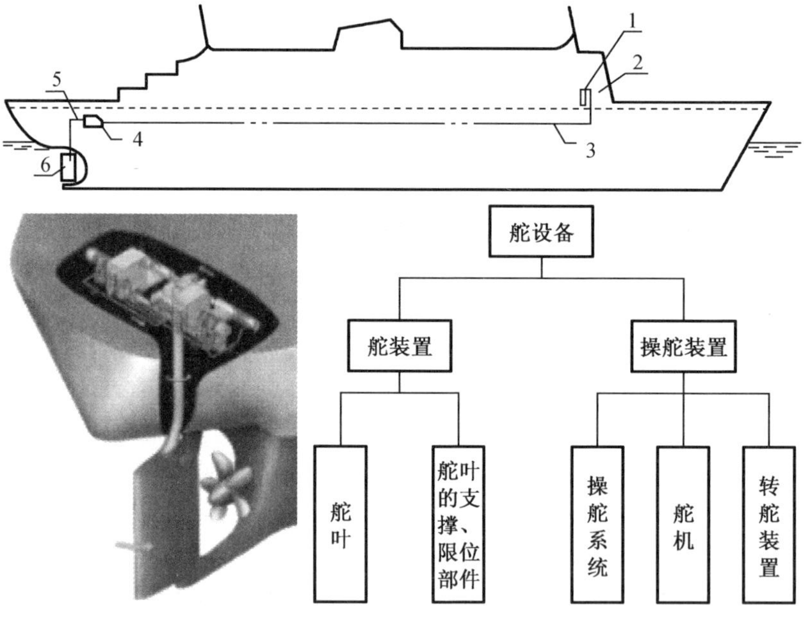

1—操舵器;2—舵角指示器;3—传动装置;4—舵机;5—转舵机构;6—舵。

图1.4 舵设备组成

1.2.1　舵装置的分类

船用舵的基本形式如图1.5所示。Ⅰ型为不平衡舵系，按舵叶的支撑方式主要有三种形式；Ⅱ型为平衡舵系，按舵叶的支撑方式主要有三种形式；Ⅲ 型为半悬挂舵系，也就是半平衡舵，按舵叶的支撑方式主要有两种形式；Ⅳ型为悬挂舵。

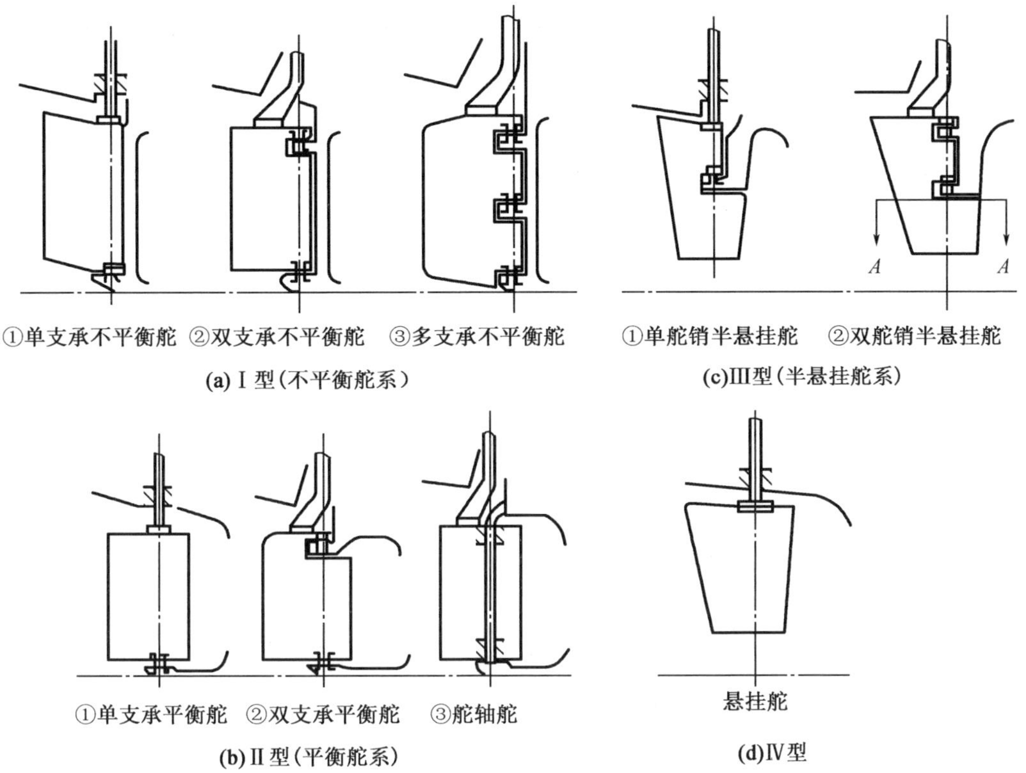

图1.5　船用舵的基本形式

按照不同的分类依据，舵装置有不同的分类方法，主要可从以下三方面进行区分。

(1)按舵叶的剖面形状分

按此方法舵装置可分为单板舵和复板舵(也称流线型舵)。单板舵结构简单，造价低廉，但对推进效率不能起有利的作用，故目前仅用于驳船或内河小船上。复板舵则广泛地应用于各种船舶上。

(2)按舵杆轴线的位置分

按此方法舵装置可分为不平衡舵、平衡舵和半平衡舵。舵面积全部分布在舵杆轴线之后者，则称为不平衡舵，如图1.5中的(a)所示。在舵杆轴线前后整个高度上都分布有舵面积者为平衡舵，如图1.5中的(b)和(d)所示。由于这种舵在舵杆轴线前后的面积上产生水压力，对舵杆轴线形成的扭矩力矩方向相反，因而在一定舵角下两者会达到平衡，即总的扭转力矩为零，因此被称为平衡舵。舵杆轴线前面的舵面积仅分布在下半者，称为半平衡舵，如图1.5中的(c)所示。

(3)按舵叶的支承方式分

按此方法舵装置可分为有悬挂舵、半悬挂舵、单支承舵、双支承舵、多支承舵。仅在船体内部设有支承点者称为悬挂舵,悬挂舵多为平衡舵,常用于双桨双舵船上或艉部较平坦的舰艇及内河小船上,如图 1.5 中的(d)所示。半悬挂舵就是半平衡舵,其舵叶的上部支承于舵柱或挂舵臂的舵钮上,下部呈悬挂状,多用于双桨船或多桨船之中,近年来大型运输船舶上也广泛采用,如图1.5 中的①②所示。仅在舵叶的下端设有支承部件的舵,称为单支承舵,如图 1.5(a)中的①和(b)中的①所示;在舵叶的上下端均设有支承部件的舵称为双支承舵,如图 1.5(a)中的②和(b)中的②所示。单支承舵和双支承舵一般常用于具有艉柱的船舶。舵叶上具有三个以上的支承部件的舵称为多支承舵,一般为不平衡舵,目前较少使用,如图 1.5(a)中的③所示。还有一种舵轴舵(图 1.5(b)中的③),其舵叶支承在舵轴上,此种形式能减少作用在舵叶上的载荷。

此外,舵装置还可按安装位置不同分为中舵、边舵和水平舵及艏舵。

除了普通舵之外还有结构特殊或兼有其他用途的特种舵,目前主要有两类,一类是以提高舵压力、增加舵效为目标设计成的一种高性能的舵,一般是在普通流线型舵的基础上进行结构改进或增加一些附件,以更好地控制尾流,改善船舶在低速时的操纵性能,如襟翼舵、鱼尾舵(蒂姆舵)、制流板舵(希林舵)、转柱舵等;另一类是以提高推进效率、节能为目的设计成的特种舵,如导流罩舵、反应舵、主动舵(是一种带有小螺旋桨的舵)等。

1.2.2 舵装置的构造

舵装置通常由舵叶、舵杆、舵销或舵轴、上舵承、下舵承、止跳装置、舵角限位装置、舵机及其控制系统等组成。不同形式的舵由于其同船体连接方式或是舵叶与舵杆的连接方式的不同,舵系的组成方式也会有所不同。

(1)不平衡舵系统(unbalanced rudder)的构造

在单桨船上,不平衡舵总是设在舵柱后面,而在双桨船上,不平衡舵设于船体尾部同船身组成一体的呆木后面。舵柱的形式应同舵叶剖面有效配合,使得流向舵叶的水流顺畅,不产生涡流。

在不平衡舵结构中,作为舵叶支承构件的下舵杆可采用锻钢件、铸钢件或钢板焊接的代舵杆结构。舵叶与上舵杆大多采用水平法兰连接,下舵销伸进艉框底骨的承座内。

在不平衡舵系统中,由下舵销结构承受舵和舵杆所受重力的做法目前已很少采用。而是如同其他形式的舵系一样,由上舵承承受舵叶和舵杆所受的重力。

不平衡舵系统主要形式:设置一个舵销的不平衡舵,通常用于小型船舶,如图 1.5(a)中的①所示;设有两个舵销的不平衡舵,如图 1.5(a)中的②所示;设有三个以上舵销的不平衡舵,如图 1.5(a)中的③所示。

图 1.6 所示为不平衡舵系统的构造,其主要组成构件有上舵杆、下舵杆、舵叶、舵臂、舵钮、舵杆接头以及上、下舵承等。上舵杆由船内部穿出船外,其上端与转舵装置相连,下端与舵相连,转舵装置通过它转动舵叶,因此上舵杆也就是舵的转轴,一般呈圆形断面,支承它的是上、下舵承。上舵杆的直径大小视其承受的扭矩和弯矩而定。不平衡舵系统的转舵力矩较大。

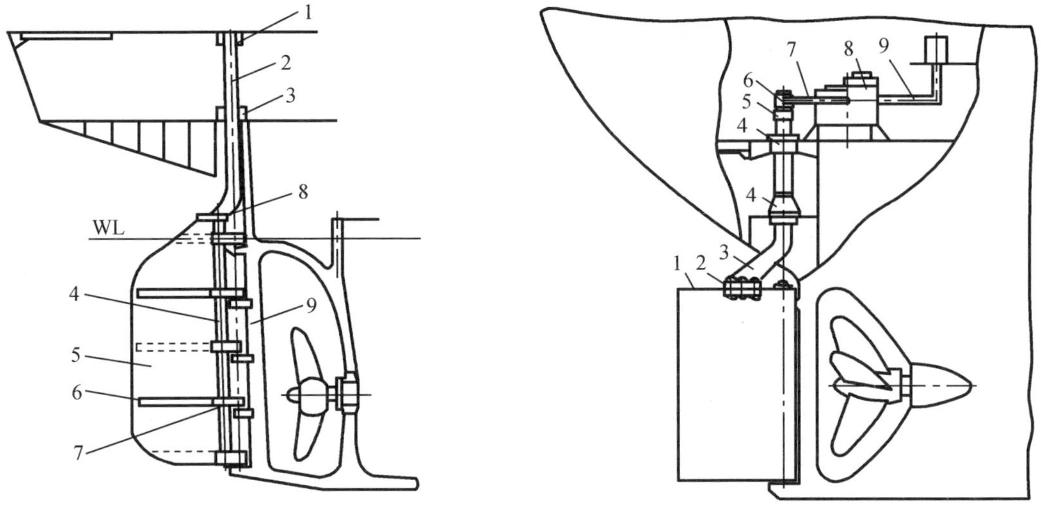

(a)单板舵　　(b)复板舵

(a)1—上舵承;2—上舵杆;3—下舵承;4—下舵杆;5—舵板;6—舵臂;7—舵钮与舵销;8—连接法兰;9—舵柱。
(b)1—舵叶;2—连接法兰;3—舵杆;4—舵承;5—舵杆头;6—舵柄(扇);7—驱动装置;8—舵机;9—传动装置。

图 1.6　不平衡舵系统的构造

(2)平衡舵系统(balanced rudder)的构造

平衡舵通常设置一个或两个舵销,或是带有舵轴。在整个舵的高度上,均有部分舵面积在舵轴线的前方,所需的转舵力矩小。各类平衡舵的舵叶及舵杆的重力均由上舵承承受。其构造如图 1.7 所示。

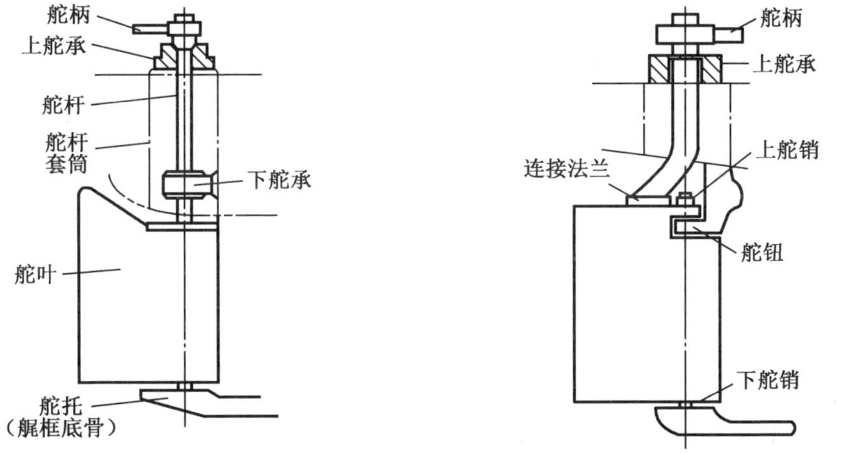

(a)设置一个舵销的单支点平衡舵　　(b)设置两个舵销的双支点平衡舵

图 1.7　平衡舵系统的构造

设置一个舵销的单支点平衡舵中,舵销设在舵叶下部插入艉框底骨的承座中,舵叶的上部用法兰或锥体与舵杆连接,如图 1.5(b)中的①所示。舵杆的下舵承设于船体最下部或舵轴筒内,并尽可能靠近舵叶,以减少下舵承处舵杆所受到的弯矩。

设置两个舵销的双支点平衡舵广泛应用于各类运输船上,尤其是大型船舶,如图 1.5(b)中的②所示。

设置舵轴的双支点平衡舵又称辛浦莱(Simplex)舵,如图1.5(b)中的③所示。舵轴是嵌在舵叶内的转轴,其两端固接或绞接在舵柱上,通过滑动轴承将舵叶支承在舵轴上,并绕此舵轴转动。

(3)半悬挂舵系统(partially underhung rudder)的构造

半悬挂舵通常设置一个或两个舵销,并固定于挂舵臂上或艉柱上(如双螺旋桨单舵船舶)。舵叶上部(挂舵臂或艉柱范围内)相当于一个不平衡舵,舵叶下部则为平衡舵,所以也有人称其为半平衡舵(semi-balanced rudder)。其舵叶和舵杆所受的重力均由上舵承承受,适用于艉柱形状比较复杂的船舶。

图1.5(c)中的②所示的半悬挂舵设置两个舵销,舵叶上部设有铸钢件,同舵杆法兰连接并用于安装上舵销,下舵销安装处也设有铸钢件。大多数船舶的挂舵臂为铸钢件,而且与舵杆套筒结合为一个整体同船体结构连接。半悬挂舵系统的构造如图1.8所示。

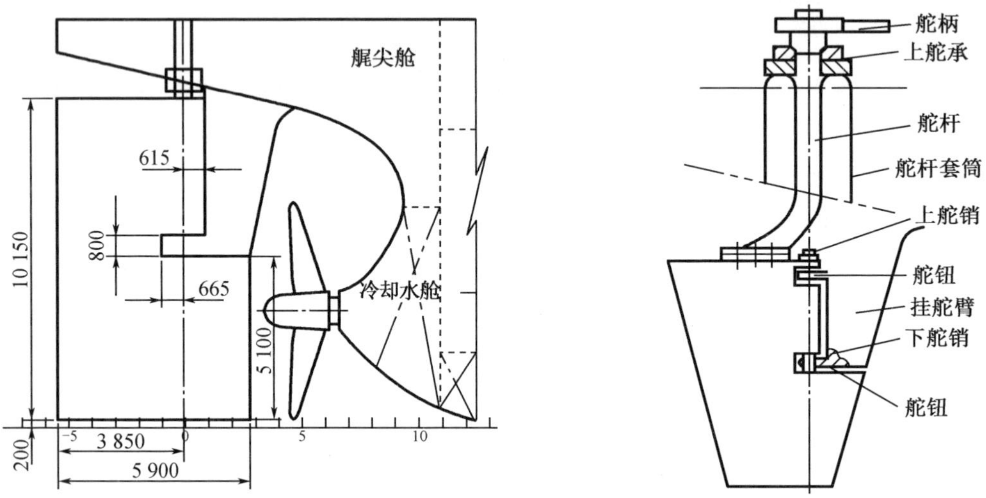

(a)设置一个舵销的半悬挂舵(单位:mm)　　(b)设置两个舵销的半悬挂舵

图1.8　半悬挂舵系统的构造

(4)悬挂舵系统(underhung rudder)的构造

悬挂舵在大型运输船舶中很少采用,但在中小型船舶中经常使用,尤其是在双螺旋桨的近海调查船舶及作业船舶中使用相当普遍。

常见的悬挂舵的舵杆和舵叶通常采用锥体连接。舵叶中设有供舵杆锥体插入的铸钢承座并用螺母固定。下舵杆由垂直隔板与舵叶壳板组成的箱形构件所代替。悬挂舵系统的构造如图1.9所示。

悬挂舵都采用上、下两个舵承,舵叶及舵杆所受的重力均由上舵承承受,应尽可能地加大上、下舵承之间的距离,以减小舵承的径向载荷。在这种形式的悬挂舵系统中,在下舵承处舵杆承受了作用在舵叶上的全部水动力负荷所产生的弯曲力矩(弯矩),而上舵承则承受了最大的支承力。为此,还有一种带有舵杆套筒的悬挂舵,如图1.10所示。舵杆套筒由船内向下伸出船底,并插入舵叶内,套筒下端设有舵杆下支承轴承,舵杆通过套筒伸出轴承外同舵叶连接。此时,作用在舵叶上的水动力负荷通过套筒下端的支承轴承传递给舵杆套筒,从而大大减小了舵杆所承受的弯矩。

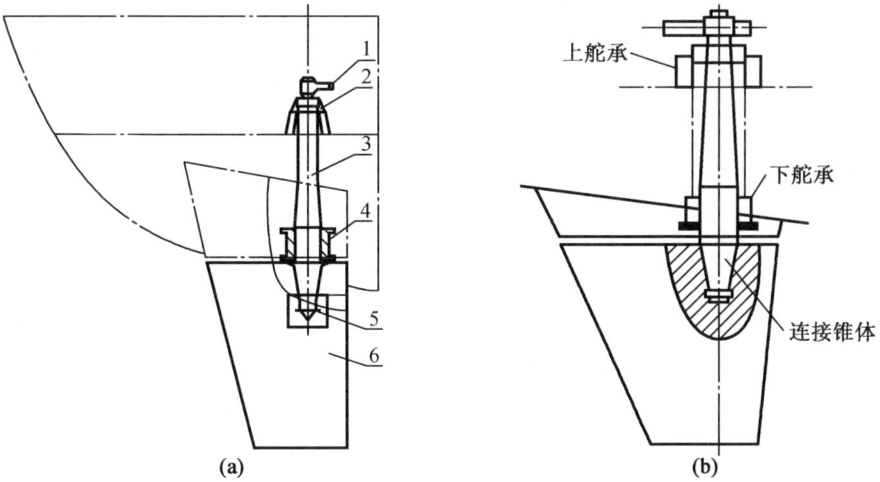

1—舵柄;2—上舵承;3—舵杆;4—下舵承;5—可拆小门;6—舵叶。

图 1.9　悬挂舵系统的构造

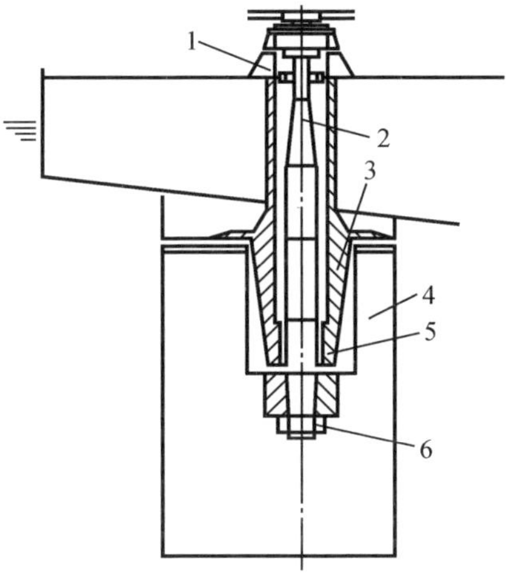

1—舵基座;2—舵杆;3—舵杆套筒;4—舵叶;5—舵轴承;6—螺母。

图 1.10　带有舵杆套筒的悬挂舵

1.2.3　舵装置的主要组成部件

(1)舵叶

舵叶是产生舵压力的构件。单板舵的舵叶由钢板制成,通常用舵臂加强,仅用于小船。流线型复板舵的舵叶一般为密封的钢质空心结构,其内部设有垂直隔板和水平隔板组成的构架,上下封以顶板、底板,四周封以舵(旁)板、舵叶导边板、舵叶尾材,以及连接舵杆或舵销的铸钢件等组成,舵叶导边板通常用钢板弯制。舵叶结构如图 1.11 所示。

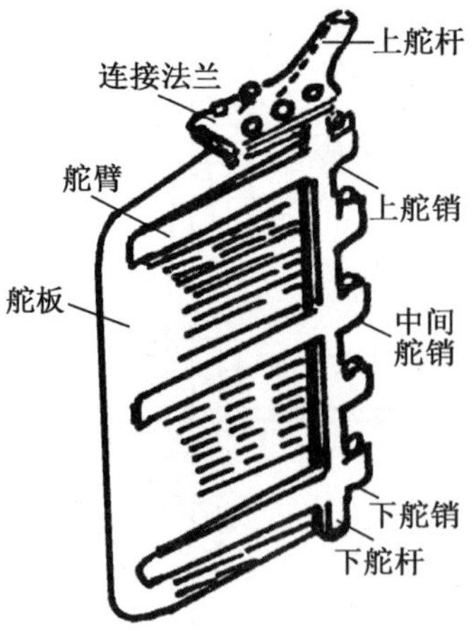

(a)单板舵叶结构

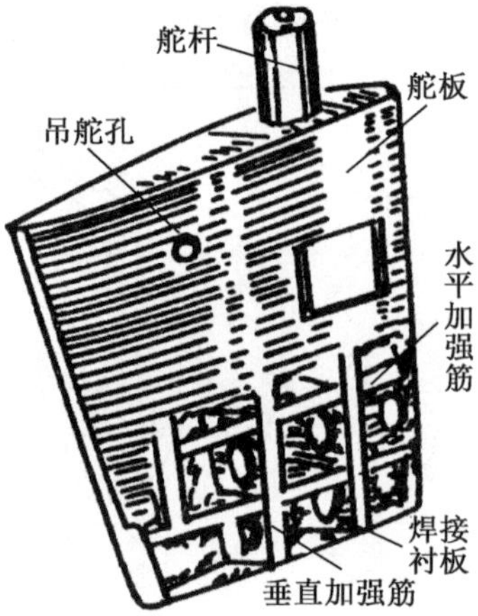

(b)流线型复板舵叶结构

图 1.11　舵叶结构

舵叶的尾端形式较多，最简单的是将两侧的舵叶旁板搭接，但这种形式较易产生裂纹，因此通常的做法是加设型材，如扁钢、圆钢、半圆钢或按舵叶的尾端线型加工的专用型材，如图 1.12 所示。

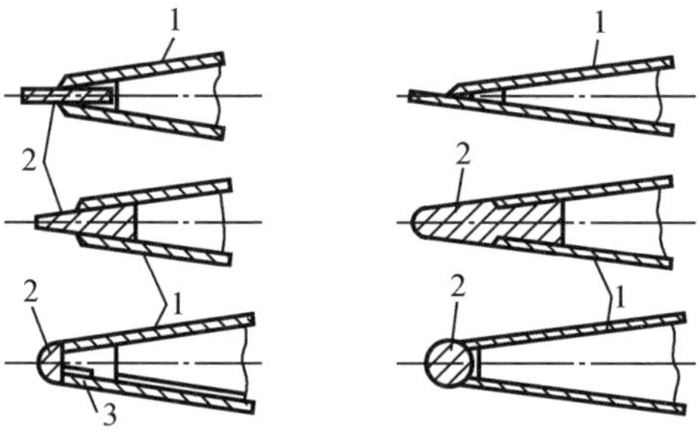

1—舵叶旁板；2—尾端型材；3—安装板。

图 1.12　舵叶的尾端型材

舵叶旁板同隔板的连接常常采用这样的方式，即在一侧的旁板上用间断的填角焊缝将隔板焊在旁板上；另一侧隔板上设有垫板，沿着该垫板在舵叶旁板上开长条形塞焊缝孔进行焊接，焊后将焊缝磨平。

为了便于舵叶的安装和拆卸，在舵叶的适当位置处开孔安装钢管，供穿吊索用。

设置舵销的舵和采用锥形端舵杆与舵叶连接的舵，在舵叶上设有可拆盖板，该盖板与舵叶通过螺钉或焊接固定。

舵叶顶板及底板应设有放泄孔，配置用黄铜或不锈钢制作的放泄螺塞。

(2)舵杆

舵杆是舵的转轴，分上舵杆和下舵杆。上舵杆通常为一变断面的圆柱，其下端与舵叶连接，上端(又称为舵头)与舵柄或舵机连接。其作用是传递舵机的转舵力矩，以转动舵叶。

舵杆一般为锻钢件。舵杆工作表面的保护衬套常用材料为青铜或不锈钢，衬套与舵杆被保护表面采用基轴制过盈配合。

上舵杆上部常用带键紧配或无键连接等方法同舵柄连接，并支承在上舵承处。

目前上舵杆与舵叶常用的连接方式有法兰连接及锥体连接，悬挂舵大多采用插入接头。上舵杆下部常用水平法兰、锥体带键或无键连接等方法与舵叶连接。下部弯曲的舵杆，其端部结构构成水平法兰或垂直法兰；下部竖直的舵杆，其端部构成水平法兰或圆锥体。如图 1.13 所示。

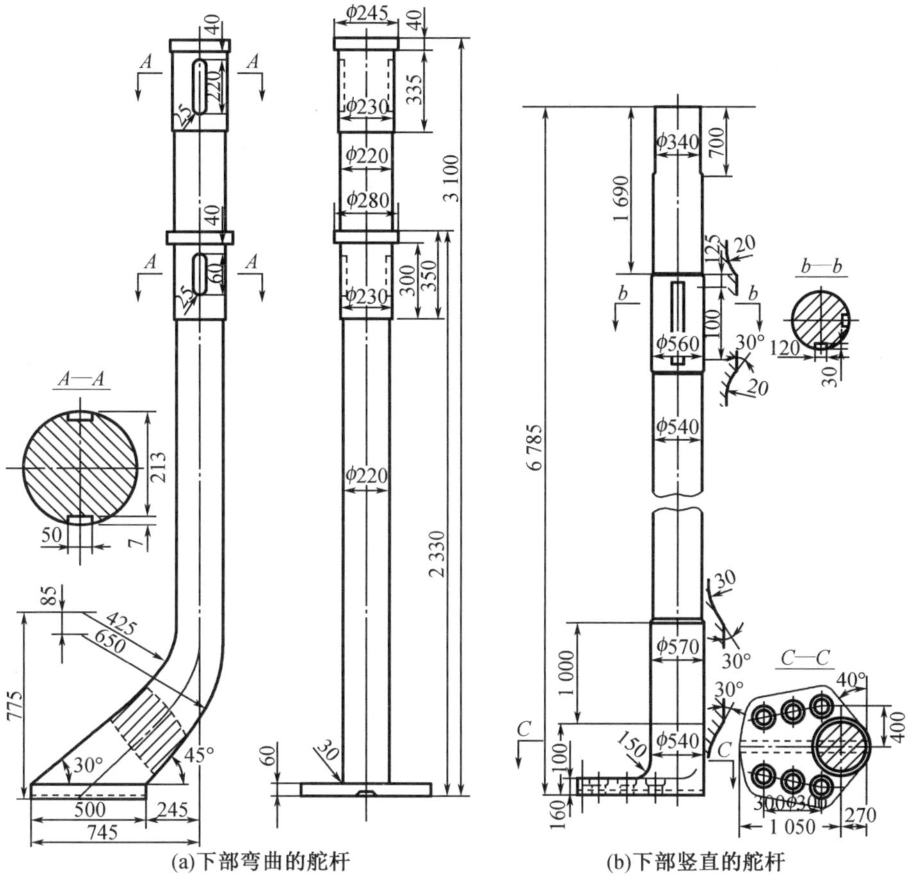

(a)下部弯曲的舵杆　　(b)下部竖直的舵杆

图 1.13　下端部为水平法兰的上舵杆(单位:mm)

伸入舵叶的部分称为下舵杆，相当于舵叶的组成部分，其作用在于保证舵叶的强度与刚度。流线型舵的下舵杆通常以箱形结构代替，该箱形结构由设在铸钢件下方的两块连续垂向隔板和有效舵旁板组成。其余的垂直隔板可连续，也可在水平隔板处切断。除了组成箱形结构的垂直隔板不应开孔外，其余的垂直隔板和水平隔板可以开孔，孔的大小应不超过隔板宽度的一半。

(3)舵承

舵承又称舵支承是固定在船体上，用以支承舵杆的轴承装置。按其受力状态可分为支承舵承及支承推力舵承；按其安装位置可分为上舵承、中间舵承及下舵承；按其密性可分为水密舵承及非水密舵承。舵承的摩擦副可采用滑动轴承或滚动轴承。

上舵承通常位于舵头附近，在操舵机械所在的甲板或平台上，一般为止推轴承，它不仅承受由作用在舵上的水动力引起的径向负荷，还承受由舵杆和舵叶所受的重力引起的轴向力。某些船舶的上舵承已成为某种柱塞式舵机或转叶式舵机的一个组成部分时,可以不必另设上舵承。

中间舵承和下舵承均为支承舵承,仅能承受径向负荷。中间舵承很少使用,设有两个以上舵销的舵有时不设下舵承。下舵承通常位于舵杆穿出船体外板处,或舵杆套筒出口处,一般为滑动轴承,常制成水密的,以防舷外水浸入船体。设置舵杆套筒的(半)悬挂舵,也有将上舵承同时做成水密的。

(4)舵柱和挂舵臂

舵柱是船体艉柱的一部分,是用以支持不平衡舵的柱状部件。有时将其剖面设计成与舵叶剖面相配合的形状,两者形成组合流线型剖面,以提高舵效。

挂舵臂是附连于船体尾部的臂状构件,用以支承半悬挂舵。一般也将其剖面设计成与舵叶相配合的流线型。

(5)舵销和舵钮

舵销是将舵叶连在舵柱或挂舵臂上的销轴。舵叶与舵柱或挂舵臂之间采用舵销连接时,舵叶及舵柱或挂舵臂上相应设置数个有孔的凸出物,即为舵钮。舵销插入舵钮孔中,使舵叶与舵柱或挂舵臂可靠地连接,舵销通常用锥体连接方式固定,但很少用键。舵销的工作部位用耐磨和耐腐蚀的材料制成的轴套包覆,轴套的材料可以是青铜、黄铜和不锈钢。舵销与轴套采用过盈配合。

(6)舵托

舵托,即是指位于艉柱底部的突出部分,也称底承座,用以安装下舵销或舵轴。

(7)舵柄或舵扇

舵柄或舵扇通常装在舵头上,是用以转动舵杆的构件。其形状视转舵装置的不同而不同,有时其可作为舵机的组成部分。将舵机上柱塞的直线运动通过舵柄或舵扇转变成绕舵杆的旋转运动,其转换机构的形式有滑式(十字头)、齿(蜗)轮式及摇摆式等,大型船均使用滑式。

(8)舵角限位装置

动力转舵的操舵装置,除装设限位开关或类似设备以限制最大的操舵角外,还应设置机械止动装置,用以防止舵叶转角超过所允许的极限角度。(该极限角度应比最大操舵角大1.5°~2.0°)。舵动限位装置通常设置在操舵机械所在的甲板(或平台)上,一般设于舵柄两侧。止动装置应有坚固的结构,并同船体结构牢固地连接。

1.3 舵的基本参数与水动力特征

1.3.1 舵的基本参数

常用的船用舵的基本参数如图1.14所示。

(1)反映舵叶外形特征的参数

①舵的外形,通常是指舵未转动时,在与中线面同一平面内或平行的平面内的舵外轮廓投影形状,常见的有矩形、梯形。

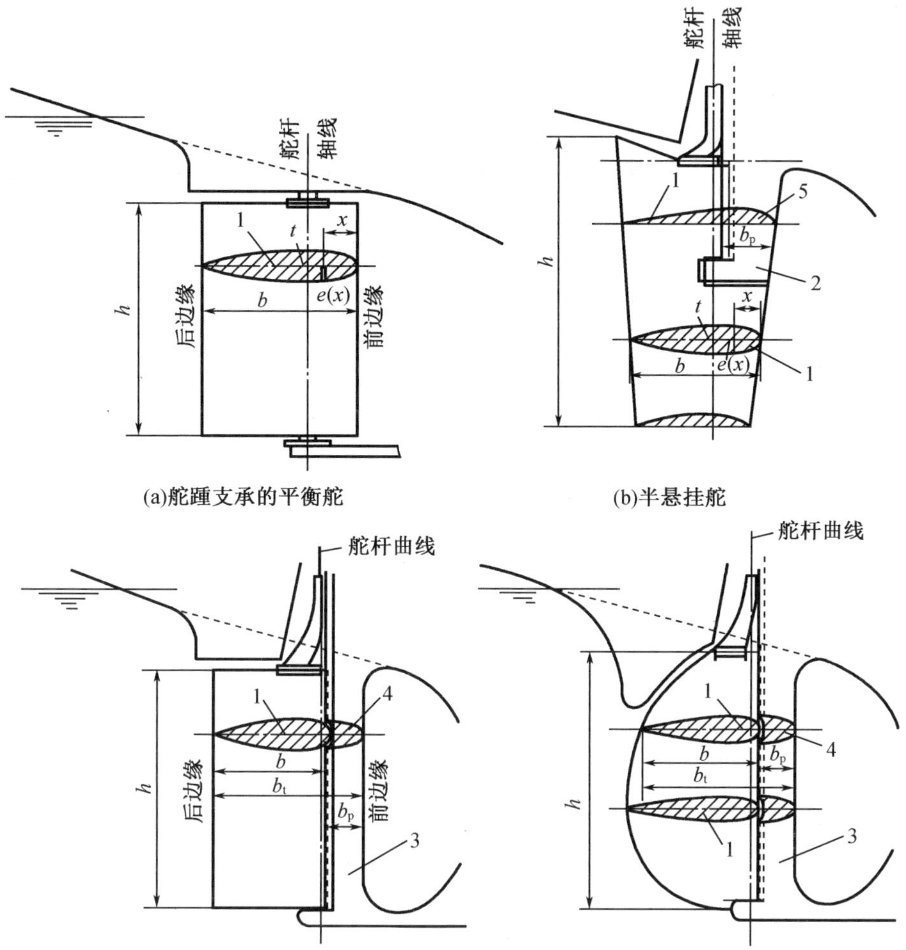

(a)舵踵支承的平衡舵　(b)半悬挂舵

(c)设置在舵柱后面的舵　(d)设置在舵柱后面的舵

1—舵剖面;2—挂舵臂;3—舵柱;4—舵柱剖面;5—挂舵臂剖面。

图 1.14　舵的基本参数

②舵高(翼展)h,对于矩形舵和梯形舵为舵叶上边缘与下边缘之间,平行于舵杆轴线的距离;对于其他形状的舵应取上、下边缘之间的平均距离,即平均高度。

③舵宽(弦长)b,舵在垂直于舵杆轴线的舵叶剖面上,导边(前边缘)与随边(后边缘)之间的距离。对于非矩形舵,应取平均宽度。

④舵面积 A_R,指舵叶对称面的面积。

⑤平衡部分的舵面积 A_c,指位于舵转轴线之前的舵面积部分。

⑥各类型的固定支(托)架面积,主要有:

· 舵支框架面积 A_p,指舵支框架外形在中线面上的投影面积。

· 舵柱面积 A_p,指舵的高度范围内,舵柱对称面的面积。

舵柱宽度,指在垂直于舵杆轴线的舵柱剖面上,舵柱前后边缘之间的距离。

· 舵托架面积 A_p，指舵托架外形在中线面上的投影面积。

· 挂舵臂面积 A_p，指在舵的高度范围内，挂舵臂对称面的面积。

⑦综合舵面积（或复体舵面积）A_k，即为活动的舵面积 A_R 与固定的支（托）架面积 A_p 之和，$A_k = A_R + A_p$。

⑧舵展弦比 λ，是舵高与舵宽的比值，矩形舵取 $\lambda = \frac{h}{b}$；非矩形舵取 $\bar{b} = \frac{A_R}{h}$，$\lambda = \frac{h}{b} = \frac{h^2}{A_R} = \frac{A_R}{b^2}$；综合舵面积（舵叶 + 附体）取 $\lambda_K = \frac{h}{b_K} = \frac{h^2}{A_K} = \frac{A_K}{b^2}$。

⑨舵 + 舵柱（挂舵臂）组合体的展弦比，是组合体翼展与弦长之比值。其中，舵 + 舵柱组合体剖面的宽度（弦长），是指在垂直于舵杆轴线的舵叶和舵柱剖面中，从舵柱前边缘到舵叶后边缘之间的距离。

⑩平衡比，亦称平衡系数 e，是舵的平衡部分面积 A_c 与舵的面积 A_R 之比，即 $e = \frac{A_c}{A_R}$。平衡比表征了舵面积分布在舵轴前后的比例关系。对于一定形状和面积的舵叶，它是舵杆位置的函数。

（2）反映舵叶剖面特征的参数

①舵剖面形状，即与舵转轴垂直的截面形状，一般可分为对称剖面和不对称剖面，船舵多数为翼形对称剖面，其中心线是一直线。

通常沿高度方向厚度不变的矩形舵的各个剖面的形状完全相同。非矩形舵虽然各个剖面的弦长不同，但一般均采用相同的厚度比，因而其各个剖面的形状相似。

船用舵一般采用的是考虑了水动力理论、结构与工艺等的试验剖面。历年来，各国发表了许多船用舵系列的水动力试验结果，常用的按试验机构或制定者的名字命名确定的剖面系列有：

NACA 剖面，是美国航空国家咨询委员会（National Advisory Committee for Aeronautics）剖面缩写。

НЕЖ 剖面，是茹柯夫斯基（Н. Е. ЖУКОВСКИЙ）剖面的缩写。

Gottingen 剖面，是哥庭根大学试验室剖面。

Jfs 剖面，是德国汉堡大学造船学院试验室剖面。

WZF 剖面，是武汉交通科技大学试验剖面，用于组合舵。

②表征翼形剖面的特征参数有最大厚度 t_{max}、最大厚度位置、导边圆弧半径、随边厚度以及沿弦长范围的厚度的分布规律。图 1.15 表示了三种舵剖面的几何参数。

③舵厚度比 $\bar{t}$，是舵剖面最大厚度与舵宽的比值，$\bar{t} = \frac{t_{max}}{b}$。

NACA 剖面是常用的剖面，其编号方式同剖面形式有关。如 NACA0015 的 4 位数字中，前两位“00”表示对称面，后两位数字表示厚度比，即数字“15”表示厚度比 $\bar{t} = 0.15$。任意厚度 t 的 NACA00 剖面纵坐标值 $y(x)$ 可按下式计算

$$y = \pm t\left[1.4845\sqrt{\frac{x}{b}} - 0.630\frac{x}{b} - 1.758\left(\frac{x}{b}\right)^2 + 1.4215\left(\frac{x}{b}\right)^3 - 0.5075\left(\frac{x}{b}\right)^4\right] \tag{1-1}$$

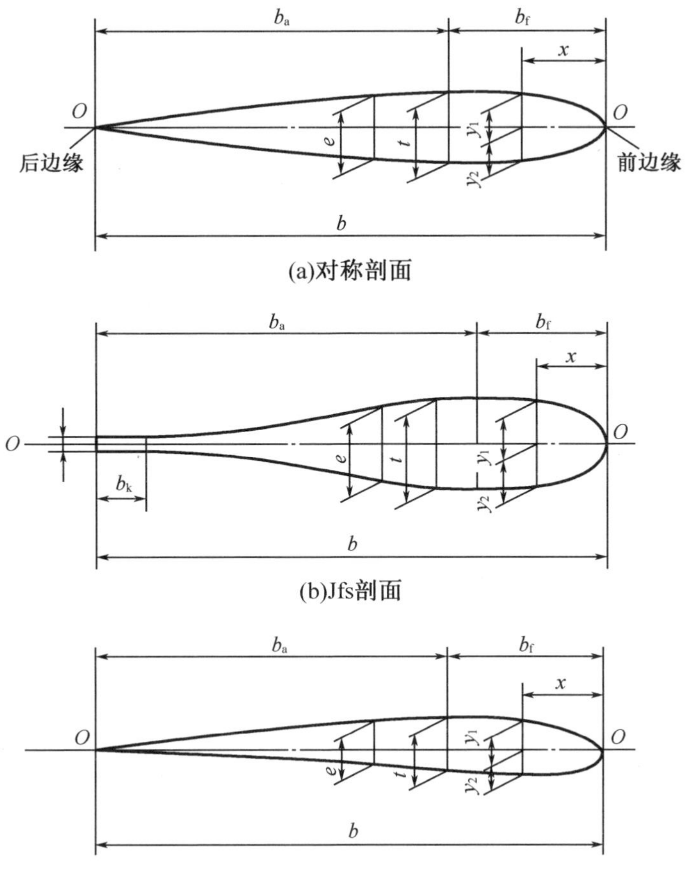

(a)对称剖面

(b)Jfs剖面

(c)不对称剖面

图 1.15　舵剖面的几何参数

当 $x=0$ 时，$\dfrac{dy}{dx}=\infty$；当 $x=b$ 时，$y=0.010\ 5\ t$；当 $x=0.3b$ 时，$\dfrac{dy}{dx}=0$，而 $y=\dfrac{t}{2}$。

表 1－1 列出了 NACA 剖面任意厚度比的相对坐标值。设 x 为距剖面前边缘的距离，y 为距剖面中心线的高度，$x=\bar{x}\cdot b/100$，$y=\pm\bar{y}\cdot\bar{t}\cdot b/100$。

表 1－1　NACA 剖面的相对坐标

$\bar{x}$/%	0	0.50	0.75	1.00	1.25	1.75	2.50	3.25	5.00	7.50	10.00	15.00	20.00	30.00
$\bar{y}$/%	0	6.2	10.3	14.1	15.8	18.6	21.8	24.5	29.6	35.0	39.0	44.6	47.8	50.0

$\bar{x}$/%	40.00	50.00	60.00	70.00	80.00	90.00	95.00	100.00
$\bar{y}$/%	48.4	44.0	38.0	30.5	21.9	12.1	6.7	1.1

1.3.2 舵叶水动力的一般概念

(1)单独舵的水动力特性

船后舵在实际使用中受到船体和螺旋桨的影响。而舵的水动力试验通常是在没有船体和螺旋桨的条件下进行的,即所谓的单独舵水动力试验,对船体和螺旋桨尾流的影响另行分别考虑。通常水动力试验的结果以无因次形式表达,以便于实际使用。

舵可以视为一个机翼,当在均匀流场中以攻角 α 向前方运动时,由于流线的改变使得叶背一侧速度高而压力低,同时在叶面一侧速度低而压力高,其压力分布情况大致如图 1.16 所示。

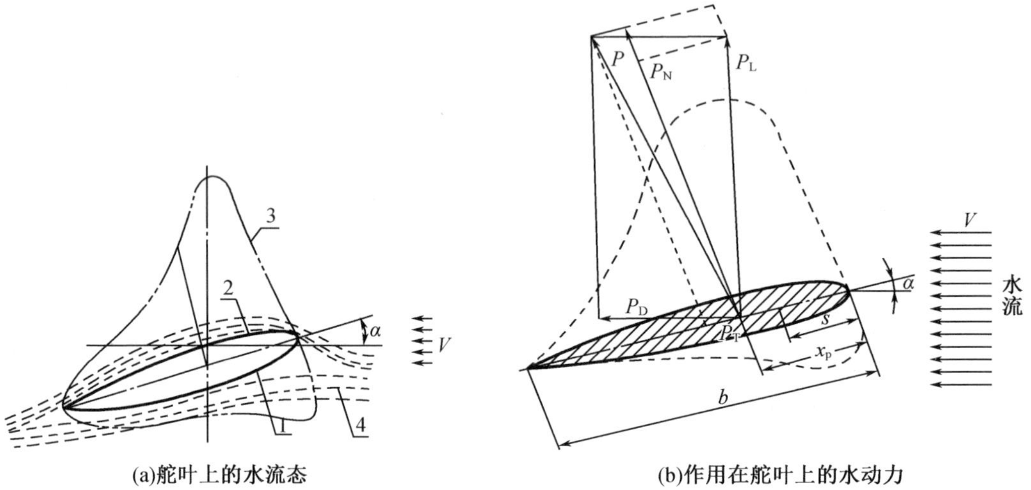

α—攻角;1—叶面;2—叶背;3—水动力压力分布;4—流线。

图 1.16 舵上压力分布及其合力与分力

图 1.16 中 V 为相对速度,b 为弦长,s 为转轴至导边的距离,x_p 是压力中心距前缘(导边)的距离,α 为攻角,它是水流方向与舵(翼)的平面或剖面弦之间的夹角。压力是水动力合力,可分解成与运动方向垂直的力称为升力 P_L 和与运动方向一致的力 P_D;也可以分解成与舵弦线垂直的法向力 P_N 和平行弦线的切向力 P_T。不难看出诸力之间有如下关系

$$\left.\begin{aligned} P &= \sqrt{P_L^2 + P_D^2} = \sqrt{P_N^2 + P_T^2} \\ P_N &= P_L\cos\alpha + P_D\sin\alpha \\ P_T &= P_D\cos\alpha - P_L\sin\alpha \\ P_L &= P_N\cos\alpha - P_T\sin\alpha \\ P_D &= P_N\sin\alpha + P_T\cos\alpha \end{aligned}\right\} \tag{1-2}$$

由于压力沿弦向分布不均匀(图 1.16 中虚线所示),压力中心距离舵前缘较近,则压力对舵前缘的力矩为

$$M = P_N x_p \tag{1-3}$$

或压力对转轴的力矩

$$M_a = P_N(x_p - s) \tag{1-4}$$

为了便于将试验资料应用于不同尺度、速度的实际机翼上，并便于比较翼与翼之间的动力特性，引入了无因次系数

合力系数 $$C=\frac{P}{\frac{1}{2}\rho V^2 A_R}$$

升力系数 $$C_L=\frac{P_L}{\frac{1}{2}\rho V^2 A_R}$$

阻力系数 $$C_D=\frac{P_D}{\frac{1}{2}\rho V^2 A_R}$$

法向力系数 $$C_N=\frac{P_N}{\frac{1}{2}\rho V^2 A_R}$$

切向力系数 $$C_T=\frac{P_T}{\frac{1}{2}\rho V^2 A_R}$$

力矩系数 $$C_M=\frac{M}{\frac{1}{2}\rho V^2 A_R b}$$

对转轴的力矩系数 $$C_{Ma}=\frac{M_a}{\frac{1}{2}\rho V^2 A_R b}$$

压力中心系数 $$C_P=\frac{x_P}{b}$$

式中，ρ 为水的密度，淡水为 1 000 kg/m^3，海水为 1 025 kg/m^3。

显然诸系数间也有如下的对应关系

$$\left.\begin{aligned}
C &= \sqrt{C_L^2+C_D^2}=\sqrt{C_N^2+C_T^2}\\
C_N &= C_L\cos\alpha+C_D\sin\alpha\\
C_T &= C_D\cos\alpha-C_L\sin\alpha\\
C_L &= C_N\cos\alpha-C_T\sin\alpha\\
C_D &= C_N\sin\alpha+C_T\cos\alpha\\
C_M &= C_N C_P\\
C_{Ma} &= C_N\left(C_P-\frac{s}{b}\right)
\end{aligned}\right\}\tag{1-5}$$

以上各式中的线性尺度量纲为 m；力的单位是 N；面积 A_R 的单位为 m^2；速度 V 的单位是 m/s；密度 ρ 的单位为 kg/m^3。

实际上，机翼总是以产生升力为目的的，舵也是如此。由于阻力使运动中的能量损耗，只有舵上的升力 P_L 是唯一的引起船体转向的力，即 P_L 愈大愈好，而 P_D 愈小愈好，可用 $P_L/P_D=C_L/C_D$ 表示机翼的效率，或称之为机翼动力性质。

上述诸力系数都是攻角的函数，各种剖面形状有其不同的特性。

(2)翼形舵的几何要素对其水动力特性系数的影响

经过试验与理论研究,得出了翼形舵的几何要素对其水动力特性系数的影响有以下几个因素。

①展弦比 λ 的影响

孤立舵的流体动力性能是随攻角的变化而变化的,这取决于机翼的展弦比 λ。在某个攻角(10°~16°)范围内存在线性关系,而攻角增大时不再呈线性关系。这是因为机翼的吸力面上水流产生分离,随着攻角的继续增大,分离区不断扩大使升力增长趋缓,并在达到最大值以后急剧下降。C_L 值达到最大值 C_{Lmax},此时的攻角成为临界攻角(或失速角)α_C。之后,尽管 α 值再继续增大,C_L 值则急剧下降。可通过模型舵的试验资料说明这种现象。如图 1.17 所示,曲线斜率$\frac{dC_L}{d\alpha}$随 λ 减小而减小,而失速角 α_C随 λ 减小而增大。当 $\lambda \leqslant 0.5$ 时,曲线在小攻角时,将不能保持线性关系,直线段已不复存在。

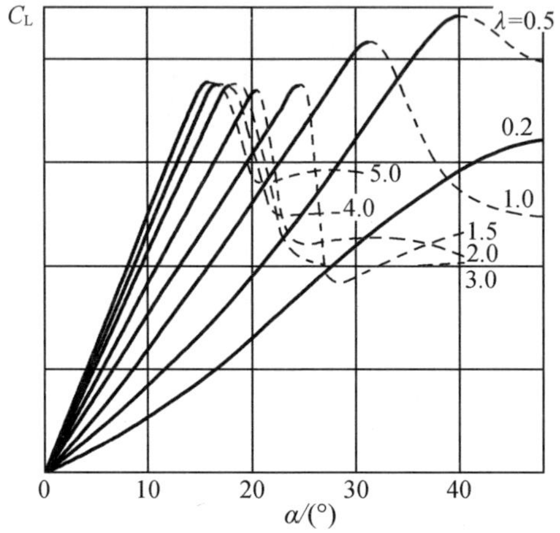

图 1.17　NACA0015 剖面依 λ 变化的 $C_L = C_L(\alpha)$ 值及 α 对失速角的影响

λ 是舵系设计中的一个重要参数,是决定舵流体动力特性的主要因素,它决定着升力系数曲线的斜率与失速角的大小。

②厚度比$\frac{t}{b}$的影响

一般情况下,当 $\alpha < \alpha_C$ 时,随厚度比的增大 C_L稍有减小,但在合理的范围内增大厚度比可以增大 α_C 和 C_{Lmax},如图 1.18 所示。

③舵的外形的影响

形状试验研究表明,舵的外形对 C_L 的影响很小,而对力矩系数 C_M 的影响却是可观的。如 $\lambda = 1.0$,舵面积相同,变化外形轮廓,舵的性能变化不大。

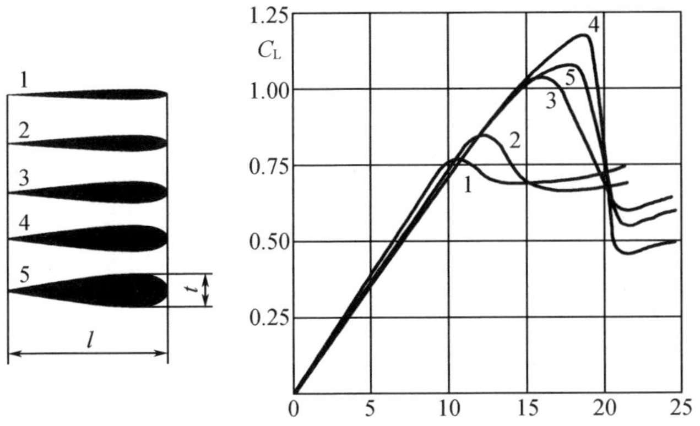

1—$t/b=0.05$;2—$t/b=0.10$;3—$t/b=0.15$;4—$t/b=0.20$;5—$t/b=0.25$。

图1.18 $\lambda=5$,厚度比 t/b 对 C_L 的影响

由图1.19可见,舵面积集中于下方时,能更好地利用螺旋桨的尾流,而压力中心系数差异不明显。

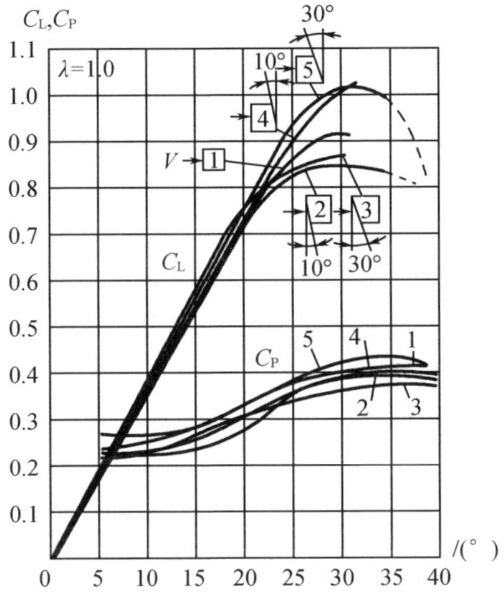

图1.19 外形的影响

④契形度的影响

舵的契形度,是指舵厚度从上向下逐次减小。根据试验,有契形度的舵,其 C_L 稍有增加,或者说有契形度总是有利的。

⑤剖面形状的影响

当 λ 很大时,C_L 几乎不依赖于剖面形状,而对于小展弦比的机翼,剖面的形状具有很大的意义。剖面形状不仅决定了 C_{Lmax},还决定了$\frac{dC_L}{d\alpha}$值以及全部攻角范围内的 C_L 值。对于 λ 在0.5~2.5范围内的船用舵来说,剖面形状对其水动力有明显的影响。

图1.20显示了 $\lambda=1$ 的四种剖面形状的舵的水动力特性曲线。可见在相同的条件下,将翼形剖面的最大厚度前移,增大导边的曲率半径及增加最大厚度区域以后的凹度,可以

使小展弦比机翼在 $\alpha<\alpha_C$ 攻角区域内的 C_L 增大。

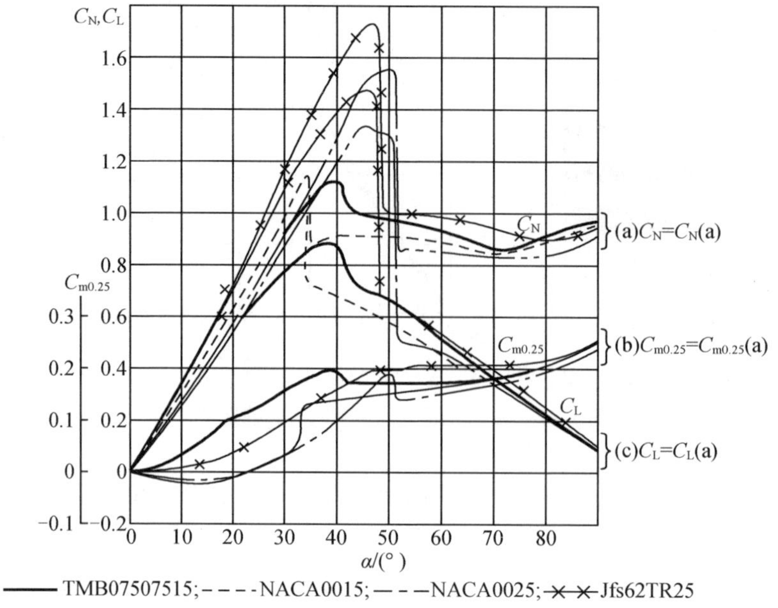

图 1.20　λ=1 时四种剖面形状的舵的水动力特性曲线比较

1.3.3　模型舵敞水试验资料的应用

（1）应用原理

根据流体力学的相似理论，几何形状相似的机翼（翼型、展弦比 λ 和厚度比 $\bar{t}$ 均相同），无论尺度大小，在相同运动状态中，其水动力系数 C_L、C_D、C_P 值均相等。这样可将优良的舵模的试验资料应用于大小不同而形状相似的实舵上。为了便于将模型试验所得的结果应用到实舵上去，通常将舵模的试验结果绘制成图谱或以表格及经验公式表达，可供设计者直接应用。

取优良模型舵的水动力特性值，并利用优良模型舵的升力（C_{L_0}）及压力中心（C_P）特性，使所设计的船舵与舵模型保持同一水平。

如果试验翼的展弦比 λ 与实用舵的展弦比 λ 不同时，必须进行适当的换算。同时要注意试验模型的雷诺数 Re 的大小，Re 不宜过小，通常取 $Re>1.8\times10^5$。

（2）利用模型舵叶的敞水试验资料计算实船舵上水压力和水压力矩

这里主要有三种情况：

①当实舵的展弦比 λ、厚度比 $\bar{t}$、剖面形状与模型舵相同时，直接选用模型舵的水动力特性值；

②当实舵仅展弦比 λ 与模型舵不同时，可按普兰特（Prandtl）公式进行换算，即在相同的 $\begin{cases}C_{L_1}=C_{L_2}=C_L\\C_{P_1}=C_{P_2}\end{cases}$ 时，求解不同展弦比舵的舵角之间和阻力系数之间的关系；

③当实舵与模型舵剖面形式、厚度比 $\bar{t}$ 相同，仅展弦比 λ 不同，λ 处于相近的若干模型

舵叶之间时，也可用插值法（适用于 $\lambda=0.25\sim2.00$）。

(3) 自由水面、船体、螺旋桨等对舵叶水动力特性的影响

必须指出，上述舵的水动力特性，是单舵敞水试验资料，用作基础计算，实际上船后舵尚有许多问题待处理，其中主要是船体、推进器等的影响，有时应做必要的修正。

①自由表面影响

自由表面的影响其性质很复杂，取决于舵相对水面的位置和展弦比。

在傅汝德数 $Fr=\dfrac{V}{\sqrt{gb}}\leqslant0.4$ 时，自由水面如同竖壁，穿过水面的舵的有效展弦比相当于其水下部分几何展弦比的两倍，舵升力提高。但是这种影响随着 Fr 的增加以及随着舵距水面距离的增加而减少，直至消失，如图 1.21 所示，则 $\lambda_{实效}=\mu\dfrac{t}{h}\lambda_{几何}$。

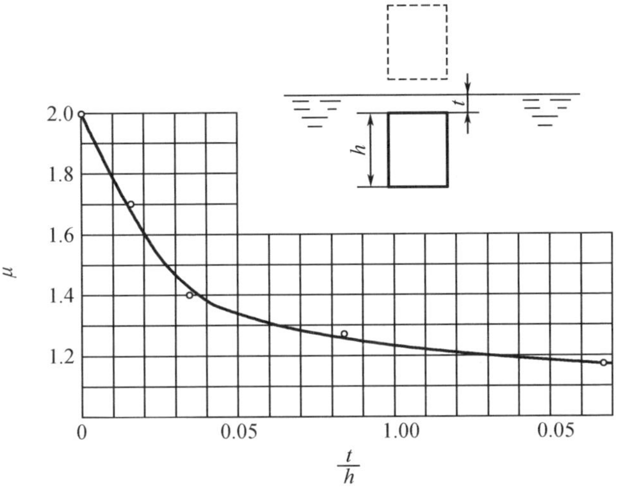

图 1.21　自由表面影响

对较高速度的船，当 $Fr=\dfrac{V}{\sqrt{gb}}\geqslant0.5\sim0.7$ 时，由于自由水面的影响，舵的升力明显减小。这是因为舵的兴波严重并有空气吸入，自由表面不但不能增加升力，反而使升力严重损失。避免这种情况发生的最有效的方法是尽可能地使舵的上边缘没入水中，而且把舵布置在船体尾部的下面。

在大多数运输船舶上，船本身不会产生空泡，但在高速船舶、滑行艇、水翼艇上则可能产生空泡。因此，在通常的船舵水动力计算中，不考虑这种影响，不过应使舵在艉部平底下有一定的沉深。

在大多数情况下，现代海船尾部型线以及舵与螺旋桨组合体的布置可以使得自由水面对舵的影响减小到足以忽略不计的程度。但在空载（压载）航行时，舵往往非常接近自由水面，甚至穿出水面。尽管如此，对一般船舶来说，由于空载（压载）航行时，舵设备所承受的负荷比重载航行时小，因此设计舵设备时，自由水面的影响可以不予考虑。

②船体的影响

船体表面为一曲面，船后的流场比较复杂，对船后舵的水动力特性有很大的影响。另

外，舵是布置在中心线上还是布置在中心线两侧对船体的影响也是不同的。由于舵的周围产生的压力分布会影响船体的后部分，因此船体也作用着因左右压力差产生的横向力。舵越靠近船体这一现象越明显，并早已经由水池试验所证实。船后舵的船体影响主要表现在三个方面。

a. 有效展弦比 λ_e 的变化

船体与舵的间隙越小，船舶的回转力矩越大，如果舵的上边缘与船底之间的间隙为零，理论上其有效展弦比 $\lambda_e=2\lambda$。λ_e 随着舵与船体之间的间隙的增大而减小，这一影响对于设置舵的区域是平底的船舶应予考虑。但一般船舶设置舵的区域不是平底，因此这种影响随着转舵角的增加而迅速降低，所以在舵的水动力计算中，船体对 λ_e 的影响通常不予考虑。

b. 有效攻角 α_e 的变化

船舶在做曲线运动时，舵受到船体整流效应的影响。当船舶以漂角 β 和角速度 ω 做回转运动时，若不考虑船体对水流的影响，则在舵轴处的几何漂角 β_R 为

$$\beta_R=\beta+\arctan\frac{x_R\omega\cos\beta}{V+x_R\omega\sin\beta}$$

这时舵的几何攻角 α_g 为

$$\alpha_g=\delta\pm\beta_R \tag{1-6}$$

实际上，由于船体对艉部附近水流的影响，使水流有沿船长方向流动的趋势，所以在舵杆轴线处的实际漂角 $\bar{\beta}_R$ 比 β_R 要小一些。

$$\bar{\beta}_R=\varepsilon\beta_R$$

式中，ε 为船体对水流的整流系数，$\varepsilon<1$。

因此，舵的有效攻角 α_e 为

$$\alpha_e=\delta\pm\varepsilon\beta_R \tag{1-7}$$

在正常回转时，舵的有效攻角 α_e 总是小于转舵角 δ。但在做 Z 形试验时，反向操舵使船舶摆脱回转状态时，α_e 会大于 δ。

c. 有效进速的变化

船体轴向伴流对舵的来流速度是最主要的影响。船体的伴流降低了舵的迎流速度 v_R 为

$$v_R=v(1-\psi_R) \tag{1-8}$$

式中　v——船速；

ψ_R——舵处的伴流系数，与舵的布置和形式有关，如图 1.22 所示，可按三种情况进行计算。

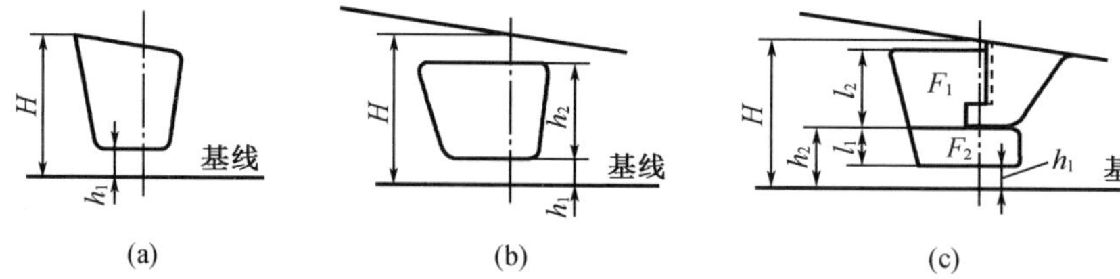

图 1.22　不同舵的布置和形式计算舵处的伴流系数 ψ_R

·图 1.22 中的(a)所示为矩形或梯形舵，它的上边缘靠近船体，间隙小于舵的最大厚

度，此时

$$\psi_R = \left(0.68C_B - 0.25 + \Delta\psi + 0.18\frac{h_1}{H}\right)v \tag{1-9}$$

式中　C_B——船舶方形系数。

用于方尾船舶或巡洋舰尾时，$\Delta\psi = 0$；当舵布置在船体中心线上时，$v = 1.0$；当舵布置在船体中心线的两侧时，$v = C_B + 0.15$。

·图 1.22 中的(b)所示为船体与矩形或梯形舵的上边缘之间的间隙大于舵的最大厚度，此时

$$\psi_R = \left(0.68C_B - 0.43 + \Delta\psi + 0.18\frac{2h_1 + h_2}{H}\right)v \tag{1-10}$$

·图 1.22 中的(c)所示为在高度上任意布置的半悬挂舵，此时

$$\psi_R = 1 - \sqrt{\frac{F_1(1-\psi_1)^2 + F_2(1-\psi_2)^2}{F}} \tag{1-11}$$

式中，$\psi_1 = \left(0.68C_B - 0.43 + \Delta\psi + 0.18\frac{2h_1 + l_1}{H}\right)v$；$\psi_2 = \left(0.68C_B - 0.43 + \Delta\psi + 0.18\frac{2h_1 + l_2}{H}\right)v$；

$F = F_1 + F_2$。

在水动力计算中，由于受船体影响，舵上的法向力 P_N 和舵杆力矩 M 近似地按下式计算

$$\left.\begin{aligned} P_N &= C_N k_n \frac{\rho v^2}{2} A_R \\ M &= C_M k_n \frac{\rho v^2}{2} b A_R \end{aligned}\right\} \tag{1-12}$$

式中，$k_n = (1 - \psi_R)$，为船体影响系数。

③螺旋桨的影响

由于船后伴流的影响，使与舵相遇的水流速度比船速稍慢一些。又由于螺旋桨使船后的尾流加速，也存在影响。螺旋桨尾流对舵的影响，主要表现在螺旋桨尾流中的轴向诱导速度将增加舵的来流速度。因此，计算舵的水流速度时应考虑伴流和尾流影响的修正。

按理想推进器理论，螺旋桨的迎流速度 v_p 为

$$v_p = v(1 - \psi_s) \tag{1-13}$$

式中　v——船速，m/s；

ψ_s——螺旋桨的伴流系数。

在舵的水动力计算中，通常按理想推进器理论确定其轴向平均速度 v_x，即

$$v_x = v_p\sqrt{1 + \sigma_p} \tag{1-14}$$

式中，σ_p 为螺旋桨的推力载荷系数(为无因次值)，按下式计算

$$\sigma_p = \frac{8P}{\pi\rho v_p^2 D^2} = \frac{8P_e}{\pi\rho(1-\vartheta)v_p^2 D^2} = \frac{8K_1}{\pi\lambda_p^2}$$

式中　P——螺旋桨推力，N，$P = \frac{P_e}{1-\vartheta}$(其中，$\vartheta$ 为推力减额系数。)

P_e—— 螺旋桨有效推力，N，$P_e = \frac{R}{Z}$(其中，R 为船舶阻力，N；Z 为螺旋桨个数)。

K_1——螺旋桨推力系数，$K_1=\frac{P}{\rho n^2 D^4}$（其中，$\rho$ 为介质密度，kg/m^3；D 为螺旋桨直径）。

λ_p——螺旋桨进速比，$\lambda_p=\frac{v_p}{nD}$（其中，v_p 为螺旋桨迎流速度，m/s；n 为螺旋桨转速）。

在螺旋桨尾流中，舵的临界攻角 α_c 大于在单独舵试验中的值，而且 α_c 随着滑脱比 S 的增加而增加。

当螺旋桨的 S 很小（相应的螺旋桨的负荷也很小）时，舵上的压力中心的移动非常小，可不予考虑；但当 $S>0.5$ 时，压力中心的位置将发生很大的变化。至今为止还没有可靠的计算压力中心位置移动距离的方法，因此确定螺旋桨尾流中舵的压力中心最可靠的方法是模型试验。

综上所述，在舵的水动力计算中，螺旋桨尾流的影响被归结为在轴向诱导速度影响下螺旋桨尾流轴向平均速度 v_x 的计算。

当舵的全部面积处于螺旋桨尾流中时，法向力 P_N 为

$$P_N=C_N\frac{\rho v_x^2}{2}A_R \tag{1-15}$$

式中，C_N 为舵的法向力系数。

如果仅仅是部分舵面积 A_1 处于螺旋桨尾流中，则法向力 P_N 为

$$P_N=C_N\frac{\rho v_x^2}{2}A_1+C_N\frac{\rho v_R^2}{2}(A_R-A_1) \tag{1-16}$$

式中，v_R 为舵的迎流速度。

在上述概念的基础上

$$\left.\begin{aligned}P_N&=C_N k_s\frac{\rho v^2}{2}A_R\\M&=C_M k_s\frac{\rho v^2}{2}bA_R\end{aligned}\right\} \tag{1-17}$$

式中，$k_s=1+\frac{A_1}{A_R}\left[(1+\sigma_p)\left(\frac{1-\psi_s}{1-\psi_R}\right)^2-1\right]$，为螺旋桨影响系数。

综合考虑船体和螺旋桨的影响可得出

$$\left.\begin{aligned}P_N&=C_N k_n k_s\frac{\rho v^2}{2}A_R\\M&=C_M k_n k_s\frac{\rho v^2}{2}bA_R\end{aligned}\right\} \tag{1-18}$$

通常，舵伴流系数 ψ_R 比螺旋桨伴流系数 ψ_s 大 30%，所以在计算时，伴流也可近似取通常推进器计算中伴流的 1.3 倍。

以上计算中，在确定 A_1 时，可不计螺旋桨尾流的收缩。因为随着 σ_P 的增加引起 P_L、M 计算的误差不大，并总是偏于安全方面。另据一系列试验显示，推力负荷系数 σ_P 大时，螺旋桨尾流使舵上的压力中心位置向前大幅度移动，$S>0.5$ 时，σ_P 将发生较大的变化。

④舵柱和挂舵臂的影响

设置在舵柱后面的舵，作为水动力组合体可视为有襟翼的翼。由于舵柱的存在可以改善流态，减少涡流，一般对提高推进效率有利。一个舵 + 舵柱的组合体与另一个面积及展

弦比均与之相同的无舵柱的舵比较，前者的升力小于后者。

这种复体舵的水动力特性，如升力系数可以通过具有与复体舵面积相同的一般平衡舵的升力系数乘以修正系数（折减系数）确定，即舵 + 舵柱组合体的升力系数 C_{Lt} 可按下式计算

$$C_{Lt}=k_p C_L \tag{1-19}$$

式中　C_L——与舵 + 舵柱组合体面积及展弦比相同的无舵柱的舵的升力系数；

k_p——折减系数。

按照彼尔西茨的统计数据和鲍得里的图表，可按下式计算 k_p

$$k_p=1.872\bar{A}-0.591\bar{A}^2-0.281\bar{A}^3$$

$$\bar{A}=\frac{A_R}{A_k}$$

式中　A_R——舵面积；

A_k——舵 + 舵柱的组合体面积，$A_k=A_R+A_p$。

在缺乏试验资料的情况下，舵 + 舵柱组合体中，舵的升力系数 C_{LR} 可由下式确定

$$C_{LR}=C_{Lt}\frac{A_k}{A_R}-C_{Lp}\frac{A_p}{A_R} \tag{1-20}$$

式中，C_{Lp} 为舵柱的升力系数，$C_{Lp}=(1.69-0.89\bar{b})C_{Lt}$（其中，$\bar{b}=\frac{b_m}{b_t}$（$b_m$ 为舵的平均宽度；b_t 为舵 + 舵柱组合体的平均宽度））。

舵柱的存在从根本上改变了舵的压力分布，压力中心趋向前移。在初次近似计算或缺乏试验资料时，可用无舵柱的相当于单独舵的压力中心作为复体舵的压力中心，当然误差是明显的，但偏于安全。只有根据模型试验资料，才能足够精确地确定安装在舵柱后面的舵的水动力特性。

设置于挂舵臂后面的半悬挂舵的水动力特性，不仅取决于其展弦比和剖面形状，而且还受到挂舵臂的影响，情况十分复杂，至今还没有可靠的计算方法，相关文献对此也做了一定的探索。当前确定半悬挂舵水动力特性的可靠方法是做模型试验。

1.4　舵参数的选择和水动力特性计算

舵设计的基本思想，主要体现在两方面：一要满足操纵性要求，不同类型的船舶对操纵性要求是不同的，设计时应有不同的侧重。远洋船以航向保持性为主；沿海船和进出港频繁的港作船，对回转性有较高的要求；内河船受航道的限制应注意转首性，同时需满足回转性的特殊要求。二要考虑到舵与船体、螺旋桨是一个有机的整体，它们之间会相互影响，力求降低航行阻力，提高推进效率。

舵设计的内容主要有：首先，要确定舵的数目和形式以及相对于螺旋桨的位置，并确定采用何种舵系统；其次，选定所需的舵面积及与其有关的特性参数，以便保证船舶有拟定的

回转性或航向稳定性，并进行所选定舵的水动力特性，即力、力矩等的计算；再次，进行舵力以及舵杆扭矩的计算，并确定舵设备各结构部件尺寸；最后，确定操舵装置的形式及布置，并选择转舵用的舵机及舵机功率。绘制船、桨、舵综合体关系图以及舵设备布置图。舵设备设计步骤如图 1.23 所示。

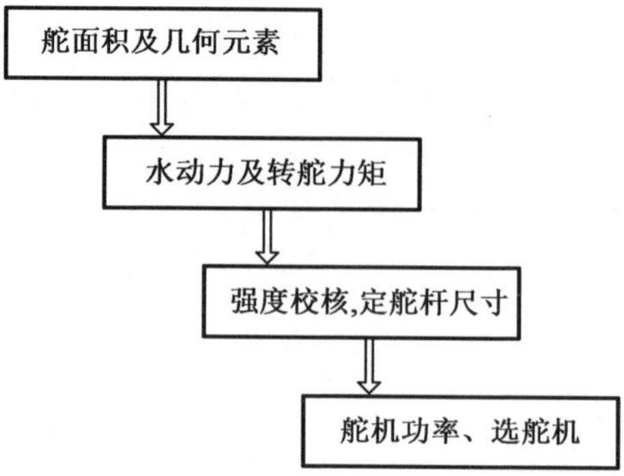

图 1.23　舵设备的设计步骤

1.4.1　舵的数目、位置与形式的确定

船上装设舵主要是为了满足操纵性能的需要，同时亦应使推进效率有所改善。故舵宜设在远离船舶重心处，通常位于螺旋桨之后。从现代设计观点来看，应将螺旋桨、艉部和舵视为一个综合体来研究。

(1)舵的数目

舵的数目除了与操纵性要求有关外，还与船尾形状和螺旋桨数目有关。增加舵的数目虽然容易满足较高的操纵性要求，但也造成了舵设备更加复杂和较高的造价。因此，从尾流控制器的概念考虑，应综合地考虑螺旋桨、艉部型线、舵型等来确定舵的数目。

在实际使用中除特殊要求外，总是趋向于取最少数量的舵。因此，在海船上单桨单舵和双桨双舵得到广泛应用，而且绝大多数海洋运输船都是单桨单舵。

鉴于某些特殊考虑，有些船舶设置的舵与螺旋桨数目不等。在浅吃水船上，通过增加舵的数目以保证足够的舵面积和合适的展弦比，因而出现了单桨双舵或三舵和双桨三舵或四舵的多舵方式。

(2)舵的位置与形式

按操舵转船原理，舵宜远离船的回转中心，一般都设在船尾部，除特殊需要外很少有设在艏部的，因为艏部除易受冲击和碰撞、不易保护外，效率也低。在一般情况下，为了提高舵效，总是将舵设在螺旋桨后面，使其处于螺旋桨尾流之中。

不平衡舵通常设置在单桨船的舵柱后面。也有某些双桨船舶或非自航船在中纵剖面的呆木后面设置不平衡舵，这些舵用一个或多个舵销支承。

设有艉框底骨的无舵柱单桨船上，为了减小转舵力矩，常常设置舵踵支承的平衡舵。

半悬挂舵，即所谓的马林那(Mariner)舵，在双桨单舵船舶、无艉柱的单桨单舵船舶及多桨多舵船舶上使用较多，且采用舵销将舵支承在呆木或挂舵臂上。呆木或挂舵臂可提高船舶的航向稳定性，且能弥补半悬挂舵水动力特性较差的缺点。

悬挂舵在无艉柱的单桨或多桨船舶上均有使用，且应尽可能设置在螺旋桨后面。由于其舵杆承受较大的弯矩，为使舵杆直径减少，下舵承应尽量安装在接近船底处。

对于双桨双舵的船舶，根据试验资料，右旋桨的推力稍向右偏移，左旋桨稍向左偏移，因而内旋桨两桨推力间距小于桨轴间距，外旋桨则大于两轴间距，因此舵在桨后的位置宜向外或向内偏移稍许。这种偏距对推进效率也有影响，这可从美国麻省理工学院的试验报告中明显看出（图 1.24）。舵靠近桨，推进效率高，合理的偏距范围是$\frac{a}{R}=0.10\sim0.20$，两者之间的距离以保证在不拆卸舵的情况下，能够拆装艉轴即可，这对于舵效几乎没有影响。实际应用中，双桨双舵船舶的螺旋桨采用外旋型，很少采用内旋型，且舵位于通过螺旋桨轴线的垂直平面的外侧。

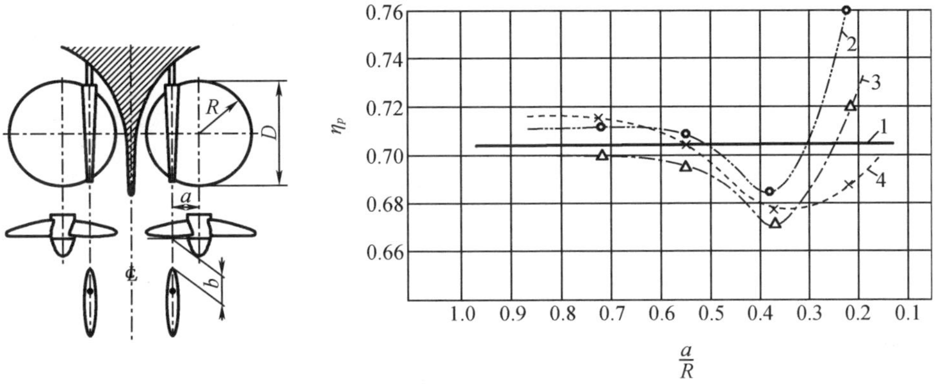

1—无舵；2—$b/D=0$；3—$b/D=0.083$；4—$b/D=0.166$。

图 1.24　双桨双舵的布置要素

单桨双舵装置有导流管的作用，可避免单桨、单舵常常引起的振动与剥蚀，并可提高机动性、航向稳定性，且双舵在桨的尾流中也可改善推进性能。

有些双桨船采用多舵布置可实现侧移、倒航（制动）等效果。在多舵的布置中，要注意每一舵转至任何角度都不能超出舷外，转舵时舵与舵之间无干扰，边舵应沉深至桨轴线以下一定深度，且不小于桨径的 30%，以便攫取充分的尾流。

某些要求倒航时具有良好操纵性的船舶，如渡船、拖船等，可设置艏舵或倒车舵，艏舵一般效率较低，已很少采用。这类船舶目前更多的是配置全回转导管螺旋桨或侧向助推装置。

表 1－2 所列为各种船舶舵的典型配置方案，其中给出了舵的形式及面积比。

表 1－2　各种船舶舵的典型配置方案

船型	舵设备形式	舵面积（总和）比/%（L·d）	辅助操纵设备
单艉轴海洋干货船和油船	平衡舵系和半悬挂舵系	1.3～1.9	
小型单艉轴客船	半悬挂舵系和悬挂舵系	1.8～4.0	

表 1-2(续)

<table>
<tr><th colspan="2">船型</th><th>舵设备形式</th><th>舵面积(总和)比 /%(L·d)</th><th>辅助操纵设备</th></tr>
<tr><td colspan="2" rowspan="2">巨型双艉轴客船</td><td>半悬挂舵系,双舵</td><td>1.4~2.0</td><td rowspan="2">采用侧向推进装置</td></tr>
<tr><td>半悬挂舵系,单舵</td><td>1.3~1.9</td></tr>
<tr><td colspan="2">限制吃水的巨型双艉轴货船和油船</td><td>半悬挂舵系</td><td>2.0~2.5</td><td></td></tr>
<tr><td colspan="2">双艉轴江海联运船舶</td><td>半悬挂舵系(σ_e<2.0)
转动导流管(σ_e≥2.0)</td><td>2.0~3.5</td><td>如果 L/B>8.0,设侧向推进装置</td></tr>
<tr><td rowspan="3">冰区航行的干货船和油船</td><td>密实的冰区</td><td>多舵销不平衡舵系</td><td rowspan="3">1.6~2.0
(组合体面积比为 $\frac{A_t}{Ld}$=1.9%~2.4%)</td><td></td></tr>
<tr><td>大块的碎冰区</td><td>双舵销不平衡舵系或双舵销半悬挂舵系</td><td></td></tr>
<tr><td>稀疏的碎冰区</td><td>不平衡舵系和半悬挂舵系</td><td></td></tr>
<tr><td colspan="2">破冰船</td><td>多舵销不平衡舵系</td><td>1.6~2.3</td><td></td></tr>
<tr><td colspan="2">海洋火车或汽车渡轮</td><td>半悬挂舵系</td><td>2.0~4.0</td><td>设侧向推进装置或艏舵</td></tr>
<tr><td colspan="2">拖轮</td><td>平衡舵系或双支点转动导流管</td><td>2.5~4.0</td><td></td></tr>
<tr><td colspan="2">推轮</td><td>转动导流管</td><td></td><td></td></tr>
</table>

注:该表摘自《船舶设计实用手册(舾装分册)》(第 3 版)。σ_e 为推进器有效推力载荷系数。

1.4.2 舵面积的确定

对于大中型船舶来说,操纵性已成为考核船舶性能的重要指标。IMO A .751(18)决议提出的《船舶操纵性临时标准》以及中国船级社 CCS 根据上述决议制定的指导性文件《海船操纵性(1997)》,对于具有舵和推进器的以下海船:①船长为 100 m 及以上的船舶,以及②化学品船和气体运输船,均要求在设计阶段对这些船舶做出操纵性预报(经验预报、模拟计算预报或模型试验预报),并在船舶完工后进行实船试验,试验结果应符合标准规定的操纵性指标。具体规定如下:

①回转能力:船舶以左(右)35°舵角回转时,回转圈的纵距不超过 4.5L(L 为垂线间长),战术直径不超过 5.0L。

②初始回转能力:船舶操左 10°舵角或右 10°舵角后,船首向角从原航向改变 10°时,船舶前进的纵距应不超过 2.5 倍船长。

③偏航纠正和航向保持能力:

10°/10°Z 形操纵试验测得的第一超越角,当 $L/V<10$ s 时,应不超过 10°;当 $L/V\geq30$ s 时,应不超过 20°;当 10 s$\leq L/V<30$ s 时,应不超过$(5+1/2(L/V))$°。

10°/10°Z 形操纵试验测得的第二超越角,应不超过上述第一超越角标准值加 15°。

20°/20°Z 形操纵试验测得的第一超越角应不超过 25°。

对于一艘给定的船舶而言，舵面积一旦确定也就基本上确定了该船的操纵性，所以说正确选择舵面积成为舵设计中的关键问题之一。因为舵面积大小对船舶转动性能起主导作用。从升力表达式 $P_L = \frac{1}{2}\rho V^2 A_R C_L$ 可见，升力系数 C_L 与舵的剖面形状、舵角、展弦比等有关，但对于优良舵剖面 C_L 相差不大。在民用船舶设计中，为设计航速 V_s 是根据营运经济性和业务需要而定的，军舰是根据战斗任务而定的，在舵设计中没有多大的选择余地。对同样大小的船舶，要达到同样的压力，如果船速高可取较小的舵面积，船速低则需较大的舵面积才能保证具有同等的操纵性。

一般凡是要求回转性、灵敏性好的船舶，其舵面积要取大些，如军舰、港口工作船、川江船、内河船等。注意不适当地增大舵面积，将使推舵装置及推舵功率增加，更严重的将使操纵时稳舵困难，甚至在操大舵角时将会产生横倾过大的不安全情况。所以在选用舵面积时，通常是根据船型（尤其是艉型）、主尺度、营运情况、水域条件、航速及所拟采用的舵的形式来选择，有相似的船舶做参考较好。

综上所述，当船型与它的主尺度确定以后，舵面积的选择将直接影响船舶的操纵性。因此，舵设计计算中的首要任务在于确定舵面积。现今舵面积的确定仍袭用一些经验方法。

（1）按母型船选择舵面积

在对于船舶操纵性指标没有明确定量要求，而仅仅是希望有较好的操纵性的情况下，可以找一艘操纵性较好，且与所设计的船舶的船型及主尺度接近的母型船，按该船的舵面积 A_0 确定所设计船舶的舵面积 A_R。

$$A_R = \frac{A_0 L d}{L_0 d_0} \tag{1-21}$$

式中　L_0、d_0、A_0——母型船的船长、吃水及舵面积；

　　L、d——所设计船舶的船长及吃水。

（2）利用船型统计资料选择舵面积

表 1-3 中提供了某些船型的舵面积系数 μ 资料，可供选择舵面积时参考。这种方法选择舵面积的困难在于，统计资料中舵面积系数 μ 的上下限范围较大，很难做出正确的选择，通常只能在船舶设计初期使用。

表 1-3　某些船型的舵面积系数

船型	μ/%	船型	μ/%
单螺旋桨船	1.6 ~ 1.9	机动性较高的船舶	2.0 ~ 4.0
双螺旋桨单舵船	1.5 ~ 2.5	拖网渔船和有限航区船舶	2.5 ~ 5.5
双螺旋桨双舵船（总面积）	1.7 ~ 2.1	海洋拖船	2.0 ~ 6.0
油船	1.3 ~ 1.9	引水船和渡船	2.5 ~ 4.0
大型高速客船	1.2 ~ 1.7	巨型货船和客船	1.4 ~ 2.0
运河快速客船	1.8 ~ 2.0	小型货船和客船	1.7 ~ 2.3
沿海航行船	2.3 ~ 3.3	近海船舶	2.0 ~ 3.3

注：该表摘自《船舶设计实用手册（舾装分册）》（第 3 版）。

我国普遍采用的是按舵面积系数 μ 并计及船长 L 与吃水 d 来确定

$$A_R = \mu L d \tag{1-22}$$

式中 μ 取自同型性能良好的母型船资料或同型船舶的统计资料。

我国内河船，根据《内河船舶设计手册》推荐的舵面积系数 μ 见表 1－4。

表 1－4　我国内河船的舵面积系数

船型	μ/%	船型	μ/%
双桨急流航道客货船	4.6～8.0	自航驳船	3.0～8.0
一般双桨客船	2.1～5.0	渡船	3.5～5.5
拖船	4.0～8.5	方舟	8.0～10.0
推船	6.0～11.0	驳船	4.5～7.5
双桨急流航道油船	4.9～6.5	35 m 以下的各种艇	4.0～7.0
一般双桨油船	3.0～4.0	—	—

(3)按船级社规范确定舵面积

DNV GL《钢质船舶入级规范》中关于舵面积给出了建议公式，除了船舶主尺度外还包含船型系数 C_1、舵型系数 C_2、舵形状系数 C_3 和舵系布置系数 C_4。在国际船级社协会(IACS)制定的《散装货船共同结构规范》中舵面积选取的建议公式和 DNV GL 规范中给出的公式如出一辙。CCS《钢质海船入级规范》中关于舵面积也给出了相应的建议公式。因此，在舵系设计过程中，如果没有母型船的相关数据作为参考，对于常规无限航区航行的船舶，舵面积可参考相应规范建议的公式进行舵面积选取。而对于近海船舶或者限制吃水的船舶中有特殊使用要求的则需要特殊考虑。

(4)按图谱确定舵面积

IMO A.751(18)决议《船舶操纵性临时标准》要求的舵面积可按图谱确定，即按正常操纵性要求确定舵面积的图谱；按抗风操纵性要求确定舵面积的图谱。其适用范围为除双体船、高速船及特种作业船以外的机动海船，舵剖面为 NACA00 的常用舵型。

1.4.3　舵外形及剖面的确定

在初步确定了舵面积的基本要求下，还要结合船体尾部线型特征及与螺旋桨的配合来确定舵的外形和剖面及布置位置等，同时还应考虑轴包架、轴支架及艉框架的形状。

(1)舵外形的确定

舵外形设计的主要出发点是舵与船体尾部及螺旋桨的良好配合，通常的原则是：

①舵的下缘不低于船底基线，舵的上缘应尽量接近船底，以降低舵杆弯矩并减少舵上缘的绕流而提高舵效，但应注意避免引起船体尾部的振动，必要时可设置假舵或将舵后上缘部分上翘。因此，一定的舵面积下，尽可能增加舵的高度 h 和展弦比 λ，尽可能减少舵的上缘同船体之间的间隙，以提高应舵性能。

②舵要设在螺旋桨之后并宜靠近之以获取桨后的高速水流。对于设在螺旋桨尾流中的舵，其前缘有舵柱或螺旋桨限制，后缘应在各种舵角情况下都不超出船尾轮廓线。船、

桨、舵综合体关系如图 1.25 所示。

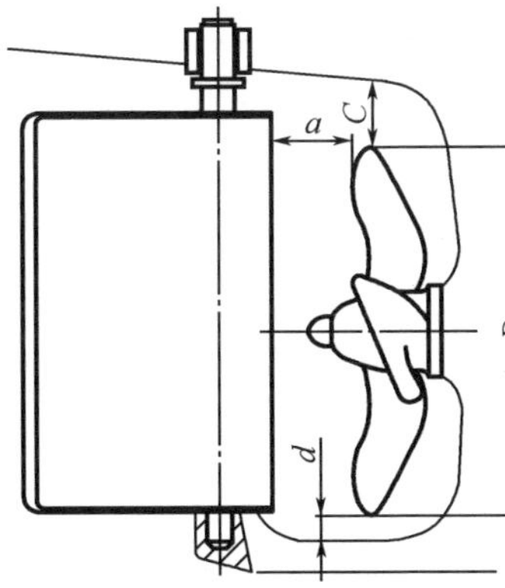

图 1.25　船、桨、舵综合体关系图

舵前缘至螺旋桨叶梢之间的距离不宜太小，对于中低速和小功率船舶，前缘至螺旋桨叶梢之间的距离 a 可取为 $(0.15 \sim 0.20)D$；高速船或大功率船舶，a 可取为螺旋桨直径 D。双桨单舵船由于舵不在螺旋桨尾流中，则 a 应不小于 $(0.75 \sim 1.00)D$，尽量利用螺旋桨的尾流避开船体的伴流。如单桨运输船的舵前缘距桨盘面的距离约为 0.3 m；悬式半平衡舵的转轴中心线至桨的盘面距离为 $(0.55 \sim 0.65)D$；而普通平衡舵的转轴中心线至桨盘面的距离为 $(0.6 \sim 1.0)D$。

对于常规的单舵船来说，在艉部线型和舵面积确定的情况下，舵的外形可供变动的余地较小。试验表明：若保持舵的展弦比和面积不变，舵外形的变化对其流体动力特性的影响极小。因此，在设计中可以不考虑舵外形对水动力的影响，而从与船体、螺旋桨的配合，并顾及施工简便、造价低廉等来决定外形，如采用矩形或倒梯形。

(2)舵展弦比的确定

从单独舵的水动力特性来看(图 1.17)，随着展弦比的减小，升力系数曲线的斜率也相应减小，即通常所说的展弦比小则来舵较慢，同时失速角增大。在同样展弦比下平衡舵的失速角较小，带舵柱的不平衡舵和带挂舵臂的半平衡舵失速角较大。

从航向保持性的要求来看，希望在小舵角(小攻角)时升力系数大些，自然展弦比也应大些，但是增大展弦比会过早产生失速，可能影响大舵角的回转性。

在确定舵叶的外形尺寸时，往往由于船体尾部形状的限制，展弦比的选择余地较小，一般舵的展弦比在 0.5 ~ 2.5 之间，海船常为 2 左右，内河船多为 1 左右，而舰艇在 0.8 ~ 1.5 之间。在这个范围内舵的外形对 C_L 值影响不大。因此，计算 C_L 值时，舵的形状可不予考虑。但是，这一点对半悬挂舵不适应，因为这种舵在挂舵臂或呆木的底边处剖面宽度急剧改变，而且挂舵臂和呆木对舵水动力的影响使其有效展弦比大于实际展弦比。

对于常规的单舵船来说，实际设计舵时，由于受到艉部线型和螺旋桨尺寸的限制，在选取了合理的舵面积后，展弦比的可变范围并不大，因此这个参数往往容易被大家忽略。

而对于吃水不受限制的双桨双舵船来说，在确定舵面积后，单独一个舵的相对尺寸受到的限制较小，舵的展弦比就可能产生较大的变化，此时可以考虑稍微增大舵的展弦比，以期提高舵的操纵性能，但是舵的展弦比并非越大越好。随着展弦比的增加，来舵加快，但是临界攻角减小，使得大舵角时舵的升力受到影响。此外，随着展弦比的增加，舵体变得瘦而长，这对于舵的整体受力及支点变形都会产生较大的影响。

因此，在舵面积基本不变的情况下，可通过调整展弦比，合理控制舵系的相关参数。在满足操纵性能的条件下，调整舵系整体受力情况，这对于改善上下舵承及支点处销轴的工作状态，延长舵系的工作寿命都有着积极的作用。

(3)舵剖面的确定

通常来说，对于沿高度方向厚度不变的矩形舵，其各个剖面的形状完全相同。对于非矩形舵，虽然其各剖面的弦长不同，但一般均采用相同或相近的厚度比，因而其各个剖面的形状也是相似的。

提供舵设计用的流线型舵剖面系列很多，在前面已对各种翼型的性能做了分析，可根据设计要求进行选用。我国多采用 NACA 型舵剖面。NACA 型舵剖面的升力系数较大，阻力系数较小，前缘半径不大，适宜于正对螺旋桨尾流的舵叶。从工艺上来说，NACA 型较易施工，而且结构较好，不需要特别加强。但相比于 NACA 型，Jfs 型舵剖面的性能也比较好，设计中也可考虑采用。

(4)舵平衡系数的确定

舵平衡系数的大小与舵杆扭矩的大小密切相关。对一定的舵而言，压力中心是舵角的函数。因此，选取平衡系数的原则应该是使正航小舵角时的最大负扭矩和大舵角时的最大正扭矩以及倒航时最大扭矩三者之间的差值尽可能地小，也就是在整个舵角范围内使舵杆扭矩变化较小，包括倒车操舵的情况。此外，舵平衡系数的选定，还要考虑到与船体、螺旋桨等的配合。

平衡舵的平衡系数直接影响到舵机功率的确定，虽然较大的平衡系数可使舵机功率减小，但平衡系数过大可能会造成不利后果，因为在最大舵角时将使舵处于过平衡状态，舵的转动加快。对于液压舵机来说，液压缸因液压油来不及补充而造成真空；对于手动舵机来说，会导致舵轮失控危及操舵人员。为了防止这种情况发生，规范规定了最小舵力臂的要求，即 $R_{\min}=0.1b_{\mathrm{m}}$($b_{\mathrm{m}}$ 为舵叶平均宽度)。实际使用中，船后舵的平衡系数通常为 0.2 ~ 0.3 (DNV GL 规范规定为不大于 0.23)。对于通常的舵，平衡系数选用 25%；对于常用大舵角的高速船或悬式舵，取 25% ~30%；希林舵强调控制尾流效果，取 40%；半悬挂舵包括挂舵臂在内的平衡系数可按平衡舵确定，但挂舵臂以下部分舵面积的平衡系数约为 0.35。同时，应注意压力中心系数 C_{P}，在常用舵角范围内变化越小越好。因此，在确定平衡系数时，可先选用几个不同的平衡系数比值做正车和倒车的舵杆扭矩计算，从中选取使正车和倒车时舵杆扭矩变化较小的平衡系数。

(5)舵厚度比的确定

由图 1.18 可知，当把舵布置在螺旋桨后面时，为了提高推进器 + 舵组合体的效率，厚度比应大致取为 15% ~18%，厚度比大于 25% 是不合适的。当舵叶从上到下剖面厚度比逐渐减小时，会使 C_{L} 值略有增加。

悬挂舵由于强度需要，并便于与舵杆相配合，应取较大的厚度比，而沿着舵高方向的各剖面的厚度比，可自上而下渐减。

对内河、拥挤或限制航道中的船舶，常要求小舵角舵效好，应舵快，厚度比宜取12% ~15% 。

1.4.4　舵压力及其力矩的实用计算方法

舵的水动力特性计算，其目的就是要求解舵的水动力与力矩。关于舵压力和压力中心的计算有两种方式：一是利用翼形舵的模型资料换算；二是采用近似计算式估算。

(1)按模型试验资料计算舵的水动力特性

舵的水动力计算采用模型试验资料是最接近实际的方法，这些资料通常有自航模型试验资料、舵的模型试验资料以及单独舵的图谱资料。

自航模型试验要求实船与船模之间满足的相似条件为几何相似、运动相似和动力相似。事实上这些相似条件都不可能完全满足，尤其是螺旋桨的形状相似和转速相似很难实现，舵上的力和力矩的精确测量更是困难。而且自航模型试验价格昂贵，在一般情况下只能同操纵性试验结合做些测量。

为了得到比较精确的舵的水动力参数，对于某一个具体的舵可以利用风筒做模型试验，通常也只做单独舵的模型试验，然后由试验结果确定各种无因次动力系数，用于实际的单独舵计算，再加上船体及螺旋桨的影响来得到实际舵的水动力值。需要注意的是风筒试验时应保持足够高的雷诺数，并在试验结果中注明。

在舵的设计中，经常采用的是各个研究机构发表的舵的图谱。目前，这一类图谱主要有 NACA 系列、HEЖ 系列、Jfs 系列、GÖ 系列和 TMB 系列等。

一般翼形舵的模型试验资料都提供了试验翼的各种无因次动力系数，如升力系数 C_L、阻力系数 C_D、压力中心系数 C_P 或升力系数 C_L、法向力系数 C_N 和转矩系数 C_M 等。选用试验资料时要注意试验模型的雷诺数的大小，因为一些试验表明，最大升力系数 C_{Lmax} 和失速角 α_c 都受雷诺数的影响，故试验时希望雷诺数不宜过小，通常于大 1.8×10^5。

在计算实舵的水动力系数时，应尽量选择展弦比 λ 相近的资料。当实舵的 λ、t/b、剖面形状与模型舵相同时，可直接采用试验结果。当实舵的 t/b、剖面形状与模型舵相同但 λ 不同时，必须进行适当的换算，以求取自由表面下船、桨后舵的水动力。

①舵压力换算

这一换算多采用普兰特换算式，其实质是取优良模舵的水动力特性值 C_{L_0}、C_{D_0}、C_{P_0}、α_0，并利用优良模舵的升力(C_L)及压力中心(C_P)特性，使设计船舵与其保持同一水平(图 1.26)，只是由于展弦比不同而需修正 C_D 及 α，具体换算式为

$$\left.\begin{aligned}&C_L=C_{L_0}\\&\alpha=\alpha_0+57.3\frac{C_{L_0}}{\pi}\left(\frac{1}{\lambda}-\frac{1}{\lambda_0}\right)\\&C_D=C_{D_0}+\frac{C_{L_0}^2}{\pi}\left(\frac{1}{\lambda}-\frac{1}{\lambda_0}\right)\end{aligned}\right\}\tag{1-23}$$

式中　C_{L_0}、C_{D_0}、α_0、λ_0——模型舵数值；

C_L、C_D、α、λ——设计计算舵的对应数值。

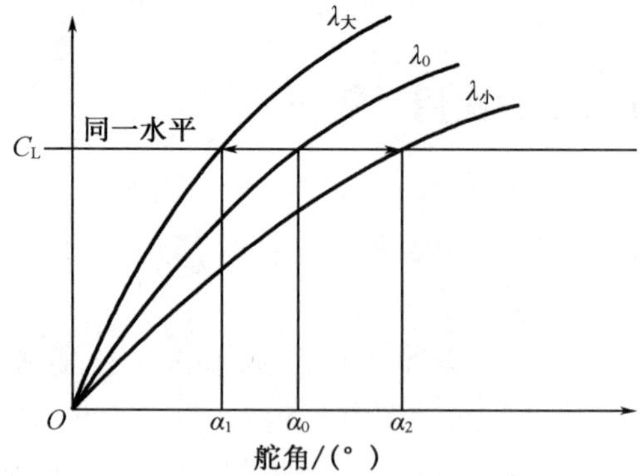

图 1.26　采用普兰特换算原理

通常换算采用表格形式进行。先确定舵面积 A_R、侧面外形尺度、展弦比 λ、厚度比 t/b、平衡系数 e 及有关的辅助计算(如计算常量 $\frac{1}{2}\rho A_R V^2$)等,再选取对应的优秀试验资料的 C_{L0}、C_{D0}、α_0、λ_0、C_{P_0}(或 C_{M_0})无因次系数等列表展开计算。

由于合力 P 与结构强度有关,P_L 与转船相关,而 P_N 与舵杆扭矩(强度)、舵机功率等相关,因此都应做相应的换算。

②扭矩计算

扭矩通常有相对转轴的水动力扭矩,支承点处的摩擦扭矩,以及舵柄处转舵时所需的舵头扭矩。

a. 对转轴的水动力扭矩

矩形舵

$$M_a = \frac{1}{2}\rho A_R V^2 C_N (C_P b - s) \tag{1-24}$$

任意形舵

$$M_a = \int_0^h \frac{1}{2}\rho V^2 C_N (C_P b - s) b \mathrm{d}h$$

如果试验资料给出的是 $C_{M0.25}$,即表明力矩系数是相对于距导边为 25% 弦长处取值,则其压力中心系数为

$$C_P = 0.25 + \frac{C_{M0.25}}{C_N}$$

对转轴的转矩系数为

$$C_{Ma} = C_{M0.25} + \left(0.25 - \frac{s}{b}\right) C_N$$

水动力扭矩为

$$M_a = \frac{1}{2}\rho \cdot V^2 \cdot A_R \cdot b \cdot C_{Ma} \tag{1-25}$$

b. 在舵杆支承处的摩擦扭矩,恒为一反抗力矩,它与支点的反力、支承处的舵杆直径以及摩擦系数等有关,可表示成

$$M_f = \frac{3}{8}\pi \sum f_{pi} \frac{d_i}{2} R_i + G \frac{1}{2} d_g f_g \qquad (1-26)$$

式中　d_i——舵杆、舵销在支承区处的直径，m；

R_i——舵承支承处的支反力，N；

G——舵包括舵杆所受的重力，N；

d_g——轴承（承载）的直径，m；

f_i——舵承的摩擦系数。

对于滑动轴承f_P：钢与青铜水润滑取0.10～0.15，钢与青铜油润滑取0.06～0.10，青铜与青铜油润滑取0.04～0.14。滚动轴承f_g：滚珠轴承取0.015，滚柱轴承取0.030。

c. 在舵柄处转舵时所需要的扭矩，通称舵头扭矩。由于摩擦扭矩的反抗性质，则

转舵时

$$M = M_a + M_f \qquad (1-27)$$

回舵时

$$M = M_a - M_f$$

③倒航时舵的水动力特性计算

船舶倒航时，航速明显下降，故舵压力较小，此时舵叶的后缘变成导边，压力中心后移很多，舵杆扭矩可能很大，故要进行倒航时水动力特性计算的原理、方法同正航时舵的水动力特性计算一致，不同的是在取值上应注意下述几点：

a. 虽然船舶倒航时已无伴流影响，而尾流效应也比前进时小，但由于压力中心总是在迎流的一端（0.0～0.5）b范围内变化，致使后退扭矩往往还是很大的，故通常船舶后退时对速度给以限制，一般取正航时速度的1/3～1/2，CCS的船舶建造规范中规定海船取0.5V_S（V_S为设计航速），内河船取为0.6V_S。

b. 水动力特性系数取倒航时模型舵叶的试验数据，若无试验资料，其升力系数可取正航的0.75倍。

（2）按近似公式估算舵的水动力特性

由于舵的结构尺寸一般是按照船级社的船舶建造规范的要求确定的，因此舵的水动力特性计算的主要用途是借此确定舵机扭矩及功率。

从敞水舵影响其水动力系数的几何要素看，其中以展弦比和攻角的影响最为明显，具有明确物理意义的数学表达式一般为$P_L = f(\lambda, \alpha)$或$P_N = f(\lambda, \alpha)$关系。

在缺乏单独舵水动力特性试验资料的情况下，也可按近似公式进行计算。几种常用的计算公式介绍如下：

①适用于对称机翼剖面舵的易格公式

$$\left.\begin{aligned} C_L &= 0.09 \frac{\alpha}{1.3 + \frac{2}{\lambda}} \\ C_D &= 0.18\left(\frac{\alpha}{10} - 1\right) \\ C_p &= \frac{x_p}{b} = \begin{cases} 0.25(25° \leqslant \alpha \leqslant 30°) \\ 0.33(\alpha \geqslant 35°) \end{cases} \end{aligned}\right\} \qquad (1-28)$$

式中 α——攻角(°);

λ——展弦比。

②乔赛尔公式

乔赛尔公式是最常用的计算舵力的公式,它忽略了船体及螺旋桨的影响,也忽略了展弦比的影响。然而,由于其十分简便,且偏于安全,因此仍然得到使用。

$$\left.\begin{aligned} P_N &= 9.81 \times \frac{41.36\sin\alpha}{0.195 + 0.305\sin\alpha} A_R v^2 \\ x_c &= (0.195 + 0.305\sin\alpha) b_m \end{aligned}\right\} \quad (1-29)$$

式中 P_N——作用在舵上的法向力,N;

x_c——压力中心距舵的导缘的距离,m;

A_R——舵面积,m^2;

b_m——舵的平均宽度,m;

α——转舵角,(°);

v——航速,m/s。

经修正的乔赛尔公式为

$$P_N = 9.81 \times K \frac{\sin\alpha}{0.2 + 0.3\sin\alpha} A_R v^2 \quad (1-30)$$

式中,K 为修正系数,按表 1-5 查取。

表 1-5 修正系数 K

α/(°)	5	10	15	20	25	30	35
K(尾流影响显著时)	31	33	35	36	37	38	40
K(伴流影响显著时)	10	12	15	17	18	21	22

据试验,压力中心位置与作用在舵上的流速无关,且展弦比对其影响也甚微。

③藤井-津田公式

藤井-津田依据机翼型舵试验结果提出的计算 P_N(N)及 x_c(m)的方法,考虑了展弦比 λ 的影响,适用于 $\lambda=0.5\sim3$ 的舵。

$$\left.\begin{aligned} P_N &= \frac{6.13\lambda\sin\alpha}{2.25+\lambda} \times \frac{1}{2}\rho A_R v^2 \\ x_c &= \left(0.165 + 0.210\sin\alpha + \frac{7}{\alpha}\sin\alpha\right) b_m \end{aligned}\right\} \quad (1-31)$$

此外,还有孟德尔近似公式、费加耶夫斯基近似式、普兰特近似式等。

(3)对舵杆扭矩的几点要求

舵压力中心位置是随水流的攻角而变化的。在正航时,随攻角增大,压力中心移向后缘,所以无论怎样选择舵轴位置,也只能在某一攻角下达到完全平衡,此时,压力中心位于舵杆轴线上,舵扭矩为零。

首先定义舵扭矩的作用方向,若舵的压力中心位于转轴的后方,即 $C_P b - s > 0$,则舵力的作用有使舵角减小的趋势,此时舵压力扭矩为正值;反之舵压力中心位于转轴的前方,即

$C_P b - s < 0$，舵扭矩有使舵角增大的趋势，扭矩规定为负值（过平衡状态）。正号扭矩与负号扭矩对舵扭矩具有不同的影响，图 1.27 是对同一舵型选取三种不同的舵平衡比时舵杆扭矩与攻角的关系曲线。

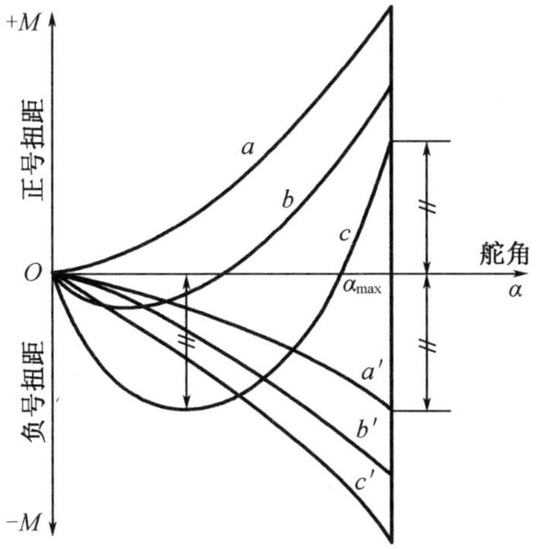

a—普通舵正车扭矩；a′—普通舵倒车扭矩；b—半平衡舵正车扭矩；
b′—半平衡舵倒车扭矩；c—平衡舵正车扭矩；c′—平衡舵倒车扭矩。

图 1.27　舵头扭矩的典型曲线

曲线 a 为 $e=0$，相当于不平衡舵，其舵杆扭矩值最大。

曲线 b 相当于平衡比较小的平衡舵，这种舵在小舵角时，其舵杆扭矩为负值（过平衡状态），舵角是不稳定的，舵角增加至某一值后变为稳定。

曲线 c 相当于大平衡比的平衡舵，在相当大的范围内为负值（过平衡状态），但其舵杆扭矩的最大值在三种中是最小的。

倒航时，随着舵角的增加，压力中心逐渐后移，舵杆扭矩的绝对值总是随之增加（曲线 a'、b'、c'）。

故在选择舵平衡比时应同时考虑到正航及倒航时可能出现的舵杆扭矩的最大值（绝对值）。在可能的情况下，若使两者接近，便能充分发挥舵机的作用。故一般对转舵扭矩的原则要求有以下几点。

①转舵的最大扭矩宜小，以减轻设备的质量，缩小占用空间。

如果前进中的最大扭矩与后退中的最大扭矩相等，则转舵扭矩最小，如图 1.27 中 c、c' 表示的平衡舵。

当前进中的最大转舵角时的正号扭矩与初始舵角时的负号扭矩相近时，此种转舵扭矩最小，如图 1.27 中的 c。

②在常用舵角时转舵力矩最小，如图 1.27 中的 b，一般多属半平衡舵。

③稳定性好，即无负扭矩，如图 1.27 中的 a，一般为普通（非平衡）舵。

显然这三个原则很难求得一致。所谓理想的扭矩条件，实用中常以突出重点兼顾这三个原则，取相似的母型船资料选择平衡系数满足使用要求。

（4）对转舵速度与最大有效舵角的说明

各种船舶因其船型、吨位、尺度、航速的不同，转舵速度对船体运动的影响程度也不同。

但由于船舶惯性很大，而与之相比，转舵时间相当短。试验表明，过分提高转舵速度对改善机动性并没有明显效果，却会导致舵机功率明显增大。各船级社规范和法规中对转舵速度规定了一个下限值：当船舶处于最深水并以最大营运船速前进时进行操纵，舵叶自任何一舷 35°转至另一舷 30°的时间应不超过 28 s。

对于船舶的任何一种操纵，都存在一个最大有效舵角，即当操舵角超过此值时，不再使这一操纵特性有明显的改善。由前述可知，在操舵转船时，由于受到船体伴流及螺旋桨流场的影响，位于船尾处舵叶上的实际攻角 α 远小于转舵角 δ。目前，对这方面规律的认识还不是很清楚。在舵设备设计时，若从回转性出发，可取最大转舵角为最大有效舵角。对于操作性要求较高的船舶，最好能通过模型试验（或数字模拟）来确定最大有效舵角。通常情况下，舵叶的最大转舵角取 35°，有些展弦比较小的内河船和舰船也有取 45°左右的。

1.5 舵装置零部件尺寸的确定与强度校核

这里所述的舵装置零部件主要是指舵结构（包括舵杆）、通海的舵杆套筒以及与船体直接连接的舵承等，它们的钢质零部件所用的材料通常为碳素钢。

舵装置中的重要零件，诸如舵叶、舵杆、舵销及其螺母、舵轴、连接螺栓、轴承、舵扇、舵柄、舵链等，均应按照入级的船级社的船舶建造规范要求确定结构尺寸。

舵强度计算包括舵杆强度计算、舵叶强度计算以及舵轴、舵销和舵柄强度计算。强度计算的方法有两种：一种是根据各船级社的有关船舶建造规范进行；另一种是按照力学理论计算，即根据构件的受力情况和所选用的材料及许用应力来进行计算。

各种舵系受力情况可视为承受弯、扭的杆件，其舵杆等构件同时受到扭矩和弯矩的作用，可以根据力学理论来进行分析计算。四种强度理论中，最大切应力理论（第三强度理论）和最大能量理论（第四强度理论）更能反映结构件的破坏性质，所以应用较多。

应用最大切应力理论来计算，其计算式为

$$M_{E3} = \sqrt{M_b^2 + M_t^2}, \sigma_3 = \sqrt{\sigma^2 + 4\tau^2} \tag{1-32}$$

应用最大能量理论来计算，其计算式为

$$M_{E4} = \sqrt{M_b^2 + 0.75M_t^2}, \sigma_4 = \sqrt{\sigma^2 + 3\tau^2} \tag{1-33}$$

式中 M_E——构件上的相当力矩；

M_b——构件上的弯矩；

M_t——构件上的扭矩。

根据强度条件，构件上的相当弯曲应力

$$\sigma = \frac{M_E}{W} < [\sigma] \tag{1-34}$$

对于只承受扭矩的杆件，其切应力

$$\tau = \frac{M_t}{W_p} \leqslant [\tau] \approx 0.6[\sigma_s] \tag{1-35}$$

式中 W_p——构件的抗扭剖面模数；

W——构件的抗弯剖面模数；

$[\sigma]$——构件的许用应力，$[\sigma]=\dfrac{\sigma_b}{n_b}$或$[\sigma]=\dfrac{\sigma_s}{n_s}$（其中，$\sigma_b$、$\sigma_s$ 为组成构件材料的强度极限和屈服极限；n_b、n_s 为相对于材料强度极限和屈服极限的安全系数。）

因此，在舵强度计算中，关键问题是如何计算相当力矩 M_E 及如何确定许用应力标准 $[\sigma]$ 或安全储备系数 n。相当力矩 M_E 的计算归结为舵系承受的弯矩 M_b 和扭矩 M_t 的计算。

1.5.1　舵系的受力计算

各主要船级社的船舶建造规范对舵设备的主要要求包括舵力的计算、舵杆扭矩的计算、舵及上舵杆内的弯矩和剪力的计算。

(1)舵力的计算

由机翼理论可知舵的水动力特征。水流以 α 角冲向舵时，产生升力 P_L 和阻力 P_D，其合力 R 分为法向力 P_N 和切向力 P_T。我们称法向力 P_N 为舵力。舵力 P_N 可按下式计算

$$P_N=132K_1K_2K_3A_RV_s^2 \tag{1-36}$$

式中　A_R——舵叶面积，m^2；

V_s——设计航速，kn，按夏季载重吃水时船舶的最大营运航速 V 确定。

最大营运航速 V 通常是指主机按发出最大连续功率的转速运行时的航速。正车时，V_s 按下列各式确定

$$V_s=V \quad (V>10\ \text{kn})$$

$$V_s=(V+20)/3 \quad (V<10\ \text{kn})$$

倒车时，V_s 应为最大倒车速度，但取值应不小于 $0.5V$。

K_1——系数，按式计算：$K_1=\dfrac{1}{3}(\lambda+2)$；$\lambda=\dfrac{h_m^2}{A_k}$

K_2——系数，见表 1-6，也可采用试验提供的数据。

K_3——系数，对位于螺旋桨尾流之外的舵取 0.8；对位于固定螺旋桨导流管之后的舵取 1.15；其他情况取 1.0。

λ——展弦比，取值不必大于 2；

h_m——舵叶平均高度，m。

表 1-6　系数 K_2

翼型		K_2	
		正车时	倒车时
NACA00 型	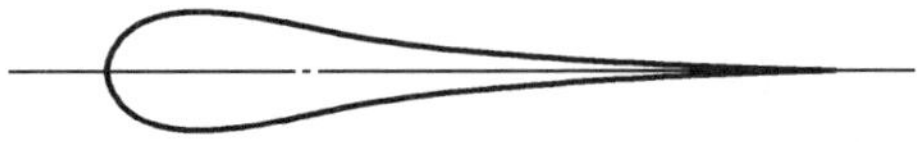	1.1	0.80
凹翼型		1.35	0.90
平边翼型		1.1	0.90

舵叶的平均宽度 b_m(m)及平均高度 h_m(m)可按图1.28及下列各式计算

$$\left.\begin{aligned} b_m &= \frac{1}{2}(x_2 + x_3 - x_1) \\ h_m &= \frac{1}{2}(z_3 + z_4 - z_2) \end{aligned}\right\} \tag{1-37}$$

式中　x_1、x_2、x_3——x 坐标值,m;

z_2、z_3、z_4——z 坐标值,m。

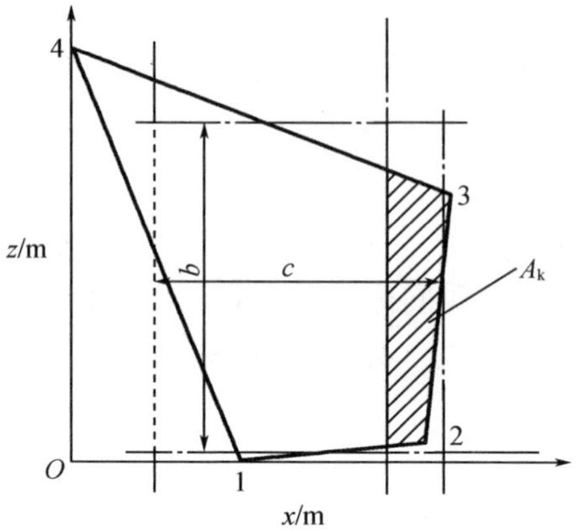

图1.28　舵的平均高度和平均宽度计算图

A_k 为综合舵面积(m^2)。对于无舵柱的舵,A_k 即为舵叶面积 A_R;对于设有舵柱或挂舵臂的船舶,A_k 为在舵叶平均高度 h_m 范围内,舵叶面积 A_R 与舵柱或挂舵臂面积之和。

(2)舵杆扭矩的计算

船舶正车和倒车时的舵杆扭矩 T(N·m)按下式计算

$$T = P_N \cdot r \tag{1-38}$$

式中　P_N——舵力,N;

r——力臂,m。

①无缺口舵叶的力臂 r(m)按下式计算

$$r = b_m(\alpha - e) \tag{1-39}$$

式中　b_m——舵叶平均宽度,m。

α——压力中心系数,正车时取0.33,倒车时取0.66;对襟翼舵可特殊考虑。

e——平衡系数,$e = \frac{A_c}{A_R}$(其中,A_c 为舵杆中心线前方的面积,m^2;A_R 为舵叶面积,m^2)。

正车时力臂 r 的值应不小于 $0.1b_m$。

②有缺口舵叶(半悬挂舵)的力臂 r(m)按下式计算

$$r = b_1(\alpha_1 - e_1)\frac{A_1}{A_R} + b_2(\alpha_2 - e_2)\frac{A_2}{A_R} \tag{1-40}$$

式中　A_R——舵叶面积,m^2。

A_1、A_2——舵叶缺口下部及上部的面积,m^2,如图1.29所示。

b_1、b_2——A_1 和 A_2 部分面积的平均宽度，m。

e_1——$e_1=\frac{A_{1f}}{A_1}$（其中，A_{1f}（m^2）如图 1.29 所示）。

e_2——$e_2=\frac{A_{2f}}{A_2}$（其中，A_{2f}（m^2）如图 1.29 所示）。

α_1、α_2——系数，正车时取 0.33，倒车时取 0.66；对于固定结构（如挂舵臂）之后的部分舵，正车时取 0.25，倒车时取 0.55。

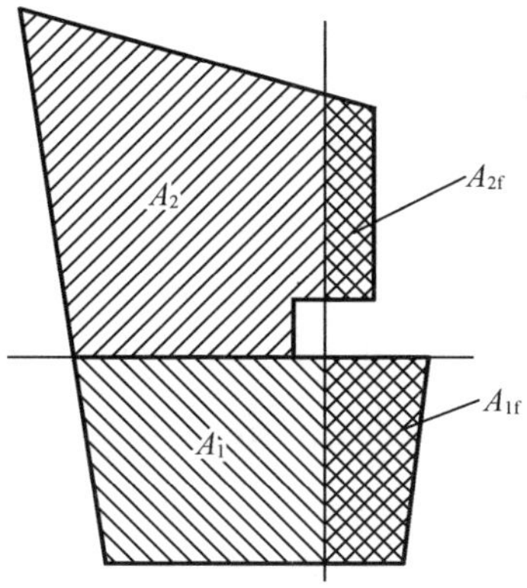

图 1.29　有缺口的舵叶示意图

正车时，力臂 r 的取值不应小于$\frac{1}{10A_R}(A_1b_1+A_2b_2)$。

（3）关于扭矩计算中要考虑的问题

作为转动构件的舵杆，在计算舵杆强度时，必须要关注扭矩的计算，一般取水动力扭矩与支承处的摩擦扭矩之和，有时还要考虑急转扭矩的附加额以及冰区时的冰载扭矩等。因此，在校核舵杆强度时，有时将水动力扭矩乘以大于 1 的系数，即 $M_t=kM_a=(1.1\sim1.2)M_a$，或按支承处摩擦扭矩相关方法计算。

（4）关于许用应力或安全储备系数，即考虑材料的强度储备（安全系数）问题

受力构件的许用应力（或安全系数）的确定受一系列因素的影响，结合舵装置的具体情况，通常应考虑以下因素。

①计算工况的考虑

通常在舵叶的计算过程中只考虑舵叶转舵后其上所受的水动力这一正常工作载荷，不考虑由于波浪冲击所造成的动力载荷，为保证舵装置各个构件能在最不利载荷作用下连续工作，上述工况必须在安全系数中予以考虑。若有必要的话，也可针对该船舶实际航行区域的海况进行专门的分析计算。

②应力计算的正确性

计算作用在舵叶上水动力的正常载荷，除通过模型试验方法直接换算比较精确外，其他计算方法都带有近似性，同时在计算构件应力时，常采用简化的假定，例如对载荷的作用方式、支座结构形式的简化假定以及对变断面情况的忽略等。因此，对计算载荷的近似性和简化的假定可能引起的后果都应做适当的估计，并在安全系数中加以考虑。若有必要的话，对该船的舵装置可采用有限元方法进行专门的分析计算。

③材料的可靠性

所采用材料的化学成分、力学性能及加工精度等都有可能达不到名义上的规定,因而会影响构件的实际强度,通常按统计规律在安全系数中加以考虑。

④强度裕度

舵装置中的各构件在整个结构中所起的作用不尽相同,它们因强度不足而导致破坏后,所造成后果的严重性也不相同。如多支撑不平衡舵中,若其中一个舵销损坏,对舵叶的转动没有明显的影响;而舵杆就不同了,它是舵装置中的重要构件,一旦其强度不足就会导致整个舵装置的失效。可见,不同作用的构件在安全系数中所考虑的强度裕度应该是不同的。若有必要的话,可对该船的舵装置进行可靠性设计。

通过大量统计分析及根据长期积累的使用经验,对以上诸方面加以恰当的考虑后,在常规的设计中,可确定舵装置主要构件的强度安全系数。如在舵杆强度计算中一般可从以下三个因素考虑:

· 采用材料的可靠性系数 n_1,按现代材料属性可取 1.20。

· 已知载荷和计算式的精度性系数 n_2,如按结构力学方式一般可取 1.10。

· 附加动力外载荷系数 n_3,即裕度一般取 2.0。

以材料屈服强度计算材料强度储备系数时有

$$\left.\begin{aligned}&n_S = n_1 \times n_2 \times n_3 = 1.20 \times 1.10 \times 2.0 \approx 2.64(\text{而 } \sigma_S \leqslant 0.70\sigma_b)\\&[\sigma_S] = \frac{\sigma_S}{n_S} = \frac{0.7\sigma_b}{n_S} = \frac{\sigma_b}{n_b}(\text{即 } n_b \approx 3.8)\end{aligned}\right\} \tag{1-41}$$

在各船级社的船舶建造规范中,这一安全系数都以不明显的方式包含在规范的近似公式中。由于各自计算条件不同,表现在安全系数上的差异也很大。如 DNV GL 的船舶建造规范中是按舵叶与舵杆的惯性矩之比为 5:1 来计算的,CCS 的船舶建造规范中取 $n_b = 4 \sim 5$,在舵装置强度计算时可做参考。

1.5.2 舵杆 + 舵叶系统的受力分析及计算模型

舵杆 + 舵叶系统的受力分析是为了求得下舵承处的舵杆弯矩、舵叶弯矩和剪力以及各轴承的支持力。

本节主要讨论常采用的单舵销平衡舵系、单舵销半平衡舵系、双舵销平衡舵系、双舵销半平衡舵系以及悬挂舵系的受力分析及计算模型。对单支承的不平衡舵系和双支承的不平衡舵系可分别参照单舵销平衡舵系和双舵销平衡舵系的受力分析及计算模型。

通常将作用在舵叶上的舵压力视为在舵承和舵销跨距内的均布载荷,这一假定忽略了水动力载荷沿水深的变化。计算弯曲力矩时,外力是舵压力 P(习惯上采用法向力 P_N)和舵杆头部作用力 P_c。根据舵系和支承情况,做适当简化,用结构力学方法进行计算,下面分别讨论。

(1)平衡舵系的受力分析及计算模型

分单舵销平衡舵系和双舵销平衡舵系两种情况进行分析。

①只有一个下舵销的平衡舵系(舵叶下端具有舵销的结构)

上舵杆承受弯矩和扭矩。舵梁有三个支座,为三支座静不定梁系,是一个一次静不定梁系。其计算模型可简化成图 1.30 所示的多跨梁。若将这种结构视为三支点的自由支持梁来计算,并考虑到舵叶与舵杆截面的不同,视为阶梯式变截面梁,则可用直接计算法确定。

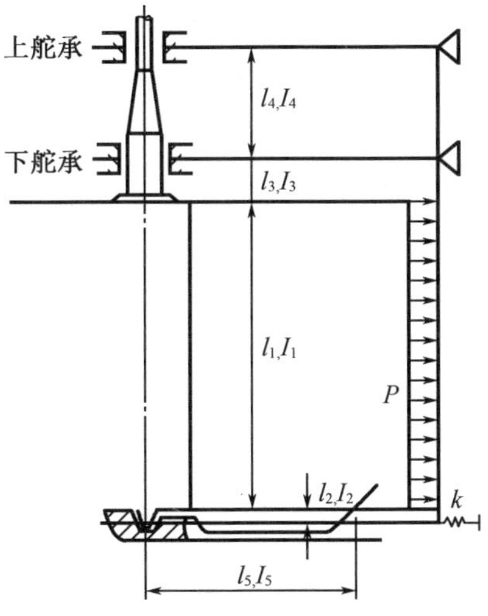

图 1.30　单舵销平衡舵系计算模型

计算负荷 P(N/m)可按下式确定

$$P=\frac{P_N}{l_1} \tag{1-42}$$

式中　P_N——舵力,N,按式(1－36)计算;

　　l_1——如图 1.30 所示,m。

单舵销平衡舵系的力图如图 1.31 所示。

由图 1.31 可以看出,最大弯矩出现在下舵承处和舵叶的中部。在现行 CCS 规范中,将舵托及舵臂视为弹性支承计算弯曲力矩,较之上述的简化更合理与实际。

上舵承处支持力 R_c 的取值应不小于 $0.1P_N$。在第一次近似确定下舵销直径时,舵销的支持力 R_a 可取为 $0.6P_N$。

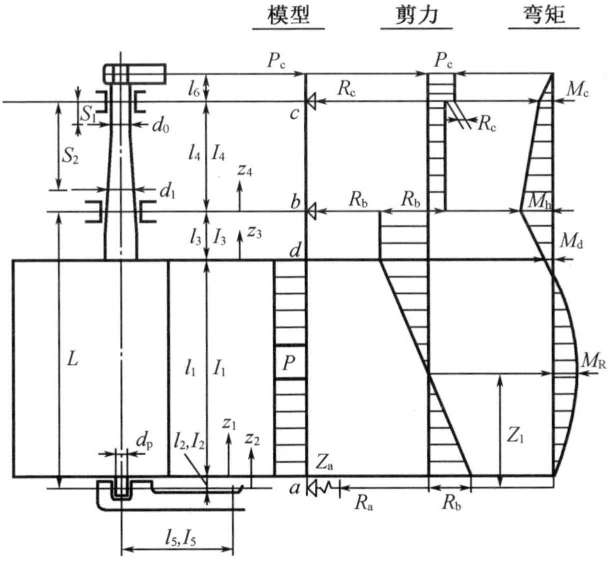

图 1.31　单舵销平衡舵系力图

②具有两个舵钮的平衡舵，即双舵销平衡舵系

如图 1.32 所示，双舵销平衡舵系主要有双舵销舵和设置舵轴的舵两种形式。上舵杆只承扭矩不承弯矩，即舵支承在上下舵钮上。舵梁有三个支座，为三支座静不定梁系，是一个一次静不定梁系，其计算模型可简化成图 1.33 所示的多跨梁。其受力按下列公式计算

舵叶弯矩 M_r(N · m)

$$M_r = 0.125 P_N h_m \tag{1-43}$$

舵叶剪力 N_r(N)

$$N_r = P_N(0.6 - h_1/h_m) \tag{1-44}$$

上舵销轴承和舵轴上轴承的支持力 R_b(N)

$$R_b = 0.7 P_N \tag{1-45}$$

下舵销轴承和舵轴下轴承的支持力 R_a(N)

$$R_a = 0.6 P_N \tag{1-46}$$

式中 h_1——所计算剖面以上或以下部分的舵高，m，取较小者；

h_m——舵叶的平均高度，m，按图 1.28 及式(1-37)计算。

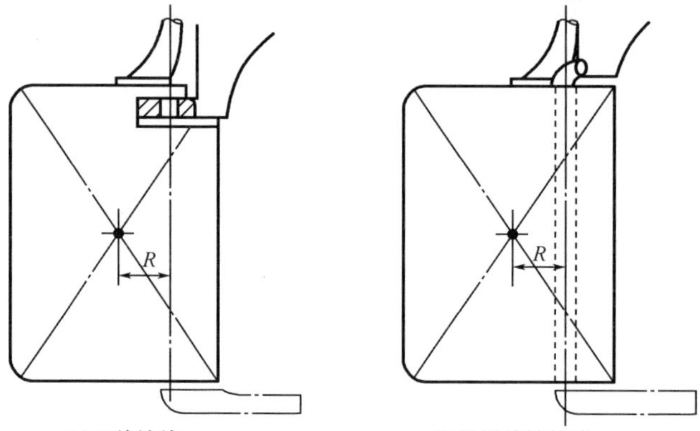

(a)双舵销舵　　(b)设置舵轴的舵

图 1.32　双舵销平衡舵系简化图

双舵销平衡舵系的力图如图 1.33 所示。

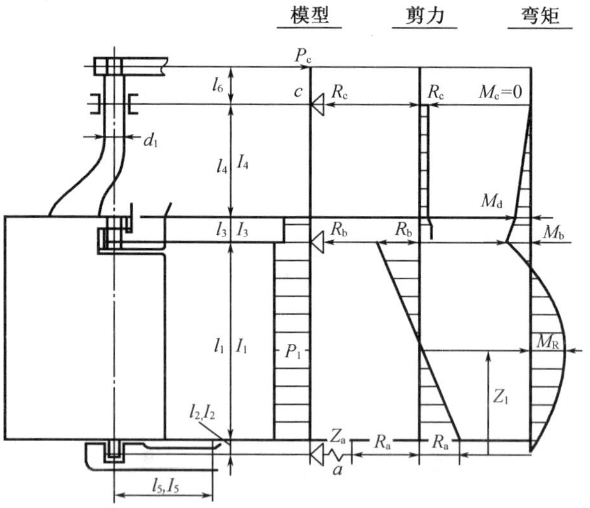

图 1.33　双舵销平衡舵系力图

③艉框底骨的支承弹簧系数 k(N/m)，可按下式确定

$$k = 6.18\frac{I_5}{l_5^3}\times 10^3 \tag{1-47}$$

式中　I_5——艉框底骨剖面对垂直中和轴的惯性矩，cm^4；

l_5——艉框底骨的有效长度，m。

(2)半悬挂舵系的受力分析及计算模型

分单舵销半悬挂舵系和双舵销半悬挂舵系两种情况进行分析。在这种情况下，舵叶上载荷可以认为是相对于舵销以下和以上的面积按比例分布。

①单舵销半悬挂舵系

舵梁有三个支座，为三支座静不定梁系，是一个一次静不定梁系，可视为三支点自由支持的外伸梁。其计算模型可简化成图 1.34 所示的多跨梁，用直接计算法确定。可按下列公式计算

计算负荷 P_1 和 P_2(N/m)

$$\left.\begin{aligned}P_1 &= \frac{P_N A_1}{l_1 A_R}\\ P_2 &= \frac{P_N A_1}{l_2 A_R}\end{aligned}\right\} \tag{1-48}$$

式中　l_1、l_2——如图 1.35 所示；

A_R——舵叶面积，m^2；

A_1、A_2——舵叶下部及上部的面积，m^2。

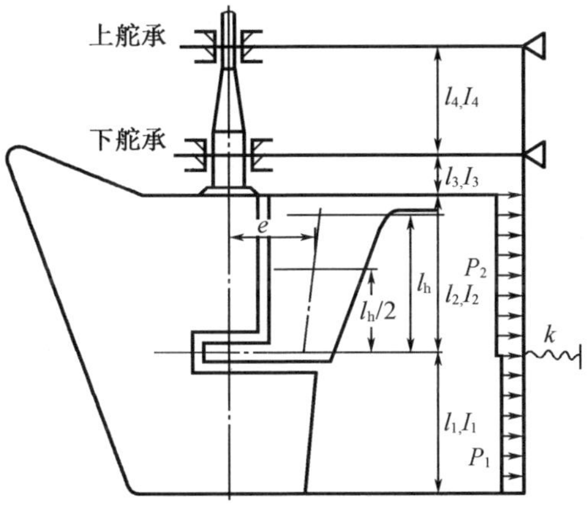

图 1.34　单舵销半悬挂舵的计算模型

上舵承处支持力 R_c 的取值应不小于 $0.1P_N$，下舵承处支持力 R_b 的取值应不小于 $0.3P_N$。

第一次近似确定舵销直径时，舵销的支承力 R_a(N)可按下式估算

$$R_a = \frac{P_N a}{l_2 + l_3} \tag{1-49}$$

式中　l_2、l_3——如图 1.35 所示；

a——舵叶形心至下舵承的距离，m；

P_N——舵力,N,按式(1－36)计算。

单舵销半悬挂舵系的力图如图 1.35 所示。

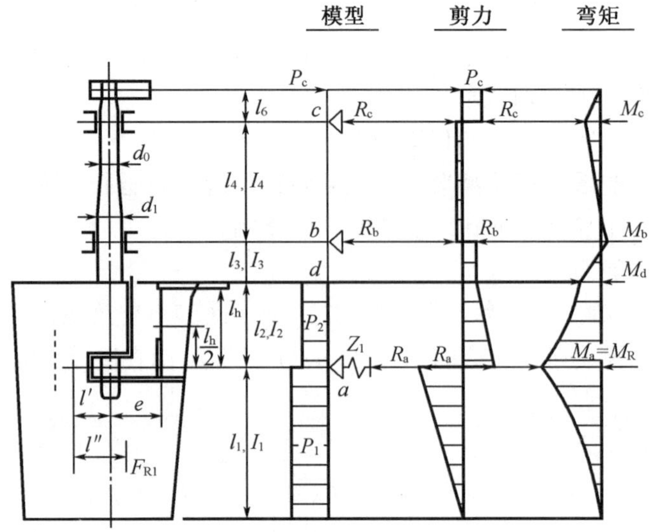

图 1.35　单舵销半悬挂舵系力图

②双舵销半悬挂舵系

舵梁有三个支座,为三支座静不定梁系,是一个一次静不定梁系,可视为三支点自由支持的外伸梁。其计算模型可简化成图 1.36 所示的多跨梁。其受力可按下列公式计算

下舵销处 A—A 剖面的舵叶弯矩 M_r(N·m)

$$M_r = P_N a \frac{A_1}{A_R} \tag{1-50}$$

下舵销处 A—A 剖面的舵叶剪力 N_r(N)

$$N_r = P_N \frac{A_1}{A_R} \tag{1-51}$$

下舵销轴承处的支持力 R_a(N)

$$R_a = \frac{P_N}{2}\left[1 + \frac{A_1 h_m}{A_R(h_m - h_1)}\right] \tag{1-52}$$

上舵销轴承处的支持力 R_b(N)

$$R_b = \frac{P_N}{2}\left[\frac{A_1 h_m}{A_R(h_m - h_1)} - 1\right] \tag{1-53}$$

式中　P_N——舵力,N,按式(1－36)计算;

A_R——舵叶面积,m^2;

A_1——A—A 剖面以下的舵叶面积,m^2;

a——面积 A_1 的形心至 A—A 剖面的垂直距离,m;

h_1——A—A 剖面以下的舵高,m;

h_m——舵叶的平均高度,m,按图 1.28 及式(1－37)计算。

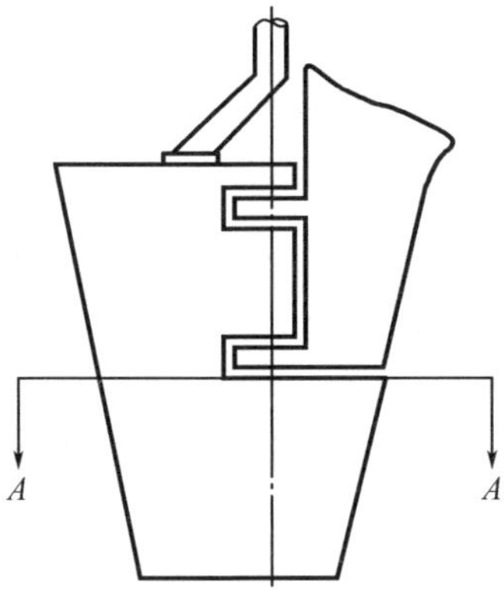

图 1.36　双舵销半悬挂舵系简化图

双舵销半悬挂舵系的力图如图 1.37 所示。

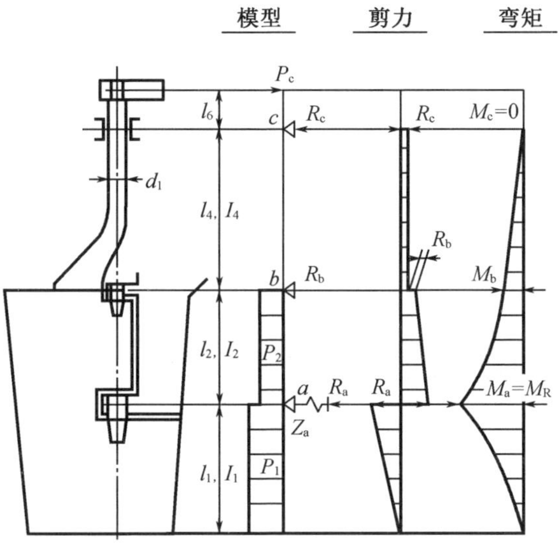

图 1.37　双舵销半悬挂舵系力图

③挂舵臂的支承弹簧系数

挂舵臂的支承弹簧系数 k(N/m)可按下式确定

$$k=\frac{1}{f_b+f_t} \tag{1-54}$$

$$f_b=\frac{1.3l_h^3}{6.18I}\times 10^{-3} \tag{1-55}$$

$$f_t=\frac{l_h e^2\sum\frac{u_i}{t_i}}{3.14A_a^2}\times 10^{-11} \tag{1-56}$$

式中　f_b——在支撑中心作用 1 N 力时,挂舵臂产生的弯曲位移,m/N;

f_t——在支撑中心作用 1 N 力时,挂舵臂产生的扭转位移(m/N);

式中 l_h——如图 1.34 所示，m；

e——舵杆中心至挂舵臂 $l_h/2$ 处剖面形心的距离，m，如图 1.34 所示；

A_a——挂舵臂的外界限封闭面积的平均值，m^2；

u_i——形成挂舵臂的平均截面积的各块板的宽度，mm；

t_i——各块板宽度内相应的厚度，mm。

(3)悬挂舵的受力分析及计算模型

可将悬挂舵结构视为双支点自由支持的外伸梁，为静定梁系，用直接计算法确定。针对舵叶的外形，可分两种情况讨论。

①当舵叶为矩形时，作用在舵叶上的水动力可视为均布载荷，其简化的计算模型如图 1.38 所示，其受力可按下列公式计算

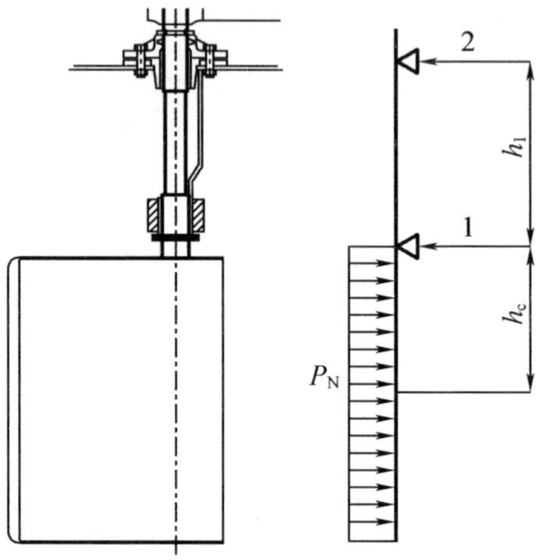

图 1.38 悬挂舵的简化计算模型(矩形舵叶)

下舵承处弯矩

$$M_b = P_N \cdot h_c \tag{1-57}$$

各支承处的反力

下舵承处

$$R_1 = P_N \frac{h_c + h_1}{h_1}$$

上舵承处

$$R_2 = P_N \frac{h_c}{h_1} \tag{1-58}$$

式中 h_c——舵叶面积中心至下舵承的距离；

h_1——支承点之间距。

②对锥体连接的悬挂舵，当舵叶为倒梯形时，作用在舵叶上的水动力可视为阶梯状分布的载荷，其简化的计算模型如图 1.39 所示。其受力可按下列公式计算

下舵承处的舵杆弯矩 M_b(N·m)

$$M_b = P_N\left[l_2 + \frac{l_1(2C_1 + C_2)}{3(C_1 + C_2)} \right] \tag{1-59}$$

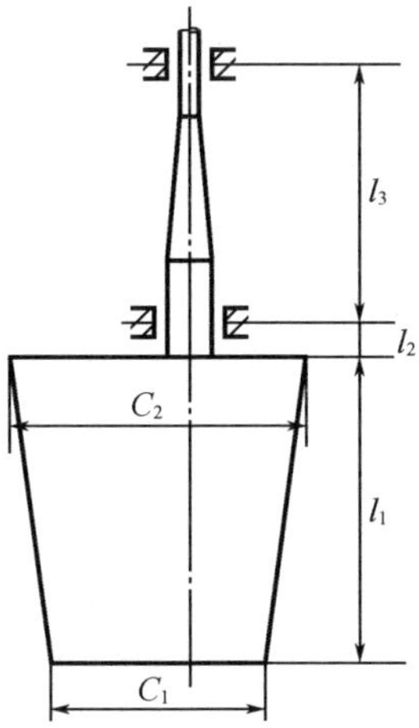

图 1.39　悬挂舵系简化图(梯形舵叶)

舵叶弯矩 M_r(N·m)

$$M_r = \frac{A'}{A_R}P_N a \tag{1-60}$$

舵叶剪力 N_r(N)

$$N_r = \frac{A'}{A_R}P_N \tag{1-61}$$

下舵承支承力 R_1(N)

$$R_1 = P_N + \frac{M_b}{l_3}$$

上舵承支承力 R_2(N)

$$R_2 = \frac{M_b}{l_3} \tag{1-62}$$

式中　l_1、l_2、l_3、C_1、C_2——如图 1.39 所示；

P_N——舵力,N,按式(1-36)计算；

A_R——舵叶面积,m^2；

A'——所计算剖面以下部分的舵面积,m^2；

a——面积 A'的形心至计算剖面的垂直距离,m。

(4)关于舵系受力分析及计算模型中存在的问题

关于舵的设计,在各船级社的船舶建造规范中,已在相关条款中说明,但对于很多种类的舵系模型,规范中并没有给出明确的计算方法。

IACS 的船舶建造规范中给出了常用的悬挂舵系、单船平衡舵系和单舵销板悬挂舵系三种舵的计算模型,其中悬挂舵是静定梁系;而另两种是单舵销平衡舵和单舵销半悬挂舵,均为三支座静不定梁系,且被视为由几个不同断面的梁段组成的阶梯式变断面梁,其舵销支座需考虑艉框底骨或挂舵臂的弹性,即弹性支座。IACS 的船舶建造规范中规定的舵系的计算模型是比较符合舵的实际情况的。

日本船级社(NK)的船舶建造规范中还另加了双舵销平衡舵和双舵销半悬挂舵。法国船级社(BV)的船舶建造规范中则另加了七种形式的舵,它们都是静不定梁系,计算模型和IACS的船舶建造规范中的模型的建立原则相同。

各船级社的船舶建造规范及共同结构规范(CSR)中有关舵系的受力分析及计算多采用简化后的等价杆模型为对象进行。三种计算舵的方法中主要存在的问题:一是采取拆分受力并叠加位移的方法,该方法计算简单,但忽略了计算模型横截面惯性矩不同的影响。二是采用单跨梁列弯矩平衡方程组的方法,该方法计入不同横截断面的不同惯性矩对受力模型的影响,计算略为烦琐。三是采用最小应变能方法,该方法可根据最小变形能定理得到补充方程,同样考虑不同截面的不同惯性矩对受力模型的影响,但计算相对复杂。

一般情况下,应尽量采用直接计算法。有些船级社的船舶建造规范规定:如不做舵系的直接计算,则舵和舵杆的计算弯矩可按其给定的简化公式求得。但简化公式既未考虑变断面梁的因素,也未考虑舵销的弹性支座作用,且各船级社的船舶建造规范中所设定的计算模型各异,相互间的差别甚大。按简化公式仅能确定舵杆的计算弯矩,而无从判断它是下舵承处断面的弯矩还是舵顶处断面的弯矩,这时校核舵杆用的弯矩只能用简化式弯矩。实际应用中,目前多依据各船级社的船舶建造规范中有关舵系设计的条款,并辅以自身的经验来完成。

1.5.3 上舵杆结构尺寸的确定

上舵杆是舵装置中的重要受力构件,由1.5.2中各舵系计算模型可知,反映上舵杆结构的参数主要有上舵杆长度、上舵承与下舵承的间距、舵柄(头)处直径、上舵承处直径及下舵承处直径等,其中上舵杆长度、上舵承与下舵承的间距是依据船体结构来确定的。舵杆强度主要反映在其直径上,因此依据舵系计算模型,按上舵杆各部位受力不同的特点,分别对其在舵柄处、上舵承处及下舵承处的直径进行核算。

(1)上舵杆在舵柄处的直径 d_0

由各舵系计算模型可知,上舵杆在舵柄处只承受扭矩作用。因此,舵头处扭矩,在舵机已选定的情况下,可按在极限舵角下舵机可能发出的公称扭矩进行校核。在初步估算时,舵头处扭矩 M_t 为

$$M_t = M_k + M_f \tag{1-63}$$

式中 M_k——舵杆的计算扭矩,可取按舵的水动力计算所得的最大舵杆扭矩值 M_a;

M_f——各支承处摩擦力矩之和。

M_f 按下式计算

$$M_f = \sum \xi R_i d_i / 2$$

式中 R_i——各支承处的反力;

d_i——各支承处舵杆的直径;

ξ——轴承摩擦系数,参见表1-7。

表 1-7　舵承处摩擦系数 ξ

滑动轴承摩擦系数		滚动轴承摩擦系数	
钢对青铜	0.06 ~ 0.10	滚动球轴承	0.015
青铜对青铜	0.04 ~ 0.14	滚柱轴承	0.030
层压胶布对青铜	0.12 ~ 0.14 润滑油	—	—
	0.15 海水润滑	—	—

为简化起见，在舵杆强度核算中，各支承处的摩擦力矩不予考虑，或将舵杆的计算扭矩 M_k 乘一个大于 1 的系数 k，即 $M_t = kM_k$（k 值取决于支承情况，对悬挂舵可取 $k = 1.10 \sim 1.20$，对支承舵可取 $k = 1.05 \sim 1.10$）。

对仅承受扭矩作用的舵柄处，可按扭转的强度条件确定 d_0。对圆形截面，$\tau = \dfrac{M_t}{W_p} \leqslant [\tau]$，则可得上舵杆在舵柄处的直径 d_0 为

$$\left.\begin{aligned} W_p &= \frac{\pi}{16}d^3 \approx 0.2d^3 \\ d_0 &= \sqrt[3]{\frac{16M_t}{\pi[\tau]}} \end{aligned}\right\} \tag{1-64}$$

（2）上舵杆在上舵承处的直径 d_u

在上舵承处，上舵杆除了受到扭矩 M_t 的作用外，还可能受到转舵时加在舵柄（或舵扇）上的作用力所造成弯矩的作用，如图 1.40 所示，这个弯矩 M_b 为

$$\left.\begin{aligned} M_b &= F_c h_t \\ F_c &= M_k / R \end{aligned}\right\} \tag{1-65}$$

式中　h_t——上舵承中点到舵柄轴系的距离；

F_c——舵柄的作用力；

M_k——上舵杆的计算扭矩；

R——舵柄半径。

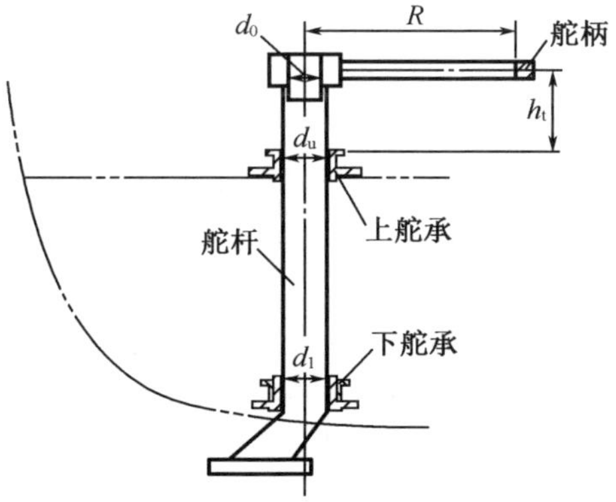

图 1.40　上舵杆与舵柄

按照强度理论来确定该处的相当力矩 M_E。若已知材料的 σ_b 或 σ_s，则可参考 1.5.1 中

所述的安全系数来核算该处的舵杆直径。

对于圆形截面，由 $\sigma=\dfrac{M_E}{W}\leqslant[\sigma]$ 可得上舵杆在上舵承处的直径 d_u 为

$$\left.\begin{aligned}W&=\frac{\pi}{32}d^3\approx 0.1d^3\\ d_u&=\sqrt[3]{\frac{32M_E}{\pi[\sigma_S]}}\approx\sqrt[3]{\frac{10M_E}{[\sigma_S]}}\end{aligned}\right\}\tag{1-66}$$

(3)上舵杆在下舵承处的直径 d_1

由 1.5.2 中各舵系计算模型可知，各种舵装置的支承形式不同，则上舵杆在下舵承处的受力情况也不同，根据上舵杆在该处的受力情况，可将舵分成两大类分别进行计算。

一类是舵叶上有两个支承点，如双舵销平衡舵系、舵销半平衡舵系，由其力图(图1.33、图1.37)可知，在下舵承处所受弯矩很小。因此在计算其舵杆强度时，常假定其在下舵承处不受弯矩作用，仅受扭矩作用，故下舵承处的舵杆直径 d_1 可取与上舵承处相同的直径，即 $d_1=d_u$。

另一类是舵叶只有一个支承点，如单舵销平衡舵系、单舵销半平衡舵系，或没有支承点(悬挂舵系)，由其力图(图 1.31、图 1.35)可知，此时上舵杆在下舵承处不仅受到扭矩作用，同时还受到舵压力形成的弯矩作用。因此，在其舵杆强度计算时，应按强度理论来求得相当力矩 M_E 后，再核算该处的舵杆直径。其中扭矩大小可按舵头扭矩 M_t 计算，而弯矩的数值则应根据具体结构情况加以考虑。

除了将作用在舵叶上的舵压力 P_N 视为在舵承和舵销跨距内的均布载荷外，为使计算更为简便，可忽略舵叶上下缘与舵承、舵销之间的间隙，这样处理后计算出来的值是偏于安全的。下面就单支承平衡舵系和单支承半平衡舵系进行讨论。悬挂舵是静定梁系，在1.5.2中已给出。

①单舵销平衡舵系(舵叶下端具有舵销的结构)

其计算模型如图 1.31 所示。由结构力学可得下舵承处的弯矩 M_b 为

$$M_b=\frac{P_N(l_1+l_2+l_3)}{8(1+ka)}=\eta P_N(l_1+l_2+l_3)\tag{1-67}$$

式中，$\eta=\dfrac{1}{8(1+k\alpha)}$(其中，$\alpha=l_4/(l_1+l_2+l_3)$)；$l_1$、$l_2$、$l_3$、$l_4$ 如图 1.31 所示；$k=I_1/I_4$(其中，I_1、I_4 分别为舵叶和上舵杆的惯性矩)。在初次计算中可暂取 $k=3$ 或 $k=5$，待舵叶、上舵杆尺寸确定后再做精确核算。

为了进行舵承计算和确定舵承上的摩擦力矩，必须确定各支承处的反力，可由下式确定

$$\left.\begin{aligned}R_a&=P_N(0.5-\eta)\\ R_b&=P_N\left[0.5+\eta\left(1+\frac{1}{\alpha}\right)\right]\\ R_c&=-P_N\frac{\eta}{\alpha}\end{aligned}\right\}\tag{1-68}$$

式中 R_a——舵销处支反力；

R_b——下舵承处支反力；

R_c——上舵承处支反力。

②单舵销半悬挂舵系

其计算模型如图 1.35 所示，相当于舵销处受$\frac{P_N l_1}{2}$的集中弯矩作用。由结构力学可得下舵承处的弯矩 M_b 为

$$M_b = \frac{[P_{N2}(l_2 + l_3) - 4P_{N1}l_1](l_2 + l_3)}{8[(l_2 + l_3) + kl_4]} \tag{1-69}$$

令 $\alpha = (l_3 + l_4)/l_2$，$\beta = l_1/l_2$，M_b 可表示为

$$M_b = \frac{(P_{N2} - 4P_{N1}\beta)(l_2 + l_3)}{8(1 + k\alpha)}$$

令 $\eta = \frac{1}{8(1 + k\alpha)}$，可得

$$M_b = \eta(l_2 + l_3)(P_{N2} - 4P_{N1}\beta)$$

各支承处的反力可由下式确定

$$\left.\begin{aligned} R_a &= P_{N1}[1 + \beta(0.5 + 4\eta)] + P_{N1}(0.5 - \eta) \\ R_b &= P_{N2}\left[0.5 + \eta\left(1 + \frac{1}{\alpha}\right)\right] - \beta P_{N1}\left[0.5 + 4\eta\left(1 + \frac{1}{\alpha}\right)\right] \\ R_c &= \frac{\eta}{\alpha}(4\beta P_{N1} - P_{N2}) \end{aligned}\right\} \tag{1-70}$$

式中，l_1、l_2、l_3、l_4 如图 1.35 所示。

(4) CCS《钢质海船入级规范》中对上舵杆结构尺寸的规定

①舵柄处传递舵扭矩的上舵杆直径 d_0 应不小于按下式计算所得之值：

$$d_0 = 4.2\sqrt[3]{\frac{T}{K_s}} \tag{1-71}$$

式中　T——舵杆扭矩，N·m，按式(1-38)计算；

K_s——舵杆材料系数，可按相关规范确定。

该式适用于上舵承处舵杆无弯矩的情况。若舵机通过舵柄或舵扇对上舵承处的舵杆产生附加弯矩，则舵柄处的舵杆直径应按式(1-72)计算，其中的弯矩 M_b 用附加弯矩代替。

②对于悬挂舵、普通双支点舵及单舵销半悬挂舵，其下舵承处和下舵承以下的舵杆直径 d_1 应不小于按下式计算所得之值

$$d_1 = d_0\sqrt[6]{1 + \frac{4}{3}\left(\frac{M_b}{T}\right)^2} \tag{1-72}$$

式中　d_0——舵柄处的舵杆直径，mm；

M_b——下舵承至舵叶顶部间舵杆的最大弯矩，N·m，M_b 均应按计算模型直接计算。

③对于双支点舵及双舵销半悬挂舵的舵杆，其上舵承以下的舵杆直径应不小于舵柄处的舵杆直径 d_0。

④当用最大能量理论直接计算法校核下舵承处和下舵承以下的舵杆强度时，则舵杆上的等效应力 σ_c 应不超过 $118K_s$（N/mm²）。

等效应力

$$\sigma_c = \sqrt{\sigma^2 + 3\tau_t^2}$$

其中：

弯曲应力

$$\sigma = \frac{10.2M_b}{d_1^3} \times 10^3 \tag{1-73}$$

剪切应力

$$\tau_t = \frac{5.1T}{d_1^3} \times 10^3$$

⑤下舵承以上的舵杆直径应尽可能保持与下舵承处的舵杆直径 d_1 一致，然后逐渐减小至舵柄处的直径 d_0。但锥体的长度应不小于两直径差额的 3 倍，锥体上端部应特别注意避免存在任何缺口。

· 拖船的上舵杆直径应按上述公式计算所得之值增加 5%。

· 冰区航行的船舶由于在计算舵力时已做修正，因此可按上述计算式确定其上舵杆直径。

· 单板舵的上舵杆直径按以上各式计算。

1.5.4 舵叶结构尺寸的确定

舵叶壳板承受静水压力，其大小沿舵的浸水深度而变化，但计算时其值可取舵叶下缘处的静水压力，或船吃水处的压力。此外舵叶壳板还承受舵压力 $P(\mathrm{N/cm^2})$，并假定 P 是均布的。则作用在舵叶壳板上的载荷为静水头及舵压力之和，即

$$P = d + \frac{P_N}{A_R} \tag{1-74}$$

式中 d——船舶吃水，m；

A_R——舵叶面积，$\mathrm{cm^2}$；

P_N——舵力，N。

(1)流线型舵(图 1.11)

现代海船绝大多数采用焊接结构的流线型剖面舵叶，它主要由舵叶旁板、垂直隔板、水平隔板，以及连接舵杆或舵销的铸钢件等组成。

对流线型剖面舵叶结构的具体要求：组成箱形结构的有效舵旁板的宽度应取不大于该处舵叶横向尺度的 2 倍，也不大于 2.5 倍的下舵承处的舵杆直径或舵顶部连接法兰的长度。

①计算舵叶旁板厚度。舵叶旁板可视为由垂直隔板和水平隔板支持的板格构成。板格可视为四周自由支持的刚性板，可近似地简化成如图 1.41 所示的筒形弯曲。

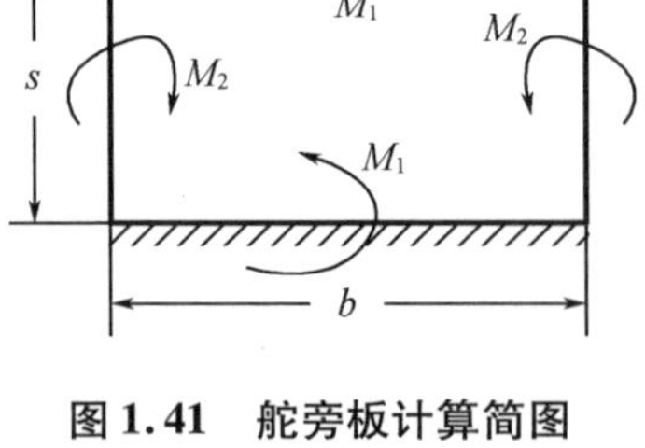

图 1.41 舵旁板计算简图

舵叶旁板所承受的应力 $\sigma=\frac{M}{W}$，单位板条梁的模数 $W=\frac{t^2}{6}$，故

$$\sigma=\frac{6M}{t^2}\leqslant[\sigma] \tag{1-75}$$

板格周边弯矩：刚性固定边为 $M_1=k_2Ps^2$，自由支承边为 $M_2=k_3Ps^2$。当 $b>s$ 时，$M_1>M_2$，所以舵叶旁板厚度 t(mm)应满足如下关系

$$t=\sqrt{\frac{6M}{[\sigma]}}=\sqrt{\frac{k_3s^2\left(d+\frac{P_N}{A_R}\right)}{[\sigma]}}=\frac{1}{\sqrt{[\sigma]}}s\sqrt{k_3}\sqrt{d+\frac{P_N}{A_R}}$$

将许用应力值等代入上式可得

$$t=5.5s\beta\sqrt{d+\frac{P_N}{A_R}\times10^{-4}}+2.5 \tag{1-76}$$

式中 s——舵旁板板格短边长度，m；

b——舵旁板板格长边长度，m；

β——板格短、长边的比值修正系数，$\beta=\sqrt{1.1-0.5\left(\frac{s}{b}\right)^2}$，当 $\frac{b}{s}\geqslant2.5$ 时，β 取1。

考虑到舵叶长期浸在水中要受到腐蚀等因素，依据使用经验，加上2.5的腐蚀补偿值。

②根据舵叶旁板的厚度可以得到其他一系列构件的尺寸：

a. 舵叶顶板和底板的厚度应不小于舵叶旁板的厚度。

b. 舵叶内部垂直隔板和水平隔板的厚度应不小于0.7倍的舵叶旁板厚度，且不小于8 mm。

c. 舵叶的导边板厚度应不小于1.2倍的舵叶旁板厚度，但也不必大于22 mm。

d. 半悬挂舵，其下舵销区域的舵叶旁板应加厚，其厚度值应较按式(1-76)计算所得厚度增加80%。该加厚的舵叶旁板应延伸超过连续垂直隔板和下舵销区域上下的水平隔板，在角隅处应有尽可能大的圆角。

③舵叶制作完成后应按规范要求做密性试验。

(2)单板舵(图1.11)

单板舵的舵叶厚度 t(mm)应不小于按下式计算所得之值

$$t=1.5sV_s+2.5 \tag{1-77}$$

式中 s——加强筋间距，m，且 s 应不大于1 m；

V_s——设计航速，kn。

单板舵的加强筋(舵臂)的厚度应不小于舵叶厚度，加强筋的剖面模数 W(cm^3)应不小于按下式计算所得的值

$$W=0.5sl^2V_s^2 \tag{1-78}$$

式中，l 为自舵后端至舵杆中心线的水平距离，m。

1.5.5 舵杆与舵叶的连接

(1)法兰连接

法兰的形状和尺寸取决于连接的强度要求、法兰所在处的舵剖面的形状及螺栓布置的要求等因素。

如果上舵杆与舵叶用水平法兰连接，由于承受弯矩和扭矩的作用，其连接螺栓也承受弯、扭应力，如图1.42所示。

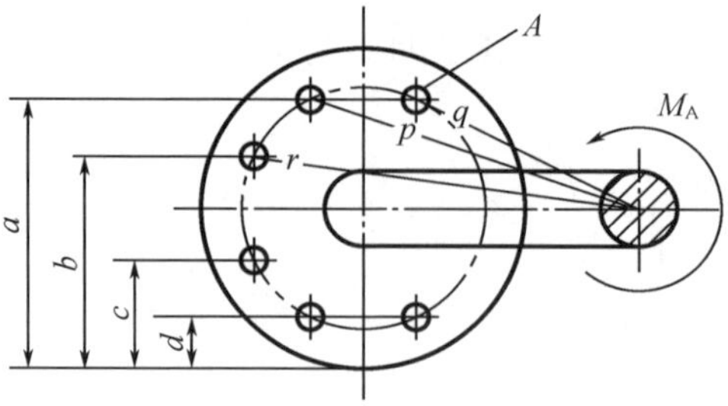

图1.42　法兰计算简图

①CCS《钢质海船入级规范》中对水平法兰连接的要求

a. 连接法兰的螺栓，其直径 d_b(mm)应不小于按下式计算所得之值

$$d_b = 0.62\sqrt{\frac{d_1^3 K_s}{nE_b K_b}} \tag{1-79}$$

式中　d_1——下舵承处舵杆直径，mm

n——螺栓总数，至少有6只；

E_b——螺栓中心与螺栓系中心的平均距离，mm，E_b 应不小于0.9倍的下舵承处的舵杆直径 d_1，如果法兰承受弯曲应力(如悬挂舵)，则螺栓中心到法兰纵向中心间的平均距离应不小于 $0.6d_1$；

K_s——舵杆材料系数；

K_b——螺栓材料系数。

b. 连接法兰的厚度 t(mm)应不小于按下式计算所得的值，且不小于 $0.9d_b$，即

$$t = d_b\sqrt{\frac{K_b}{K_f}} \tag{1-80}$$

式中　d_b——按不超过8个螺栓数计算所得的直径，mm；

K_f——法兰材料系数。

c. 螺栓孔外侧的宽度应不小于0.67倍的螺栓直径。

d. 连接法兰的螺栓应为绞孔螺栓，螺母应有可靠的制动装置。连接法兰应配有紧配键，以减轻螺栓的负荷。

②CCS《钢质海船入级规范》中对垂直法兰连接的要求

a. 连接法兰的螺栓，其直径 d_b(mm)应不小于按下式计算所得之值

$$d_b = 0.81d_1\sqrt{\frac{K_s}{nK_b}} \tag{1-81}$$

b. 螺栓面积对法兰中心的静矩 J_m(cm^3)应不小于按下式计算所得之值

$$J_m = 0.000\,43d_1^3 \tag{1-82}$$

c. 连接法兰的厚度 t(mm)应不小于螺栓直径,螺栓孔外侧的宽度应不小于 0.67 倍的螺栓直径。

d. 连接法兰的螺栓应为绞孔螺栓,螺母应有可靠的制动装置。

(2)锥体连接

舵杆与舵叶的锥体连接可分为有键连接和无键连接,其锥体长度一般应不小于 1.5 倍下舵承处的舵杆直径 d_1,且锥形部分应无阶梯地过渡到圆柱部分。舵杆下端应用螺母紧固,螺母应有可靠的止动装置。

①有键锥体连接

采用键连接时,键沿着锥体的母线安装。键的材料总是比舵杆或承座(舵叶上部的铸钢件)的材料强度高。键的尺寸根据其受剪面和受挤压的侧面情况确定,对于传递大扭矩的锥体连接应设置两个键,但在计算时只考虑一个半键起作用,因为键与键槽不可能制作得绝对精确。

CCS《钢质海船入级规范》中对于有键锥体连接的要求如下:

a. 锥体连接应具有 1∶12 ~ 1∶8的锥度。锥体连接应装有键,该键应安装在舵的前后方向上。键的剪切面积和受挤压面积应不小于按规范计算所得之值。

b. 螺母的长度、外径等尺寸按规范的要求确定。

c. 舵叶内的承座,在其中点(不计及键槽)处的厚度应不小于锥体平均直径的 0.25 倍。

②无键锥体连接

无键锥体连接是利用舵杆与舵叶上部的铸钢件的锥形表面之间的摩擦力传递扭矩的。为使这两个锥体表面之间有足够的摩擦力,需施加较高的压力。施力的方法目前常用的是液压螺母装配法。

CCS《钢质海船入级规范》中对于无键锥体连接的要求如下:

a. 舵杆与舵叶间采用液压装配或冷缩配合的无键锥形连接,具有直径为 1∶20 ~ 1∶12 的锥度。

b. 为了使舵杆与舵叶之间的连接能安全地传递扭矩,应按规范要求确定推入的长度和推入的压力。

c. 舵叶内的承座,在其中点处的厚度应不小于锥体平均直径的 0.25 倍。

1.5.6 其他附件

这里主要讨论舵销、舵钮以及下舵杆的结构尺寸。至于舵承装置、舵柄(扇)结构、止跳装置以及舵角机械止动装置等结构形式和尺寸问题可参阅相关文献资料。

(1)舵销、舵钮

一般舵销是一短轴,承受的是支点反力 R_i,校核舵销在舵叶支点反力作用下的强度时,可假设舵销为悬臂梁。主要核算其切向力,除切向力外有时还需要校核表面载荷。

舵销所承受的是支点反力,视舵叶的支承形式而定。对具有下舵销的平衡舵和半平衡舵,可按前面所述的相关公式计算;对于带有若干个舵钮的不平衡舵,各舵销上的作用力 R_i 可按下式计算

$$R_i = P_N \frac{A_{Ri}}{A_R} \tag{1-83}$$

式中　A_{Ri}——由该舵销所支承的，以通过相邻两舵钮中点的水平线为界限的部分舵面积；

P_N——舵力，按式(1-36)计算。

由舵销轴承产生的摩擦力矩不大，但由于锥体承受一定的弯矩，所以应按锥体连接的要求进行设计。舵销锥体部分应无阶梯地过渡到圆柱部分，锥体端部有螺纹端，用螺母固紧，螺母应装设止动装置或开口销。

CCS《钢质海船入级规范》中对舵销及舵钮连接的要求如下：

①舵销与销座应为锥形配合，锥体长度应不小于舵销直径。对于键连接和其他人工装配并用止动螺母锁紧的舵销，应具有直径为1∶12～1∶8的锥度。对于用注油和液压螺母安装的舵销，应有1∶20～1∶12的锥度。

②舵销直径 d_p(mm)应不小于按下式计算所得之值

$$d_p = 0.35\sqrt{\frac{R_i}{K_p}} \tag{1-84}$$

式中　R_i——舵销对舵叶的支持力（即舵销轴承支持力）；

K_p——舵销材料系数。

拖船的舵销直径应较式(1-84)计算所得之值增大5%。

③销座的厚度应不小于0.25倍的舵销直径 d_p。

④舵销轴承的长度应不小于舵销衬套的直径，但不应超过舵销衬套直径的1.2倍，轴承衬套外侧的舵钮厚度应不小于0.25倍的舵销直径 d_p。

⑤螺母的尺寸可参考前述的舵杆和舵叶的锥体连接中的要求确定。

⑥舵销与销座采用锥形液压连接时，其推入长度及推入压力可参考前述的舵杆和舵叶的锥体连接中的要求确定。

(2)下舵杆

①代替下舵杆的连接构件

复板舵中常用由1～2根垂直隔板与舵叶壳板组成的箱形结构来代替下舵杆，如图1.43所示。

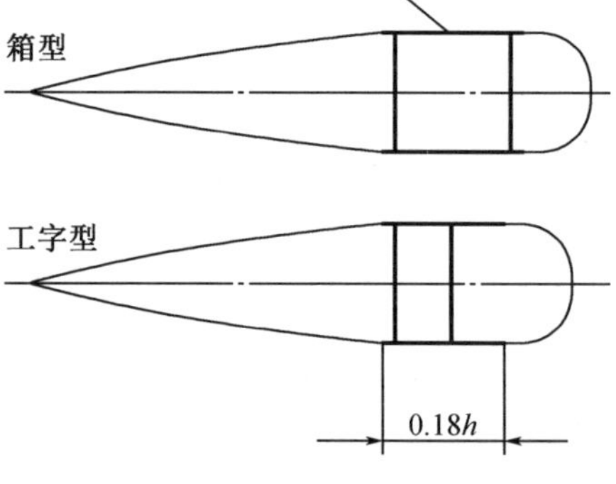

图1.43　代替下舵杆的连接构件

若将下舵杆或代替它的连接构件视作两支点自由支持的梁，则可按此梁上最大弯矩 M_b

来确定这一连接构件所需的剖面模数。连接构件的带板宽度可取50倍舵叶旁板厚度，或0.18h。

②舵轴

如舵轴舵，又称辛浦莱(Simplex)型平衡舵，其舵叶支撑在舵轴上，此种形式能减少作用在舵叶上的载荷。舵轴下端固定在艉柱(舵托)的舵承座上，上端通过法兰同船体连接。舵叶用滑动轴承支承在舵轴上。为了确定舵轴的直径，可以把它当作两端刚性固定的梁计算，这个梁承受两个集中载荷，每个载荷为$P_N/2$，如图1.44所示。为保证结构强度，上轴承处的舵轴直径可取为1.1d_r(d_r为舵轴在下轴承处的直径)，舵轴中部直径可取为0.9d_r。

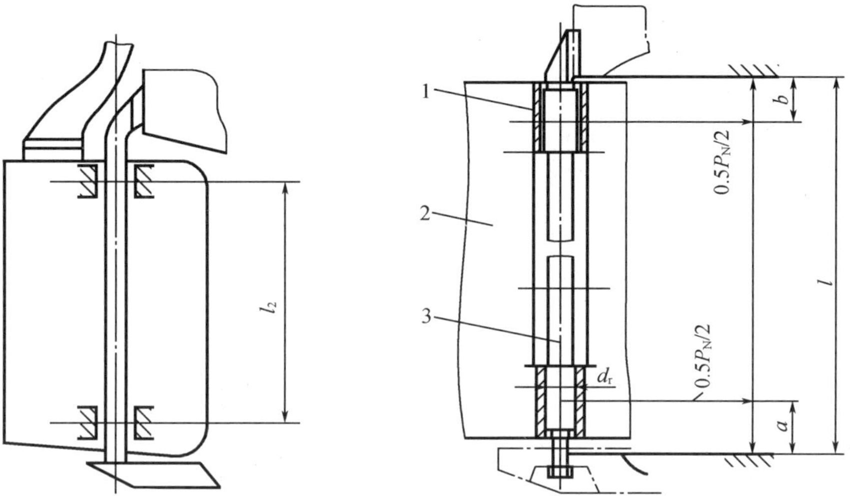

1—衬套；2—舵叶；3—舵轴。

图1.44　舵轴及其计算图

1.6　操舵装置

前面已对舵装置的主要相关构件进行了讨论，这节主要对操舵装置进行讨论，特别是舵机的选型及扭矩的确定。

1.6.1　操舵装置的基本形式及要求

操舵装置是转动舵的装置，包括转动舵的动力设备、转舵机构和向舵杆施加转矩的部件(如舵柄或舵扇)。操舵装置的基本形式和分类情况如下所述。

(1)按操舵装置的使用要求分类

操舵装置又分为主操舵装置与辅助操舵装置。所谓主操舵装置是指在正常航行情况下为操船目的而使舵产生动作所必需的机械、转舵机构、舵机装置动力设备及其附属设备和向舵杆施加转矩的部件(如舵柄或舵扇)。所谓辅助操舵装置是指在主操舵装置失效时，为驾驶船舶所必需的设备,这些设备不应属于主操舵装置的任何部分,但可共用其中的舵柄、舵扇或做同样用途的部件。

(2)按操舵装置的动力源分类

按操舵装置的动力源,操舵装置可分为人力操舵装置(人力舵机)、电动操舵装置(电动舵机)、液压操舵装置(液压舵机)。

①人力操舵装置

人力操舵装置主要形式有舵索传动的人力操舵装置、刚性传动的人力操舵装置以及手动液压操舵装置。

人力操舵装置只有当其操作力在正常情况下不超过 160 N,且其结构不致对操舵手轮产生破坏性反冲作用时,方允许装船使用。一般仅在小艇、非自航驳船及小型船舶上使用。

②电动操舵装置

电动操舵装置由电动舵机及其控制系统、舵角限制器和应急操舵装置组成。电动舵机的转舵力矩通常在 6.3 ~160 kN · m 的范围内,过大的转动力矩将使电动舵机显得过分庞大和笨重。

电动舵机通常由电动机、减速箱、制动装置、舵扇及缓冲弹簧组成。舵扇空套在舵杆上,舵柄与舵杆连接,舵扇与舵柄之间设置缓冲弹簧。其传动方式是:电动机通过减速箱驱动舵扇,再通过缓冲装置带动舵柄使舵转动。如图 1.45 所示。

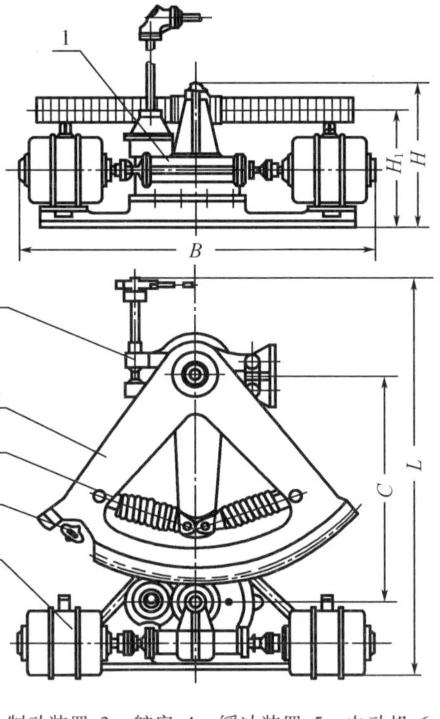

1—减速箱;2—制动装置;3—舵扇;4—缓冲装置;5—电动机;6—舵扇凸轮。

图 1.45　电动舵机

电动舵机传动可靠,维修方便,但制造精度要求高,体积庞大、质量大,运转平稳性,对舵的外力缓冲性没有液压舵机好,通常仅用于中等尺度的船舶上。目前,电动舵机已几乎不再采用,而由各种形式的电液驱动的液压舵机代替。

③液压操舵装置

液压操舵装置即电动液压舵机或液压舵机。它是由电动机驱动主油泵运转,主油泵吸排油产生油压,通过管路系统进入转舵油缸,推动油缸中的柱塞或叶片运动,从而带动舵杆、舵叶转动。其主要部分为油泵、推舵机构及控制阀等。

电动液压舵机按转舵机构中运动部件的运动方式可分为往复式和回转式(转叶式)两类;按控制方式可分为变向泵式(又称泵控型)和换向阀式(又称阀控型)两种,前者使用变向变量泵,一般用于转舵力矩较大,即所需功率较大的液压舵机,后者使用定向定量泵,适用于中小功率的液压舵机。

电动液压舵机具有噪声小、体积小、质量轻、转矩大、传动平稳、能实现无级调速、易于遥控和管理、操作方便、在频繁的操舵时仍有较高的可靠性等优点,为现代船舶广泛采用。

a. 往复式液压舵机

目前常用的有柱塞式液压舵机和摆缸式液压舵机。

柱塞式液压舵机目前常用的是采用柱塞式油缸的拨叉式推舵机构,通常采用叉形舵柄,柱塞在两个油缸之间滑动,柱塞中间设有柱塞销及滑块同叉形舵柄连接,随着柱塞的移动,滑块在叉口内滑动,带动叉形舵柄转动,如图 1.46 所示。

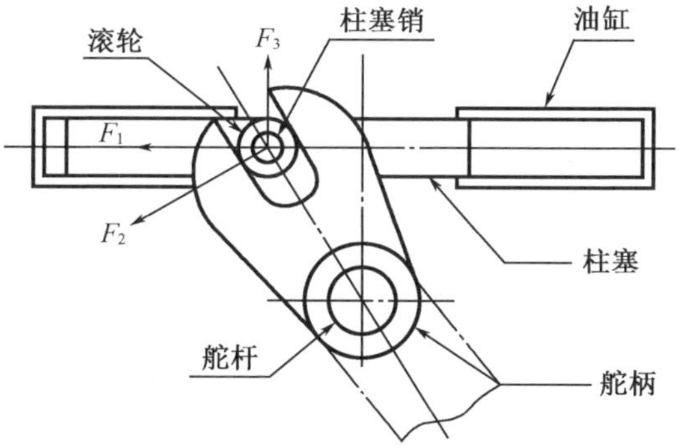

图 1.46　叉形舵柄

典型的柱塞式液压舵机有:两油缸拨叉式推舵机构和四油缸双柱塞拨叉式推舵机构。这种拨叉式推舵机构工作可靠,密封性好,易于加工,便于维护,适应的转舵力矩范围广,因此得到了广泛使用。

摆缸式液压舵机目前常用的是活塞式油缸的摆缸式推舵机构,通常设置双作用活塞式油缸,按照缸体转动轴的位置可分为端绞式和中绞式。图 1.47 所示为端绞摆缸式推舵机构。

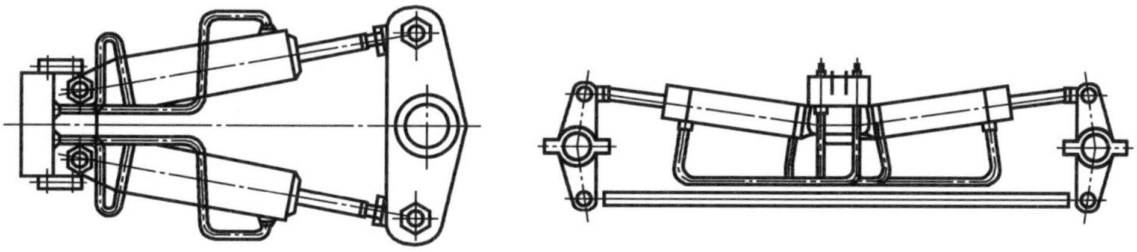

(a)单舵　　(b)双舵

图 1.47　端绞摆缸式推舵机构

摆缸式推舵机构的主要优点是质量轻,布置灵活,但转矩特性不够理想,其转舵力矩随着舵角的增大而减小,一般用于功率不大的液压舵机。

b. 转叶式液压舵机

转叶式转舵机构是由转叶直接带动的,转舵油缸由缸体和转子两部分组成。根据转叶数的不同转叶式液压舵机可分为单转叶、双转叶或三转叶式液压舵机。图 1.48 为三转叶式液压舵机,在油缸内有三片互成 120°的定叶,形成三个腔室,中间为一回转体通过键与舵杆连接,回转体上有三片互成 120°的转叶。

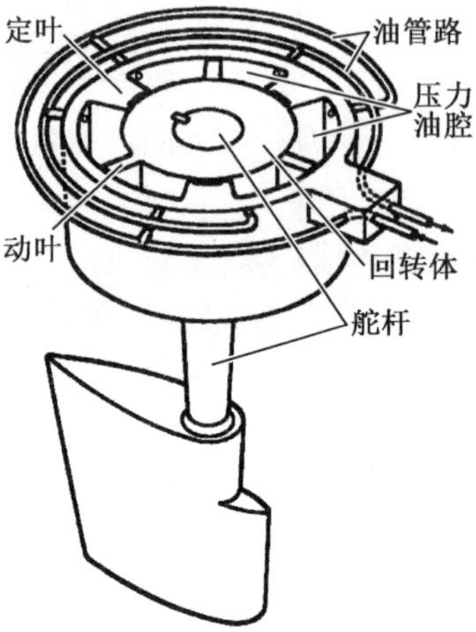

图 1.48　三转叶式液压舵机

同往复式液压舵机相比,转叶式液压舵机结构简单、紧凑、体积小、质量轻、舵角转动范围大,可满足目前任何一类舵的转角要求,且扭矩范围大,舵杆受力均匀,传动效率高,安装方便,不需设置上舵承,舵杆与舵机的连接可采用锥体连接,且舵杆仅随扭矩而无侧向压力的作用,对舵杆不会造成径向力。

但转叶与油缸周围的密封较困难,在高压情况下易泄油,从而限制了其油压的提高。

c. 电动液压操舵装置工作原理(图 1.49)

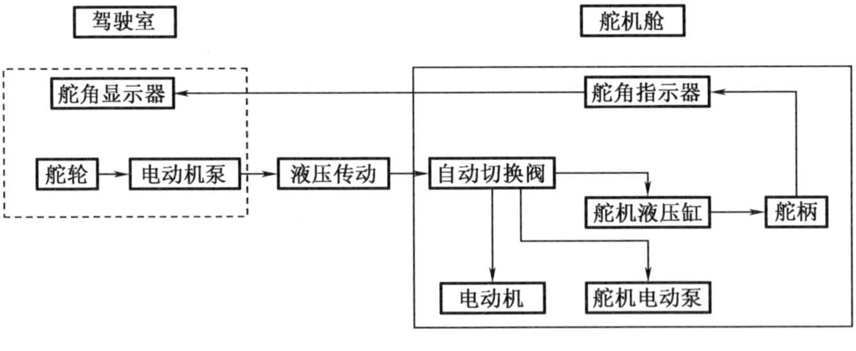

图 1.49　电动液压操舵装置工作原理

电动液压操舵装置是通过控制系统把舵机操纵台发出的操舵信号传递给舵机,以使其按照驾驶人员的意图及时准确地转舵,并在舵叶转到给定舵角时自动停止,从而保证实际舵角与指令舵角的一致性。电动液压操舵装置一般包括三部分：

·操舵装置的控制系统，即能把指令从驾驶室传送给舵机的动力装置，该装置通常由发送器、接收器、液压控制泵及其配合的电动机、电动机控制机构、管路和电缆组成；

·舵机装置的动力设备，系指驱动机及与其相连的泵；

·转舵机构，主要指将液压力转变为机械动作的转舵部件。

(3)相关法规对船舶操舵装置的配置及要求

根据有关公约和规范的使用要求，海船均应配置一套主操舵装置和一套辅助操舵装置。主操舵装置应在驾驶室和舵机舱都设有控制器。辅助操舵装置应在舵机舱进行控制，如辅助操舵装置是用动力操纵，则也应能在驾驶室进行控制，并应独立于主操舵装置的控制系统。

主操舵装置能在船舶最大吃水和最大前进航速时进行操舵，使舵自任一舷的 35°转至另一舷的 35°，并且在相同条件下自一舷的 35°转至另一舷的 30°所需的时间不超过 28 s。为此，舵柄处的舵杆直径(不包括冰区航行加强)大于 120 mm 时，主操舵装置应为动力操作。同时，主操舵装置和舵杆应设计成在船舶最大后退速度时不致损坏。

辅助操舵装置应具有足够的强度和足以在可驾驶的航速下操纵船舶，并能在应急情况下迅速投入工作。具体来说，应能在船舶最大吃水和以最大前进航速的一半但不小于 7 kn 时进行操舵，使舵自一舷的 15°转至另一舷的 15°，且所需时间不超过 60 s。为此，在任何情况下当舵柄处的舵杆直径(不包括冰区航行加强)大于 230 mm 时，辅助操舵装置应为动力操作。

对 10 000 总吨及以上的油船、化学品船、液化气体运输船和 70 000 总吨及以上的其他船舶，其主操舵装置应设有 2 台或 2 台以上如上所述的相同的动力设备，并对操舵装置控制系统提出了专门要求。

1.6.2　船用舵机的选型及扭矩的确定

操舵装置的选择实质上是舵机的选择，即对舵机形式及其扭矩的确定。舵机按其动力源主要可分为液压舵机、电动舵机以及人力舵机。其中，液压舵机又可分为手动的、机动的以及电 - 液驱动的。

舵机形式一般已由规格书明确，据此需要通过计算确定该舵机的扭矩及其额定功率，并依据舵装置的形式来确定操舵装置的结构形式及布置方式。

(1)舵机扭矩的确定

在确定舵机扭矩时除了作用在舵上水动力造成的舵机扭矩外，还应计及舵系统各支承处的摩擦力矩，而其中最主要的是舵杆轴承的摩擦力矩。

操舵装置总的计算扭矩 T_c(N · m)可按下式计算

$$\left.\begin{aligned} T_c &= T + \sum T_{fi} \\ \sum T_{fi} &= 0.5\xi \sum d_i R_i \end{aligned}\right\} \tag{1-85}$$

式中　T——作用于舵上的水动力引起的舵杆扭矩，N · m；

$\sum T_{fi}$——诸舵承处摩擦力矩之和，N · m；

ξ——舵承摩擦系数参见表 1 - 7；

d_i——舵承处舵杆直径,m;

R_i——舵承处的支承反力,N,应按作用在舵上的水动力直接计算。

在设计初始阶段,舵承的总摩擦力矩 T_f 可按水动力引起的舵杆扭矩 T 估算:

不平衡舵

$$T_f=(0.10\sim0.15)T$$

非悬挂式平衡舵

$$T_f=(0.15\sim0.20)T$$

悬挂舵

$$T_f=(0.20\sim0.30)T$$

(2)电动操舵装置原动机额定功率的确定

电动机的机械特性近似地具有恒功率特性,因此可按下列经验方法来确定电动机的额定功率。

①电动机的额定转矩

由于电动机具有短时超载能力,而且有些形式的电动机还有较理想的恒功率特性(即外转矩增大时,电动机会自动降低转速,这样不会因载荷增加而使电动机超载),故可不必按操舵装置的最大计算扭矩来决定电动机功率。电动机额定转矩可取为

$$M_n=\psi\frac{T_c}{i\eta}\quad(\mathrm{N\cdot m})\tag{1-86}$$

式中 i——转舵装置的总传动比;

η——转舵装置的总效率;

ψ——系数,对低速船舶 ψ 可取 0.74~0.84,对高速船 ψ 可取 0.50~0.60。

②电动机的额定转速

$$n_n=(1.05\sim1.35)n_t\quad(\mathrm{n/min})$$

式中 n_t——按转舵速度要求计算而得的电动机转速,$n_t=\dfrac{i\delta60}{360t}$(n/min);

δ——规范所要求的舵角转动范围(°);

t——规范所要求的在 δ 舵角内的时限范围。

③电动机的额定功率

$$N_n=\frac{2\pi M_n n_n}{75\times60\times1.36}\quad(\mathrm{kW})\tag{1-87}$$

(3)液压操舵装置舵机额定功率的确定

现代船舶上广泛使用电-液驱动的液压舵机。采用液压舵机时要特别注意舵装置与舵机的匹配特性,即舵叶的 $M_a-\alpha$ 曲线与液压舵机的 $M-\alpha$ 曲线要配合,这样才能充分利用舵机功率。液压舵机额定功率的确定可参考相关文献。

1.7　特种舵及其他操纵装置简介

某些船舶为了满足其操纵上的特殊要求或为了提高推进效率，常采用特种舵或其他操纵装置。如利用升力原理的襟翼舵、鱼尾舵、制流板舵、转柱舵等，利用推力原理的反应舵、主动舵、侧向推进器、Z 形推进器（又称全回转导管螺旋桨）、转动导流管等。

1.7.1　以提高舵压力、增加舵效为目标的特种舵

（1）襟翼舵

襟翼舵是带有可转动尾翼的舵，舵叶分为主体和尾翼两部分，并用铰链轴连接，如图 1.50所示。

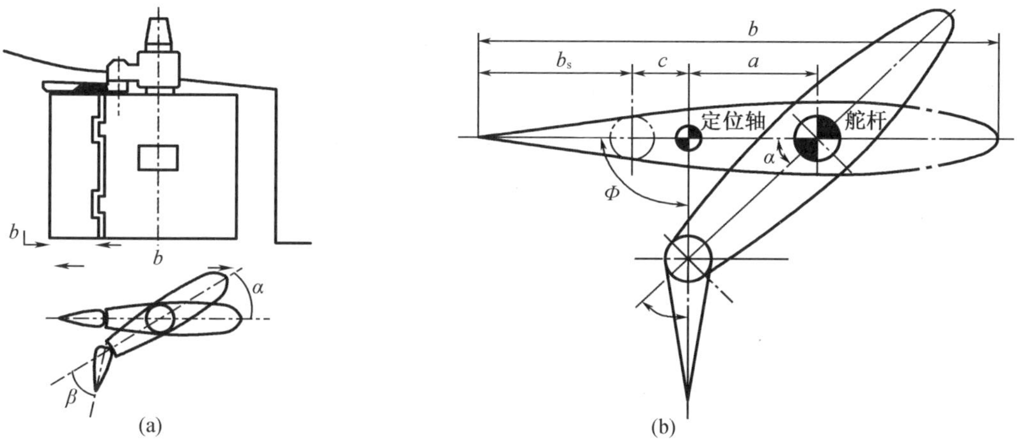

图 1.50　襟翼舵

当舵叶处于中位（即零舵角）时，舵的主体和尾翼在同一平面内，整个舵叶剖面呈对称机翼状。但当舵离开中位开始转动时，尾翼除了跟随主体转动外，同时通过随从操作机构绕铰接轴转动，使得尾翼与主体之间的夹角也随同增加，从而使得整个舵变得与变拱度的机翼相似。由此可见，襟翼舵在中位时，如同普通的对称剖面机翼舵，仍然保留了良好的航行稳定性。当它离开中位后成为变拱度的曲面，大大改善了船舶的回转性能。

襟翼舵的舵叶随舵角的变化而成为可变拱度的曲面，因此可通过合理划分舵叶主体和尾翼之间的比例，以及采用机械装置使尾翼的转角接近于主体转角的两倍，在这种情况下，满舵时，螺旋桨尾流经过舵叶主体和尾翼两次折向，几乎可使推进器推力的一半转变为横向转船力，从而可大大提高襟翼舵的舵效。

襟翼舵按其舵叶形状可分为矩形舵和梯形舵；按其支承方式可分为悬挂舵和单舵销的平衡舵；按传动机构形式又可分为齿轮式、滑块式、导杆式、摇臂式和曲柄式等。

(2)鱼尾舵

鱼尾舵也称蒂姆(H. Thieme)舵,是在普通流线型舵或平板舵的后缘加焊三角形的整流尾而成,如图 1.51 所示。

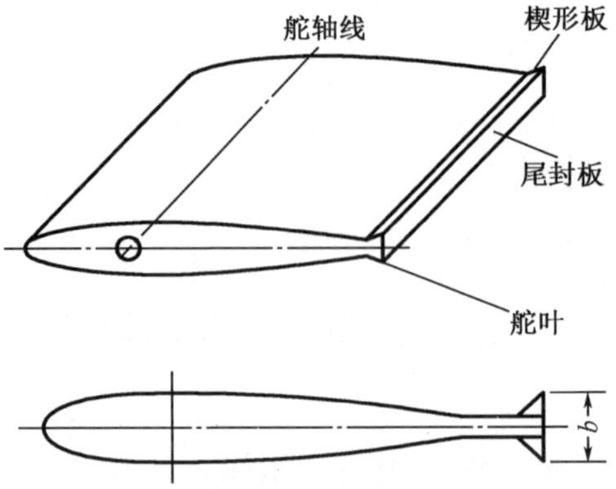

图 1.51　加装楔形整流尾的舵剖面

鱼尾舵能增大流线的拱度和速度环量,以致与不加整流尾而具有相同展弦比的 NACA 剖面的舵相比,舵效可增大 20% 左右。因此,鱼尾舵不仅能使全部舵角范围内的升力提高,而且由于压力中心后移,能消除小舵角时的过平衡状态。但整流尾(或鱼尾)会使舵的阻力有所增加,尤其在后退时,鱼尾变成平头导边,使后退时的舵效降低。

(3)制流板舵

制流板舵也称希林舵,是在流线型舵叶的上下端加装平板构成的,如图 1.52 所示。

这种端部平板(即制流板)可装在一端,也可装在两端,其作用是抑制端部横向绕流,增大纵向绕流的速度环量,相当于增大了舵的有效展弦比,其效果与制流板面积(扣除舵剖面面积后的有效制流板面积)和制流板形状有关。

常用的制流板是有圆角的矩形板,或是在随边削去两角,并在左右有向下折边的矩形板。

(4)转柱舵

转柱舵是由普通流线型舵同转柱组合而成的舵,即在舵的导缘处安装一个可以正反两个方向旋转的转柱,并使其与舵本体整体上保持一机翼形剖面,如图 1.53 所示。

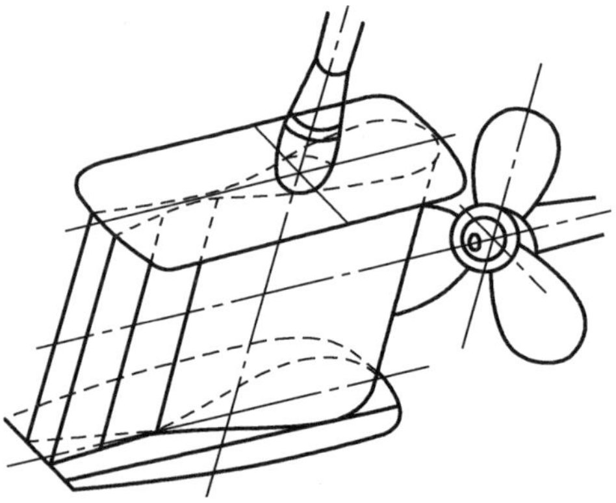

图 1.52　制流板舵

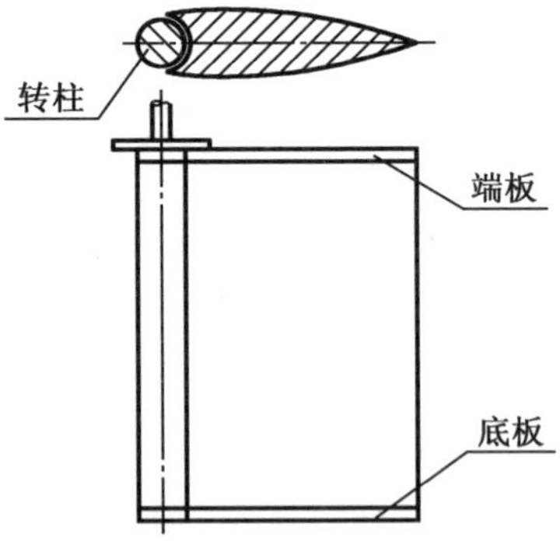

图 1.53　转柱舵

转柱舵利用转柱旋转时所产生的环流与来流叠加而产生升力的工作原理,这种装置能增加低速航行时的舵效,并使舵的失速推迟,增加了有效舵角。装有转柱舵的船舶在低速航行时具有很好的机动性,转柱停止旋转即作为普通舵使用。

1.7.2　以提高推进效率、节能为目的的特种舵

(1)反应舵

反应舵又称迎流舵,在舵叶的导缘以螺旋桨为界,上下分别向左右扭曲,如图 1.54 所示。

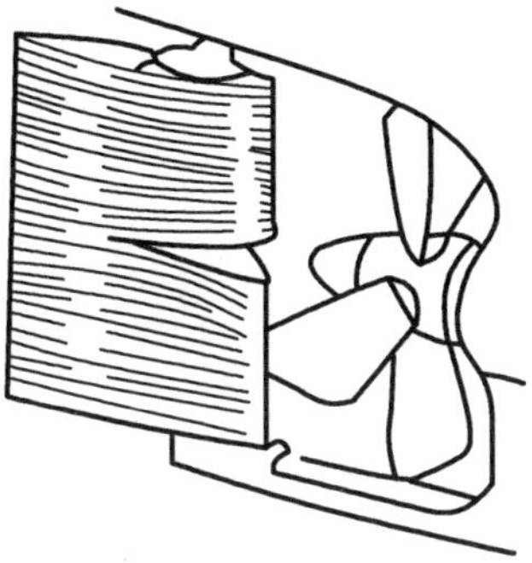

图 1.54　反应舵

反应舵扭曲的偏度以在螺旋桨轴线处最大,然后向上下逐渐减小。其扭曲的方向以螺旋桨轴系为界,对右旋螺旋桨,舵导缘上部向左舷扭转,下部向右舷扭转;对左旋螺旋桨,舵的扭曲方向则刚好相反,使其迎合螺旋桨盘面上下排出流的方向。这种舵能减少舵的阻力,提高推进效率,但对提高操纵性能没有明显作用。

(2)整流帽舵

单螺旋桨船舶上,在流线型舵的正对螺旋桨轴线部位,在舵上装设一个俗称整流帽的流线型圆锥体,其形状为对称机翼剖面的旋转体,或近似于椭圆体,称为整流帽舵,如图 1.55所示。

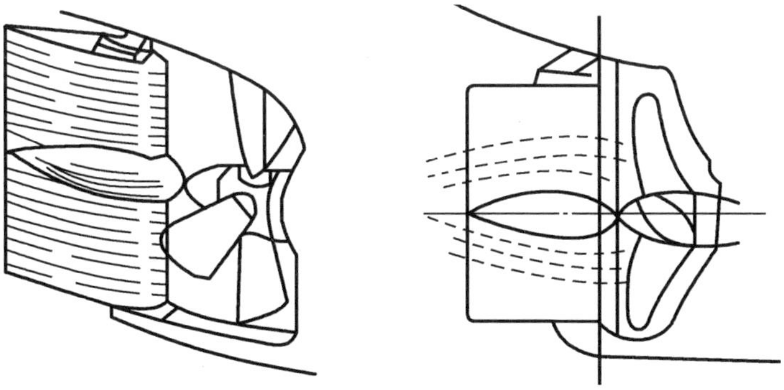

(a)　(b)

图 1.55　整流帽舵

由于整流帽填充了通常是涡流低压区的空间,从而使得螺旋桨桨毂区的尾流得到改善,不仅

提高了螺旋桨的推力和效率,消除了螺旋桨帽后的腐蚀现象,还能改善船尾的振动情况。

(3)主动舵

主动舵是在舵叶的后缘装有一个导管,导管内装设一个由设置在叶内的电动机驱动的小螺旋桨,将普通舵同小型导管螺旋桨组合为一体,如图1.56所示。

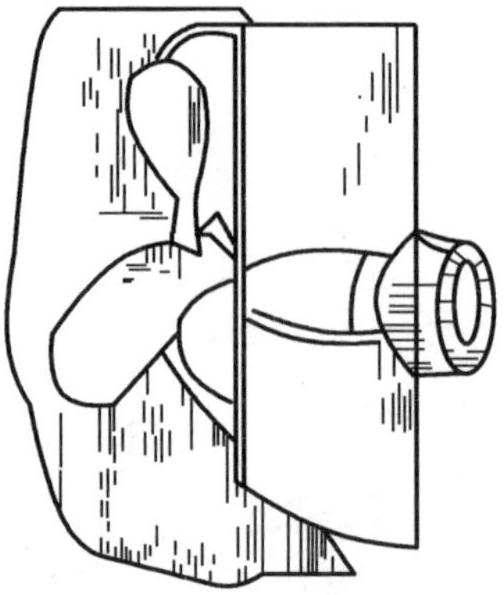

图1.56 主动舵

转舵时,处于舵叶中部后缘的螺旋桨一起转动,在舵剖面中心线方向产生推力,其侧向分力可增加转船力矩。在船舶低速甚至主机停车的情况下也能获得转船力矩,从而改善了船舶的操纵性。

主动舵多为操纵性要求高的船舶所采用,如推拖船、渡船、测量船、电缆敷设船等。但是主动舵结构复杂,而且它的这些特性在许多情况下都可用侧向推进器代替,因此目前已很少使用。

(4)麦鲁舵

麦鲁舵是在普通流线型舵叶的内部焊有许多平行的钢管,管的进口与舵的叶面焊平封闭,进口安设在舵叶的左舷,出口安设在舵叶的右舷;反之,进口在右舷的,则出口在左舷。相邻两钢管进出口交叉排列,如图1.57所示。这种舵的优点是在满足船舶操纵性的要求下,能提高航速,节约主机功率,且制造工艺不复杂。

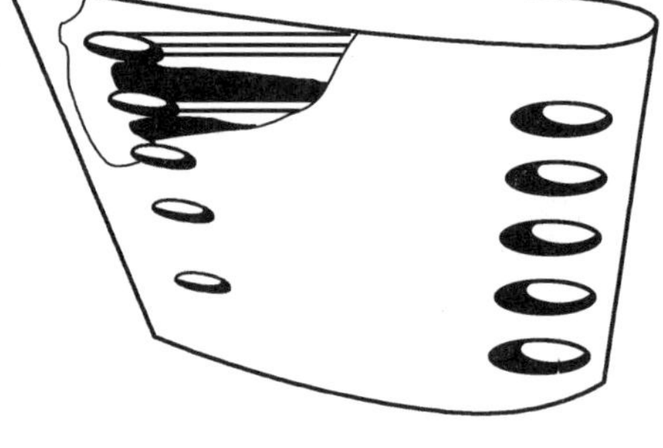

图1.57 麦鲁舵

1.7.3 其他操纵装置

对于某些操纵性要求更高的船舶,可采用Z形推进器或导流管舵等装置。还可采用在已配有舵设备的基础上，另在艏部配置侧向推进器的方案，以便更有效地提高船舶的操纵性。

(1) 侧向推进器

侧向推进器是利用安装在船体首尾端的水泵或在左右舷贯通管道中的螺旋桨横向喷射水柱所产生的反作用力，使船转向、横移，如图 1.58 所示。这是一种效率很高的操纵装置。

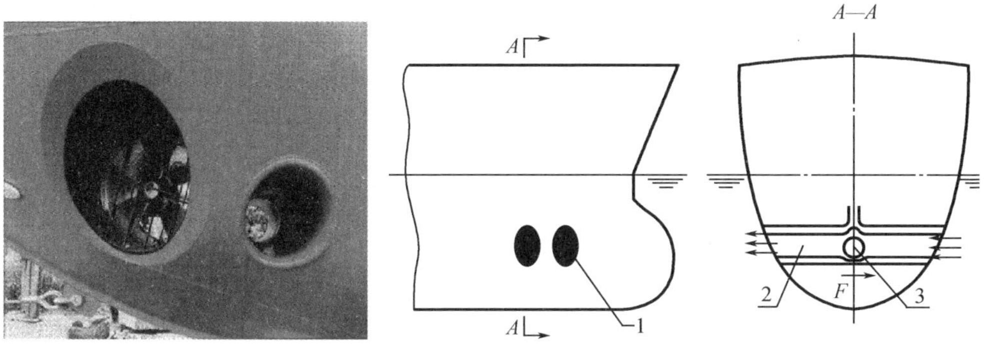

(a)　　(b)

1—侧向推力器外板出口；2—侧向推力器导管；3—螺旋桨。

图 1.58　侧向推进器

(2) Z 形推进器

Z 形推进器（又称全回转导管螺旋桨），是一种能绕旋转竖轴做 360°旋转的导管螺旋桨，因而可产生任何方向的推力使船舶正航、倒航或斜航，如图 1.59 所示。这种推进器的轴系要通过伞齿轮和垂直传动轴换向。

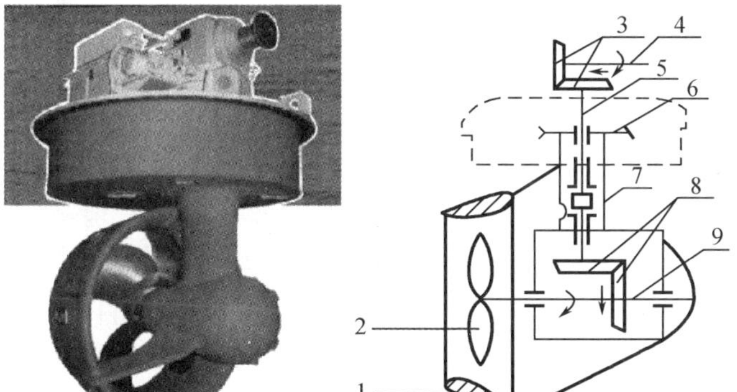

(a)　　(b)

1—导流管；2—螺旋桨；3，8—伞形齿轮；4，5，9—传动轴；6—涡轮；7—圆筒体。

图 1.59　Z 形推进器

(3) 导流管舵

导流管舵是具有特定剖面形状的管状体，同螺旋桨安装在同一轴线上，螺旋桨位于导流管最小截面处。其有固定导流管和转动导流管两种形式。固定导流管是导流管固定在船尾骨架上不动，舵设在导流管后面。转动导流管是将导流管直接安装在舵杆下由舵杆转动,从而代替舵,当导流管偏转时,改变排出流的方向,从而产生比常规舵升力更大的侧向推力和转船力矩。为提高推进效率,一般在导流管后部设置一稳向叶,处于舵杆轴线平面内,如图 1.60 所示。

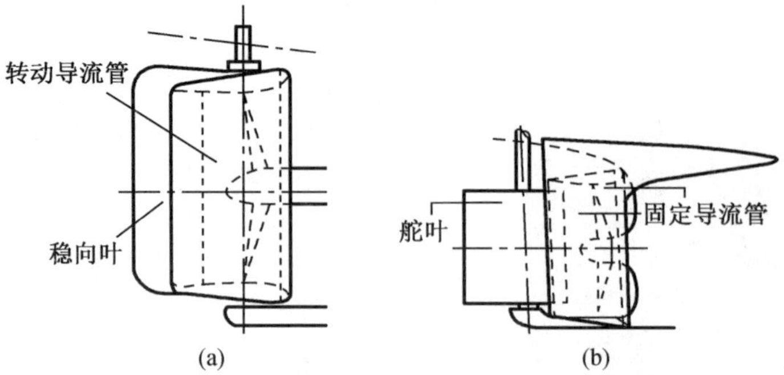

图 1.60　导流管舵

1.8　舵装置结构强度分析及系统可靠性设计

目前船舶的舵装置,基本上都是按现行的有关规范设计的,这是一种半经验半理论的确定性设计,它即没有考虑载荷的随机性,也没有考虑舵装置能力的不确定因素,从理论上讲,这是有欠缺的。近年来,结构可靠性理论得到了迅速发展,分析结构可靠性的第二水平法已达到了实用程度,各国船级社都将可靠性理论引入规范,可靠性设计成为船舶设计的新课题。

此外,由于布置特殊以及载荷条件因素的影响,舵装置系统静、动态力学性能较为复杂,在舵装置结构系统强度分析中,以往采用的是解析法,这其中引入了大量的简化假设,最终将其简化为一个能够处理的问题,如简支梁、三弯矩方法。但这些方法由于加入了过多的假设和简化,难以求出精确解,而且其结果只能得出应力强度,不能计算系统变形及接触应力等,也无法精确表达出应力的分布。如何尽可能地保留问题的各种实际工况,寻求一种比较精确的数值解方法呢?有限元方法是众多的近似分析方法中最为成功且运用最为广泛的方法,它不仅可计算结构应力强度,同时也可对系统变形、接触应力等进行分析,而且能直观地表达应力的分布,从而为结构的设计和优化提供可靠依据。

1.8.1　舵装置结构的三维有限元分析

有限元方法是随着计算机的使用而发展起来的一种有效的数值计算方法,其应用已经从弹性力学平面问题拓展到空间问题以及复杂板壳问题,由简单的静力平衡问题扩展到静动力稳定性、动力和波动等复杂问题,在工程应用领域几乎无所不在。由于有限元方法在计算上具有实物模型性和方法精确性,其计算结果相比其他简化模型的计算方法更为准确。

有限元方法的基本思想是将一个连续的实际结构(弹性连续体)划分为有限个、按一定方式相互连接的组合体,用这些组合体代替原来的连续体,建立近似的力学模型,并对该模型进行数值计算。通过对这些离散组合单元进行分析,建立起位移与内力的关系。以变分原理为工具,将微分方程转化为代数方程,将单元组合成连续结构,合并成整体结构的刚度方程。

对于复杂结构的有限元分析,目前一般使用通用的有限元软件来完成。常用的有限元软件主要有 Nastran、Marc、Ansys 等。用有限元方法分析舵装置系统的受力和变形,需要考虑的问题有确定建模方案、选取单元类型、施加载荷与边界条件,即对舵装置结构采用三维有限元进行离散,通过选取适当单元,使用内部多点约束和接触算法,建立包括舵杆、舵板、挂舵臂、舵承以及船体舵机舱结构的完整有限元模型,最后通过施加流体软件计算的水动力载荷分析舵装置系统各部分的应力和变形,从而对结构的强度做出评价。

现以 Ansys 为例来说明。该软件是融结构、流体、电场、磁场、声场分析于一体的大型通用有限元分析软件。Ansys 的前处理模块提供了一个强大的实体建模及网格划分工具,用户可以方便地构造有限元模型,该软件提供了 100 余种以上的单元类型,用来模拟工程中的各种结构和材料。Ansys 中的静力分析不仅可以进行线性分析,而且也可以进行非线性分析,如塑性、蠕变、膨胀、大变形、大应变以及接触分析,并有自动接触分析等高级功能。此外,Ansys 公司旗下的一款专业流体软件 Fluent 可用于结构流体外载荷的计算,且与 Ansys 有完善的数据接口。这样就可利用 Fluent 计算舵装置系统在最危险工况下表面的水动力载荷,然后导入 Ansys 中进行结构强度分析。针对板壳单元与实体单元连接问题,可利用 Ansys 软件中特有的内部多点约束算法(MPC 算法)建立多点约束方程连接板壳单元与实体单元,以解决单元节点自由度不匹配、无法传递弯矩的问题。

(1)单元的选取

单元类型的选定主要根据结构几何和受力特点来确定,常用的单元类型有杆单元(rod)、梁单元(beam)、壳单元(shell)、板单元(plate)、边界单元等。根据舵装置的结构特点,主要是针对这几类单元进行离散。

①薄板组成的薄壁结构,如舵板和船体板,理论上可以忽略其厚度的影响用壳单元来离散。舵板应能够弯曲,并可以承受力矩及作用在其单元表面上的流体分布载荷。每个节点应具有六个位移自由度,同时单元的材料可以选用各向同性或者正交异性材料。

②舵装置中的舵杆应力分析应属于弹性力学中的三维问题,需使用三维实体单元来进行离散。三维实体单元中的每个节点应具有三个位移自由度,其节点为空间铰接,能传递力,但不能传递力矩,其材料同样可以是各向同性或正交异性。

③舵装置系统的船体部分有大量的骨材,可用偏心梁单元来离散。每个节点有六个自由度。

④舵装置中舵杆与轴承之间定义为接触关系,可用接触单元模拟其间的相互作用关系。接触单元定义可变形表面之间的接触与滑动。它有与之相连的实体、壳或梁单元相同的几何特性。在特定的目标表面上,当单元表面穿透一个目标单元时就发生了接触。允许有库仑力及剪应力摩擦。

(2)舵装置系统中板壳和实体单元间连接问题的处理

根据有限元的单元特性,壳单元每个节点有三个平动自由度和三个转动自由度,而实体单元只有三个平动自由度,所以舵板与舵轴系统、船体板与舵轴系统之间的弯矩就无法传递,这与实际系统的工况不符。为了真实地反映系统特征,进行准确的仿真分析,在舵板与舵轴系统、船体板与舵轴系统之间用 Ansys 软件中的 MPC 算法建立多点约束方程进行手工连接,以便于弯矩的传递。

(3)系统中接触问题的处理

舵装置系统本身是一个装配的整体,当液压缸的力通过连杆传递到舵柄上,产生操舵力矩转动舵轴带动舵板时,由于舵板受到的水动力载荷作用也同时传递给舵轴,整个舵轴系统就会受力产生变形。舵装置在其转动过程中,舵轴与舵承之间、舵轴与挂舵臂之间就产生了接触问题。

对舵装置系统的受力与变形,可按两种有限元计算模型来处理,即连续模型和接触模型。两者的主要区别是在舵轴和轴承之间、舵轴和挂舵臂之间的连接关系处理上。连续模型是将这种相互间的作用作为边界条件处理,而接触模型并非人为的假定它们之间的接触关系,而是把舵轴系统和舵承统一进行建模,再根据其受力和变形,推算出它们之间的具体接触关系。

由于建模时考虑了舵承与舵轴之间及舵轴与挂舵臂之间的关系,可把整个舵装置系统内的接触问题视为小变形几何非线性接触问题,并且可做如下假定:

①舵承与舵轴之间不发生刚体运动;

②舵承与舵轴之间滑动特性由其摩擦系数唯一确定,忽略接触面间杂物及动摩擦的影响;

③应力与变形、应变与位移仍然保持线性关系。

(4)舵装置有限元模型的建立

根据舵装置的结构系统和构件尺寸,并考虑接触问题和船体对舵装置系统的影响,建立了包括舵机舱底的船体部分的整个有限元模型,其模型的有限元网格如图 1.61 所示。

图 1.61　舵装置的有限元模型网格

(5)模型的边界条件与载荷的确定

①模型的边界条件

边界条件直接施加于船体结构上,在船体结构的舱壁处节点施加简支约束,即约束三个平动自由度。

在舵杆端部由于轴承的支持施加简支约束,即约束三个平动自由度。

②某工况下的外载荷

按照船级社建造规范的规定,舵装置的强度计算中应取其最大航速转满舵及其他各种工况中最恶劣的一种工况下计算。最危险工况下舵装置的总外载荷可由专业流体软件 Fluent 计算,然后将所得载荷导入 Ansys 中进行强度分析。

(6)舵轴系统结构强度分析

根据建立的有限元模型和前述的加载工况,利用 Ansys 软件对舵轴系统的结构强度进行有限元分析,可得到舵轴系统变形和应力分布情况,即舵板及船体板 Von Mises 应力、舵轴系统 Von Mises 应力。计算结果可以表明结构各构件的最大应力是否小于材料的许用应力,结构是否满足强度要求。

1.8.2　舵装置系统的可靠性设计

可靠性是产品在规定的时间内以及规定的工作条件下保持规定质量指标的能力,它是产品的内在质量特性。产品的可靠性和产品的设计制造以及使用等各阶段密切相关。产品的设计决定了产品的固有可靠性,因此设计一旦确定,产品的可靠性也就基本确定了。作为产品质量的重要内容,产品可靠性对于产品质量的意义不言而喻,因此我们必须通过提高设计可靠性来提高产品的使用可靠性。

作为确保船舶操纵性的重要设备,舵装置与船舶的航行安全紧密关联,它在船舶航行中频繁地处于各种工作状态,所受的外载荷是变化的。尤其是单桨船的舵装置,一旦损坏就很可能引发意外,可见船舶安全直接受到舵装置可靠性的影响。

(1)舵装置传统设计中的不确定因素分析

舵装置的传统设计主要有两种方法,一是按照船舶建造规范的有关规定进行设计;二是根据强度理论设计。一般来说,除了决定舵杆直径可用强度理论计算外,其他零件主要按照船舶建造规范的规定进行计算确定。传统的舵装置设计中往往具有许多不确定因素,归纳起来,主要反映在以下几个方面:

①参数的随机变化特性往往没有得到足够的重视,各参数通常均被当作定值,概率设计的概念一直没有引入,因此舵装置工作时其结构及性能的可靠性是未知的。

②通常只考虑舵叶所受的正常工作载荷,而没有考虑由于波浪冲击等因素造成的其他动力载荷。

③舵装置的各个部分在整个操舵系统中所起的作用不同,它们因强度、液压不足等因素导致舵装置破坏或失效所造成后果的严重性也不尽相同。

④舵系的受力模型通常都带有一定程度的简化,如对载荷的作用方式等。

⑤对所有变量的不确定性是用安全系数来处理的,它不能给舵装置系统的安全性以定量的评价。由于安全系数的确定没有经过理论分析,而只是根据经验确定,这就难免有较大的主观随意性,且采用安全系数来保证强度不能定量地反映可靠工作的概率。

针对这些不确定因素,传统设计中采用的方法为:通过大量统计分析及根据长期积累的使用经验,对这些不确定因素加以恰当地考虑后,为舵装置各构件确定一个强度安全系数,而这一安全系数的选取具有较大的主观性,受设计思想及设计经验影响较大,这种半经验半理论的确定性设计有时会导致某些构件强度裕度过大,有时又会导致个别构件强度不足,这在 1.5.1 中已做说明。所以这种确定性设计显然不够理想,因此有必要对舵装置进行可靠性设计。

(2)可靠性分析方法简介

目前可靠性分析常用的方法有 JC 法(或称改进一次二阶矩法)、蒙特卡洛法和根据林德等定义的可靠性指标β(标准正态坐标系中由原点到失效界面的最短距离)值法。经过对上述几种方法进行评价比较,结果是蒙特卡洛法最费机时,林德等定义的求β值法其次,JC 法最省机时,但 JC 法不稳定。因此,这里介绍林德等定义的求β值法,其基本思想介绍如下。

①确定随机变量 X_1、X_2、X_3……X_n 建立安全裕度方程

$$Z=g(X_1,X_2,\cdots,X_n) \tag{1-88}$$

②将非正态分布当量正态化处理,即

$$\left.\begin{aligned}\mu_{x1}&=X^*-\Phi^{-1}F_x(X)\\ \sigma_{x1}&=\Psi[\Phi^{-1}F_x(X)]/f_x(X)\end{aligned}\right\} \tag{1-89}$$

式中 μ_{x1}——当量正态化后的均值;

σ_{x1}——当量正态化后的标准差;

$f_x(X)$——原来实际分布的概率密度函数;

$F_x(X)$——原来实际分布的概率分布函数;

$\Phi(\cdot)$——标准正态分布的概率分布函数;

$\Psi(\cdot)$——标准正态分布的概率密度函数。

③将式(1-89)标准正态化。

④求可靠性指标β:

目标函数

$$\beta=\left[\sum_{i=1}^{n}y_i^2\right]^{1/2}\rightarrow\min \tag{1-90}$$

约束条件

$$Z\geqslant 0$$

(3)舵装置可靠性设计流程

开展可靠性设计必须提出合理的流程,根据舵装置传统设计的流程和可靠性设计水平,采取在原有设计的工作流程上,增加可靠性工作项目,并力求两者结合相协调。可靠性设计与传统设计相结合的工作流程如图 1.62 所示。

(4)舵装置可靠性建模

除了按船级社船舶建造规范要求配备的辅助操舵系统之外,舵装置任一个组成构件的失效,必将导致整个系统的失效,以半悬挂舵系为例,其结构组成如图 1.63 所示。

根据舵装置的工作原理,对其组成构件进行详细分析,可将舵装置视为一串联系统,绘出可靠性框图,如图 1.64 所示。舵装置可靠性框图表示了系统单元的功能关系,指出了系统为完成所规定的功能,哪些单元必须可靠地工作。

对于整个舵装置,其相应的失效概率为

$$P_{\mathrm{f}}=1-\prod_{i=1}^{n}(1-P_{\mathrm{f}i}) \tag{1-91}$$

式中 P_{f}——舵装置失效概率;

$P_{\mathrm{f}i}$——组成舵装置的各个部件的失效概率。

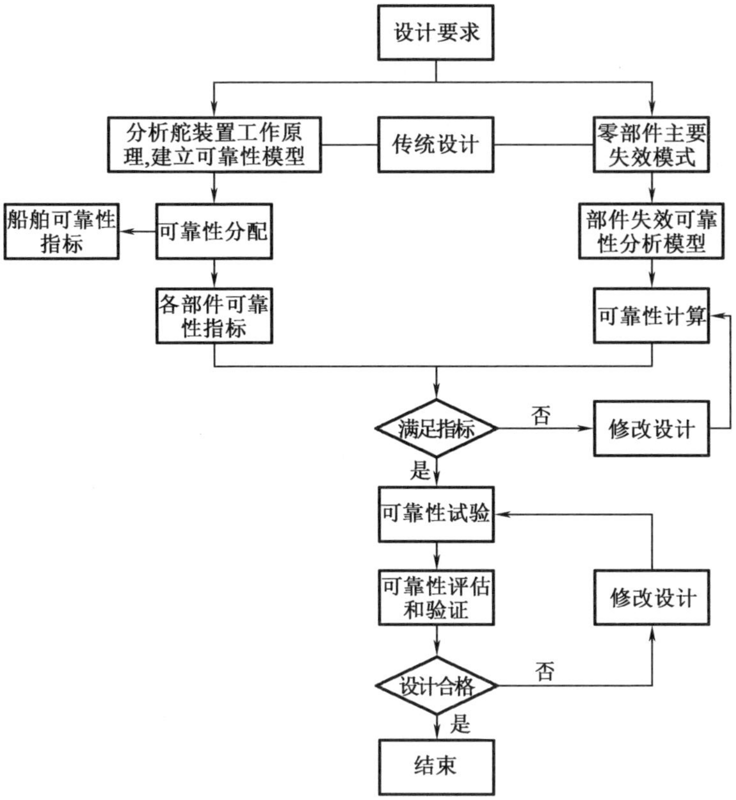

图 1.62　舵装置可靠性设计的工作流程

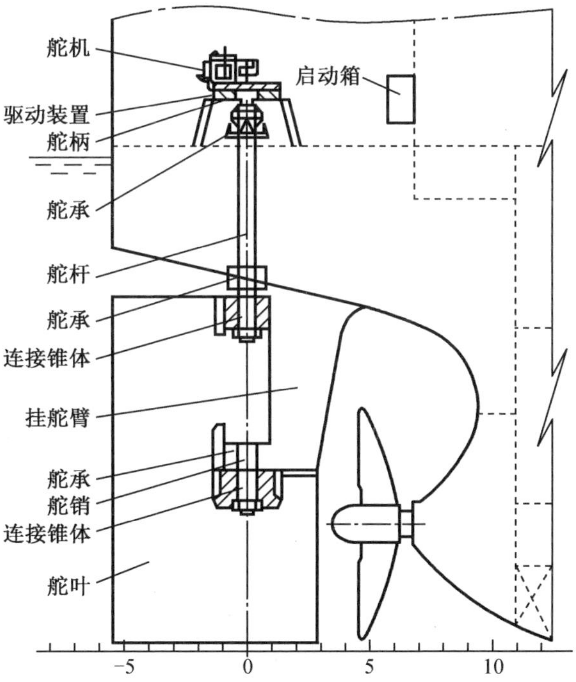

图 1.63　半悬挂舵系的结构组成

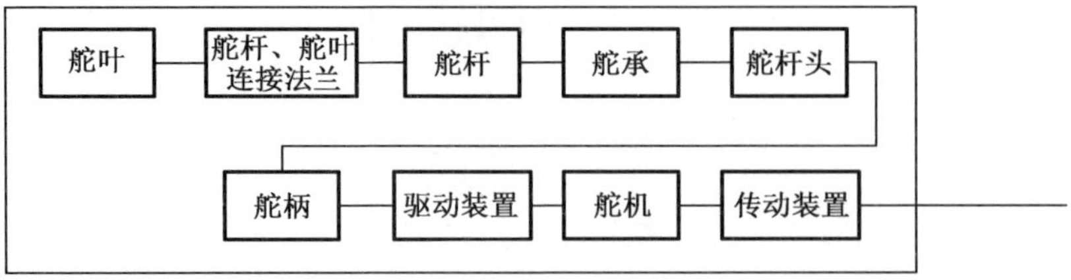

图 1.64　舵装置可靠性框图

通过对舵装置各组成部分建立失效模式可靠性分析模型进行求解，可以获得舵装置各部分失效概率，最终代入式(1－91)得到舵装置失效概率。

(5)不确定因素处理

开展舵装置的可靠性设计，就是把不确定的设计变量看成是服从某种分布规律的随机变量，用概率统计方法设计出符合可靠性指标的构件参数，这样可以有效地避免传统设计方法中确定安全系数时主观性太大的问题。用随机变量的思想对这些不确定因素进行相应的处理方法如下所述。

①对计算工况的处理

船舶在不同航线、同一航线不同航次以及在同一航次的某一次航行过程中，转舵后舵叶上所受的水动力都不是一成不变的，而是在一定范围内波动。将转舵后舵叶上所受的水动力载荷 P_1(弯矩、扭矩)用均值 U_{P1} 和变异系数 C_{P1} 表示。

对于波浪冲击造成的动力载荷 P_2，可通过统计分析获得一个动力载荷系数 K，与正常工作载荷 P_1 相乘获得，即 $P_2=K\times P_1$。由于舵装置寿命期很长，海况、波浪谱型、浪向都具有不确定性，所以动力载荷系数 K 也应该当成随机变量来处理，通过对海况资料进行统计分析来确定 U_K、C_K。若无法获得海况统计资料，也可将动力载荷系数 K 当作确定性量处理，此时应选用寿命期内可能遇到较严重海况下的动力载荷系数 K。

对于碰撞或冰块挤压等情况可能造成的非正常载荷，可以通过试验或仿真来确定其载荷大小，载荷用均值 U_{P3} 和变异系数 C_{P3} 表示。舵装置发生由碰撞或冰块挤压导致失效的概率为碰撞或冰块挤压载荷导致舵装置失效概率与发生碰撞或冰块挤压事件概率的乘积。

②对应力计算正确性的处理

由于正常工作载荷具有随机性，通过模型试验方法直接换算得到的构件也应具有随机性，构件应力 σ 用应力均值 U_σ、变异系数 C_σ 表示。

除模型试验方法以外，借助有限元软件进行应力分析已经成为各行业进行强度分析的主要手段，有限元软件可以在很大程度上模拟真实载荷加载情况，可以实现支座结构、变断面结构建模。进行舵装置有限元分析时可以通过整体建模、关键点处局部细化的方法进行应力计算。计算得到的应力同样具有分散性。

③对材料可靠性的处理

材料强度的随机性可以按照材料统计特性确定，一般可从可靠性手册、材料手册、相关文献以及试验值来获得，用强度均值 U_S、变异系数 C_S 表示。

④对结构尺寸公差的处理

根据构件加工工艺，由生产厂家提供或查询相关公差标准来获得构件尺寸公差。结构

尺寸值用均值 U_D、标准差 σ_D 或变异系数 C_D 表示。

⑤对强度裕度的处理

针对装置中的各构件破坏后所造成的后果严重性不相同的问题，应对不同的构件分配不同的可靠性指标。失效影响越严重的构件，可靠度指标越高（失效概率指标越低）；失效影响越小的构件，可靠度指标越低（失效概率指标越高）。同一部件不同故障模式导致的故障影响程度不同时，也应针对故障模式分配不同的可靠性指标。如舵机完全丧失动力比舵机输出动力降低导致的后果更严重，理应分配更高的可靠度指标。又如对于多支撑式不平衡舵的舵销结构，应按照破损安全准则进行可靠性计算，即一个舵销破坏不会导致舵叶卡滞，第二个舵销破坏时将会导致舵叶卡滞。应将多个舵销视为一个子系统，对两个舵销接连失效提出可靠性指标。

（6）可靠性指标确定与分配

进行舵装置可靠性设计时，若已有船舶的总可靠度指标，则由船舶可靠度向舵装置分配指标，然后再向舵装置的各零部件分配，从而得到各组成部分的可靠性指标。

由船舶可靠性指标分配得到的舵装置分配指标，一般为舵装置完全失效的指标，没有考虑舵装置具有卡滞、偏转角度不足、转舵时间过长等不同故障模式。若没有船舶总可靠性指标的情况下，可以根据舵装置故障的严重程度来确定舵装置各故障模式的可靠性指标，其指标的确定可参考相关标准。

常用的可靠性分配方法有均等分配法、评分分配法、比例组合法以及考虑重要度和复杂度分配法。考虑到舵装置设计可靠性框图相对简单，产品又有继承性，又有老产品的故障统计基础等特点，推荐采用比例组合法进行可靠性指标分配，即根据老系统中各单元的故障率（故障占比），按新系统可靠性要求给舵装置各单元分配可靠性指标。若所设计的舵装置为新研制型或无法获得历史故障数据，则可采用评分分配法分配可靠性指标，评分因素包括各部件复杂程度、故障严酷度、技术水平、工作时间和环境条件等。

舵装置可靠性指标分配完成之后并不是不可变的，可以与可靠性预计结果相比较，确定其分配的合理性，并可根据需要重新进行分配。为尽量避免可靠性分配的次数，在可靠性规定值的基础上，可考虑留出一定的余量。

（7）舵装置主要部件安全裕度方程的建立

要对舵装置各部件进行可靠性设计分析，首先应建立安全裕度方程

$$Z = g(S,R) = R - S \tag{1-92}$$

式中　R——构件所能提供的最大抗力，一般为材料屈服强度或极限强度；

S——根据舵系设计得到的该构件的最大应力。

当 $Z>0$ 时，表示结构安全；当 $Z<0$ 时，表示结构失效。

舵装置各部件受力特点不同，其安全裕度方程各不相同，分别描述如下。

①上舵杆

上舵杆是舵装置中的重要构件之一，一旦失效将会导致整个舵装置系统失效。造成上舵杆失效的主要原因是舵杆的工作应力超过许可应力。反映上舵杆主要部位的极限状态方程如下：

a. 舵柄处的上舵杆的极限状态方程为

$$Z=\frac{\pi\sigma_{s}d_{0}^{3}}{20.8}-M_{k}-M_{f} \tag{1-93}$$

式中 σ_s——材料的屈服极限；

M_k——计算扭矩；

M_f——摩擦扭矩之和；

d_0——舵杆在舵柄处的直径。

b. 上舵承处的上舵杆的极限状态方程

$$Z=\frac{\pi\sigma_{s}}{32}-d_{u}^{3}-M_{eu} \tag{1-94}$$

式中 d_u——上舵承处的上舵杆直径；

M_{eu}——此处所受的相当弯矩。

c. 下舵承处的上舵杆的极限状态方程

$$Z=\frac{\pi\sigma_{s}}{32}-d_{1}^{3}-M_{e1} \tag{1-95}$$

式中 d_1——上舵承处的上舵杆直径；

M_{e1}——此处所受的相当弯矩。

针对失效模式可调整有关参数，使舵杆强度大于舵杆应力的可靠度，以满足要求。

②舵叶壳板

舵叶壳板厚度

$$t_0=2.45\sqrt{\frac{\beta}{\sigma_s}\left(d+\frac{P_N}{A_R}\right)}+\varepsilon \quad (\varepsilon=0.2\ \mathrm{mm})$$

故舵叶壳板所受的最大法向应力为

$$P_N=\left[\frac{\sigma_s}{\beta}\left(\frac{t_0-\varepsilon}{2.45s}\right)^2-d\right]A_R$$

因此，其安全裕度方程为

$$Z=\left[\frac{\sigma_s}{\beta}\left(\frac{t_0-\varepsilon}{2.45s}\right)^2-d\right]A_R-P_{NR} \tag{1-96}$$

式中 s——壳板内板格短边长度，cm；

β——与 s/b 有关的系数；

d——船舶吃水；

A_R——舵叶面积，cm^2；

P_{NR}——壳板所受的法向力最大值，N。

③代替下舵杆的连接构件

代替下舵杆的连接构件可简化为两点支持、受分布载荷作用的梁，其剖面模数为 W。它承受的最大弯矩 $M_0=\sigma_s W$，故其安全裕度方程

$$Z=\frac{8\sigma_s W}{h}-P_{NR} \tag{1-97}$$

式中，h 为梁的计算跨度。

④舵销

舵销的直径 $d_{pi}=2.76\times\sqrt{\frac{F_i}{\sigma_s}}$，可得 $F_i=\left(\frac{d_{pi}}{2.76}\right)^2\sigma_s$。故舵销的极限状态方程为

$$Z=\left(\frac{d_{pi}}{2.76}\right)^2\sigma_s-F_{ir} \tag{1-98}$$

式中，F_{ir} 为舵销受到的最大舵叶支点反力。

(8)舵装置主要部件可靠性设计

①上舵杆的可靠性设计

上舵杆作为舵装置的重要构件，其一旦失效将导致整个舵装置失效。造成上舵杆失效的主要原因是上舵杆设计或者制造过程中的失误，导致上舵杆整体或局部强度不足，即其工作应力超过许用应力。

由 1.5.3 知，上舵杆在舵设备工作时主要承受弯矩和扭矩载荷，计算上舵杆应力时选取舵杆危险截面计算，上舵杆危险截面一般在舵柄处、上舵承处和下舵承处的舵杆位置。

根据第三强度理论，上舵杆在危险截面上的应力为

$$\sigma=\frac{\sqrt{M_b^2+M_t^2}}{W}=\frac{32\sqrt{M_b^2+M_t^2}}{\pi d^3} \tag{1-99}$$

式中　M_b——上舵杆相应位置处的弯矩；

M_t——舵杆相应位置处的扭矩；

W——上舵杆相应位置处的抗弯截面系数；

d——上舵杆相应位置处的舵杆直径。

所以上舵杆的安全裕度方程为

$$Z=\sigma_s-\frac{32\sqrt{M_b^2+M_t^2}}{\pi d^3} \tag{1-100}$$

式中，σ_s 为上舵杆材料屈服极限。

上舵杆在该危险截面破坏的概率为

$$P_f=P\left(\sigma_s-\frac{32\sqrt{M_b^2+M_t^2}}{\pi d^3}<0\right) \tag{1-101}$$

式中，M_b,M_t,d,σ_s 均视为随机变量，用均值和变异系数表示，其中载荷 M_b 和 M_t 服从极值 I 型分布，结构尺寸 d 和材料性能 σ_s 服从正态分布。

可通过 JC 法、重要抽样法、蒙特卡罗法等解析和数值计算方法计算出上舵杆破坏概率 P_f。

a. 可通过对上舵杆上、下舵承处危险截面进行失效概率计算，来判断上、下舵承处舵杆危险截面失效概率是否满足可靠性指标要求。也即用其来判断上舵杆是否会断裂而导致舵装置完全失效。

b. 可通过下舵承处舵杆失效概率值的大小来判断上舵杆尺寸是否具有优化空间。

c. 可通过逐步减小下舵承处舵杆直径，计算得到一系列不同舵杆直径下的失效概率。可以进行给定可靠性指标下的上舵杆尺寸设计。

②舵销破损安全可靠性分析

对于含有两个及以上舵销的舵装置，如多支撑式不平衡舵，其中一个舵销破坏一般不

会导致舵叶卡滞,认为第二个舵销破坏时将会导致舵叶卡滞。此时应进行舵销破损安全可靠性设计分析,即一个舵销破损后认为是安全的,载荷重新分配后第二个舵销破损则认为舵装置失效。对于只有单个舵销的舵装置,其可靠性分析方法与上舵杆相同。

舵销应力计算公式如下

$$\sigma = R\left(\frac{2.76}{d}\right)^2 = \frac{7.62R}{d^2} \tag{1-102}$$

式中 R——舵销受到的支反力;

d——舵销直径。

所以单个舵销破坏的安全裕度方程为

$$Z = \sigma_s - \frac{7.62R}{d^2} \tag{1-103}$$

式中,σ_s 为舵销材料屈服极限。

单个舵销破坏的概率为

$$P_f = P\left(\sigma_s - \frac{7.62R}{d^2} < 0\right) \tag{1-104}$$

假设舵装置有 n 个舵销,分别为舵销 1、舵销 2……舵销 n,第 1 个破坏的舵销为舵销 i,舵销 i 破坏概率为 P_i,舵销 i 失效后载荷进行重新分配,剩下舵销的支反力均发生变化,此时舵销 j 破坏概率最大,记为 $P_{j/i}$,则舵装置由舵销破坏导致卡滞的失效概率为

$$P_f = \sum_{i,j=1}^{n} P_i P_{j/i} \tag{1-105}$$

一般首个舵销破坏时,各舵销破坏概率相差较大,式(1-105)取 P_i 最大项与次大项两项即可,即

$$P_f = P_i P_{j/i} + P_l P_{m/l} \tag{1-106}$$

其含义:首个舵销破坏时,舵销 i 破坏概率最大,舵销 i 破坏后舵销 j 破坏概率最大;首个舵销破坏时,舵销 l 为破坏概率次大,舵销 l 破坏后舵销 m 破坏概率最大。这样就可通过对多支承舵系的舵销失效概率的计算,得出各舵销的破坏概率及破坏次序。

可靠性设计方法还可用于舵装置系统中的其他环节,如驱动装置、舵叶壳板等,从而可实现在设计阶段就能有效地控制发生概率高的故障,保证舵装置系统的固有可靠性满足指标要求。同时,还可以进行基于可靠性指标下的舵装置结构优化设计。

综上所述,舵装置的可靠性设计与传统设计主要不同点在于对失效可能性的认识与估计上的不同,舵装置的常规设计是以安全系数来保证结构的安全,而舵装置的可靠性设计是用可靠度或用其他可靠性指标来确保结构的安全性,可靠度是基于概率和统计分析方法确定的科学指标,因此它对失效可能性的认识和估计更为合理。

思　考　题

1. 衡量船舶操纵性能的指标主要有哪些?

2. 简述舵设备的组成以及各部分的作用;简述舵的分类。何谓特种舵?

3. 简述舵平衡比的概念、舵平衡比的常用范围,并说明流线型平衡舵的特点。

4. 简述舵展舷比的概念、舵展舷比的常用范围及舵展舷比的物理意义。

5. 简述舵面积系数的概念、舵面积系数的物理意义。

6. 为什么不能过度增大舵面积,而是要控制在适中范围?

7. 舵装置的强度核算主要是核算哪些部件?

8. 将敞水舵的试验资料应用于实船舵设计时,若不满足其应用条件,该如何处理?

9. 舵叶布置时,如何考虑舵叶与螺旋桨的关系以及与船尾轮廓的关系?

10. 已知:船长 L 为 100 m,吃水 d 为 5 m,舵面积 A_R 为 5 m^2,矩形舵,舵高 h 为 2.5 m,求舵展弦比 λ 和舵面积比 μ。

11. 结合图 1.65 所示,说明舵上的水压力是怎样形成的,其大小主要与哪些因数有关。

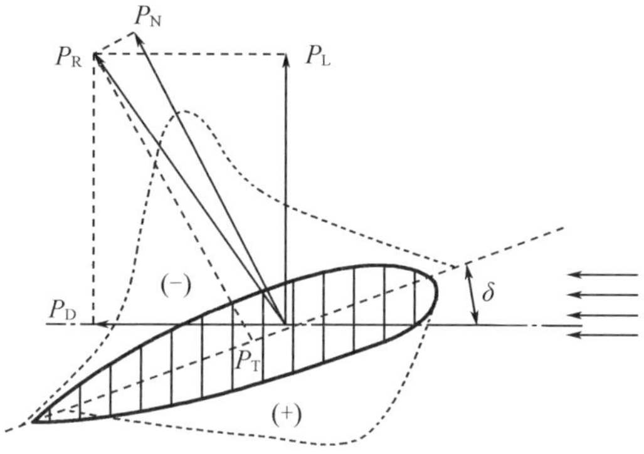

图 1.65　第 11 题图

12. 分别指出图 1.66 中为何种舵系,并标出舵杆、舵叶、上舵承、下舵承、舵销(舵钮)、挂舵臂的位置;根据其力学模型,分别绘出各舵系的剪力图和弯矩图。

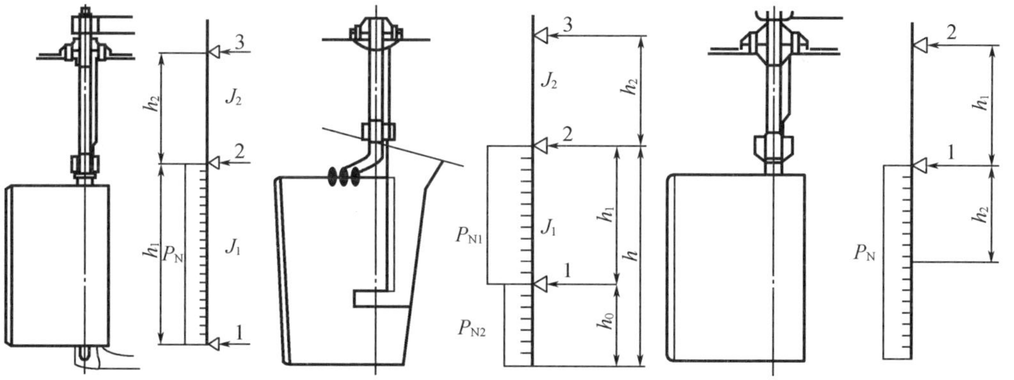

图 1.66　第 12 题图

13. 说明复板舵的舵叶结构及各部分名称;说明上、下舵承的结构、作用和受力情况。

14. 为什么会出现临界角? 展弦比的变化对临界角有何影响?

第 2 章　锚设备及系统

2.1　概　　述

一切船舶或海上浮式结构物在其使用过程中,都可分为航行和停泊状态。因此,船舶或海上浮式结构物不仅要求运动性能优良,还要保证在一切可能发生的情况下,船舶或海上浮式结构物都能牢靠而有效地停泊以及保持良好的作业性能,这就需要设置一些设施予以实现。

船舶或海上浮式结构物停泊及定位的方式主要有两种:一种为抛锚停泊及定位,这是用锚设备将船舶或海上浮式结构物系在港内或岸外泊地的水底。另一种为系缆停泊及定位,这是利用系缆设备将船舶直接系结在码头或岸边,也可称为靠岸停泊,或是利用专门的设备——浮筒,将船舶系结于浮筒处。对大型液货船,多采用港外专用的系泊浮筒(如单点系泊系统),装卸转运液货。

锚设备是为了使船舶或海上浮式结构物能牢靠、有效地抛锚停泊及定位而设置的,除了保证船舶抛锚停泊及定位之外,锚设备还可以在某些特定情况下协助操纵船舶。根据船舶或海上浮式结构物的使用要求不同,锚设备主要分为临时锚泊系统(航行锚设备)和锚泊定位系统(定位锚设备)。

此外,对某些需要在深水进行系留作业的船舶,如海洋调查船、海洋测量船等,根据作业水域水深和环境条件另配备专用的深水锚泊设备。特别是复杂多变的深海环境,对海上作业的船舶和海上浮式结构物的定位精度提出了越来越高的要求,传统的锚泊定位系统已无法满足这样的定位精度要求。近年来开发的动力定位(dynamic positioning,DP)系统较好地解决了这个问题,现广泛地应用于海上作业的船舶和海上平台的定位,与传统的锚泊定位系统相比,具有定位精度高、灵活性好、机动性强,且不受海水深度的限制,适用于多种海况作业等诸多优点。

2.1.1　抛锚停泊的主要方式

抛锚停泊是依靠锚所产生的锚抓力,通过锚索的传递来平衡船舶或海上浮式结构物所受的外力,同时又依靠锚索吸收作用在船舶或海上浮式结构物上的动载荷,将船舶或海上浮式结构物系在水底。因此,对锚设备的要求是,首先应能保证停泊设备的安全可靠,即能可靠地抵御风、水流、波浪等对船舶或海上浮式结构物的作用,不使船舶或海上浮式结构物漂移;此外,优良的锚设备还应抛、起锚简便,能使船舶或海上浮式结构物迅速地起锚出航和抛锚停泊;并在紧急情况下,能立即弃锚,离开锚地;而在航行时锚需有良好的收藏,并应力求整个锚设备质量轻、占地小。以船舶为例,其抛锚停泊方式视锚地水域的具体情况而定。主要有:

(1)船首抛锚

船首抛锚有抛单锚和抛双锚两种形式,如图 2.1 所示。船首抛锚可使船体所受的风力、流力最小,因而是抛锚停泊中的主要方式,也是主锚要布置在船首的原因。

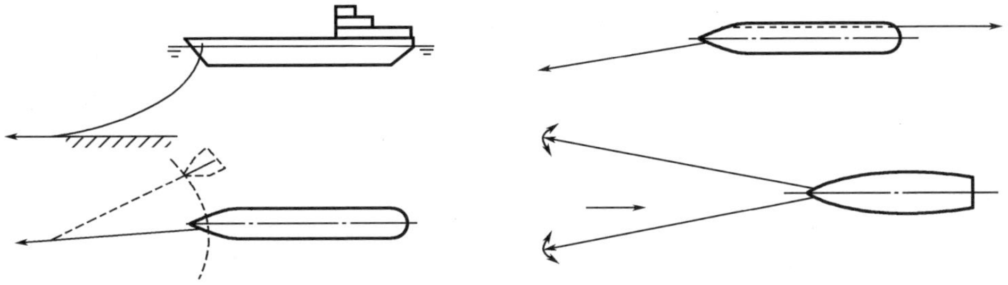

(a)单锚泊　(b)双锚泊

图 2.1　船首抛锚

单锚泊即仅抛出一个锚,一般在风浪小、锚地水域不受限制或临时锚泊时使用。放链长度依水深、地质、风流大小及停泊时间而定。由于船舶在水面的活动范围大,占据水域范围也大,风浪中又不牢靠,为了增加系结的牢固程度,通常抛出的锚链长为:$L = 3h + (50 \sim 90)$,其中 h 为水深(m),锚链长在 3 ~4 倍水深以上。

若锚地水域风大、流急、地质较差,且单抛锚抓力不足,或为了减少单抛锚中的偏荡情况可采用双锚泊,常见的有 V 字形、一字形和平行式锚泊等形式。一字形锚泊虽然可以限制船体流动范围,但当风向、流向变化时,船体可能旋转而使锚链纠缠起来,因此通常船舶采用 V 形锚泊。

双锚泊是最常用的方式,所以除小船外,通常都需备有两个主锚及两根主锚链置于船首部,对大型船舶,还需另设一风暴锚(备用锚)。

(2)首、尾抛锚

首、尾抛锚常见的有一字形和八字形锚泊等形式,如图 2.2 所示。采用八字形锚泊的目的在于保持船舷一侧能迎着风向,以便在停泊时有利于自然通风或抛锚装卸货物时,处于下风侧作业以保证安全。

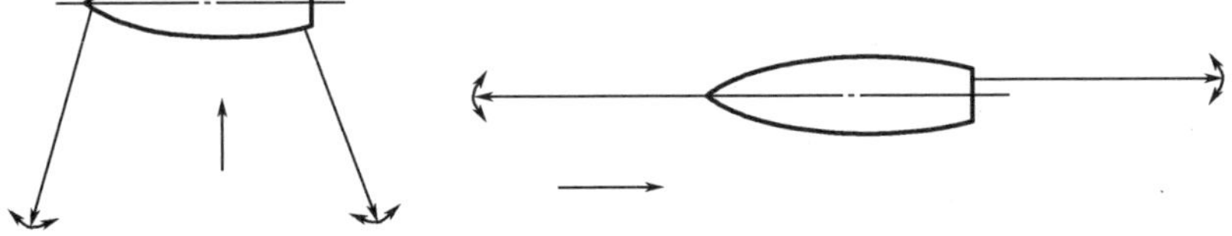

(a)一字形锚泊　(b)八字形锚泊

图 2.2　首、尾抛锚

此外,还有尾抛锚形式,多用于内河船舶,当船舶向下游航行时,为了上下客货而暂时停泊，则将尾锚抛下而无须船舶或船队调头。此外，登陆舰船为了完成登陆作业后的退滩，需利用尾锚收起的拉力将船脱离滩涂。因此，对有尾抛锚要求的船舶，应具有比较完善的尾锚设备，以便于尾抛锚工作的顺利进行。通常，此类船舶除了备有上述的主锚（首锚）外，还需要备有尾锚，其尾锚一般为主锚重的1/3。

2.1.2 抛锚定位系统简介

锚泊定位系统是指用锚及锚索将船舶或海上浮式结构物系留于海上，限制外力引起的漂移，使其保持在预定位置上的定位方式。按海上浮式结构物的锚泊定位时间分，锚泊定位系统可分为短期锚泊和长期锚泊；按锚泊线与船舶或海上浮式结构物接触点的数目来分，锚泊定位系统可分为单点锚泊定位系统、两点锚泊定位系统以及多点锚泊定位系统。其中，单点锚泊定位系统和两点锚泊定位系统一般用于作业海区海况良好，且定位要求不是很高的船舶或海上浮式结构物，如单点锚泊的浮式储油船（FSO）或浮式生产储存卸货装置（FPSO），短期锚泊的挖泥船、起重船、潜水工作船等。

（1）短期锚泊定位系统

短期锚泊定位系统适用于在海上锚泊定位作业时间较短的工程船舶和浮式装置，如打捞船、半潜运输船、钻井船、钻井平台等，在某海域作业几周到几个月后便更换海域作业。其主要特点是作业环境条件并不十分恶劣，一旦预报强风暴来临时可以撤离。即使是钻井船和钻井平台，遇到强风暴时，可提前脱开或收回隔水管，使其位移不受限制。

（2）长期锚泊定位系统

长期锚泊定位系统适用于在海上停留时间较长的浮式装置，如半潜式生产平台、Spar平台、FSO或FPSO等各种不同类型的采油平台。根据油田大小不同，这些平台需要在某海域锚泊定位5～30年，由于锚泊定位时间不同，对锚和锚索的要求也不同。在遇到强风暴时，长期锚泊定位系统一般不可能离开其位置，更不可能快速回收水下立管，锚泊系统的失效将造成严重后果。

（3）多点锚泊定位系统

多点锚泊定位系统常用于钻井船或半潜式钻井平台，目的在于限制和减小它们在风、浪、流作用下的运动，以减少由于过度运动所造成的停钻时间。以海洋平台为例，其抛锚定位多采用辐射状的多点锚泊方式，以承受不同方向的风浪，一般矩形平台多为8根，三角平台多为9根，五角形平台多为10根，具体视作业海区的水深、风、浪、流等海况进行相应的布置，一般均采用对称形式，如图2.3所示，其实现方式是向平台的四周海域抛出多根锚索。多点锚泊定位系统常应用于海况平稳的海域、定位要求高或者定位水域非常狭小的情况，其定位效果较好。

近些年，随着海洋平台作业水深的不断加大，作业环境的不断恶化，飓风及强热带风暴灾害性天气的频繁出现，国际上对海洋平台锚泊定位系统的可靠性及安全性提出了更高的要求。因此，有些新建或者改造的海洋平台项目已经出现了12点锚泊定位系统的形式。

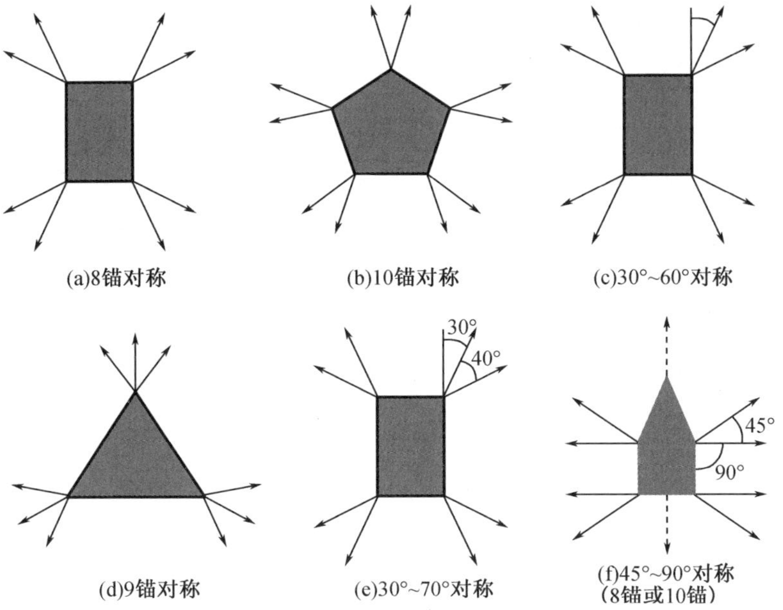

图 2.3 多点锚泊定位系统

2.2 锚设备的组成及各组成部件的功能

锚设备是指船舶或海上浮式结构物在起、抛锚或抛锚定位时所用的设备和机械的总称。

2.2.1 船舶临时锚泊系统的组成及各组成部件的功能

临时锚泊系统通常称为航行锚设备,主要供船舶在锚地、港内或遮蔽水域内等待泊位或潮水时临时停泊之用,而并非设计成供船舶在恶劣天气中处于完全开敞的远离海岸的水域中,或在行进或漂移中系住船舶之用。因为在后者情况下,锚设备所承受的巨大负荷,特别是大型船舶,会使设备的某些部件造成损坏甚至失落。民用船舶的航行锚设备通常按船级社的船舶入级规范进行配置。

最常见的航行锚设备由锚、锚链、锚链筒、止链器、掣链器、导链滚轮、起锚机械、锚链管、锚链舱和弃链器等几部分组成,其在船首部布置情况如图 2.4 所示。各主要组成部件及功能如下所述。

(1)产生抓力的锚

船锚形式繁多,它抛出后在水平拉力的作用下能抓住水底,用抓力来平衡船舶所受的外力。考虑到锚的收藏,船舶临时锚泊系统一般采用无杆转爪锚,如霍尔锚、斯贝克锚、AC－14 锚、波尔锚等,均为拖曳嵌入式锚。

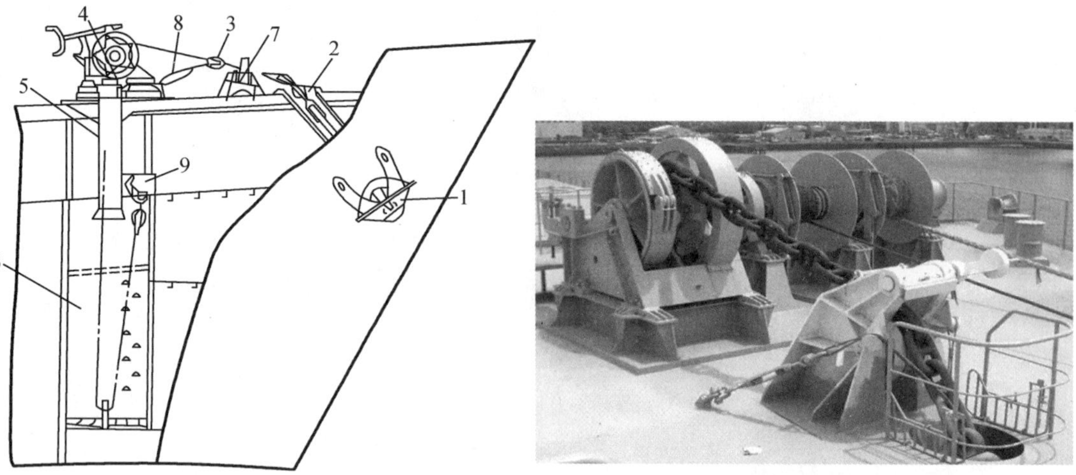

(a) (b)

1—锚;2—锚链筒;3—锚链;4—锚机;5—锚链管;6—锚链舱;7—止链器;8—掣链器;9—弃链器。

图 2.4　航行锚设备组成与布置

(2)传递载荷的锚链

锚链是用以连接锚和船体、传递载荷并能吸收作用在船舶上动载荷的链索。按制造方法锚链可分为铸钢锚链、焊接锚链、锻造锚链;按链环结构可分为有档链环和无档链环。航行锚设备中,考虑起抛锚作业的方便,一般采用船用有档焊接锚链。

(3)引导锚链进出的锚链筒

锚链筒的位置斜穿过甲板与舷侧,是引导锚链进出的孔道,同时也是锚通向舷外以及锚的收藏与投放装置的主要组成部分。在筒体内设有冲水装置,用于在起锚时冲洗锚和锚链。锚链筒一般均设置在船首两侧。因特殊需要,有的船在船尾部也设置了锚链筒。其一般有三种结构形式:普通锚链筒、带有锚穴结构的锚链筒以及带有锚台结构的锚链筒,如图 2.5 所示。其中,带有锚穴的锚链筒又有明式锚穴和暗式锚穴之分。

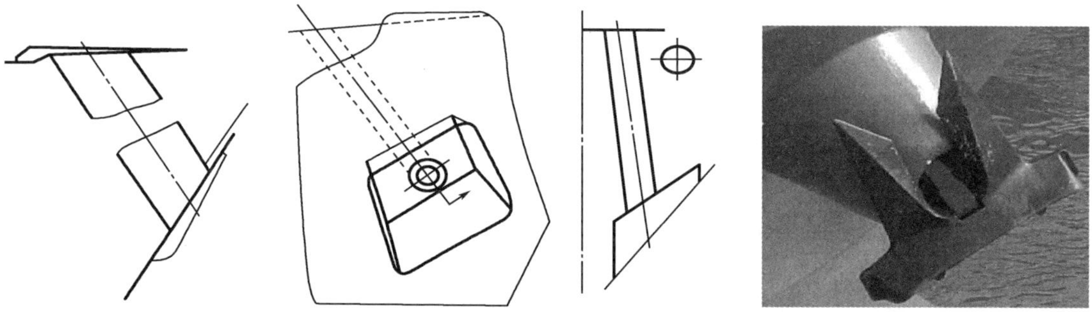

(a) 普通锚链筒　**(b)带有锚穴的锚链筒(明式)**　**(c)带有锚台结构的锚链筒**

图 2.5　锚链筒

①普通锚链筒

其通常由甲板链孔、舷边链孔和筒体三部分组成。

②带有锚穴结构的锚链筒

其舷边锚链筒孔呈凹穴形,锚被收藏在凹穴内,这样当船靠离码头时,锚不会与码头相碰；系泊作业时，系缆也不会与锚相缠绕；对于绑拖作业的拖船，锚不会与驳船相擦碰；对于干舷低或高速的船舶，锚不会触及首波，引起浪花飞溅。但这种锚链筒的制造比较复杂。

③带有锚台结构的锚链筒

其舷边锚链筒孔呈凸台形，这样锚贴合得更好，其稳固性也好，同时起抛锚时锚不会与船首（球鼻艏）相碰。

此外，海船的锚链筒为防止航行时海浪通过锚链筒冲到甲板上，在锚链筒甲板出口处还设置了防浪盖，其结构形式有铰链式和插板式。

（4）固定锚链的止链器和掣链器

止链器和掣链器是设置在锚机与锚链筒之间的甲板上，用以固定锚链，防止锚链滑出的装置。在锚泊时，止链器可将锚和锚链产生的抓力直接传递至船体，以减轻锚机负荷，保护锚机。同时在航行时承受锚所受的重力和惯性力。常用的止链器和掣链器有螺旋式止链器、闸刀式止链器以及链式掣链器，如图 2.6 所示。其中链式掣链器是在船舶航行时用于掣住锚链使锚贴紧船体，不致发生撞击。目前常用的链式掣链器有三种形式，即掣锚索、掣锚链条和掣链钩。掣锚索适用锚重为 500 ~ 12 300 kg；掣锚链条适用锚重为 100 ~ 2 850 kg；掣链钩适用的锚链直径为 13 ~ 67 mm。

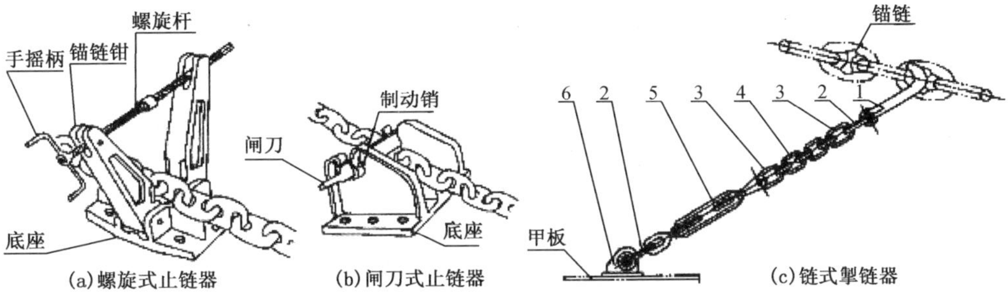

1—叉钩；2—卸扣；3—末端链环；4—开式索具螺旋扣；6—眼板。

图 2.6　止链器和掣链器

（5）引导锚链运行的导链滚轮

导链滚轮位于甲板链孔处，用于引导锚链的运行方向，防止锚链的翻滚和扭转。导链滚轮的安装应使在起抛锚时，锚链与甲板上的筒口之间不发生摩擦，如图 2.7 所示。

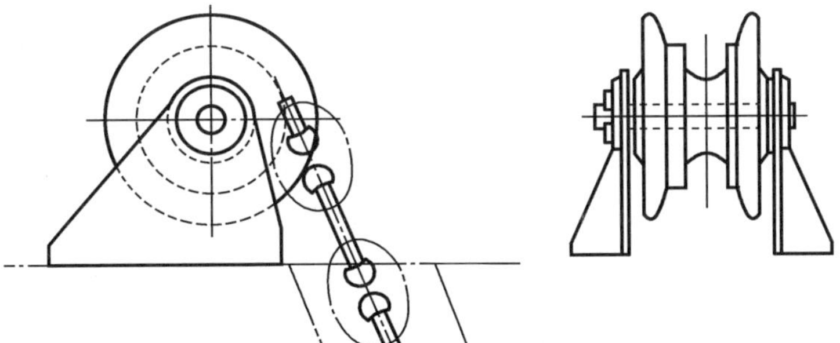

图 2.7　导链滚轮

(6)引导锚链进出锚链舱的锚链管

锚链管是引导锚链进出锚链舱的通道,设置在锚机链轮的下方,穿过甲板通至锚链舱。上管口常设有盖,以防海水进入锚链舱,下管口常制成喇叭状,为防伤及锚链,其边缘装焊一加强钢环,如图 2.8 所示。

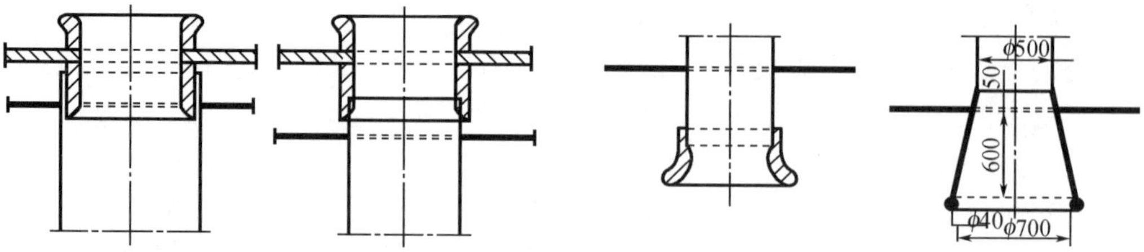

(a)锚链管与锚机导链口套接　　(b)伸进锚链舱内的锚链管下端(单位:mm)

图 2.8　与卧式锚机配合的锚链管端部结构

(7)存放锚链的锚链舱

锚链舱位于锚机下方,分成左右两个,有分离型和共用纵向隔壁型,分别收存两根锚链,如图 2.9 所示。锚链舱壁的扶强材设于舱壁的外侧,以避免锚链被扶强材卡住。锚链舱底部设有污水井,使锚链带入的泥沙污水聚集其内,由泵抽出舱外。此外,锚链舱底需铺衬厚的木板或覆盖垫层,以避免舱底直接受到锚链的重击。

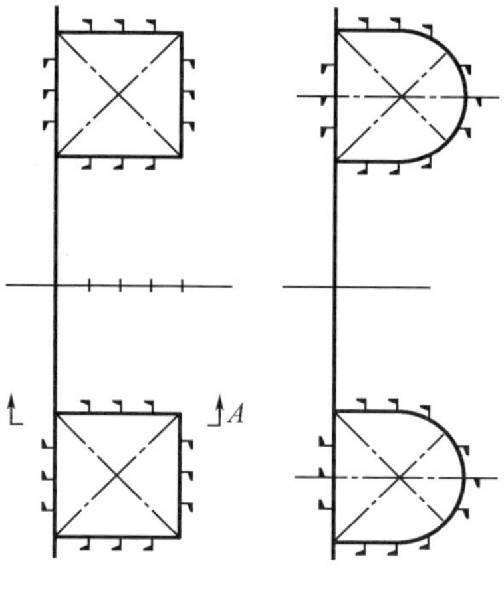

图 2.9　锚链舱

(8)解脱锚链的弃链器

弃链器也称弃锚器,是在紧急情况下使锚链末端迅速与船体脱开的装置,以达到弃锚移船的目的。弃链器一般应设置在人员易于到达的地方,如锚链舱的舱壁上。常见的有插闩式(又称横闩式)、螺旋式以及简易式弃链器,如图 2.10 所示。

(9)起抛锚的动力机械

起抛锚的动力机械同时也可以做绞缆用。其按动力分类有电动、液压、蒸汽以及手动锚机,其中以电动和液压锚机为主。按链轮轴线的位置锚机可分为立式锚机(起锚绞盘)和卧式锚机(简称起锚机)两种,如图 2.11 所示。民用船舶常用起锚机,操纵管理方便;军用舰船及小艇常用起锚绞盘,其占用甲板面积小。

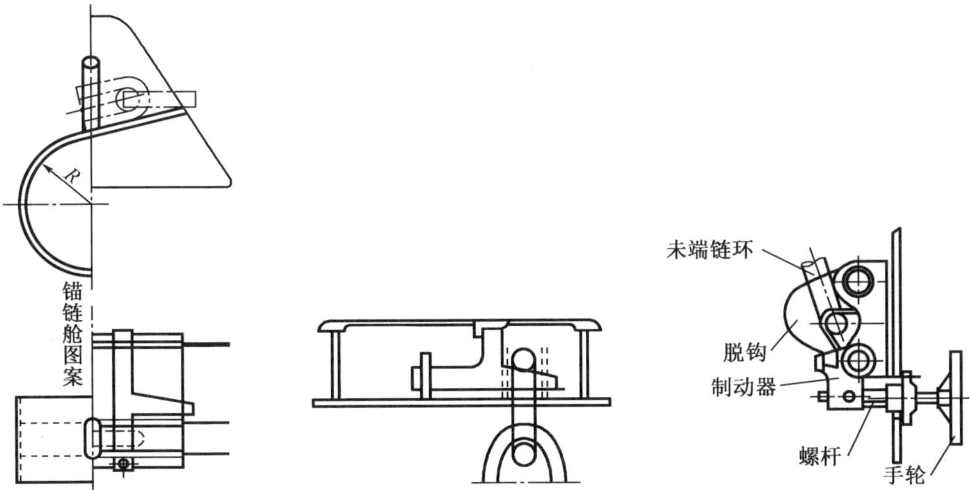

(a)简易式　　(b)插闩式　　(c)螺旋式

图 2.10　弃链器

(a)立式锚机　　(b)卧式锚机

图 2.11　锚机

现代一些船舶采用了遥控装置控制锚机，抛锚、起锚作业可以在驾驶台上遥控操作。另外，有些船舶装备了自动锚机，在自动锚机系统中设置了锚链长度传感器。在抛锚时，当所需锚链全部抛出后，锚机会自动停止；在起锚时，当锚将接近锚链筒时能自动减速，当锚杆进入锚链筒收妥后会自动停车。

2.2.2　船舶或海上浮式结构物锚泊定位系统的组成

锚泊定位系统通常称为定位锚设备，主要是在作业时需要控制船舶或海上浮式结构物的位置，或在有限范围内改变船舶或海上浮式结构物的位置之用。其通常以船舶或海上浮式结构物本身为中心，向四周抛出若干个锚及锚索系住船舶或海上浮式结构物，因此又称为多点锚泊定位系统或辐射状的多点锚泊定位系统，通常用于起重船、打捞船、潜水作业船、各种非自航挖泥船、钻探船、各类海洋平台等需要定位作业的船舶或海上浮式结构物。定位锚设备需根据其结构特征、作业水域的水深、作业要求及环境条件进行配置。如果定位锚设备中有两套能满足航行锚设备的要求，则此定位锚设备可以代替船级社船舶入级规范要求的航行锚设备。定位锚设备中，主要由海工专用的大抓力锚及特殊形式的锚、锚索、止/掣链器、提链装置、导向滚轮、导缆孔、锚架、块重、锚浮标、起锚/绞缆机等组成。有些组成部件及功能类似于航行锚设备中相应的部件，特别之处主要体现在以下几点。

(1)海工专用的大抓力锚及特殊形式的锚

海工专用的大抓力锚及特殊形式的锚主要有各类大抓力的拖曳嵌入式锚，如用于工程作业船舶的丹福斯锚等有杆转爪锚和用于海上浮式结构物的布鲁斯锚等固定爪锚，以及用于海上浮式结构物长期锚泊系统的诸如桩锚、吸力锚、重力锚、板锚等特殊形式的锚。

(2)海工专用的高强度锚索

海工专用的高强度锚索按材质不同可划分为系泊链、钢缆、合成纤维缆。通常在同一条锚索中这 3 种材质都有应用，以钢缆 - 系泊链组合系统最为常用。其中系泊链分为有档链和无档链，由于有档链的横档可能导致链环发生局部疲劳，因此海洋工程装置的锚泊定位系统中多使用无档系泊链，在相同强度下，无档系泊链比有档锚链轻 10%。此外还有专用的防扭转形式的钢缆。

(3)存放锚的专用锚架

专用锚架是存放锚的装置，通常应用于配有横杆锚的工程作业船舶上，如图 2.12 所示。

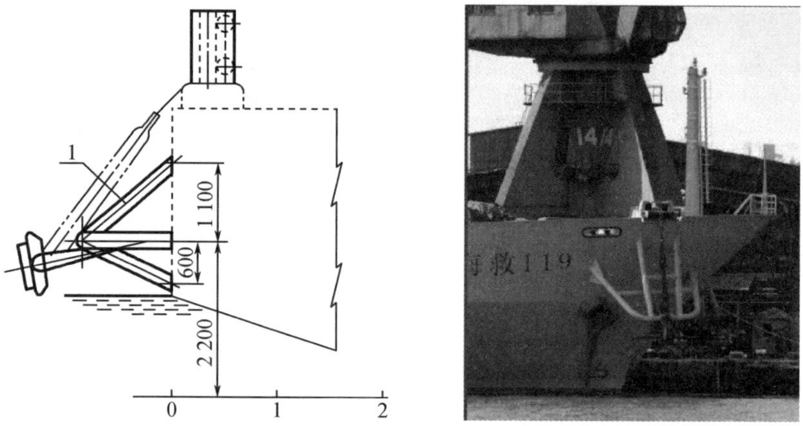

(a)锚架结构图　　(b)锚架的安装位置

图 2.12　锚架(单位:mm)

(4)引导锚索运行的导向滚轮、导缆孔及提链装置

引导锚索运行的导向滚轮、导缆孔及提链装置主要用于改变链(缆)的运动方向，根据锚索类型及所配置的起锚/绞缆机不同，可分为提链装置、导缆器及导索器。提链装置用于系泊链的收放，可防止系泊链的翻滚和扭转；导缆器用于钢缆；导索器既能用于系泊链又能用于钢缆。提链装置、导向滚轮和导缆孔的安装数量、形式及位置要视船舶或海上浮式结构物的结构特征和锚泊定位方式及要求来定，要与起锚/绞缆机械等部件相匹配。图 2.13 为某平台锚泊定位中的提链/导缆系统。

(5)海工专用的起锚/绞缆机

海工专用的起锚/绞缆机主要有卧式锚机、锚绞车及组合锚机。其功能主要体现在放出和回收链(缆)时能控制其运动速度，锚泊时能预紧和调节链(缆)张力。选配起锚/绞缆机时需要综合考虑锚索的形式、起抛锚方式及平台质量控制、布置空间等方面的要求。

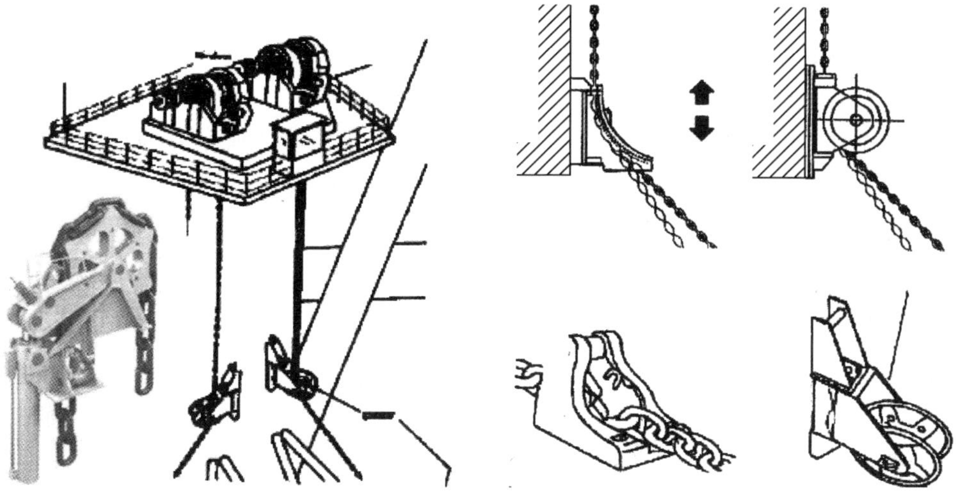

图 2.13　锚泊定位中的提链/导缆系统

此外还配置了为控制锚泊系统响应的块重，以及在锚索上设置的浮力器件，如浮筒、浮球、浮箱和示位用的锚浮标等。

2.3　船锚的类型及其特性

无论是一般船舶的临时(航行)锚设备，或是工程作业船舶的定位锚设备，或是海上浮式结构物的定位锚设备，大多采用的是拖曳嵌入式锚，也称为船锚，其形式繁多。

2.3.1　船锚的基本要求

对于船锚来说，如何以最小的锚重取得最大抓力具有重要意义。除了抓力外船锚还要具有良好的使用性能。一个优良的锚在停泊时能迅速入土，而在起锚时还要易于从海底脱离出来，即破土所需力较小，对于各种性质的泥土都要具有良好的适应性。此外，优良的锚还应在船舶航行时便于收藏与存放，同时也便于抛出。另外，船锚还应具有足够的强度、构造简单、制造容易且成本低廉。目前完全满足上述要求的船锚还没有，每种锚在性能方面各有其特点。船锚的特性直接关系到船舶或海上浮式结构物能否可靠地系留及定位，因此对其性能提出了多方面的要求，其基本要求如下。

(1)抓力大

抓力大是对锚的最基本的要求，衡量船锚抓持性能的表征值通常称为抓力系数(或抓重比)，即锚的抓力与锚所受的重力的比值：

抓力系数 = 锚在底质中的最大抓力 / 锚在空气中所受的重力

抓重比高的锚可以在相同锚重的条件下提高锚泊能力。尽管锚的质量越大，抓力也越大，但是大多数锚随着质量的增加，其抓力系数呈下降的趋势。且锚的抓力系数也因所在水域底质的不同而有所差异。船锚一般只能承受水平力,不考虑承受垂向力。因此,与之相连的锚索应有足够的长度,并尽可能使锚索在锚处与水底相切。

(2)能适应各种不同的底质

一般船舶由于航行区域广阔,底质情况变化很大,因此所配置的锚型要求能适应多种底质。

(3)结构坚固

船舶或海上浮式结构物在起抛锚及系留过程中可能承受各种复杂的载荷,因此锚必须有坚固的结构,以保证其安全使用。

(4)稳定性好,再入土容易

船舶或海上浮式结构物在抛锚及系留过程中,由于风向和流向的变化使船舶或海上浮式结构物绕抛锚点回转或不规则的波动,不均匀的底质会使锚爪受力不均,导致锚翻身并被拔出底质,因此良好的稳定性对锚来说十分重要。在某些情况下,如船舶转向或负荷突然增加,锚仍有可能从底质中被拉出,因此要求锚具有再次啮入底质的特性。

(5)入土距离短

锚被抛入水中后,在锚索的牵动下,锚爪逐渐地啮入底质,从开始到全部啮入底质发挥出最大抓力的这段距离越短越好。

(6)拔锚力小

起锚时,将锚从底质中拔出来的力越小越好,这有利于减轻锚机的负担。

(7)自洁性好

锚在起锚离开底质时,不应带有很多泥土,否则会加重锚机负担。同时,锚在水中收起的过程中,所带的泥土应基本清除干净。

(8)收藏方便

一般船舶的锚收藏在锚链筒内,通常无杆转爪锚比较容易被收进锚链筒内,有杆锚及固定爪锚可收存在锚架上。

2.3.2 船锚的抓持特性和大抓力锚的概念

(1)船锚的抓持特性

船锚的抓持特性取决于多种因素,其中一个重要的因素就是锚型,不同的锚在同样的底质中的抓力不尽相同,这就是为什么会出现如此众多形式的锚的根本原因。另一个因素是就大多数锚而言,在砂或硬泥中的抓力较大,在软泥或淤泥中的抓力则明显减小,除非是为某种底质特殊设计的锚。几乎大多数转爪锚都不适用于礁石,只有海军锚和四爪锚对于这类底质有较好的适应能力。

船锚按其抓持性能可分为三类,即普通锚、大抓力锚和超大抓力锚。各类船锚大致的抓力系数可查阅相关船锚的技术标准以及《船舶设计实用手册(舾装分册)》(第3版)。

①普通锚,系指传统的无杆锚和有杆锚。普通无杆锚大多为转爪锚,诸如霍尔锚、斯贝克锚、巴尔特无杆锚、美国海军无杆锚、万向接头型无杆锚、日本JIS无杆锚等常用作船舶的首锚,其特点是能适应多种底质,收放及储存方便。普通有杆锚如海军锚,带有横杆,致使

收放及储存不便。

②大抓力锚(high holding power anchor,HHP 锚),是相对于普通无杆锚而言抓力较大的锚。具有相同质量的大抓力锚和普通无杆锚,前者的抓力至少为后者的 2 倍。目前常用的大抓力锚有 AC－14 锚、波尔锚、德尔泰锚、丹福斯锚、LWT 锚、斯蒂文锚、布鲁斯锚等。

③超大抓力锚(super high holding power anchor,SHHP 锚;或 very high holding power anchor,VHHP 锚),是比上述大抓力锚的抓力更大的锚,超大抓力锚的抓力应至少为相应质量普通无杆锚的抓力的 4 倍。

(2)影响船锚性能的结构要素

影响船锚啮土性能及入土后的稳定性的因素很多,但反映船锚结构特征的主要因素有:

①锚的重心位置,它与锚的入土性能有关。

②锚爪的袭角,是指过锚爪尖端处的切线同底平面的夹角,它是影响锚爪啮入泥土的角度。锚爪入土力是锚链拉力及锚重分力的合力,若袭角能与啮入泥土的合力及方向一致,则锚最容易入土。但在实际的抛锚过程中,锚链的拉力是变化的,各种土质的阻力也不一致,因而袭角的确定多凭经验和试验。

③锚爪的折角,是过锚爪尖端处的切线同锚柄轴线的夹角,它也是影响锚爪啮入泥土的角度。

④锚柄长度,短的锚柄便于收藏,而长的锚柄则在使用上更有效,但给锚链筒的设计带来困难。

⑤锚爪的面积及其分布情况,这关系到锚的抓力,一般来说,几何形状相似的锚其抓力大小近似与锚爪面积的 3/2 次方成正比,如果将这种面积多一些分布在靠近锚尖处,则抓力就好些。因此,锚爪面积越大,在靠近爪尖处锚爪面积分布的越多,则抓力就会越大。

⑥爪尖的式样,一般来说,宽的爪尖适用于松软的土质,而窄的爪尖适用于坚硬的石底。

⑦有无锚横杆,通常带横杆的锚稳定性较好,但对船舶来说也造成锚的收藏不便,也有通过在锚冠处设置带突缘或鳍状的结构来提高锚的稳定性。

(3)大抓力锚的概念

船舶或海上浮式结构物的大型化对锚抓力的要求也越来越高,如何在不增加锚重的条件下,通过改变锚的结构形式,来提高锚的抓力以及啮土稳定性呢?为提高普通无杆锚的抓力,对普通无杆锚结构改进的思路,主要从以下四个方面着手。

①提高锚的啮土稳定性

a. 为了减小翻转力矩,有的锚将两爪向锚柄靠拢,以减少爪尖距离(力臂)。

b. 锚冠的造型对稳定性有很大影响。采用带突缘或鳍状结构的锚冠,或带锚横杆的锚冠,或既无明显的突缘、又无锚横杆的锚冠,其目的都在于使锚在入土前保持能产生最高抓力的“最佳姿态”,即在入土前锚头平卧,两爪前倾并能同时触土。

②改变锚爪的形状

理想的锚爪线型应容易入土,啮入深度较大。在啮入的过程中,应尽量保证全部爪面积能与底质有效地啮合，并减少对底质的扰动，以保持底质的结构和力学特性。

③选取理想的袭角

有关研究表明，同一个锚在不同底质下使用时都存在一个比较理想的锚爪袭角，即在此袭角下锚的抓力最大。为了在多种底质下均保持较高的锚抓重比，许多锚型都将锚爪的袭角设计成可调节的形式。

④增加锚爪面积，合理分布材料

a. 在不增加锚质量的条件下增加锚爪面积，以增加抓力，同时应考虑锚的强度。

b. 使锚的重心在适当的位置，以使锚爪有足够的入土力。

在对拖曳嵌入式锚的研究中不仅要对锚在各种底质中的抓力进行测定，还要研究锚在拖曳入土过程中的抓力变化，并测定其达到最大抓力时的啮入深度及拖曳距离。锚爪的抓力不仅与锚爪的面积成正比，并且与此面积中心距泥土的表面深度有关，愈深则抓力愈大。因此，大抓力锚应在不增加锚质量的情况下，通过增加锚爪的面积而增大抓力。但在增大面积的同时，还必须注意锚的强度，应使其横剖面面积及其剖面模数相应增大。显然，既要增大锚爪的面积提高抓力，又要增大其厚度以便相应提高强度，这在材料的分布上存在着矛盾。大抓力锚的入土过程与普通无杆锚相同，影响入土的因素也相似。因此，在提高抓力的同时，还必须注意锚的使用性能，抛锚时容易入土，起锚时又易于出土，并能适应于各种性质的底质，锚爪入土后不易翻转，具有很大的稳定性，保持抓力，易于存放等。通过模型锚或实锚的试验研究，在继承普通无杆锚的基础上，人们提出了许多新的锚型。

对大抓力锚应进行海上试验，以证明其适合船舶或海上浮式结构物的使用，其抓力高于普通无杆锚的抓力。各国船级社根据 IACS 提出的要求，对于大抓力锚的海上试验制定了细则，其内容基本相同：

①大抓力锚的设计应保证，当锚从通常形式的锚链筒中抛落到海床上时，不论其最初的角度和位置如何，都能有效地抓住海底；

②拟认可的大抓力锚，应在不同类型的底质中进行比较试验，借以证明该锚的抓力至少为相同质量普通无杆锚抓力的 2 倍；

③拟认可的超大抓力锚，应在不同类型的底质中进行比较试验，借以证明该锚的抓力至少为相同质量普通无杆锚抓力的 4 倍或为已被认可的相同质量大抓力锚抓力的 2 倍；

④试验应至少在三种不同的底质中进行，通常为软泥或淤泥、砂或砾石以及硬黏土或类似的混合底质。

对大抓力锚在船舶上的使用要求有如下规定：

①当采用大抓力锚作为首锚时，每只锚的质量应不小于所规定的普通无杆首锚质量的 75%。

②超大抓力锚的质量通常不超过 1 500 kg，且限于有限航区船舶使用。超大抓力锚作为首锚时，每只锚的质量可减少到所要求的普通无杆首锚质量的 50%。

2.3.3 船锚的形式及构造特征

船锚的种类繁多，按有无锚杆，可分为无杆锚和有杆锚；按锚爪能否转动，可分为转爪锚和固定爪锚;按锚爪的数目,可分为独爪锚、二爪锚和四爪锚等;按锚的用途,可分为船舶临时停泊用锚、船舶或海上浮式结构物长期停泊用固定锚,以及深水锚、定位锚、冰锚等。通常按船锚的构造特征将其分为转爪锚和固定爪锚,前者又可分为无杆锚和有杆锚,即无杆转爪锚、有杆转爪锚、固定爪锚,它们均为拖曳嵌入式锚。除此以外,还有些其他形式的锚,它们甚至没有什么锚杆或锚爪,如伞形锚、螺旋锚、吸力锚、重力锚、板锚等。

(1)无杆转爪锚

无杆转爪锚又称山字锚,它没有横杆,主要由锚头(锚爪)、锚柄、锚卸扣,以及连接锚头和锚柄的小轴和横销等零件组成,锚柄置于两爪之间,两锚爪可以相对锚柄转动并同时抓底。无杆转爪锚的形式最多,用途最广泛。

①反映无杆转爪锚的特征参数

以霍尔锚为例(图 2.14),无杆转爪描的特征参数主要有锚爪开档 L_1、锚头宽度 L、锚头厚度 B_1、锚爪翘高 h、锚柄长度 H、锚的攻角(分初始攻角 α_0、最大攻角 α)、锚爪折角 β、锚的抓重比 λ。此外,还有锚的质量、锚的重心位置等参数。

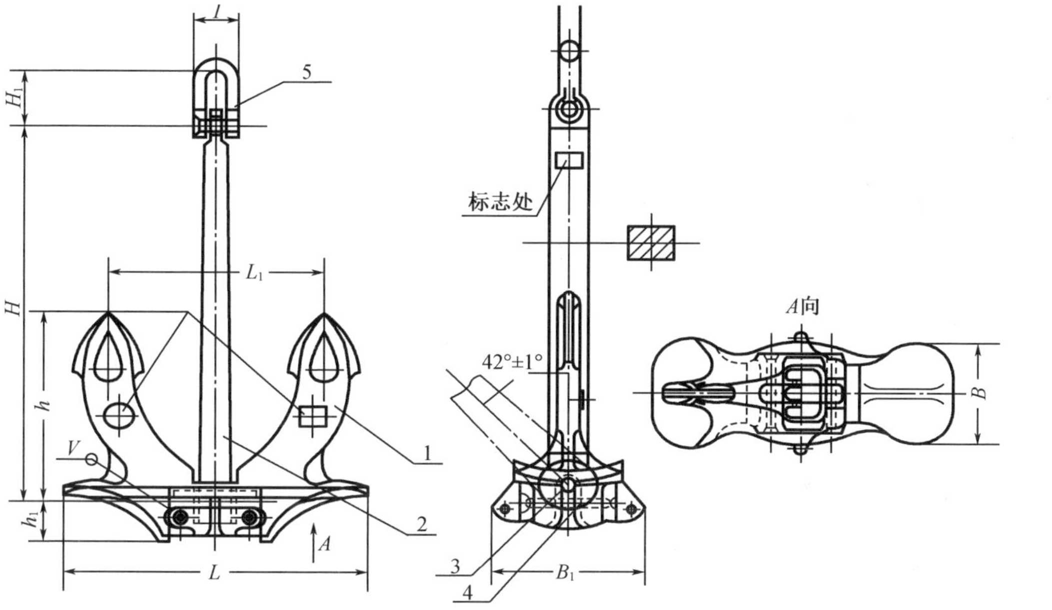

1—锚爪;2—锚柄;3—小轴;4—横销;5—锚卸扣。

图 2.14　无杆转爪锚的特征参数(以霍尔锚为例)

②无杆转爪锚的一般特点

a. 因无横杆,起抛锚非常方便,起锚后可直接收存在舷边链孔处,不占甲板面积;

b. 两锚爪同时抓底,无锚爪露在土外;

c. 普通无杆转爪锚(如霍尔锚、斯贝克锚等)的抓重比,在软泥底中一般为 3 左右,沙质底可达 5 ~7,最大不超过 8,抓力比有杆锚小,但可通过适当增加锚重来弥补。

因使用方便,无杆转爪锚被广泛用作商船的首锚。现代新型无杆大抓力锚在结构和性能上都有较大改进,抓力有很大提高。

③无杆转爪锚的入土过程及影响因素

抛锚着底后，锚先是平着躺在水底，如图 2.15(a)所示，由于在锚头部设有突缘，迫使锚爪尖转向地面。当锚链受拉力拖曳时，爪尖即用以支持在泥土上并使锚头由泥土上升起，锚即转入到工作位置，此后的拖曳就使得锚爪啮入土中，到爪力与拖力达到平衡为止。

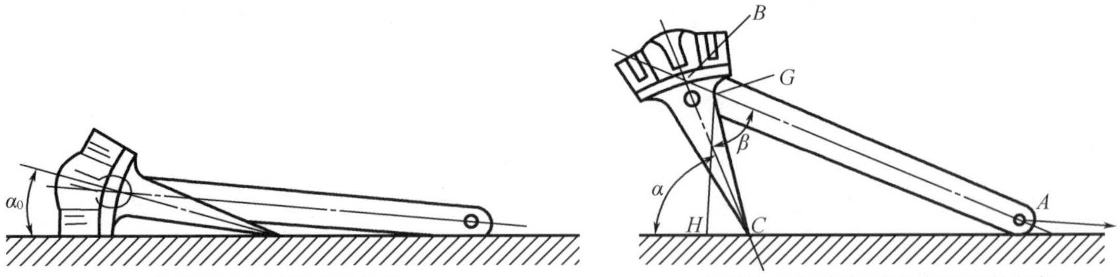

(a)锚爪尖平躺在水底的锚　　(b)工作位置的锚(锚爪尖支持在水底)

图 2.15　无杆转爪锚的入土过程(以霍尔锚为例)

影响转爪锚入土的因素主要有锚爪的攻角、锚头突缘形状与转动轴心的相对位置、锚的重心位置等。

a. 转爪锚的攻角，其一般有两个，即锚头未离开地面之前的 α_0，和锚头升起后行入土之前的 α，前者使锚头易于抬起，后者则有利于锚爪的入土。一般转爪锚大都取 α_0 为 18°，而取 α 为 64° ~ 74°之间，至于转爪锚锚爪的折角 β 多为 45°。

b. 突缘的形状与转动轴心的相对位置，将影响锚头的升起。为了迫使爪尖朝向泥土一面，转动轴心的位置不应该太靠后，否则难以保证锚爪尖朝下。为保证其稳定性，通常转动轴心在地面上的投影位置在突缘的前缘 b 点附近。

c. 锚的重心位置，是以锚头升起时的$\frac{CH}{CA}$值来表示的。为了便于锚爪入土时爪尖具有较大的垂直分力，常使爪尖稍偏于重心之前，$\frac{CH}{CA}$值通常取 0.05 ~ 0.10 之间。据此，锚爪尖上(C 点)压力为锚重的 1.05 ~ 1.10 倍，若平均分配，每一爪尖的垂直分力为 0.53 ~ 0.55 倍锚重，但仍较固定爪的海军锚小。

通常无杆转爪锚入土后，两个锚爪啮入泥土的深度可能不相同，又由于受到风力、流力的影响，其两爪所受的抓力可能不等，这样它就会以锚柄为轴形成翻转的力偶矩，其中抓力较小的爪有向泥土表面翻出的可能。这种力偶矩的大小与两爪的抓力之差以及两爪之间的距离成正比，为了减少这种翻转力偶矩，有的转爪锚将两爪向锚柄靠拢。但还要考虑到转爪锚在起锚的过程中，由于船壳板外形的关系，锚爪可能与船体外板摩擦，有时甚至妨碍将锚柄收进锚链筒中。

应该指出，凡是以锚爪啮入水底而产生锚抓力的普通船锚，为了保持最佳的啮入状态，以产生最大的锚抓力，要求锚柄始终平躺在水底，不能翘起。因此，为保证锚柄始终平躺在水底，在锚泊时最好要有一段锚链躺在水底，保持与水底相切，使锚链上的拉力为水平方向。

④目前常用的无杆转爪锚形式

a. 霍尔锚(Hall's anchor),是典型的普通无杆转爪锚,通常用作航行锚设备的首锚。霍尔锚的结构如图 2.16 所示,其锚柄截面为矩形或圆形,有长柄霍尔锚、短柄霍尔锚之分。我国造船行业已制定了霍尔锚的技术标准,按国标有 A 型(矩形干)、B 型(圆形干)、C 型(矩形短干)。长柄霍尔锚的折角(锚爪与锚柄之间的最大夹角)为 42°,短柄霍尔锚的折角为 38°。一般霍尔锚的抓重比 $\lambda = 2.5 \sim 4$。

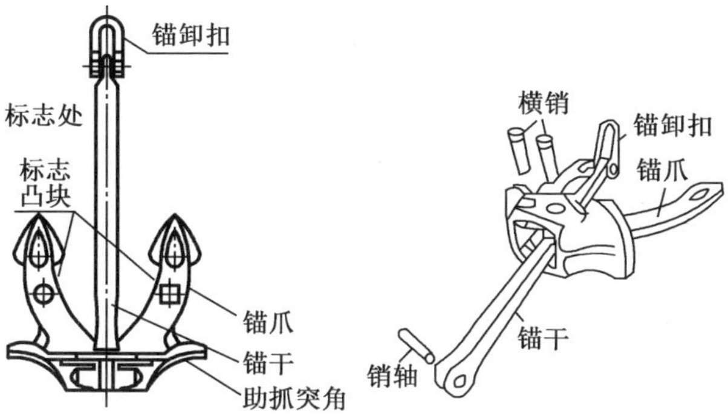

(a)霍尔锚的各零部件名称

(b)霍尔锚的形状

图 2.16　霍尔锚

霍尔锚对于各种泥、砂底质均有较好的适应能力,且收藏方便,问世百余年来仍被广泛采用。其主要缺点是锚头的重心位于锚轴轴线之上,因此在起锚提起锚干后,锚爪会向一侧倾斜,若恰好倾向船体外板,就会擦伤船舷外板,甚至卡住,妨碍锚干收入锚链筒中。

b. 斯贝克锚(Spek anchor),也是典型的普通无杆转爪锚,系霍尔锚的改进型,其结构与性能基本上与霍尔锚相似,折角为 40°,如图 2.17 所示。其特点是锚冠处装有锚冠板,锚头重心略低于转轴(小轴),由于有锚冠板,斯贝克锚的锚爪尖极易转向地面、锚在抓土过程中的稳定性较好。由于锚头重心接近锚冠,当锚吊起时,锚爪随即竖直与锚柄大致在同一平面内,从而在收锚过程中避免了锚爪与船壳板发生抵触的可能。斯贝克锚特别适用于艏部线型较肥大的船舶,尤其适用于带球鼻艏的船舶。我国造船行业已制定了斯贝克锚的技术标准。

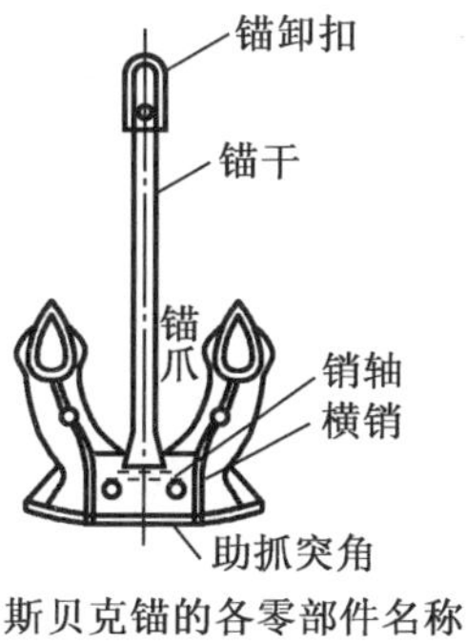

(a)斯贝克锚的各零部件名称

(b)斯贝克锚的形状

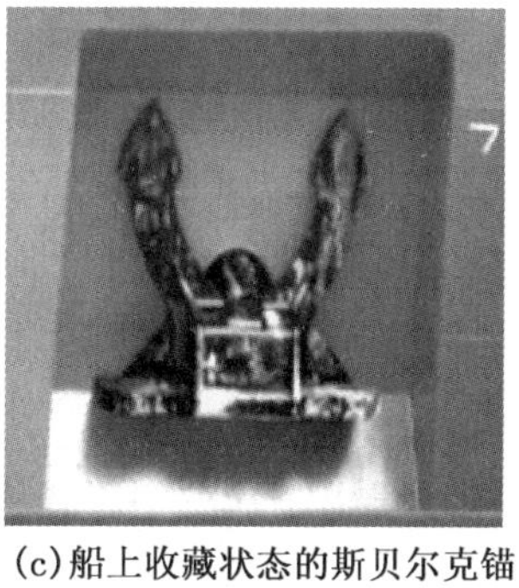
(c)船上收藏状态的斯贝尔克锚

图 2.17　斯贝克锚

c. AC－14 锚，是 20 世纪 50 年代后期由英国海军部引进的一种无杆转爪锚（图 2.18），折角为 35°，其明显的特征是锚冠处呈极其肥大的鳍状，因此具有良好的稳定性。这种锚能迅速入土，抓力大，能适应各种泥、砂底质，在不同的底质下，其抓重比为 8～10，且收藏也方便，是目前公认的性能较好的一种大抓力锚型，在各种大型运输船舶和舰船上得到了广泛使用。我国造船行业已制定了 AC－14 锚的技术标准。AC－14 平衡锚是 AC－14 锚的改进形式，如同斯贝克锚，当锚吊起时锚爪随即竖直。

(a)AC-14锚的形状　　(b)船上收藏状态的AC-14锚

图 2.18　AC－14 锚

d. 波尔锚（Pool anchor），是荷兰研制的一种无杆转爪锚（图 2.19），其锚爪平滑而锋利，抓力大，可适应各种底质，锚冠部的特殊设计使起抛锚均较为方便。与其他质量相同的无杆转爪锚相比，波尔锚的稳定性可提高 30%～50%；在相同的抓力下，其锚重可减轻 25%～40%。通常情况下，其抓重比可达 6 左右，也便于收藏。波尔系列锚中主要有波尔 N 型锚和波尔 TW 型锚，其锚爪（锚头）为钢板焊接结构，其既可用作航行锚设备的首锚，也可用于工程作业船舶的定位锚。我国造船行业已制定波尔锚的技术标准。其中，波尔 N 型平衡锚是波尔 N 型锚的改进形式；波尔 TW 型平衡锚是波尔 TW 型锚的改进形式，如同斯贝克锚，当锚吊起时锚爪随即竖直。

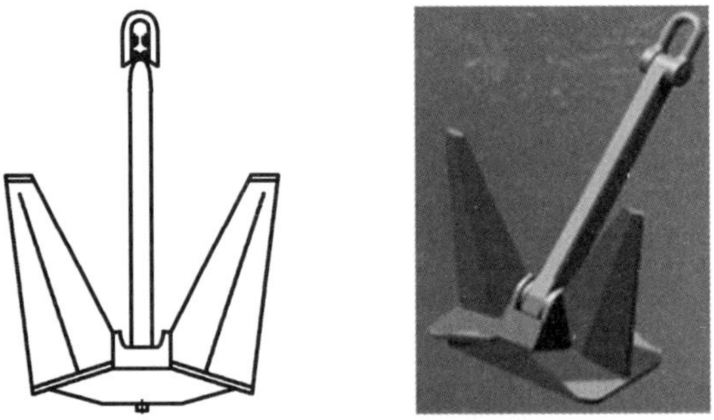

(a)　　(b)

图 2.19　波尔锚

e. 尾翼式锚，是我国研制出的一种新型无杆转爪锚，分长柄和短柄两种类型，其结构如图 2.20 所示。其结构特点是设有 4 个尾翼，使得助抓突角很宽厚，锚头重心低，其操作特点是入土阻力小，入土性能和稳定性好。其抓力、稳定性等各方面性能均优于霍尔锚和斯贝克锚，更符合商船对船锚的多方面性能要求。

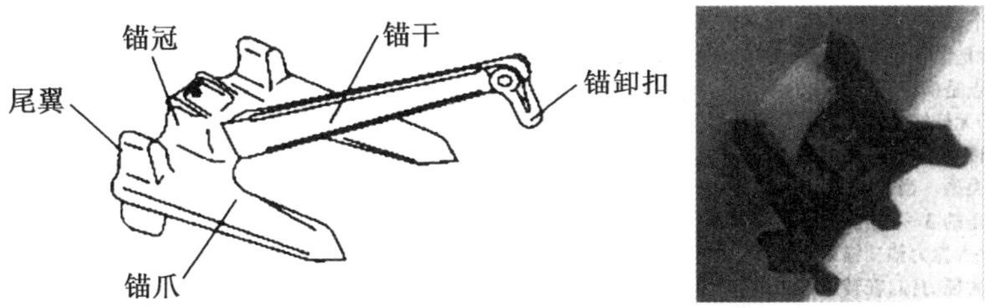

(a)尾翼式锚的各零部件名称　　(b)船上收藏状态的尾翼式锚

图 2.20　尾翼式锚

f. 阔鳍型德尔泰锚，也是一种无杆转爪锚，属大抓力锚，结构如图 2.21 所示。其构造不同于一般的无杆转爪锚，它的锚爪较尖，两爪尖之间的空隙较小，拖曳时容易啮入土中；锚爪下部较宽，起到了有杆锚稳定杆的作用，为钢板焊接结构。阔鳍型德尔泰锚主要用于工程作业船舶的锚泊定位系统。这种锚性能十分优良，适用于各种泥、砂及砾石等底质。通常情况下其折角为 32°(或 35°)，在遇到特别松软的底质时，可临时将折角改为 50°。但阔鳍型德尔泰锚不适宜收藏在锚链筒内，通常存放在锚架上。

除上述介绍的几种常用的无杆转爪锚外，国外船舶或海上浮式结构物上常用的无杆转爪锚还有巴尔特无杆锚(Baldt stockless anchor)、美国海军无杆锚(U. S. navy stockless anchor)、万向接头型(union Universal - Type)无杆锚、日本 JIS 无杆锚等，这些锚都是铸钢锚，它们的性能同霍尔锚相似。近年日本新研发的 DA - 1 型锚(图 2.22)，被称作第三代无杆锚，其锚冠较宽且端部为三棱形，锚爪很长，是用两个斜面构成的倒 V 字形，两爪间距小。这种锚有非常合适的啮齿角度，抓力大、抓驻性能好、稳定性强、易冲洗、收藏方便。

图 2.21　阔鳍型德尔泰锚

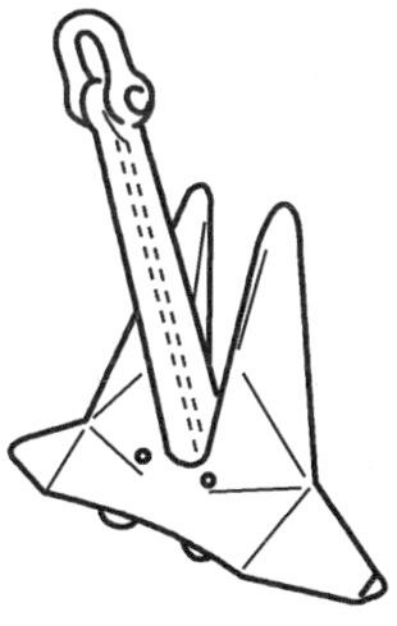

图 2.22　DA - 1 型锚

(2)有杆转爪锚

有杆转爪锚大多用于工程作业船舶或海上浮式结构物的锚泊定位系统，也可兼作航行船舶的首锚。有杆转爪锚在锚冠处通常带有稳定杆，锚爪较长且面积较无杆转爪锚大，折角较小(30° ~ 35°)，其两爪比较靠拢。某些有杆转爪锚，在遇到淤泥的情况下，可将折角加大到 50°，以提高锚的抓力。其特点是稳定性好，具有很大的抓力。目前国内外常用的有杆转爪锚有以下几种：

①LWT 锚，也称轻量型锚，是一种性能优良的大抓力有杆转爪锚，结构如图 2.23 所示。其在锚爪头部（锚冠）处设有较长的横杆，以及较长的锚柄，因而稳定性好；且锚爪长又尖，容易啮入土中。最明显的特征是具有掘泥板和锚冠开口，使它易于入土。折角可变的 LWT 锚，锚柄同锚爪接触处设置了可拆楔块，有楔块时折角为 30°，用于砂及硬泥底质；拆去楔块后折角变为 50°，适用于淤泥底质。锚收起后通常存放在锚架上。我国造船行业已制定了 LWT 锚的技术标准。

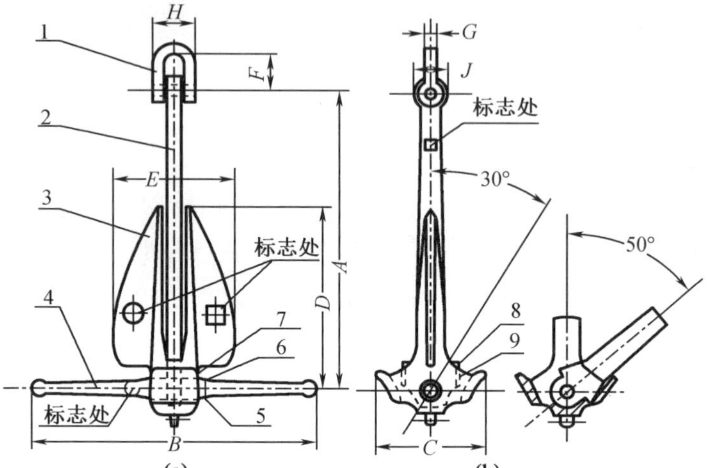

1—锚卸扣；2—锚柄；3—锚爪；4—锚横杆；5—垫圈；6—插销；7—小链；8—楔块；9—螺栓。

图 2.23　LWT 锚

②丹福斯锚（Danforth anchor），也称燕尾锚，外形与 LWT 锚基本相似，也是一种比较成功的大抓力有杆转爪锚，结构如图 2.24 所示。锚爪头部（锚冠）处设有横杆，折角为 30°，不可改变，抓重比不小于 10，适用于泥沙底质，在淤泥中抓力较小。广泛用作深水锚和定位锚。

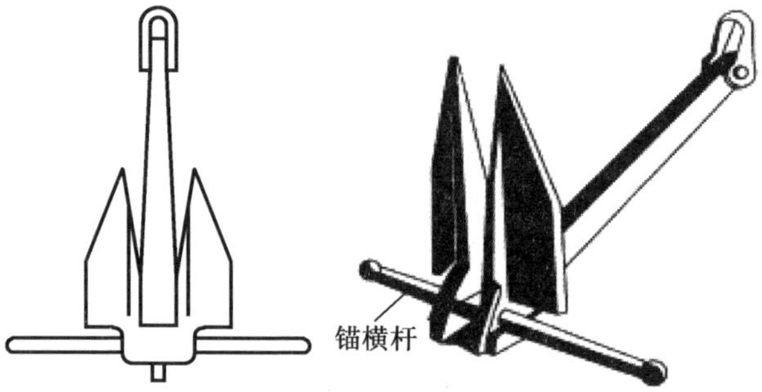

图 2.24　丹福斯锚

此外，还有其他形式的有杆转爪锚，如斯达托锚（Stato anchor）、穆尔法斯特锚（Moodast anchor）均为海洋工程作业船舶使用的铸钢大抓力有杆锚，这种锚的折角均可变换为 34°或 50°，较小的折角用于砂或硬泥，较大的折角用于淤泥。还有斯蒂汶系列锚，其系指由荷兰弗里霍夫锚具公司(Vryhof Anchors B. V)研制的用于挖泥船、起重船、铺管船等行业工程作业船舶锚泊系统的锚，包括斯蒂汶 MK3 锚(Stevin MK3 anchor)、史蒂芙菲克斯锚(Stevfix anchor)、史蒂芙莫特锚(Stevmud anchor)、史蒂芙狄格锚(Stevdig anchor)等大抓力有杆锚。它们的形式如图 2.25 所示。这些锚均为大抓力有杆转爪锚，其共同的特点是：

a. 锚爪面积均大于上述各类铸钢大抓力有杆锚，几乎是相同质量丹福斯锚锚爪面积的 3 ~4 倍，因此特别适用于软泥和淤泥底质。

b. 锚爪为钢板焊接结构，稳定杆(器)直接焊在锚爪上，不可拆卸；锚爪质量约占锚总质量的 70%。

c. 锚爪折角可变换为 32°或 50°，较小的折角用于砂或硬泥，较大的折角用于淤泥。

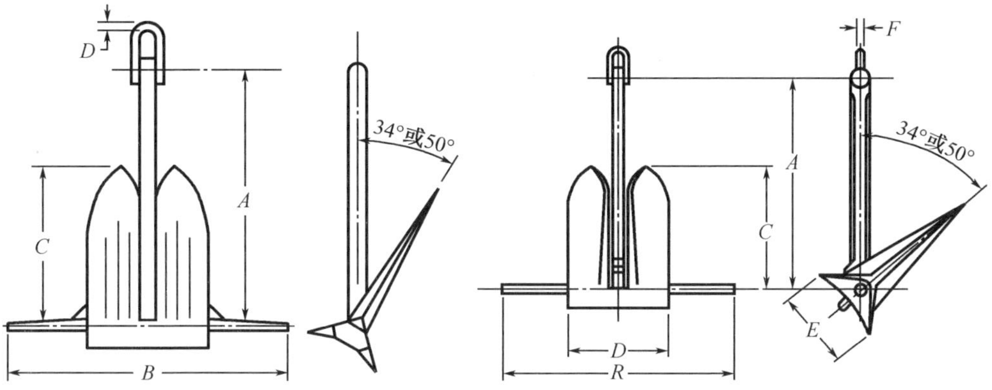

(a) 斯达托锚　(b)穆尔法斯特锚

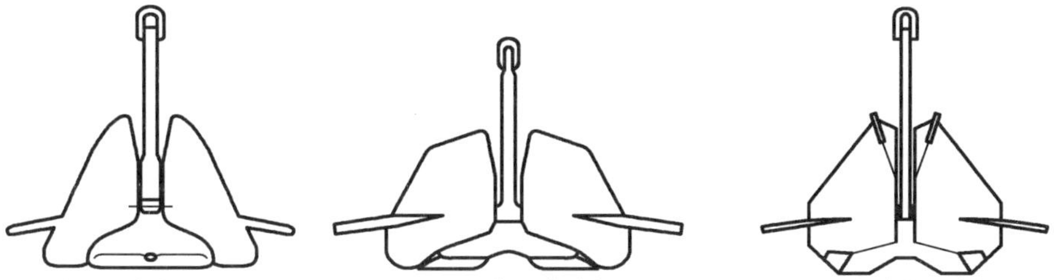
(c) 斯蒂汶MK3锚　(d)史蒂芙莫特锚　(e) 史蒂芙菲克斯锚

图 2.25　铸钢大抓力有杆转爪锚

(3)固定爪锚

固定爪锚的锚爪和锚柄制成一体，称为锚体。固定爪锚可分为有杆固定爪锚和无杆固定爪锚。

①有杆固定爪锚

其特征是以一个锚爪抓入泥土中。常见的有杆固定爪锚是有杆的两爪锚或独爪锚。

a. 海军锚，是有杆的两爪锚，其横杆设在靠近锚卸扣处，同锚爪成交叉状。锚着地后，一旦受力，依靠横杆的一端为支点，使锚爪旋转啮入底质，其入土过程如图 2.26 所示。从有杆锚的入土过程看，锚的重心位置 G 与其入土的性能有关，如果重心过于接近锚卸扣一端(图中 A 点)，则迫使锚爪入土的垂直分力减小，反之如果重心过于接近锚冠(图中 B 点)，则锚不稳定，特别是遇到水底有斜坡时。为了确保锚的稳定性并兼顾入土的垂直分力，通

常有杆锚的重心取 $\overline{BG} \approx 42\% \cdot \overline{AB}$。

海军锚特别适用于砂、硬泥及砾石等底质,也可用于礁石底质。其缺点是收藏不便,不能进锚链筒;抛锚时始终有一个锚爪露出在底质外,容易同锚索纠缠,甚至危及在其上通过的船舶,造成船底破损。除非特别需要,目前已很少采用海军锚。我国造船行业已制定海军锚的技术标准。

b. 单爪锚,形状如同切去一只锚爪的海军锚,如图 2.27 所示。其性能亦同海军锚相似。单爪锚抛锚时,必须吊住锚头,使锚爪向下,缓慢地放到水底,然后收紧锚索使锚爪啮入底质。

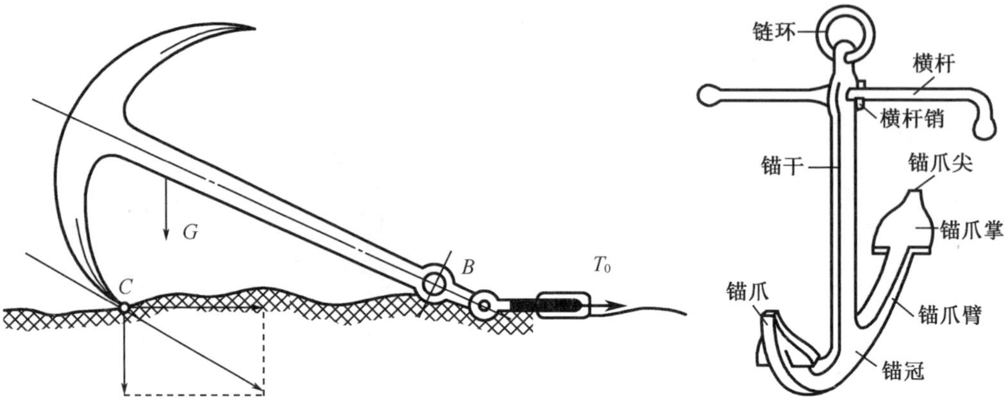

(a)入土过程　　(b)锚结构

图 2.26　海军锚

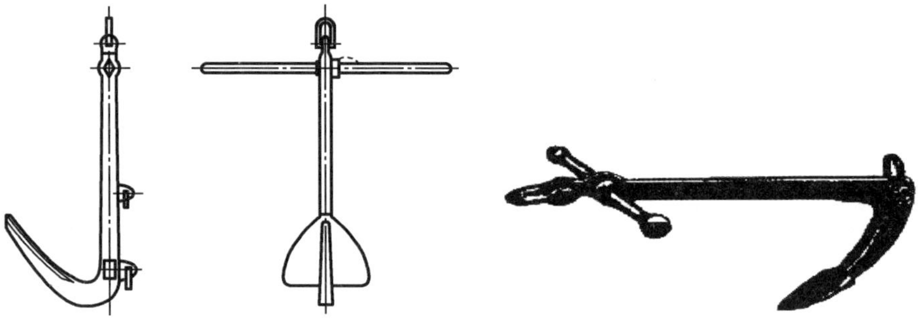

(a)　　(b)

图 2.27　单爪锚

②无杆固定爪锚

a. 四爪锚,如图 2.28 所示,锚体为锻钢件,不设横杆。这种锚一般使用质量较小,多用于小船,适用于砂、硬泥、砾石以及礁石等底质。

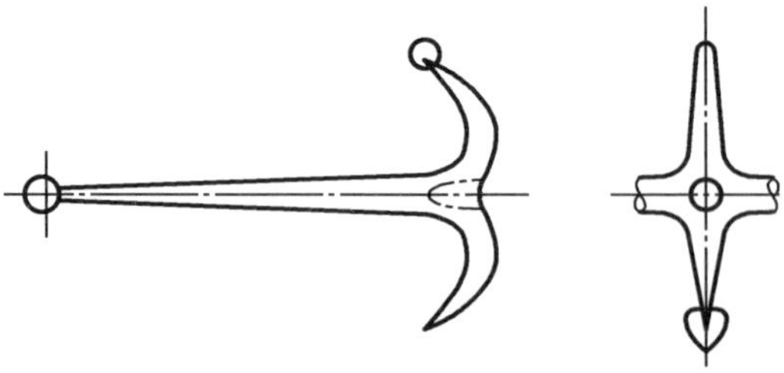

图 2.28　四爪锚

b. 布鲁斯锚，如图 2.29 所示，锚体不设横杆，能适应砂、硬泥及淤泥等多种底质，且抓力不因锚重的增加而有所降低。其主要用于海洋浮式结构物的锚泊定位系统。布复斯锚主要有布鲁斯 SS 锚（Bruce SS anchor），由布鲁斯 SS 锚演变过来的布鲁斯 TS 锚，以及由布鲁斯 TS 锚演变过来的布鲁斯 FFTS 锚。布鲁斯 SS 锚的锚体为高强度合金钢铸件，锚爪有 3 个齿。而布鲁斯 TS 锚和布鲁斯 FFTS 锚的锚体均为钢板焊接结构，锚柄则由两块并列的钢板加上中间斜隔板构成，且锚爪的角度可调节，以适应不同的底质。但布鲁斯 TS 锚的锚爪也为 3 个齿，而布鲁斯 FFTS 锚的锚爪只有 2 个尖齿。

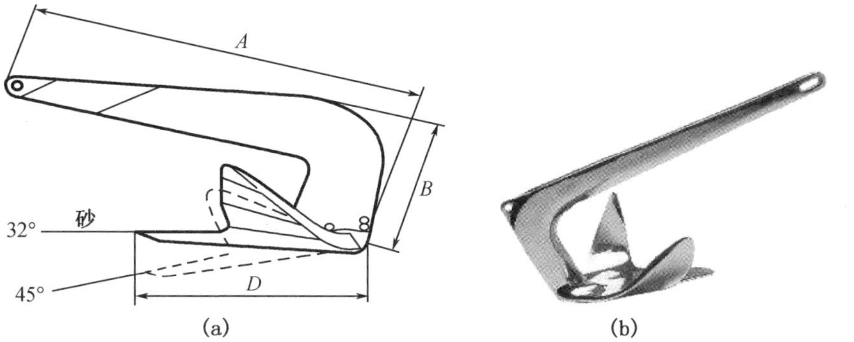

图 2.29 布鲁斯锚

布鲁斯锚的入土过程如图 2.30 所示。由于其锚爪形状特殊，当锚爪入土后，产生抓力迫使锚柄也紧跟着啮入海底，继而由于锚柄上挡板也产生阻力，又迫使一段锚链随之埋入土中从而产生阻力。一般情况下，其抓重比为 15 ~ 25，在有利的啮合时甚至可高达 30 ~ 40。

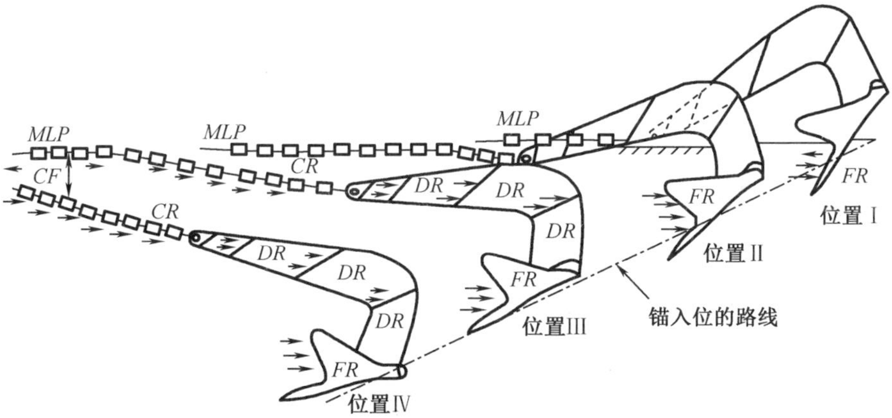

FR—爪阻力；*DR*—挡板阻力；*CR*—链阻力；*MLP*—合成阻力。

图 2.30 布鲁斯锚的入土过程

此外，还有其他形式的无杆固定爪锚，如史蒂芬锚，主要有芙帕瑞斯锚和史蒂芙夏克锚（图 2.31）。锚体均为钢板焊接结构，锚爪面积大，犁形锚柄及带有两个尖齿的锚爪使锚更深地啮入底质中，且达到最大抓力所需要的拖曳距离较短，其中史蒂芙夏克锚的锚柄为锯齿形。锚爪与锚柄之间的夹角可调节，在极软的黏土（淤泥）中为 50°，一般的黏土中为 41°，砂和硬泥中为 32°，并可承受一定的垂向负荷。两种锚均用于海洋浮式结构物的锚泊定位系统。

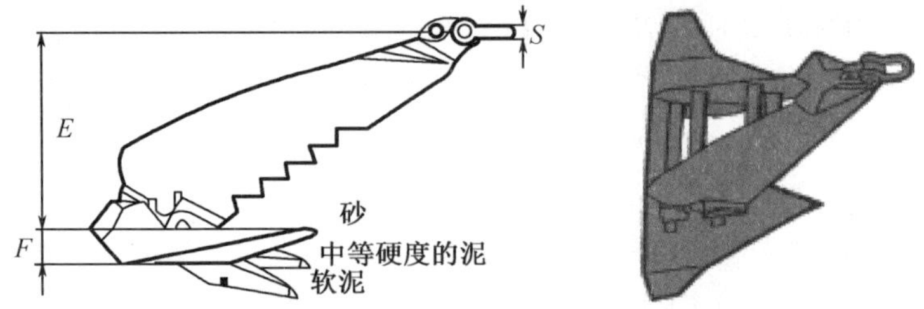

图 2.31　史蒂芙夏克锚

(4)其他形式的锚

除上述介绍的各类拖曳嵌入式锚外,还有一些用于系留物系固和特殊水域的特殊形式锚,以及为海上浮式结构物定位用的锚。

①特殊形式的锚

如用于系留物系固的菌(伞)形锚、螺旋锚、半球形水泥锚以及用于特殊水域的浮锚、冰锚等,其制作材料有铸钢、钢材、混凝土等,图 2.32 为菌(伞)形锚和螺旋锚的样式。

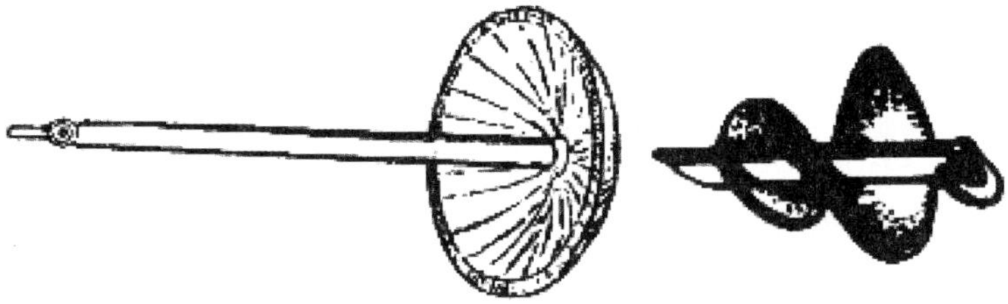

(a)菌(伞)形锚　　(b)螺旋锚

图 2.32　特殊形式的锚

②海上浮式结构物定位用锚

近年来,随着海洋工程装置的发展,出现了多种用于海上浮式结构物定位用的锚,如桩锚(pile anchor)、板锚(plate anchor)、吸力锚(也称负压锚)、重力锚(gravity anchor)等,其最大特点是具有较大的垂向支持能力,但其海上安装工艺远比拖曳嵌入式锚复杂得多。桩锚是通过打桩将桩锚埋入较深的海底,靠桩侧与土壤的摩擦力来抵抗外力,能承受水平力和垂向力。重力锚主要是靠材料本身质量来抵抗外力,部分靠锚与土壤之间的摩擦力来抵抗外力。板锚具有较大的垂向支持能力,适用于锚索以大倾斜角与海床相交的绷紧腿锚泊系统,图2.33为两种板锚的样式。

(a)拖曳嵌入式(VLA)　　(b)吸力埋置式

图 2.33　板锚

海上浮式结构物定位用的锚是从船用锚发展过来的。其特点主要体现在以下两个方面：

a. 船用锚由于考虑收藏及起抛锚方便等因素，几乎全都是无杆的转爪锚。海上浮式结构物定位用的锚不受这些因素的制约，不管什么形式，只要性能好即可。

b. 大多数拖曳嵌入式锚只能承受水平负荷，不能承受垂向负荷，因此只能与悬链式锚泊系统配合使用。悬链式锚泊系统的最大缺点是锚索太长，如一艘作业水深约 600 m 的 8 点定位半潜式平台，其每根锚索（钢缆 + 系泊链）的长度将超过 3 000 m。若是改用绷紧式锚泊系统，则锚索长度可大大缩短，但锚索会在锚点处与海床形成一个较大的夹角，为此必须采用能够承受垂向负荷的锚。

无论是拖曳嵌入式锚还是桩锚、吸力桩或板锚，都是在啮入土中后才能发挥其作用，因此锚的性能与底质的性质有密切的关系，涉及许多土力学问题，尤其是桩锚、吸力桩和板锚的设计和安装，需要了解底质的原始和重塑后的剪切强度、固结特性（可压缩性和渗透性）、持续负荷下的剪切失效、振动引起的液化、$P-Y$ 曲线、淘空、地震影响，等等。为此需要进行大量的表层地质勘查（钻孔或取芯），取得土样，并进行分析试验，从而得到必需的数据，供设计和安装分析使用。

2.3.4　船舶与海上浮式结构物用锚选择

实际应用中，应根据船舶与海上浮式结构物的结构特征、作业特征、作业水域以及对锚泊系统的要求来选择合适的锚泊系统以及锚型，主要分临时锚泊系统、短期锚泊定位系统、长期锚泊定位系统三种情况。

（1）临时锚泊系统的用锚选择

对航行船舶，一般采用悬链式锚链系统，且要求起抛锚方便，便于收藏。因此，通常采用拖曳嵌入式锚类中的无杆转爪锚。通过对航行船舶锚泊环境条件下的安全锚泊分析，确定锚的负荷，以此来选择具体的无杆转爪锚的锚型以及抓持特性，确定是采用普通锚还是大抓力锚。

对所有移动式钻井平台，CCS《海上移动式钻井船入级与建造规范》规定，除锚泊定位系统外，还要求配备临时锚泊系统，一般设在平台的首部，其配备要求与一般钢质海船类似，但多采用大抓力锚。

（2）短期锚泊定位系统的用锚选择

对在海上锚泊定位作业时间较短的工程船舶和浮式装置，诸如打捞船、起重船、半潜运输船、潜水工作船、铺管船、钻井船（或驳船）、半潜式钻井平台、钻井辅助船等，多采用多点锚泊定位系统。一般采用悬链式锚索系统，且要求起抛锚方便，因此通常采用大抓力拖曳嵌入式锚类中的有杆转爪锚或固定爪锚，在选择锚型以及抓持特性时，必须通过对各种环境条件下的锚泊分析来确定锚的负荷。

（3）长期锚泊定位系统的用锚选择

对在海上停留时间较长的浮式装置诸如半潜式生产平台、Spar 平台、FSO 或 FPSO 等，采用辐射状锚泊定位系统，通常根据平台的形状布置，多采用永久性锚泊系统。永久性锚泊系统目前主要有两种形式，即悬链式和绷紧式。悬链式锚索系统通常采用大抓力拖曳嵌入式锚类中的固定爪锚。绷紧式锚索系统则可采用桩锚、吸力桩和板锚等。因此，应根据该系统设计规定的最恶劣环境条件所做的锚泊分析来确定系留点(锚)的负荷,以及锚泊系统的形式和安装方式,所选择的锚应十分可靠,且需要更加充分地了解预定抛锚地点的底质条件和海床形状。

2.4 锚 索

锚索是连接船舶或海上浮式结构物与锚的绳索。按其材质不同可分为锚链、钢缆以及合成纤维缆三种。其中锚链按照用途可分为船用锚链和海洋系泊链。本节主要讨论锚链、系泊链,有关钢缆和合成纤维缆将在第3章中介绍。

在锚泊系统中,锚链或系泊链的作用主要是向船舶或海上浮式结构物传递锚的抓驻力;在锚泊时,因抛出的锚链或系泊链有一定的质量,可在水中对船舶或海上浮式结构物所受到的风、浪、流等外力起一定的缓冲作用;平卧水底部分的锚链或系泊链对锚的作用力保持水平,有利于锚的可靠抓底,同时这部分锚链或系泊链因受到泥土的阻滞作用,还能提供一部分锚泊力。

2.4.1 临时锚泊系统的锚链组成与配置

(1)锚链的类型及等级

船用锚链按其链环的结构可分为有档锚链和无档锚链两种。按链环的制造方法又可分为电焊锚链、铸造锚链和锻造锚链。船用锚链中,使用最多的是电焊锚链,铸造锚链已很少使用,除了锚链附件多为锻造件外,锻造锚链已基本被淘汰。电焊锚链是用符合要求的圆钢材料弯制并焊接而成的,几乎都以闪光焊接方法制造,具有生产工艺先进、简单,成本低;质量好等优点。本节着重介绍电焊锚链及其附件的规格及技术要求以及锚链的配套方式。

按GB/T 549—2008规定,船用锚链分为A型-有档锚链和B型-无档锚链。用于生产有档锚链的锚链钢材等级,电焊锚链分为M1、M2、M3三个等级,铸钢锚链分为M2、M3两个等级。在相应代号前加A表示有档链,B表示无档链。钢材级别越高,抗拉强度越大。AM1级锚链钢为镇静钢,AM2和AM3级锚链钢为全镇静细晶处理钢。表2-1罗列了各船级社规范中锚链等级对照表(有档锚链)。对同一船舶或海上浮式结构物,若选用强度大的钢材,链环尺寸可以适当减小。

表2-1 各船级社规范中锚链等级对照表(有档锚链)

锚链名称	各船级社锚链等级					
	CCS	LR	ABS	DNV/GL	BV	NK
一级有档锚链	AM1	U1	Grade1	NVK1	BV-Q1	Grade1
二级有档锚链	AM2	U2	Grade2	NVK2	BV-Q2a	Grade2
三级有档锚链	AM3	U3	Grade3	NVK3	BV-Q3a	Grade3

(2)组成锚链的普通链环

船用锚链由普通链环和一些特殊链环组成。普通链环是锚链中数量占大多数的链环,是表征锚链大小和强度的标准链环。船用锚链的大小是以制造普通链环的圆钢截面直径来表示的(称为链径),其组成的特殊链环也都以它为标准来表示。

普通链环分为有档普通链环(C)和无档普通链环(OP),如图 2.34 所示。在尺寸和材质相同时,有档普通链环的强度比无档普通链环的强度大 20% 左右,刚性也大,不易变形,且堆放时不易扭结。船舶多采用有档普通链环。有档普通链环的尺寸比例为:直径为 d、宽为3.6d、长为 6d。

(a)链环外形　(b)有档普通链环　(c)无档普通链环　(d)尺寸比例

图 2.34　普通链环

(3)组成锚链的特殊链环

特殊链环主要有加大链环(EL)、末端链环(E)、C 型连接链环、肯特型连接链环(KS)、转环(SW)、连接卸扣(JS)以及末端卸扣(ES)等,其形式如图 2.35 所示。

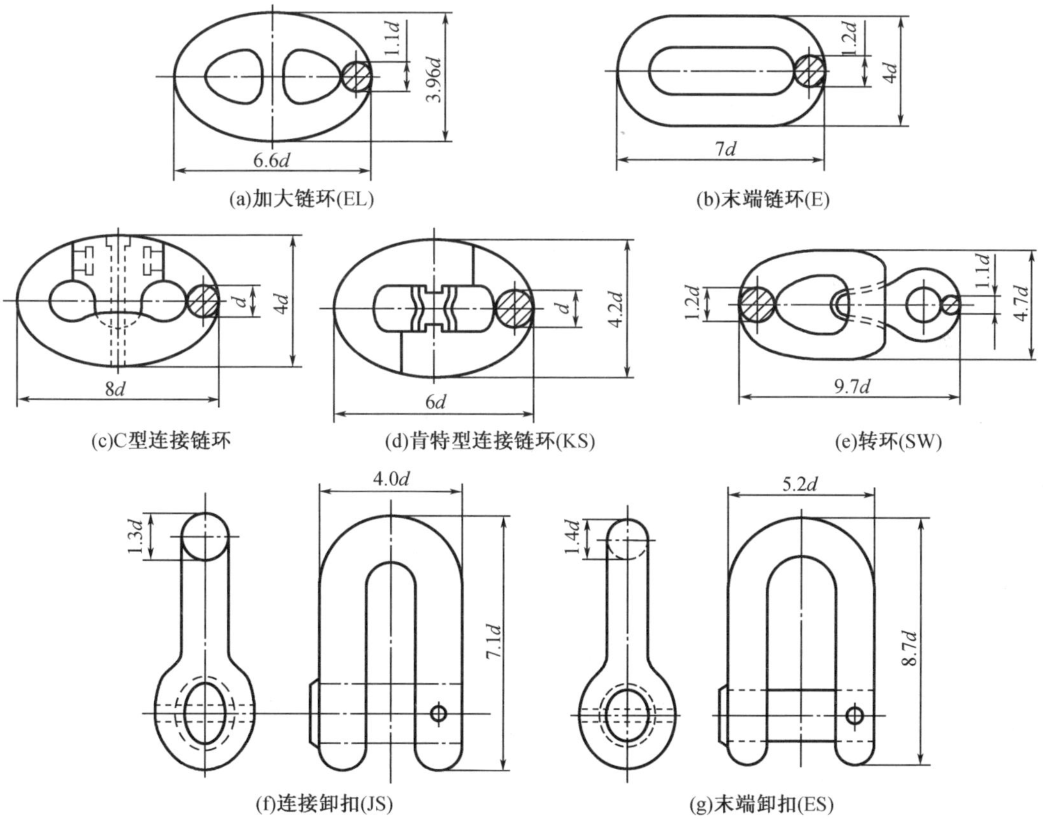

(a)加大链环(EL)　(b)末端链环(E)

(c)C型连接链环　(d)肯特型连接链环(KS)　(e)转环(SW)

(f)连接卸扣(JS)　(g)末端卸扣(ES)

图 2.35　特殊链环的形式

①加大链环(EL),如图2.35(a)所示,其是一种过渡的链环。在锚链中主要起尺寸过渡作用,其尺寸比相应锚链中有档普通链环增加10%。

②末端链环(E),如图2.35(b)所示,是一种过渡的链环,是锚链中尺寸加大了的无档链环,用来配合其他链环的连接并起尺寸过渡作用,其直径为1.2d。如连接卸扣的尺寸比较大,不易直接与普通链环连接,且通过锚机的链轮时易使锚链磨损,则在链节的两端加入加大链环与末端链环。

③连接链环,用于连接前后两节锚链。连接链环是可拆卸的链环,如图2.36所示。其有两种形式:一种是肯特型(KS)(图2.35(d)),又称双半型,其直径为d、长为6d、宽为4.2d,是CCS规范和国标指定的一种链环。另一种是C型(图2.35(c)),又称散合型。由于连接链环的直径与普通链环相同,其可直接与普通链环连接。这种连接链环可使链节与链节之间连接得到平顺,比连接卸扣好。

(a)肯特型连接链环

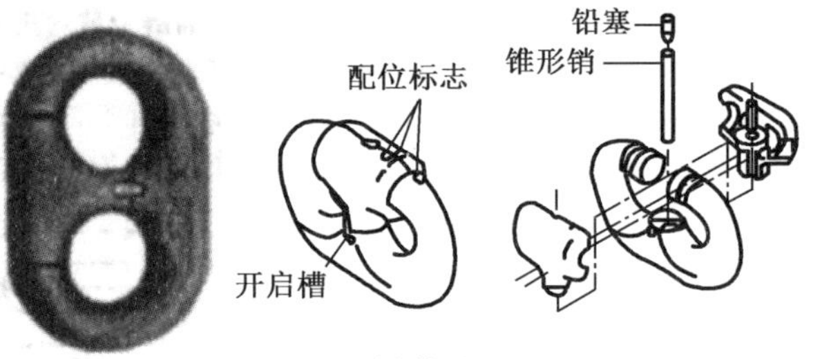

(b)C型连接链环

图2.36 连接链环

④连接卸扣(JS),如图2.35(f)所示,是可拆卸的D形卸扣,也是用于连接前后两节锚链的卸扣。为保证连接强度,连接卸扣的直径加大到1.3d,则其两头依次连接末端链环、加大链环,然后再连接普通链环以保证尺寸的平顺过渡。连接时应使弧形端朝向锚端的方向,以利于抛锚作业,以免连接卸扣通过锚机的链轮时,出现跳动、冲击和卡死现象。

锚链的末端也有末端卸扣(图2.35(g)),尤其是与锚相连的末端卸扣其弧形端应朝向船端,以便起锚时减少这种卸扣对锚链的摩擦。

⑤转环(SW),如图2.35(e)所示,它加在靠近锚的一端锚链上,设置于锚链链节与锚的连接端。转环的两端需加装加大链环,再与普通链环连接。其目的是避免在锚的收放过程中,以及当风向或流向发生变化时引起的锚链扭缠,如图2.37所示。转环有普通转环和转环卸扣两种形式。

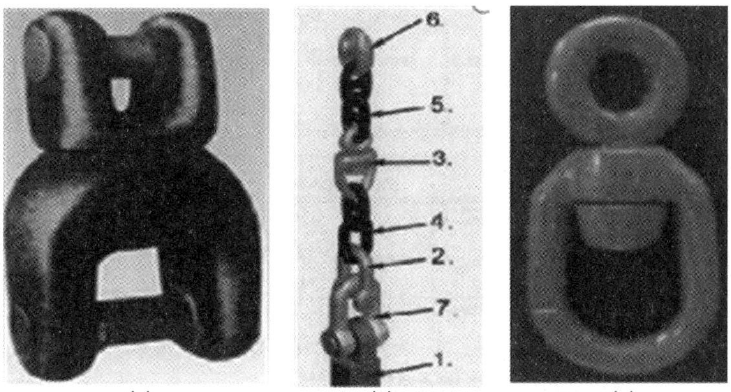

(a)　　(b)　　(c)

1—锚柄;2—末端卸扣;3—转环;4—末端链环;5—加大链环;6—连接链环;7—锚卸扣。

图 2.37　转环及其连接方式

锚链在出厂前,应按国家标准中规定的技术要求进行检验。检验时,除了对锚链的组成部件尺寸进行测定外,还需按标准要求的负荷进行拉力试验及拉断试验。

(4)锚链节

锚链由链节组成,链节又有末端链节、锚端链节和中间链节之分。船用锚链的长度以“节”为单位,一根完整的锚链先由许多锚链环相互连接组成一定长度的锚链节,再由数节锚链节通过连接链环或连接卸扣连接起来组成整条锚链。我国规定每节锚链的标准长度为 27.5 m。单位长度锚链的质量数据可从产品证书中查找,或按下式估算

$$W_c = 0.021\,9d^2 \tag{2-1}$$

式中　W_c——单位长度锚链的质量,kg/m;

d——链环直径,mm。

(5)锚链的配置

临时锚泊系统中一根完整的锚链是由一根锚端链节、许多根中间链节和一根末端链节串接而成,通常分为若干链节。其中,一端是同锚连接的锚端链节,另一端是固定在锚链舱内的末端链节,两者之间则是若干中间链节,如图 2.38 所示。

A—锚端链节;B—中间链节;C—末端链节;1—锚卸扣;2—末端链环;3—加大链环;4—转环;5—连接链环;6—普通链环。

图 2.38　锚链的构成

有档锚链的链节与链节之间采用连接链环或连接卸扣连接。两种连接方式的主要区别在于:连接链环可直接与普通链环连接;连接卸扣则必须通过末端链环和加大链环同普通链环连接。无档锚链的链节与链节之间,则采用连接卸扣连接。采用连接链环连接的锚

链在通过锚链筒、掣链器及链轮时,阻力较小。而用连接卸扣连接时,相应的阻力较大,但后者比前者在使用上更加可靠。

由于按船级社规范配置的锚链长度均为 27.5 m 的整数倍,因此在船用锚链配置时,除中间链节长度(包括连接链环或连接卸扣在内)通常为 27.5 m 的整数倍外,锚端链节和末端链节的长度最好也是 27.5 m。其中,除带有转环的锚端链节外,每节锚链的链环数应为奇数,以保证连接链环或连接卸扣在通过锚机链轮时,都能平躺在链轮的穴座里顺利通过。

①典型的有档锚链的锚端链节配置形式(图 2.39)

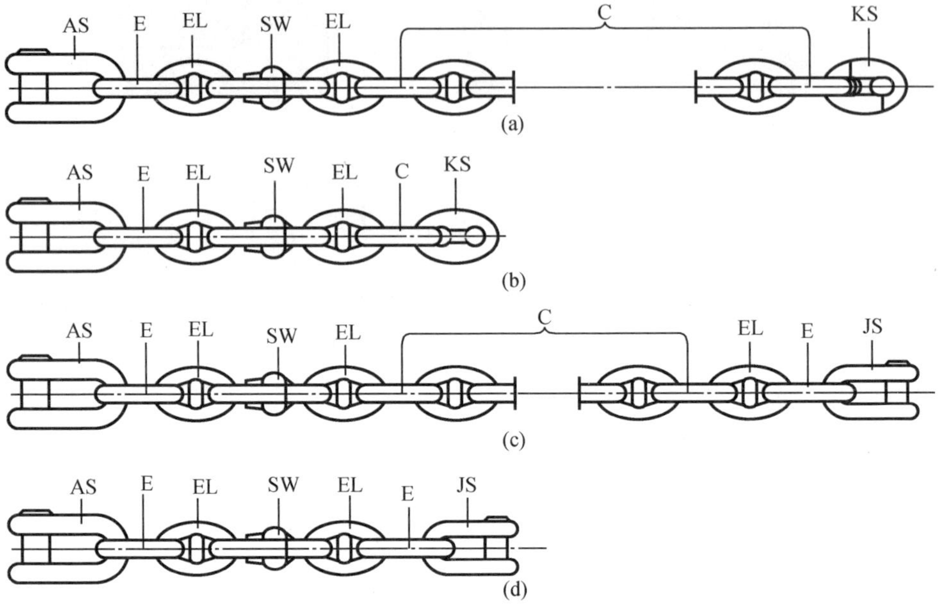

图 2.39　典型的锚端链节配置形式

有档锚链的锚端链节有多种配置方式,根据与中间链节和锚连接方式的不同,常见的配置方式有以下几种:

a. 连接链环连接的锚端链节。整根锚端链节长度为 27.5 m(不包括末端卸扣),用连接链环与中间链节连接,如图 2.39(a)所示。

b. 连接链环连接的锚端附加短链节。该附加短链节用连接链环与中间链节连接,如图 2.39(b)所示。

c. 连接卸扣连接的锚端链节。整根锚端链节长度为 27.5 m(不包括末端卸扣),用连接卸扣与中间链节连接,如图 2.39(c)所示。

d. 连接卸扣连接的锚端附加短链节。该链节用连接卸扣与中间链节连接,如图 2.39(d)所示。

e. 配置转环卸扣的锚端链节配置形式。与上述相似,但是其中与锚连接的转环及其他附件均采用转环卸扣代替,如图 2.40 所示。

②典型的有档锚链的末端链节配置形式(图 2.41)

有档锚链的末端链节一般不配置转环,其配置方式同弃锚装置形式有关,常见的配置方式有以下几种:

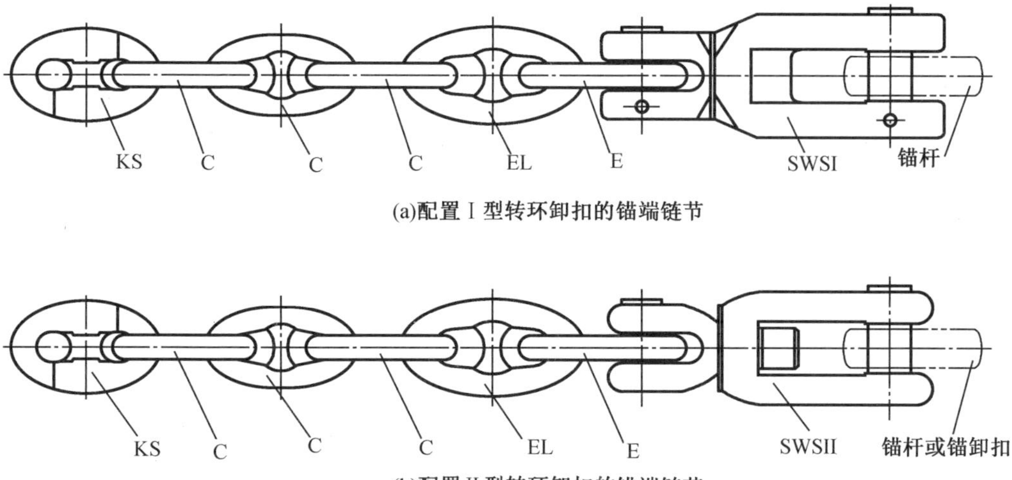

(a)配置Ⅰ型转环卸扣的锚端链节

(b)配置Ⅱ型转环卸扣的锚端链节

图 2.40　配置转环卸扣的锚端链节

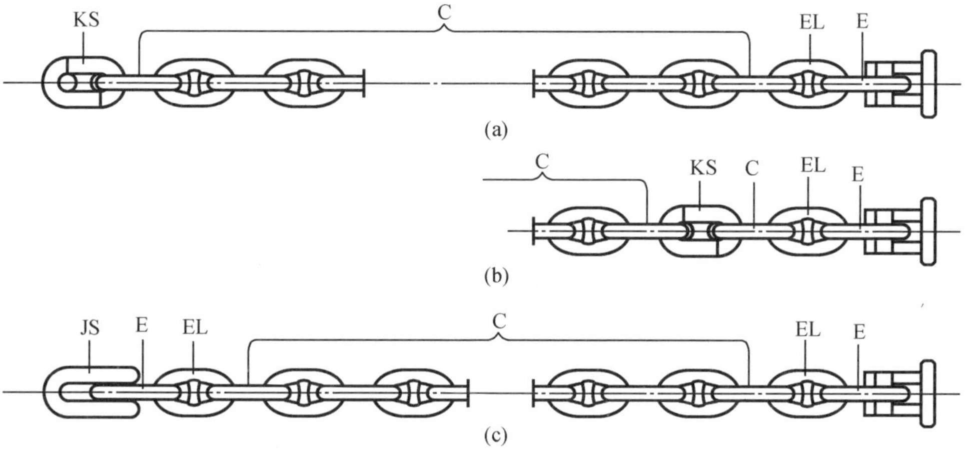

图 2.41　典型的末端链节配置形式

a. 连接链环连接的末端链节。整根末端链节长度为 27.5 m，用连接链环与中间链节连接。如果根部是同锚链舱内带有缺口的眼板连接，可加设连接卸扣，如图 2.41(a)所示。

b. 连接链环连接的末端附加短链节。该附加短链节用肯特卸扣与中间链节连接，如图 2.41(b)所示。

c. 连接卸扣连接的末端链节。整根末端链节长度为 27.5 m，用连接卸扣与中间链节连接，如图 2.41(c)所示。

③典型的有档锚链的中间链节配置形式(图 2.42)

有档锚链的中间链节，其长度一般为 27.5 m 的整数倍。中间链节根据其同其他链节的连接方式，基本上只有两种配置方式：

a. 连接链环连接的中间链节。27.5 m 的长度内包括 1 个连接链环，除此之外，均为普通链环，且其数目为奇数，如图 2.42(a)所示。

b. 连接卸扣连接的中间链节。27.5 m 的长度内包括 1 个连接卸扣，中间链节两端各设置 1 个加大链环和 1 个末端链环，除此之外，均为普通链环，且其数目为奇数，如图 2.42(b)所示。

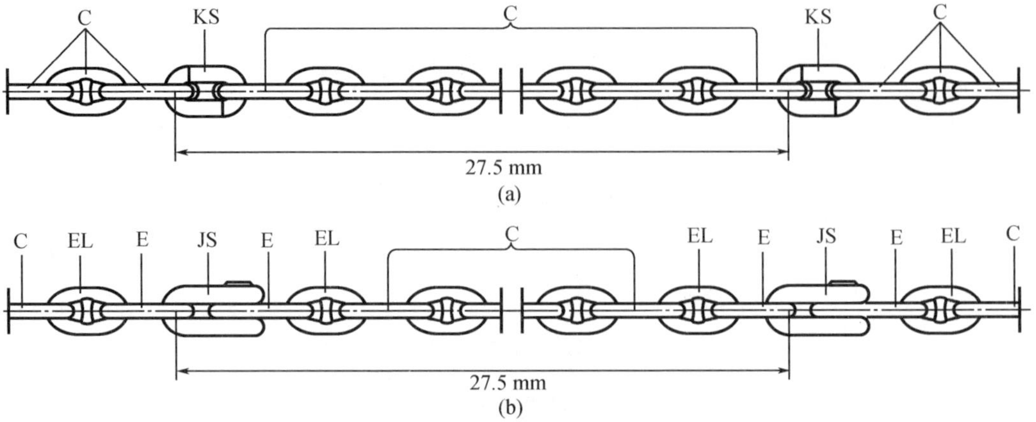

图 2.42　中间链节的配置形式

④无档锚链的配置形式

其一般是在链节与链节之间，采用连接卸扣连接。因此，其锚端链节、末端链节和中间链节的配置方式与连接卸扣连接的有档锚链大致相同，如图 2.43 所示。

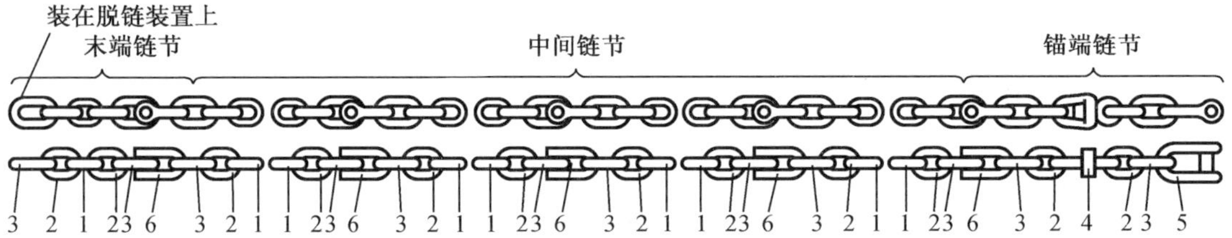

1—普通链环；2—加大链环；3—末端链环；4—转环；5—末端卸扣；6—D 型连接卸扣

图 2.43　无档锚链的配置形式

⑤关于临时锚泊系统中首锚链配置中的若干规定

各国船级社根据 IACS 规范提出的要求，对于首锚链的配置中主要规定了以下几个要点：

a. 一级锚链不能用于大抓力锚和超大抓力锚；三级锚链仅适用于链径为 20.5 mm 或以上的锚链。

b. 按船级社规范所配备的锚链总长均为 27.5 m 的整数倍，应在两个准备启用的锚之间分为大致相等的部分，当该数值为偶数时，左右锚链的长度(或节数)应相等；而当该数值为奇数时，通常右锚链应比左锚链多 1 节。

c. 锚链与连接锚的一端应设 1 个转环。

d. 锚链的内端应系固在船体结构上，并能在锚链舱外易于到达的地方迅速解脱。

一般来说，船舶临时锚泊设备的首锚均应采用锚链。但是，对船长小于 40 m 的船舶以及起重船、打桩船或其类似作业船舶的首锚,可用钢丝绳代替锚链。

2.4.2　锚泊定位系统中的锚索及其配置简介

锚泊定位系统中的锚索按材质不同分为系泊链、钢缆、合成纤维缆。三种锚索性能特点及用途见表 2-2。这三种不同材质的锚索在锚泊定位系统中同一条锚索中的组合应用情况是,系泊链一般在锚索最下端或最上端,用于承受海底或导缆孔的摩擦,钢缆和(或)合成纤维缆在锚索的中部。其形式主要可分为钢缆-系泊链组合系统、系泊链-钢缆-系泊链组合系统或者系泊链-合成纤维缆-系泊链组合系统。多数深水半潜式钻井平台采用锚索的多是系泊链与钢缆组合的形式。

表 2-2　三种锚索性能特点及用途

三种锚索	性能特点	用途
系泊链	单位长度质量大,破断强度高,弹性好,弯曲对其性能无影响	最常用,适用与导缆孔及海底相接触的区域,当水深小于 100 m 时可采用全系泊链结构
钢缆	比系泊链轻,弯曲对其性能有影响	深水锚泊时作为锚索的主要部分,以减轻锚索自重
合成纤维缆	单位长度质量最轻,延伸性好	超深水锚泊的潜在高性能材料

海洋系泊链分为有档链和无档链,由于有档链的横档可能导致链环发生局部疲劳,因此海洋工程装置的锚泊定位系统多使用无档链。目前主要使用的有 R3、R4、R5 级,最新研发了 R6 级系泊链。一般链径为 70～122 mm。合成纤维缆质量轻、弹性好,耐疲劳性能好、但不耐磨,所以一般用在锚索的中端。

由于锚索长期工作在海水中,受风浪的作用,另海水中的海洋生物和导电介质也会对锚索产生微生物腐蚀和电化学腐蚀,同时在外力作用下,锚索发生张紧、松弛现象,会产生疲劳,因此高强度、耐腐蚀、耐疲劳是对锚索的主要力学性能要求。

在工程作业船舶的锚泊定位系统中,经常采用镀锌钢缆作为锚索。此外,尾锚也可采用钢缆锚索。在采用钢缆锚索时,钢缆与锚之间应配置适当长度的锚链段,以避免钢缆直接同海床发生摩擦。该锚链段在与锚连接端配有转环或转环卸扣,可释放钢缆拉紧时引起的扭矩。

2.5　船舶临时锚泊系统的设计

锚设备就是依靠锚的抓力和水底固结起来,并通过锚索的传递来平衡船舶所受的静载荷,同时依靠锚索来吸收作用在船舶上的动载荷。作为拖曳嵌入式锚,只有当拉力为水平方向时才能保证锚的抓力,若拉力具有垂直分力,抓力减小,锚爪就会被拉出。为了承受静载荷使船舶不致发生移动，必须与水底做牢靠的系结；为了能够有效地承受动载荷，又必须具有良好的阻尼作用，也就是说，它必须是柔软而富有弹性的设备。

2.5.1 抛锚停泊时作用在船舶上的环境力的计算

船舶在锚泊时受到风、海流及波浪等环境力的作用。这些力按其不同的作用方向组合构成作用于船舶的外力，并由锚泊系统承受。要确定锚设备，首先要知道船舶所受的环境载荷，对于风力和海流力的计算已经很成熟，有很多经验公式可以利用，目前比较权威的是OCIMF（石油公式国际海事论坛）指南中提供的算法，至于波浪力，由于其不确定性，目前还没有十分可靠的经验公式。

（1）风力

风力作用于船舶水线以上部分，其大小可通过风筒试验获取，也可用下式计算

$$F_W = 0.613\sum(C_s C_h A_i)V_w^2 \tag{2-2}$$

式中 F_W——风力，N；

C_s——风力形状系数，按所计算的构件的形状查表2-3；

C_h——风力高度系数，按所计算的构件中心至设计水线的垂直距离 h 查表2-3；

A_i——受风构件的正投影面积，m^2；

V_w——设计风速，m/s，系指静水面以上10 m高处的持续风速。

表2-3 风力系数

风力形状系数 C_s		风力高度系数 C_h		
构件系数	C_s	高度/m		C_h
		大于	不大于	
圆柱形	0.50			
船体（水线以上表面）、甲板室	1.0	0	15.3	1.00
甲板室群	1.1	15.3	30.5	1.10
孤立的结构（起重机、角钢、槽钢、梁等）	1.5	30.5	46.0	1.18
甲板下光滑表面	1.0	46.0	61.1	1.40
甲板下有裸露的梁及桁材等表面	1.3	61.0	76.0	1.47
桁架结构（起重机吊臂、桅杆等）	1.25			

注：桅杆、起重吊臂等开式桁架结构，可近似地取其一侧投影面积的60%。

（2）海流力

作用于船舶水下部分，海流力的大小可通过模型拖曳试验获取，试验的模型应包括推进器、舭龙骨、轴支架及其他附属体。

船形船体的海流力可采用计算方法确定，目前这类计算方法很多，如：

①按美国石油协会《浮式结构物定位系统的设计和分析》（API RP2SK）推荐的公式计算。

船形船体首向或尾向的海流力 F_{cx}（N）按下式计算

$$F_{cx} = 2.89SV_c^2 \tag{2-3}$$

船形船体侧向海流力 F_{cy}(N)按下式计算

$$F_{cy} = 72.37SV_c^2 \tag{2-4}$$

式中　S——包括附属体在内的船体湿表面积,m^2;

V_c——设计流速,m/s。

②按经验公式计算海流力,如首向海流力 R_f(N)和侧向海流力 R_B(N),可参阅相关文献。

(3)波浪力

船舶在波浪作用下引起一个平均偏移,并在平均偏移的范围内做摆动,运动形式包括纵荡、横荡及摇首等。这使得船舶产生平均偏移的波浪力即为波浪平均漂移力,其可视作定常环境力,按 API RP2P(第1版)推荐的方法确定。

由首向或尾向波浪引起的平均漂移力 F_{mdx}(N)按下式计算

$$F_{mdx} = 0.13C_{mdh}B^2LH_s^2 \tag{2-5}$$

由侧向波浪引起的平均漂移力 F_{mdy}(N)按下式计算

$$F_{mdy} = C_{mdh}B^2LH_s^2 \tag{2-6}$$

式中　C_{mdh}——平均波浪漂移力系数,N/m^5,可按波浪周期从相关资料中来确定。

B——船宽,m;

L——船舶水线长,m;

H_s——设计波高。

2.5.2　船舶临时锚泊的作用原理

(1)船舶临时锚泊时的状态分析

船舶临时锚泊系统中,一般采用悬链式锚索系统,船舶在抛锚系留时,锚索呈悬链状态。所谓悬链线是指一种具有均质、完全柔性而无延伸的链或索自由悬挂于两点上时所形成的曲线。无论是锚链还是钢丝绳都有良好的柔性和均匀的质量,因此采用单一的锚链或钢丝绳的锚索可视作简单悬链线。

由前述可知,为考虑操作方便,便于收藏,船舶临时锚泊系统一般均采用无杆转爪锚和锚链。船锚抛入水底后,在外力 Q 的作用下,船舶对锚链的拉力以及锚链自身的重力二者共同的作用使锚链形成悬垂曲线状态,如图2.44所示。

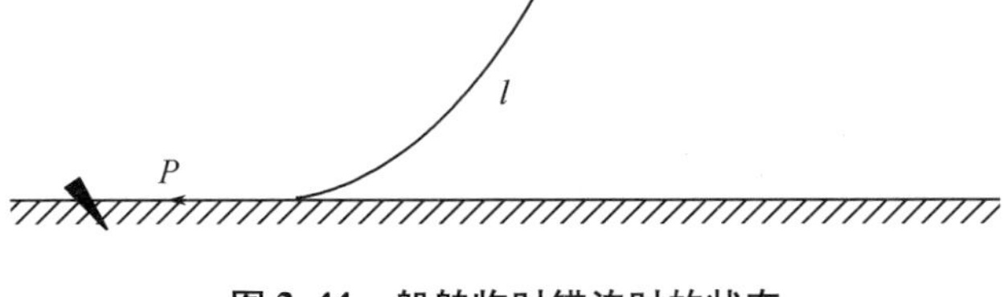

图2.44　船舶临时锚泊时的状态

锚泊力是船舶抛锚后,锚设备作用于船舶上的系留力,即锚链作用于船舶上的水平分力。当锚链放足后，抛出的锚链一部分平卧水底，另一部分处于悬链线状态。处于平卧状态的锚链对锚的拉力为水平方向，这有利于锚的稳定抓底。同时，平卧的锚链因能在水底受到阻滞作用，可提供一部分锚泊抓力。

(2) 环境变化时锚与锚链的受力分析

抛锚停泊时，锚设备的作用是能平衡船舶所受的环境力，如属于静载荷的有风力和海流力，属于动载荷的有周期性的风力、波浪冲击力和船体摇摆的惯性力。为了进一步了解这些力的平衡关系，先说明一下环境变化时锚与锚链的受力情况。图2.45所示是当环境力逐渐增加时，锚链次第变化情况，可大致分为四种状态进行分析。

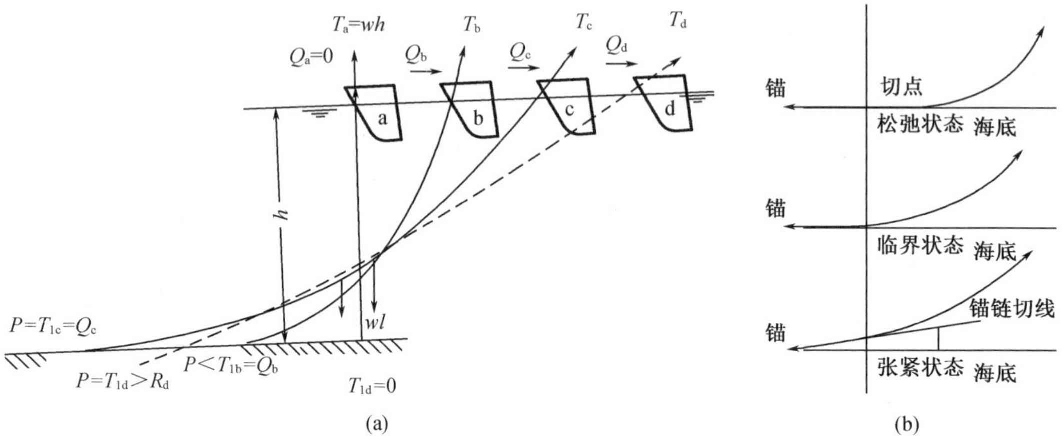

图2.45 船舶停泊过程中锚链的悬垂状态变化

图中 h——水深，m；

l——锚链悬垂部分长度，m；

w——锚链单位长度质量(在水中)，kg；

Q——作用在船舶上环境力的合力，为水平方向，kN；

T——锚在锚链孔处的拉力，kN；

T_1——锚链在水底一端的拉力，kN；

N——水对船体的作用力，等于锚链在锚链孔处拉力的垂直分力，kN；

P——水底锚所产生的抓力，kN。

初始状态，当船体未受环境力作用时，$Q=0$(图2.45中a)，锚链的悬垂长度 l 与水深近似相等，而其他放出的部分则躺在泥土上。

松弛状态，当 Q 较小时(图2.45中b)，部分锚链仍躺在泥土上，有增大锚抓力的作用。

临界状态，当 Q 恰好增到使锚链拉紧时(图2.45中c)，这时锚所产生的抓力 P 仍属于水平，且与 T_1 相等。这种情况下的 Q 应该认为是抛锚停泊中的最大许用载荷。

绷(张)紧状态，如果 Q 再增加(图2.45中d)，T_1 的方向即不能保持水平，而有将锚柄向上拉起的趋势，使锚易于出土并丧失抓力，从而发生走锚的危险。

以上四种状态中，临界状态是抛锚停泊时稳定停泊的临界点，可以此种状态作为研究的基础进行分析。作用于船舶的环境力，其合力 Q 为水平方向，该力通过锚链作用于锚。在不发生走锚时，锚的水平抓力 P 与外力 Q 平衡，即：$P=Q$。

（3）锚链悬链状态特性分析

对于一条质量均匀的锚链，在水中的单位长度质量 w 是一个常量。由于锚链为柔性构件，只承受沿锚链切线方向的张力，在不考虑锚链受拉时弹性伸长的前提下进行分析。如图 2.46 所示，取锚所在点为原点，在曲线上取任一点 M，其坐标为 $M(z,x)$，如图 2.46（b）所示，那么，在 M 点处锚链拉力为 T'，由原点至 M 点的链长为 l'时，其力的分解如图 2.46（c）所示。

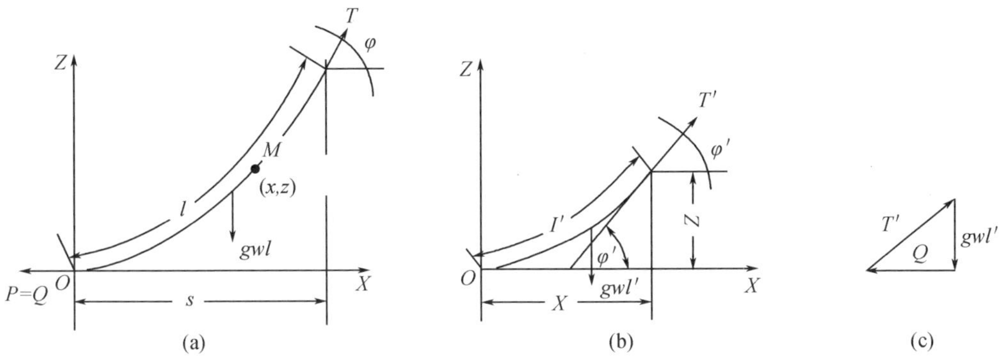

图 2.46　锚链悬链状态受力分析图

根据悬链线理论，可得

$$\frac{dz}{dx}=\tan\varphi'=\frac{wgl'}{Q}$$

由于外力 Q、单位长度的链重力都不是 x、z 的函数，可以令：$a=\dfrac{Q}{wg}=\text{const}$（常数），则

$$\frac{dz}{dx}=\tan\varphi'=\frac{wgl'}{wg}=\frac{l'}{a}$$

因为一微段悬垂曲线长度可表示成 $dl'^2=dx^2+dz^2$，所以

$$\left[\frac{dl'}{dz}\right]^2=\left[\frac{dx}{dz}\right]^2+1=\left[\frac{a}{l'}\right]^2+1$$

解得

$$\left.\begin{aligned} dz&=\frac{l'dl'}{\sqrt{l'^2+a^2}}\\ dx&=\frac{a}{l'}dz=\frac{adl'}{\sqrt{l'^2+a^2}}\end{aligned}\right\}\tag{2-7}$$

将式（2-7）积分，并利用边界条件 $x=0$，$z=0$ 以及 $l'=0$，求得积分常数，可得出用参变量表示的悬链线方程式

$$\left.\begin{aligned} z&=\sqrt{l'^2+a}-a\\ x&=a\ln\frac{l'+\sqrt{l'^2+a^2}}{a}\end{aligned}\right\}\tag{2-8}$$

或者按坐标表明的悬链线方程式

$$\left.\begin{aligned} z &= a\left(\cos h\frac{x}{a}-1\right) \\ x &= a\ln\left[1+\frac{z}{a}+\sqrt{\left(1+\frac{z}{a}\right)^2-1}\right] \end{aligned}\right\} \tag{2-8}$$

当 $z=h, x=s$ 时

$$\left.\begin{aligned} h &= \sqrt{l^2+a^2}-a \\ \frac{Q}{wg} &= \frac{l^2-h^2}{zh} \end{aligned}\right\} \tag{2-9}$$

或

$$s = a\ln\frac{l+\sqrt{l^2+a^2}}{a} \tag{2-10}$$

不难看出,由于锚链自重在悬链中的拉力 T 也不是 x、z 的函数,同样可以导得

当 $z=0$ 时

$$T' = T_1 = Q$$

当 $z=h$ 时

$$T' = T = \frac{l^2+h^2}{l^2-h^2}Q$$

或

$$T' = T = \frac{l^2+h^2}{2h}wg = \frac{l^2+h^2}{l^2-h^2}Q = Q+hwg \tag{2-11}$$

如果令 E 为锚链对水底的位能,则 $E=\int_0^l gwz\mathrm{d}l$;将式(2-9)代入,经积分并按边界条件 $l=0, a=0, E=0$,可求得积分常数,最后解得

$$E = wg\left[\frac{1}{2}\sqrt{l^2+a^2}+\frac{1}{2}a^2\ln\frac{l+\sqrt{l^2+a^2}}{a}-al\right] \tag{2-12}$$

式(2-9)至式(2-12)四个方程式中含有7个参数(Q、w、l、h、s、T、E),只要确定了任意三个,其他都可以求出。因此,这些关系式可以用来判断水上浮动结构物锚泊设备与外力、水域环境的关系,从而进行结构尺寸的设计与指导抛锚停泊作业的实际操作。通过这组方程式可以总结出:

①由式(2-9),$Q=\frac{l^2-h^2}{2h}wg$,说明了 Q、w、l、h 四个参数之间的关系,如果知道其中3个,则第4个即可求出。由此可见,要提高承载能力可通过增大 w、l,或在浅水域抛锚,亦即,能够理解安全锚泊的作业要求。

②由式(2-10),$s=\frac{Q}{wg}\ln\frac{l+\sqrt{l^2+\left(\frac{Q}{wg}\right)^2}}{\frac{Q}{wg}}$,表明了水上活动半径的范围或抛锚停泊所需要的水域大小;说明了抛锚时船舶活动半径 s 与 Q、w、l 之间的关系,而与水深 h 没有直接的

联系。

③由式(2－11)，$T' = T = \frac{l^2 + h^2}{2h}wg = \frac{l^2 + h^2}{l^2 - h^2}Q = Q + hwg$，说明了锚链所受的拉力与 Q、h、l 或 ω 的关系，可见锚链在锚链孔处的拉力最大，其中 $T = Q + hwg$ 的意义最明确，是环境力和相当水深长度的锚链重力之和，也说明了一根锚链在作业中所受的拉力的分布情况。

④由式(2－12)，$E = wg\left[\frac{1}{2}\sqrt{l^2 + a^2} + \frac{1}{2}a^2\ln\frac{l + \sqrt{l^2 + a^2}}{a} - al\right]$，说明了锚链对水底的位能与 Q、w、l 的关系，即在一定的外载荷情况下，锚链对水底的位能与 w、l 的关系密切。也说明了锚链抵抗动载荷的能力。

如果将上述的四个关系式做进一步整理，并令 $b = \frac{Q}{wgh}$，即在确定的水深锚地环境条件下，可以导出

$$\frac{l}{h} = \sqrt{2b + 1} \tag{2-13}$$

$$\frac{s}{h} = b\ln\frac{\sqrt{2b + 1} + b + 1}{b} \tag{2-14}$$

$$\frac{T}{hwg} = b + 1\text{，或}\frac{T}{Q} = \frac{b + 1}{b} \tag{2-15}$$

$$\frac{E}{Qh} = \frac{1}{2b}\left[(1 - b)\sqrt{2b + 1} + b^2\ln\frac{\sqrt{2b + 1} + b + 1}{b}\right] \tag{2-16}$$

并将式(2－13)至式(2－16)四个方程式，绘成对应的曲线，如图 2.47 所示，可做更直观的分析。

由图 2.47 可见，在水深与外载荷一定的情况下，可看出单位锚索质量的影响：

第一，$\frac{l}{h} \propto \frac{Q}{gwh} = b$ 曲线可以说明，采用轻的锚链（w 小，即 b 大）则需要较大的锚链长 l，但对承受同样载荷，由于曲线斜率呈递减性质，表明 l 增加的百分数没有 w 减少的百分数大。因此只要强度许可，轻一点的锚链比重一点的锚链好，即可节省钢材又可减轻锚设备的自重。据此，可理解船舶采用尾锚时用钢缆而不用锚链的道理，因为锚链与钢缆在同样的质量下(w)，钢缆的许用拉伸强度约为锚链的 6～7 倍。

第二，对比 l/h、s/h 两条曲线，可见 w 小时（b 大），s、l 相差很小，亦即钢缆的悬垂量小，近乎绷直状态，显然吸收动载荷的能力很差。

第三，锚链筒出口处的拉力，主要与外载 Q 相关，钢缆或锚链的性质影响不明显。

第四，水底的位能 $\frac{E}{Qg} \propto \frac{Q}{wgh}$ 曲线，更明显地说明单位钢索或锚链长度的质量 w，对动载荷的抵抗能力。如抵抗同样载荷的条件下，锚链的自重是钢缆的 6.6 倍。令采用锚链时的 $\frac{Q}{wgh} = 3$（b 小）而采用钢缆量的 $\frac{Q}{wgh} = 18$（b 大），当外载荷 Q 变化 ±50% 时，用钢缆的 $\frac{E}{Qh}$ 变化幅值小，而采用锚链时，位能变化幅值大，说明了锚链具有大的弹性，有利于吸收动载荷。同时锚链在受到动载荷时 s 的变化也不大，这也成为首锚设备都会采用锚链而不用钢缆的

道理之一。当然,通常首锚设备采用锚链还有其他原因,如锚链的断裂位能比钢缆约大 25 倍,锚链比钢缆耐磨损,有档锚链在使用中不易扭结,锚链比钢缆更容易收藏等。

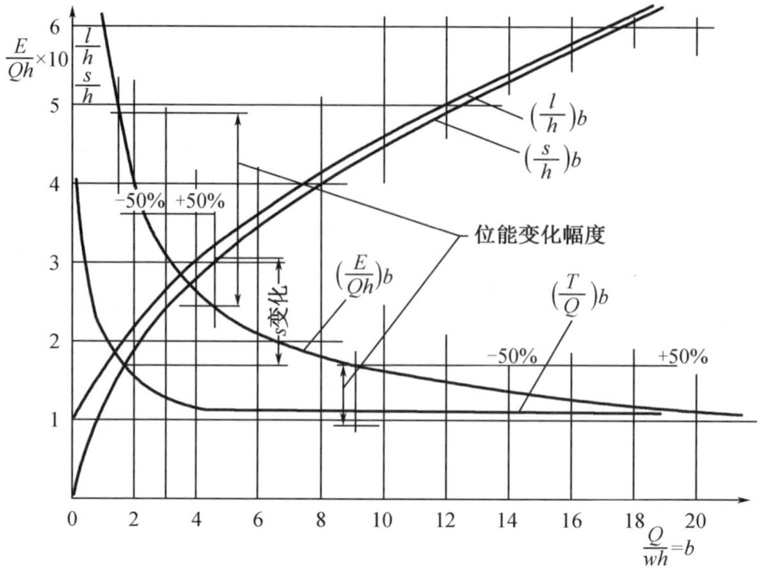

图 2.47　链与索的性能比较图

2.5.3　锚与锚链的配备

锚设备是船舶入级检验的项目,设计时应符合相关船级社船舶入级规范的规定。锚设备设计的基本原则是:一般民用营运船舶均按有关规范计算确定的舾装数 *EN* 来选取;水面舰艇按满载排水量确定;特种船舶由"悬垂线理论"计算而定,另也可按母型船的经验公式进行推算。

为了保证可靠的锚泊,民用营运船舶的锚与锚链的配备应根据船舶类型、航行区域和舾装数的大小,按船级社船舶入级规范中所列数据来选取。主要确定的参数指标有锚型、锚的质量及数量;锚链的直径和长度。

(1)对船舶临时锚泊系统的要求

从工程角度讲,为了安全有效地停泊,通常锚设备设计的基本要求:

①应能保证锚泊的安全可靠,要求锚泊时能迅速地抛出主锚,并将锚链放至所需的长度,从而牢靠地系结;

②对一定形式的锚应该质量小而抓力大,所选用的锚应该能适应任何海底;

③整个装置应该结构简单、操作方便、维护容易;

④船舶航行时能安全地在船上存放与收藏;

⑤在危机时能迅速起锚或迅速解脱;

⑥应力求整个锚泊设备质量小,占地位小,造价低廉。

此外,锚设备在船舶的排水量中占有相当大的比例,且质量主要集中在首尾两端,当船舶位于波峰时,它会加大中拱作用,还会加大纵摇时的惯性矩,如能减少锚及锚设备的质量,不仅对减少船舶的排水量有利,也能减少船舶所受的应力。然而如何以最小锚质量来取得最大的抓力，这个问题仍在不断的探讨中。

(2)舾装数计算

海船航行(临时)锚设备中，首锚的质量和数量以及首锚链的规格和长度通常按照船级社船舶入级规范确定。目前，各国船级社船舶入级规范统一采用 IACS 提出的舾装数(equipment number)EN 计算方法及首锚和首锚链的配置要求，这些要求适用于无限航区的船舶。对于有限航区的船舶，各国船级社船舶入级规范的规定不尽相同，需按相应的船舶入级规范中的要求计算。

舾装数 EN 是表征船舶受风、流作用影响程度的参数，据此确定锚、锚链、拖索和系船缆等的配备。它与船舶排水量及受风、流影响的面积大小等因素有关。除拖船的舾装数另有计算方法外，海船的舾装数 EN 计算公式为

$$EN = \Delta^{2/3} + 2Bh + \frac{A}{10} \tag{2-17}$$

式中　Δ——夏季载重水线下的型排水量，t；

B——型宽，m；

h——为船中部的夏季干舷加上上层建筑的高度以及各层宽度大于 $B/4$ 的甲板室高度的总和，m。

即

$$h = f + \sum h_i \tag{2-18}$$

式中　f——船中干舷，即从船中夏季载重线至上甲板的距离，m；

$\sum h_i$——各层宽度大于 $B/4$ 的甲板室，在其中心线处量计的高度的总和，m；

A——为在船长 L 范围内，夏季载重水线以上的船体部分和上层建筑以及各层宽度大于 $B/4$ 的甲板室的侧投影面积的总和，m^2。

计算 h 和 A 时，不必计及舷弧和纵倾。凡是高度超过 1.5 m 的固定挡风板和舷墙，均应视为上层建筑或甲板室的一部分，如图 2.48 所示。

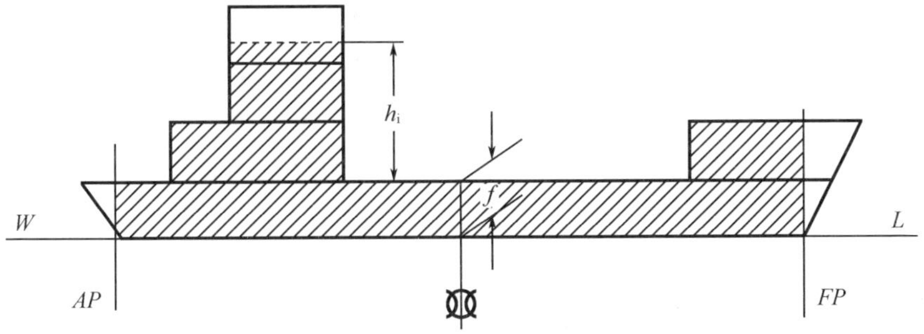

图 2.48　舾装数计算中的参数取值

锚和锚链所承受的载荷，主要是船在停泊中所受到的风力和海流力。对式(2-17)做简单的分析可以看出，它能大致地反映出船舶在停泊时所受载荷的大小。其中：

第一项 $\Delta^{2/3}$，即排水量的 2/3 次方，可近似地表示船体水下湿表面积的大小，从而反映出船体所受海流力的大小(水阻力成分)；

第二项 $2Bh$ 可表示船舶水上部分正面受风面积的大小（正面风压阻力成分）；

第三项 $A/10$ 表示船舶水上部分侧面受风面积的大小（侧面风压阻力成分）。

通过对各种船舶锚泊情况分析可以看出，船舶在大多数情况下是顶风锚泊的，即正面受风的机会较多。

舾装数 EN 的第二项与第三项前的常数是根据实际使用经验而确定的，其中已反映了船舶在锚泊中以正面受风为主的情况。可见，用舾装数 EN 来确定船舶临时锚泊设备的配置是较为合理的。

需要指出的是，舾装数 EN 计算公式的基础是：假定水流速度为 2.5 m/s，风速为 25 m/s，相应抛出的锚链长度与水深之比在 6～10 倍的范围内。而且假定在正常情况下锚泊时，仅用一只首锚及锚链。所配置的锚泊设备能使船舶在良好的锚地底质上系留而防止走锚现象。在不良的锚地底质上，锚的抓力将会明显降低。

（3）无限航区海船锚及锚链的配备

①首锚及首锚链的配备

CCS《钢质海船入级规范》规定，无限航区海船应根据上述舾装数 EN 计算公式计算所得的数值并根据船舶种类及航行水域按规范中的相应条款配备首锚（系指普通无杆锚）及首锚链。如配备了三个锚，其中两个应与其锚链相连接并放在船上可随时启用的位置。第三个锚作为备锚，应存放在船上适当的位置。

②尾锚的配备

尾锚又称大流锚，其质量至少为首锚的 35%。尾锚索可采用锚链或钢缆。在大船上，建议设置一个尾锚链筒，并配备一根与尾锚质量相适应的锚链。

（4）有限航区海船锚及锚链的配备

按 CCS《钢质海船入级规范》规定，有限航区可分为Ⅰ类航区、Ⅱ类航区和Ⅲ类航区。有限航区船舶的首锚和首锚链可根据规范中的相应条款配备，并按下述规定减免：

①在Ⅱ类航区内航行的船舶，其锚泊设备可按舾装数 EN 降低 1 档选取，在Ⅲ类航区内航行的船舶，锚泊设备可按舾装数 EN 降低 2 档选取；

②在Ⅱ类航区内航行的起重船、打桩船或其他类似的工程船舶和耙吸式挖泥船，锚泊设备可按舾装数 EN 降低 2 档选取；

③在Ⅱ、Ⅲ类航区内航行的船舶，船长小于 30 m 的交通艇或专线渡船，首锚可仅配 1 只，锚链可配一半的长度；

④在具有防波堤的港口水域作业的船舶，其锚泊设备可按按舾装数 EN 之半选取，锚链可配一半的长度。

至于内河船舶的锚及锚链的配备，可按 CCS《钢质内河船舶入级规范》的规定。

2.5.4 锚设备的布置设计

作为航行锚设备，通常采用无杆转爪锚、电焊有档锚链和（卧式）起锚机。锚的质量和数量以及锚链的规格和长度均按照船级社船舶入级规范来确定。锚设备布置的形式主要是由所选用的锚、锚链和起锚机械的形式决定的。在选定了锚设备的各组成部件后，就要根据船舶首部区域的特征以及锚泊设备的功能要求进行锚设备的布置设计。

(1)反映锚设备布置的参素

如图 2.49 所示,反映锚链筒、止链器、锚机等位置的尺寸参数主要有:

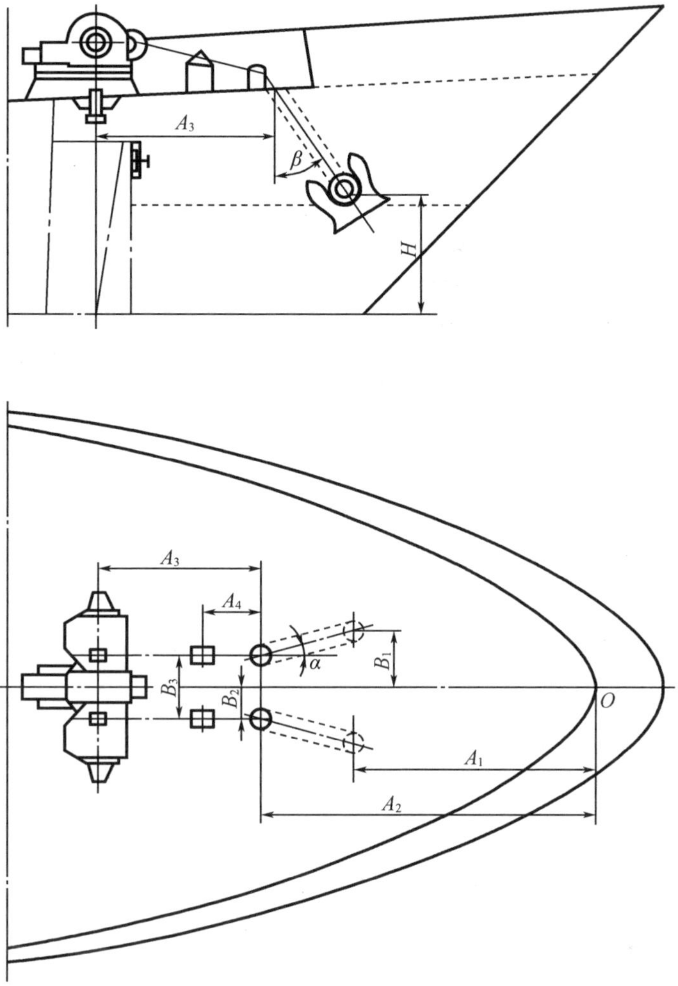

图 2.49　锚设备布置要素图

①A_1——锚设备所在甲板与中纵剖面的交点 O 到舷侧链孔中心的距离;

②A_2——O 点到甲板链孔中心的距离;

③A_3——锚机链轮中心线与锚链筒中心线在甲板上的水平距离;

④A_4——甲板锚链孔中心到止链器的距离;

⑤B_1——舷侧链孔中心到中纵剖线的距离;

⑥B_2——甲板锚链孔中心到中纵剖线的距离;

⑦B_3——两链轮中心的距离;

⑧H——舷侧链孔中心到设计水线的距离。

反映锚链筒、止链器、锚机等位置的角度参数主要有:

①α——为锚链筒轴线在俯视图上与中纵剖线的夹角;

②β——锚链筒轴线在侧视图上与铅垂线的夹角；

③θ——是由锚机链轮引向锚链筒的锚链与水平面间的夹角，一般在15°以上，也即锚链围绕锚机的链轮应有足够的包角（锚链围绕链轮的弧长所对应的圆心角），在110°～130°之间。

此外，为便于锚链进出锚链舱，锚机链轮中心线设置在锚链管中心线之前，其距离一般取1～1.5倍锚链的直径，锚链进入锚链管的方向与垂直线间呈5°～10°。

（2）锚设备布置设计时要考虑的因素

一是便于使用和管理，保证工作有效，在既定的甲板面积和必需设备数量的情况下，应同系泊设备的布置要求相配合一并考虑，尽可能使其布置得合理紧凑。

二是从锚设备的使用功能来看，为便于锚链正直地引入锚机链轮，对于双链轮卧式组合锚机，甲板上两锚链孔的中心距，自然应该等于锚机链轮的中心距；对于单侧式（单链轮）卧式左右独立的锚机，甲板上锚链孔左右对称布置，其中心线应与锚机链轮在一直线上。

三是为了保持锚设备左右对称性，两舷的甲板锚链孔、止链器、导链滚轮等均与船体中线面左右对称设置。

四是甲板上锚链孔沿船长的位置与整个锚链筒的布置位置有关，除了对锚链筒的布置提出要求外，还应注意锚链孔与锚机链轮轴线间沿船长的距离要适当，既不应太短，也不宜过长，以利于布置止链器并使其能有效地工作，又不至于使锚链出现悬垂现象。

五是锚机的位置与锚链舱的位置有关，锚机在锚链舱的上方，为了保证锚链的落舱，链轮至锚链舱顶要有一定的距离，同时锚链围绕锚机的链轮还应有足够的包角。

由此可以看出，锚设备的布置设计主要是确定锚链筒、止链器、起锚机和锚链舱的位置，其中，关键在于锚链筒的形状与位置的确定，这将直接影响抛、起锚的性能。

（3）锚链筒位置的确定

在确定锚链筒的位置时，要对下列各项要求应加以综合考虑；

①抛锚时，能依靠锚自身的质量毫无阻碍地从锚链筒中抛出；

②起锚时，不论锚爪处于何种状态，在锚链的拉力作用下，锚柄能较顺利地拉入锚链筒而不受阻碍，且其锚爪/锚冠应能贴紧船外板或锚唇/台；

③舷边链孔的位置应高出水面充分的距离，以便在航行中，不致因首波或纵摇现象引起水沫飞溅而增加船舶阻力或影响航行视线；

④起锚时，即使船舶向一侧倾斜5°左右的情况下，锚爪也不会卡住艏柱，锚仍可自由地拉起与下落；

⑤锚柄被拉进锚链筒后，其锚爪应能紧贴船舷外板，锚头紧贴凸缘；

⑥锚链筒应有充分的长度，至少应能容纳全部锚柄，通常还要求将锚链转环一起纳入，以使锚爪紧贴船舷外板的过程中便于转动。

由图2.49可知，锚链筒的位置主要由甲板链孔的位置（B_2，A_2）及锚链筒的轴线倾角（β，α）来决定。这些参数对抛、起锚性能的影响情况以及常用的数值范围如下：

①β角太小，会造成锚链在甲板凸缘处的摩擦阻力很大；β角太大，会造成舷侧出口处的摩擦阻力很大，致使起锚时收卷锚链的力量减弱，且锚柄不易纳入锚链筒或纳入锚链筒之后不易自动脱出。通常β在35°～45°范围内，带有球鼻首的大型船，其β在40°～50°之间。

②α 角对起、抛锚时的阻力有影响，一般取小点为好。α 角越小，抛、起锚时所受阻力越小，但它影响到舷侧出口的位置 A_1、B_1 值的大小。在布置时，应控制舷侧链孔的位置，以保证起锚时即使船舶向一侧倾斜一定角度，锚爪也不会卡住艏柱。α 角通常在 10°左右，在带有球鼻首的大型船上，其 α 角通常在 20° ~ 25°之间，不应大于 30°。若首部甲板较为宽敞，可采用单侧式（单链轮）卧式左右独立的锚机布置形式。

③A_2 值的选取应与首部线型相配合，使舷侧开口处有适当的线型，并与甲板上的布置相配合。通常 A_2 值的范围，首部较丰满的船，A_2 值取（80 ~ 90）d；首部较瘦削的船，A_2 值取（90 ~ 110）d。

④B_2 值的选取应与锚机链轮相配合，以避免锚链受到过分的转折。通常 B_2 值的范围是：当 $\alpha \leqslant 15°$时，$B = B_3/2$；当 $\alpha > 15°$时，$B_2 = B_3/2 - (1.0 \sim 2.0)d$。

⑤A_3 值受到锚链舱的位置及甲板布置的限制。A_3 值太小，锚链在链轮处会受到扭转。通常要求 A_3 值取（60 ~ 70）d，止链器通常安置于甲板链孔凸缘的紧后方，在 A_3 值偏大的情况下，为防止抛锚时锚链的跳动，则将止链器安置在 $A_3/2$ 处（即 $A_4 = 0.5A_3$）。

如上所述，锚链筒的布置和以上各参数的选择是否适当，将直接影响抛、起锚性能的优劣，但是其各项性能对锚链筒参数的要求可能是相互矛盾的。由此可见，锚链筒位置的选定是一个较为复杂的问题，在设计时可先按这些参数的常用数值、并参考母型船以及设计经验初步选定参数，然后进行初步的放样作图，逐步分析检查以上各项要求是否满足，综合考虑后，再对这些参数做适当的修改。

由于首部型线复杂，依靠作图方法很难设计出合乎理想的锚链筒，因此，除了某些型线简单的船舶可直接用作图法设计锚链筒外，大多数情况下，应通过制作模型及进行拉锚试验做进一步验证，来检查其抛、起锚的情况，最终确定锚链筒的正确位置，确定锚链筒上下出口部分的详细结构尺寸，特别是对线型特殊的首部。随着虚拟仿真技术在船舶舾装方面的应用，现已将虚拟仿真技术应用到了锚设备的布置设计中。利用实物模型或虚拟仿真主要检查：

①收锚时，在锚爪转向内侧或外侧的两种情况下，是否均能顺利地将锚收入锚链筒内以及锚爪是否会钩住首部以及锚爪与船体舷侧外板的贴合情况；

②检查锚柄纳入筒内的过程中是否有卡死点；

③检查在船舶处在倾斜的情况下，锚爪是否会勾住首部构件或相碰。

如果所设计的锚链筒，对上述各项要求均能满足，唯有其长度不足以容纳锚柄，在能满足安全锚泊的前提下，可考虑选用锚柄较短的无杆转爪锚，当然其在锚抓力方面会有所损失。

（4）典型船舶锚泊设备的布置

①较大型船舶锚泊设备的布置特点。首部甲板宽度较大的船舶一般采用单侧式（单链轮）卧式左右独立的锚机，左右对称布置，锚机链轮中心与锚链筒中心在同一平面上，且与船体中心面偏转一角度 α，如图 2.50 所示。这样可使甲板锚链孔中心距船体中心线距离较大，抛、起锚时不易碰到船首，尤其是在船舶有横倾状态时。布置设计中，对锚链筒的位置应使其轴线尽可能垂直于通过其舷侧出口处的水线，这样可大大简化锚链筒的设计。

②中小型船舶锚泊设备的布置特点。由于甲板区域有限，一般采用双链轮卧式组合锚机，如图 2.51 所示。由上述可知，α 不应大于 30°，否则在起锚时，锚链容易形成麻花状。

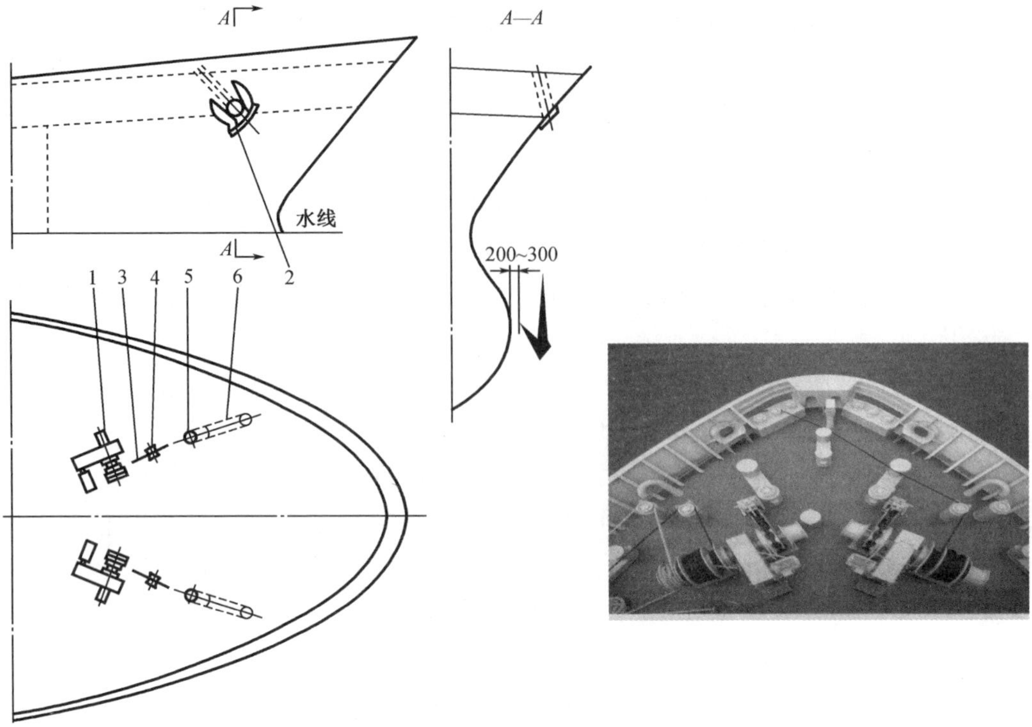

1—锚机;2—斯贝克锚;3—锚链;4—止链器;5—导链滚轮;6—锚链筒。

图 2.50　较大型船舶锚泊设备布置

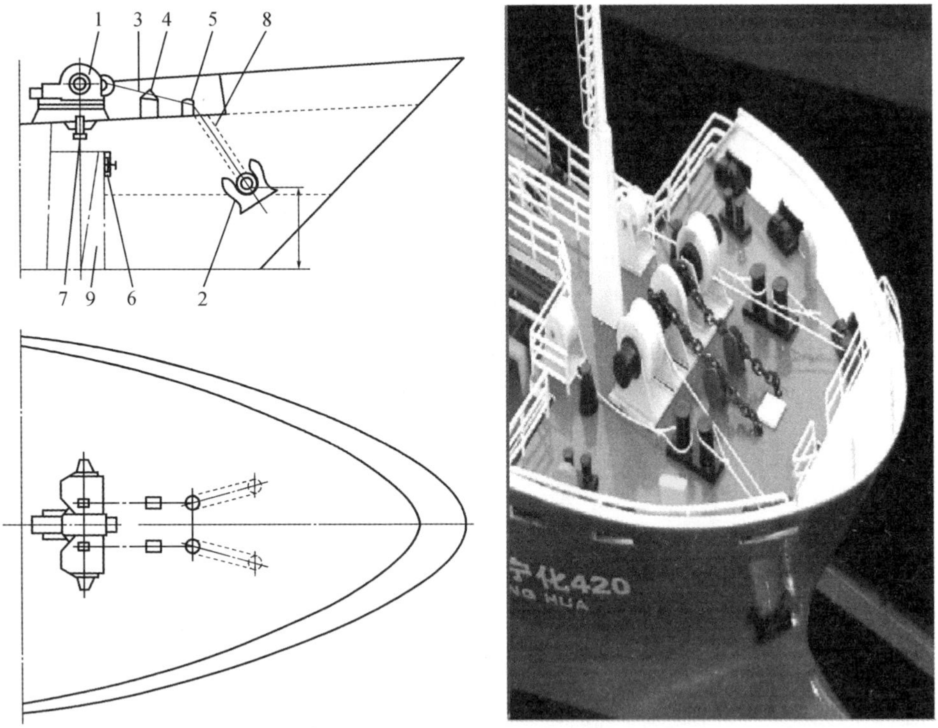

1—锚机;2—斯贝克锚;3—锚链;4—止链器;5—导链滚轮;6—弃锚器;7—锚链管;8—锚链筒;9—锚链舱。

图 2.51　中小型船舶锚泊设备布置

③绞盘起锚设备的布置特点。图 2.52 为采用双绞盘起锚系统的设备布置图，它的优点是锚绞盘对于锚链筒的位置及锚链舱的位置的确定没有多大的限制，缺点是锚链筒、锚绞盘及进入锚链舱的锚链管这三者之间，需要设置锚链导槽。双绞盘锚设备在车/客渡船、滚装船上广泛使用，单绞盘锚设备在军舰及小船上经常采用。

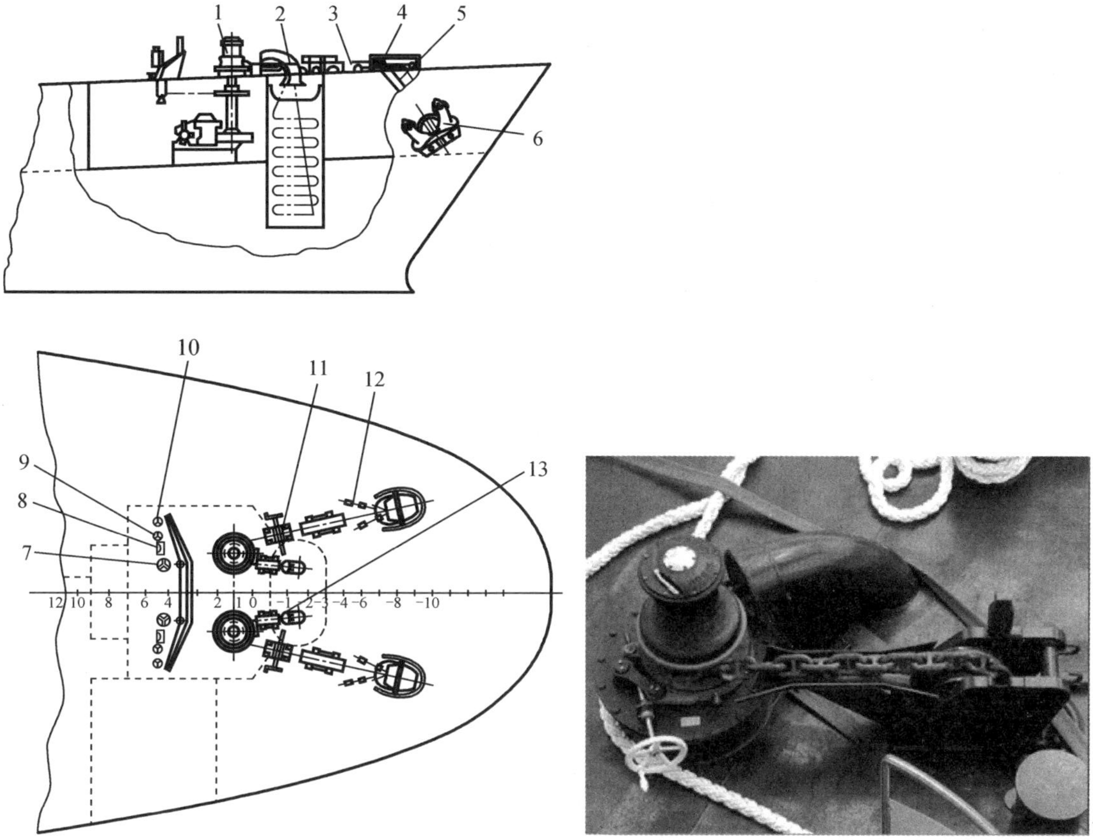

1—起锚绞盘；2—锚链管；3—锚链；4—防浪盖；5—锚链筒；6—锚；11—螺旋止链器；12—掣锚索；13—锚链导槽。

图 2.52　双绞盘起锚设备布置图

2.5.5　锚设备主要组成部件的结构设计

(1)锚链筒的结构形式及尺寸的确定

锚链筒的结构形式同船型、船舶用途以及配置的锚机形式有关。

在一般船舶上，首锚的锚链筒设于首部的两舷，其上端出口位于主甲板或首楼甲板上，下端出口位于船外板上，成倾斜状态，按其相对于水面倾斜的程度基本上可分为陡削式和平斜式两种。陡削式锚链筒适用于干舷较大或有首楼的航速不高的民用船舶，锚链筒轴线同垂线的夹角 β 为 30°～35°。陡削式锚链筒在收锚时能顺利地将锚拉进锚链筒。对无首楼的干舷较小的船舶，不得不把锚链筒在外板处的出口位置提高，使得锚链筒轴线与垂线间的夹角 β 加大，β 接近 60°时则形成了平斜式锚链筒。为了保证锚能依靠其自重从锚链筒中滑出，锚链筒的内径应适当加大，尤其是在舷侧出口处锚唇的型线应予特殊考虑。

对客船、港口船、拖船、供应船等，由于工作性质经常用首部靠其他船舶或码头，突出在船外的锚容易造成其他船舶的船体或码头的损坏，因此，这类船舶常设置锚穴，以使锚不突出船外板。对于带球鼻首的船舶，为了防止起、抛锚时锚与球鼻首碰撞，在舷侧锚链筒出口处加装凸台，把锚链筒出口外移。

锚链筒的长度至少能容纳锚柄，最好能使转环也留在筒内。初步估算时，锚链筒内径、壁厚和长度可根据锚重 W 和锚链直径 d 按下式计算

锚链筒的内径：

$$D_K = (32 \sim 34)\sqrt[3]{W}, \text{或 } D_K = (8.5 \sim 10.5)d \tag{2-19}$$

锚链筒壁厚度：

$$\left.\begin{aligned} &\text{筒身下半体壁厚} \quad t_1 \geq 0.4d \\ &\text{筒身上半体壁厚} \quad t_2 \geq 0.65t_1 \end{aligned}\right\} \tag{2-20}$$

锚链筒的长度：

$$L_K = (150 \sim 165)\sqrt[3]{W} \tag{2-21}$$

式中　W——锚的质量，kg；

　　d——锚链的直径，mm。

甲板锚链筒口和舷侧锚链筒口通常的形式为，筒身伸到甲板及外板处，围绕筒口设置锚唇，如图 2.53 所示。锚唇可为铸钢件，也可采用圆钢弯制。锚链通过处的锚唇圆弧半径应不小于 3 倍锚链公称直径。

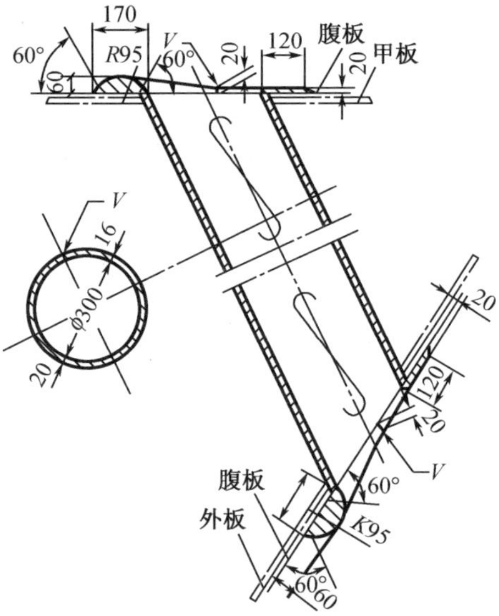

图 2.53　普通焊接锚链筒及锚唇结构

对设置锚穴或锚凸台的锚链筒，其结构形式及尺寸可参阅有关文献。

(2)锚链管的结构形式及尺寸的确定

在锚机下方，设在甲板上引导锚链进出锚链舱的圆管形结构物，其上端伸出甲板高度要考虑与锚机的链轮衔接，其上端形式有直形或鹅颈形，与锚机链轮的衔接方式视此处结

构形式确定，以确保锚链能顺利进出锚链舱，同时还要注意防止海水进入；下端从锚链舱顶部中间伸进锚链舱内，根据具体位置可布置成垂直或略有倾斜的形式，在锚链舱内的长度要与锚链舱的高度统一协调，以确保锚链的顺利进出。如与卧式锚机相配置的锚链管，其结构形式如图 2.8 所示。伸出甲板的上端部与锚机的导链口套接，伸进锚链舱的下端部设有铸钢或钢板焊接的喇叭口。

带有铸钢导链口的锚链管如图 2.54 所示，其直管部分用钢管或钢板制作，喇叭口用钢板制作，并在口端加设防磨材。这种结构的锚链管适用于各种直径的锚链。锚链管的主要参数可按锚链直径确定，一般其内径不小于 7 ~8 倍锚链直径 d，而壁厚不小于 $0.4d$。

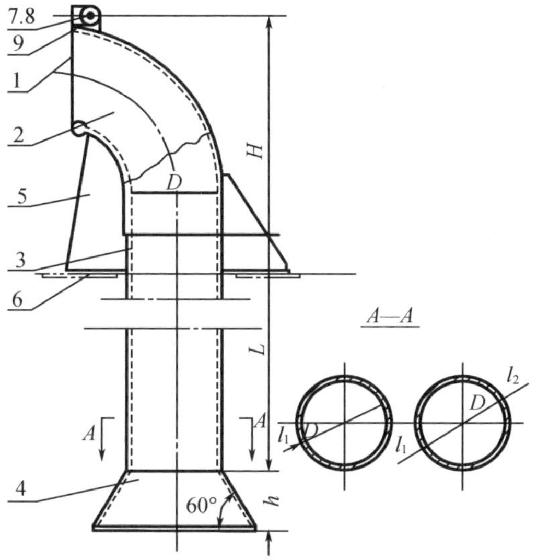

1—盖板；2—铸钢导链口；3—锚链管本体（直管部分）；4—喇叭口；5—肘板；6—垫板。

图 2.54　锚链管结构

（3）锚链舱的形式及容积计算

锚链舱是用以收藏锚链的舱柜，其位置一般设在防撞舱壁前后，视锚设备的布置而定，应尽可能设在防撞舱壁之前。由于锚链质量大，会影响到船的重心高度，因此，应尽可能将锚链舱设在较低的位置，这点对中小型船舶尤为重要。CCS《钢质海船入级规范》中，对锚链舱及锚链管的结构提出了相关要求。

锚链舱的容积应足以存放收入舱内的全部锚链，并能依靠其自重自行堆放，不需要由人工整理锚链。其容积根据锚链的直径、长度以及锚链在舱中的堆放情况而定。如果堆放得整齐，则每吨锚链占有的容积为 0.40 ~0.43 m^3，如果经过仔细的盘理，仅需要 0.27 m^3，如果堆放不整齐，则每吨锚链所需的容积约为 0.45 m^3。通常在初步估算时，多以锚链的直径为准，每 100 m 锚链所需要的锚链容积约为

$$V_{100} = (0.000\,85 \sim 0.001)\,d^2 \qquad (2-22)$$

锚链舱的形式很多，基本上可分为圆形、矩形（包括正方形）、梯形和组合形。梯形锚链舱适用于首部尖削的中小型船舶。为了能使锚链自动盘存，锚链舱应有一定的下落高度，并以圆形截面的锚链舱为好。

①圆形锚链舱

圆形锚链舱通常为封闭式的水密结构，舱壁的构架设于锚链舱外。舱壁的厚度应考虑严重的腐蚀，舱的下部应设有钢格栅，底部设有污水井，供舱底水管抽污水用。锚链舱应在锚链堆放高度以上的位置开设人孔并加设水密盖。人孔下部的舱壁设置作为踏步的切口。

圆形锚链舱的内径 D_c 建议取为(30 ~ 35)d(d 为锚链直径)。对于型深较小的小型船舶，锚链舱的直径可适当放大，但不应超过 $40d$。按最佳的盘存直径，为了保证要求的锚链舱容，则从锚链管的下缘至锚链舱底的高度，即圆形锚链舱的高度 H_c(m)，如图 2.55 所示，可按下式确定

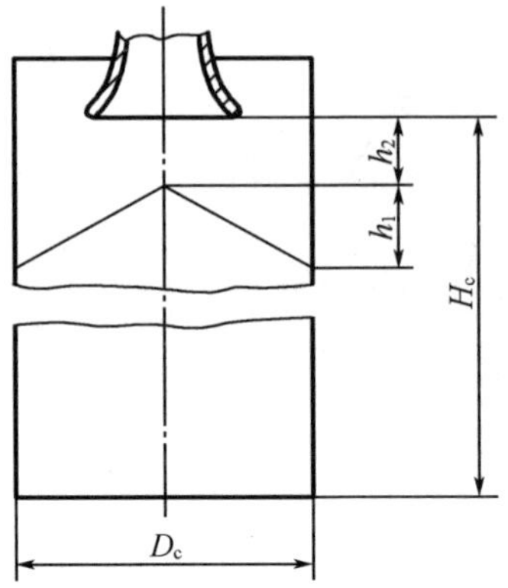

图 2.55　圆形锚链舱相关参数

$$H_c = \frac{V}{0.25\pi \cdot D_c^2} + h_1 + h_2 = 1.27\frac{V}{{D_c}^2} + h_1 + h_2 \tag{2-23}$$

式中　V——除锥形堆放部分外，锚链舱必需的容积，m^3；

D_c——锚链舱内径，m；

h_1——锚链自然堆放时锥形的高度，如果锚链的自然堆放角 α 为 45° ~ 50°，则

$$h_1 \approx (0.5 \sim 0.6) D_c \tag{2-24}$$

h_2——锚链舱储备高度：$h_2 \geq 2.5s$(m)，s 为普通链环的长度，m。

圆形锚链舱的容积 V(m^3)按下式计算

$$V = kd^2 \frac{l_a - l_1}{100} \tag{2-25}$$

式中　d——锚链直径，mm；

k——经验系数，一般为 0.000 85 ~ 0.001 0，平均取 0.000 9；

l_a——收存在锚链舱内的锚链总长，m；

l_1——锚链舱内堆成角锥形那部分锚链的长度，近似取

$$l_1 = 1.59 \times 10^4 \frac{D_c^3}{d^2} \tag{2-26}$$

②矩形锚链舱

矩形、方形或组合形锚链舱的基本要求同圆形锚链舱相同。开敞式的矩形锚链舱只能设在防撞舱壁之前，锚链舱壁可不伸到上部甲板，或在锚链舱壁上部设置进入锚链舱的开

口。设置双链轮卧式锚机时，两个锚链舱可并联，中间用不伸到顶的隔壁分隔，且在该隔壁上设置踏脚孔。

矩形锚链舱的有效容积 $V(\mathrm{m}^3)$ 可按下式计算

$$V = k_1 \frac{l_a d^2}{100} \tag{2-27}$$

式中　k_1——系数，取为 0.000 85 ~ 0.001，其下限用于锚链舱下部容积较小的情况；

l_a——收存在锚链舱内的锚链长度，m；

d——锚链直径，mm。

锚链舱的容积 $V(\mathrm{m}^3)$ 也可按下式计算

$$V = k_2 l_a w \tag{2-28}$$

式中　k_2——系数，对于堆放时需要整理的锚链取(0.40 ~ 0.43) m^3/t，对于堆放时不需要整理的锚链取 0.45 m^3/t；

w——每米锚链质量，t/m。

按上述计算得到的所需锚链舱容积值确定锚链堆放高度，并在其上方留有一定的空间，对于大中型船舶，该空间高度应至少为 1.2 m。

(4)止链器的选配

止链器是船舶在航行或抛锚系留时夹住锚链的装置。通常情况下，卧式锚机或起锚系统绞盘与锚链筒之间设有止链器，船舶抛锚系留时，作用在锚链上的力由止链器承受。

常用的止链器有螺旋止链器、闸刀止链器、滚轮闸刀止链器和导轨滚轮舌形止链器等。

螺旋止链器设有一对夹紧锚链用的夹块，并配有操纵螺杆，可使夹块同时收紧或放开，结构较复杂，但使用可靠。目前我国造船行业中常用的螺旋止链器有两种形式。普通型(A 型)适用于链径为 22 ~ 66 mm 的一级或二级锚链；带有垂直滚轮的止链器(B 型)，适用于链径为 50 ~ 102 mm 的一级、二级及三级锚链。

闸刀止链器是利用闸刀卡住通过导槽的垂直链环从而止住锚链，构造简单，使用方便。我国造船行业目前使用的闸刀止链器适用于直径为 12.5 ~ 68 mm 的锚链，其形式如图 2.56 所示，一般在中小型船舶上使用。现还有一种重锤式闸刀止链器，在大型船舶上使用，用在直径较大的锚链上。

滚轮闸刀止链器是将闸刀止链器和导链滚轮的功能组合在一起，其特点是结构紧凑，安装方便，操作容易。我国造船行业目前常用的滚轮闸刀止链器，适用于链径 70 ~ 132 mm 的一级，二级和三级有档锚链。

导轨滚轮舌形止链器是将舌形止链器及导链滚轮配置在一起，如图 2.57 所示。其结构紧凑，安装方便，操作容易。我国造船行业目前常用的导轨滚轮舌形止链器，适用于链径为 73 ~ 120 mm 的一级和二级有档锚链。

CCS《钢质海船入级规范》规定，止链器应能承受相当于锚链试验的拉力负荷，且其应力应不大于其材料屈服点的 90%。DNV/GL《船舶入级规范》规定，止链器及其附件应能承 80% 的锚链最小破断负荷，其受力构件应不产生永久变形。

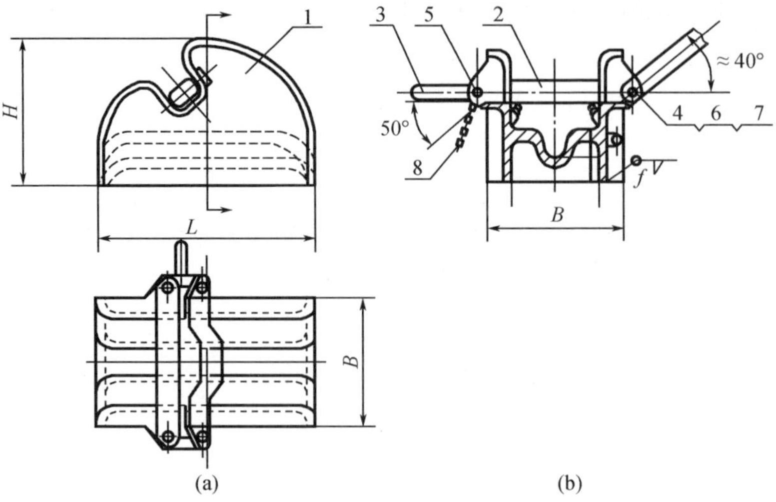

1—本体;2—闸刀;3—把手;4—轴

图 2.56　闸刀止链器

图 2.57　导轨滚轮舌形止链器

(5)锚架的结构设计

对不适合用锚链筒收存,且钢缆锚索在通过锚链筒时磨损严重的,采用锚架结构,其在工程作业船舶上用得较多,尤其是用于带有横杆的锚。锚架的结构应符合以下要求:

①锚架应突出船体或浮式结构物以外必需的宽度,使得起锚时锚爪不会勾住母体结构;

②锚架应该离开水面有足够的高度,使得收存的锚在航行(或拖航)时,不会接触水面,以至增加阻力;

③锚架的形状应能保证,起锚时处于任何位置的锚索,均能顺着锚架移动到将锚拉起后存放于规定的位置;

④通过锚索并卡住锚柄和锚爪的锚架横档应有足够的直径,以保锚索通过时不会产生严重的弯折,收存的锚保持稳定;

⑤锚架应有足够的强度,能承受起锚时及锚拉紧后作用在锚架上的负荷。

锚架结构的主要构件为一水平的钢管架，其向两侧的延伸宽度足以保证通过导缆器的锚索，在起锚时能自动顺着弓形边缘移动到锚架中间，弓形锚架的中间部分设置防磨复板，弓形锚架上下设钢管斜撑，其结构如图 2.12 所示。

（6）弃锚装置的选配

锚链的尽端必须固结在锚链舱内，以防抛锚时由于机械失灵，导致锚和锚链全部失落，同时，又要求这种固结能迅速脱开，因此，在锚链的固结处需设置弃锚器（或称弃链器）。我国造船行业目前常用的弃锚器有三种，即简易弃锚器、螺旋弃锚器和插闩式弃锚器，如图 2.10所示，均可安装在锚链舱舱壁上，并可从舱外解脱锚链。按 DNV/GL 船舶入级规范规定，弃锚器应能经受不小于 15% 但也不必大于 30% 的锚链最小破断负荷的力。

简易弃锚器结构简单，适用于直径较小的锚链（17 ~ 37 mm），用于小型船舶且不要求水密的锚链舱。

螺旋弃锚器可垂直安装在水密舱壁上，也可水平安装在甲板上。适用于要求水密的锚链舱，其性能可靠，操作方便，适用的锚链直径范围大（25 ~ 122 mm）。

插闩式弃锚器适用于要求水密的锚链舱，性能可靠，操作方便，适用于较大直径的锚链（50 ~ 120 mm）。

锚设备的其他部件的选配，如导链滚轮、掣锚器的选配等，可参阅《船舶设计实用手册（舾装分册）（第 3 版）》。

2.5.6　锚机的选配及功率的估算

（1）锚机的基本要求

锚机是保证船舶抛、起锚作业安全的装置，各国船级社船舶入级规范对于锚机构造的基本要求相同，主要规定反映在这几个方面。

①驱动形式，起锚机一般应由独立于其他甲板机械的原动机或电动机驱动。对于液压起锚机，其液压管路如与其他甲板机械管路相连接时，应保证起锚机的正常工作不受影响。

②驱动功率，起锚机应有足够的功率，且应能连续工作。其工作负载和过载拉力应满足下列要求。

a. 在满足下述规定的平均速度时，且锚机应有连续工作 30 min 的能力，其工作负荷为：

一级有档锚链（AM1）：$37.5d^2$（N）；

二级有档锚链（AM2）：$42.5d^2$（N）；

三级有档锚链（AM3）：$47.5d^2$（N）。

式中 d 为锚链直径（mm）。

b. 起锚机应具有过载能力，能在过载拉力作用下（不要求速度）连续工作 2 min。过载拉力应不小于工作负载的 1.5 倍。

③驱动装置

a. 应设有倒转装置，对所有动力操纵的起锚机均应能倒转。

b. 卧式锚机或起锚系统绞盘在进行抛锚作业时，通常不用电机，而是脱开连接链轮与传动轴的离合器，操纵制动装置（刹车），依靠重力能将锚和锚链抛出。起锚时则启动电机。

c. 在船舶航行试验时,起锚机应有能力以平均速度不小于 9 m/min,将一只锚从水深 82.5 m 处拉起至深度 27.5 m 处。

d. 钢缆锚绞车通常配置排缆装置,以保证钢缆在绞车滚筒上排列整齐。

(2)锚机主要类型及特征

①手动锚机,也称人力起锚机,是依靠人力收放锚链及与之连接的锚的锚机。这种锚机通常用于内河小型船舶以及无动力的驳船上,在海船上很少使用。

手动起锚机可分为单链轮手动起锚机和双链轮手动锚机。海船规范规定,锚重不超过 250 kg 时,才允许使用手动锚机,相应的有档锚链直径应不大于 16 mm(AM1 级)或无档锚链直径不大于 17.5 mm(BM1 级)。

②电动卧式锚机,是船舶或浮式结构物使用最为广泛的锚机。其传动方式为电动机通过减速装置驱动链轮轴,链轮与传动轴之间设有离合器,抛锚时脱开离合器,用刹车控制链轮,其结构如图 2.58 所示。

电动锚机按其电制可分为直流和交流,前者可实施无级调速,后者为分级调速。电动锚机的优点是安装简单,使用方便。但是大功率的电动锚机启动时,对于电网影响较大。

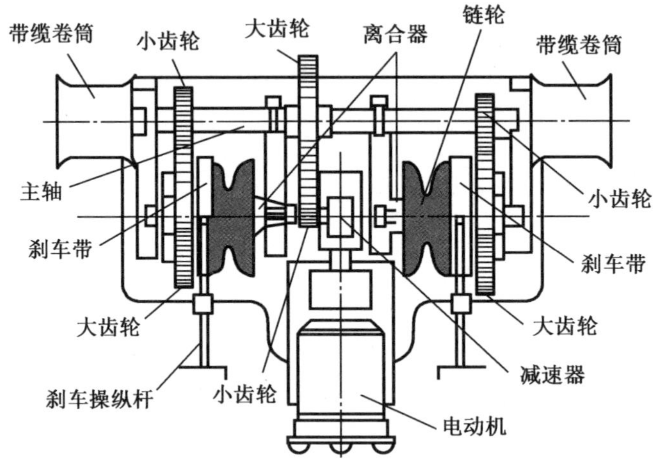

图 2.58 电动卧式锚机

③液压卧式锚机,其传动方式为液压马达通过开式齿轮驱动链轮轴,其他机械部件与电动卧式锚机相似。液压锚机需设置液压泵站,它可独立使用,也可与其他甲板机械如起货绞车、系泊绞车、货舱盖开闭机构等设备兼用。

液压锚机由于省去了电动机和减速箱,因此机械部分体积小,质量小。液压锚机启动平稳,调速方便,可实现无级调速。由于采用控制阀直接操纵液压马达,因此特别适合于油船、液化气体船等有防爆要求的船舶和海洋平台使用。

④起锚系缆绞盘,按其动力源可分为人力、电动和液压绞盘。其最大的优点是直接用于起、抛锚和系缆作业的链轮、绞盘头及刹车装置安装在甲板上,其余驱动机械及传动机构均安装在甲板以下,所以在甲板上占用的面积小,特别适用于舰船和某些甲板布置较困难的船舶。

⑤锚绞车,工程作业船舶通常采用滚筒式锚绞车,该类绞车按驱动方式可分为电动和

液压。采用多点锚泊定位的海洋工程作业船舶诸如起重船、打捞船、半潜船、钻井驳船等通常设置锚绞车用于收放钢缆锚索。为适应海洋工程装置多点锚泊定位系统的作业要求，锚绞车有以下特点：

a. 一般来说，最大拉力应不小于锚索最小破断负荷的 1/3，但也不必大于 1/2；

b. 刹车支持负荷大，一般应与锚索破断负荷相当；

c. 由于锚索很长，应提高锚出土后收锚索的速度，但应综合考虑适配的电机功率；

d. 配置必需的附属设施诸如锚索张力测量及指示仪、锚索抛出长度指示仪、锚索抛出速度指示仪；

e. 在深水中使用的锚绞车，应设置自动限制锚索抛出速度的机构。

中小型锚绞车采用手动刹车，大型锚绞车则采用气动或液压刹车。起锚时为使钢缆在滚筒上排列整齐，一般配置排缆装置。

(3)锚机功率的估算

①起锚过程分析

要确定起锚机所需要的功率大小，首先应了解一下起锚过程的作用力关系。若起锚时推进器没有工作，则起锚的过程可划分为四个阶段，如图 2.59 所示。

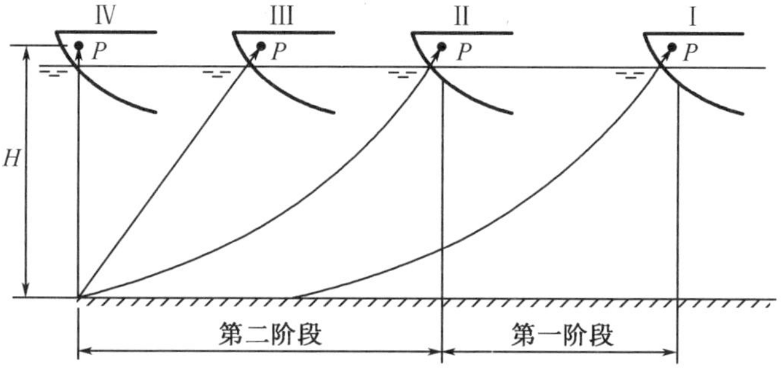

图 2.59　起锚的过程

四个阶段的变化过程，以及所需的起锚作用力的大小，可从图 2.60 中得到直观的说明。该图是一艘客货船起锚时的实际测量记录，纵坐标为拉力，横坐标为每阶段的作业时间，可以看出锚机在最大负荷时，其瞬时的工作时间不长，约为起锚过程总时间的 10%。

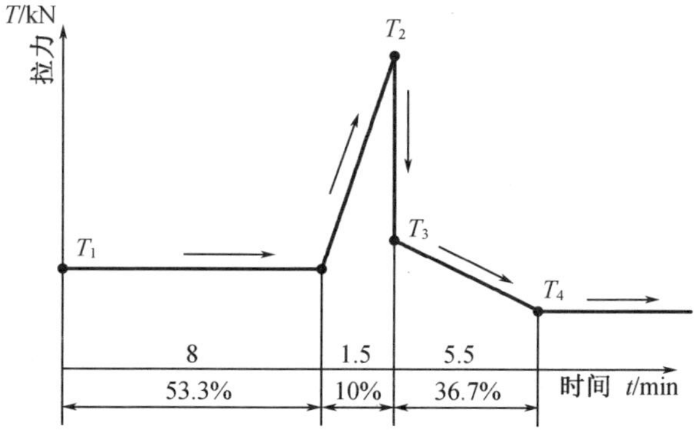

图 2.60　某客货船起锚作业负荷图

第Ⅰ阶段，锚链放出的长度大于其悬链线部分的长度，即有部分锚链卧在泥土中。当上端逐渐收起时，其下部分卧在泥土中的锚链亦即逐渐从泥土中抬起，而始终保持悬链长度不变，即锚链与泥土表面所形成的夹角 φ 与锚链上端与水线面所形成的夹角 α 大小不变，一直到放出的链长等于悬链长度为止。即图 2.59 中从Ⅰ到Ⅱ的过程，此阶段起锚所需要的拉力 T_1 为

$$T_1 \approx kT \tag{2-29}$$

其中，T 为锚链在锚链筒下锚链孔处的拉力，按前述的悬链方程导得的关系式有

$$T \approx \frac{l^2 + h^2}{2h} w = Q + hwg$$

式中 k 为摩擦等的损失系数，约为 1.28（锚链筒上有链轮）~1.38（锚链筒上无链轮）。

第Ⅱ阶段，随着锚链的不断收起，φ 和 α 两角逐渐增加，见图 2.59 中Ⅲ状态，而船体所受风力、流力未变，锚仍具有充分的抓力，致使 T 随之增大，直至Ⅳ位置，锚链呈垂直状态，并拔锚出土时，锚链的拉力为最大，即

$$T_2 \approx k\left[\left(1 - \frac{\gamma_1}{\gamma_2}\right)(Wg + whg) + P_a\right] \tag{2-30}$$

式中 T_2——拔锚出土时锚链上端的拉力，N；

k——摩擦系数，取值同前 1.28~1.38；

W——锚的质量（在空气中），kg；

w——单位长度锚链在空气中的质量，kg/m；

h——抛锚处的水深，m；

γ_1——水的密度，海水取 1.02，淡水取 1.00；

γ_2——锚及锚链的密度，一般取 7.8；

P_a——拔锚出土所需要的作用力，一般取 0.5~2.0 倍的锚重力；

可见第Ⅱ阶段时锚链的拉力 T_2 包括两个部分，即锚和链在水中的重力（略去了从锚链孔至水面间的一段链长在空气中的重力）和拔锚出土所需的附加拉力。

第Ⅲ阶段，即拔锚出土之后，附加拉力 P_a 不存在了，这时锚链的拉力是拉起悬垂的锚和链的重力之和，近似表示成

$$T_3 \approx k\left[\left(1 - \frac{\gamma_1}{\gamma_2}\right)(Wg + wlg) + l'wg\right] \tag{2-31}$$

式中 l' 为锚链从水面到锚链孔间的长度，m；其他符号同上。

第Ⅳ阶段，当锚出水时锚链拉力为

$$T_4 \approx k(Wg + l'wg) \tag{2-32}$$

式中 l' 为锚出水后的链长，一般内河船舶取 $l' \approx 3.0$ m，海船舶取 $l' \approx 3.0 \sim 15.0$ m；其他符号同前。

CCS《钢质海船入级规范》对起锚机额定拉力[T]的规定，与锚链的直径、抛锚的深度以及锚链的等级有关：

一级有档锚链（AM1）

$$[T] = 37.5d^2 + (D - 82.5) \times 0.27d^2$$

二级有档锚链（AM2）

$$[T]=42.5d^2+(D-82.5)\times 0.27d^2 \tag{2-33}$$

三级有档锚链（AM3）

$$[T]=47.5d^2+(D-82.5)\times 0.27d^2$$

式中　D——抛锚处实际水深，m；

d——锚链直径，单位为 mm；

$[T]$——额定拉力，N。

此规定可以从上述的起锚过程的第Ⅱ阶段锚链拉力的表达式中予以说明。

②起锚机功率的估算

现行 CCS 船舶入级规范要求，起锚机应能连续工作 30 min，起锚的平均速度不小于 9 m/min，这一速度是指水深为 82.5 ~ 27.5 m 深度的平均值。因此，锚机的有效功率为

$$EHP=\left[\frac{\text{锚机额定负荷(N)}\times\text{锚链的提升速度(m/min)}}{60}\right]\times 1.5$$

将锚机额定负荷$[T]$及提升速度（9 m/min），代入上式

得

$$EHP=\frac{(37.5\cdots 47.5)\cdot d^2\times 9}{60}\times 1.5\approx(8.0\cdots 10.0)d^2\times 10^{-3} \tag{2-34}$$

则，所需要的功率

$$BHP=\frac{EHP}{\eta}\text{，或 }BHP\approx(11\sim 14)d^2\approx 10^{-3}\,(\mathrm{kW}) \tag{2-35}$$

式中　1.5 是规范中规定的，起锚机应能在过载的拉力作用下（不要求速度）连续工作 2 min时，过载拉力应不小于额定工作负荷的 1.5 倍；

η——效率，一般取 0.70 ~ 0.75；

d——锚链的直径，mm。

2.6　海上浮式结构物的定位系统简介

船舶和海上浮式结构物主要采取锚泊定位与动力定位两种方式来保证海上作业的稳定。深水中采用动力定位，或锚泊定位与动力定位并用，即浅水时用锚泊定位，深水时用动力定位，或以锚泊定位为主，大风浪时使用动力定位协助。与动力定位相比，锚泊定位的优势在于它所需投资较少、环保节能、使用维护方便、安全性高等。

2.6.1　海上浮式结构物的锚泊定位系统分析

（1）锚泊定位系统分析

由于各类海上浮式结构物的作业特点、定位时间的长短、浮式结构物的功能（包括钻井、采油、存储、系泊等）、浮式结构物的大小、海况的恶劣程度以及水深等因素的不同，对锚

泊的要求会有很大差别。按照海上浮式结构物的锚泊特征，可将锚泊系统分为临时锚泊系统和锚泊定位系统。

CCS《海上移动式钻井船入级与建造规范》中，对这两种锚泊设备均要求配备。对一般的船用临时锚泊设备是和普通民用船舶一样的要求，即根据舾装数的大小按照规范中所列的锚泊设备配置表来确定其数量、质量和规格。而对定位锚泊设备的规格和布置要求，主要取决于海上浮式结构物的形状，风、浪、流的影响，以及水深、海底地质情况，以及所需定位的准确性等因素。

①临时锚泊系统

一般船舶或海上浮式结构物的临时锚泊，是在无风暴情况下在浅水区进行的，如遇到风暴，可进行躲避。因此，其配置的临时锚泊系统的作用主要是限制船舶或海上浮式结构物的活动范围，使其不会随意漂流，即所抛出的锚索长度要能保证船舶或海上浮式结构物在受到外力作用发生漂移时，其锚索的下端始终保持与水底相切，使锚的抓力能得到充分的发挥，从而防止走锚现象发生。临时锚泊设备一般布置在首部，或海上浮式结构物的前端部。这样在锚泊的情况下，无论风浪来自何方，船舶或海上浮式结构物均能自动地以首部/前端迎着风浪，可使船舶或海上浮式结构物受力较小。对于这种临时锚泊方式，多采用的是单锚索锚泊方式，也有为了锚泊的更加安全而采用了双锚索锚泊，且锚索多为单一成分的锚链，在小船上也有用缆索的，整根锚索规格统一。这种锚泊的抛锚与起锚均由船舶或海上浮式结构物自身配置的绞锚机进行，并要求锚能适应各种不同的土质以保证有最低限度的抓持力。

对于铺管/缆船、挖泥船等一类的水上工程船舶，在作业过程中，需要频繁地改变其位置，需要拖带它们所用的锚沿着预定的线路行进，锚的频繁移动均由辅助船来完成。但这些水上工程船舶必须配备通用的锚泊系统以能适应所有形式的海况及海底条件。

②锚泊定位系统

锚泊定位是用锚和锚索将海上浮式结构物或船舶系留于指定海域，限制外力改变其状态，使其保持在预定位置上的定位方式，如钻井平台、钻井船等在海上的作业。按锚泊定位的时间可分为短期锚泊定位和长期锚泊定位。按锚泊线的数目可分为单点锚泊定位系统、两点锚泊定位系统以及多点锚泊定位系统。

单点锚泊和两点锚泊一般用于作业海区的海况良好，且定位要求不是很高的船舶或海上浮式结构物上，基本上是短期锚泊，如单点锚泊的 FSP（浮式储油船）或 FPSO（浮式生产储存卸货装置）等。一般情况下，海上工程作业船舶大多采用多点锚泊定位模式，且为悬链线式的锚索系统，如图 2.61 为作业船舶的几种锚泊定位模式。通常采用大抓力拖曳嵌入式锚类中的有杆转爪锚或固定爪锚。

对要求准确进行定位，严格限制在一定范围内的海上浮式结构物，仅靠单点锚泊或两点锚泊是做不到的，通常需要采用至少四根甚至是十几根锚泊线，往四周辐射分布，组成一套锚泊定位系统。为了保证海上浮式结构物的移动不超过限定的范围，每根锚泊线均需要预先张紧到一定的程度，也就是要施以一定的预张力。为了提高定位能力，有时采用由系泊链、钢索及块重组合而成的锚泊线。

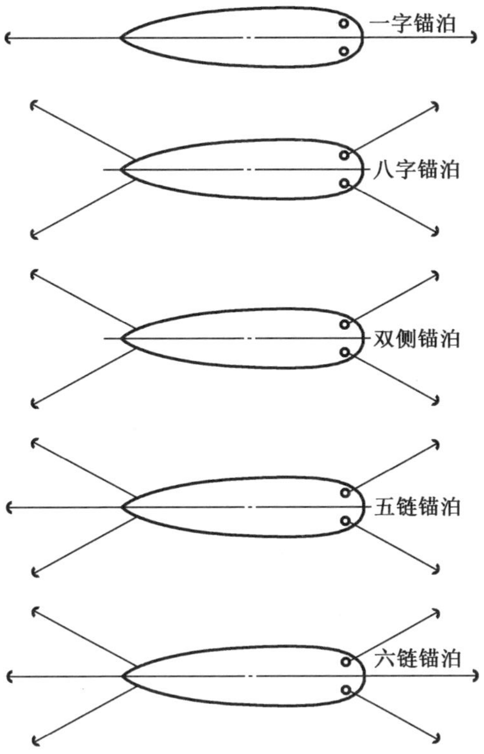

图 2.61　作业船舶的几种锚泊定位模式

与用于水深较浅的锚泊定位系统相比，深水浮式结构物的锚泊定位系统更加复杂，其设计及海上安装的难度也更大。这类装置的锚泊均属于长期锚泊，其形式包括用张力腿定位的张力式平台、用悬链线锚泊定位的半潜式平台。对于长期锚泊的海上浮式结构物，其抛锚定位多采用辐射状的多索锚泊定位系统，它的锚索数量、允许张力大小和平面布置在规范中是不做规定的（如前所述，规范中只对临时锚泊系统有规定），因此，要根据海上浮式结构物的形状和使用要求来确定。如图 2.62 为半潜式平台辐射状的多索锚泊定位系统。

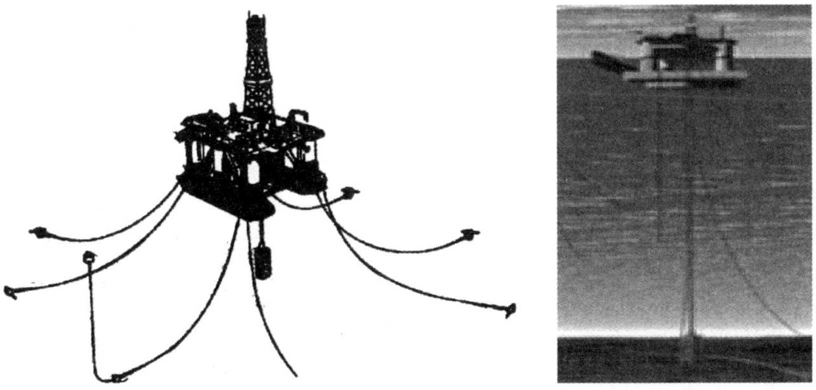

(a)　　　　(b)

图 2.62　半潜式平台辐射状的多索锚泊定位系统

通常,海上浮式结构物可能受到来自各个方向的外力,故将锚索均匀布置成辐射状,其数量对于结构物呈圆形者为 4 ~ 8 根,矩形者多为 8 根,三角形者多为 9 根,五角形者多为 10 根等。有时考虑到所受的风力、流力和浪力在某一方向上比较大而采取不均匀布置,但这种布置一般还是对称的,以便海上浮式结构物在未受外力时能保持平衡,常用的布置形式如图 2.3 所示。

(2)锚索系统分析

锚索是一种将海上浮式结构物连接于锚定点的挠性机械部件,不能承受剪应力或弯矩。锚泊定位系统中的锚索按材质不同可分为系泊链、钢缆、合成纤维缆系统以及它们的组合锚索系统。

①全钢缆系统

由于钢缆比系泊链要轻,对于给定的预张力具有较大的复原力,这一点随着水深的增加变得越来越重要。然而为了防止这种系统的锚被上提,所需要的钢缆长度也会更大。全钢缆系统的缺点在于当它与海底长期接触时的磨损和腐蚀,此外钢缆受力时会产生扭矩。由于这个原因,全钢缆系统很少用于长期锚泊定位系统。

②全系泊链系统

在近海作业中,系泊链显示较好的对海底的抗磨损性,并且对锚的抓力也有较好的作用。然而,在深水中全系泊链系统由于自重和高预张力,使得海上浮式结构物应具有较大的装载能力,且需要较大的锚链舱来储存系泊链,从而损失了有效的可变载荷及空间,这对海上浮式结构物是不利的。当水深增加时,系泊链的自重将占用系泊链本身强度的大部分,因此,全系泊链系统一般在作业水深比较浅时使用。

③组合锚索系统

如何在尽量小的锚索系统质量的前提下又同时满足海上浮式结构物的定位要求?正是在这种趋势下出现了组合形式的锚索系统,其形式主要有钢缆 - 系泊链组合系统、系泊链 - 钢缆 - 系泊链组合系统或者系泊链 - 合成纤维缆 - 系泊链组合系统。在同一条锚索组合系统中,系泊链一般在锚索最下端或最上端,用于承受海底或导缆孔的摩擦,钢缆和/或合成纤维缆在锚索的中部。

以系泊链 - 钢缆组合锚索系统最为常用,海上浮式结构物端采用钢缆,系泊链与锚相连,通过选择合适的系泊链和钢缆的长度,可以有较小的预张力和较高的复原力,可以提高锚的抓持力,增强对海底的抗磨损。多数深水浮式结构物采用的都是这种系泊链 - 钢丝绳组合系统,为达到防扭的目的,采用了防扭转的钢丝绳。系泊链在海上作业中已显示出其经久耐用的特性,它在适度的刚性下具有较好的弹性并且耐磨,在海床土质中摩擦系数最高,为保证和增加拖曳嵌入式锚的抓力起到了至关重要的作用。

④合成纤维缆系统

在浅水区域环境条件较好的情况下,合成纤维缆(特别是尼龙缆)用作锚索时可以吸收船舶动态的能量,由于其自身在强度相当的前提下还具有质量轻的优点。但合成纤维缆容易打滑、产生蠕变,不能接触海底,只能作为悬浮部分,所以一直没有被广泛应用于海上浮式结构物的锚泊定位系统中。近年来,已经有移动式钻井平台开始使用合成纤维缆作为锚索。在防腐蚀方面目前也有了解决措施。随着进一步的研究和使用经历,合成纤维缆有可能在将来得到广泛的应用。

(3)锚泊定位状态分析及抛锚定位

锚泊定位系统中的锚泊线主要有两种形式,即悬链线式和绷紧式,悬链线式锚索系统通常采用大抓力拖曳嵌入式锚类中的固定爪锚。绷紧式锚索系统则可采用桩锚、吸力桩和板锚等。它们的定位效果较好,但由于多点锚泊系统下的海上浮式结构物不能随着环境力无约束地转动和移动,在强自然环境力作用下时,锚泊系统将承受较大的锚泊力。此外,如果锚泊系统中各锚索间的夹角偏大,也将会使得锚索张力较大。

①悬链线式锚泊定位状态分析

悬链线式锚泊系统的特点是锚泊线的外形是一悬链线,系锚点只受水平方向的力,锚泊线的回复力由其自身的重力产生。其锚泊线按材料的组成可分为单一成分的和组合形式的,组合形式锚泊线一般由钢缆 - 系泊链或系泊链 - 钢缆 - 系泊链组合而成,海底系泊链通过锚固定于海底,为确保锚上的拉力是水平的,系泊链下端与海底水平相切,并在切点与锚之间加了一段富裕的拖地长度,如图 2.63 所示。

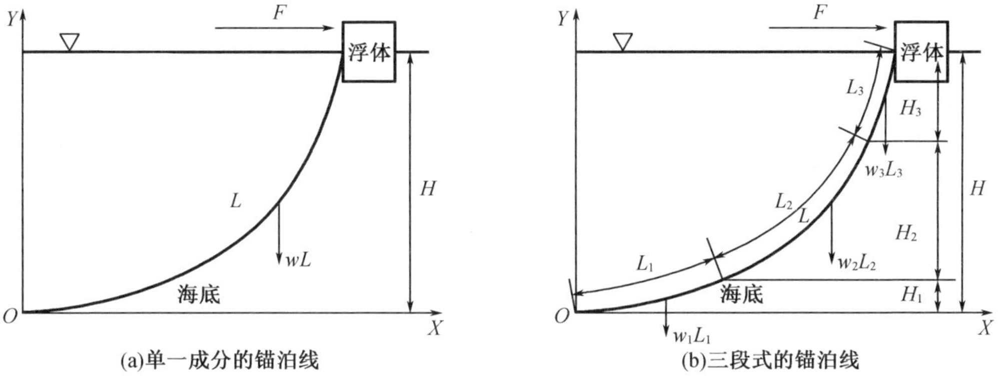

图 2.63　悬链线式锚泊系统

组合形式的锚泊线各组成成分都有其独特的弹性特征、强度等级、尺寸大小、质量、抗腐蚀和抗磨损能力,因此需要解决多种成分组合锚泊线的最优设计问题。单一悬链线式锚泊系统通常应用于相对较浅的海域,而在深水条件下的海上浮式结构物定位,常采用多成分组合的锚泊系统,而三段式锚泊线为常用的锚泊系统。

②绷紧式锚泊定位状态分析

绷紧式锚泊系统的特点是锚泊线与海底以一定的角度相交,系锚点处要同时受水平和铅垂方向的力,锚泊线的回复力主要由其自身的弹性而产生,为了降低锚泊线的质量,通常采用较轻的钢缆或合成纤维缆,其在海底占据范围要比悬链线式锚泊系统小很多,长深比一般为 1.3 ~ 1.5,如图 2.64 所示。其主要用于深水和超深水水域,如 Spar 和半潜式平台的锚泊定位。

③锚泊定位系统的主要设备

海上浮式结构物锚泊定位系统的设备主要由平台端的起链/缆机及提链装置、立柱外侧的导缆/链器装置、锚索及海底的锚设备四大部分组成。导缆/链器用于锚索与海上浮式结构物主体的连接,起链/缆机及提链装置则主要用来调节锚索的预张力,锚索下端通过各种类型的锚连于海底,锚索的位能以及海上浮式结构物的惯性力用于海上浮式结构物的定位。海上浮式结构物的可靠性很大一部分取决于锚泊定位系统的可靠性。

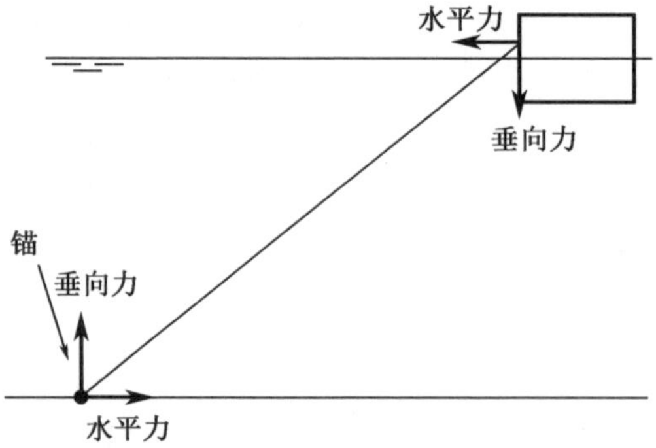

图 2.64 绷紧式锚泊系统

由于移动式平台需要在不同区域移动作业,其锚泊定位系统一般采用可以快速收放锚索的锚机或锚绞车装置,如图 2.65 所示。与长期锚泊定位系统相比较,平台端所采用的锚索收放装置形式差异很大,目前大部分长期锚泊定位系统采用锚索提升或牵引装置。对于深水半潜式生产平台,平台自带的锚索一般为系泊链,因此平台端均采用提链装置对系泊链进行收放。

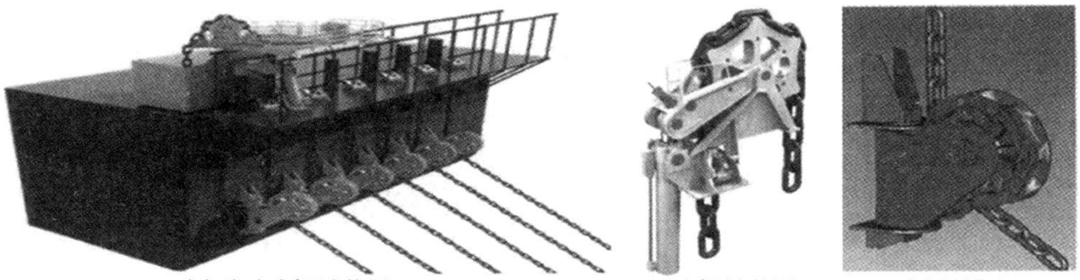

(a)移动式提链装置　(b)提链装置　(c)导链器

图 2.65 系泊链收放装置

锚的选择必须考虑底质条件、可靠性和负载试验等因素,不同的锚形式所对应的安装方案也需在设计中加以特殊考虑。对于深水半潜式生产平台,目前使用较多的是吸力桩锚和吸力埋置式板锚。板锚一般具有大的垂向支持能力,可用于绷紧式锚泊定位系统。

④抛锚定位方式

抛锚方式取决于海上浮式结构物设置的锚机形式(卧式锚机,锚绞车,组合锚机)、拖船的功能及操作者的判断。常用的抛锚定位方式有两种:常规抛锚及预抛锚方式。

a. 常规抛锚方式,与单一系泊链或单一钢缆抛锚方式相同。锚泊定位所需的所有锚索(钢缆和系泊链)全部存放在海上浮式结构物上。抛锚时,拖船携锚连带系泊链加钢缆,拖至预定锚点将锚下放到海床上,然后海上浮式结构物上的锚机收锚索使锚啮入泥底。锚抛好后,进行锚抓力试验,再调整海上浮式结构物位置并放松锚索至预张力。回收时,海上浮式结构物先放松锚索,由拖船将锚拔出后,再回收锚索,直到锚头放在锚架上。对不同的作业水深,可通过组合锚机来调节锚索的长度实现定位,在初始定位及回收时,拖船只需要进行简单的抛、起锚作业即可。

b. 预抛锚方式,锚泊定位所需的部分锚索(钢缆和系泊链)存放在拖船上。在海上浮式结构物到达作业海域前,拖船在作业海域预先将所有锚抛在设定的锚位,当海上浮式结构物到达后,拖船将预抛锚的锚索与海上浮式结构物自带的锚索进行对接,然后,海上浮式结构物上的锚机或锚绞车将锚索收紧,完成常规抛锚方式的相关程序即可实现定位。结束作业时,拖船将预抛锚的锚索与海上浮式结构物自带锚索脱开即可。当海上浮式结构物经常在不同水深海域作业时,需要根据水深情况预先确定预抛锚部分的锚索长度。尤其在深水情况下,大量的锚索需要由拖船来存放,因此,对拖船的要求较高。但海上浮式结构物所配备的锚泊设备简单,一般只需要配备卧式锚机或锚绞车,海上浮式结构物上只保留用于与预抛锚部分相连接的系泊链或钢缆。

浅水作业的生产平台可以采用悬链式锚泊系统,但对于深水作业的半潜式生产平台,传统的悬链式锚泊系统已经无法完全适用,一般采用绷紧式辐射状锚泊定位系统。这些深水半潜式生产平台的海上安装,一般先由专用工作船完成大部分锚索及锚的布放安装,再由多用工作船完成平台与预先布放锚索及锚的对接,最后通过平台锚索收放装置进行张力调整后完成平台的海上定位。

(4)锚泊定位系统的数值计算分析方法

由上述知,锚泊定位系统是海上浮式结构物不可缺少的组成部分,该系统的可靠性极为重要。为了保证长期在海上作业的浮式结构物在大多数海况下可以正常工作,海洋浮式结构物的锚泊定位系统的设计和安全评估尤其重要。

①海上浮式结构物运动及受力特征

海上浮式结构物在使用过程中,在波浪作用下,将会发生复杂的运动。将结构看作为刚体,其运动形式有六个,即三个沿主轴 X、Y、Z 的移动,和绕这三个轴的转动。这六个运动自由度是有区别的,其中三个:横摇、纵摇及垂荡,由于流体的经历作用,具有复原力和力矩,也就有稳定的静平衡位置,在外力干扰作用下偏离其位置后,如干扰消除能自动恢复到原平衡点。而其他的三个运动横荡、纵荡和首摇无此能力,必须由锚泊定位系统保持位置稳定。海上浮式结构物的锚泊定位系统一般由多根锚泊线组成,作用在锚泊线上的力有水动力、重力等,具有明显的非线性特征,在波浪以及风、流等环境作用下,其动力响应和锚泊线的动张力确定是一个复杂的力学问题。

海流力和风力尽管实际上存在着随机性,但在工程上一般当作定常力计算。考虑最危险工况时的情况,即当风、浪、流三种力处于同一方向上时出现最大的锚泊力,此时,锚泊力等于三种力的线性叠加,作为浮式结构物所受到的总的纵向力,并将此力作为浮式结构物所受到的锚泊力。通常海上浮式结构物的锚泊系统都是对称布置的,故可将海上浮式结构物总体的运动响应由较为复杂的三维问题简化成为二维问题。在求解锚索系统的受力和变形时,其计算过程均需采用多次迭代的方法,最终找到锚索顶端受力与锚索顶端位置的关系。

锚泊定位系统将海上浮式结构物约束在锚定点范围内,在风、浪、流的联合作用下,海上浮式结构物会偏离其平衡位置,产生不可避免的位移及倾角,锚泊定位系统不能承受剪力和弯矩,其受力分析就变得相当复杂。但是静力、动力、耦合分析三大部分是海上浮式结构物受力分析的三大主要部分。根据海况不同,一般可将海上浮式结构物分为正常工作、极限工作、停止工作、自存等四种情况,在每种工况下,对海上浮式结构物的水平偏移和锚索张力等设计参数,应采取不同的允许值。

锚泊定位系统的数值计算有多种方法,按力学特性划分主要有静力分析方法、准静力分析方法以及动力分析方法。静力分析是研究在稳态条件下锚索的载荷和系统的平衡状态,预估锚索的几何形状及应力分布。动力分析则研究在不定常外界环境诱导载荷作用下锚索的动力响应,以判断设计的系统是否稳定,锚索的应力是否在许用应力范围之内,锚泊定位系统是否能满足特定的锚泊定位要求等。静力分析方便、快捷,多在设计初期采用。

②静力分析方法

静力分析方法主要是悬链线方法,将锚索结构看作是完全挠性的,即锚索不能传递弯矩,一般可采用悬链线对海上浮式结构物的锚泊线性能进行描述。严格来讲,海上浮式结构物的锚泊线与理论的悬链线并不吻合,这是由于悬链线理论是在不考虑锚泊线的伸长,而且忽略海流力对锚泊线的影响两个前提条件下形成的。但其计算十分简单,在浅水中能够满足一定的精度要求。在深水系泊系统分析中,静力分析结果可以作为初步设计的依据,也可以作为动力分析的基础。

早期的锚泊定位系统采用的一般都是全系泊链或者全钢缆系统,相应的设备也是简单的锚绞机。在进行锚泊定位计算分析时均采用了悬链线方法,由于锚索材料的单一性,其计算相对来说比较简单。但在深水条件下,传统的单一材料的锚索已经被组合锚索所替代,因此,在计算分析时其难度随着组合形式的多样性而不断增加,如常用的三段式锚泊定位系统(图 2.63(b))。如何解决多种成分组合锚泊线的最优设计,准静定方法是在工程上常采用的静力分析方法,该方法首先根据锚泊结构的位置来确定每一个时刻锚泊线的形状,然后采用静平衡方法分析和计算锚泊线的受力情况。

随着海上浮式结构物工作水深的增加,锚泊系统及环境载荷中的非线性作用越来越大,海上浮式结构物面临的工作环境更加严峻。因此,静力分析方法已不能满足锚泊系统设计分析的需求。

③准静力分析方法

其依据是锚泊的浮式结构物在波浪中的水平运动主要是低频慢荡运动,锚泊系统的波频振荡对这一低频慢荡的影响很小,因此,可假设锚泊线只做低频振荡而忽略其作用于浮式结构物上的锚索动力。所以在计算浮式结构物的纵荡运动时可采用准静力方法确定锚索所提供的复原力,在得到锚泊浮式结构物的运动响应后,再根据锚泊点的运动,确定锚系载荷。锚系和锚泊浮式结构物是分开计算的,没有考虑相互的影响。在浅水情况下,这是一种非常有效的方法。当水深较大时,只根据低频慢荡运动决定锚泊线载荷,将低估锚泊线的受力,而波频量的影响是不可忽略的。

④动力分析方法

广泛运用的三大主流方法是集中质量法、有限元法、有限差分法。基础是集中质量法,即将锚泊线的质量离散为质点，中间为无质量弹簧组成的质点 - 弹簧系统，通过对平衡控制微分方程进行有限差分求解，得到各质点的动力学特性。此外还有摄动法。

对于半潜式平台的锚泊定位系统，我们通常可以使用准静力分析方法进行安全评估，对于锚索的动态效应可以通过使用相对保守的安全系数的方法来进行考虑。但是，如果锚泊定位系统的失效会对平台造成严重的后果，那么在评估锚泊定位系统时还应该使用动力分析方法。

传统的海上浮式结构物动力分析方法是忽略了海上浮式结构物与锚泊系统的耦合作用，忽略了锚索系统阻尼在改善海上浮式结构物运动性能方面的影响。随着海洋技术的不断发展，环境载荷的计算方法也在不断更新与充实。另外，模型试验技术的发展，使得锚泊定位系统设计时模型试验成为必不可少的环节。

2.6.2　海上浮式结构物动力定位(DP)系统简介

复杂多变的深海环境，对海上作业船舶和海上平台的定位精度提出了越来越高的要求，传统的锚泊系统已无法满足这样的定位精度要求。动力定位(dynamic positioning, DP)系统较好地解决了这个问题，现广泛地应用于海上作业船舶和海上平台的定点系泊，与传统的锚泊系统相比，具有定位精度高、灵活性好、机动性强、且不受海水深度的限制，适用于多种海况作业等诸多优点。

(1)动力定位系统的工作原理

DP 系统的基本工作原理如图 2.66 所示。其是根据测量系统测量到的船舶或海上平台运动信息及当前环境参数，将船舶或海上平台的位置和首向与期望值比较，控制系统依据此偏差计算出所需推力，同时对推力进行分配。船舶或海上平台在控制系统的控制下利用自身的动力驱动推进器，形成一个足以抵消外界时变环境载荷的主动力，从而抵消风、浪、流等环境外力(矩)的干扰，使船舶或海上平台保持在一定位置和方向或沿一定预定航迹航行。

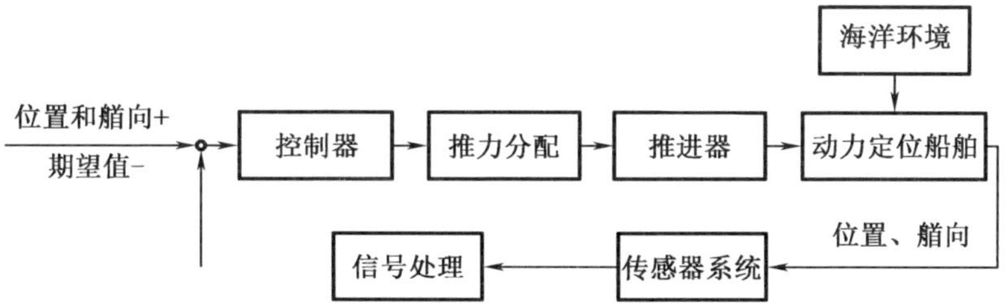

图 2.66　动力定位(DP)系统工作原理

DP 系统是一种闭环控制系统，是利用计算机对接收的卫星定位信号(DGPS)、环境参数(风、浪、流)以及传感器输入的船舶或海上平台位置信号，自动地与计算机中模拟的预定船舶或海上平台位置进行比较，推算出保持这一位置需要的各推进器的推力、速度和方向，自动控制推进器工作，形成一个足以抵消外界时变环境载荷的主动力，从而抵消风、浪、流等环境外力(矩)的干扰，使船舶或海上平台保持在确定的位置和方向上或沿预期的航迹航行，并且能反复地进行比较判断计算和执行控制，使船舶或海上平台在规定的环境条件下，使其位置和方向保持在精度允许的范围内,是完全依靠推进力方式而不是锚泊方式。

综上,DP系统的工作要点主要反映在这几个方面:

①是借助于推进器来保持船舶或海洋平台的位置和首向的技术;

②使用精密仪器来测定船舶或海洋平台因风、浪、流而发生的位移和方向的变化;

③通过自动控制系统对位置和首向的反馈信息进行处理与计算;

④控制若干个推进器发生推力和力矩,使船舶或海洋平台回复到初始位置和最有利的方向。

因此,动力定位精度既与相关测量系统(如DGPS)的设备精度有关,也与推进器系统相关信号传输的精度有关。

(2)动力定位系统的组成

DP系统主要由位置测量系统、控制系统和推力系统三部分组成。其主要有船位显示仪、电子计算机控制机构和推进器等部件组成,如图2.67所示。

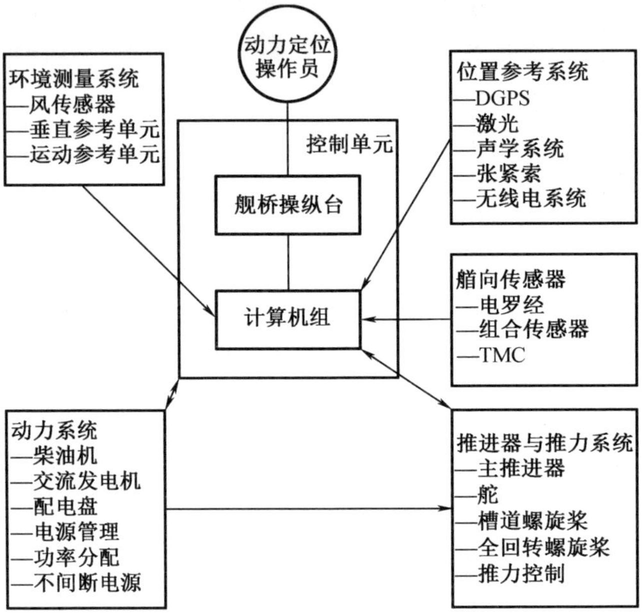

图2.67　动力定位(DP)系统组成

①测量系统

测量系统是指获得船舶或海上平台相应运动参数和环境参数的传感器系统,随时将船舶或海上平台的具体位置提供给控制系统。主要有:

· 提供船舶或海上平台首向的电罗经;

· 提供船舶或海上平台准确位置的DGPS、声学定位系统、张紧索等;

· 提供风速和风向变化的风向风速仪;

· 提供船舶或海上平台姿态的垂向基准传感器。

②动力定位控制系统

动力定位控制系统主要是对测量系统测量到的船舶或海上平台运动信息及当前环境

作用信息进行处理，给出推进器控制信号以对推进器进行控制，使动力定位船舶或海上平台在风、流、浪等外力和推进器的推力作用下保持在期望位置及首向。

③推力系统

推力系统是动力定位系统的执行机构，包括动力系统和推进器。推力系统按照控制系统发出的指令控制推进器推力的大小和方向，以抵抗外界环境的干扰力和力矩。

此外，还有动力系统，主要有发电机组、配电系统、功率管理系统等。

(3)动力定位系统的分类

DP系统分类分为很多种，常见的可按照控制动能分类和控制理论分类。

①按照动力定位控制动能

a. 手动移位；

b. 自动定位，系统能精确地按指令保持船位，也可以按操作人员的指令自动改变船舶或海上平台的位置，船舶或海上平台自动移位的速度可以有操纵人员设定。

c. 自动首向；

d. 自动循迹航行(高速与低速)：系统能使船舶或海上平台精确的按预定轨迹低速移动或按预定航线高速航行。

· 在低速航行模式下，船舶或海上平台循迹精度，而且可以任意设定各航迹段的航向与航速，使船舶或海上平台沿纵向、横向或斜向移动，此模式的最高航速取决于船舶或海上平台与辅助推力装置的设计。

· 在高速循迹航行模式下，船舶或海上平台首向将由系统自动根据航线、航速与外界环境力而计算确定。在航线转弯处，系统可以自动确定转弯半径与航速，也可以预先设定；在此模式下，侧向推进器通常不参与工作。

e. 自动操舵驾驶；

f. 自动跟踪水下目标；

g. 自动保持移动速度；

h. 任意中心自动回转。

②按照动力定位控制理论

a. PID控制，以经典的PID控制为基础；

b. LQG控制，Kalman滤波和最优控制相结合形成了线性二次高斯型LQG控制，当前是最常用的控制理论。

c. 模型参考自适应控制(DMRAC控制)；

d. 反步法(Backstepping)；

e. 模糊控制(FuzzyLogicControl)。

(4)动力定位系统的等级

海上作业船舶或海上平台对DP系统的可靠性要求越来越高，IMO和各国船级社都对DP系统提出了严格要求。DP系统的分级主要是考虑设备的可靠性和冗余度，目的是对DP系统的设计标准、必须安装的设备、操作要求和试验程序等做出规定，保证DP系统安全可靠运行，并避免在DP系统作业时对人员、船舶、海上平台、其他设备造成损害。

国际海事组织(IMO)通过的《海上移动式钻井平台构造和设备规则1989修正案》中详细地规定了DP系统设备等级,其中Msc./Cire.645《采用动力定位系统船舶导则》中根据DP系统的功能以及设备冗余度将DP系统的设备等级分别为三级,即DP1、DP2、DP3。并将DP系统定义为动力定位船舶或海上平台需要装备的全部设备,包括动力系统、推进器系统和动力定位控制系统。

①一级动力定位系统,DP1级

船舶或海上平台上装备具有自动定位和航向保持的DP系统及一套独立的带自动保持航向的集中手操装置,能在规定的环境条件下,使船舶或海上平台的位置和航向保持在限定范围之内。若自动控制系统发生故障时,仍能进行手动操作。该系统的特点:自动、不冗余。

DP1级的要求最低,设备配置没有冗余要求,在单故障的情况下可能发生定位失常。即安装有DP1的船舶或海上平台,可在规定的环境条件下,自动保持船舶或海上平台的位置和首向,同时还应设有独立的集中手动位置控制和自动首向控制。

②二级动力定位系统,DP2级

船舶或海上平台上装备两个具有自动定位和航向保持的DP系统及一套独立的带自动保持航向的集中手操装置,即使发生单个故障(包括火灾、破舱等),也能在规定的环境条件下,使船舶或海上平台的位置和航向保持在限定范围之内。一个自动控制系统发生故障后,自动切换到另外一个自动控制系统,如两个自动控制系统都失效,还可以手动进行集中控制。该系统的特点:自动、有冗余。

DP2级则要求所有的设备都有备用和冗余,以保障单一故障不会导致船舶或海上平台移位。即安装有DP2的船舶或海上平台,在出现单个故障(不包括一个舱室或几个舱室的损失)后,可在规定的环境条件下,在规定的作业范围内自动保持船舶或海上平台的位置和首向。

③三级动力定位系统,DP3级

船舶或海上平台上装备三个具有自动定位和航向保持的DP系统及一套独立的带自动保持航向的集中手操装置,即使发生单个故障(包括火灾、破舱等),也能在规定的环境条件下,使船舶或海上平台的位置和航向保持在限定范围之内。其中的两个自动控制系统标准等同于DP2级配置,第三个自动控制系统独立于其他两个自动控制系统,作为应急备用。若三个自动控制系统都失效,则转入手动集控手柄进行手动操作。该系统的特点:自动、有冗余且物理分隔。相关的电缆布置和管路有冗余且进行相应的防水、A-60防火的物理分隔。

任何单故障都不会导致定位失常。即安装有DP3的船舶或海上平台,在出现任一故障(包括由于失火或进水造成一个舱室的完全损失)后,可在规定的环境条件下,在规定的作业范围内自动保持船舶或海上平台的位置和首向。

(5)动力定位系统的配置要求

①船级社的DP配套要求

应用于海上作业船舶和海洋平台DP系统的主要性能指标包括:DP系统能快速响应外

界环境因素的影响，使船舶或海上平台保持在预期的位置、首向范围内或沿预期的航迹行驶，并且在确保 DP 系统安全可靠工作前提下使推进系统能耗最小。

因此，申请 DP 不同附加标志的船舶或海上平台，其要求的冗余和设备数量不同，所有船级社的 DP 配备均应满足 IMO 的《采用动力定位(DP)系统船舶导则》要求，从 CCS 船级社的《钢质海船入级规范》中可了解其规定的一般内容，见表 2－4。

表 2－4　动力定位(DP)系统配置(摘自 CCS《钢质海船入级规范》)

<table>
<tr><th colspan="2">设备</th><th>DP1</th><th>DP2</th><th colspan="2">DP3</th></tr>
<tr><td rowspan="3">动力系统</td><td>发电机和原动机</td><td>无冗余</td><td>有冗余</td><td colspan="2">有冗余，舱室分开</td></tr>
<tr><td>主配电板</td><td>1</td><td>1</td><td colspan="2">2，舱室分开</td></tr>
<tr><td>功率管理系统</td><td>无</td><td>有</td><td colspan="2">有</td></tr>
<tr><td>推力器</td><td>推进器布置</td><td>无冗余</td><td>有冗余</td><td colspan="2">有冗余，舱室分开</td></tr>
<tr><td rowspan="3">控制</td><td>自动控制，计算机系统数量</td><td>1</td><td>2</td><td colspan="2">3(其中之一在另一控制站)</td></tr>
<tr><td>手动控制，带自动定向的人工操纵</td><td>有</td><td>有</td><td colspan="2">有</td></tr>
<tr><td>各推力器的单独手柄</td><td>有</td><td>有</td><td colspan="2">有</td></tr>
<tr><td rowspan="4">传感器</td><td>位置参照系统</td><td>2</td><td>3</td><td>3</td><td rowspan="4">其中之一在另一控制站</td></tr>
<tr><td>垂直面参照系统</td><td>1</td><td>2</td><td>2</td></tr>
<tr><td>陀螺罗经</td><td>1</td><td>2</td><td>3</td></tr>
<tr><td>风向风速</td><td>1</td><td>2</td><td>2</td></tr>
<tr><td colspan="2">UPS 电源</td><td>1</td><td>1</td><td colspan="2">2 舱室分开</td></tr>
<tr><td colspan="2">备用控制站</td><td>没有</td><td>没有</td><td colspan="2">有</td></tr>
</table>

②DP 系统的配置要点

DP 设备级别的特点是可靠性越高，设备级别越高。海上作业船舶或海上平台是根据它们的不同用途而配备等级不同的 DP 系统，根据 DP 系统的不同冗余度申请授予不同的船级附加标志。

DP 系统的配置主要有动力系统的配置、控制系统的配置以及推进系统的配置，各系统的组成由表 2－4 可知，其配置要点：

a. DP2 和 DP3 级推进器的配置有冗余量，当任意 1 个推进器发生故障时，不会影响到船舶的位置的丢失，余下的推进器仍然有足够的推力保持船舶的方向和位置，在船舶初期设计时要进行故障模式及影响分析来确定推进器的配置。

b. DP3 级的设备除了备用和冗余要求外，还要求配置三个不同类型不同工作原理的定位参照系统，并且在 DP 控制系统工作期间能同步可靠运行。

c. DP3 要求在应急控制中心配备备用定位控制系统，并要求主控制站和备用控制站物理分割，这种分割要求达到 A60 防火级别。

d. 对于配有 DP2 的，发电机需要进行冗余设计，任意发电机出现单一故障，剩余的发电机仍能保证动力定位的稳定性。对于配有 DP3 的，发电机与主配电板除了满足 DP2 技术设计的冗余，还应使发电机与主配电板分布在两个或两个以上的舱室中，舱室之间进行水密、防火分隔。

e. DP2 和 DP3 级系统应配备有三套位置参照系统，当使用两个或两个以上的位置参照系统时，这些系统不应该采用同一工作原理。对于 DP3 系统，其中一套传感器系统应该连接到备用控制站，并且用 A－60 级分隔，与其他传感器系统分开。

f. IMO 要求在每个控制站都要求配有独立的联合操控手柄，可以综合控制各个推进器、舵机等。还要求在每个控制站都配备各个推进器的单独的操作手柄。

目前，各主要 DP 厂家的产品均符合 IMO 及主要船级社的要求，均能提供三个等级的产品，其产品均能提供手动、半自动和自动三种操作方式，对船舶或海洋平台的位置和首向的控制可单独进行或两者同步进行。但由于各家公司设计理念及产品用途的不同，产品的配置也不完全一样，但大体上均包括操控台、控制和信号处理单元、测量系统、动力推进系统和网络等。

（6）动力定位系统的发展及关键技术

①动力定位系统的发展

船舶与海洋平台定位控制是在不断壮大的石油和天然气勘探业作业需要的背景下产生，目前已经迅速发展为一项高新而成熟的技术。DP 系统最初的应用开始于 20 世纪 60 年代的美国壳牌石油公司的钻井船上。

第二代 DP 系统于 20 世纪 70 年代初开始形成，与第一代 DP 系统相比，主要特点是采用了卡尔曼滤波等现代控制技术，各动力定位船舶都采用几乎相同的传感元件和数字计算机控制系统，而位置传感器则由单一型发展成综合型，在一个 DP 系统中可同时采用声学、张紧索和竖管角三种位置基准传感器，系统的各个原件都有冗余，可长期不间断地运行。

第三代 DP 系统于 20 世纪 80 年代初开始形成的，主要采用现代计算机技术和现场总线技术。经过多年的发展，DP 系统的鲁棒性、灵活性、功能性和操作的简易性均提高到新的水平。其中典型的有 Konsberg 公司的 SDP11 系列，Navis 公司的 NavDP 4000 系列，L3 公司的 NMS 6000 系列。这些 DP 系统均具有开放性的结构，能够实现船舶位置和航向的高精度保持，广泛用于风力发电安装船、溢油回收船、平台供应船、铺管船、辅缆船、挖泥船、打桩船、半潜运输船、钻井平台、打捞船、起重船、无限区化学品船、LNG 船等船舶和海洋工程领域。目前最先进的 DP 系统可以在 2 级流、6 级风的海况下实现 0.35 m 的位置定位精度，0.1°的首向保持精度和 1 m 的航迹保持精度。

②动力定位系统的关键技术

船舶与海洋平台在海上的动力学特性很难用精确的数学模型加以描述，而风、浪、流等外部随机干扰的统计特性也随着不同的海况而发生很大的变化且难以预知。

a. 如何提高 DP 控制系统的性能

DP 系统的控制是精度、功耗、负载、冗余度和响应速度等多约束情况下的优化控制问题，控制系统是整个 DP 系统的核心部分，如何对 DP 系统进行控制是 DP 系统需要解决的关键问题之一。DP 系统的精度和速度直接取决于控制系统的性能，如何提高控制系统的性能成了 DP 系统发展中的关键问题，也标志着 DP 系统的发展水平。因此，在制定船舶与海洋平台 DP 系统的控制策略时，不仅要考虑 DP 系统的控制精度，还需要考虑定位系统的响应速度与能耗。

DP 系统经历了从 PID 控制、线性最优控制到智能控制的发展过程。目前，常用的是线性随机最优控制,即 LQG 控制方法。近年来,模糊控制、神经网络等智能控制方法也开始应用于动力定位控制。

b. 基于 DP 系统控制精度的推力分配

推进系统是 DP 系统的执行机构,其作用是按照控制系统发出的一系列推力指令,形成一个时变的推力系统,以抵消外在的时变环境载荷。对于 DP 控制系统,推力分配所要解决的问题是如何在要求的响应时间内迅速找到一个最优的控制输入组合以满足期望的控制力和力矩,抵抗外界干扰的影响,保证系统的控制精度。为了满足系统的操作性和安全性,动力定位功能船舶或海洋平台一般装有比常规船舶更多数量和种类的推力器,而 DP 系统一般只在纵荡、横荡和首摇三个自由度上施加控制力,将三个自由度上的控制力分配到多个推力器时,使得控制输入的维数要多于系统所要求控制的自由度,整个动力分配系统形成了一个冗余系统。对于 DP 系统来说,通常将推进器系统燃油的最小消耗作为优化问题的目标,同时综合考虑系统响应速度、控制精度、主机功率等约束,因此,推力分配成为解决多约束条件下的最优化问题。

思　考　题

1. 在确定锚链筒的位置时,应考虑哪几个基本要求?

2. 一根配套完整的锚链通常是由哪三种链节组成的?

3. 链节与链节之间用何种卸扣连接?

4. 影响转爪锚入土的因素主要有那些?

5. 何谓大抓力锚? 何谓抓力系数?

6. 反映锚链筒位置的主要有哪些参数?

7. 船舶抛锚时,为什么必须放出足够长度的锚链? 试根据放出锚链的不同长度进行受力分析。

8. 分析起锚过程中各阶段锚机的受力情况?

9. 在锚端链节中,为什么要设置转环?

10. 止链器的作用是什么,设置在什么位置?

11. 弃链器的作用是什么,设置在什么位置?

12. 为保证锚链能自动落舱,在确定锚链舱的结构尺寸时,应关注哪个参数,如何确定?

13. 已知某海船排水量为 5 000 t,船宽 $B = 14$ m,$h = 10$ m,上层建筑面积投影 $A = 500\ m^2$,求该船舾装数?

(1)请说明舾装数公式各项的物理意义。

(2)根据舾装数可选配锚泊设备中哪些部件?

14. 深水锚泊时,为何多采用锚链和钢丝绳组成的组合形式?

15. 影响锚抓力的结构要素主要有哪些?

第 3 章　系泊设备及系统

3.1　概　　述

除了抛锚停泊之外,系缆停泊是船舶的另一种主要停泊方式。系缆停泊就是利用系缆设备将船舶安全牢固地系结于码头、岸边、浮筒、船坞或其他船(水上结构物)上。通常采用缆索,将其一端连在船舶上,而另一端系在岸上、码头上或浮筒上。

船舶靠离码头、系离浮筒、傍靠他船时,用以带缆、导缆、绞缆的设备统称为系泊设备,亦称系缆设备。一个系泊系统是否有效、合理,对船舶、船员、码头和环境的安全是很重要的。如何以最佳的系泊方式去抵抗各种力,这是系泊设备设计中要解决的问题。

3.1.1　船舶系缆停泊的方式

系泊具有多种形式,利用系泊设备将船舶直接系结在码头或岸边(称为靠岸停泊),这是最常用的一种方式。而其他类型的系泊则包括连接到相邻船旁的旁靠系泊(ship to ship, STS),连接到单浮筒或者结构架上的单点系泊(single point moorings, SPM)以及连接到多个浮筒上的多浮筒系泊(multi - buoy moorings, MBM)。船舶系缆停泊的方式,依船舶类型、大小、码头情况及任务情况而异,通常有下列几种系缆停泊方式。

(1)船侧系泊(STS)

船侧系泊是将船舶横向系结于码头(或其他船)边,如图 3.1 所示。这是最常用的系泊方式。

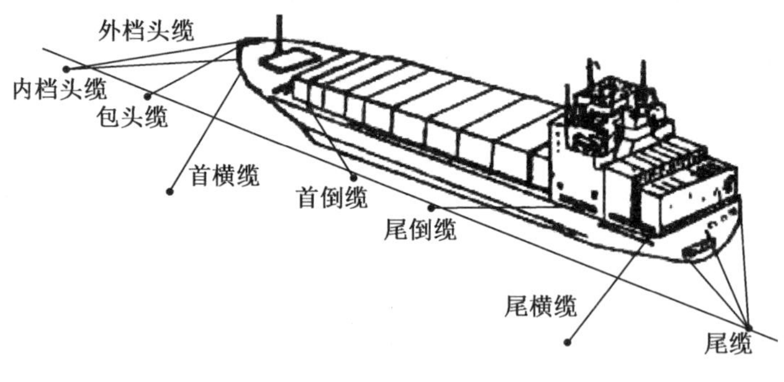

图 3.1　船侧靠岸系泊方式

(2)首尾系泊(MBM)

首尾系泊是利用首尾缆将船舶系结于港内或河道中浮筒的停泊方式。如图 3.2 所示。

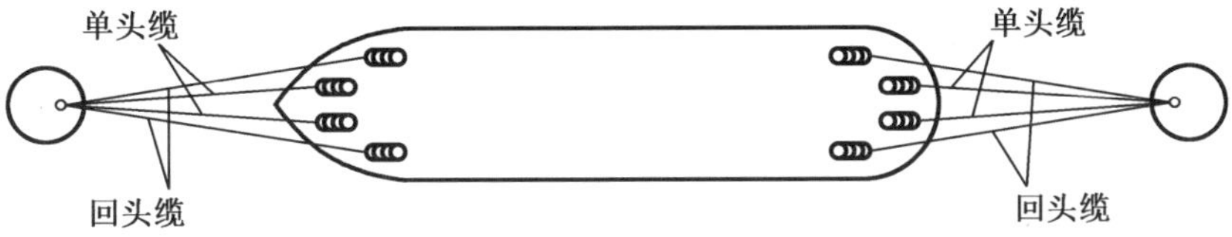

图3.2 首尾系泊方式

(3)船尾系泊

船尾系泊是将船尾系结于码头的一种系泊方式。这种系泊方式在码头岸线长度受限制的情况下采用。若遇风、流较大的情况,还可以在船首辅之以锚泊,多用以小船,如图3.3所示。

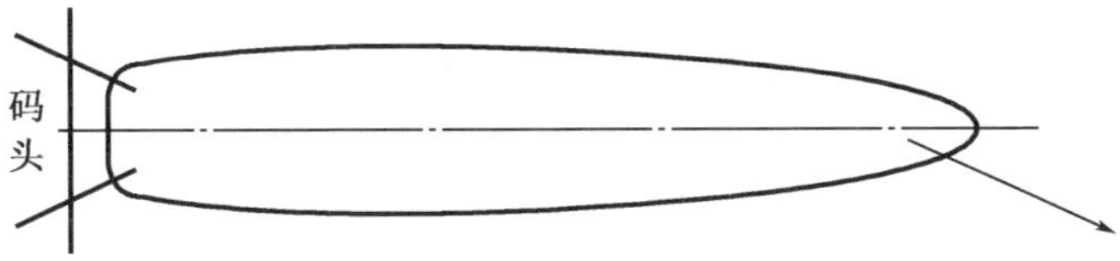

图3.3 船尾系泊方式

(4)单点系泊(SPM)

单点系泊主要用于大型油船、FPSO、FLNG等液货船的系泊。超大型船舶选择遮蔽条件好的锚地十分困难,为此而研究了在风浪影响大的敞开海面上,既能使船舶顶风顶浪以减小外力影响,又能兼作油船系泊和装卸的系泊设施,这就是单点系泊(SPM)。船舶通过缆索系结在浮筒或者结构架顶部转台上,若外力变化,船舶将绕着浮筒或者结构架旋转,直至平衡在一个受力最小的位置上,如图3.4所示。在这种系泊系统中,浮筒或者结构架是通过呈放射状布置的锚与链固定在海上。

(a) (b)

图3.4 单点系泊(SPM)

3.1.2 系缆停泊时所受的外力

船舶在系缆停泊时所受的外力主要有风力、潮流力及波浪力。除单点系泊外,船舶在码头系泊状态下,由于位于港内以及在防波堤的保护下,其所受到的波浪力一般很小,可不考虑,其环境载荷主要是风荷载和流荷载。

(1)作用于船舶上的风力

风荷载是指船舶水面以上面积所受的风压力。作用于船舶的风荷载大小主要与风向、风速及船舶受风面积等因素有关。风力与风向及风速的关系如图 3.5 所示。当风向一定时,风速越大,船舶受风面积越大,则风荷载越大。船舶受风面积主要受船型和船舶装载状态的影响,空载时船舶受风面积最大,对应的风荷载也远远大于压载和满载时的情况。风向越接近正横方向,船舶所受的横向风荷载越大,而偏顶风或顺风时则主要受纵向风荷载作用。当风速一定时,同一艘船舶因正横风所致的风荷载与顶(顺)风时所受的风荷载往往是不同的,这主要是由于船舶横向和纵向受风面积有较大的差异。从系泊安全角度考虑,应特别注意吹开风对系泊船安全的影响。

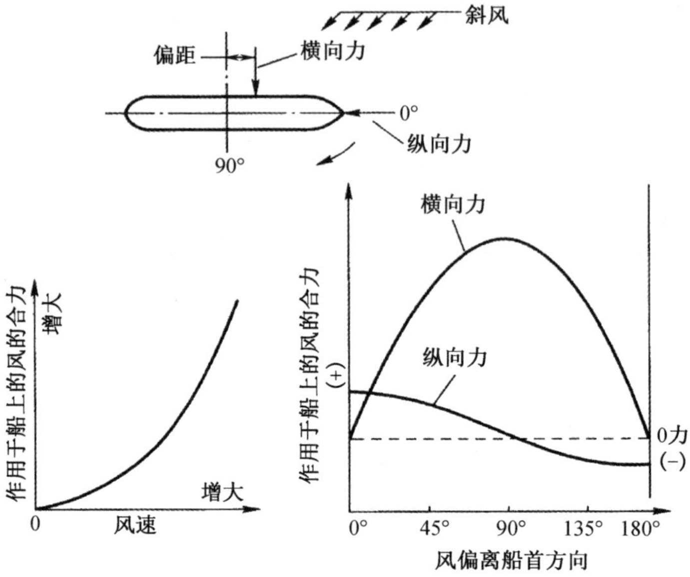

图 3.5　风力与风向及风速的关系

作用于船上各部分的风的合力可分解为平行于船舶纵中剖面的纵向风力和垂直于船舶纵中剖面的横向风力。最大纵向风力发生在首向或尾向受风时,最大横向风力则发生在船舶正横向受风时,但是风合力的方向与风向未必一致。纵向风合力的作用点相对于船舶纵中剖面偏离较小,而横向风合力的作用点通常偏离船长中点较大,形成风力矩。

(2)作用于船舶上的水流力

水流力是水体动力的一种表现形式,它是指水体的水平运动。船舶在码头系泊期间通常会受到流荷载的作用。大多数码头的布置方向都是顺着潮流方向,以尽量减小水流阻力。但是,即便是船体纵轴与潮流方向夹角很小,也会在船体上产生很大的横向力。

水流力对系泊船舶的影响主要包括流向、流速、船舶水下面积和水深等方面。流向、流速对流载荷的影响效果与风向、风速对风载荷的影响效果有相似之处。在相同水流条件的作用下,船舶所受横向水流力远远大于纵向水流力,这主要是由船舶自身形状特点决定的。作用于船舶的水流力还必须要考虑船底以下水深的情况,船舶龙骨以下的水深减少将使水流力增加,水深对水流力的影响如图 3.6 所示。

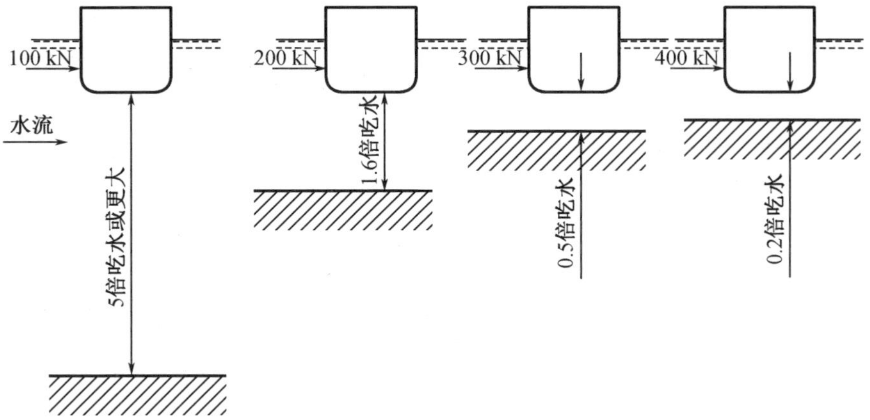

图3.6　水深对水流力的影响

(3)外力作用下系泊船舶的运动形式

在风力、潮流力的作用下,系泊船舶的运动形式如图3.7所示,主要表现形式是船舶的六自由度运动,即船长方向的纵荡、船宽方向的横荡、型深方向的垂荡,以及船长方向绕船中水平横轴的纵摇、船宽方向绕船中水平纵轴的横摇、绕船中垂直中心轴的首摇。

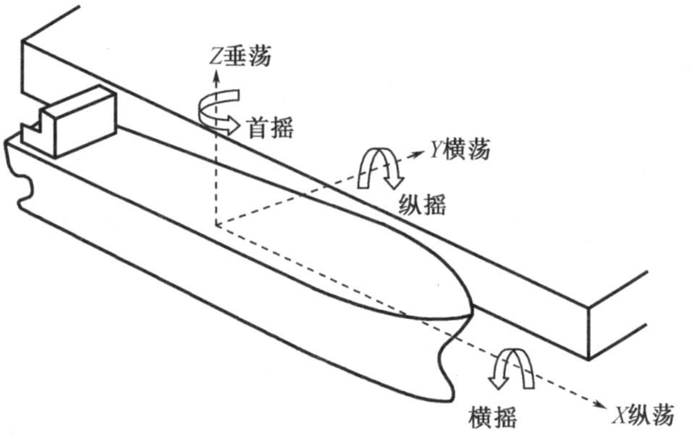

图3.7　外力作用下系泊船的运动形式

3.1.3　船舶的系泊模式

作用在系泊状态船舶上的环境载荷主要有风、海流、潮汐、过往船舶的船行波、波浪等。通常情况下,系缆若能抵抗最大的风和海流作用力,则其他较缓和的外界作用力也被认为是可承受的。因此,相关船舶规范对环境载荷的考虑主要涉及风和流的作用力。而船舶由于潮汐涨落或装卸货引起的与码头相对高度的变化所产生的系泊力,则可采取调整缆索的长度加以补偿。

(1)系泊模式的内涵

能够抵抗任意给定的自然环境载荷最有效的缆索走向就是将其设置成为与该载荷方向一致。但是,由于码头的自然环境和设计形式各有不同,环境载荷的方向和系泊点位置变化极大,实际上很难做到这一点。一般而言,码头的系泊形式必须能够应付来自各个方向的环境影响力。

“系泊模式”是指船舶与码头间系泊缆索的几何布置方式。一般应用的系泊模式即系泊缆索的布置应能抵抗从任何方向来的外力。由于这些外力最终可以分解成纵向和横向分力,因此,把系泊缆索的布置归结为纵向(倒缆)和横向(横缆)两类。这就是通常所说的有效系泊模式的指导原则。

倒缆和横缆的功能各有不同。倒缆在两个方向约束船舶(船向前和向后);横缆仅在一个方向约束船舶(船离开码头),对着码头方向的约束是依靠碰垫和防撞桩。在一个推离码头的外力作用下,所有横缆将受力。按外力的方向,向后或向前的倒缆只有单向受力。如果诸倒缆中有预拉力,则只有前后倒缆所受力的差,用于约束船舶的纵向运动。

(2)码头典型系泊模型

一般来说,针对特定船舶所设计的系泊模式应能够抵抗来自任何方向来的外力,在把这些力分解为纵向和横向分力的基础上,考虑如何最有效地承受这些力。但是,码头上实际的系缆装置位置不可能完全符合各种受力情况的要求,且环境载荷也在不断地变化中,很难达到应有的系泊效果。因此,码头系泊的模式需根据船舶和码头的具体情况来确定。

船舶行业针对码头系泊设定了一个典型系泊模型,并考虑标准的环境载荷工况。通常,首部和尾部布置有数根横缆(主要用来限制船舶的横向运动),中部靠首尾附近布置有数根倒缆(主要用来限制船舶的纵向运动)。图 3.8 为码头典型系泊模型示意图。

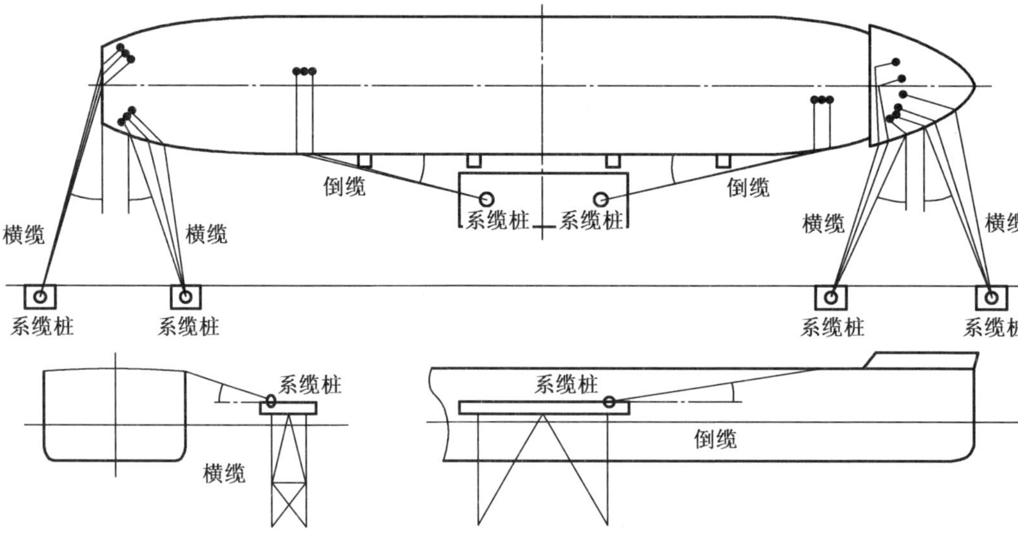

图 3.8　码头典型系泊模型

在某些系泊模式中,除了横缆和倒缆外还设有首尾缆。以最常用的舷侧系泊方式为例,其典型系泊模式如图 3.9 所示。在该系泊模式中,各缆的设置及功能如下:

①首缆　靠泊时,由首部最前端向前出缆,向前带到码头上,将首部靠紧码头,其缆绳的走向应与船体纵向中心线保持一定的角度。可对船舶的升沉进行约束,同时,也能防止船舶后移。

②尾缆　靠泊时,由尾部最后端向后出缆,向后带到码头上,将尾部靠紧码头,其缆绳的走向应与船体纵向中心线保持一定的角度。可对船舶的升沉进行约束,同时,也能防止

船舶前移。

③首倒缆　其位于尾部甲板适当位置，靠泊时，由甲板出缆后，向尾部方向带到码头上，尽量靠近首部布置，使缆绳的走向与船体纵向的夹角越小越好，防止船舶前移。

④尾倒缆　位于尾部甲板适当位置，靠泊时，由甲板出缆后，向首部方向带到码头上，尽量靠近尾部布置，使缆绳的走向与船体纵向的夹角越小越好，防止船舶向后移动。

⑤首横缆　位于首缆与首倒缆之间，与船体约垂直方向带到码头上，使船体靠紧码头。

⑥尾横缆　位于尾缆与尾倒缆之间，与船体约垂直方向带到码头上，使船体靠紧码头。

其中首尾缆抵抗纵向力的作用像倒缆，抵抗横向力的作用像横缆。首尾缆在张紧状态下，其纵向分力方向相反，且互相抵消，因此对船舶的纵向约束所起的作用不大。

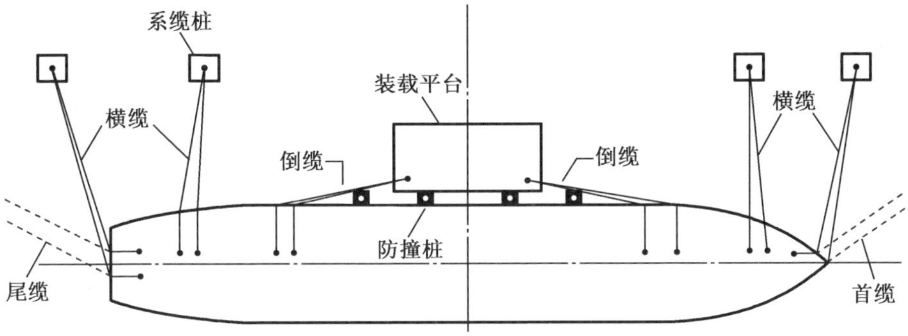

图 3.9　典型舷侧系泊模式

(3)首尾缆的布置方式对船舶约束能力的影响

由上述系泊模型可知，系泊缆索的效能还受到了两个角度的影响，即与码头面的水平夹角和与船舷的水平夹角。首尾缆的布置方式对船舶约束能力产生的影响如图 3.10 所示。

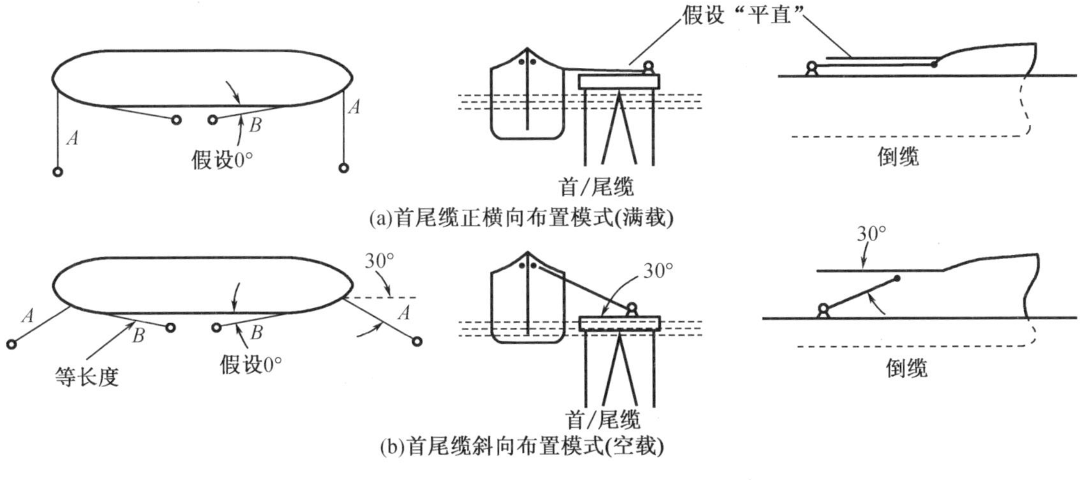

图 3.10　布缆方向对约束能力的影响

假设图 3.10 所示的系泊模式中首尾缆的允许工作负荷为 A，倒缆的允许工作负荷为 B。

如图 3.10(a)所示模式中，首尾缆按正横向布置，对船舶的约束能力为

$$横向约束能力 = 2A$$

$$纵向约束能力=1B$$

如图3.10(b)所示模式中,首尾缆按斜向布置,在仅有纵向力时对船舶的约束能力为

$$横向约束能力=2A\sin 30^\circ\cos 30^\circ=0.87A$$

$$纵向约束能力=1B\cos 30^\circ+1A\cos 30^\circ=0.87B+0.75A$$

在图3.10(b)所示模式中如果存在横向力,首尾缆将产生抵抗力,使得纵向约束能力进一步下降。

如果采用首尾缆和横缆混合布置的系泊模式,则由于首尾缆比横缆长,首尾缆因其弹性伸长而导致横向约束作用进一步降低。

3.2 系泊设备的组成

系泊设备主要由系泊缆索、系缆装置、导缆(向)装置、系泊绞车、系缆卷车及属具等组成。

(1)系泊缆索

系泊缆索是一种柔软的绳索,用以将船舶与岸或码头或浮筒相连,传递船舶系泊时所受的外力。系泊缆索的种类和规格较多,按缆索的制作材料不同可分为钢缆、合成纤维缆以及植物纤维缆等。按缆索的结构方式可分为编织式、拧绞式、编绞式等。常用的系泊缆索是钢缆和合成纤维缆。合成纤维缆是用化学纤维制成的,多用其代替植物纤维缆,是目前海船上最常用的系船缆索。

系泊用的钢缆必须是镀锌的,以防腐蚀。一般为单层多股绳,由数根钢丝捻成绳股,再由多个绳股(一般为6股)围绕绳芯捻成绳,绳芯可为纤维芯(FC)或7×7独立钢丝绳芯(IWRC)。

此外,还有一种用金属钢丝与纤维混制而成的缆索,简称复合缆。这种缆索每股均有金属丝核心,外覆纤维保护套,有3,4或6股,这种缆索强度较大,可用于系泊缆或拖缆。

(2)系缆装置

用以系结缆索的桩柱,是系泊时船体的受力点,其一般设置在首、尾部和中部两侧的甲板上,因受力很大,其基座必须十分牢固,且缆桩区域的甲板均需加强。缆桩可分为铸造件和钢板焊接件两类,其结构形式如图3.11所示。铸造缆桩一般只在小艇上采用,大中型船舶多采用钢质焊接双柱系缆桩。

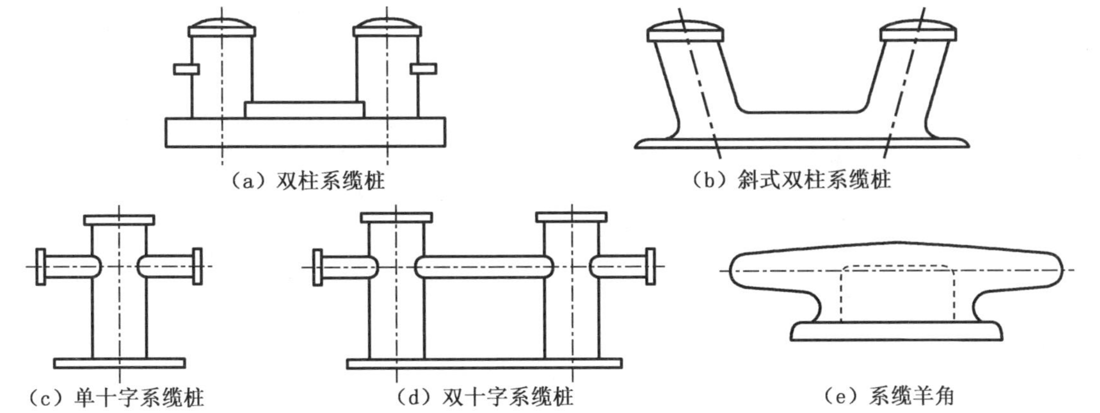

图 3.11　系缆装置

(3)导缆/向装置

①供引导系泊缆索按一定方向从舷内通向舷外或从舷外通向舷内，变换缆索方向并限制其导出位置和避免磨损的导缆装置。其一般形式主要有设在首、尾部和中部两舷的舷墙上或甲板上的导缆孔、导缆钳以及滚柱导缆器等，如图 3.12 所示。

导缆孔是闭孔状的导缆器，按形状分为圆形和扁圆形，按类型又分为普通型和巴拿马运河型。导缆钳分有滚轮和无滚轮两类，一般设置在首尾的舷墙或甲板上。滚柱导缆器又称导向滚柱，其上下和左右均设置了滚柱，一般设置在船舷边，可引导任意方向的缆索。

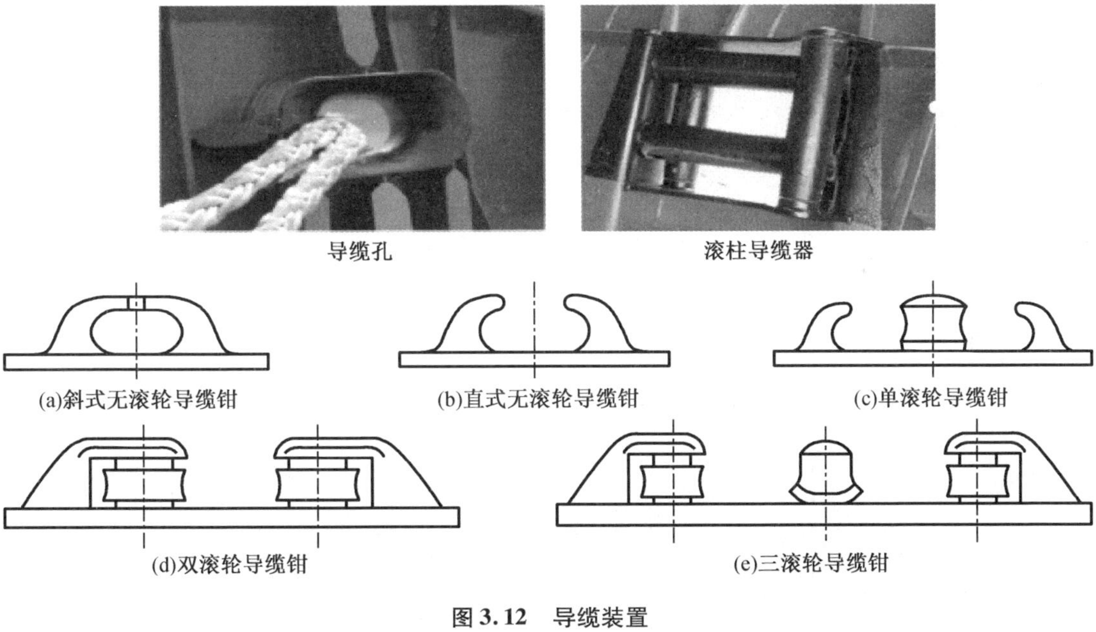

图 3.12　导缆装置

②用于船内改变系泊缆索方向或避免缆索与船舷边直接摩擦的一种导向滚轮，如图 3.13所示。其一般设置在大型船舶首尾部舷边导缆器与系缆机械之间的甲板上，通常是作为配合锚机或绞缆机绞缆的导缆装置。

此外，还有一种设置在船舶甲板舷边用于系泊缆索导向的滚轮导缆器，由数个独立滚轮并立组成,如图 3.14 所示。

图 3.13　直立式的导向滚轮

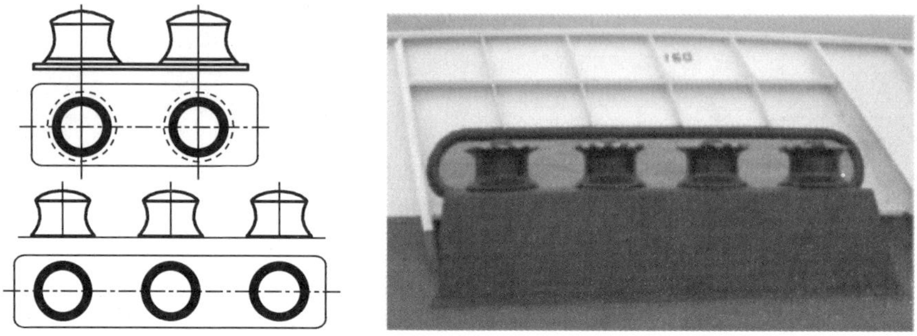

图 3.14　滚轮导缆器

(4)系泊绞车

系泊绞车是系泊动力机械,用以收放缆索(有的还兼作储存缆索用),将缆索收进以将船舶向岸靠拢的机械,又称绞缆机。其主要形式有卧式系泊绞车和立式系泊绞车。在大型船舶上基本上都采用卧式系泊绞车,设置于首尾楼甲板区域,首系泊绞车一般均与锚机组合,船尾部单独设置,其他部位的可由就近的起货机代替,有些大型船舶的中部也专门设置了系泊绞车。其一般形式如图 3.15 所示。

图 3.15　卧式系泊绞车

(5)系缆卷车

系缆卷车是供收藏缆绳用的装置,简称缆车,如图 3.16 所示。其有麻索卷车、钢索卷车与电动钢索卷车等。麻索卷车和钢索卷车一般为手动。通常按缆索的直径或长度范围选用标准产品。不少大型船舶将系缆卷车直接与系缆绞车的载荷轴相连，组成专用的系缆绞车滚筒，使之既能储存系泊缆索，也能随时收绞和调节缆索。

此外，还有用于系泊时临时在系泊缆索上打结以承受缆索拉力的制缆索，如图 3.17 所示。其有制索绳和制索链两种，制索链用于钢缆，制索绳用于纤维缆。以及用于缓冲保护船舷边壳板骨架用的护舷物（如碰垫）、送缆用的撇缆器/绳等，也都属于系泊设备的组成部分。

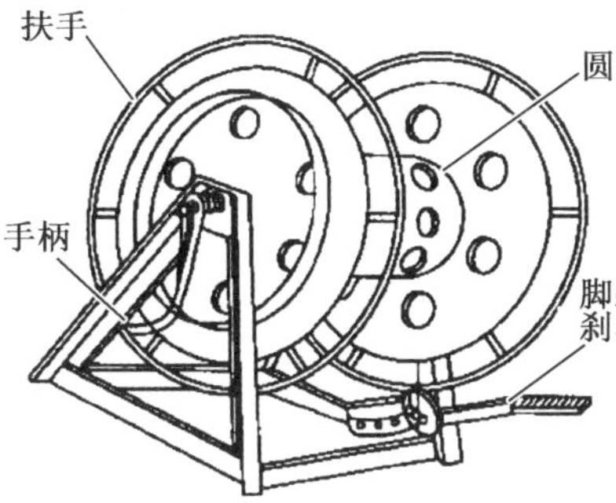

图 3.16　系缆卷车

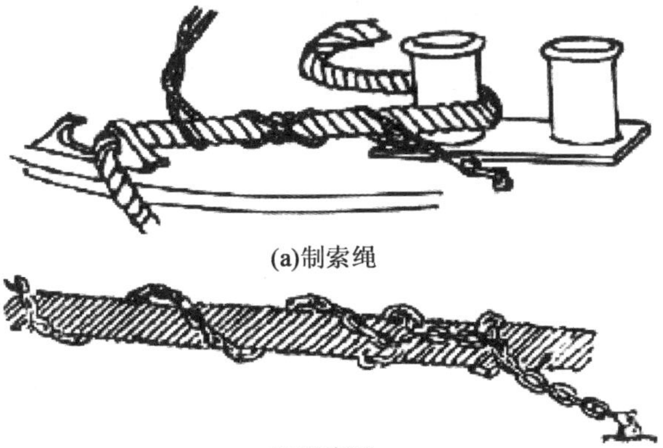

图 3.17　制缆索

3.3　系缆停泊时的外力计算

船舶在系缆停泊时所受的外力主要有风力、潮流力及波浪力。为了保证系泊设备能安全地系结船舶，在设计系泊设备时，应对这些外力做正确的、合理的计算。船舶系泊具有多种形式，最普通的就是码头系泊，这里着重对最常见的码头船侧系泊模式中的外力计算方法进行讨论。常用的计算方法是依据日本《JSDS 造船舾装设计基准》中所给的方法进行系泊力的计算。此外，对大型液货船，可按 OCIMF（石油公司国际海事论坛）中的经验公式来计算系泊力。

3.3.1　按日本《JSDS 造船舾装设计基准》方法计算系泊力

国内很多设计院所都按照日本《JSDS 造船舾装设计基准》中规定的大型船舶系泊设备的设计条件及外力计算方法进行系泊力的计算，具有一定的理论参考价值。

（1）计算前提

①适用船型：

（100000DWT～200000DWT）油船；（25000DWT～65000DWT）矿砂船；10000DWT 货船。

船舶在一般港口内系缆停泊时，可不考虑波浪影响，此时船舶所受外力有风力 R_a、潮流力 R_w、推进器阻力 R_p 和形状阻力 R_v。

②系泊时船舶所处状态：

a. 满载状态；

b. 压载到港状态，即推进器全浸没，且处于 $L/100$ 尾纵倾状态。

③外力按如下规定：

a. 风速（平均风速），移船时（系指船移向码头的过程）取 10 m/s，系泊中（系指已系靠在码头旁的状态）取 15 m/s。

b. 潮流，移船时或系泊中，流速均取 2 kn，潮流方向相对于船的前后方向，移船速度取 0.167 m/s。一般超过 2 kn 流速的港口不多，但在某些港口流速高达 5 kn 时，必须予以注意。

c. 波浪，在标准系泊配置时，不考虑波浪的影响，但在受波浪影响特别大的港内系泊时，必须考虑波浪的影响。

d. 拖力，由于系泊移船时，有可能采用本船系泊绞车拉紧系泊索，同时由拖轮顶推使船移到给定位置，故在确定系泊索及系泊绞车的参数时应考虑拖轮的因素，但作为标准设计应考虑在平均风速为 7 ~ 10 m/s 时能用绞车移船。

e. 缆索的安全系数，由上述各外力计算的系泊力，在选用缆索时应考虑的安全系数，钢索为 2.5；合成纤维索为 3.8；植物纤维索（马尼拉索）为 3.25。

（2）阻力计算

①风阻力 R_a（kN）

可按下式计算：

$$R_a = 9.81 K_a A_a V_a^2 \times 10^{-3} \quad (3-1)$$

式中 K_a——系数，横向受风时取 0.073 5，纵向受风时取 0.042 9；

A_a——水线以上风压方向的投影面积，m^2；

V_a——相对风速，m/s。

②潮流阻力 R_w（kN）

可按下式计算：

$$R_w = 9.81 \times 0.121\,2 A_w [(V_w + V_s)^2 + 0.33(V_w + V_s)] \times 10^{-3} \quad (3-2)$$

式中 A_w——设计船舶浸水面积，$A_w = 1.7TL + \nabla/T$，m^2；

V_w——潮流速度，m/s；

V_s——靠岸时船舶的移动速度，m/s；

∇——排水体积，m^3；

T——船舶吃水，m；

L——船长，m。

③形状阻力 R_v（kN）

可按下式计算：

$$R_v = 9.81 \times 73.2(V_w + V_s)^2 \times 10^{-3} \quad (3-3)$$

式中 A_s——水线以下船体侧投影面积，$A_s = T_m L$，m^2；

T_m——平均吃水，m。

④推进器阻力 R_p（kN）

可按下式计算：

$$R_p = 9.81 \times 26.4 D^2 (V_w + V_s)^2 \times 10^{-3} \quad (3-4)$$

式中 D 为螺旋桨直径，m。

(3)系泊状态下的总阻力

在标准系泊配置中,各种系泊方式的环境力应按表3-1计入其中标有"○"符号的项目。

表3-1　系泊总阻力

系泊法＼船体阻力		风阻力		潮流阻力		形状阻力		推进器阻力		总阻力
		R_{aL}	R_{aT}	R_{wL}	R_{wT}	R_{vL}	R_{vT}	R_{pL}	R_{pT}	
靠岸移动时	L			○				○		$\sum R_{1L}$
	T		○				○			$\sum R_{1T}$
靠岸系泊中	L			○				○		$\sum R_{2L}$
	T		○							$\sum R_{2T}$
靠岸系泊中(前后移动)	L			○				○		$\sum R_{3L}$
	T		○				○			$\sum R_{3T}$

注:L—船体的长度分向;T—船体的横方向。

船舶系缆停泊时主要有两种工况,即靠岸移动和靠岸系泊。

①计算船舶在靠岸移动中的总外力 R_1

风力按最严重的情况计算,即假定风正对着船舶的侧面吹来(船舶的纵向风力为零),横向风力达到最大值,取横向风速 $V_a=10$ m/s。

在大多数情况下,港内潮流速度不超过2 kn,若船舶在防波堤内停泊时,一般不会受潮流的横向作用(即潮流方向沿着船舶纵向),故可以认为潮流力 R_w 沿船舶纵向作用,且按上式计算 R_w 时,可取纵向潮流速度 $V_w=2$ kn。而在按上式计算形状阻力 R_v 时,可假定横向潮流速度 $V_w=0$。在靠岸移动中,假定船舶没有纵向位移,船舶横向移动速度取为0.167 m/s。按以上规定,船舶在靠岸移动中的总外力

$$R_1^2=R_L^2+R_T^2 \tag{3-5}$$

式中　R_L——作用在船体上的纵向力,$R_L=R_w+R_p$;

R_T——作用在船体上的横向力,$R_T=R_a+R_v$。

总阻力 R_1 的方向,即与横剖面的夹角 A_0 按下式计算

$$A_0=\arctan\frac{R_L}{R_T} \tag{3-6}$$

作用于缆索水平面内的力如图3.18所示。

在首、尾部用两台绞车靠岸移动时,考虑到受力的不均匀性,系泊缆索总拉力取总阻力的1.25倍。

②计算船舶在靠岸系泊中的总外力 R_2

因船舶无移动速度,即 $V_a=0$,$R_v=0$。此外,由于在系泊中的风力可能较大,规定此时横向风速 $V_a=15$ m/s,其外力按前面相同的公式计算。

(4)缆索总拉力

为简化起见,假设图3.18中两根缆索水平面内的夹角 $A_1=A_2=A$,除非特殊情况,通常不考虑垂直平面内的俯角。假定:

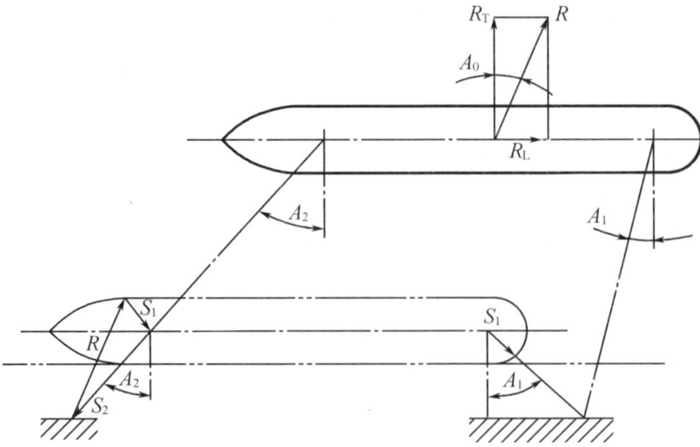

图 3.18 作用于缆索水平面内的力

靠岸移船时, $A=45°$, 分析后可知道

$$T=R \tag{3-7}$$

靠岸系泊中(不移船时), $A=60°$。则两根缆索的总拉力 T(kN)可按下式计算

$$T=\frac{R}{\cos A} \tag{3-8}$$

式中 R 为总阻力, kN。

(5)系泊索要素

所有系泊索总破断负荷的下限必须超过船级社船舶规范规定的负荷。缆索直径须考虑人工盘缆允许的最大缆索直径,一般情况下,钢索为 38 mm,纤维索为 80 mm。系泊索的数量 n 可按下式计算

$$n=\text{缆索总拉力 } T/\text{缆索最大使用负荷} \tag{3-9}$$

3.3.2 按 OCIMF 经验公式计算系泊力

国外针对整个系泊系统研究最典型的为 OCIMF(石油公司国际海事论坛)的《MOORING EQUIPMENT GUIDELINES》(系泊设备指南),从 1992 年的第 1 版、1997 年的第 2 版到 2008 年的第 3 版,内容不断充实,其受众面比较广(船东、船级社和其他相关的科研机构)。根据 OCIMF 最新版《系泊设备导则》对系泊力计算的要求,液货船的系泊缆索不再根据计算舾装数来选择,而是根据 OCIMF 的系泊力计算结果来选择,其标准比原来提高很多,计算过程也相对复杂和烦琐。

OCIMF 已通过大量的试验和模拟总结出相应的系泊力计算经验公式,通过给出船型、球首形状、液罐形状、装载工况和水深吃水比等综合因素来确定船舶的安全系泊方案,可较为合理地描述环境载荷。相对于舾装数计算,该方法能对系泊力进行较为准确的估算,模拟船舶的真实受力情况。因此,对不同尺度的液货船(如 16000DWT 以上的油船和大型气体运输船),可按 OCIMF 经验公式来计算系泊力。

(1)环境条件

根据 OCIMF 有关资料,对无限航区船舶系泊力的计算是基于以下状态,即来自任何方

向的风，其风速为 60 kn（平均风速为 30 m/s）以及同时具有下列之一的水流：

①3 kn 水流来自前方或后方；

②2 kn 水流来自偏离首部或尾部 10°的方向；

③0.75 kn 水流来自最大横向水流载荷方向。

风速选取海平面以上 10 m 高度处 30 m/s 的平均风速。若所给的风速不是 10 m 高度处的平均风速，则需根据规范给出的公式换算成 10 m 高度处的平均风速。若计算过程中给出的海流流速不是平均流速，则需根据规范给出的公式换算成等效平均流速。

（2）力学模型

OCIMF 系泊力计算所考虑的相关环境载荷主要是风载荷和流载荷。在力和力矩的全局坐标系下，船舶受到的环境载荷可分解成 x 轴的纵向力 F_x 和 y 轴的横向力 F_y，并外加一个分解到 z 轴的首摇力矩 M_{xy}。通常情况下，为方便计算，将全局坐标系下 y 轴的横向力 F_y 和 z 轴的首摇力矩 M_{xy} 分解成艏柱处的横向力 F_{yF} 及艉柱处的横向力 F_{yA}。其计算模型如图 3.19 所示。

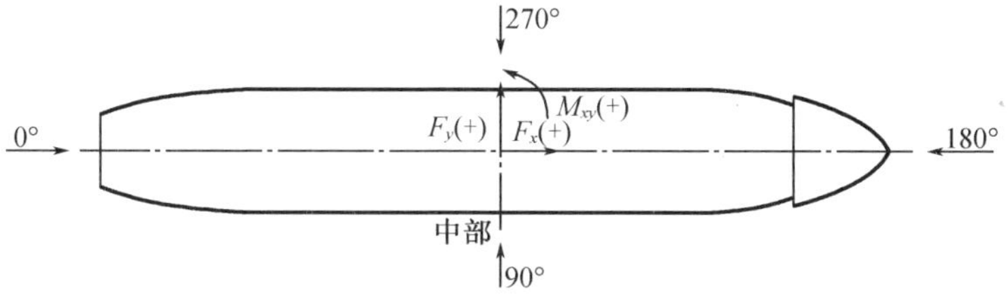

(a)全局坐标系下船舶所受系泊力示意图

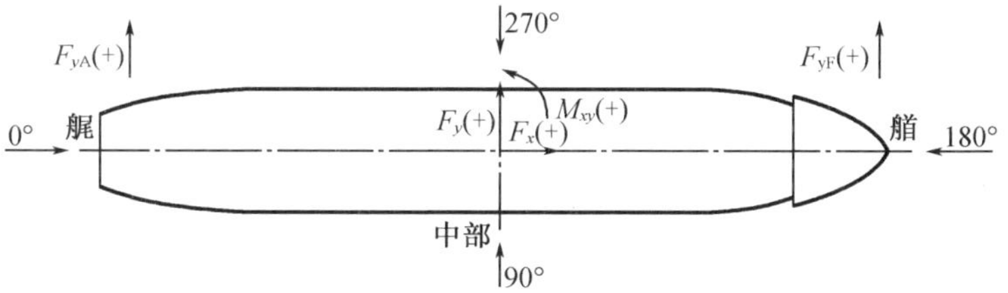

(b)分解到首尾处船舶所受系泊力示意图

图 3.19　系泊力计算模型

（3）系泊状态下的风、流载荷计算

分别按下述方法计算出满载和压载状态受风和流载荷。

①风载荷计算

影响风载荷计算的主要因素有船舶纵向受风面积、横向受风面积、船长、吃水、风向角及球艏形状等，风载荷具体计算过程为：

a. 求解出纵向风载荷 F_{xw}，横向风载荷 F_{yw} 及艏摇风力矩 M_{xyw}，即

$$\left.\begin{aligned} F_{xw} &= \frac{1}{2}C_{xw}\rho_w V_w^2 A_T \\ F_{yw} &= \frac{1}{2}C_{yw}\rho_w V_w^2 A_L \\ M_{xyw} &= \frac{1}{2}C_{xyw}\rho_w V_w^2 A_L L_{BP} \end{aligned}\right\} \tag{3-10}$$

式中 C_{xw}——纵向风力系数；

C_{yw}——横向风力系数；

C_{xyw}——风力矩系数；

ρ_w——空气密度(1.28 kg/m^3)；

V_w——水面以上 10 m 处的风速；

A_L——纵向受风面积；

A_T——横向受风面积；

L_{BP}——垂线间长。

b. 将横向风载荷和首摇风载荷分解成艏柱处的横向风载荷 F_{yFw} 及艉柱处的横向风载荷 F_{yAw}，即

$$\left.\begin{aligned} F_{yFw} &= \frac{1}{2}F_{yw} + \frac{M_{xyw}}{L_{BP}} \\ F_{yAw} &= \frac{1}{2}F_{yw} - \frac{M_{xyw}}{L_{BP}} \end{aligned}\right\} \tag{3-11}$$

②流载荷计算

影响海流载荷计算的主要因素有船舶深度吃水比、船长、吃水、流向角及球艏形状等，海流载荷具体计算过程与风载荷计算过程类似。同理，可求解出纵向流载荷 F_{xc}，横向流载荷 F_{yc} 及首摇流力矩 M_{xyc}，即

$$\left.\begin{aligned} F_{xc} &= \frac{1}{2}C_{xc}\rho_c V_c^2 L_{BP} d \\ F_{yc} &= \frac{1}{2}C_{yc}\rho_c V_c^2 L_{BP} d \\ M_{xyc} &= \frac{1}{2}C_{xyc}\rho_c V_c^2 L_{BP}^2 d \end{aligned}\right\} \tag{3-12}$$

式中 C_{xc}——纵向流力系数；

C_{yc}——横向流力系数；

C_{xyc}——流力矩系数；

ρ_c——水密度(1 025 kg/m^3)；

V_c——平均流速；

d——平均吃水。

将横向流载荷和首摇流力矩分解成艏柱处的横向流载荷 F_{yFc} 及艉柱处的横向流载荷 F_{yAc}，即

$$\left.\begin{aligned} F_{yFc} &= \frac{1}{2}F_{yc} + \frac{M_{xyc}}{L_{BP}} \\ F_{yAc} &= \frac{1}{2}F_{yc} - \frac{M_{xyc}}{L_{BP}} \end{aligned}\right\} \tag{3-13}$$

(4)系泊状态下的总载荷

分别按满载和压载状态计算出：

①最大的纵向风和流复合力 F_x；最大的横向风和流复合力 F_y；最大复合力矩 M_{xy}

$$\left.\begin{aligned}F_x &= F_{xw} + F_{xc}\\ F_y &= F_{yw} + F_{yc}\\ M_{xy} &= M_{xyw} + M_{xyc}\end{aligned}\right\} \tag{3-14}$$

②作用在船首端的横向力 F_{yF}；作用在船尾端的横向力 F_{yA}。

$$\left.\begin{aligned}F_{yF} &= \frac{1}{2}F_y + \frac{M_{xy}}{L_{BP}}\\ F_{yA} &= \frac{1}{2}F_y - \frac{M_{xy}}{L_{BP}}\end{aligned}\right\} \tag{3-15}$$

(5)确定系泊索的规格

根据上述计算可分别确定出

$$\left.\begin{aligned}&\text{每根倒缆的受力} = F_x/\frac{n}{2} \times 0.9\\ &\text{每根横缆的受力} = F_{yF(A)}/n \times 0.7\end{aligned}\right\} \tag{3-16}$$

式中 n 为缆索的根数。

3.4　系泊缆索及配置

3.4.1　系泊缆索的特性

在船舶上，习惯将粗大的绳索称为缆，如系缆、拖缆；细小的叫作绳，如撇缆绳；把规定长度的专用绳索称为索。对用作系泊缆索的要求是质量轻、强度高、耐腐蚀、耐磨损、富有弹性、质地柔软、使用方便。系泊缆索可以是钢索、植物纤维索或合成纤维索。钢索或植物纤维索的直径、结构和规格需符合相关的船舶规范的要求，而合成纤维索的尺寸和结构应特殊考虑。在船上用作系缆的系泊缆索主要是钢缆索和合成纤维缆索。长久系泊时，也有用链条作为系缆的(系船链)。

(1)钢缆系泊索的特性

钢缆强度较高，单位长度质量较小，耐磨损，改良钢缆的结构还能提高其柔软性，可用作系缆、锚缆及拖缆。钢缆的品种很多，截面形状也各异。按绳芯和股芯的类型可将钢丝绳分为硬钢丝绳(绳芯和股芯均为钢丝)、半硬钢丝绳(绳芯为纤维，股芯为钢丝)和软钢丝绳(绳芯和股芯均为纤维)。其规格特征主要包括：钢缆的直径、股数；每股的钢丝根数；钢丝是否镀锌；钢缆有无油麻芯等。反映钢缆的基本力学特性有钢丝的抗拉强度、弹性模量、钢缆的破断拉力等。一般而言，钢丝直径小、股数多、麻芯多的钢缆柔性好，容易弯曲，便于系缆操作。设计时，应可根据需要来选用具有一定特性的钢缆。

①材料方面。推荐采用镀锌冷拔钢丝绳。其最小抗拉强度为 1 370 N/mm^2(140 kg/mm^2)，在大型船舶上，为了减轻材料质量，最小抗拉强度为 1 770 N/mm^2(180 kg/mm^2)；其规格除用股数或丝数表达外，还需用绳索的截面外接圆直径 D(公制 mm)来衡量。其质量估算公

式为

$$W \approx kd^2 \tag{3-17}$$

式中 W——每 100 m 钢丝缆的质量,kg;

d——钢丝缆直径,mm;

k——系数,硬钢丝绳、半硬钢丝绳取 0.35,软钢丝绳取 0.3。

②结构方面。图 3.20 为几种常用的钢丝缆绳结构类型。当破断负荷小于或等于 500 kN时,常采用 6×24+7FC 的钢丝绳;对于破断负荷大于 500 kN 时,推荐采用 6×37+FC 的钢丝绳。对于储存在系泊绞车卷筒上的钢缆,可采用金属丝绳芯(IWRC)结构的钢丝绳。在大型船舶上,现在都推荐采用独立钢丝绳式绳芯(IWRC)结构,这种钢丝绳具有较大的抗挤压能力,且能在一定的弯曲比下保持较高的强度性能。

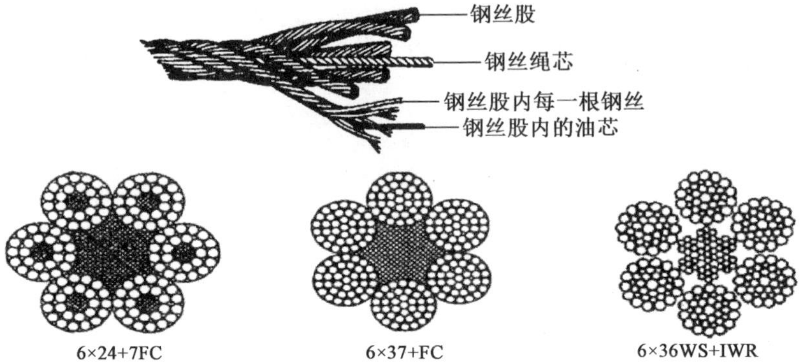

图 3.20　常用系泊钢丝缆索结构

③弯曲半径。钢缆的弯曲半径过小时,其强度会受到很大损失,过大使用又不方便。因此,在设计和选用绞车卷筒和导缆装置等设备时,必须有适当的直径或表面弯曲半径。图 3.21 为弯曲比对钢缆强度的影响。钢缆建议的最小弯曲半径比为 12,但目前常用的一些标准采用 6~6.5。

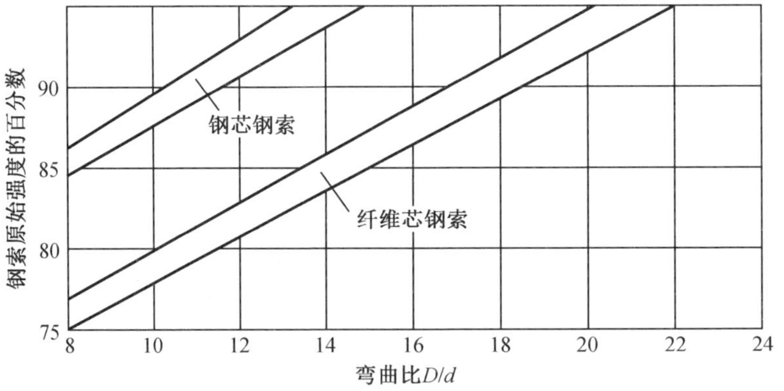

D—系柱、带缆桩、导缆装置的直径;*d*—钢缆直径

图 3.21　弯曲对钢缆强度的影响

(2)纤维缆系泊索的特性

有植物纤维缆索和合成纤维缆索。目前,实际使用的纤维系泊缆都是合成纤维缆索,

常见的有聚酯、尼龙、维尼龙、聚乙烯、聚丙烯。有些缆索则采用这些材料的混合物。例如 Jetkore 索是由尼龙、聚酯和聚丙烯组合的 6 股结构合成纤维缆索；AtlasPerlon 索是单丝和多丝两种结构组成的 6 股结构；Karat 索是由聚酯和聚丙烯熔化的纤维组成的缆索，它能漂浮于海面上。由于聚丙烯缆索能浮于水面，且价格便宜，目前仍广泛用作系泊缆索。

①合成纤维缆索的特性。合成纤维索质地软、强度高、质量轻，在相同的破断拉力下，质量约为钢缆的 1/3，此外其还有不蛀、不霉、抗腐蚀、寿命长的优点。合成纤维索对交变负荷、颠跳、震动等工作条件的适应性好，且便于维护保养，可减轻船员的劳动强度。不过，合成纤维索有横向强度较弱，易伸长，浸水后强度降低，会被突然拉断等缺点。常用合成纤维缆索的有关特性见表 3－2。

表 3－2　合成纤维缆索的特性

材料	构造	特点	缺点	备注
聚酯	3 股/8 股；双层编织	高干态和湿态强度；中等伸长率		
尼龙（聚胱胺）	3 股/8 股；双层编织	高干态强度；中等伸长率	低湿态强度；低疲劳寿命	湿态强度约为干态强度的 80%
聚丙烯	3 股/8 股	质量轻；中等伸长率	低强度；低熔点；蠕变	有特殊的中等强度的聚丙烯索
聚乙烯	3 股/8 股	质量轻；中等伸长率	低强度；低熔点；蠕变	有特殊的中等强度的聚乙烯索
芳族聚烯胺	多种特殊构造	强度很高；伸长率很低	低耐磨性；插接困难	经验少
尼龙/聚酯/聚丙烯	6 股	高干态强度；耐磨性好；中等伸长率	低的湿态强度；低的疲劳寿命	
聚酯/聚丙烯纤维混合物	6 股/8 股	高干态和湿态强度；中等伸长率		
聚酯/聚丙烯熔融混合物	3 股/8 股	中高干态和湿态强度；中等伸长率		

②结构方面。合成纤维缆索常用的结构形式有 3 股、6 股、8 股和双编型结构，如图3.22 所示。

· 3 股索是绞制索中最常见的形式，适于承担某些作业，但易于产生扭结致使其强度明显降低，从而不利于选择它作为系泊缆索。

· 6 股索是类似于普通钢索的绞制索，它不像 3 股索那样产生扭结，因此有时被用作系泊缆索。

· 8 股索，又称四扭编组索，是由成对扭合的股绳构成，基本上与同样规格的 3 股索强度相同，它不会产生扭结，并且要比绞制索耐用，这种索常用作系泊缆索和船上其他用途的缆索。

·双层多股编织索即双编索，其内部由许多小股编织的股绳组成，外层同样由许多小股编织成的包覆结构构成。由于结构细密，这种缆索的强度一般要高于同样直径的其他缆索，它一般用于钢索上的缆尾索。

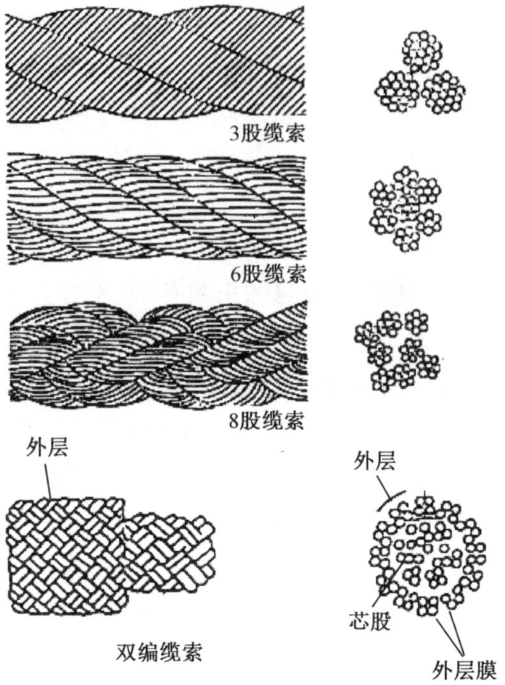

图3.22　常用系泊合成纤维缆索的结构

③弯曲半径。合成纤维缆索由于弯曲所造成的强度损失显然不像钢索那样严重，一般对固定表面的弯曲半径比取8，对滚动表面的弯曲半径比取4。

3.4.2　系泊缆索的配置

系泊系统的设计中最直接的就是系泊缆索的合理配置，同时也是整个系泊设计的基础。无论是根据传统系泊力的计算还是按照舾装数的计算，最终得出的都是系泊索的破断力，在这个系泊索破断力的基础上，按照系泊模式的要求进行系泊索的合理选择以及系缆、导缆/向与绞缆装置的选配，最后进行系泊设备的合理布置。

关于系泊力的计算主要有两种方法，一种是按照日本《JSDS造船舾装设计基准》或按OCIMF经验公式进行的系泊力的计算，这在3.3中已做了介绍；另一种是按照普遍的现行船舶规范进行的以舾装数*EN*为基础的系泊力计算。

在实际设计过程中，一般采用计算舾装数*EN*的方法来确定系泊缆索的破断负荷及数量。此种方法简单直接，能很容易地被广大设计人员所接受，船级社和船东也将此计算书作为法定的送审图纸来进行审核。各国船级社船舶建造规范除了按舾装数*EN*配置锚和锚链外，对系泊缆索的数量、长度和破断强度也都提出了要求或建议。

(1)按船级社规范配置系泊缆索

在第 2 章中已对舾装数 EN 的概念做了介绍。对于一般船舶而言,舾装数 EN 可由下式计算得出

$$EN = \Delta^{2/3} + 2Bh + \frac{A}{10} \tag{3-18}$$

式中　Δ——夏季载重水线下的型排水量,t;

B——型宽,m;

h——船中部的夏季干舷加上上层建筑的高度以及各层宽度大于 $B/4$ 的甲板室高度的总和 m;

A——在船长 L 范围内,夏季载重水线以上的船体部分和上层建筑以及各层宽度大于 $B/4$ 的甲板室的侧投影面积的总和,m^2。

在确定 h 和 A 时,高 1.5 m 及以上的固定挡风板或舷墙应视为甲板室的一部分。根据国际船级社协会(IACS)的联合要求 UR A2,对于 500 总吨以上的规范适用船舶,包括最大堆积的甲板货物(如集装箱)的侧投影面积必须予以考虑,以用来评估侧向风力和系泊缆索的选择。

系缆通常是根据有关船舶建造规范的建议,按舾装数 EN 大小来配置的。在计算出舾装数 EN 之后,根据表 3-3 所对应的数据表格可查出相应的系泊缆索的破断负荷及数量。CCS《钢质海船入级规范》对系泊缆索的要求见规范中的相关条款。

表 3-3　按舾装数配置的系泊缆索

$A < EN \leq B$		系泊缆索			$A < EN \leq B$		系泊缆索		
A	B	数量	长度/m	破断负荷/kN	A	B	数量	长度/m	破断负荷/kN
50	70	3	80	34	2 230	2 380	5	200	451
70	90	3	100	37	2 380	2 530	5	200	481
…	…	…	…	…	…	…	…	…	…
205	240	4	120	64	3 400	3 600	6	200	588
240	280	4	120	69	3 600	3 800	6	200	612
…	…	…	…	…	…	…	…	…	…
1 140	1 220	4	180	270	12 400	13 400	18	200	736
1 220	1 300	4	180	284	13 400	14 600	19	200	736
…	…	…	…	…	14 600	16 000	21	200	736

另外,如果船舶的 A/EN 大于 0.9(A 为侧投影面积,EN 为舾装数),其系泊缆索的数量建议按表 3-4 要求增加。

表 3-4　系泊缆索的增加数

A/EN 的比值	系泊缆索的增加数
$0.9<A/EN\leqslant 1.1$	1
$1.1<A/EN\leqslant 1.2$	2
$1.2<A/EN$	3

此外还需要说明的是：

①船级社船舶建造规范中规定的系泊缆索的数量、长度和破断负荷是最低要求，是基于船舶横向停靠在有遮蔽的港口码头上，而且不同的航区和船型对系泊缆索有不同的要求。

②船级社船舶建造规范中对系泊设备的要求仅为建议性的，而非入级项目。这是因为规范规定的舾装数主要反映了船舶锚泊时的受力状态，而对以侧面受力为主的系泊状态考虑不够。一般来说，船上的实际配置高于规范的要求，尤其是大型油船和气体运输船。例如，一艘大型油船实际所配备的系泊索数量两倍于规范规定的数量，每根系泊缆索的长度为规范长度的 1.5 倍，其强度不低于规范所要求的两倍。

③对 EN 大于 16 000 的船舶，其系泊缆索的确定应根据具体情况特别考虑。

④表中所定义的破断负荷只适用于钢丝绳或植物纤维索（如马尼拉绳索）。对合成纤维索，由于原材料的原因，船级社规范中在对其选用上都会设置一折减系数，即与植物纤维索破断负荷之间的关系式。

⑤已生效的 IACS Recommendation No. 10 新规，对系泊计算方法上做了修订，特别是对于 EN 大于 2 000 的船舶，应需要特别关注。

（2）通过直接计算来选定系泊缆索

如前 3.3 中所述，对于大型船舶也有按照适当的设计标准，通过计算来选定系泊缆索的要素。如常用的按日本《JSDS 造船舾装设计基准》中所规定的系泊时的外力计算方法。

在靠岸移动中，船舶所受的总外力为 R_1，则在靠岸移动中，用于首、尾系缆绞车的每一根系缆索所受拉力 T_1 应为

$$T_1=\frac{\varepsilon R_1}{m\cos B\cos A} \tag{3-19}$$

式中　R_1——船舶在靠岸移动中的总外力，但在 $R_L/R_1<0.1\%$ 的设计条件下，可假定 R_1 为船舶所受到的横向作用力 R_T，即 $R_1=R_T$；

A——在水平面内系缆与中横剖面的夹角，为简化起见，假设各系缆的 A 角相同，在靠岸移动计算中，A 取 45°；

B——在垂直面内各系缆的俯仰角，在计算中假定 $B=0$；

m——在靠岸移动中，系缆绞车所收绞的系缆根数，在大型船舶上，常分别在首部、尾部同时各使用两台系缆绞车，此时 $m=4$；

ε——系缆拉力不平衡系数，在靠岸移动中若首部、尾部同时使用 4 台绞车，则 ε 取 1.25。

在靠岸系泊中，船舶所受的总外力为 R_2，此时也将它视为横向作用力。通常在系缆靠

岸停泊中,所用缆索的数目为:首部3根(首缆、首横缆、首倒缆),尾部3根(尾缆、尾横缆、尾倒缆),较大型的船舶另增设附加缆,总数达8~12根。此时,每一根系缆索所受拉力

$$T_2 = \frac{R_2}{m\cos B\cos A} \tag{3-20}$$

式中 m 为在系缆靠岸时实际所使用的系缆根数。

靠岸时,在水平面内系缆与中横剖面的夹角 A 取 $60°$,假定垂直平面内系缆的俯仰角 $B=0$。

根据以上条件计算时,系统的安全系数 n:钢缆取2.5,合成纤维缆取3.8,植物纤维索(如马尼拉绳索)取3.25,所选用的系缆最大使用负荷

$$[T] = \frac{T_b}{n} \tag{3-21}$$

式中 T_b 为系缆索的破断拉力。

应保证所选用系缆索的最大使用负荷 $[T]$ 大于系统可能受到的最大拉力(T_1、T_2 中较大者)。同时,系缆索的破断拉力至少要超过有关船舶建造规范所要求的值。系缆索的长度可参照有关船舶建造规范的建议来确定。

(3)系泊缆索的选型及要求

系泊缆索的选型关系到船舶的具体系泊模式,典型的舷侧系泊模式已在前面3.13节中给出。可以看出,一般大中型船舶首尾部至少需要配置2根前后倒缆、2根横缆以及2根首尾缆,所以,从最低使用角度来看,6根系泊缆索是必须配备的。当然,在船级社船舶规范中对系泊缆索的数量也有最低规定,实际配备的系泊缆索的数量一般都会大于规范推荐值。对国际航行的船舶,世界上一些主要运河如巴拿马运河、苏伊士运河、基尔运河等的要求也必须满足,其中巴拿马运河要求首尾各配6根、整船共配12根系泊索。

任何一个安全系泊系统的设计,首先必须确定系泊缆索的材料、数量和规格。为此系泊缆索选型可归纳为如下几点。

①根据强度、弹性、耐用性和操作特性选择最合适的材料。缆索的材料类型会影响到系泊绞车卷筒的尺寸、导缆器的形式、导缆器的曲率以及需占用的甲板空间等要素。对于油船,通常建议采用由植物纤维或合成纤维制成的缆索。

②选用船上和码头操作人员都能安全操作的、直径适当的缆索。缆索直径需考虑人工盘缆允许的最大缆索直径,一般认为,钢缆索的最大直径是38 mm,而合成纤维缆索适合实际使用的最大直径为80 mm。

③全部系泊缆索尽可能选用相同的尺寸和材料。但在某些有特殊要求的船上,也采用钢缆索倒缆和合成纤维缆索横缆的系统,它将减少船舶的前后漂移,可有效地限制刚性输油臂或输油软管相对于船的移动。

④诸系泊缆索的破断负荷必须超过船级社船舶建造规范中规定的负荷。

(4)计算实例

100000DWT油轮标准系泊设备的配备。

该船主要参数:船长 $L_{BP}=246.00$ m;型宽 $B=40.00$ m;型深 $D=21.80$ m;吃水 $d=15.00$ m;满载排水量 $\Delta=121\ 000$ t;载重量103 929 t。

①按舾装数配置锚泊及系泊设备。舾装数按式(3-17)计算

$$EN=\Delta^{2/3}+2Bh+\frac{A}{10}=4\ 269$$

式中 $h=20.5$ m;$A=2\ 027$ m^2。

$A/EN=2027/4269=0.47<0.9$,按规范要求不需要增加系泊缆索的数量。

按 CCS《钢质海船入级规范》中的条款及表3-3,该船舾装数在 $4200<EN<4400$ 范围内,其配置要求见表3-5。

表3-5 100000DWT 油船锚泊及系泊设备配置要求

舾装数		首锚		有档首锚链				拖索		系缆索		
4200	4400	数量/只	每个质量/kg	总长度/m	直径/mm (AM)	直径/mm (AM2)	直径/mm (AM3)	每根长度/m	破断负荷/kN	数量/根	每根长度/m	破断负荷/kN
		3	12900	715	114	100	87	300	1471	7	200	657

表中所查出的系缆索破断负荷是天然纤维索的破断负荷。由于该船规格书要求的系泊索为尼龙缆索,属于合成纤维索。根据 CCS《钢质海船入级规范》以及油船共同规范的要求,合成纤维索破断负荷 B_{LS} 和天然纤维索破断负荷 B_{LN} 的等效公式为

$$B_{LS}=7.4\delta(B_{LN})^{8/9}\text{或}B_{LS}=k\times B_{LN} \tag{3-22}$$

式中 δ——合成纤维索破断时的伸长率,应假定不小于30%;

k——系数,对于丙纶合成纤维索取1.3;对于其他合成纤维索取1.2。

因此,系泊索破断负荷 $B_{LS}>7.4\times30\%\times(657)^{8/9}=788$(kN)。

根据规范及该船规格书的要求,该船的锚泊和系泊设备及拖缆的配置见表3-6。

表3-6 100000DWT 油轮锚泊、系泊设备的配备(按舾装数)

舾装数	首锚		有档首锚链		拖索		系缆索		
4269	数量/只	每个质量/kg	总长度/m	直径/mm (AM3)	每根长度/m	破断负荷/kN	数量/根	每根长度/m	破断负荷/kN
	2	12900	715	87	300	1500	11	200	788

· 根据破断负荷,系泊缆索可采用直径60 mm 尼龙缆索,每根长200 m,并按该船规格书要求的系泊模式增加4根,合计11根。(首缆2根、尾缆2根、首倒缆1根、尾倒缆1根、首部横缆2根、尾部横缆2根、浮筒系泊时船尾缆索1根。)

· 根据破断负荷,拖索可采用直径56 mm(6×37)钢缆索1根,长300 m,破断负荷1 500 kN。

②按照日本《JSDS 造船舾装设计基准》,通过计算来配置。

a. 系缆力计算

系缆力在压载进港状态下比满载状态下大,故仅计算压载进港状态下的系缆力。

· 风阻力 R_a（kN），以最恶劣的侧面受风状态按式（3－1）计算，即

$$R_a=9.81K_aA_aV_a^2\times10^{-3}$$

式中，$K_a=0.0735$；$A_a=4\ 230\ \mathrm{m}^2$；$V_a=10$ m/s（移船时风速）；$V_a=15$ m/s（系泊中风速）。

横向风阻力：$R_{aT}=305.0$ kN（移船时，$V_a=10$ m/s）；$R_{aT}=686.2$ kN（系泊中，$V_a=15$ m/s）。

· 前后方向潮流阻力 R_{wL}（kN）按式（3－2）计算。

压载状态下：$T=6.95$ m；$\nabla=53\ 700\ \mathrm{m}^3$；$V_w=2$ kN $=1.03$ m/s；$V_s=0$；$A_w=1.7TL+\nabla/T=10\ 630\ \mathrm{m}^2$。

故

$$R_{wL}=9.81\times0.1212A_w[(V_w+V_s)^2+0.33(V_w+V_s)]\times10^{-3}=17.70\ \mathrm{kN}$$

· 侧向形状阻力：R_{vT}（kN）按式（3－3）计算。

压载状态下：$A_s=T_mL=6.95\times246=1\ 710\ \mathrm{m}^2$；$V_s=0.167$ m/s；$V_w=0$。

故：

$$R_{vT}=9.81\times73.2A_s(V_s+V_w)^2\times10^{-3}=34.25\ \mathrm{kN}$$

· 推进器阻力 R_{vL}（kN）按式（3－4）计算：

故：

$$R_{pL}=9.81\times26.4D^2(V_w+V_s)^2\times10^{-3}=12.70\ \mathrm{kN}$$

式中，$D=6.8$ m；$V_w=1.03$ m/s；$V_s=0$。

· 总阻力，两种系泊状态的阻力及总阻力如表 3－7 所示。

表 3－7　100000DWT 油轮两种系泊状态的阻力及总阻力

系泊法 \ 船体阻力/kN		风阻力		潮流阻力		形状阻力		推进器阻力		总阻力
		R_{aL}	R_{aT}	R_{wL}	R_{wT}	R_{vL}	R_{vT}	R_{pL}	R_{pT}	
靠岸移船时（最大风速 10 m/s）	前后 R_L			17.70				12.70		30.40
	横 R_T		305.0				34.25			339.25
系泊中（风速 15 m/s）	前后 R_L			17.70				12.70		30.40
	横 R_T		686.20							686.20

靠岸移船时总阻力的合力

$$R=\sqrt{(R_L)^2+(R_T)^2}=340.61$$

系泊中总阻力的合力

$$R=\sqrt{(R_L)^2+(R_T)^2}=687.87$$

相对于横向（T）来说，船前后方向（L）的系缆力是很小的，而且总阻力的方向和船的横向之间的夹角极小，因而可设定总阻力作用在船的正横方向，并按此计算缆索上的负荷。

b. 系泊缆索的选定

· 系泊缆索根据该船规格书要求及设计条件用尼龙缆索。

· 靠岸移船时，同时使用首、尾部系泊绞车，因此，使用的缆索共计 4 根。

当平均风速为 10 m/s，系缆力为 340.61 kN，则缆索方向 45°时总张力为 481.7 kN。考

虑缆索受力的不均匀性,总张力增加 25% 达 602.1 kN,一根缆索的张力为 150.5 kN。根据设计条件,尼龙缆索安全系数取 3.8,则一根缆索所需要的破断拉力为 572 kN。由此,尾部绞车使用直径为 60 mm 的尼龙缆索(破断拉力为 788.6 kN)。

· 系泊中的情况下,当平均风速为 15 m/s,系缆力为 687.87 kN,则系缆成 60°时的总张力为 1375.8 kN。使用 10 根系缆索时每根拉力为 137.58 kN,安全系数取 3.8 时所要求的破断拉力为 522.8 kN,因此,选用直径为 60 mm 的尼龙索(破断拉力为 788.6 kN)。浮筒系泊时,尾部缆索需增加 1 根,共计 11 根。

3.5 系缆、导缆与绞缆装置及选配

系泊索最好的工作状态是在系泊绞车的卷筒上直接工作,当然还有诸如系缆桩、导缆滚轮和导缆孔等这些必备的系泊属具,这些设备和属具的受力都是由系泊索直接施加的。因此,在选用系泊索的时候也需要考虑系泊绞车和系缆、导缆(向)装置的承受能力,不能超过它们的安全工作负荷(safe working load,简称 SWL)。

对系缆、导缆(向)与绞缆装置等系泊属具的配置要满足系泊模式的使用要求,各选配的装置所建议的强度标准要能经受住缆索规定的破断负荷,且不产生永久变形。此外,各装置所在的支撑甲板结构及舷侧结构至少要强于该装置的使用强度要求这个原则,否则需对此处结构进行加强。系泊索与系泊属具的配置关系如图 3.23 所示。

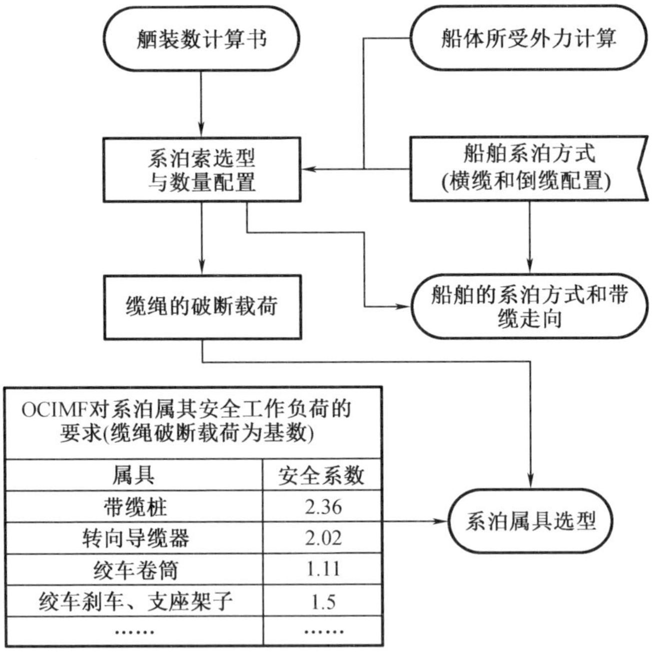

图 3.23 系泊索与系泊属具的配置关系

3.5.1　系缆桩及选配

(1)系缆桩的类型及特性

系缆桩是设在甲板上的,用以固定系泊缆索自由端的桩柱。其一般称为系缆桩,简称缆桩,分为铸造与焊接两类。现代船舶应用最广的是焊接系缆桩,它是由钢板焊接而成,安装方便。焊接系缆桩与船体的连接有插入式和带底板式,直径较大的系缆桩常采用双底板式。系缆桩有双柱系缆桩和单柱系缆桩,按结构形式,系缆桩又可分为直式、斜式、单十字式、双十字式等。直式系缆桩还有是否有挡板之分,挡板可防止缆索向上滑脱。斜式系缆桩不用挡板,依靠倾斜角度防止缆索滑脱。当缆桩直径大于200 mm时,双十字系缆桩采用双底板式。我国已制定了系缆桩的相应标准。

单十字系缆桩主要用于小船和救生艇。还有一种用于小艇上的带缆羊角,是羊角状的系索栓,固定在甲板上或舷墙上。在潜艇上,常采用升降式系缆桩,当潜艇下潜时,可将带缆桩收入非耐压壳体内,以减小阻力。

①系缆桩标准及结构形式。我国系缆桩标准GB/T 554—2008规定了船舶系泊用系缆桩的产品分类和技术要求,其中,标准中的A型与ISO 3913相当,其形式如图3.24所示。反映系缆桩的结构参数主要有桩柱直径D、缆桩高度H、两柱间距L等。

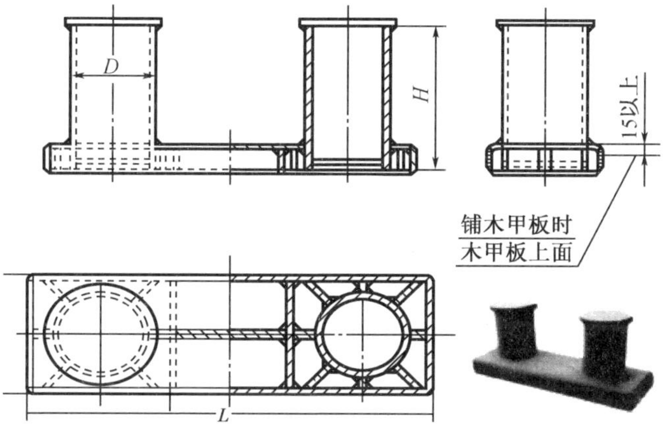

图3.24　A型系缆桩(GB/T 554—2008)

②系缆桩的工作原理及受力分析。系缆是缠绕在缆桩上的,通常采用“8”字缠绕法,如图3.25所示。

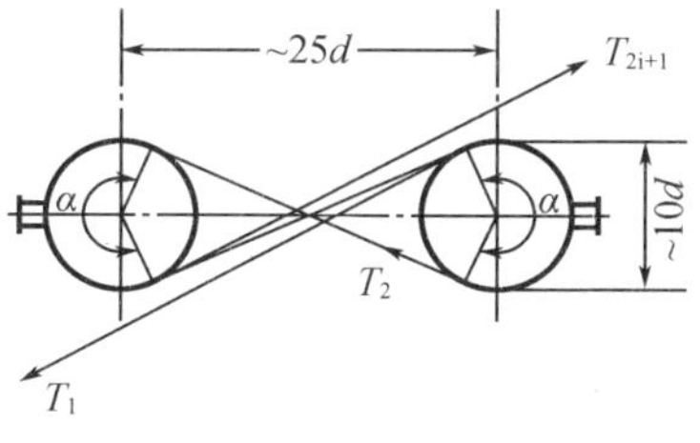

图3.25　系缆在缆桩上的工作原理

假设i是缆绳绕在缆桩上“8”字形的圈数,f是缆绳与钢缆桩间的摩擦系数。一般钢缆索取$f=0.1\sim0.15$；纤维缆索取$f=0.3\sim0.4$。α为缆绳在桩柱上的包角（弧度）。对于一般缆桩，$\alpha\approx4$（约230°）。按艾尔建议，当原始端的拉力为T_1（外力），则在缆绳上的力传递呈如下的关系式

$$T_{2i+1}=T_1\mathrm{e}^{-2i\alpha f} \tag{3-23}$$

式中 T_1——原始端的拉力（外力）；

e——自然对数的底，其值约为2.718。

可见，缆绳在桩上缠绕的"8"字数，关系到自由端的拉力大小。如采用钢缆索时，取$i=5$，$\alpha=4$，$f=0.15$，则：$T_{2i+1}=T_{11}=\dfrac{T_1}{403}=0.002\,48T_1$，即在缆桩上只需缠绕5个"8"字，自由端的拉力约是外力的四百分之一，随着绕缆圈数的增加，缆索自由端拉力将很快衰减。所以，在实际操作中，一般只是在缆桩上缠绕3个或4个"8"字圈即可，只有在特殊情况下才缠绕6个"8"字圈。为可靠停泊，一般钢索≥5圈，纤维索摩擦系数大，纤维索≥3圈。

由此可见，各圈缆绳的拉力给缆桩一载荷R，致使桩柱受到向内弯曲的力矩及扭矩。作用在缆桩上的载荷R，对于右桩为T_1到T_{2i}诸拉力之和，对于左桩为T_2到T_{2i+1}诸力之和，这可用图解方法或解析方法得到R的解。

$$\sum R_i=\frac{\mathrm{e}^{-2i\alpha f}-1}{\mathrm{e}^{-2\alpha f}-1}T_1\sqrt{1+\mathrm{e}^{-2\alpha f}-2\mathrm{e}^{-\alpha f}\cos a} \tag{3-24}$$

由式（3-24）可见，当缆绳在桩柱上的包角取$\alpha=4$弧度，并取最小的摩擦系数值，$f_{\min}=0.1$，缆桩上缠绕的缆绳"8"字数$i=3$时，则桩柱上所承受的拉力$R=2.5T_1$。或令$\alpha\cdot f=0.5$，$\alpha=4$，随着缆绳在桩柱上的缠绕"8"字数的增加，R值增加不大。

通常认为作用在桩柱上的作用力只是作用在（1/3～1/2）桩柱高度上，因此，桩柱受一弯曲力矩的作用，将系缆桩作为悬臂梁，可表示成如下式

$$M_{\mathrm{b}}=R\left(\frac{1}{2}\cdots\frac{1}{3}\right)H\approx2.5T\left(\frac{1}{2}\cdots\frac{1}{3}\right)H=2.5Th \tag{3-25}$$

式中 R——作用在（1/3～1/2）桩柱高度上的力；

$h=(1/3\sim1/2)H$；

H——缆桩高度；

M_{b}——作用在缆桩上的弯矩；

T——缆索的破断拉力。

因摩擦损失，作用在桩柱上的力：$\sum\limits_{n=1}^{n=2i-1}T_n$与$\sum\limits_{n=2}^{n=2i}T_n$两力大小不同，故还有一扭矩作用，扭矩为

$$M_{\mathrm{T}}=\left(\sum_{n=1}^{n=2i-1}T_n-\sum_{n=2}^{n=2i}T_n\right)\frac{D}{2}=(1-\mathrm{e}^{-\alpha f})\left(\frac{\mathrm{e}^{-2i\alpha f}-1}{\mathrm{e}^{-2\alpha f}-1}\right)T_1\frac{D}{2} \tag{3-26}$$

式中 D——桩柱直径；

M_{T}——作用在缆桩上的扭矩。

此扭矩实际上很小，一般都不予考虑。

故，系缆桩的强度条件为

$$\sigma=\frac{M}{W}=\frac{2.5Th}{W}\leqslant[\sigma] \tag{3-27}$$

综上,可以得出如下的几点认识:

a. 系缆桩上系缆索的自由端拉力,恒小于原始端(外力)的拉力;

b. 随着系缆索在缆桩上的缠绕"8"字数的增加,自由端的拉力迅速减少;

c. 桩头上所受的力 R,随着系缆索缠绕桩上的"8"字数的增加而减少,但增幅值不大,一般都取 $R\approx2.5T$;

d. 在校核缆桩的强度时,只考虑弯矩,扭矩可以忽略不计等。

因此,缆桩、导缆钳和系泊设备的其他部件及其座板,在承受缆索实际破断强度的力作用下,其应力不超过0.95倍的所用材料的屈服应力。

按上述的基本原理,通常又希望:

a. 双柱式系缆桩,柱体外径不小于10倍钢索直径,亦不小于5.5倍合成纤维索的直径或植物纤维索的周长,以减少缆绳的弯曲应力;

b. 双柱式系缆桩两柱体轴间距,应不小于25倍的钢缆索直径或3倍的植物纤维缆索的周长。

(2)系缆桩的选配

系缆桩是系缆设备的重要部件,应有足够的强度,特别情况或需要采取非标准时应进行强度校核。

在系缆桩标准中一般都标明了按系缆索的强度选用系缆桩。但必须注意的是在ISO标准和GB标准中,系缆桩的缆索最大许用负荷设计成两种工况,即按缆桩上可承受表列负荷值的1根或2根缆索以"8"字形系统于靠近底座处,或将单根缆索的索环套于底座上方1.2D或小于1.2D(D为系缆桩公称直径)处,如图3.26所示。因此,在选择系缆桩时应考虑:桩柱直径D、缆桩高度H、两柱间距L等。在ISO新标准中,分别表示了1根"8"字缆、2根"8"字缆及1根缆索套环时系缆桩的最大许用工作负荷。表3-8为A型系缆桩的安全工作负荷。

表3-8　A型系缆桩的安全工作负荷(部分)

系缆桩公称尺寸/mm	安全工作负荷(SWL)		
	系泊(带"8"字缆)/kN		缆索套环/kN
	一根"8"字缆	二根"8"字缆	
150	54	49	98
200	82	65	128
250A	156	134	265
300A	332	306	608
350A	443	418	834
400A	594	521	1040
450A	753	612	1216
500A	992	757	1511
550A	1131	812	1619
600	1401	948	1893

注:①系缆桩结构及尺寸按ISO 3913;

②"8"字形值系对应于ISO 3913。

“8”字系缆　　缆索套环

图 3.26　系缆桩系缆的两种工况

3.5.2　导缆(向)装置及选配

设导缆(向)装置的目的是把系泊缆索引向一定方向,并限制缆索的活动范围,以防止缆索和船体构件或甲板上的装置相摩擦。导缆装置主要有导缆孔、导缆钳、导向滚轮、导向滚柱等各种类型。

(1)导缆孔的结构特征及选配

①导缆孔的类型与结构特征。在甲板上设置导缆孔以便缆索通过而系到岸上去。导缆孔按其安装位置分为舷墙式和甲板式;按用途又分为适用于钢索的导缆孔和适用于纤维索的导缆孔以及巴拿马型导缆孔。圆形或扁圆形的导缆孔,两者在使用上没有多大差别,只是对同样的缆索而言,扁圆形占用的高度比圆形的小,有利于布置或能使用较粗的缆索。系缆索经过它时,接触面呈圆弧形,这样就避免了对系缆索的切割,但导缆孔对系缆索的磨损比较严重。普通导缆孔的结构形式及参数如图 3.27 所示。

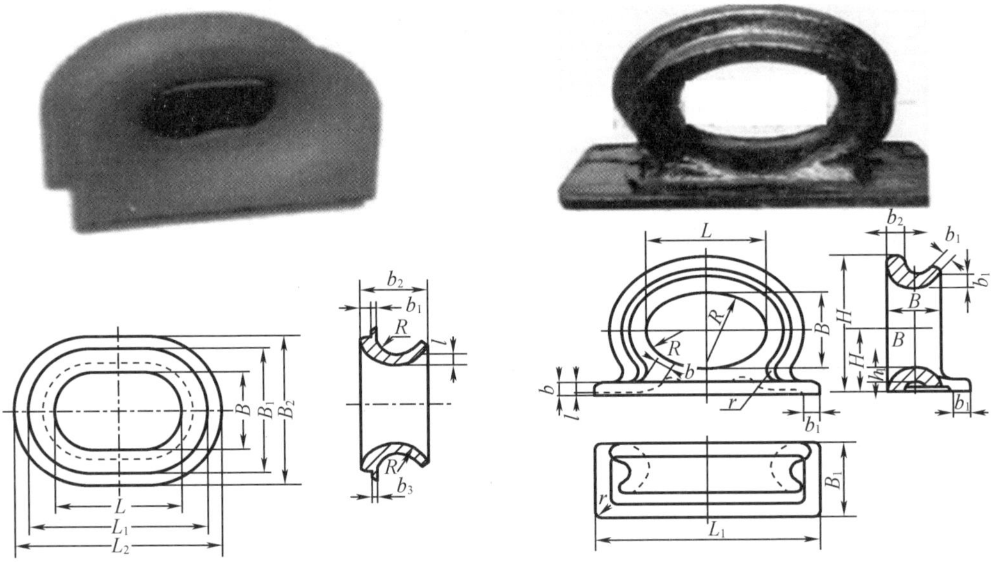

(a)舷墙式普通导缆孔　　(b)甲板式普通导缆孔

图 3.27　导缆孔结构形式及参数

经常穿行于巴拿马运河的船舶,必须设置一种该运河专用的重型闭孔状导缆孔,以便适应不同的水位差和牵引过闸的操作需要。该结构形式可避免缆索的滑脱与减少缆索的磨损。其结构形式如图 3.28 所示。

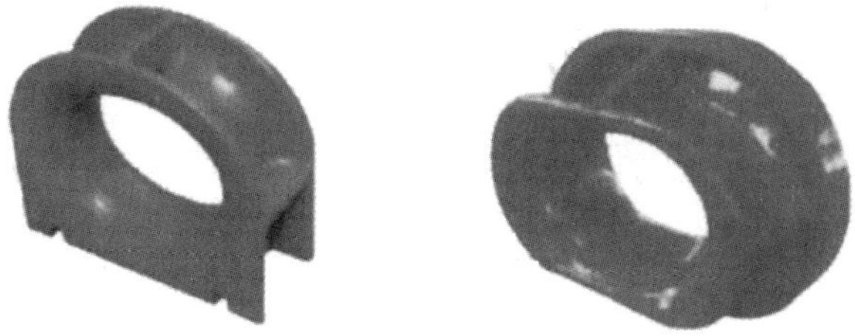

(a)甲板式　　(b)舷墙式

图 3.28　巴拿马导缆孔

另外还有一种转动的导缆孔，它是一对滑轮偏心地装在一块可转动圆座圈上，系缆索从滑轮通过。当缆索改变方向时，缆索的拉力使圆圈转动，从而使缆索始终压在下面的滑轮上。对于设置恒张力的系缆绞车，一般都应该配置转动式导缆孔，以便自动调整缆索的方向，减少摩擦。在北美的圣·劳伦斯水道通航的船舶，为了适应进出船闸高低水位差的变化，自动调整缆索的方向，减少摩擦，必须设置转动式导缆孔。转动式导缆孔的结构形式如图 3.29 所示。

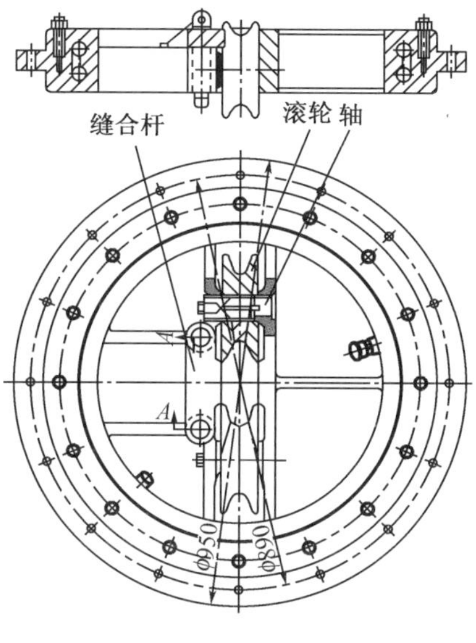

图 3.29　具有两个导向滑轮的转动式导缆孔

②导缆孔的选配。其构造简单，尤其适用于钢缆系泊索。在导缆孔相关标准中一般都标明了适用于纤维缆索的甲板式导缆孔的尺寸和安全工作负荷以及舷墙式导缆孔的尺寸和安全工作负荷；适用于钢缆索的甲板式导缆孔的尺寸和安全工作负荷以及舷墙式导缆孔的尺寸和安全工作负荷。选择导缆孔时应考虑导缆孔的尺寸，反映导缆孔的参数主要有孔径 R、孔宽 L、孔高 H 等。对系泊索直接缠绕在带缆桩上的，一般采用导缆孔形式。

(2)导缆钳的结构特征及选配

①导缆钳的种类与结构特征。导缆钳是装设在甲板上或舷墙顶板上的一种钳状的导缆器，它的结构式样繁多，可分为有滚轮和无滚轮两类。导缆钳都是铸造的，以铸铁、铸钢为主。无滚轮导缆钳通常在小型船舶上采用，无滚轮导缆钳又有直式与斜式两种。斜式导缆钳可防止缆索向上跳出。为了减少缆索通过时的磨损，一般多设有辊子，其辊子的数目

又视使用情况而定。一般大中型船舶上都采用带滚轮导缆钳,可分为单滚轮、双滚轮及多滚轮。多滚轮导缆钳可同时导出几根缆索,方便作业。其典型结构形式及参数如图 3.30 所示。

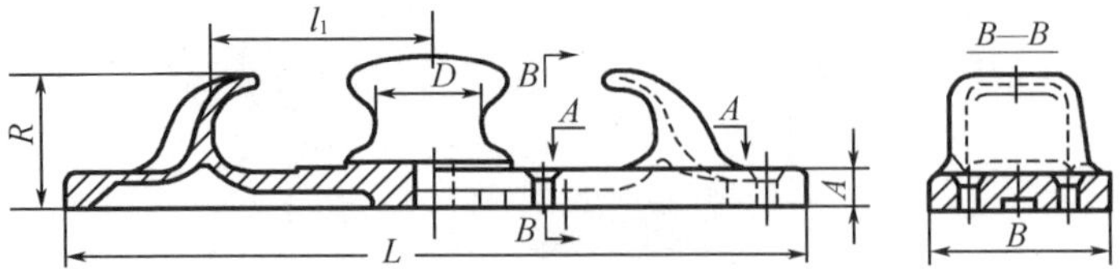

(a) 单滚辊导缆钳

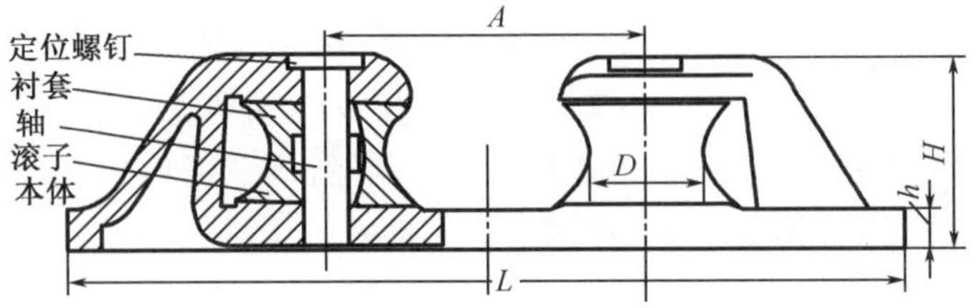

(b) 双滚辊导缆钳

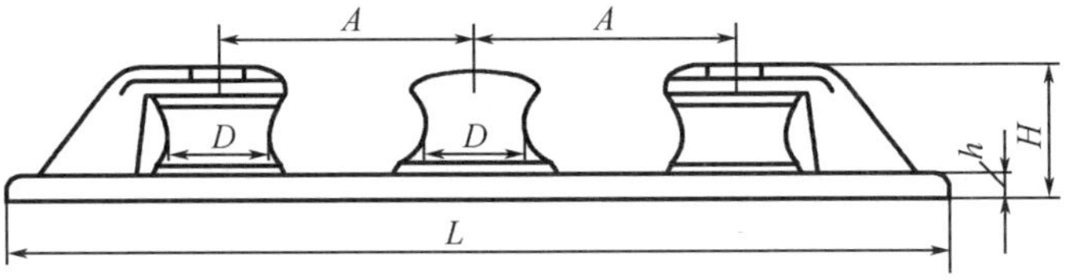

(c) 三滚辊导缆钳

图 3.30　典型导缆钳结构形式及参数

还有一种可安装于甲板舷边用于缆索导向的滚轮导缆器,如双滚轮、三滚轮、四滚轮导缆器,以便将缆索导向绞车卷筒或绞盘,多用于大型船舶上。其典型结构形式如图 3.31 所示。由于其和系泊索之间的摩擦小,因此能减少系泊索的磨损并相对提高绞车的拉力,和系泊绞车联合使用是一种理想选择,但需要经常维护。

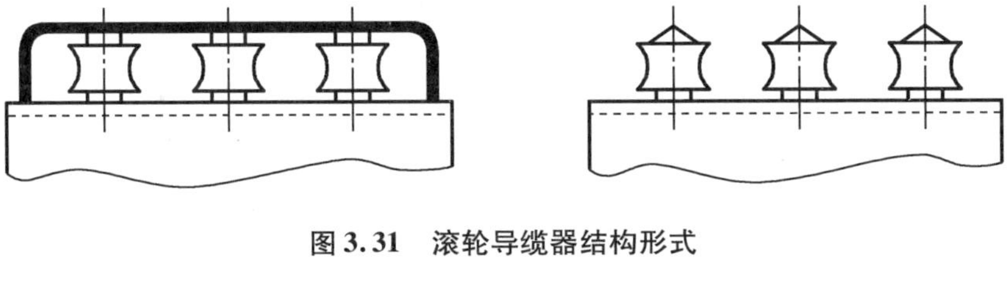

图 3.31　滚轮导缆器结构形式

②滚轮型导缆钳的选配。应考虑与系泊缆相关的结构尺寸,如两滚轮间距 A 以及滚轮的直径等。在设计建造时一般都选用标准件,必要时可进行强度校核。在校核导缆钳的强度时,所采用的计算负荷是相应的系泊缆索的破断拉力。许用应力标准取:

对于铸钢件 $[\sigma]=0.9\sigma_s$,$[\tau]=0.7[\sigma]=0.63\sigma_s$;

对于铸铁件 $[\sigma]=0.5\sigma_b$,$[\tau]=0.7[\sigma]=0.63\sigma_b$。

其中　σ_s——铸铁材料的屈服极限，kN/mm^2；

　　　σ_b——铸铁材料的强度极限，kN/mm^2。

(3)滚柱导缆器的结构特征及选配

①滚柱导缆器的类型与结构特征。滚柱导缆器是由若干个直立和水平圆柱形滚柱组成，或者是由几个带曲度表面的滚柱组成，其典型结构形式如图 3.32 所示。它可以引导来自任意方向的缆索，无论缆索导出后在垂向受力还是在水平方向受力，均可有效地减少摩擦。对船行于圣・劳伦斯航道的船舶，还必须设置一种该运河专用的圣・劳伦斯导缆器，其结构形式如图 3.33 所示。

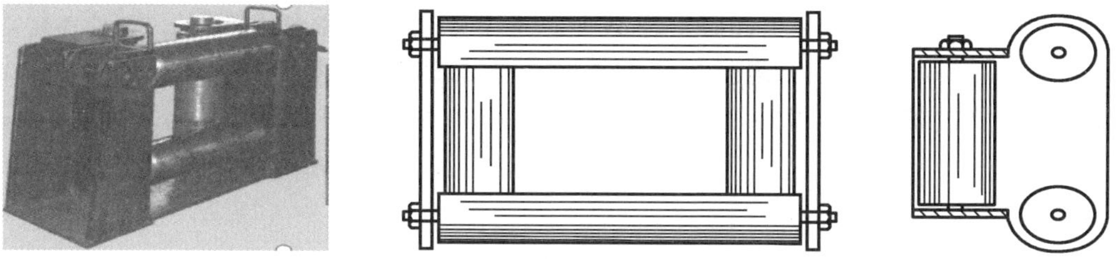

(a)　(b)　(c)

图 3.32　典型滚柱导缆器结构形式

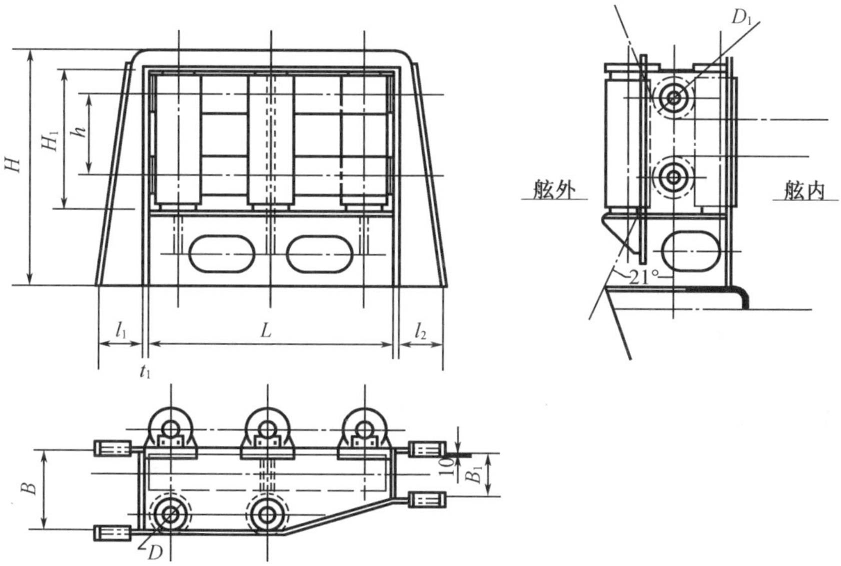

图 3.33　圣・劳伦斯导缆器结构形式及参数

②滚柱导缆器的选配。与闭式导缆孔比较，滚柱导缆器由于它与缆索之间的摩擦较小，因此，缆索磨损较少，同时也增加了绞车牵引力。但从另一方面，滚柱导缆器尺寸大，维护工作量大，且造价也相对高一些。因此，在船员日益减少的情况下，即使使用合成纤维索，也往往优先采用闭式导缆孔。但对需航行于专门航道的船舶，必须按规定另配置航道专门要求的导缆器。在选配滚柱导缆器时应考虑：

a. 滚柱直径。直径过小会降低缆索的强度。采用钢缆索时，滚柱直径应至少为 10 倍的缆索直径。但目前实际应用的标准一般为 6 ~ 6.5 倍的钢缆索直径。

b. 开口尺寸。最小尺寸取决于缆索的眼环和末端附件通过导缆器所需的空间。如果滚柱直径为 12 倍钢索直径或 4 倍合成纤维索直径，则推荐下列开口尺寸：

$$宽度 = 1.00 \times 滚柱直径$$

$$高度 = 0.65 \times 滚柱直径$$

(4) 导向滚轮(柱)的结构特征及选配

导向滚轮是装在甲板上的圆形基座上，位于舷边导缆器与绞缆机之间，用来改变缆索方向，以使缆索在与绞缆机卷筒轴线垂直的方向上正对卷筒。滚轮旁的羊角可以防止系缆松弛时滚落到甲板上。其典型结构形式如图 3.34 所示。如果系泊绞车卷筒和舷侧的导缆孔或导缆滚轮距离太长而又需要变换路线的话，在甲板区域需增配常用的立式带羊角单滚轮导缆器。选配时主要关注与系泊缆相匹配的滚轮(柱)的直径。

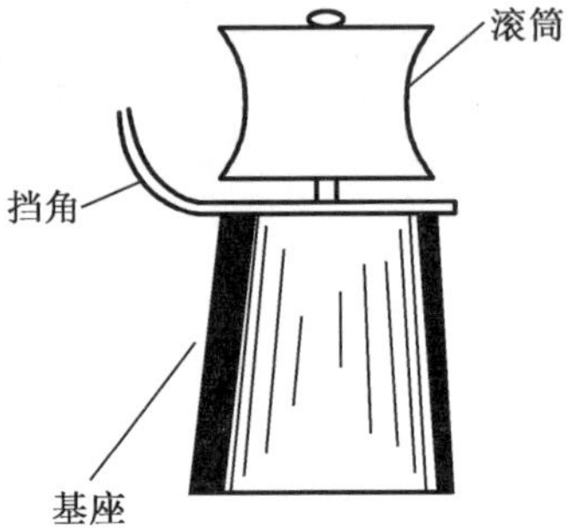

图 3.34　导向滚轮结构形式

3.5.3　系泊绞车及配置

(1) 系泊绞车的类型及功能

系泊绞车主要用于收放(有的还兼作储存用)系泊索，根据其控制方式(自动或手动)，驱动类型(蒸汽、液压或电动)，与每个驱动装置相连的卷筒数(单卷筒、双卷筒或三卷筒)，卷筒的形式(分隔式、整体式)以及刹车类型和制动作用方式(带式、盘式、机械螺旋、弹簧作用)进行分类。按卷筒轴线位置分，有卧式系泊绞车和立式系泊绞车。立式系泊绞车又称系缆绞盘，其动力装置一般设在甲板下面，主轴垂直布置，所以占用的甲板面积少，多用于舰船和甲板面积小的船舶。

现代大型运输船舶广泛采用卧式系泊绞车，其形式如图 3.35 所示，其主轴为水平布置，除可在主轴端部布置边卷筒外，还可在同一主轴上布置 1 ~ 3 个主卷筒(绞车)，每个绞车都设有独立的离合器和刹车。这种系泊绞车具有多种功能：系缆时，可直接从绞车上松出所需长度，并可利用动力机械松缆；缆索系上码头后，可直接绞紧并承受其拉力，而不必将系泊缆移挽到缆柱上；靠泊期间因潮水涨落和吃水变化需要调整缆索受力时，可以很方便地随时收绞或松放缆索；离泊解缆后，可直接将缆索卷收在绞车上，兼作缆索卷车存放缆索。这种卧式系泊绞车操作方便，但占用甲板面积较大。

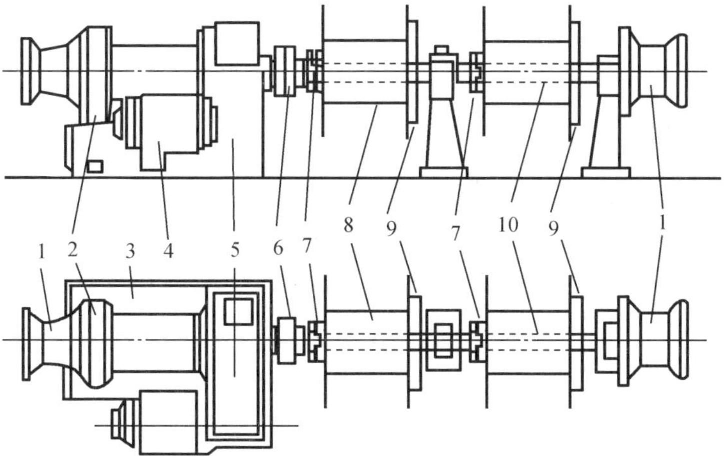

1—边卷筒；2—墙架；3—底座；4—电动机；5—减速箱；6—联轴节；
7—主卷筒离合器；8—主卷筒；9—主卷筒刹车；10—主轴。

图3.35　卧式系泊绞车

此外，还有一种自动系缆绞车，其上设有排缆装置，收卷时可使缆绳排列整齐；配有调节装置，能抵消系泊时船舶的惯性力，当缆索的张力等于0.75倍缆索的破断力时，可以使绞车滚筒转动把缆索放出去，以便缓冲张力；还设有主动调节缆索长度的装置以及当传动机构脱开时使得滚筒上受负荷的缆索能继续系牢的装置。

(2)系泊绞车的配置

船用系泊绞车的一般要求在ISO 3730和ISO 7825中均有论述。对卧式系泊绞车的配置，主要从以下几个方面去考虑。

①选用何种类型驱动的卧式系泊绞车。现行广泛采用的系泊绞车主要是液压驱动的和电驱动的两种类型。

液压驱动的卧式系泊绞车，其液压马达由电马达带动泵组来供油以完成驱动，可分为低压和中高压两个大类。低压卧式系泊绞车因其技术成熟、使用历史较长，普遍具有稳定的工作性能，而高压卧式系泊绞车凭借其布置紧凑及响应快的特点也越来越受到青睐，并且其技术和制造方面也日臻成熟。

电动卧式系泊绞车则完全由电马达来直接驱动绞车的运行，没有额外的泵组和繁杂的液压管系，这给船舶的总体布置节省了空间，并且其产品的完整度也相对较高，给安装带来了很大的便利性，但其价格也相对高一些，并在一定程度上需要船上发电机为系泊系统提供更大的功率。

②卧式系泊绞车的额定速度和拉力大小的考虑。卧式系泊绞车是系泊索负荷的直接承受者，其在两种状态时的工作性能均和系泊索的破断力有关。一是在动态工作时，其拉力和速度的乘积构成了功率要素，因此，其速度和拉力是相互影响的，一般在确定这两者之间的关系时，只需要速度满足实际使用情况即可。按船舶规范要求，卧式系泊绞车在相应公称速度下卷筒负荷应不大于系泊索破断负荷的33%。

二是在绞车刹车刹定时，系泊索承受的载荷值往往最大也是最容易破断的状态。为保证卧式系泊绞车能够发挥其最大的工作性能，在确保操作人员安全性的前提下，必须具有一定的安全系数，按船舶规范要求，卧式系泊绞车的刹车支持负荷应不大于系泊索破断负荷的 80%，一般取 1.25。

系泊索的破断力越大，相应绞车的性能也要跟着提高，而卧式系泊绞车价格昂贵。因此在满足使用拉力的前提下，不要一味追求系泊索的破断力越大越好。

③系泊卷筒的数量及形式的考虑。系泊索数量和出缆方式决定了卧式系泊绞车采用的卷筒数，是采用分隔式还是整体式，分隔式卷筒由牵引部分和缆索储存部分组成。对任何一种卷筒，其直径应不小于钢索直径的 16 倍。

单卷筒的卧式系泊绞车由于只有一个卷筒，所以在出缆数量上受到了限制，至多在卷筒上向船舶的两侧各出一根缆索。在甲板空间允许并且有需要的情况下，可以出两根缆索的双卷筒卧式系泊绞车的优越性要明显好于单卷筒卧式系泊绞车。

系泊绞车的额定拉力一般是指作用在卷筒上第一层缆索的拉力。由于系泊索卷绕在卷筒上时会导致实际有效的卷筒直径增大从而使力臂增大，这样作用的系泊索上的力相应减少，无形之中降低了系泊绞车性能。因此，推荐使用带有隔板的分隔式卷筒，将卷筒分成储绳段和工作段两个部分，在隔板上开缺口使得系泊索在两端之间过渡，受力系泊索在工作段仅铺设成一层，因此能保持恒定的收缆力和刹车制动力。

④其他因素的考虑。

a. 是否选用恒张力（自动张力）绞车。恒张力系泊绞车能根据系泊索张力的变化自动收放系泊索，使其张力稳定在规定范围，保证系泊安全，并减少值班人员的操作和劳动强度。恒张力绞车用于横缆较理想，但倒缆不宜采用恒张力绞车，原因是可能引起船舶沿码头滑移。根据国际海事组织（IMO）的要求，停泊中的油船，其恒张力系泊绞车应置于“不自动”的工作状态。

b. 首部系泊绞车是否与锚机组合兼用。首部的系泊绞车一般布置在首楼甲板上，由于考虑到艏楼甲板空间受限的关系，将系泊绞车和锚机组合在一起，但在确定系泊绞车的性能参数时，还需要考虑到锚设备的要求。

c. 是否有其他当局和规则的特殊要求。如巴拿马运河规则中就要求船上所有系泊绞车的收缆速度须达到 37 m/min。

3.5.4 系缆桩及导缆（向）装置的安全工作负荷 *SWL* 及设计负荷 *DBL*

对系缆桩或导缆（向）装置所建议的强度标准，主要是使该装置及其零部件能经受住缆索规定的破断负荷 *MBL*，且不产生永久变形。在现行国家标准或船舶行业标准中均会将对应的系泊索的破断负荷 *MBL* 在表中列出，设计者可根据实际需要的安全工作负荷 SWL 来进行选取对应的系缆桩或导缆（向）装置。

对配套使用的系缆、导缆（向）装置和系泊绞车的承受能力，不能超过它们的安全工作载荷 *SWL*。但对系缆桩、导缆滚轮、导缆孔等装置的安全工作负荷 *SWL*，不仅牵涉其本身的强度，还牵涉相关的船体结构。在具体确定其安全工作负荷 *SWL* 的过程中，还会牵涉方方面面的许多问题，如系泊索的破断负荷 *MBL*、使用状态以及是否应用于应急拖带等。

实际上，对系缆桩或导缆（向）装置产生影响的往往不是这个初始的安全工作负荷 *SWL*

值,而是由此引起的合力,需要通过计算得出,这样的合力我们定义它为设计负荷(design basis load,*DBL*)。设计负荷 *DBL* 与载荷作用的位置和方式有关,我们引入一参数来表征其特性,即几何因子(geometric factor,*GF*)。在同一个系缆桩或导缆(向)装置上,系泊索的进与出均发生在同一系泊索上,如图 3.36 所示。因此,该装置的 *GF* 值为

$$GF = 2\sin(\theta/2) \tag{3-28}$$

式中 θ 为系泊索的外包角。

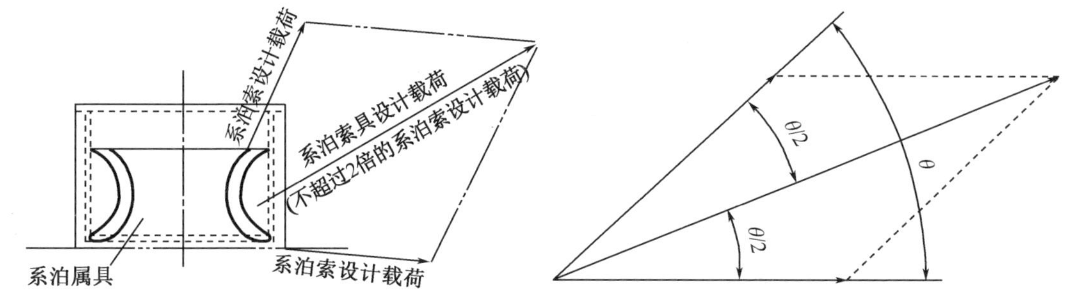

图 3.36　几何因子

GF 是计算单个系缆桩或导缆(向)装置的安全工作负荷 *SWL* 时普遍使用的值,而其设计负荷 *DBL* 是由系泊索的破断负荷 *MBL* 和 *GF* 共同决定的。系缆桩或导缆(向)装置在设计时,其设计负荷 *DBL* 可按下式确定

$$DBL = MBL \times GF \tag{3-29}$$

式中 *MBL* 为缆索规定的破断负荷。

OCIMF 推荐的常用单个系缆、导缆(向)装置的几何因子 *GF*、载荷位置、安全工作负荷 *SWL*、设计负荷 *DBL* 如表 3-9 所示。

表 3-9　常用单个系缆、导缆/向装置 SWL 值的确定方法

装置名称	简图	几何因子 *GF*	载荷位置	*SWL*
双柱系缆桩	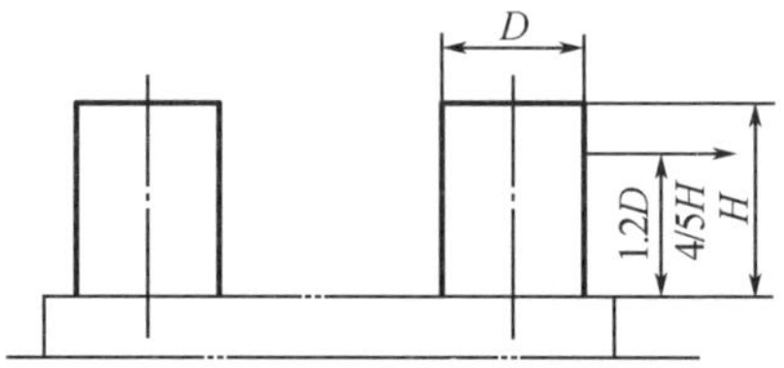	2.0	基座面以上 1.2 倍桩柱直径处	系泊索破断力 *MBL*
十字系缆桩	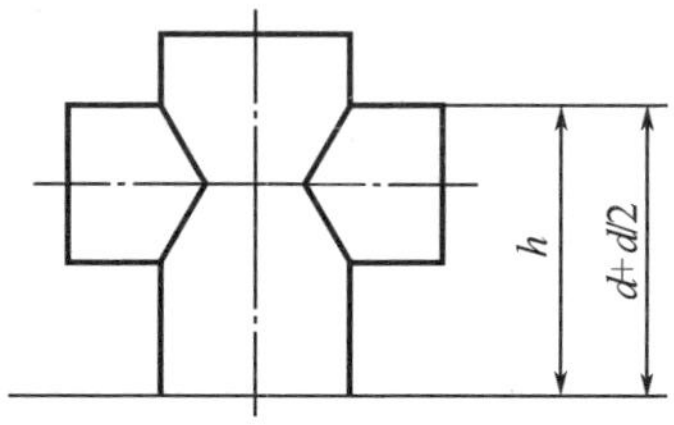	1.0	$h+\frac{d}{2}$	系泊索破断力 *MBL*

表 3-9(续)

装置名称	简图	几何因子 *GF*	载荷位置	*SWL*
嵌入式系缆桩	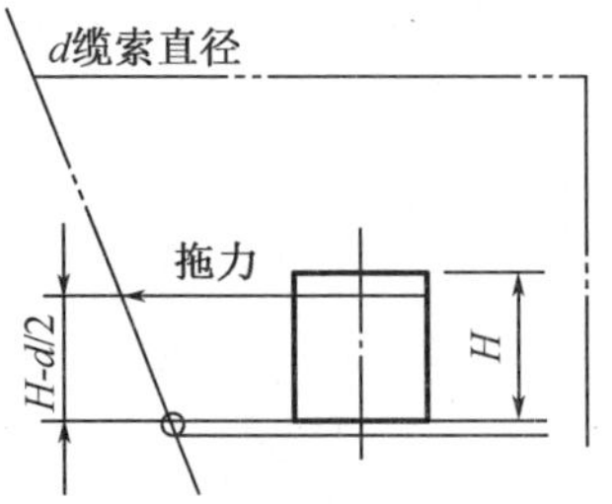	1.0	最大在桩柱的顶部	系泊索破断力 *MBL*
底座式导缆孔	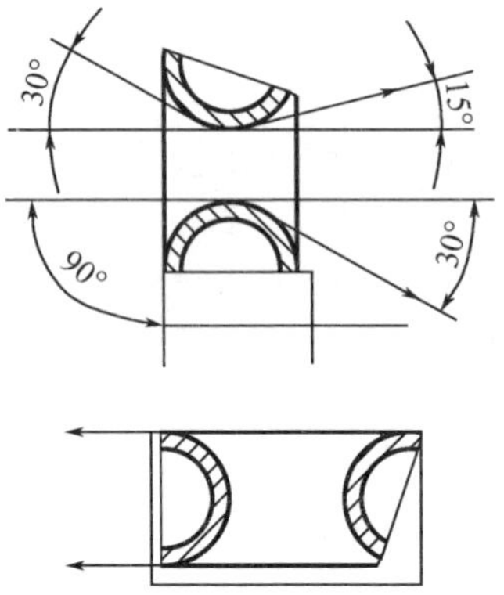	$GF=2\sin(\theta/2)$ 最大 $GF=2.0$	舷外: 水平: ±90° 垂直:向上 30°,向下 90° 舷内: 水平: ±90° 垂直: ±90°	系泊索破断力 *MBL*
嵌入式导缆孔	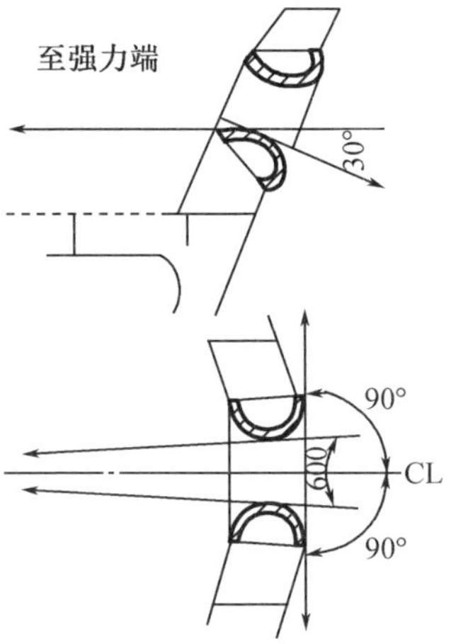	$GF=2\sin(\theta/2)$	舷外: 水平: ±90° 垂直:向上 0°,向下 30° 舷内: 水平和垂直均 0°	系泊索破断力 *MBL*
立式带羊角单滚轮导缆器	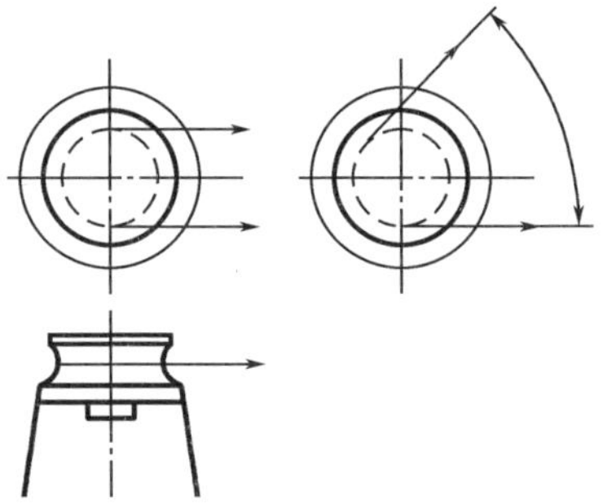	$GF=2\sin(\theta/2)$ 最大 GF = 2.0	滚轮喉部中心处, 外包角 θ 最大 180°	系泊索破断力 *MBL*

表 3 -9(续)

装置名称	简图	几何因子 *GF*	载荷位置	*SWL*
四滚柱导缆器	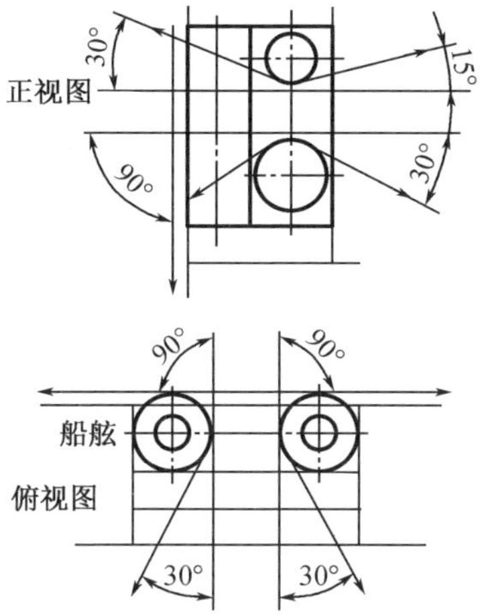	$GF=2\sin(\theta/2)$	舷外: 水平: ± 90°,垂直:向上 30°、向下 90° 舷内: 水平: ±90°,垂直: ±90°	系泊索破断力 *MBL*

注:①*SWL*—安全工作负荷;*DBL*—设计负荷;*MBL*—缆索的破断负荷;

②应力极限:85% 的材料屈服应力。

3.6　系泊设备的布置设计

船舶系泊设备设计主要包括两个方面:一是系泊索与系泊属具的配置设计;二是系泊设备的布置设计。系泊属具配置设计是系泊设备布置设计的基础。

系泊设备布置设计,一般是指为满足船舶安全停靠码头、拖曳等需要,而对船舶系泊设备进行布置的一种设计方法。它是在系泊索已选型的前提下,对包括系泊绞车、系缆桩、导缆(向)装置等进行选型与布置的设计。

本节所述的主要是对船舶在直型码头和岛式码头船侧系泊(STS)时系泊设备的布置设计,对其他形式的系泊设备的布置要求需参考相关文献。

(1)系泊设备布置关系及设计目标

在系泊属具配置设计的基础上,即可对系泊属具的布置进行设计。系泊属具的合理布置是保证船舶系缆方式的关键,一定程度上决定着船舶的系缆走向。

船舶系缆方式与系泊属具布置约束是设计中需要解决的两个问题。在设计过程中,需要综合考虑系泊属具与船体结构、其他舾装设备、船舶系泊方式以及系泊属具之间的各种约束限制。在协调好各系泊属具之间、系泊属具与外部关系的基础上,最终得到在满意船舶系泊模式基础上,经过不断优化的系泊设备布置方案,其相互关系及思路如图 3.37 所示。

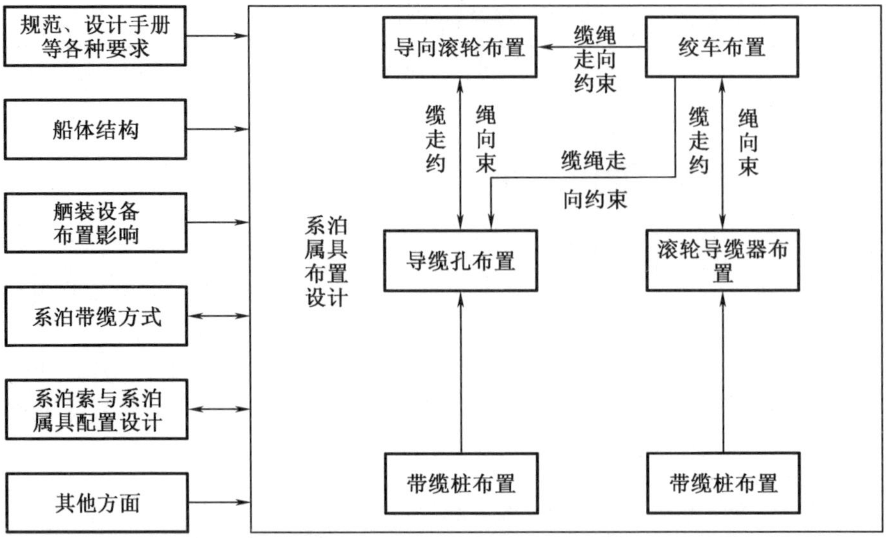

图 3.37　系泊设备布置相互关系及思路

一个良好的系泊设备布置的目标应达到如下要求：

①须能在一般直型码头和岛式码头有效的系泊；同时还能安全有效地系泊于非常规码头上；

②能安全快速地系缆和收放缆，方便船员操作，节省船员的劳动强度；

③能有效地进行特殊操作，如过特定的运河等并能提供应急状态下的解决方案。

(2)系泊索布置要点

我们在 3.1.3 节中讨论的系泊模式的基础上，可以得出以下一般系泊索布置准则。

①系泊索尽可能对称于船中布置，这样能更可靠地保证负荷的良好分配。倒缆和横缆的数量一般是偶数，如果使用的横缆数不是偶数，多余的缆索一般用在尾部，这是因为尾部的受力比首部受力约高 10%。

②横缆尽量垂直于船体中心线，并尽可能地靠近首部和尾部，以保证在船舶上除了施以横向力外，还能产生尽可能大的力矩。

③倒缆尽可能平行于船体中心线，其引出点应尽量靠近首部和尾部，以最大限度地发挥其功能。但是为了避免缆索在外板上摩擦，引出点又必须在平行中体部分的甲板上。

④系泊索与地面之间的垂向角应尽量保证小以减少力在垂向的分力损失。

⑤缆索尽可能直接从绞车卷筒引向舷侧导缆器，尽量避免使用中间导向滚轮，即使采用导向滚轮，也应使缆索方向的改变保持最小，以降低导向滚轮上的负荷。当甲板空间受到限制时，可采用将绞车斜放或横放也能获得较好的布置。

(3)系缆桩及导缆(向)装置的设置要点

系缆桩及导缆(向)装置在布置过程中，各系泊属具之间、系泊属具与外部影响之间为满足带缆走向，系泊属具在布置上受到了一定的约束。如何协调各系泊属具之间的布置关系，应给出系缆桩及导缆(向)装置的设置要点。

①系缆桩的设置要点。系缆桩是在系泊索不直接缠绕于系泊绞车卷筒上的情况下使用的，在用绞车上的副卷筒将系泊索基本拉紧后，再将系泊索靠人力系缆于系缆桩上。在

设置上，其要点主要体现在如下几个方面。

·系缆桩与舷侧导缆孔或导缆器应该对称地布置在船舶的两舷，使船舶左右都能系泊，并应布置在甲板骨架上方，加复板加强。

·供拖索用的系缆桩在首部和尾部各配置两个，系缆桩的方向与缆索曳引方向应一致。

·系缆桩周围 1 m 以内不得有任何障碍，系缆桩的外边缘与舷边的距离应不小于系缆桩直径 1.5 倍，以便安全作业，如图 3.38 所示。如果系缆桩和导缆孔中间有舷墙肘板，则系缆桩位置应考虑到缆索不会擦着肘板。

·系缆桩和舷侧导缆孔或导缆器之间须保持一定的距离，在大船上应不小于系缆桩直径的 6 倍，小船上则不小于系缆桩直径的 10 倍，一般应在 1.5 ~ 2.5 m 的范围内，如图 3.38 所示，以便提供足够的甲板工作面使用系缆辅助索。

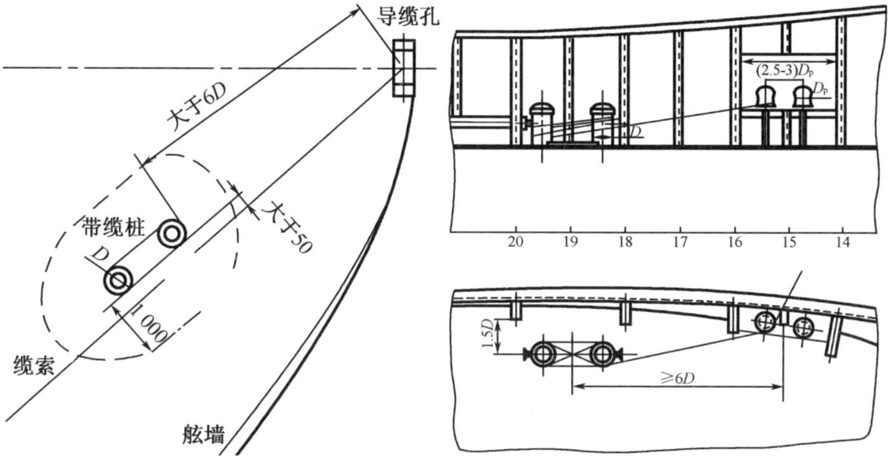

图 3.38　缆桩与导缆器间的布置关系

②导缆装置的设置要点。对于导缆孔和导缆滚轮（二滚轮或三滚轮导缆器）的使用，原则上是从系泊绞车上直接出缆的系泊索通过导缆滚轮引向岸边；而通过系缆桩系缆的系泊索通常通过导缆孔引向岸边。在设置上，其要点主要体现在如下几个方面。

·从绞车副卷筒直接引向导缆器时，缆索的方向与卷筒轴垂线之间的夹角向外偏角为零，向内偏角≤6°。缆索在副卷筒上的位置为离副卷筒内边等于 1/3 的副卷筒宽度。

·从绞车卷筒直接引向导缆器时，卷筒上系泊索的放出角应小于 4°。所谓放出角系指卷筒轴的垂线和缆索之间的夹角。即使在最恶劣的场合下，也要使放出角小于 7°。即绞车卷筒与最近导缆器之间的最小距离应使移动角不超过 15°，这个距离约为绞车卷筒直径的 19 倍。

·采用分隔式卷筒的绞车，仅卷筒的受拉部分需考虑最大移动角（图 3.39）。但必须注意，在系泊操作开始和结束的时候，不承受负荷的缆索可能直接从卷筒的受拉部分或存储部分放出或收进。因此图中的扩大部分必须保持无任何障碍。

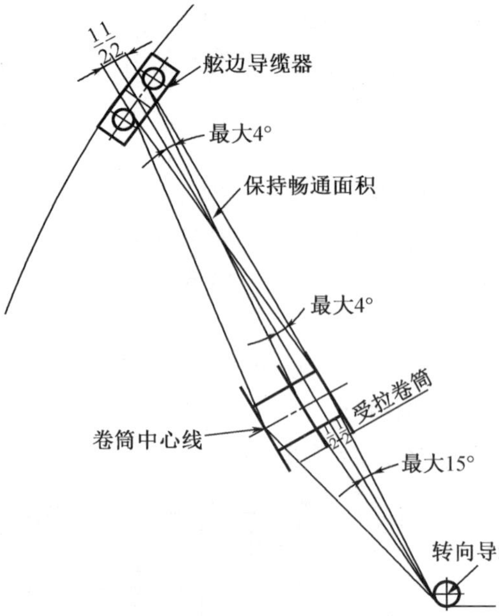

图 3.39　系泊绞车的对中和最大缆索移动角

· 布置于船舷同侧的滚轮导缆器与系泊绞车位置的关系，应满足可直接从缆车引出缆索通过导缆器实现缆索系泊；对于异侧布置的，应尽量减少导向滚轮布置的数量。滚轮导缆器的导缆数量应满足船舷同侧缆车卷筒带缆的需要，另外还要满足系泊方式下，异侧引出缆绳数量的要求。

· 受船体结构、舾装设备以及其他方面的影响，缆索不能从系泊绞车直接引向舷边导缆器时，就需要布置导向滚轮来改变缆索的走向，从而满足系泊设备的布置要求。导向滚轮布置的原则是尽可能少，且因导向滚轮布置而使缆索走向的改变也尽可能小。

· 对于钢缆系泊索，导缆器的滚轮净间距应大于（或等于）7 倍钢索直径；对于合成纤维系泊索，滚轮净间距应大于 4 倍纤维索直径。

· 符合巴拿马运河通航规则的船舶，需配置一定数量的巴拿马导缆孔，这些导缆孔可兼作闭式导缆孔使用。符合圣 · 劳伦斯航道规则的船舶需配置一定数量的滚柱导缆器。

③有关当局对系泊属具的规定。一些挂旗国或是运河当局考虑到航道限制性，对特定系泊属具有特定的要求，如巴拿马运河当局对导缆孔和系缆桩的大小和布置位置均做了明确的具体规定，如图 3.40 所示，这已成为业界航行于该运河船舶的普遍遵循的法则。

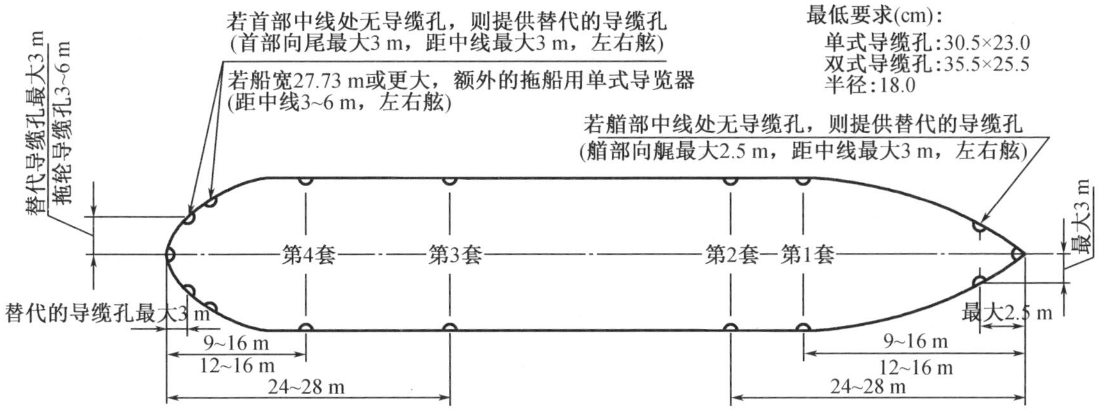

船舶大小	所要求的导缆器
船舶总长在 60.96 m 以下,船宽小于 15.24 m	船首中线(双式导缆孔),船尾中线(双式导缆孔),或两个单式(如无中线导缆孔的替代)
船舶总长为 60.96 ~ 121.92 m,船宽小于 22.86 m	首尾除上述之外: 第 1 套(单式,首部尾向 9 ~ 16 m); 第 4 套(单式,首部尾向 9 ~ 16 m)
船舶总长为 121.92 ~ 173.74 m,船宽小于 22.86 m	首尾除上述之外: 第 1 套(双式,首部尾向 12 ~ 16 m); 第 2 套(单式,首部尾向 24 ~ 28 m); 第 4 套(单式,尾部首向 12 ~ 16 m)
船舶总长超过 173.74 m 或船宽为 22.86 m 或以上	首部中线(双式),尾部中线(双式),或两个双式(如无中线导缆孔的替代) 第 1 套(双式,首部尾向 12 ~ 16 m); 第 2 套(单式,首部尾向 24 ~ 28 m); 第 3 套(单式,尾部首向 24 ~ 28 m); 第 4 套(单式,尾部首向 12 ~ 16 m)

· 若船舶总长超过 38.10 m,船宽为 15.24 m 或以上,则还需要第 1 套和第 4 套导缆孔

图 3.40　巴拿马运河当局对导缆孔布置的规定

(4)船舶甲板各区域系泊设备布置设计要点

系泊设备的布置还没有一定的标准形式,通常是根据船舶的使用性能、船上的甲板面积与地位、码头的特征以及船员的操作习惯,并结合锚泊设备、拖曳设备的要求而定。具体设计时,还要参考同型、同航线的船舶中比较成功的系泊设备确定。

系泊属具的综合布置,应该以上述的系泊索布置准则作为基础依据,其关键还是取决于系泊索在某个区域内的同时出缆数量。在船型上,除了船舶的主尺度需要考虑外,我们还要考虑船舶本身的类型。如散货船一般甲板空间较大,系泊布置相对容易一些;集装箱船甲板面一般比较拥挤,需要考虑的因素会很多;油船还要考虑专用拖带的要求等。

除首尾部外,中部是否进行系泊布置则和船舶的长度密切相关。一般来说,大型船舶由于其长度的要求,需要额外在中间增加系泊布置,而中小型船舶由于长度尺寸的非必要性和总布置特点一般不会在中部布置系泊设施。

①首尾部甲板区域的系泊设备布置设计要点。一般首部的系泊用绞车都与起锚机械合用,但一些大型的船舶,除了起锚机外还要另设系泊绞车。绞车一般多为两台,分别设在锚机后方左右的位置。在布置中要考虑锚泊设备、拖曳设备以及系泊设备三者之间的联系,借助锚机也可以绞进系泊索或拖索。系缆桩一般为一对或两对,视船舶大小而定,分别设于首楼靠近两舷处,并配备相应的导缆装置,如图3.41所示。拖缆桩一般只设一对,或布置在起锚机副卷筒的后方,或布置在副卷筒的两侧附近,以便于系缆。一般拖缆桩强度比普通缆桩大10%,并用做系泊,不过其位置应使拖缆更好地传递拖力,通常是使其与卷筒及导缆器在一直线上。

图3.41　首部系泊设备布置

在尾部的系泊设备和首部一样,也应该与尾锚设备、拖曳设备一并考虑。

在首部,一般船舶都具有舷墙,嵌入式导缆孔和带有防磨圆钢孔的二滚轮或是三滚轮导缆器是首选。在尾部甲板在没有舷墙的情况下,一般配备带底座的导缆孔和二滚轮或三滚轮导缆器。

图3.42为某船首尾区域典型的系泊设备布置实例。图3.42(a)是首尾均采用组合式锚绞机时的系泊设备的布置;图3.42(b)是首尾均采用独立式锚绞机时的系泊设备的布置。

由于首尾部系泊设备的布置与锚泊设备、拖曳设备的布置相关,布置时要综合考虑,但在实际布置设计时,还应注意如下方面的要求:

· 凡是用系缆机械绞拖的引进缆绳的部位,都应该设置滚轮式导缆器;

· 首部的滚轮式导缆器,大多设在艏柱上面的老鹰板上,应注意导缆器的滚轮与锚机上的滚筒间的相对关系,以免出现缆索挤压等不利情况;

· 缆索卷车应布置在便于收藏缆索又不影响操作和人员行走的地方。通常布置在首楼后壁或尾楼前壁附近;

· 如果采用的是自动收缆绞车,与其相配合的滚轮式导缆器应使缆索能近乎垂直地进入卷筒,以便于缆绳的排列,不出现挤压。

图3.43为某货船的系泊设备布置实例。该船共有四台自动系缆绞车分布在首、尾部。

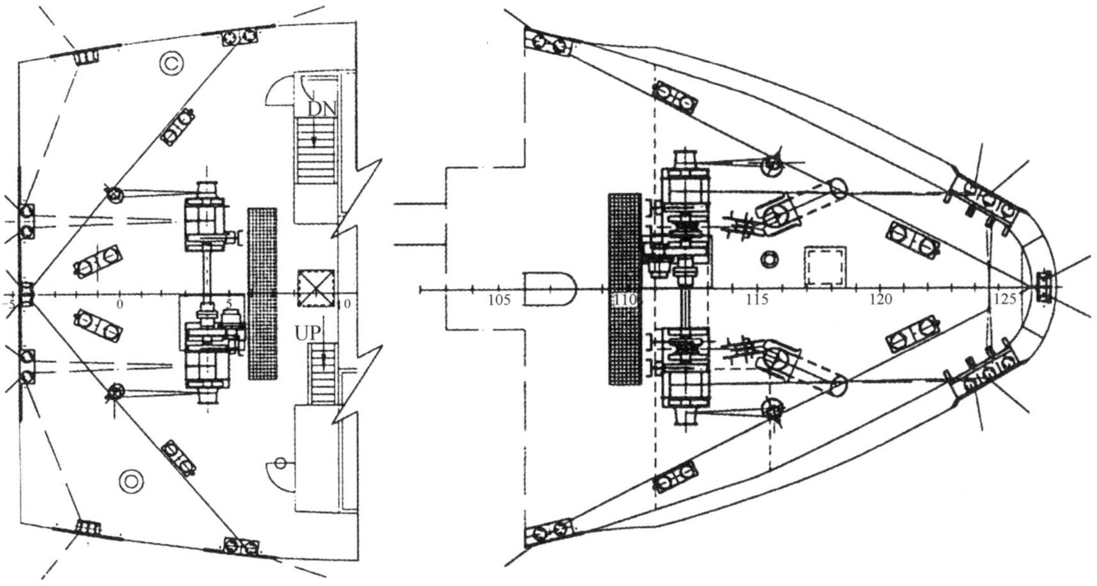

(a)采用组合式锚绞机时的系泊设备布置

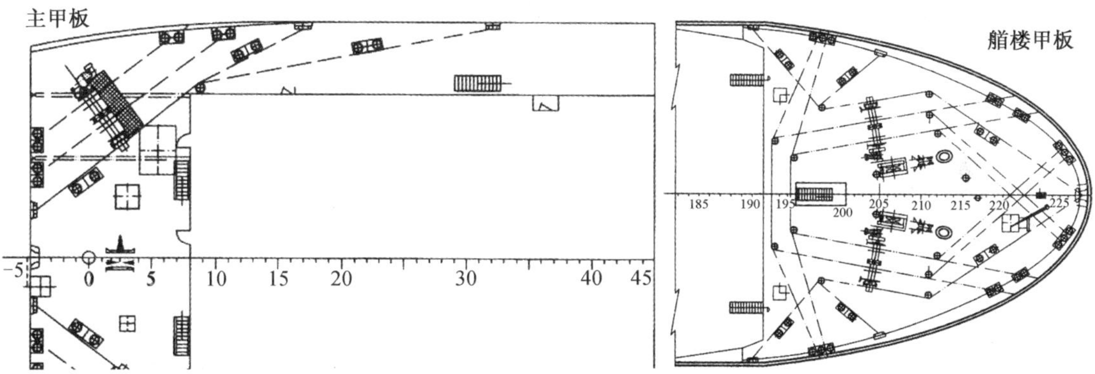

(b)采用独立式锚绞机时的系泊设备布置

图 3.42　某船艏艉系泊设备布置

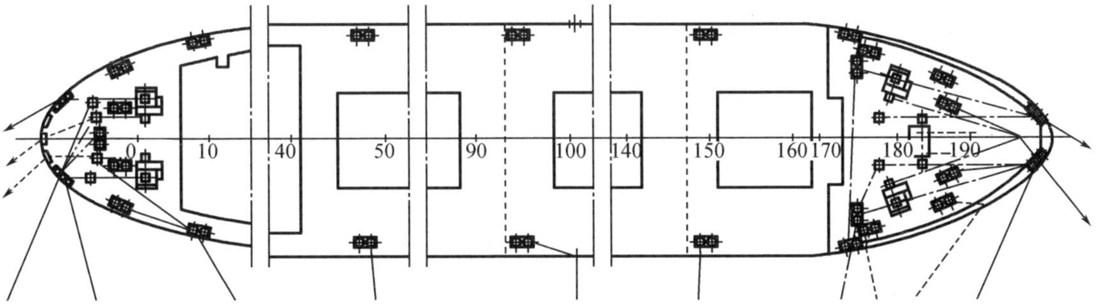

图 3.43　某货船的系泊设备布置

②中部甲板区域的系泊设备布置设计要点。在中部区域，主要是系缆桩及导缆孔等装置的布置，一般是以船中为中心分别向首、向尾每隔一适当的距离布置一对，分别设于两舷侧。具体对数视船舶大小而定，一般为 2 ~ 8 对。

③相关运河和航道对系泊设备的布置也做出了相关规定和要求，如“巴拿马运河”“圣劳伦斯航道”“苏伊士运河”等，系泊布置系统设计时须根据船舶所经过的航道要求给予设计满足，这样系泊布置系统的设计才能与实际运用相适宜，才能安全可靠地满足实际操作需求。

④系泊设备的船桥遥控。从系泊设备的发展动向来看，未来船舶将大量使用自动系缆绞车，并随着水位的变化可自动收放缆索，减少人工劳动，或实现船桥遥控，向自动化、无人化、智能化方向发展。其实现途径主要采用如下的一些措施：

·增加绞车和滚筒的数目；

·采用遥控式系缆绞车；

·采用拉力自动控制装置；

·系船用缆索轻型化；

·对于干舷较大的船舶，采用牵索孔和钩索等专用部件；

·绞车、绞盘采用液压式掣动器，等等。

(5)系缆桩、导缆与绞缆装置的结构加强

系缆、导缆与绞缆装置应有效和船体结构相连，在静、动载荷的作用下不至于出现失效，应考虑3.5.3节中所说的安全工作载荷SWL，特别是由此得出的设计载荷DBL。作为一个基本的设计原则，系缆、导缆与绞缆装置的底座及其支撑加强结构的强度要比其本身在SWL作用下引起的受力强度要大，这样才不至于在系泊设备失效时而引起船体结构的失效。在系泊设备船体结构加强设计中，一般都要求进行直接的有限元计算，包括系泊绞车基座加强和其他系泊设备加强的有限元计算。

在中部区域，一些系泊设备的局部加强会位于船体纵向强构件上，这时应考虑应力升高的影响。特别是高强度甲板及纵骨的情况，在船体主结构区域，加强构件的末端可能会产生疲劳裂纹。应尽可能地选用横向加强，当纵向加强不可避免时，应将其加强构件的末端削斜。如果甲板板比上面的构件和下面的加强件薄很多，若采用加强焊接会引起甲板板撕裂。另外，甲板上下构件间的错位，也会造成高的甲板弯曲应力。因此，当安装系泊设备处的甲板板厚度小于其上面的焊接构件的厚度时，应采用加厚甲板或嵌入板。

①系泊绞车的结构加强。系泊绞车用螺栓固定在基座上，基座焊在甲板上。设备本身的重力包括在海上航行时的动载荷也应考虑。系泊绞车的安装及加强要点如下：

·对负荷超过1 000 kN的刹车固定器(刹车带)，最好使它穿过甲板或者把刹车固定器焊在绞车基座上，并设置足够的肘板，其根部和甲板加强材对齐。

·所有大于50 kN拉力的绞车底座，都应配挡块，以减少螺栓的剪力。

·系泊绞车底座下的加强结构应和绞车底座上垂向腹板对齐，应特别注意绞车刹车底座处的加强，应配置足够的肘板，并考虑是否需要局部嵌板。位于甲板中部区域的绞车，其支承最好横向设置并具有足够的尺寸和跨距，以使负荷分散到若干个甲板纵骨上。

·系泊绞车是否位于首部1/4露天甲板处，若是则还要满足国际船级社协会(IACS)对首部甲板设备和舾装件的强度要求。

②系缆桩的结构加强应使得其与系缆桩的底座四周完全对齐，甲板下构件和底座厚度相当，与甲板的焊接必须和系缆桩底座与甲板焊接的尺寸相当。

③导缆孔和导缆器与船体结构的连接方式。位于首尾区域的导缆孔和导缆器座的侧板可直接与船体舷侧顶列板对接，在中部区域则应尽量避免与舷侧顶列板或圆弧列板焊接。在这种情况下，采用悬臂座可以得到合适的连接（图3.44）。

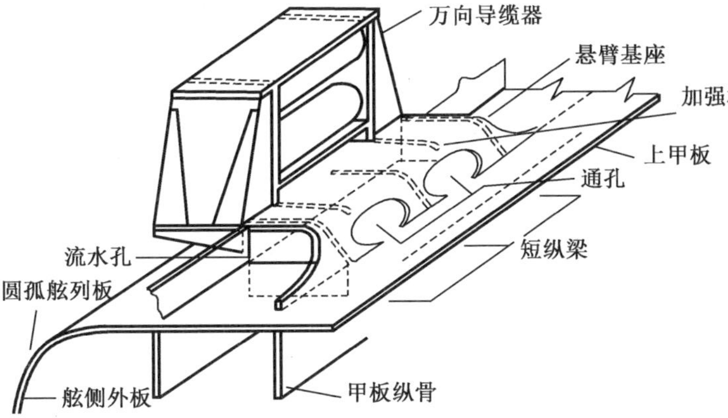

图3.44　圆弧舷列板上的典型悬臂座

3.7　单点系泊系统(SPM)简介

单点系泊是为了解决超级油轮的停泊或在海上供油轮进行装卸作业而发展起来了一种单浮筒系泊系统，现已成为一种常用的船舶系留方式，广泛地应用于海洋生产、抵御台风等需要海洋结构物维持其位置相对固定的场合。所谓单点系泊是指海洋工程船舶通过单点形式系泊在另一个固定式或浮式结构物上，船舶围绕该结构物可以随风浪流做360°回转，由于风标效应，被系泊船舶将会停泊在环境力最小的方位上。

(1)单点系泊系统的类型及特征

单点系泊装置具有漂浮式和旋转式的特征。从工作原理上划分主要有依靠悬链效应来产生恢复力的、依靠浮筒的净浮力来产生恢复力的、依靠缆索的弹性来产生恢复力的以及依靠重力势能来产生恢复力的等形式的单点系泊装置。从结构形式上划分主要有铰接立管转塔式、立管转塔式、轭架式、刚臂式以及浮式、固定式、重力式、桩式等形式的单点系泊装置。其主要有两种基本类型，即悬链式浮筒系泊装置（CALM）和单锚腿系泊装置（SALM），各自主要特点如下：

①悬链式浮筒系泊装置（CALM），如图3.45所示。其是单点系泊装置中最早出现的一种形式，也是数量最多的一种。其主要优点是结构简单、便于制造和安装，但要求海底地貌平坦。其基本工作原理是依靠悬链效应来产生恢复力。它使用一个大直径（10～17 m）的圆柱形浮筒作为主体，以4条以上的长垂曲线锚链固定在海底基座上。浮筒是具有弹性的（即能吸收外力冲击能量），能在一定范围内漂移。浮筒上部是一个装有轴承可旋转360°的转台，上面配有系泊桩柱、输油管线、阀门、流体旋转头、航标灯以及必要的起重设备等。中心部位的流体旋转头，下面连接着水下软管和海底输油管汇，上面连接着漂浮软管并通向

油轮。油轮是用缆索系泊在浮筒转台的桩柱上，在风、浪、潮、流的影响下，油轮能围绕系泊点漂移转动，使之处在最小受力位置，这就是该系泊装置独特的系泊弹性－风标性。它大大降低了系泊负荷，缓冲了风浪对系统的冲击，这也是单点系泊系统的主要特点之一。

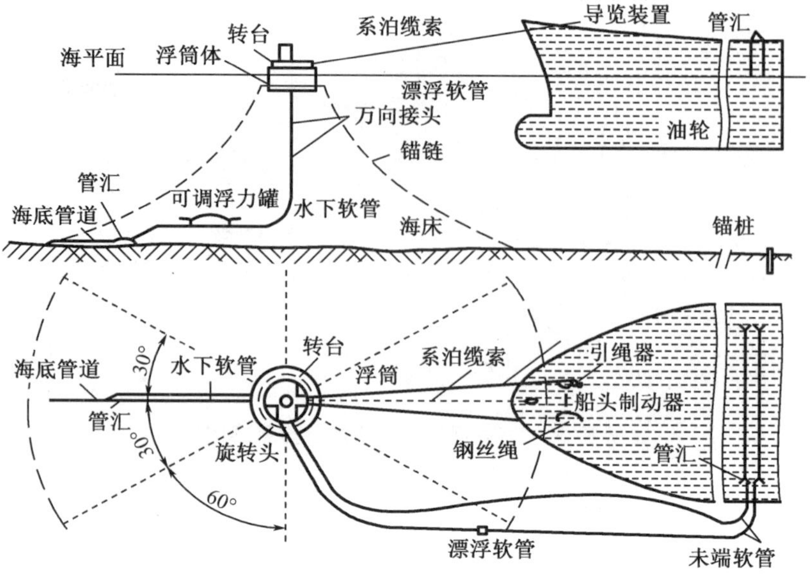

图 3.45　悬链式浮筒系泊装置

②单锚腿系泊装置(SALM)，可分为带立管和不带立管的两种形式，图 3.46 为不带立管的。其基本工作原理是依靠浮筒的净浮力来产生恢复力。其既适用于浅水区，又适用于深水区，如果用于深水区，则锚链下端需连接一段内有输油管的立管，立管上头与锚链铰接，下头铰接在海底基座上。立管可在任意方向摆动。流体旋转头安装在立管顶部。流体旋转头以上的所有部件都可以转动。该装置有一个细长的圆柱形浮筒，通常直径为 6～7 m，高度约为 15 m。浮筒下面用锚链拉住，锚链的下端固定在海底基座上。由于浮筒具有正的剩余浮力，所以锚链始终保持一定的张力。海底基座是以承受浮筒的正浮力和最大系泊载荷为条件的。锚链与浮筒之间、锚链与海底基座之间，都用万向接头相连接；这种结构能使整个浮筒和油轮围绕系泊中心转动，而无须在浮筒上面安装轴承和转台。输油管路不通过浮筒，水下软管与漂浮软管合为一条，直通油轮。

之后，根据海上油田开发的需要和海况条件的要求，在这两种基本类型的基础上，单点系泊技术从工作原理上和结构上不断进行了改进，逐步形成了多种类型的单点系泊装置，常见的有内转塔系泊系统(STP)、固定塔式单点系泊装置(FTM)、软刚臂系泊系统(SYM)。此外还有单浮筒刚臂系泊装置(SBS)、单锚腿刚臂系泊装置、导管架塔式刚臂系泊装置、露体单浮筒系泊装置、可解脱式浮筒转塔系泊装置等。

(2)单点系泊系统的组成及配置

作为允许系泊船舶随着风、浪、流作用方向的变化而绕单个系泊点自由回转的系泊方式，其单点系泊装置的组成及配置随其类型的不同而有所差别。如单浮筒系泊系统，则由浮筒、转盘、系缆索、锚、锚链、漂浮软管、浮筒下软管和水下管线等组成，常用数组锚和锚链将浮筒系于海上固定位置，船舶由系缆索系在浮筒顶部转盘上。系船力经系缆索、转盘、浮筒、锚链传至锚上，当船舶在海上受风、浪、流的作用绕浮筒旋转时，转盘也随之转动。

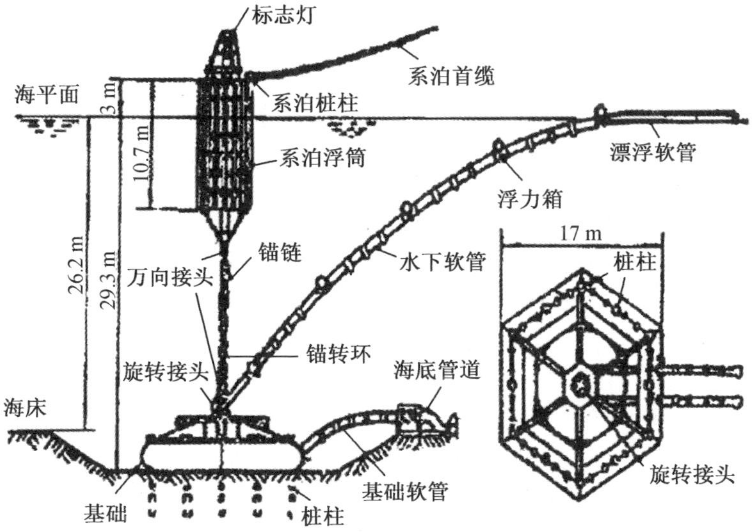

图 3.46　不带立管单锚腿系泊装置

根据 OCIMF 对“单点系泊的船舶使用系泊设备的建议”，按单点系泊标准系泊的船舶所使用的系泊设备应包括船上系泊装置及单点系泊装置。

①船上配置的单点系泊装置主要有系泊首缆、绞缆机、首掣链器、首导缆器、导向滚轮、引缆索、防擦链和漂浮设备等。

a. 单点系泊缆索的配置要求。按规范规定，最多只能由两根组成，大多采用尼龙缆索，以增加其弹性。在缆索的两端加接一小段系泊链，以避免缆索摩擦损坏，在与船连接的一端，还要加接一个能快速连接和解脱的止链器。缆索的破断负荷由系泊负荷确定。

b. 按照船舶载重量配备的防擦链和掣链器的规格及数量见表 3－10。

表 3－10　防擦链和掣链器配置表

	船舶载重量/t	防擦链直径/mm	掣链器数量	安全工作负荷/t
Ⅰ	≤100 000	76	1	200
Ⅱ	100 000～150 000	76	1	250
Ⅲ	>150 000	76	2	350

c. 首导缆孔的配置要求。每个导缆孔应为闭式，且不带滚轮，其最小水平开口尺寸为 600 mm，最小垂向开口尺寸为 450 mm，开口形状应为椭圆形或带圆角的长方形。导缆孔的整个链环支承面应为圆弧形，其最小直径为 530 mm。导缆孔表面应光滑圆顺，以防链环通过时磨损，图 3.47 所示为某船首部导缆孔设计。

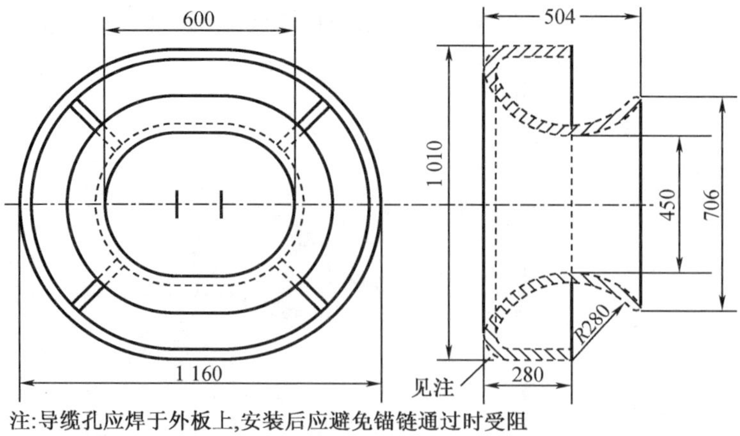

图 3.47　首导缆孔

d. 首掣链器的配置要求。掣链器可分为爪式掣链器或闸刀式掣链器。对掣链器的要求:

· 掣链器应设计成在爪或闸刀处于闭合位置时能固定直径 76 mm 的标准有档链环,而在爪或闸刀处于开启位置时又能自由通过直径 76 mm 的标准有档链环及其相连接的附件。

· 掣链器底座导边应成圆形及表面光滑,以不妨碍锚链进入。

②单点系泊装置的主要部件有流体输转系统(FTS,核心为旋转接头装置)、转台或转塔系统(TTS)、主轴承(系泊轴承)、柔性立管、桩腿、系泊浮筒以及其他附属装置。

· 系泊浮筒的功能要求。除了固定塔式单点系泊装置外,其余类型的单点系泊装置大多装设了特制浮筒,系于海底以提供正浮力,浮筒顶部安装转盘和流体旋转头,其上有系船臂、输油臂和平衡臂等主要构件。浮筒尺寸的大小是根据所需的正浮力和结构要求而确定的。除了强度上的要求外,浮筒必须满足水中稳定要求。浮筒壳体通常分隔为多个水密舱并满足一舱不沉不翻,浮筒应能承受最大系泊负荷和外界环境负荷的作用。

· 桩腿受力复杂,是将浮筒支持在安装点的部件。分为锚链类(或锚链 - 立管)和刚性构件两种形式;按数量划分有单腿和多桩腿之分。

· 旋转接头装置是单点系泊系统的关键部件,它是连通固定部分和旋转部分之间各种流体管道的转换设备。

(3)单点系泊系统水动力特性分析

单点系泊系统主要包括两大部分,一是实现介质传输功能的浮式装置,二是实现浮体定位功能的系泊系统。其基本原理是将海洋工程结构物通过一个可 360° 回转的系泊点系固于海上,由于风标效应,结构物将会顺应在环境力最小的方位上;在回转的同时,介质可以在静态结构和动态结构间进行传输。

在单点系泊系统中,系泊船受到的环境载荷主要是波浪载荷、风载荷和流载荷三个部分。由于潮流的速度相对较低,与一般意义下的船舶操纵运动相比,系泊船舶的运动响应具有自己的特征,是一个复杂的非线性系统,涉及环境条件的非线性、结构非线性和系泊线材料的非线性等,而风浪流还具有非定常性。对于缆索系泊的单点系泊系统,较易发生大幅度振摆运动(纵荡 + 横荡 + 舷摇,也称鱼尾运动),缆索会出现张紧—松弛—张紧的过程,此时缆索受力会增加 50% 以上。它与缆索刚度、缆索长度、系缆点位置、船型以及流速等因素直接相关。在风、浪、流环境条件下,作用在系泊系统上的载荷,按其随时间变化的不同特点可划分为:

a. 数值恒定的平均载荷,使船舶具有一个平衡位置,船舶将围绕这一平衡位置做振荡运动;

b. 缓慢变化的低频载荷,是不规则波引起的二阶漂力,它与一阶力相比,通常具有较小的数量级,但因其变化频率接近系泊系统的固有频率,容易使船舶发生慢漂振荡,这是系泊系统中的主要问题;

c. 以波浪频率变化的高频载荷(一阶力)。

水动力分析是单点系泊系统的一个关键技术,早期受计算手段的限制,只能采用准静力分析方法,后随着计算机技术和水动力理论的发展,逐渐采用了频域动态分析方法,现已广泛采用时域动态分析方法。

①波浪载荷的计算。其主要是计算漂移力,在实际工程应用中,适用于不同水深范围的波浪理论有微幅波理论、斯托克斯五阶波理论、椭圆余弦波理论、孤立波理论,在计算时可根据具体情况选择合适的波浪理论。基于规则波的设计波法,这种方法计算简便,理论发展相对成熟,但是由于它是根据理想化的规则波计算波浪力,所以不能完全反映实际海况对船舶的作用力。基于不规则波的波浪载荷计算方法是建立在统计特征上的,使用这种波浪流载荷模型进行结构动力响应的时域模拟,能够取得良好的效果,但这种模型的缺点是计算量过大,不利于在工程中推广应用。

②风、流载荷的计算。有关文献中给出了石油公司国际海事论坛(OCIMF)在 1977 年和 1994 年两次发表了超大型油船的风载荷和流载荷的计算方法,以及系统完整的模型试验资料,目前已成为各种应用研究的标准载荷计算方法。

单点系泊系统本身的主要作用是将浮体运动限制在一定范围内,但同时为保证系泊系统本身的强度,又不宜产生过大的约束力。最小运动与最小系泊力是矛盾的要求,因此,单点系泊系统的设计和分析就在于选择最适宜的系泊刚度。在实际工程设计时,通常借助于比较成熟的专门软件来对系泊系统进行仿真,常用的分析软件有 AQWA、Orcaflex、HydroStar - Ariane3D、SESAM 等。

(4)船上配置的单点系泊装置布置要点

油轮不靠港而采用单点系泊时,需要使用绞缆机将防擦链牵引进掣链器中锁紧,防擦链另一端则通过导缆器和系泊缆绳连接,从而进行单点系泊。同时要满足 OCIMF《系泊设备指南》(第三版)对 VLCC 单点系泊的最新要求和建议。

①150000DWT 以上的船舶的首部系泊属具及布置要点。在船舶首部露天甲板上按要求布置两套属具,如图 3.48 所示。其要点如下:

· 在首部露天甲板上相对船的中心线对称配置两个闭式导缆孔,两导缆孔的中心间距应该大于 2 m,但不超过 3 m。

· 相对于船的中心线对称配置两个掣链器,其布置应使它们离对应的导缆孔等距。首掣链器的前端在对应的导缆孔之后的距离为 2.7 ~ 3.7 m。每一掣链器的中心线的延长线应通过对应的导缆孔中心。

· 每个掣链器的后面应布置一个带座架的滚轮导缆器，掣链器与导缆器的距离至少为 4.5 m。若需要应在合适的位置设附加的导向滚轮以将缆索引向绞车或起锚机。

· 导缆孔、掣链器、滚轮导缆器在甲板上的高度应使链环中心线的走向以一直线通过导缆孔、掣链器和滚轮导缆器。

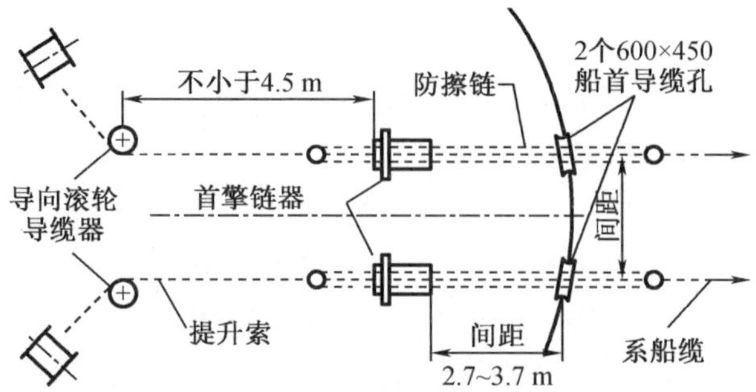

图 3.48　150000DWT 以上的船舶的单点系泊属具布置（两套属具）

②150000DWT 及以下的船舶首部系泊属具及布置要点。在船舶首部露天甲板中心或靠近中心线处按要求布置一套属具，如图 3.49 所示。

· 在首部中心线处布置一个闭式导缆孔。

· 在船中心线处布置一个掣链器，掣链器的前端在导缆孔之后的距离为 2.7 ~ 3.7 m。掣链器的中心线之延长线应通过导缆孔的中心。

· 掣链器的后面应布置一个带座架的滚轮导缆器，掣链器与导缆器的距离至少为 4.5 m。若需要应在合适的位置设附加的导向滚轮以将缆索引向绞车或起锚机。

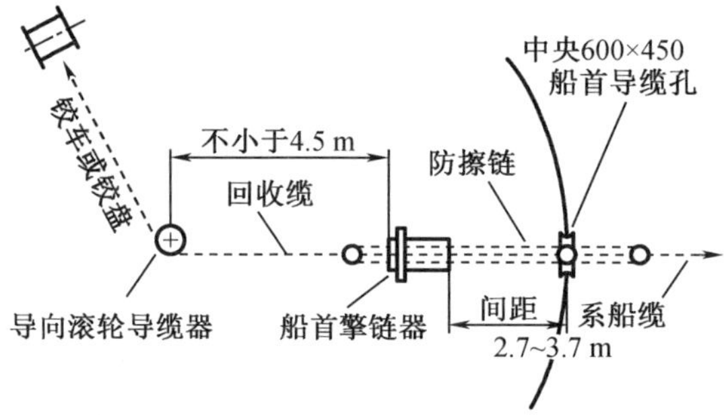

图 3.49　150000DWT 及以下的船舶的单点系泊属具布置（一套属具）

（5）单点系泊系统的应用现状

单点系泊系统从 20 世纪 50 年代后期发展到现在，已经成为广泛使用的一种海上系泊超大型油轮、FPSO、FLNG 等的方式。单点系泊系统被大量采用，主要原因是它的适应水深范围比较大，抵抗海洋环境能力强，在一定条件下经济性良好，它对海上油田的开发起到了重要的作用，而且这种技术还在不断地发展之中。

伴随着近海工程逐步向深海领域发展，各种单点系泊系统的应用也越来越广泛。单点系泊油轮不用靠港，在离岸足够深的水域和单点系泊浮筒连接，通过浮筒下端的管道进行输油和储油。这解决了世界上绝大多数港口航道狭窄、水浅，不能匹配大型油轮和超大油轮的问题，为海洋石油开采和海上运输中转的历史翻开了崭新的一页，推动了海洋石油开采业和石油化工业的发展。

目前从单点系泊系统的应用来讲，主要有两大类，即海上“FPSO 单点系泊系统”（图 3.50）和离岸“单点系泊输油终端系统”，前者应用于 FPSO 定位系泊与流体输转，而后者用于离岸油气装卸，可代替固定式码头。其中，FPSO 单点系泊系统用于近海油田开发，是近海油田“井口平台 + 生产储油轮（FPSO） + 单点系泊系统”采油方式中主要组成部分之一。

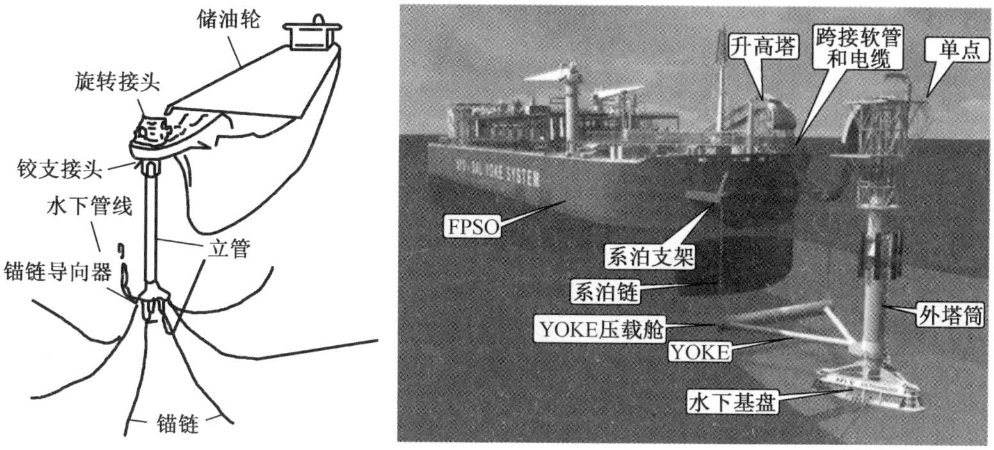

图 3.50　FPSO 单点系泊系统

随着科技的进步，人类对海洋的开发利用进入了快速发展的阶段。任何形式的开发利用都离不开海洋工程设备，如海洋平台、船舶、水下探测器、海底观测站等。然而这些设备无一例外地需要系泊定位才能长期在一定的区域内稳定可靠地工作。采用单点系泊系统进行定位是海洋工程、海洋观测、海洋养殖等领域最常用的定位方式之一。

思　考　题

1. 何谓系泊模式？
2. 反映双柱系缆桩的结构参数主要有哪些？
3. 何谓“8”字缠绕带缆法，其作用原理是什么？
4. 选用钢丝绳作为系泊缆时，应关注钢丝绳的哪些特性？
5. 与钢缆比较，合成纤维缆有哪些优缺点？
6. 简述在系泊设备的布置设计中，系缆桩及导缆装置的设置要点。
7. 结合船侧系泊模式，分析各系泊缆索的作用。
8. 何谓单点系泊？
9. 导缆器起什么作用，主要有哪些类型，各适用于哪些场合？
10. 根据什么选配系缆和带缆桩的直径？

第 4 章　拖曳设备及系统

4.1　概　　述

4.1.1　拖带的一般概念

船队运输、大型船舶在港口调头或靠离码头、海难船舶的救助、钻井平台的移位等作业都需要专业拖船来完成。此外,一般船舶在营运过程中,也会出现本船发生故障或遇他船出现海事需要相互救助协助拖带的情况。所构成的拖航系统主要是由专业拖船、被拖船舶或浮物以及拖缆组成。根据拖船数量、配备形式和被拖船舶或浮物的数量以及被拖带方式的不同,所构成的拖航系统组成形式也有多种模式。

随着海洋资源的深度开发,越来越多且形式多样的海上浮式结构物(简称浮物)成了拖带的主要对象。除了传统意义上的船舶之外,海上浮式生产储油装置(FPSO)、钻井及采油平台、水下探测器、海洋科学浮标、深潜器等海上装备的建造和发展方兴未艾。在当今世界上的海洋平台及绝大多数海上装备中,在陆地上建造完成后,除了少数具备自航能力可以在海况较好的条件下以较低的航速由陆地驶向预定海域外,绝大多数平台及海上装备考虑到经济和使用条件的因素,并不具备自航的能力,其需要在建造完成后由专门的拖船拖带至工作地点,这样就对现代意义上的海洋船舶和浮物的海上拖航提出了诸多方面的要求。按照被拖结构物的类型,一般可将拖航形式分为常规线型船舶的拖带、海洋工程船舶的拖带、驳船的拖带、海洋平台的拖带以及其他海上结构物的拖带。

按照被拖船舶或浮物是置于水中直接拖带还是置于专门驳船上进行拖带可分为干拖和湿拖。所谓湿拖是通过被拖船舶或浮物本身排水体积获得浮力而直接置于水中进行的拖带;所谓干拖是把被拖船舶或浮物放置于专门驳船上,在用专业拖船牵引载有船舶或浮物驳船的拖带方式。干拖和湿拖各有其应用范围,干拖常用于未建成的海洋平台的短距离迁移或排水体积较小的平台如导管架平台和自升式平台的运输和拖带;湿拖则较常见于传统船舶、海上浮式生产储油装置以及建造完成的海上平台等浮物的拖带。一般来说,干拖的难度要小于湿拖。值得一提的是,对于一些不常见的或者小型的如浮标、深潜器等非常规被拖结构的拖带,整个拖航系统的构成如图 4.1 所示,由水面拖船、拖缆和水下(面)拖体组成了湿拖模式,由于其体积小、抵抗外界环境的能力弱以及运动力学特性复杂等诸多原因,采用湿拖的实例还较少,在这里对此不做讨论。本章主要讨论常规的船舶或海上浮式结构物湿拖拖航系统。

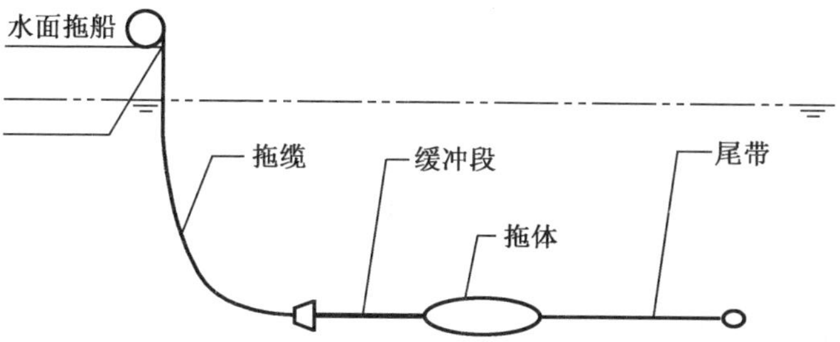

图 4.1　水下湿拖模式

4.1.2　船舶或浮物的拖带方式

船舶或浮物的拖带作业按航行区域可分为海上拖带、锚地拖带、港口拖带和内河拖带。按拖带方式大体可分为吊拖、绑拖和顶推三种形式。

(1)吊拖

吊拖可分为船首吊拖和船尾吊拖,一般主要是指船尾吊拖。吊拖是用于海上失事遇险船舶或浮物救助拖带的主要方式。

①船尾吊拖,又称尾拖(正拖),是拖船在前,被拖船舶或浮物在后,两者相隔较大的距离,通过拖缆牵引被拖船舶或浮物一起行驶的拖带方式,如图 4.2 所示。尾拖是一种只能前进而无法后退的拖带牵引方式。按拖航组队形式来分,尾拖有一列式、双排并列式以及多排并列式等多种形式。尾拖能充分发挥拖船的牵引力,抗风能力较强,特别适用于海上长距离拖带作业,是海上拖航的主要方式,但整个拖航船队较长,不易操纵。

1—拖船;2—拖缆。

图 4.2　尾拖方式

②船首吊拖,又称首拖(倒拖),是全回转导管螺旋桨港作拖船的主要作业方式,用于协助大型船舶离开码头或通过狭窄航道的作业,如图 4.3 所示。

(2)绑拖

绑拖,也称并拖,傍拖,是以拖船舷靠舷的绑结被拖船或浮物一起行驶的一种主要拖带方式。拖船系绑在被拖的船中后部的舷边进行拖带,如图 4.4 所示。

图 4.3　首拖方式

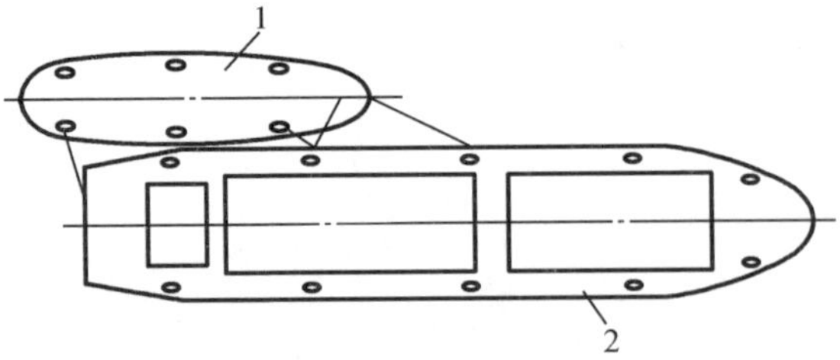

1—拖船;2—被拖船。

图 4.4　绑拖方式

绑拖方式的优点是船队长度短,操纵较灵活,但阻力较大,风浪中两船易互相碰撞,故一般只用于短途拖带、江河狭窄航道中的拖带以及港内协助船舶靠离码头、转移泊位等。

(3)顶推

是将推船的船头用缆索或顶推装置系固于被推船舶或浮物的后部,来推着船舶或浮物一起前进的推带方式。图 4.5 为比较常见的顶推队形。顶推方式的优点是操纵性好,船队的阻力较吊拖小,推轮能发挥更高的推进效率,因此在内河运输中使用广泛。

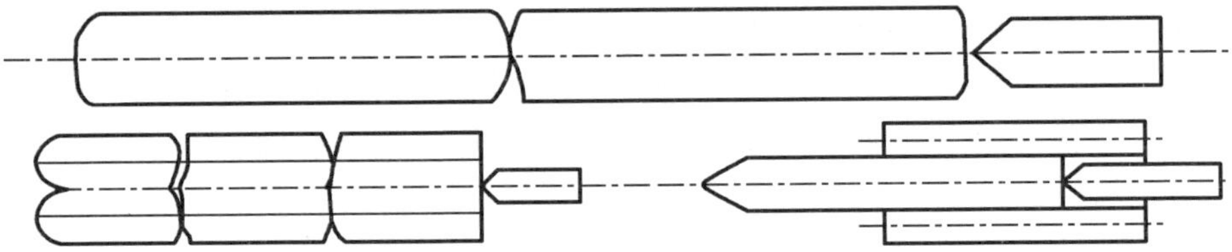

图 4.5　常见的顶推队形

就推船与驳船的连接形式来看,有整体式连接和非整体式连接两大类。非整体式连接又可分为推架式、凹槽索具式和二销式。整体式连接又可分为嵌接式和三销式。常见的顶推连接形式如图 4.6 所示。

顶推方式也常用于被拖船舶或浮物的迁移,此时,拖轮将处在被拖船舶或浮物的任意位置,或前或后,或左或右来帮助被拖船舶或浮物前进或横移。图 4.7 为协助巨型船舶在港内掉头或靠泊码头。

(4)组合拖带方式

在被拖船舶、浮物庞大或对其运动控制要求较高时,应采用多艘拖船组合拖曳的方式,这样可同时解决前进、制动、保向以及掉头等问题,如图 4.8 所示。

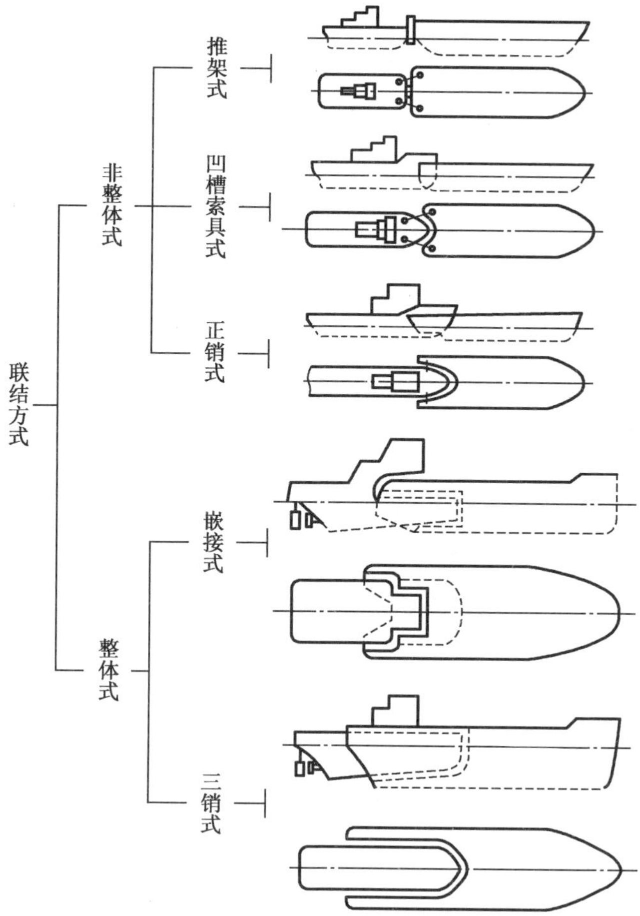

图 4.6　常见的顶推连接形式

图 4.7　协助巨型船舶靠泊码头

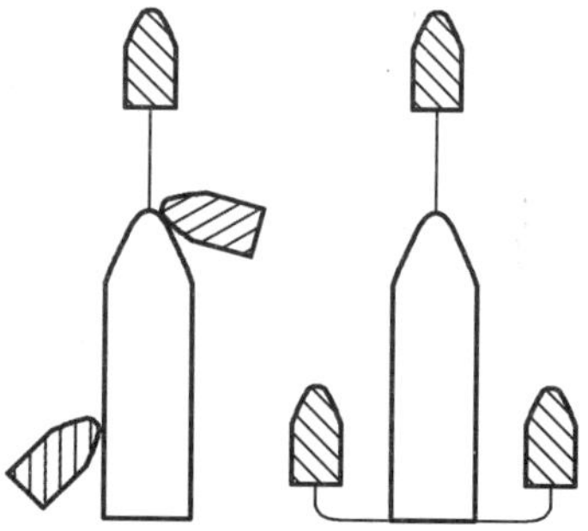

图 4.8　组合拖带方式

4.2 拖曳设备的组成

凡船上供推拖其他船舶或浮物,或供承受推拖作业而设置的所有专用结构、部件、装置和机械,统称为推拖设备。推拖设备依照作业方式的不同可分为拖曳设备和顶推设备。顶推设备是用于推船和驳船上供顶推作业用的专门设备。拖曳设备是指设于拖船、被拖船舶或浮物上供拖带作业用的专门设备,可按专业拖船的拖曳设备和非专业拖船的拖曳设备以及非自航船舶及浮物的拖曳设备分别进行配置,以满足不同船舶及浮物的拖曳功能及使用要求。

当前,由于海洋工程的发展,海上拖带作业十分频繁,如各种非自航海洋工程作业船舶、挖泥船、浮船坞及海洋平台的调遣,海洋工程装置的运送以及大型海洋油船的应急拖曳等。由此而引起各国政府和船级社对其的重视,制定了一系列的规范和规则,对从事海上拖带作业的拖船、被拖船舶、被拖移动式平台及其他被拖海上设施的结构、性能、设备等提出了严格的要求,并对拖曳设备做了详细规定。本章根据 IMO 海上安全委员会 MSC/Circ. 884 通函《海上安全拖航导则》、ZC《海上拖航法定检验技术规则(1999)》以及 CCS《海上拖航指南(2011)》的规定,对于除大型油船及液化气体船的应急拖曳装置以外,主要讨论海上拖航的拖曳设备及其配置。海上拖曳设备可分为活动拖曳设备(拖索具)和固定拖曳设备。

4.2.1 拖索具

拖索具是海上拖带中使用的活动拖曳设备,主要包括主拖缆、备用主拖缆、应急拖缆、短缆、龙须缆(链)、三角板、连接卸扣、连接环及回收缆等。

(1)拖缆及回收缆

拖缆是拖船吊拖被拖船舶或浮物的专用缆索,是拖航的重要装备。实际上其由三部分组成,即主拖缆、短缆及龙须缆(链),另外还有回收缆。主缆是用于拖带的主要缆索;短缆是连接主缆和龙须缆(链)的一段缆索,俗称过桥缆;龙须缆(链)是被拖船舶或浮物(通过短缆)与拖缆连接的装置,是为了保持被拖船舶或浮物的航向稳定性,从布置于船首两侧的拖力点连接至三角板的拖索具;回收缆用于被拖船舶或浮物解拖时回收龙须缆/链或全部拖索具。

(2)拖缆的连接件

常用的拖缆连接件主要有三角板和连接卸扣。三角板的形状是角端为圆弧形的等腰三角形,设有三个眼孔,眼孔之间的距离应足以保证连接卸扣的安装。三角板的材料为碳钢或合金钢,图 4.9 为一安全工作负荷为 900 kN 的三角板。

连接卸扣系指拖索具中用于主拖缆、短缆、三角板、龙须缆(链)及防擦链之间连接用的卸扣,这些连接卸扣均应为螺栓式,并带有螺母及开口销。卸扣采用强度较高的碳钢或合金钢制作。

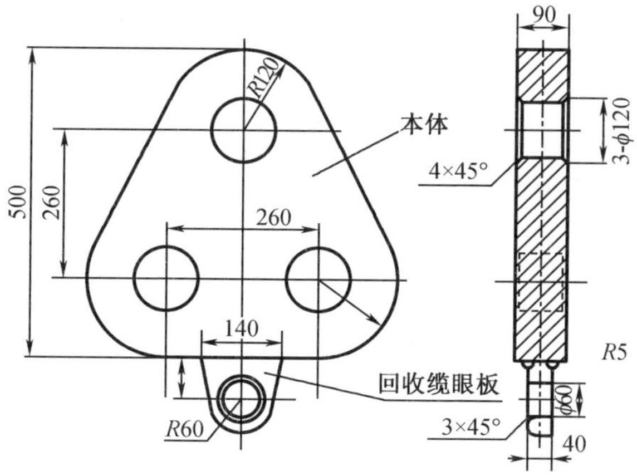

图 4.9　拖曳三角板

4.2.2　固定拖曳设备

固定拖曳设备主要包括拖缆机（拖索绞车）、拖钩装置、拖力眼板、拖桩、拖缆承梁（拱架）、拖缆滚筒（导缆器），以及拖缆孔、导缆孔、挡缆柱、限位器等拖索导向及限位装置。

(1)拖钩装置

拖钩装置主要由拖钩、拖钩弓架及拖钩托（座）架组成。拖钩是拖船用于扣挂拖缆并能迅速解脱的带钩器具。拖钩弓架是滚子式拖钩的导向及支承装置。拖钩托（座）架则是拖钩的存放处所。

①拖钩，目前使用的拖钩主要有两种形式，即滚子式拖钩和销轴式拖钩。

· 滚子式拖钩主要类型有：不带缓冲装置且不可折叠的开式拖钩（Ⅰ型）、带有缓冲装置的折叠型封闭式拖钩（Ⅱ型）、带有手动闭锁器和缓冲装置的折叠型开式拖钩（Ⅲ型）、带有液压闭锁器和缓冲装置的折叠型开式拖钩（Ⅳ型）。为防止拖索从拖钩中脱出，海上拖航通常使用带有缓冲装置的折叠型封闭式滚子弹簧拖钩，如图 4.10 所示。

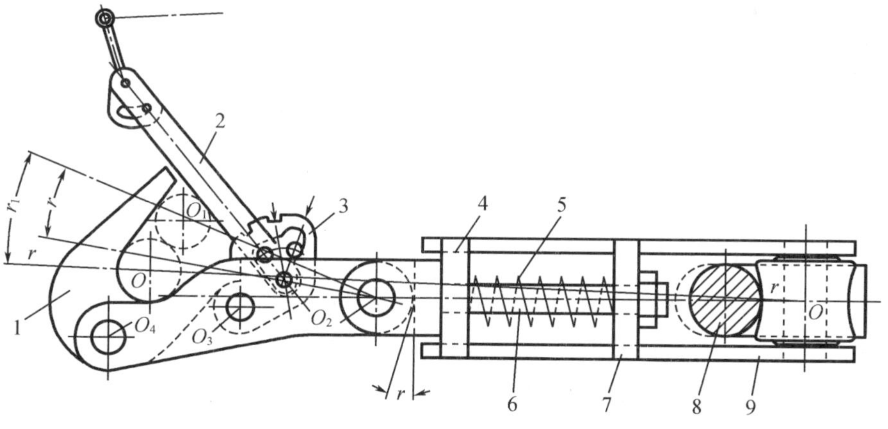

1—钩子；2—制动杆；3—止钩板；4—支架；5—弹簧缓冲装置；

6—弹簧缓冲装置的拉杆；7—承压架；8—拖钩弓架；9—框架夹板。

图 4.10　封闭式滚子弹簧拖钩

· 常用的销轴式拖钩有销轴式折叠型闭式弹簧拖钩和销轴式气控开式弹簧拖钩，如图4.11所示。

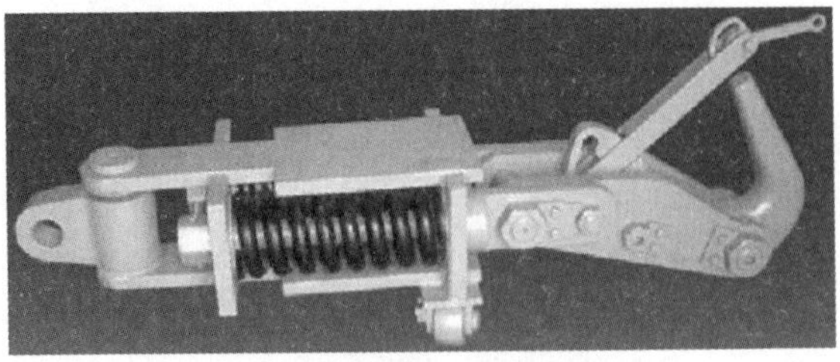

销轴式折叠型闭式弹簧拖钩

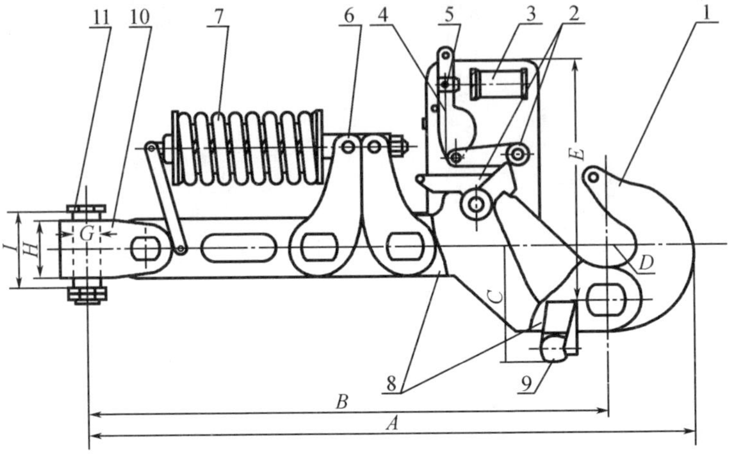

销轴式气控开式弹簧拖钩

1—钩子；2—止动杠杆；3—气缸装置；4—制闸柄；5—可调紧锁装置；6—曲臂；
7—弹簧装置；8—钩子架；9—滚轮装置；10—联结十字接头；11—座销。

图 4.11 销轴式拖钩

②拖钩弓架，是与滚子式拖钩、拖曳滚轮或拖曳滑车相配合的一弓形构件，为一曲线梁，与船体结构相连接，有销轴固定和焊接固定两种形式。通过拖钩弓架将拖力传递给船体结构。

③拖钩托(座)架，位于拖钩下面，用以支持拖钩以及滑轮、拖缆的部分自重，并便于拖钩的摆动，其形状呈半圆形或曲形，同拖钩的支撑滚轮移动轨迹相符。托架通常用钢板或型钢制成，其托架下面设有支撑，如图4.12所示。

(2)拖桩及拖力眼板

①拖桩，是设于拖船和被拖船舶或浮物上，供套扣或系挂拖缆用的立柱。拖桩的外形与系缆桩相似，分单柱式和双柱式。为防止拖缆滑出，桩柱上设有凸缘或横档。按其用途可分为拖桩和兼作拖曳/系泊用的系缆桩。

拖船的拖桩应根据各种拖带作业的要求进行配置，按其位置一般可分为首部拖桩、舷侧拖桩和尾部拖桩。在被拖船舶或浮物上，通常采用双柱式拖曳/系泊用的系缆桩，被拖船舶一般设置在首尾部，被拖浮物视拖带方式确定其设置位置。

②被拖船舶或浮物的拖力眼板。主拖力点通常采用快速解脱型拖力眼板，俗称斯密特

(SMIT)眼板,如图 4.13 所示。在被拖船舶或浮物上,其备用拖力点也可采用拖桩形式。

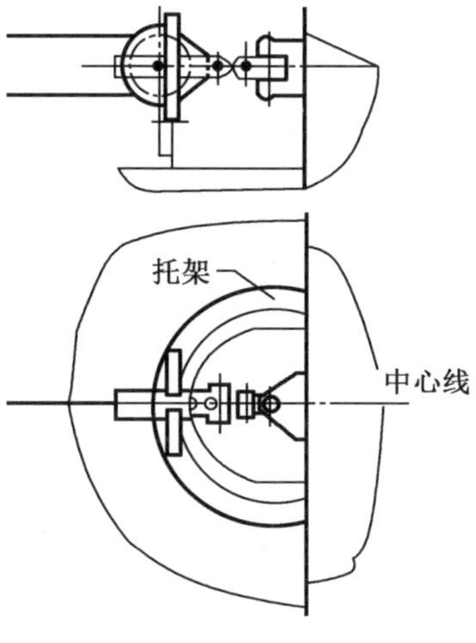

图 4.12　拖钩托(座)架

图 4.13　快速解脱型拖力眼板

(3)拖索导向/限位装置

拖索导向/限位装置是限定各种拖索具(拖缆、龙须缆/链)的导出方向及移动范围的设施,如龙须缆(链)的导缆孔、尾部拖缆孔、拖索导缆孔或挡缆柱、限位器等。

龙须缆(链)的导缆孔设置在被拖船舶或浮物上,与拖力眼板配合使用。该导缆孔为铸钢件,其形状类似巴拿马运河导缆孔,如图 4.14 所示。

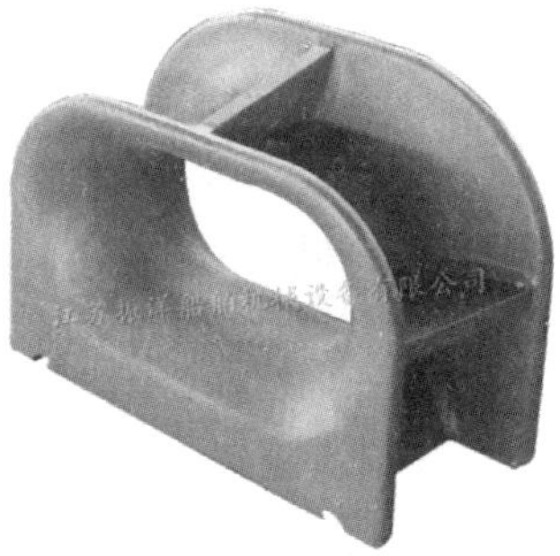

图 4.14　龙须缆/链导缆孔

尾部拖缆孔一般用在拖船上,有多种形式,为便于作业,通常设有启闭闩。有简易的启闭式拖索孔以及如图 4.15 所示的无滚轮启闭式拖索孔和带有垂直滚轮的启闭式拖索孔,而在大型海洋拖船上常设置如图 4.16 所示的尾部拖缆滚筒(导缆器)。

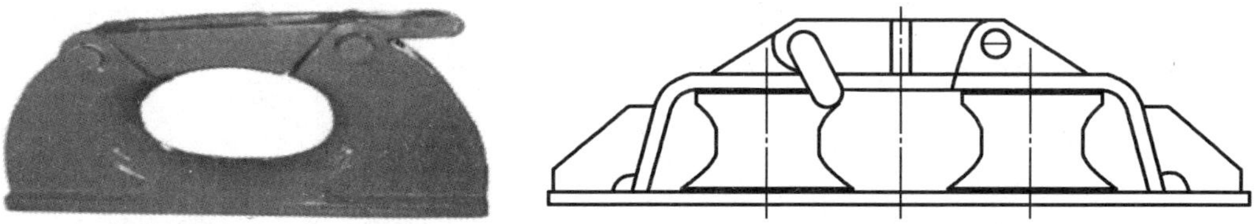

(a)无滚轮的启闭式拖缆孔　　(b)带有滚轮的启闭式拖缆孔

图 4.15　启闭式拖缆孔

挡缆柱设置在拖缆机后部,通常为双十字形(图4.17)。拖索导缆孔安装于设有拖缆机的拖船上,设置在拖索绞车的正后方,其作用与挡缆柱相似。拖索通过导缆孔或挡缆柱引向被拖船舶或浮物并与此连接。

图4.16 在尾部设置拖缆滚筒(导缆器)的海洋拖船

图4.17 在尾部设有挡缆柱的拖船

限位器设置在拖船的两舷或接近两舷处,位于拖钩或拖缆机的后面,当拖船转向时,拖缆从拖船尾部滑向舷边,到限位器处受到阻挡,从而使拖船获得一个使其按相反方向转动的力矩。

(4)拖缆承梁

拖缆承梁是设于拖船尾部、支立于两舷的拱形梁,用于支承拖缆,使得拖缆张紧时能平稳不受阻碍地从一舷滑向另一舷,可分为固定式和局部活动式,如图4.18所示。

(5)拖缆机械

拖缆机械系指用于海上拖带作业的机械,是拖放、卷收拖缆的专用绞车,如图4.19所示。其包括首拖作业使用的拖曳绞车以及尾拖作业使用的拖曳绞车。按其功能可分为普通拖曳绞车和自动拖缆机;按驱动方式可分为电动、液压或柴油机直接驱动;按滚筒数则可分为单滚筒、双滚筒和三滚筒。

与拖钩相比,普通拖曳绞车具有承受的拉力大,结构坚固,且能迅速改变所需的拖缆长度等优点。自动拖缆机,设有恒拖(张)力装置,能按拖缆张力的变化自动调节拖缆的长度。其能实现恒张力拖带,大多数用于海洋拖船。

图4.18 在尾部设有拖缆承梁的拖船

图4.19 拖缆机

4.3　海上拖航阻力和系柱拖力的估算

海上拖带是一项复杂而艰巨的工作,复杂的海况、多变的气象、海流的偏向、航行海区的情况都会对拖航的速度和拖航状态产生重要影响,这些因素在其湿拖过程中会产生较大的阻力,从而造成拖缆的形态和受力产生变化。

4.3.1　海上拖航速度及被拖物的航态

吊拖能充分发挥拖船的牵引力,适用于海上长距离拖带作业,是海上拖航的主要方式,在拖缆长度大于 7 倍拖船长度的情况下,吊拖船组较绑拖船组具有更小的航行阻力。在进行海上拖航时,为保持拖带的稳定性及其他相关性能,同时保证被拖结构物和拖船的性能得到最大限度发挥,针对不同被拖结构物的特点,相关规范中规定了不同的低限拖带速度。依据 ZC《海上拖航法定检验技术规则(1999)》以及 CCS《海上拖航指南(2011)》,以拖带各种被拖船舶或浮物在静水中的拖航速度作为衡量标准,一般应满足如下要求:

①拖带常规线型船舶类被拖物时,应不小于 6 kn;

②拖带特殊线型的被拖物(如浮船坞、起重船等)或半潜式钻井平台时,应不小于 5 kn;

③拖带自升式钻井平台及其他水上建筑物时,应不小于 4 kn。

上述要求是最低标准,实际上在良好的海况条件下,海上拖航速度可大于上述速度。但是,被拖船舶或浮物在拖航时会发生首部下沉的现象,导致阻力增加和航向不稳定,速度越高,下沉现象越严重。因此被拖船舶或浮物在拖航前应调整首尾吃水,使之具有适当的尾纵倾,至少应保持水平状态,但无论如何不应存在首纵倾。

4.3.2　海上拖航阻力的分析及估算

对海上拖航中的各种风险情况分析离不开拖航阻力这个因素作为前提,只有在准确估算出拖航阻力的前提下,才能为选择海上拖航所需要的拖船及拖带方式,故应对拖船和被拖物的拖航阻力进行分析和计算。

(1)海上拖航阻力分析

被拖船舶或浮物在拖船的牵引下航行时,主要是受到风和流的作用,研究其拖航阻力时,可将其分为两种类型,即水阻力和空气阻力,其中,空气阻力的成因相对简单且所占总阻力的比例一般较小,而水阻力的成因复杂,是构成拖带阻力的重要组成部分,其分类情况如图 4.20 所示。拖航阻力中阻力成分的不同,决定了其计算方法的不同。

若按流体性质和船舶或浮物的结构特点出发,拖航中的水阻力成分可归纳为是由兴波阻力、摩擦阻力、和黏压阻力三部分组成。把摩擦阻力和黏压阻力合称为黏性阻力,兴波阻力不受流体黏性的影响而单独存在。在拖带航行中,大部分是属于低速航行,除了风浪的影响,其浮式结构物本身产生的兴波阻力并不大,更多的时候则是黏性阻力比较明显,特别是在海洋平台的拖带中,有很多附体结构以及曲线的突变,往往会产生水压力的改变进而生成漩涡，形成相应的漩涡阻力，经实验证明，一些结构的漩涡阻力与其摩擦阻力之间有一定的关系。

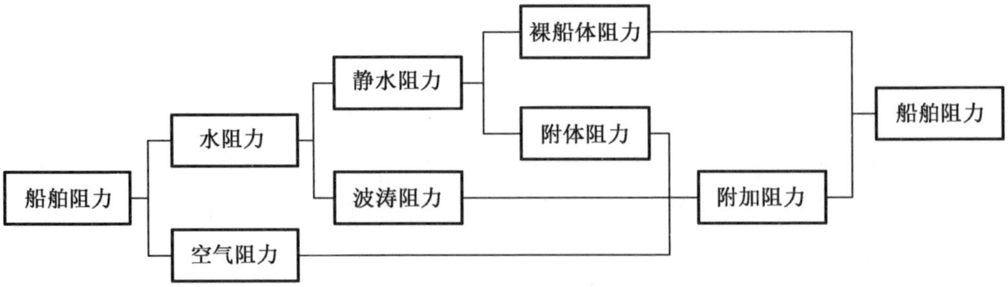

图 4.20　拖航阻力的组成及分类

若按傅汝德阻力分类方法，将拖航阻力（分别包括拖船和被拖物）统分为摩擦阻力和剩余阻力两大部分。摩擦阻力仅与雷诺数有关，剩余阻力仅与傅汝德数有关。在阻力的处理上，除了摩擦阻力之外，将包括黏压、兴波等所有阻力成分统称为剩余阻力。傅汝德阻力分类方法尤其适用于拖航中的阻力分析和计算，即考虑了阻力的成分在总阻力中的构成比重，低航速时兴波阻力较小，摩擦阻力是阻力的主要成分；高速时摩擦阻力没有明显提高，但兴波阻力却显著提升，故阻力成分的比重与速度有关，即与傅汝德数有关。

（2）海上拖航阻力的三种估算方法

拖航阻力的计算包括拖船、被拖船舶或浮物、拖缆以及其他附属设施等的阻力估算，为简化计算，一般都忽略了拖缆的阻力以及其他附属设施所产生的阻力。海上拖带属于低速航行，按照经典船舶理论，摩擦阻力应为其主要阻力成分，但对不具有流线外形的平台结构物，甚至有些平台结构物的迎流运动其主尺度方向并不与其本身运动方向相同，这将导致其在拖带过程中剩余阻力成分明显增大。到目前为止，几乎所有的拖航阻力估算方法都是建立在同类型系列船模实验结果的基础上通过总结和归纳得出的。这些阻力估算方法的准确程度取决于系列实验中的实验条件、实验方法等多种因素，并且与实验所得母型船数据图谱的可靠性直接相关。随着计算流体力学的发展和计算机辅助软件的完善，可以通过计算机利用回归成曲线的方法得到更加准确的阻力估算方法。

依据船舶阻力理论和实践经验，拖航阻力的估算方法可以分成母型船数据估算、船模实验系列数据估算和经验公式估算方法三种。

①母型船数据估算方法，是通过已有的母型船数据来估算被计算船舶的一种方法。若所要计算的拖船或被拖船在型线上与某一已知阻力的船型相接近，则可通过修改母型船的相关参数以获得所要计算船舶的阻力。用母型船数据估算阻力的精确性取决于母型船与所计算船舶型线尺度等相关参数的相似性，总体来说，存在较大的不确定性，该方法主要应用在初期估算中。

②船模实验系列数据估算方法，是通过一系列实验得到的船模阻力图表和图谱，供后续相似船舶的阻力计算时采用。其中，大部分的船模阻力图表和图谱都是根据傅汝德阻力分类方法计算的，摩擦阻力的计算采用相当平板理论，而剩余阻力的计算则根据不同的试验方法来得到相应的图表和图谱。

③经验公式估算方法，目前估算海上结构物拖航阻力的公式很多，在相关规范中已给

出，不同拖航速度下的总阻力可以通过相关经验公式进行估算。本章以常用的 CCS《海上拖航指南(2011)》中的经验公式为例进行讨论。

(3)海上拖航阻力的经验公式估算法

CCS《海上拖航指南(2011)》对保证海上拖航作业安全起到了非常积极的作用，其推荐的“海上拖航阻力估算方法”是目前拖航运输中对被拖物进行阻力估算最常用的方法之一。

海上拖航的总阻力 R_T(kN)可按以下经验公式计算

$$R_T = 1.15(R_f + R_B + R_{ft} + R_{Bt}) \tag{4-1}$$

式中 R_f——被拖船舶或浮物的摩擦阻力(kN)；

$$R_f = 1.67A_1V^{1.83} \times 10^{-3} \tag{4-2}$$

R_B——被拖船舶或浮物的剩余阻力(kN)；

$$R_B = 0.147C_BA_2V^{1.74+0.15V} \tag{4-3}$$

R_{ft}——拖船的摩擦阻力，kN；

R_{Bt}——拖船的剩余阻力，kN。

A_1——船舶或水上建筑物的水下湿表面积，m^2；

V——拖航速度，m/s；

C_B——方形系数；

A_2——浸水部分的船中横剖面面积，m^2。

水下湿表面积 $A_1(m^2)$和浸水部分的船中横剖面面积 $A_2(m^2)$的计算若没有详细资料和数据，仍可采用经验估算的方法，针对不同的船型有不同估算公式。

· 一般流线型常规船舶，其水下湿表面积公式为

$$A_1 = L(1.7T + C_BB) \tag{4-4}$$

· 首尾有线型变化的箱形船和运输驳船

$$A_1 = 0.92L(B + 1.81T) \tag{4-5}$$

· 无线型变化的箱形船及其他水上建筑

$$A_1 = L(B + 2T) \tag{4-6}$$

式中 L、B、T——分别为船长、船宽和拖航吃水，m；

拖船阻力 R_{ft}和 R_{Bt}可使用拖船的设计资料。也可参照上述经验公式进行计算。

对于上层建筑受风面积大的船舶或者是自升式平台等海洋平台上部受风面积大的结构，应特别计及其风阻力影响，其拖航阻力 $\sum R$ (kN)应按下式计算并与上式比较，取较大值

$$\sum R = 0.7(R_f + R_B) + R_a \tag{4-7}$$

式中 R_a——空气阻力，kN。

$$R_a = 0.5\rho V_s^2 \sum C_sA_i \times 10^{-3} \tag{4-8}$$

ρ——空气密度，kg/m^3，取 1.22 kg/m^3；

V_s——风速，m/s，取 20.6 m/s；

A_i——受风面积，m^2，按顶风状态计算；

C_s——受风面积 A_i 的形状系数，具体数值见表4-1所示。

表 4-1 系数 C_s 值

形状	C_s	形状	C_s
球形	0.4	钻井架	1.25
圆柱形	0.5	钢索	1.2
大的平面(船体、甲板室、平滑的甲板下面积)	1.0	甲板下暴露的梁和桁	1.3
成群的甲板室或类似结构	1.1	小部件	1.4
独立结构形状(起重机、梁等)	1.5		

此估算方法既适用于拖船也适用于被拖结构物,可以较为快速便捷地估算拖航系统的阻力水平以便在已知被拖结构物尺寸参数和拖航海况的条件下确定拖航系统的总阻力,但由于没有考虑诸如船首形状的不同、拖缆的水阻力以及结构的污底情况等影响阻力的因素,尤其是海洋平台的拖带阻力,故此方法仅在船舶保养较好、船型较为规则的拖航阻力估算中较为精确,因而在工程上的应用上具有一定的局限性。

(4)海上拖航阻力估算中其他因素的考虑

由上述可知,在海上拖航阻力估算中没有考虑其他相关影响因素,如对于被拖物的首部形状不同将产生阻力的差异,还有诸如拖缆水阻力的问题、风浪引起的兴波阻力以及对被拖物湿表面长有海生物对拖航阻力的影响等。

①船首形状不同对拖航阻力的影响。实际上,在被拖物相对于流体运动时,其首部线型不同,产生的剩余阻力差异很大,这在特种船型中是必须要考虑的。实验表明,当被拖物首部流线型逐步变差,被拖物的实际剩余阻力值将显著增大,约为流线型船首估算值的 1 ~ 3 倍。因此,除考虑被拖物浸水部分的船中横剖面积 A_2 和拖航速度 V 外,还应根据被拖物首部形状的不同,引入被拖物首部形状系数 F_2。在英国 OPL 出版的油田海船第四卷 *Towing* 的剩余阻力的估算方法中,给出的估算公式为

$$R_B = 0.62 \times F_2 \times A_2 \times V^2 \quad (\text{kN}) \tag{4-9}$$

式中 F_2 为被拖物首部形状系数,按表 4-2 选取。

表 4-2 被拖物首部形状系数 F_2

被拖物首部形状		系数值
半圆形 (如非自航驳船、FPSO 等)	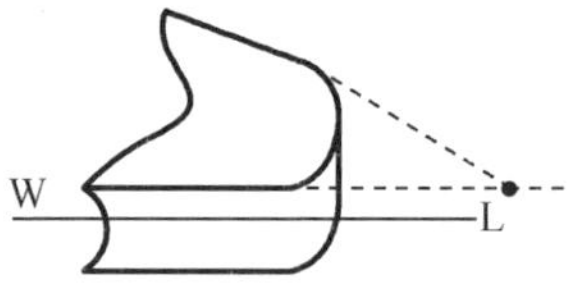	0.3 ~ 0.5

表 4-2(续)

被拖物首部形状		系数值
上下阶梯箱形 (如海上浮式结构物等)	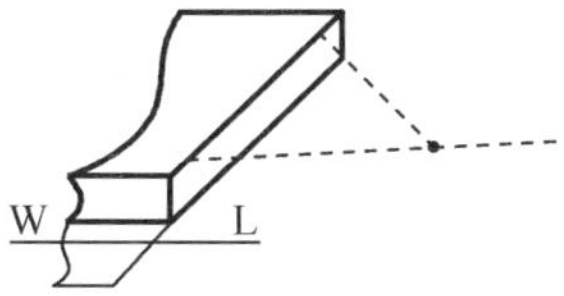	0.3~0.5
流线形 (如自航船舶等)	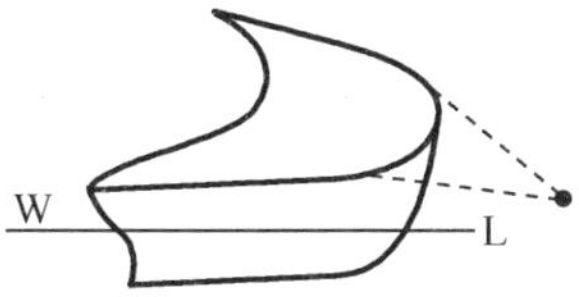	0.2~0.4
棱箱形 (如海洋平台等)	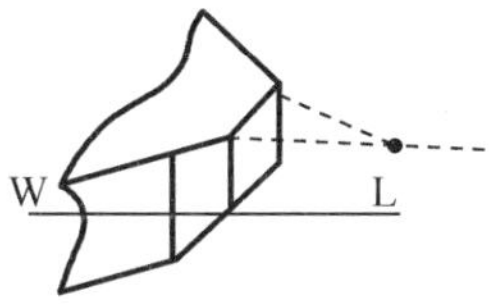	0.4~0.6
方箱形 (如趸船、起重船、海洋平台等)	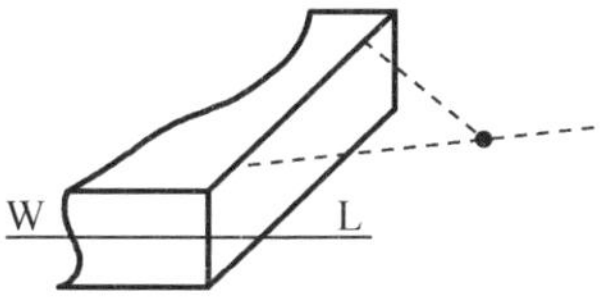	0.8~1.0

②拖缆阻力的估算。在 CCS《海上拖航指南(2011)》中,并没有说明拖缆的阻力估算方法。但拖缆是拖航系统中的重要组成部分,尤其是对大型海洋结构物的远距离拖航。拖缆长度一般较长,在实际的拖航过程中,由于拖缆存在一定的悬垂,拖缆入水部分产生的阻力不容忽视,其阻力可达总阻力的 10% 以上,因此,在计算时有必要将拖缆阻力计入拖航的总阻力中。拖缆阻力的计算是一个相当复杂的问题,往往与其长度和悬垂度连在一起分析。

③被拖物湿表面的污底对拖航阻力的影响。被拖物作为一个运动物体,在与流体做相对运动时产生摩擦力,其大小决定于流体接触面的面积、接触表面的粗糙程度和相对运动的速度。如果被拖物其湿表面生长有海生物,其对拖航速度的影响非常明显,随着污底情况的加重,实际摩擦阻力将显著增大。因此除了要考虑被拖物在水中的湿表面积 A_1 和拖航速度 V 外,还必须要考虑被拖物的污底情况,这样才能比较客观地反映被拖物水下湿表面的真实情况。在 *Towing* 中,对被拖物湿表面生长有不同海生物的情况进行了分类,设立了一污底系数 F_1,推荐的拖航摩擦阻力估算方法为

$$R_f = 3.522 \times F_1 \times A_1 \times V^2 \times 10^{-3} \quad (\text{kN}) \tag{4-10}$$

式中 F_1 为污底系数,可按表 4-3 选取。

表 4－3　被拖物污底系数 F_1

被拖物湿表面海生物状况	系数值
表面清洁，无附着物	0.3
表面清洁，有黏性物	0.4
表面有轻微的海生物	0.5
轻微的海生物/小贝壳类附着物	0.6
轻微的海生物/贝壳类附着物	0.7
中等量的海生物/贝壳类附着物	0.8
大量的海生物/贝壳类附着物/明显外凸表面	0.9

④风浪引起的兴波阻力。其在海上拖航中是可能会遇到的，可按 API RP2P 推荐的经验公式估算兴波阻力 R_w(kN)

$$R_w = 0.13 C_{mdh} B^2 L H_s^2 \tag{4-11}$$

式中　C_{mdh}——平均波浪漂移力系数，可按 T_s 及 T_h 值查相关图谱取得；

T_s——有义波浪周期；

T_h——表征波浪周期；

H_s 设计波高，m。

4.3.3　拖船的系柱拖力

在拖航工况下，拖船的系柱拖力(*BP*)是一个非常重要的参数，它决定了拖航作业能力的大小，它不但决定了拖船的动力能力也决定了拖曳设备的整体作业能力。拖曳设备的能力必须和拖船的系柱拖力(*BP*)相匹配，如果拖曳设备的能力过大，那么拖船的系柱拖力(*BP*)必定限制了拖曳设备的能力的发挥，不能充分发挥拖曳设备的全部作业能力，势必造成浪费，但同时也不能太小，太小拖船的整体性能得不到最大的体现，同时也会对拖航的安全问题埋下隐患。因此，拖船的系柱拖力(*BP*)是设计和配置拖曳设备及拖索具的主要依据。

拖船实际的系柱拖力(*BP*)系指在静水(蒲氏风力小于 3 级)，即风速不超过 5 m/s，流速不超过 0.5 m/s 的条件下，主推进装置在最大连续额定功率状态下运转以及航速为零时的拖力。也可根据拖船的主推进机械额定连续输出功率，以 0.746 kW(100 hp)为 1 t 估算系柱拖力。在 IMO《远洋拖航安全指南》中规定，海上拖航时，为保证安全，拖船除了应具有足够的拖带力并能达到要求的拖航速度(按拖船的速度/功率曲线确定)外，还应具有被拖船舶或浮物所要求的系柱拖力(*BP*)，以确保在风速 20 m/s(风从船首或 30°方向吹来)、有义波高($h_1/3$)5 m、船首水流速度为 0.5 m/s 的气象和海况条件下拖带航向的稳定性。

4.4 拖曳设备的配置

本节所述拖曳设备系指由专业拖船进行海上拖带作业时应配备的拖曳设备,包括拖缆机械、主拖缆和备用拖缆、短缆、龙须缆/链及其连接件等。其他类型非专业拖船或浮物的拖曳设备配备可参考相关规范,各船级社规范对此配置要求都做了详细的规定。需要说明的是,规范中的规定是最低配置要求,对照此要求进行配置基本上就可以满足海上拖航作业的要求。

4.4.1 拖曳设备配置的一般要求

ZC《海上拖航法定检验技术规则(1999)》以及 CCS《海上拖航指南(2011)》对于海上拖带作业所需的拖曳设备配备以及被拖船舶或浮物拖力点的设置要求如下:

(1)海上拖带作业所需的拖曳设备

一套完整的拖索具通常应由主拖缆、短缆、三角板、连接卸扣、龙须缆/链及回收缆组成。由于主拖力点通常采用拖力眼板,因此主拖索具中经常配置龙须链或带有防擦链的龙须缆。主拖索具及应急拖索具在船上的典型系结方式如图 4.21 所示。

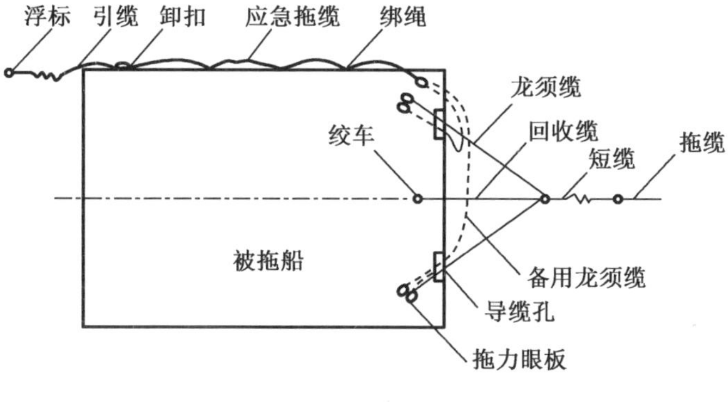

图 4.21　主拖索具及应急拖索具的系结方式

对于无人值班的被拖船舶或浮物,除了主拖索具(龙须缆(链)、短缆)外,还应设有备用龙须缆(链)。该备用龙须缆(链)应连接在备用拖力点(拖力眼板或拖桩)上,并接好应急拖缆、连接引缆和浮具。一旦主拖索具出现故障或损坏不能使用时,可使拖船迅速连接应急拖缆。

海上拖带作业所需的拖曳设备应根据海上拖航时间和环境条件来配备,如表 4-4 所示。拖船应配备有足够的备用设备,以形成完整的一套备用拖曳设备。

表 4-4　海上拖带作业所需的拖曳设备配备（按拖航时间）

拖航时间		≥72	24～72	≤24
拖缆机		应有	应有	应有
拖缆卷筒		1	1	1
主拖缆		1	1	1
备用拖缆		1	1	-
拖缆最小破断负荷（*MBL*）	*BP*（883 kN 以上）	2.0×*BP*	2.0×*BP*	2.0×*BP*
拖缆最小破断负荷（*MBL*）	*BP*（392 kN～883 kN 以上）	（3.8－*BP*/491）×*BP*	2.0×*BP*	2.0×*BP*
拖缆最小破断负荷（*MBL*）	*BP*（392 kN 以下）	3.0×*BP*	2.0×*BP*	2.0×*BP*
主拖缆长度/m		*BP*/*MBL*×1800	*BP*/*MBL*×1200	*BP*/*MBL*×1200
主拖缆最小长度/m		650	500	500
短缆		2	2	2
三角板		1	1	1
龙须缆/链		1	1	1
卸扣		7×2	7	7

①海上拖航应使用拖缆机，除了在沿海和遮蔽航区内的短距离拖航外，一般不应使用拖钩；
②短缆是根据主拖缆与三角板的连接要求配备，三角板、龙须缆（链）、卸扣是根据被拖船舶或浮物的需求来配备；
③这些设备并非单指拖船或被拖船舶或浮物上的拖曳设备，而应是两者的总和；
④主拖缆和备用拖缆应为钢丝缆，其最小破断负荷（*MBL*）按拖船系柱拖力（*BP*）和拖船环境条件确定；
⑤在良好海况区域内拖航时间小于 24 h 的短时间拖航，主拖缆可采用尼龙缆，其最小破断负荷（*MBL*）应为钢丝缆最小破断负荷（*MBL*）的 1.37 倍。应配备应急尼龙拖缆 1 根，其最小破断负荷应（*MBL*）与系柱拖力（*BP*）相匹配，长度不小于 200 m；
⑥主拖缆采用合成纤维缆时，其最小破断负荷（*MBL*）应为钢丝缆最小破断负荷（*MBL*）的 1.25 倍；
⑦对于航程超过 3 周的无限航区拖船，建议额外配备 1 根备用拖缆；
⑧如有 2 个被拖浮物，拖缆（主拖缆和备用拖缆）应分别连接。

（2）被拖船舶或浮物上拖力点的设置要求

①被拖船舶或浮物上至少应设置两个合适的拖力点（拖力眼板或拖桩），其强度应按所需拖带力和拟定的拖航航线为依据，确保拖航环境条件下的拖航安全。被拖船舶或浮物上应设有备用拖力眼板或拖桩。

②拖力点（拖力眼板或拖桩）应设置于强力构件处，如舱壁交叉处或甲板下方有足够强度的节点处，并在必要时对结构进行适当加强。

被拖船舶或浮物的固定拖曳设备的配置应根据具体的船型或浮物的特征来确定，在 ZC《海上拖航法定检验技术规则（1999）》中对拖力点的位置及要求进行了具体规定。一般来说，被拖船舶或浮物解拖时，主拖缆由拖船回收，其余拖索具均由被拖船舶或浮物回收。

4.4.2　非专业拖船拖曳设备的配置

非专业拖船系指除专业拖船以外的自航船舶。由于船舶在营运过程中可能会遇到需要拖带其他船舶或被其他船舶拖带的情况，因此，一般来说，自航船舶均应配置适当的拖曳设备。

通常在船舶的首、尾部各设置 1 ~ 2 对双柱拖缆桩（或加强的系缆桩），并在首柱正上方的舷墙上设置圆形拖索孔（或导缆孔）。在尾部则利用系泊用导缆孔或设置带有滚轮和挡板的启闭式拖索孔。

非专业拖船的拖索，根据船级社规范按舾装数 *EN* 选取（参见 3.4.2），在计算出舾装数 *EN* 后，就可得到对应的拖索的最小长度和最小破断负荷。但对舾装数 *EN* 大于 6100 的船舶，其拖索的确定应按具体情况特别考虑。然而，按舾装数 *EN* 确定的拖索长度对于在波浪中拖带显得不够，因此，在拖航中，常常把拖索同被拖船舶的锚链连接起来进行拖带。图 4.22所示为采用锚链和拖索连接的拖带示意图。

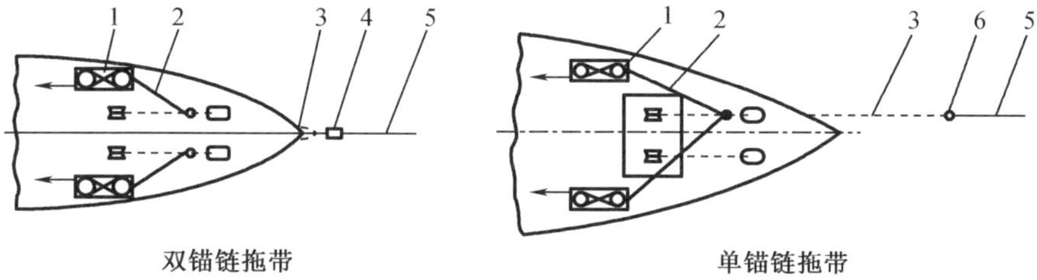

1—拖缆桩；2—牵索；3—锚链；4—三角板；5—拖缆；6—连接卸扣。

图 4.22　锚链同拖索连接的拖带作业

此外，对海洋大型货船，尤其是液货船，为应对应急情况，按 SOLAS 公约的要求还应专门配备应急拖曳设备，有关海洋大型货船应急拖曳设备的配备将在 4.7 中做介绍。

4.4.3　专业拖船拖曳设备的配置

专业拖船的拖曳设备应能保证各种拖带方式，包括采用短拖索或长拖索的拖带、傍拖、尾拖（正拖）和首拖（倒拖）。对于绑拖和某些拖带作业来说还常常利用船上的系泊设备如带缆桩等。

专业拖船的拖曳设备通常包括拖缆、拖缆机（绞车）、拖钩装置、拖索承梁、拖索限位装置和拖索导缆孔，用于倒拖、傍拖和拖出搁浅船舶所需的首部拖桩、舷侧拖桩，尾部拖桩和尾部拖索孔（或导缆器）等。大型海洋拖船还配有龙须链。拖船的拖曳设备应根据拖船的航区及其执行的拖带方式确定。

海上拖航应使用拖缆机，一般不应使用拖钩装置。图 4.23 所示为一艘海洋救助拖船主甲板尾部区域拖曳设备的布置。其主要由主拖缆机、拖曳限位装置、拖缆舷侧限位器、挡缆桩、尾滚筒等构成。主拖缆机为自动拖缆绞车。

在沿海和遮蔽航区内短距离拖航时，允许使用拖钩装置。因此，许多海洋拖船既设有普通拖索绞车或自动拖缆机作为主拖带装置，又设有拖钩装置或拖桩作为备用拖带装置。图 4.24 所示为一艘功率为 2 200 kW 的海洋拖船的拖曳设备布置图，同时设有自动拖缆机和拖钩装置。

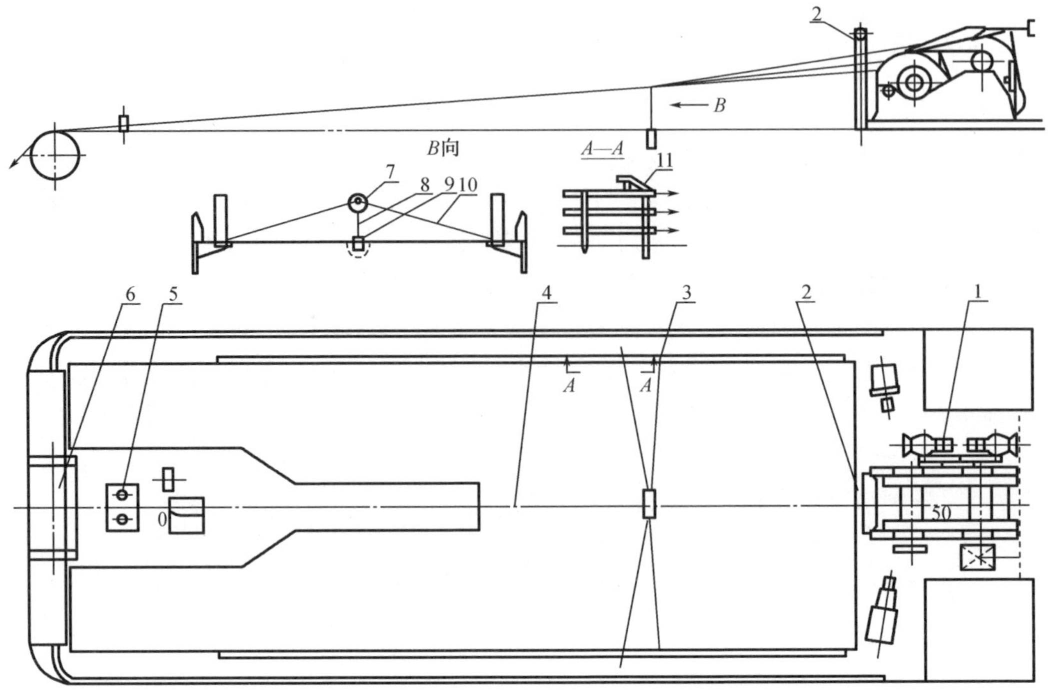

1—双滚筒自动拖缆机;2—挡缆桩;3—眼板;4—拖索;5—挡柱;6—尾部水平滚轮;
7—活动拖索孔;8—系索;9—卸扣;10—系索;11—拖索舷侧限位器。

图 4.23 海洋救助船主甲板艉部区域拖曳设备布置图

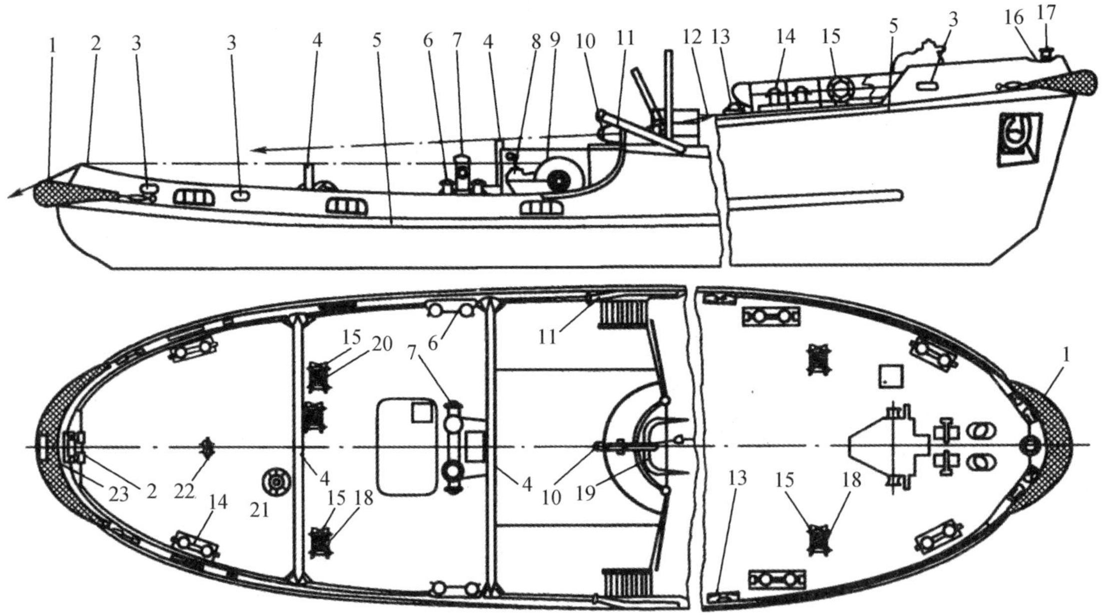

1—首尾软碰垫;2—带有可倒垂直滚柱的拖索导缆器;3—拖曳/系泊导缆孔;4—拖索承梁;5—护舷材;
6—舷侧拖缆桩;7—挡缆柱;8—自动拖缆机;9—拖缆;10—拖钩;11—拖索限位器;12—拖缆远距离释放器;
13—带有挡板和双滚轮的导缆器;14—拖曳/系泊系缆桩;15—卷车;16—双滚轮导缆器;17—首部拖桩;
18—拖曳/系泊索;19—拖钩弓架;20—缆卷车;21—绞盘;22—眼板。

图 4.24 2 200 kW 的海洋拖船拖曳设备布置图

图 4.25 所示为一艘功率为 1 180 kW 的海洋拖船，仅设有普通拖索绞车。

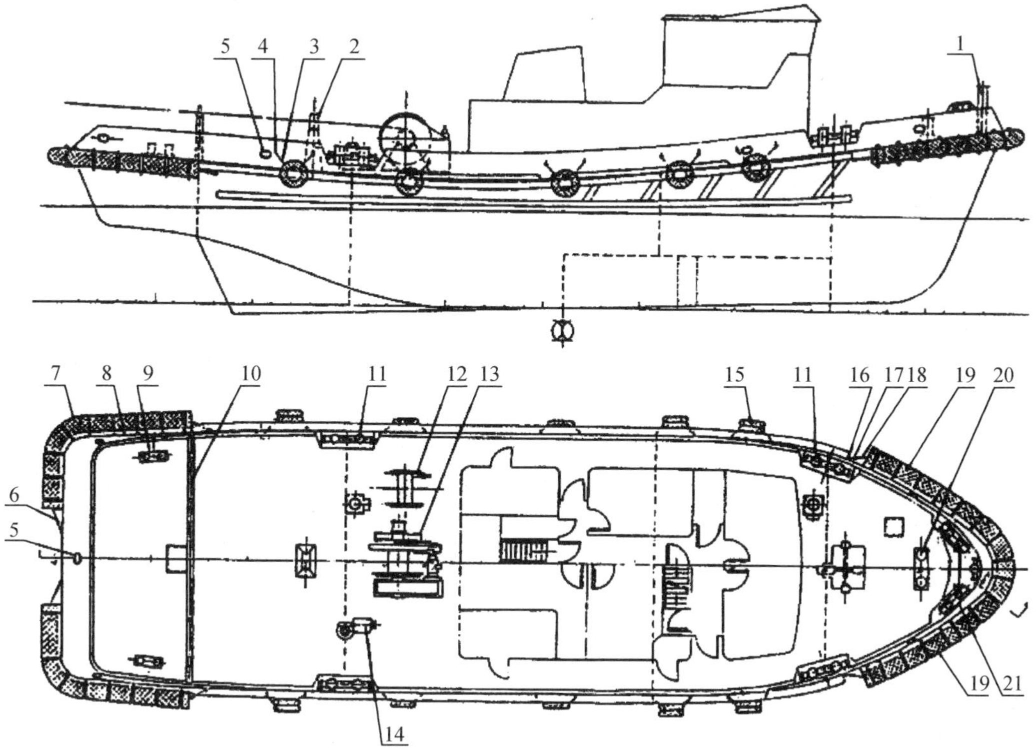

1—首部拖桩；2—拖索导缆孔；3—Φ12.5 链条；4，16—眼板；5—导缆孔；6—系固链条；
7—Φ500 圆筒形尾部橡胶碰垫；8—碰垫支架；9—系缆桩；10—拖索承梁；11—舷部绑拖缆桩；
12—拖缆卷车；13—拖缆绞车；14—绞盘；15—轮胎碰垫；17—松紧螺旋扣；18—Φ12.5 链条；
19—Φ500 圆筒形首部橡胶碰垫；20—拖曳/系泊系缆桩；21—滚轮导缆器；22—卸扣。

图 4.25　1 180 kW 的海洋拖船拖曳设备布置图

港内拖船和内河拖船则以拖钩为主拖带装置，拖桩作为备用拖带装置。拖钩装置的构造应使拖钩从一舷到另一舷的转动角度尽可能大，且在这一转动范围内，拖钩不应承受弯曲的力，且不得触及或紧靠任何其他结构。

拖钩或拖缆机通常应位于船长中点后方 5% ~10% 的船长范围内，但在各种装载状态下，其位置均不应在拖船重心纵向位置之前，并应置于尽可能低的位置，以使拖船在正常工作时的横倾力矩减少到最小。

拖缆机在制动、拖曳与回收拖缆操作时，应在任何情况下（包括正常动力源发生故障时）能从驾驶室应急释放拖缆。拖钩应设有可靠的释放装置，不论拖船的横倾角和拖索的方向如何，都能方便地随时解脱拖索，同时又能避免任何意外地解脱拖索。操纵释放装置的地点应安置在能见到拖钩的地方，遥控释放装置应设置在驾驶室内。

专用拖船的拖缆，其破断负荷取决于拖船的系柱拖力 *BP*，应根据拖船的功率来确定。在海上拖带时，拖缆长度不小于 200 m，被拖船舶或浮物越大，拖航速度越高，拖缆应越长。天气越坏，拖缆也应越长。

4.4.4 非自航船舶或浮物拖曳设备的配置

非自航船舶的类型很多,诸如载货驳船、各种非自航挖泥船、浮船坞、起重船、海洋移动式平台以及其他非自航工程作业船舶等。所有这些船舶本身无推进设备,或是虽有推进设备也仅能在短距离时使用,长距离调遣仍须依靠拖航。这里分两种情况讨论。

(1)运输驳船以及宽度较小且首尾有线型的非自航船舶拖曳设备的配置

通常在首尾部设置拖桩、加强的兼拖曳用带缆桩、拖索孔等供拖航时拴系拖索使用。这些船舶的拖索的破断负荷、长度和直径可根据船级社的规范按舾装数 *EN* 选取。

(2)大中型非自航工程作业船舶和海洋移动式平台拖曳设备的配置

在海上拖曳大中型非自航工程作业船舶和海洋移动式平台时,使用的拖索具除了主拖索外还配有龙须缆(链),为此,在被拖船舶上通常设有主拖力点和备用(应急)拖力点。ZC《海上拖航法定检验技术规则(1999)》中对此有具体规定。目前,作为主拖力点使用得最多的是快速解脱型拖力眼板,作为备用拖力点既可使用拖力眼板,也可使用系缆桩。除此之外,还应配置供龙须缆(链)使用的导缆孔以及拖缆回收装置等设备。图 4.26 所示为某海洋起重/打捞工程船的拖曳设备布置图。

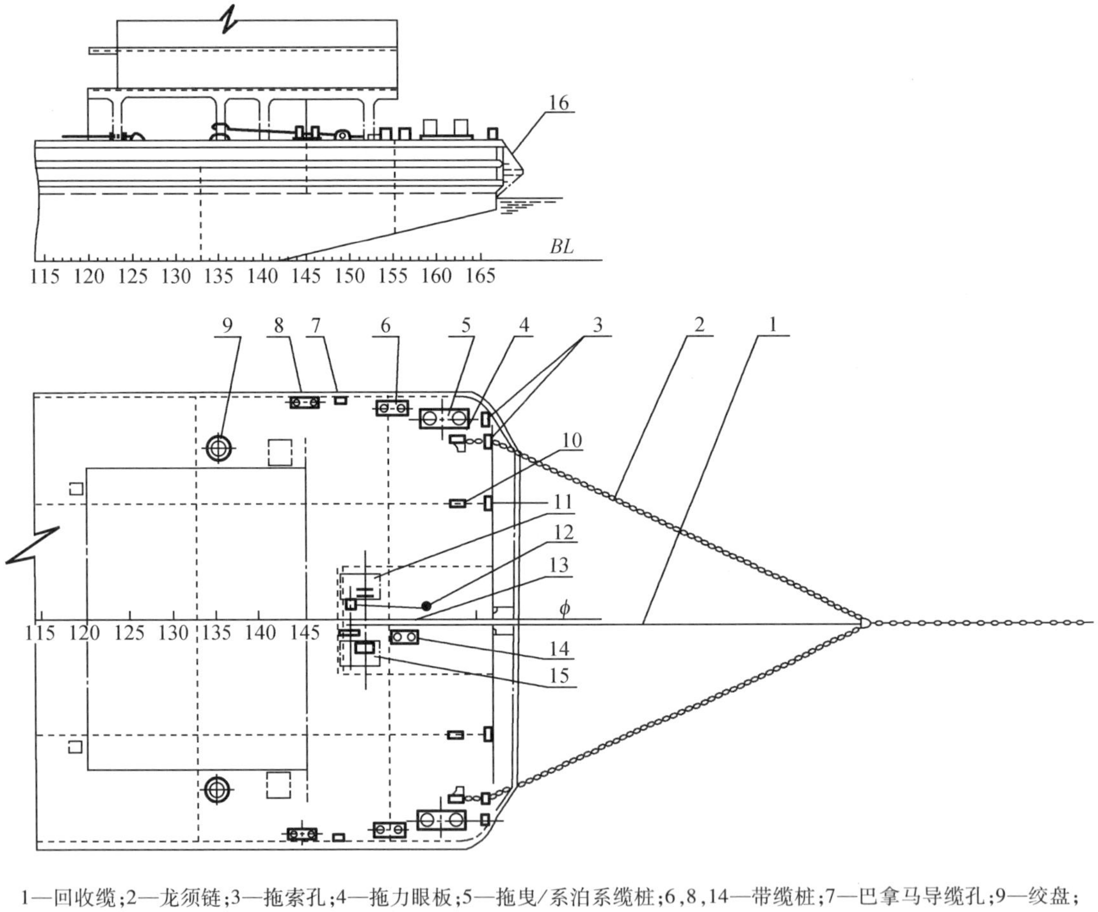

1—回收缆;2—龙须链;3—拖索孔;4—拖力眼板;5—拖曳/系泊系缆桩;6,8,14—带缆桩;7—巴拿马导缆孔;9—绞盘;10—拖曳眼板;11—带有系缆卷筒的锚机;12—羊角单滚轮导缆器;13—眼板;15—带有回收缆卷筒的锚机;16—坡道。

图 4.26 海洋起重/打捞工程船的拖曳设备布置图

被拖船舶固定拖曳设备的配置应根据船型确定。通常中型海洋工程船舶至少配备拖力眼板一对及拖缆桩一对，两者具有同样的强度要求，并配置相应的供龙须缆(链)使用的导缆孔。大型海洋工程船舶可配置两对拖力眼板，再设置一对应急拖缆桩以及相应的导缆孔。此外，被拖船舶还应配有供拖缆的回收缆使用的导向和收放装置，回收缆的收放可设置专用绞车或者利用锚机、系泊绞车或绞盘等设备。某些被拖船舶若是要求首尾端均能拖航时，上述拖曳设备应在被拖船舶的首尾端均予设置。

对几何形状各异的被拖浮物，如各类型的海洋移动平台和浮式结构物，其固定拖曳设备的配置应根据浮物的结构形式、拖航方式及相关要求需专门研究确定。有关海洋移动平台的拖带方式将在 4.8 节中做介绍。

4.5　拖索具的配置

CCS《海上拖航指南(2011)》要求，拖索具的数量应不少于表 4－5 的规定。在实际配置中，主拖缆及备用拖缆一般由拖船提供，其余拖索具由被拖船舶或浮物配置。此外，被拖船舶按规范配置的拖缆也作为备用拖缆。

表 4－5　海上拖带拖索具的数量(按航区)

航区	主拖缆	备用拖缆	短缆	三角板	龙须链/缆	卸扣	连接环	套环
无限航区	1	1	2	2	2 套	7×2		配套外，另配 1 套
近海航区	1	1	1	1	2 套	7×2		配套外，另配 1 套
沿海航区 遮蔽航区	1				1 套	1	1 套	

注：该表中拖索具的数量应包括拖船及被拖船舶或浮物各自配套的拖索具之和。

4.5.1　拖缆的配置

拖缆是拖船拖带被拖船舶或浮物的专用缆索，它是拖船与被拖船舶或浮物间的连接部件，其一端套在拖船的拖钩上或绕在拖行绞车的卷筒上，另一端通过一定的连接方式与被拖船舶或浮物相连接，拖船借拖缆传递一定的拖力给被拖船舶或浮物，使后者运动。图 4.27为尾拖方式的拖缆受力情况，反映拖缆参数指标主要有破断负荷、材质和缆索结构、长度，以及反映拖索缓冲性的悬垂度等。

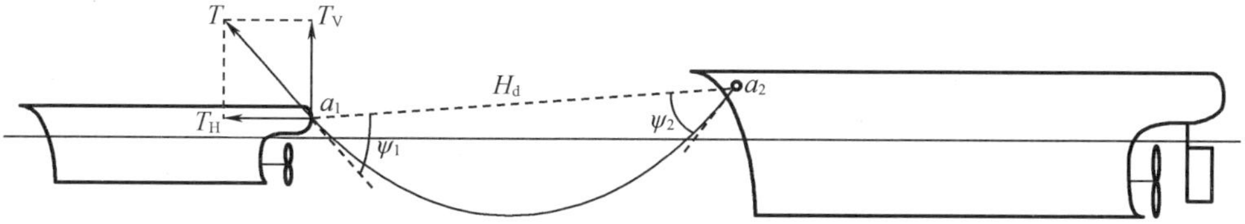

图 4.27　尾拖方式拖缆受力图

(1)主拖缆、备有拖缆和应急拖缆

①拖缆的选配。拖缆是拖曳设备中的一个主要受力部件,是由拖船功率决定的,作用在拖钩上的力以及拖船和被拖船舶或浮物因波动引起的水动力组成了拖索应承受的全部张力。因此,拖索的强度(破断力)应根据拖船的功率选择,而拖索的缓冲性(长度和悬垂度)应使拖船和被拖船舶或浮物间在波浪上的相对运动不至于引起危险的张力。

a. 普通船舶拖缆的选配。在现行船级社规范中是按其舾装数 EN 选配的。

· 拖缆的破断负荷为

$$R_K \approx 0.59EN(\text{kN}),\text{但 } 98.1\ \text{kN} \not> R_K \not> 1\,470\ \text{kN} \tag{4-12}$$

· 拖缆的长度为

$$L = 160 + 0.35EN(\text{m}),\text{但 } 180\ \text{m} \not> L \not> 300\ \text{m} \tag{4-13}$$

b. 专用拖船拖缆的选配。其主拖缆和备用拖缆的最小破断负荷取决于拖船的系柱拖力(BP),如表 4-6 所示。一般主拖缆的长度 L 不小于 200 m,应根据拖船的功率确定,见表 4-7。或根据营运海域的波高 h_W 近似取

$$L \approx 81.7 \times h_W \tag{4-14}$$

式中 h_W 为波高。

在深海中拖带一般拖缆较长,既能起缓冲作用又能减少拖船螺旋桨尾流的影响,使拖缆稳定。

表 4-6 主拖缆和备用拖缆的最小破断负荷

拖船系柱拖力(BP)/kN	最小破断负荷/kN
<392	$3 \times BP$
392~883	$(3.8 - BP/491) \times BP$
>883	$2 \times BP$

表 4-7 主拖缆和备用拖缆的长度

拖船功率/kW	最小长度/m
14 700 及以上	1 500
7 350 及以上	1 000
2 205 及以上	700
1 470 及以上	600
1 470 及以下	500

c. 拖缆的使用长度,视水域条件而定。实际上拖缆的最佳长度,除了取决于螺旋桨尾流的质量和加速度及其消失程度外,还与拖船和被拖船舶或浮物的船型、浮物的结构形式、大小以及航道条件有关。在内河拖带时受航道曲率半径和船队长度的限制,在弯曲航道中的拖缆要比在直航中的短些。浅水拖带又受水深的限制,为了使拖缆不至于拖擦水底,拖缆应适当的短些。

②拖缆类别的配备。由表 4 -4 可归纳出：

a. 超过 24 h 的海上拖航应配备主拖缆和备有拖缆。主拖缆无疑是最重要的工具，也是选择一切其他拖曳设备的依据，备有拖缆确切地说是备有主拖缆。主拖缆和备有拖缆两者具有相同的规格、尺寸和强度。主拖缆和备有拖缆通常采用镀锌钢丝缆，其缆芯为硬质钢芯或麻芯。它们的最小破断负荷（*MBL*）及长度按海上拖航时间和拖船的系柱拖力（BP）确定，详见上表 4 -4 和表 4 -6 所示。

b. 不超过 24 h 的海上拖航可不配置备有拖缆，但应配置应急拖缆。应急拖缆通常采用镀锌钢丝绳，其最小破断负荷（*MBL*）应与系柱拖力（*BP*）相匹配，长度不小于 200 m。

（2）短缆

在无限航区或近海航区拖航作业时，拖船与被拖船舶或浮物在接拖操作时，技术上需要使用短缆。短缆是连接拖船的主拖缆和被拖船舶或浮物的龙须缆（链）之间的一段缆索，其长度一般不超过 30 m，但可根据实际需要使用更长的短缆。通常龙须缆（链）通过三角板与短缆预先连接好，以便随时同主拖缆连接。

短缆通常采用镀锌钢丝绳，也可采用锚链（短链），其最小破断负荷（*MBL*）应与主拖缆相当。短缆如采用尼龙缆时，其破断强度应符合以下要求：

①拖船系柱拖力小于 491 kN 时，应为拖缆破断负荷的 2 倍；

②拖船系柱拖力大于 981 kN 时，应为拖缆破断负荷的 1.5 倍；

③拖船系柱拖力在 491 kN ~981 kN 之间时，拖缆破断负荷按内插法决定。

（3）龙须缆（链）

龙须缆/链的配置方式同被拖船舶或浮物的宽度和拖力点的形式有关。对船宽较小的流线型单体船，可采用单龙须缆（链），龙须缆（链）通过连接环与短缆连接。对双体船、首部为平端的船舶以及船宽较大的单体船，为保持被拖物的航向稳定性，应采用配置三角板的双龙须缆（链）。采用双龙须缆（链）时，其长度可这样确定，即两根缆相交处（即三角板处）的夹角在任何情况下均布应大于 120°，但也不必小于 60°。

对无人值班的被拖物在拖航时，除了主拖索具外，还应设有备用龙须缆（链）。该备用龙须缆（链）应连接在备用拖力点（拖力眼板或拖桩）上，并接好应急拖缆，连接引缆和浮具。

①龙须链，由两根有档锚链组成，每根锚链的两端均配末端链环，一端直接或加设一个连接卸扣同拖力眼板连接，另一端用连接卸扣同三角板连接，如图 4.28 所示。每根龙须链的破断强度应不小于主拖缆的破断强度，建议采用 2 级或 3 级有档锚链。

②带有防擦链的龙须缆，是最常用的龙须缆（链），每根龙须缆（链）由一段有档锚链和一段钢丝绳组成，两者的破断强度均应不小于主拖缆的破断强度。有档锚链的长度应从拖力眼板延伸至导缆孔之外至少 3 m，其两端均配有末端链环，一端直接或加设一个连接卸扣同拖力眼板连接，另一端用连接卸扣同钢丝绳连接，钢丝绳的另一端用连接卸扣同三角板连接，如图 4.29 所示。

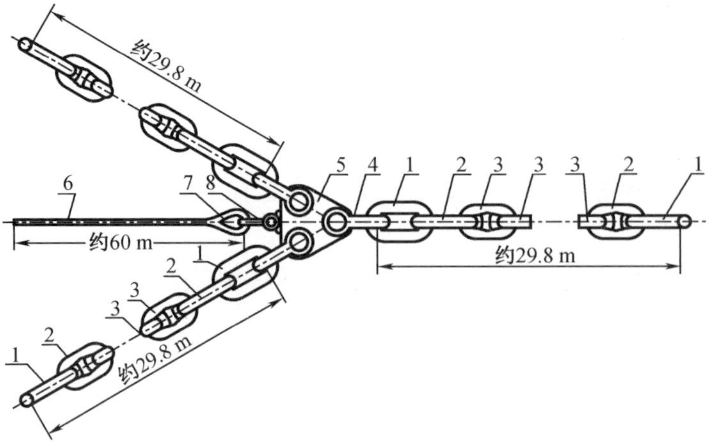

1—末端链环;2—加大链环;3—普通链环;4—连接链环;5—三角板;6—回收缆;7—钢索套环;8—卸扣。

图 4.28　配置龙须链的拖索具

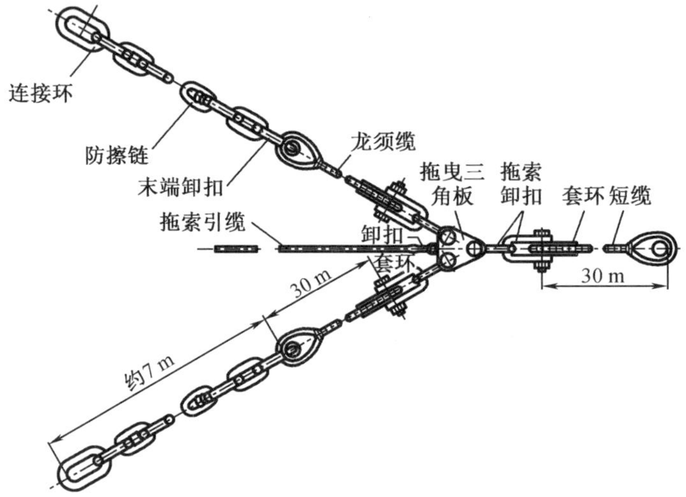

图 4.29　配置带有防擦链的龙须缆的拖索具

③龙须缆。拖力点为拖缆桩时,龙须缆由两根钢丝绳组成,每根钢丝绳的破断强度应不小于主拖缆的破断强度。钢丝绳龙须缆的一端制作成绳圈,其直径足以使其套入拖桩的桩柱,另一端用连接卸扣同三角板连接,如图 4.30 所示。

(4)钢丝缆索具及其连接端的形式

包括主拖缆和备用拖缆、应急拖缆、短缆以及龙须缆在内的所有钢丝绳通常应是多股(6 股或 8 股)镀锌钢丝绳,并具有相同的捻向。钢丝绳连接端的绳眼应设置钢质套环,且不应使用人工插接的方法制作,应使用机械压制接头固定,如图 4.31 所示。

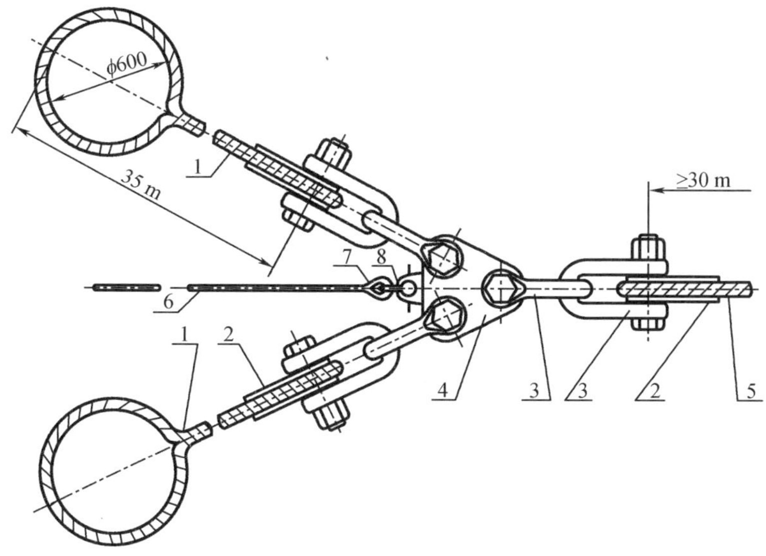

1—龙须缆;2—钢索套环;3—连接卸扣;4—三角板;5—短缆(规格与龙须缆相同);6—回收缆;7—钢索套环;8—卸扣。

图 4.30　同拖缆桩的系接的拖索具

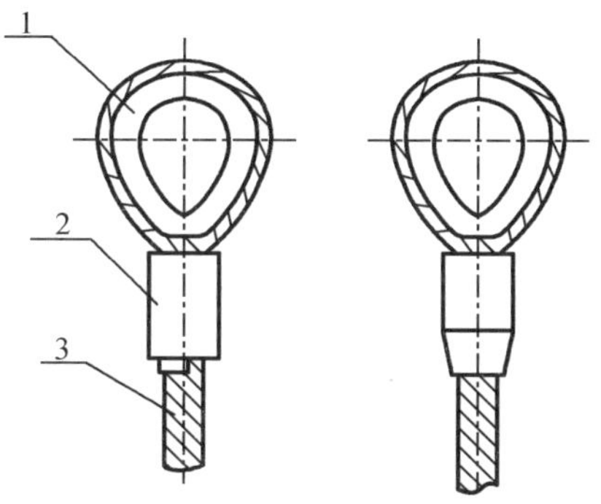

1—钢质套环;2—铝合金套管;3—钢丝绳。

图 4.31　钢丝绳末端固接方式

(5)龙须缆(链)回收设施

由被拖船舶或浮物回收龙须缆(链)、三角板和短缆时应设置回收设施,包括回收缆、导向滑车及回收缆绞车,回收缆应附连在龙须缆(链)的三角眼板或连接环(单龙须缆(链))上。回收缆通常采用钢丝绳,其破断负荷应不小于龙须链(缆)自重的 3 倍,但在任何情况下均不小于 196 kN。

大型海洋工程作业船舶,为方便操作,将回收缆导向滑车悬挂在专用的吊架上或直升机平台(若有)下,其悬挂点离开被拖船的距离应足以使拖船安全地接近,而不会与被拖物相碰。从回收缆绞车引出的回收缆通过导向滑车收放龙须缆(链)等拖索具,回收缆的长度应保证在拖航时回收缆能充分放松。

4.5.2 拖缆连接件的配置

拖曳索具的连接件主要是指三角板和连接卸扣,但在使用单根龙须缆/链时,可采用连接环或卸扣同拖缆连接。对连接件的强度要求,按 CCS《海上拖航指南(2011)》的规定:

①所有连接零件包括卸扣、连接环及三角板等的破断负荷(极限承载能力)应不小于其所使用的最大拖缆的破断负荷(MBL)的 1.5 倍。

②拖钩以及卸扣、连接环及三角板等连接零件应持有验证试验证明,验证负荷按以下规定确定:

· 系柱拖力 $BP<392$ kN 时,验证负荷 $=2.0\times BP$(kN);

· 系柱拖力 $BP\geqslant392$ kN 时,验证负荷 $=1.0\times BP+392$(kN)。

4.6 固定拖曳设备的配置

4.6.1 拖钩装置的选配

按 CCS《海上拖航指南(2011)》的规定:海上拖航,除了在沿海和遮蔽航区内的短距离拖航外,一般不应使用拖钩装置。

(1)拖钩的选配

拖钩按其构造特点基本上可分为开式拖钩和闭式拖钩。开式拖钩在海上拖航时,为防止拖缆脱钩应设置尾部拖索孔,拖缆通过拖索孔与被拖船舶或浮物连接。开式拖钩在不设拖索孔的情况下,不适宜在海上拖航时使用,因为在波浪中,拖索很可能从拖钩中脱出。闭式拖钩在钩子处设有防止拖缆跳出的装置。拖钩应设有可靠的释放装置,操纵释放装置的地点应安置在能见到拖钩的地方,遥控释放装置应设置在驾驶室内。拖钩的破断强度(极限承载能力)一般应为其所使用的拖缆破断强度的 1.5 倍。

①目前使用的拖钩主要有两种形式,即滚子式拖钩和销轴式拖钩。

a. 滚子式拖钩,需同拖钩弓架配合使用,拖钩随滚子沿着弓架移动,其水平方向从一舷到另一舷的活动范围可达 180°,向上也允许有一定的活动范围。图 4.32 为几种典型的滚子式拖钩,各型特征如下:

Ⅰ型,不带缓冲装置且不可折叠的开式拖钩。这种拖钩在波浪中工作时将使拖缆的解脱发生困难,因此不适宜在海上拖航时使用,通常用于内河小型拖船。其牵引力较小,一般不大于 50 kN。

Ⅱ型,带有缓冲装置的折叠型封闭式拖钩。其钩子部分同钩板用水平轴连接,并设有制动装置,解脱时操纵制动杆,打开制动装置,钩子绕水平轴向下旋转使拖缆解脱。缓冲装置通常为弹簧。这种拖钩适用于港口和内河拖船。其牵引力较小,一般不大于 30 kN。

Ⅲ型,带有手动闭锁器和缓冲装置的折叠型开式拖钩。其折叠型拖钩配置了闭锁器,用以控制钩子的打开和复位。这种拖钩适用于拖缆很长且穿过尾部拖索孔的海洋拖船。

其牵引力可达80 kN。

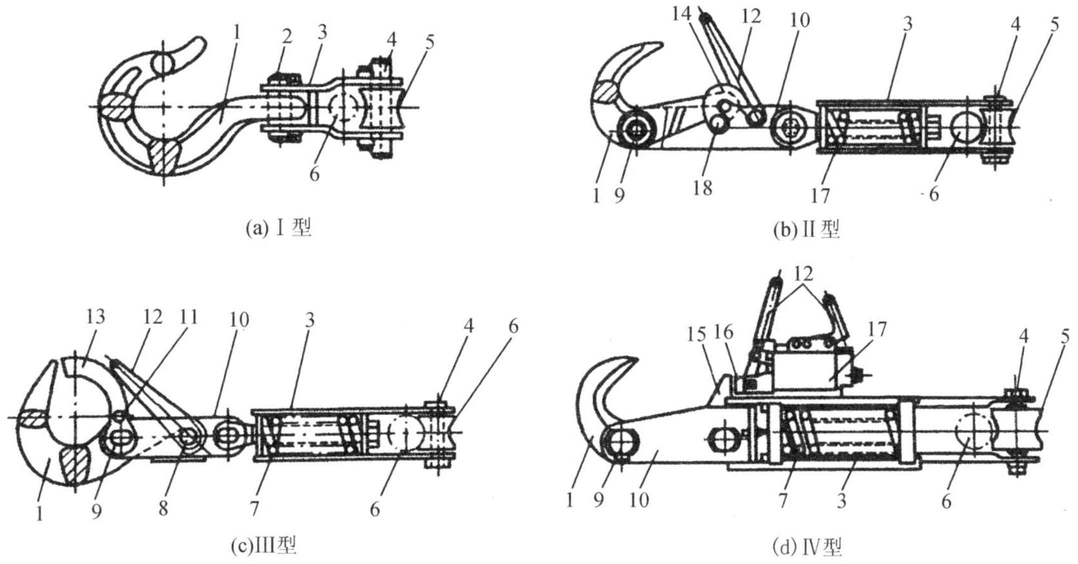

1—钩子；2，4—销轴；3—框架；5—滚子；6—拖钩弓架；7—弹簧缓冲装置；8—销子；9—水平轴；10—钩板；11—制动器；12—制动杆；13—控制臂；14—止钩板；15—闭锁器；16—活塞；17—液压闭锁器壳体。

图4.32　滚子式拖钩

Ⅳ型，带有液压闭锁器和缓冲装置的折叠型开式拖钩。其折叠型拖钩配置了闭锁器，用以控制钩子的打开和复位。这种拖钩的闭锁器可遥控，适用于港口拖船。其牵引力可达80 kN。

综上，为防止拖索从拖钩中脱出，通常使用带有缓冲装置的折叠型封闭式滚子拖钩较好。

b. 销轴式拖钩，其销座安装在拖船坚固的结构上，拖钩绕销轴旋转，向上也允许有一定的活动范围。常用的销轴式折叠型闭式弹簧拖钩，适合于在海上拖航使用。销轴式气控开式弹簧拖钩，其闭锁装置由压缩空气通过电磁阀控制，可在驾驶室遥控操作解拖。

②拖钩安装位置的确定。拖曳设备的拖点纵向位置对螺旋桨拖船的操纵性影响较大，按CCS《钢质海船入级规范》的要求：拖钩通常应位于船长中点后方5%～10%的船长处，在各种装载状态下，其位置均不应在拖船重心纵向位置之前。从拖船稳性上来看，拖点垂向位置应置于尽可能低的位置，以使拖船在正常工作时的横倾力矩减少到最小。

(2)拖钩弓架的配置

拖钩弓架是钢质锻造的圆形或椭圆形截面的曲线梁，其轴线可以是半个圆弧，也可以是由一个大半径的圆弧同两个小半径的圆弧连接起来组成。弓架同船体的连接可采用焊接、螺栓连接或是销子连接，其结构形式如图4.33所示。

拖钩弓架截面相对于与弓架平面垂直的轴线的剖面模数W(cm^3)应不小于按下式计算的值

$$W = 132\frac{R_b l}{\sigma_s} \qquad (4-15)$$

式中　R_b——拖索破断负荷，kN；

l——弓架两支点间的距离，m；

σ_s——弓架材料屈服点，N/mm^2。

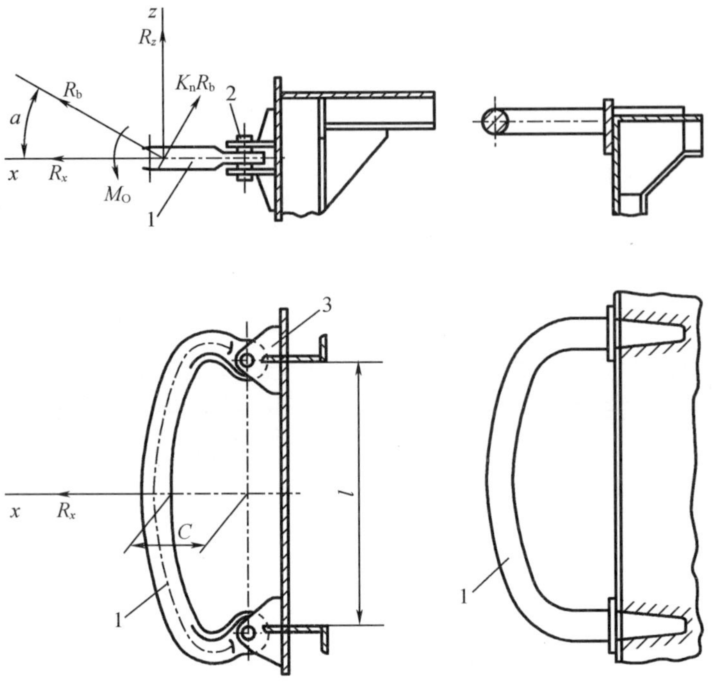

（a）销轴固定　　（b）焊接固定

1—拖钩弓架；2—销轴；3—销轴眼板

图 4.33　拖钩弓架的结构形式

按式(4－15)计算的弓架截面的应力，在拖缆破断时应不超过 $0.95\sigma_s$。

用短拖缆拖带高舷船舶时，拖钩偏离自己通常的位置，相对于拖钩弓架平面形成 25°～30°的角度。在回转时，拖钩弓架同拖钩的滚子接触点产生了滚动摩擦。根据图 4.33(a)所示，由于钩子在垂直方向偏离，拖钩弓架上将造成以下的合力，其受力情况如图 4.34 所示。

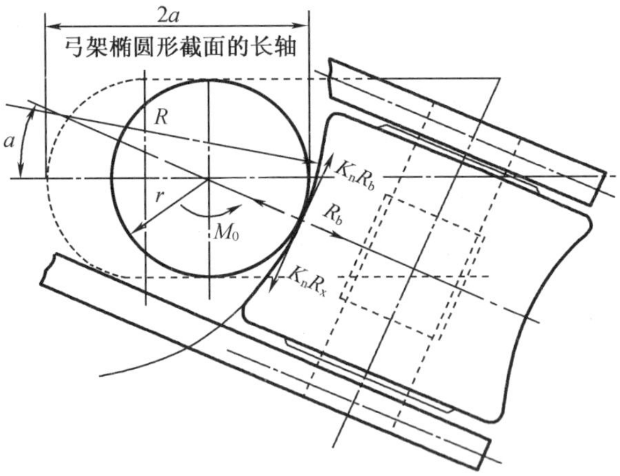

图 4.34　拖钩偏离时的弓架受力图

在水平面上

$$R_x = R_b \cos\alpha - k_n R_b \sin\alpha = R_b(\cos\alpha - k_n \sin\alpha) \tag{4-16}$$

在垂直平面上

$$R_z = R_b \sin\alpha + k_n R_b \cos\alpha = R_b(\sin\alpha + k_n \cos\alpha) \tag{4-17}$$

式中 k_n 为由弓架截面半径 r 和滚子表面曲率半径 R(图4.34)所决定的比例系数。

$$k_n = \frac{f_k}{r} + \frac{f_k}{R} \tag{4-18}$$

式中 f_k 为滚动摩擦系数,当 $\alpha = 30°$时,钢对钢的情况下取0.05 cm。

弓架同滚子接触处的滚动摩擦力为 $k_n R_b$。

拖钩弓架固定端的弯矩为

$$M = R_z C \tag{4-19}$$

弓架支承处须校核其受拉力 R_x 和弯矩 M 作用下的强度。如果弓架端部为眼板结构,并采用销子或螺栓固定在船体上,则端部眼板承受拉力,可以按列曼公式计算,并应校核在力矩 M 作用下被销孔削弱了的截面强度。固定销及其眼板承受的负荷同拖钩相似,亦应校核其强度。

(3)拖钩托(座)架的配置

通常拖钩上配有支撑滚轮,搁在水平托架上。拖钩工作时,滚轮沿托架移动。托架用钢板或型钢焊成,其形状同滚轮的轨迹相符,托架下面设有支撑,其结构形式如图4.35所示。

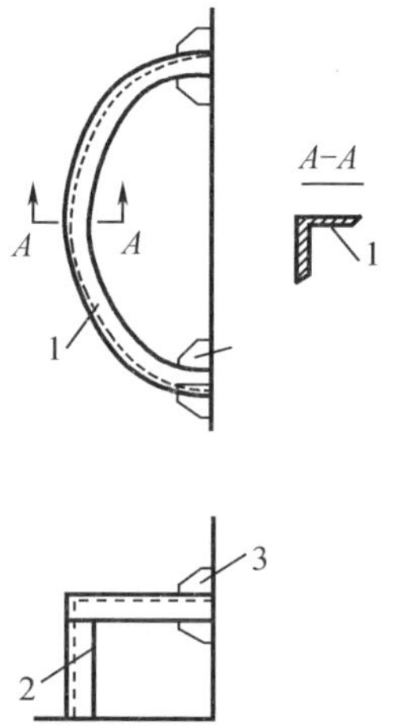

1—托架;2—支柱;3—肘板。

图4.35　拖钩托架的结构形式

托架所承受的负荷一般为拖钩重力的一部分和拖缆重力的一部分。但是当采用短拖索拖带时,被拖船舶或浮物上的拖索固定点低于拖钩时,托架就会受到拖索垂向分力的作用,此时拖钩轴线同拖索方向之间的夹角一般不超过10°。因此托架承受的垂向分力约为拖索张力的10%。托架的强度按照拖索断裂时托架构件的应力不超过0.9σ_s(材料屈服点)进行校核。

4.6.2 拖桩与拖力眼板的配置

(1)拖船的拖桩

拖船应根据各种拖带作业(首拖、绑拖、尾拖)的要求配置拖桩,按其位置可分为首部拖桩、舷侧拖桩和尾部拖桩,如图 4.36 所示。

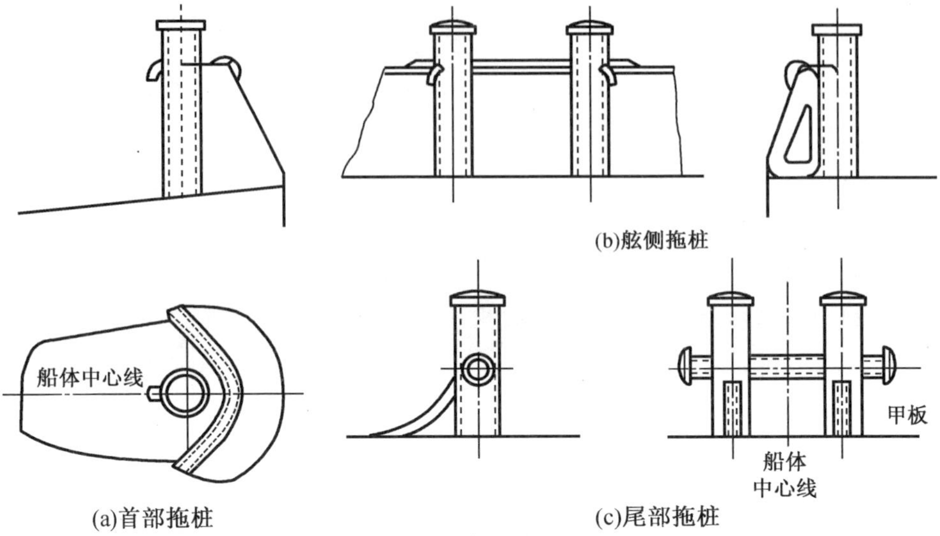

图 4.36 典型的拖桩

①首部拖桩

首部拖桩有单柱式和双柱式两种,图 4.36(a)所示为单柱式拖桩,设于首端船体中心线处,桩柱中心离开艏柱前缘 2 ~3 倍桩柱直径,且同首部的舷墙肘板刚性连接。桩柱周围的舷墙折角应采取适当措施,以防止拖缆磨损。双柱式首部拖桩应设置横档,根据使用要求按船舶的纵向或横向设于船体中心线处。

对于港作拖船来说,首拖作业是其主要功能,为便于调节首拖缆长度,通常设置带有导缆孔的双柱拖桩,拖曳绞车的拖缆通过导缆孔直接与被拖船舶连接。这种拖桩往往依托舷墙形成坚固的结构。

②舷侧拖桩

舷侧拖桩用于傍(绑)拖作业,安装在拖船的两舷处,前后各一。舷侧拖桩通常为双柱式,桩柱中心离开舷边 1.5 ~2 倍的桩柱直径,且同舷墙刚性连接,如图 4.36(b)所示。为防止拖缆滑出,桩柱上设有凸缘或横档,或者为双十字形,图 4.37 所示为设有横档的舷侧缆桩。舷侧拖桩在舷墙以上的高度应予限制,通常为 300 ~400 mm。

③尾部拖桩

尾部拖桩通常为双柱式,设有横档如图 4.36(c)所示。在一些海洋拖船上,尾部拖桩垂直于船体中心线(船的横向)设置,可兼做拖索限位装置。在某些非专业拖船上,尾部拖桩作为拖力点沿船的纵向设置于船体中心线处,并在船尾端配置拖索导缆孔。

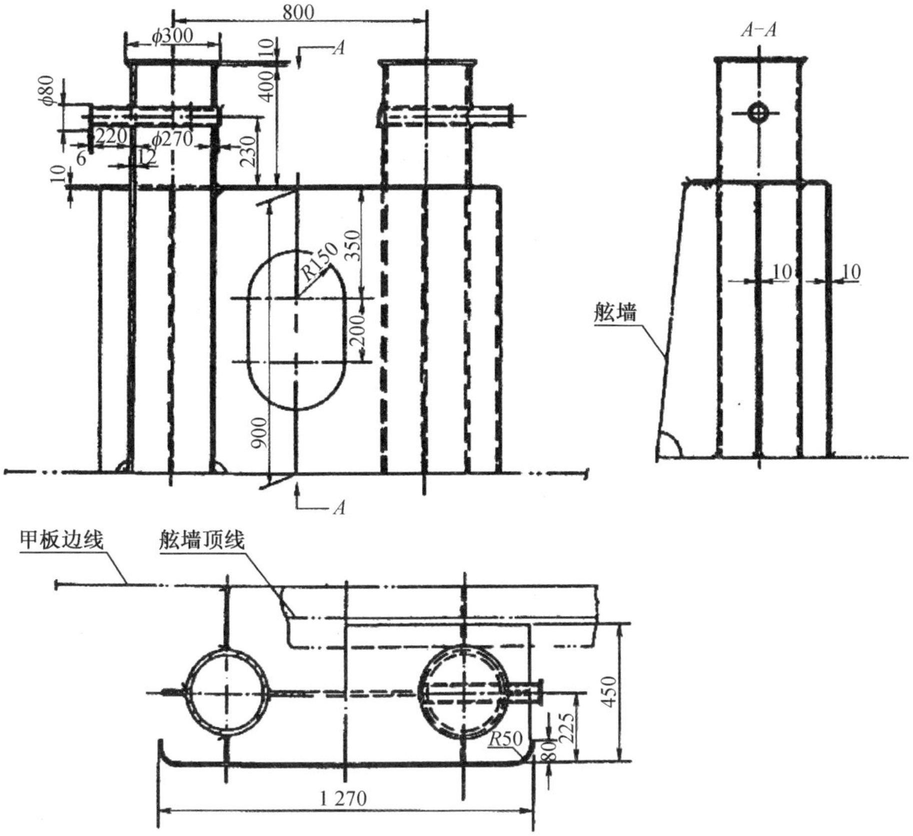

图 4.37　设有横档的舷侧缆桩

(2)被拖船舶或浮物的拖力眼板和拖桩

①被拖船舶或浮物拖力点的形式和布置的基本要求。按 CCS《海上拖航指南(2011)》的规定:

· 被拖物应设置拖力点(拖力眼板或拖桩),其强度应按所需拖带力和拟定航线为依据,确保拖航环境条件下的拖航安全。拖力眼板的形式应为可迅速解开式。

· 拖力点(拖力眼板或拖桩)应布置于强力构件处,如舱壁交叉处,或甲板下方有足够强度的节点处,并在需要时对结构进行适当加强。

· 被拖物的拖力点,如拖力眼板或拖桩及船体支承结构,其极限强度至少能承受按其要求系柱拖力决定的主拖缆最小破断负荷的 1.3 倍。

· 被拖物上应有备用拖力眼板或拖桩。应急拖力点的极限强度至少应超过主拖缆的破断负荷。

· 导缆孔应设计成摩擦链容易通过的导缆孔。

· 拖力点或拖力眼板与导缆钳或导缆孔之间应有适当的距离,以便拖曳设备的操作。

②拖力眼板。在被拖船舶或浮物上,主拖力点通常采用快速解脱型拖力眼板,俗称斯密特(SMIT)眼板,如图 4.38 所示。这种拖力眼板的横轴为锻钢件,其截面通常为圆形或长圆形,其大小应能保证龙须链的末端连环或链接卸扣套入。

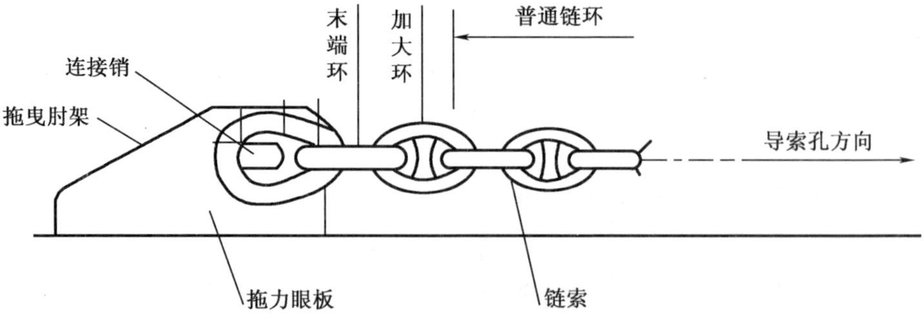

图 4.38　快速解脱型拖力眼板

采用双龙须链或带有防擦链的龙须缆的被拖物应设置一对拖力眼板(左右各 1 个)。如果备用龙须缆(链)与主龙须缆(链)相同时,则设置两对拖力眼板(左右各 2 个)。

③拖曳/系泊带缆桩

在被拖船舶或浮物上,备用拖力点也可采用拖桩,通常为双柱式拖曳/系泊系缆桩。拖桩的桩柱直径应不小于所配用钢丝拖缆直径的 10 倍,其极限强度应能承受拟使用的主拖缆破断负荷的 1.3 倍。

4.6.3　拖索导向/限位装置的配置

拖索导向装置系指限定各种拖索具(拖缆、龙须缆(链))导出方向的装置,如龙须缆(链)的导缆孔、尾部拖索孔、拖索导缆孔或挡缆柱等,当这些装置与拖力点(绞车、拖力眼板、拖桩)配合使用时,其强度应考虑当拖船和被拖船舶或浮物相互转成 90°时,拖索具作用于其上的合力,拖索具的计算负荷至少为其破断负荷。

(1)龙须缆(链)的导缆孔

在被拖船舶或浮物上,龙须缆(链)的导缆孔与拖力眼板配合使用。该导缆孔为铸钢件,其形式类似巴拿马运河导缆孔,其开口的大小应足以使龙须缆(链)及其连接卸扣顺利通过,孔表面的曲率半径应避免链环产生不利的弯曲。

(2)挡缆柱及拖索导缆孔

在设有拖曳绞车(或拖缆机)或销轴式拖钩的拖船上,应在拖索出索方向的某一位置处,设置限制拖索位置的装置,以保证拖索绞车和拖钩的正常工作,此种装置常用的有挡缆柱和拖索导缆孔。

设在拖曳绞车后部且正对绞车滚筒的挡缆柱,通常为双十字形,两垂直挡柱之间的净开口尺寸应在绞车排绳器工作允许的范围内。对于活动范围受到限制的拖钩如销轴式拖钩可设置专门的挡缆柱(如上下左右为圆柱的矩形口)。拖索导缆孔的作用与挡缆柱相似,设在拖索绞车正后方的固定拖索导缆孔,如图 4.39 所示,其安装位置离开绞车滚筒的距离应足以使拖索在滚筒上排列整齐。

(3)尾部拖缆孔

尾部拖缆孔一般用于拖船,其位置设置在拖缆机或销轴式拖钩的后面,当拖船转向时,拖索对拖船的作用力可使拖船获得按其相反方向转动的力矩。尾部拖缆孔有多种形式,通常设有启闭闩。

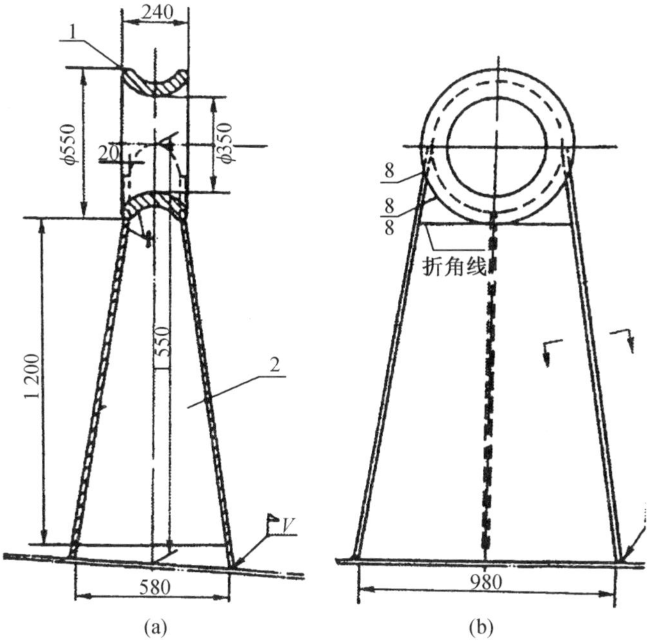

1—导缆孔；2—座架。

图 4.39　固定的拖索导缆孔

· 简易的启闭式拖索孔，适用于直径 22.5 mm 的钢丝拖缆，其本体为半圆钢，嵌入拖船尾部的舷墙中，启闭门与舷墙顶板齐平，不会影响拖索在舷墙上左右移动。其一般用于内河拖船和港作拖船。

· 图 4.40 为 A 型无滚轮的启闭式拖索孔和 B 型带有垂直滚轮的启闭式拖索孔（CB/T 4292—2013），其主要参数为孔高 H_1、孔宽 L_1、两滚轮间距 A 以及最大安全工作负荷等。

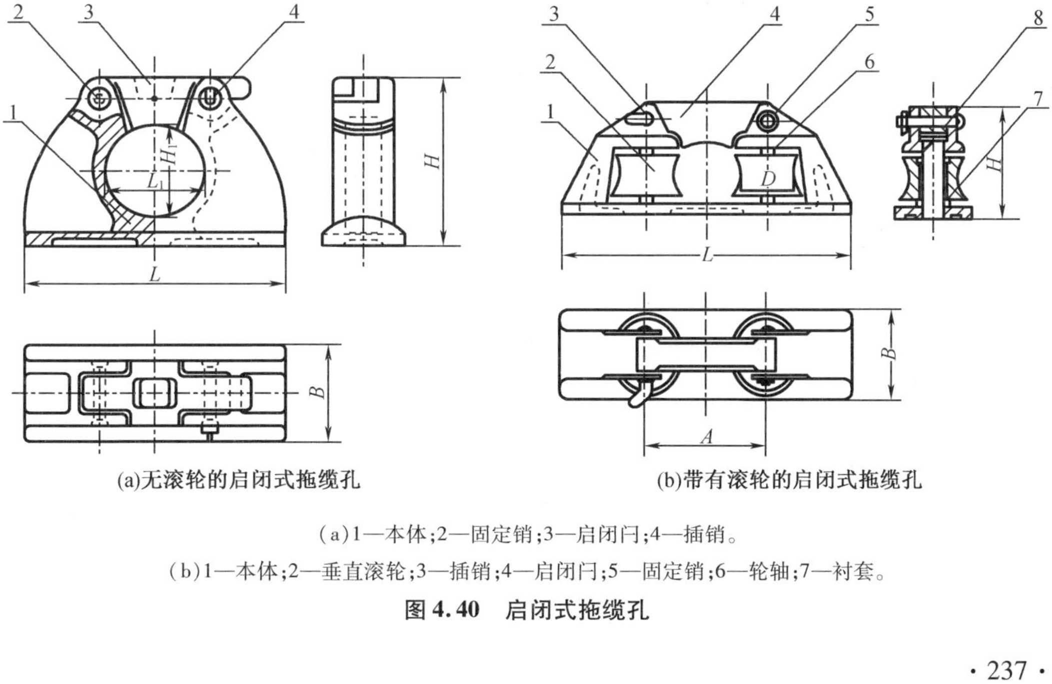

(a)无滚轮的启闭式拖缆孔　　(b)带有滚轮的启闭式拖缆孔

(a)1—本体；2—固定销；3—启闭门；4—插销。

(b)1—本体；2—垂直滚轮；3—插销；4—启闭闩；5—固定销；6—轮轴；7—衬套。

图 4.40　启闭式拖缆孔

4.6.4 拖缆承梁的配置

拖索承梁设于拖船尾部,并高出船舶尾部的所有设备,使得拖缆张紧时能平稳不受阻碍地从一舷滑向另一舷。拖索承梁可分为固定式和局部活动式,其中局部活动式承梁的可动部分可制成垂直方向或水平方向回转,并应在船体中心线处或其两侧设置支撑,其结构如图 4.41 所示。

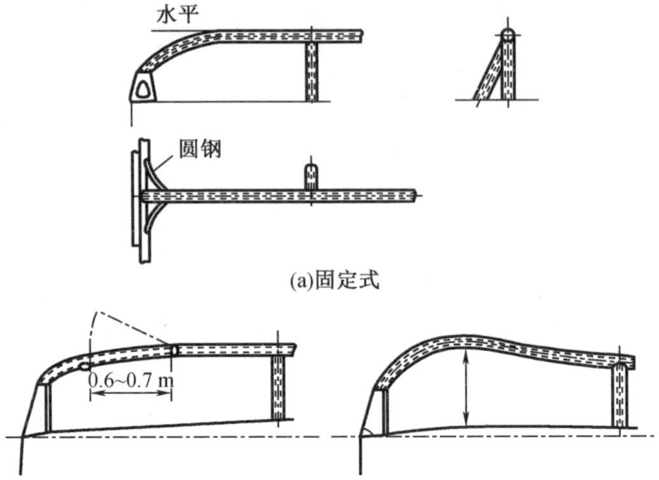

(a)固定式

(b)局部活动式　　(c)马鞍形

图 4.41　拖索承梁

拖索承梁的外形近似于抛物线或马鞍形,但中间部分约 1/3 船宽的范围内为水平的,其高度可以由船体中心线处,通过拖索固定点(拖钩或拖索绞车)和船尾舷墙顶部的直线确定。马鞍形承梁的曲线应光顺,不应使拖缆在横向滑动时有任何阻碍。拖索承梁一般用钢管或型钢制成,其剖面模数 W(cm^3)应不小于按下式计算所得之值

$$W = 0.0034\frac{d^2 S l}{\sigma_s} \tag{4-20}$$

式中　d——拖索直径,mm;

S——拖索长度,不小于 300 m;

l——支撑材之间或是支撑材同舷墙之间的距离,m;

σ_s——承梁材料的屈服点或取 0.7 倍的强度极限,两者取其小值,N/mm^2。

每一根支撑材料的横截面面积 F(cm^2)应不小于按下式计算所得之值

$$F = 0.002\,95\frac{d^2 S}{\sigma_s} \tag{4-21}$$

4.6.5 拖缆机械的配置

拖缆机械系指用于海上拖带作业的机械,包括首拖作业使用的拖曳绞车以及尾拖作业使用的普通拖曳绞车和自动拖缆机。

(1)拖缆机械的基本要求

进行海上尾拖作业的拖船,应配拖缆机,以便在拖带过程中,根据海况和作业要求调整

拖缆的长度。CCS《海上拖航指南(2011)》对于拖缆机的主要要求如下：

①拖缆机最外层的拉力应大于或等于拖船的系柱拖力 *BP*；

②拖缆机的强度、尺寸及其支承件应能承受主拖缆破断负荷作用在其甲板上最高位置且无永久变形；

③拖缆机的制动装置，应按公认标准选取，一般取拖缆破断负荷的1.1倍为静态支持负荷；

④拖船的拖缆机除有主制动装置外，尚应备有一应急制动装置，其内层拖缆上的制动力至少为拖船静态系桩拖力的2倍，且无须依靠拖缆机的常规动力源；

⑤新建造的无限航区拖船，建议在船上为拖缆机设置测量拖缆负荷(拖力)指示装置。该装置应有记录功能，至少应记录拖缆最大拉力和平均拉力，同时有超负荷报警器及拖缆放出长度的指示器；

⑥拖缆机在制动、拖曳与回收等操作时，应能从驾驶室应急释放拖缆。此种应急释放应在任何情况下，甚至在正常动力源发生故障时均能应急释放拖缆；

⑦拖缆机应设计成恒张力拖缆机，紧急释放拖缆时，不应导致拖缆机制动装置不能正常工作，确保拖缆机在设定拖力下工作；

⑧拖缆末端与拖缆机卷筒的连接不应牢固，承载能力不小于98 kN，不大于拖缆破断负荷的15%，以便拖缆在应急释放后能顺利脱离卷筒；

⑨拖缆机应配有确保拖缆在卷筒上有效排缆的装置。

(2)首拖作业的拖曳绞车

港作拖船首拖作业使用的拖索通常为合成纤维索，所使用的拖曳绞车常与卧式锚机组成一体(即起锚/拖曳组合机)，设于拖船首部，并与带有导缆孔的首部拖桩配合使用。该起锚/拖曳组合机的起锚机和拖曳绞车均可单独工作，且拖曳绞车可在机旁或驾驶室内遥控操作。

(3)尾拖作业的拖曳绞车

拖船尾拖作业使用的拖曳绞车按驱动方式可分为电动、液压或柴油机直接驱动；按滚筒数则可分为单滚筒、双滚筒和三滚筒。普通拖曳绞车的刹车配有缓冲装置，当拖索突然拉紧时，绞车的卷筒可以有稍许转动，以达到缓冲的目的。

与普通拖曳绞车不同，自动拖缆机设有恒拖(张)力装置。在海上拖带遇到大风浪时，拖缆受到冲击负荷的作用。恒拖(张)力装置的作用在于当拖缆张力超过允许值时，滚筒将自动放出拖缆；当拖缆松弛时，滚筒将收回拖缆到设定的长度。由此，大大减轻了拖缆受到的冲击负荷，防止拖缆因突加负荷而可能发生的破坏。

在近海和远洋拖航作业中，一般应使用自动拖缆绞车作为主拖缆机，除了主拖缆外，拖船还应配置备用拖缆。一旦主拖缆损坏，应能很快地换上备用拖缆，因此，这类拖船常常设置双滚筒拖缆机，高低布置，如图4.42所示。为了安全使用，拖缆机在制动、拖曳与回收拖缆操作时，应在任何情况下(包括正常动力源发生故障时)能从驾驶室应急释放拖缆。

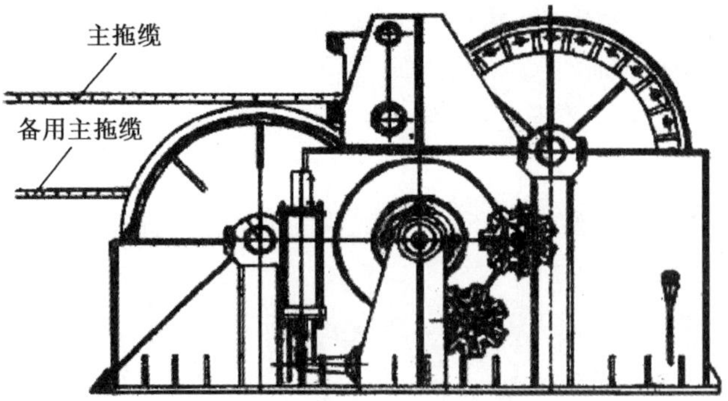

图 4.42　双滚自动筒拖缆机

4.7　应急拖曳装置简介

大型船舶在应急情况下,例如主推进装置不能运转、主电源故障或主操舵装置失效等,把船舶拖出危险区所需要配备的应急拖曳设备。在应急拖带操作中,整船的受力集中在一根或两根拖索上,拖索中的力要比系泊索在正常系泊时的力大得多。由于船舶被拖带的情况通常发生在首尾部,因此,首尾部的应急拖曳设备配置和布置常常与系泊设备、常规的拖曳设备以及锚泊设备一起统筹考虑。大型液货船的应急拖曳布置上有其特殊性和针对性,对其他系泊设备和属具的依赖度相对小一些,但对大型非液货船的应急拖曳布置就涉及系泊设备的相关因素。

4.7.1　大型液货船应急拖曳装置简介

按经修正的1974年国际海上人命安全公约(International Convention for the Safety of Life at Sea,缩写为SOLAS公约)的规定,载重量为20000 t及以上的油船、化学品运输船和液化气船的首尾需安装应急拖曳装置。同时,按照IMO MSC. 35 (63)决议案《油船应急拖带装置指南》要求而设置的油船应急拖带装置,也可以作为拖航的拖力点。

(1)应急拖曳装置的组成及布置

应急拖曳装置主要部件配置的具体要求见表4-8。其主要有拖缆索、受力点(如掣链器或拖力眼板)、导缆装置、收缆装置、防擦装置等部件。

表4-8　应急拖曳装置主要部件配置

主要部件	船首	船尾	强度要求
收缆装置	可选	要求	-
拖缆索	可选	要求	要求
防擦装置	要求	根据设计而定	要求

表 4－8(续)

主要部件	船首	船尾	强度要求
导缆装置	要求	要求	要求
受力点	要求	要求	要求
滚轮支架	要求	根据设计而定	–

应急拖曳装置按船首区和船尾区的要求分别进行配置。首部的应急拖曳装置一般要与液货船的单点系泊装置一起统筹考虑。其典型的配置和布置方式如图 4.43 所示。图 4.44为某油船的尾部应急拖曳装置的配置情况。

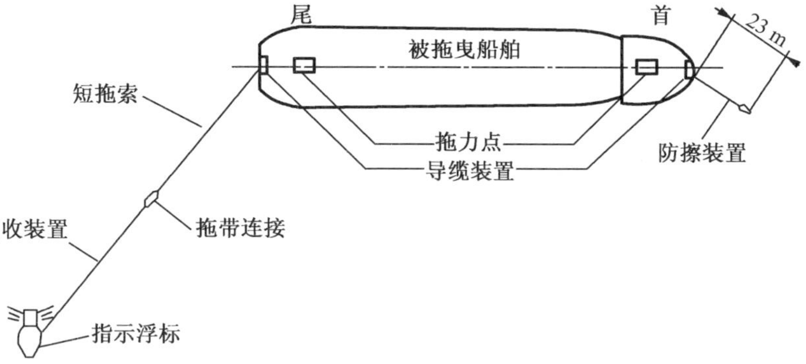

图 4.43　应急拖曳装置典型的布置

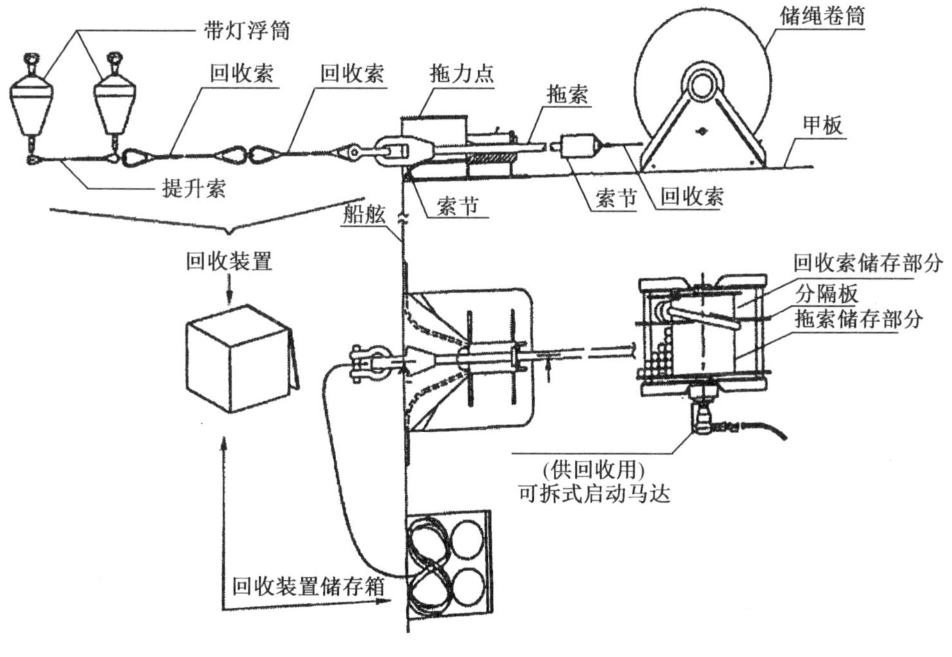

图 4.44　某大型油船尾部应急拖曳装置配置示例

(2)应急拖曳装置的一般要求

①拖带部件的工作负荷(即安全负荷)要求:对载重量为 20 000 t 及以上,但小于

50 000 t的油船应至少为 1 000 kN；对载重量为 50 000 t 以上的油船应至少为 2 000 kN（极限强度为工作负荷的两倍）。

②受力点和导缆孔的位置要求：首尾受力点和导缆孔的布置应有利于最大限度减小拖带系统中的应力和便于从首和尾的任一边拖曳，即从船舶中心线至左舷或右舷 90°，垂直向下 30°。首、尾受力点和导缆孔一般设置在船舶的中心线上，当导缆孔确实不可能装置在船舶中心线上时，允许稍微偏离中心线。

对大于 150 000 t 载重量的超大型船舶，若首部配置单点系泊的系泊设备和相应的两对掣链器和导缆孔，其中的一对可兼作应急拖曳的船首受力点和导缆孔。在这种情况下，根据单点系泊的相关要求，首部受力点和导缆孔一般应设置在离船舶中心线 1.0 m 的距离处，但不得超过 1.5 m。

③拖曳部分的要求：

a. 短拖缆索，其长度 L_p（m）不应小于下列值

$$L_p = 2H + 50 \tag{4-22}$$

式中 H 为最小压载航行时尾部拖缆孔处的干舷高度，m。

· 当采用一个独立的防擦装置时，短拖缆索包括它的终端零件应具有至少两倍于工作负荷的破断强度。

· 短拖缆索可采用钢丝缆索或合成纤维索。拖带连接时，拖缆索应配有一个钢索套环与标准卸扣连接。

b. 防擦装置。防擦链应有足够的长度，以确保在拖曳时短拖缆索或拖索在导缆孔之外。防擦链的长度应从受力点延伸至导缆孔之外至少 3 m。防擦链通常使用三级有档电焊锚链和附属件。其破断负荷至少两倍于要求的工作负荷，工作负荷为 1 000 kN 时，锚链的链环直径为 Φ52 mm；工作负荷为 2 000 kN 时，锚链的链环直径为 Φ76 mm。

防擦链的一端应适合与受力点连接。在设有掣链器时，为了在操作掣链器时防止防擦链的任何误操作，在船上一端的防擦链应有效固定；另一端应配备一个能与标准卸扣连接的标准梨形无档链环。

c. 受力点，系拖曳装置在船上的固定端（受力点），应为掣链器或拖力眼板，或具有同等强度的容易连接的其他装置。受力点可与导缆孔设计成一体。掣链器可以是闸刀式或棘爪式、其他等效形式。

d. 回收装置。拖索的回收索最好采用漂浮型的合成纤维索。回收索的强度应适合所考虑的应急情况。回收索的长度 L_n（m）应超过短拖缆索的长度

$$L_n = 2H + 100 \tag{4-23}$$

e. 带座架的滚柱导缆器。作为首部应急拖曳装置的导向滚轮的配置由设计决定，建议滚柱直径的取值：对小于 50 000 t 载重量的船舶，滚柱的直径不小于 300 mm；对 50 000 t 及以上载重量的船舶，滚柱的直径不小于 400 mm。

f. 船体支持结构。安装掣链器或拖力眼板的甲板结构，应适当加强以承受等于 1.3 倍工作负荷的水平负荷。对于新建造的船舶，建议甲板局部厚度的取值：工作负荷为 1 000 kN 时，甲板局部厚度应至少等于 12 mm；工作负荷为 2 000 kN 时，甲板局部厚度应至少等于 15 mm。

④拖曳装置的适用性，主要体现在：

a. 应急拖曳装置的所有构件，包括控制设备应明显地做出标记，甚至在黑夜和能见度差的情况下也能确保安全有效地使用；

b. 船尾应急拖曳装置应预先配置，并能在泊港状态下以受控方式，在不超过15 min的时间内部署；

c. 船首应急拖曳装置应能在泊港状态下，在不超过1 h的时间内部署。

4.7.2 大型非液货船应急拖曳装置简介

考虑到日益严格的安全和海上防污染要求，海安会（MSC）在MSC.256（84）号决议上对SOLAS第Ⅱ-1章第3~4条进行了修正，要求除大型液货船外的所有大型客船和货船也必须编制应急拖带程序（emergency towing procedure）并保留在船上，用于指导在现有布置和设备的基础上进行应急拖带操作。因此，在考虑大型客船和货船的系泊布置时往往也要考虑以下应急拖带问题。

①首尾系泊属具要考虑应急拖带的需要。如首尾部中线处的导缆孔以及两侧的导缆孔和导缆滚轮通常要考虑应急拖带的需要。

②随着船舶的大型化，现有配置的系泊设备满足不了在应急拖带时的安全工作负荷SWL要求，或者说在既有甲板空间下，无法布置也能满足应急拖带需要尺寸大小的系泊属具。在这种情况下，要采用有针对性的解决方案。

a. 充分利用现有的系泊属具，进行应急拖带模式的优化，通过优化，给出大型干货船首部应急拖带方案，如图4.45所示。该方案适用于现有系泊属具无法满足100%应急拖带的情况，首部利用船上现有系泊索进行载荷分解，通过在拖索之后连接另外系泊索的方法来将较大的力分解成两个相对较小的力，使得系泊属具能够承受分解后的系泊索载荷，使得在这样的应急拖带条件下每个带缆桩的安全工作负荷SWL不大于其本身的固有载荷，同时也缓解了中线处导缆孔的受力。

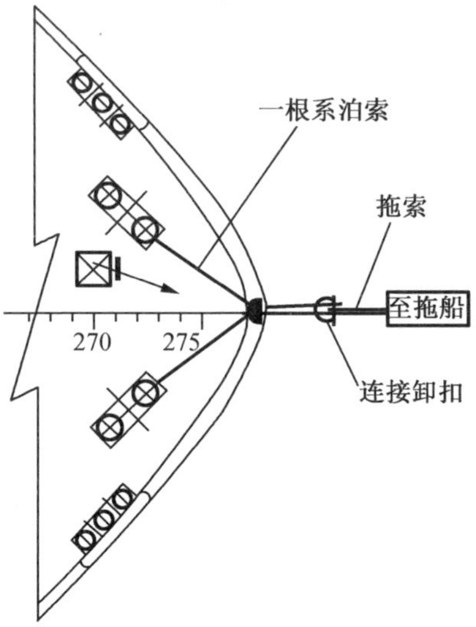

图4.45 大型干货船首部应急拖带方案

同样的，对尾部也可给出类似的方案。由于尾部船中心线处一般不布置导缆孔，而是在两侧布置有滚轮导缆器。因此，可利用船上尾部现有的系泊设备，给出两种应急拖带方案，如图 4.46 所示。一是单拖船的应急拖带方案；二是双拖船的应急拖带方案。

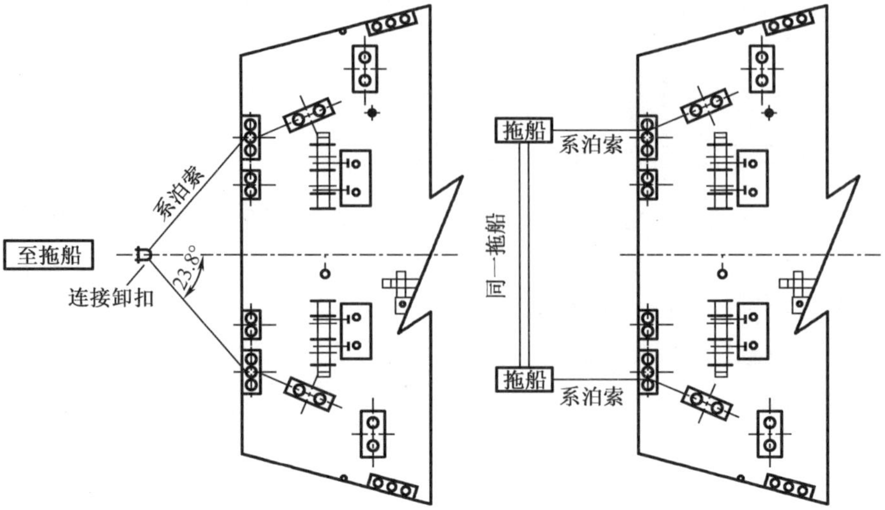

图 4.46　大型干货船尾部应急拖带方案

b. 其他方案。如对首尾部涉及应急拖带的系泊属具，在保证一定规格系泊属具尺寸大小的基础上，进行符合要求的结构改进或提高其材料的等级，以使得其安全工作负荷 SWL 得到相应的提升。

4.8　海上移动平台拖带简介

对各类非自航的非船型海上移动平台的拖带方式，是一个复杂的问题，不仅有近距离的现场移位，还有远距离的远洋拖航。其固定拖曳设备的配置应根据海上移动平台的结构形式、拖航方式以及相关要求需专门研究确定。ZC《海上拖航法定检验技术规则(1999)》以及 CCS《海上拖航指南(2011)》中提出了对海上移动平台拖航时的原则要求。

4.8.1　海上移动平台常用的海上拖航方式

海上移动平台的拖带是海上拖航中的重要组成部分，而平台结构由于其工作和稳定性的需要大都不具有流线型的外形以及流线型的首部，这在其湿拖过程中会产生较大的阻力，不利于拖带。此外，海上移动平台在拖航过程中易受到外界因素的影响，由于与拖轮是由拖缆柔性相连，再加上其本身不具有自航能力，故在遇到恶劣海况时偏荡、偏航等问题比较严重。因此，选择合适的拖航方式能有效抑制不利因素的影响。目前，常用的海上拖航方式有以下几种。

(1)单拖船尾拖拖航方式

其是指用 1 艘拖船通过主拖缆和龙须缆将拖船的拉力传递给海上移动平台,单拖船尾拖拖航方式如图 4.47 所示。采用此拖航方式的被拖海上移动平台,一般尺寸或吨位较小,要考虑能有效抑制拖航过程中的偏荡现象。其主要用于海上移动平台近距离的现场移位。

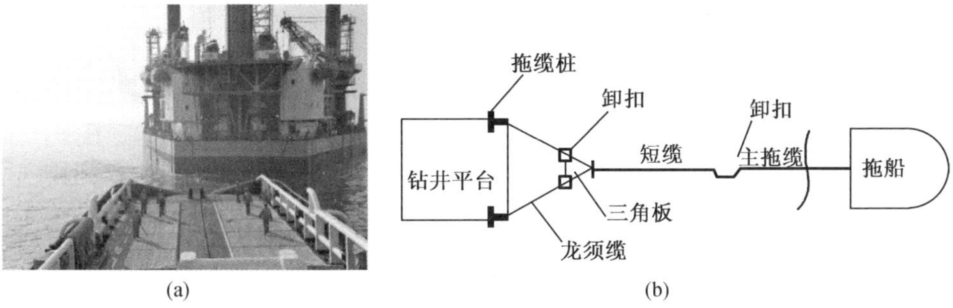

图 4.47　单拖船尾拖拖航示意图

在单拖船尾拖拖航系统中,主拖缆或短缆与龙须缆的连接点固定,当海上移动平台受外力作用时,龙须缆的一端将受到较大力的作用,另一端将受到较小力的作用,这样可以有效地抑制偏荡。

(2)双拖船尾拖拖航方式

其是指用 2 艘拖船的主拖缆直接与海上移动平台的前端相连,拖船的拉力直接作用在海上移动平台上,如图 4.48 所示。此拖航方式适用于拖带中型尺寸或吨位较大的海上移动平台。

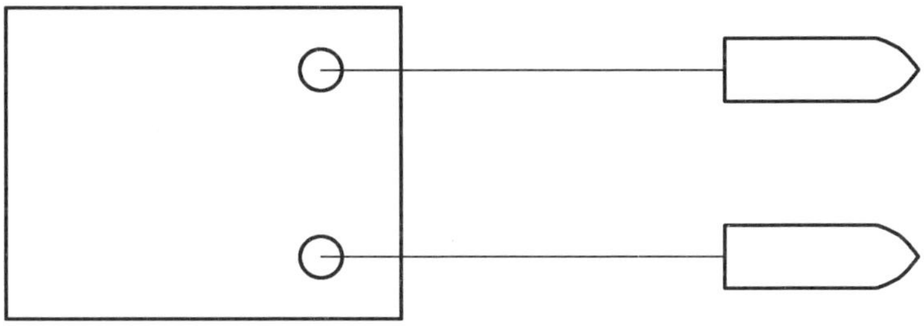

图 4.48　双拖船尾拖拖航示意图

双拖船尾拖拖航系统的优点是:可以通过改变任意 1 艘拖船的拖力大小和方向来修正航向。同时,还可通过改变和控制 2 艘拖船的拖力大小及方向来达到转向的目的。显然,此种拖航方式更加灵活,但需要 2 艘拖船在行动上严格保持一致,否则会产生相反的效果。

(3)双拖船傍拖方式

其是指 2 艘拖船分别靠在海上移动平台的左右端,并通过首尾缆、横缆、倒缆与海上移动平台相连进行傍拖,如图 4.49 所示。

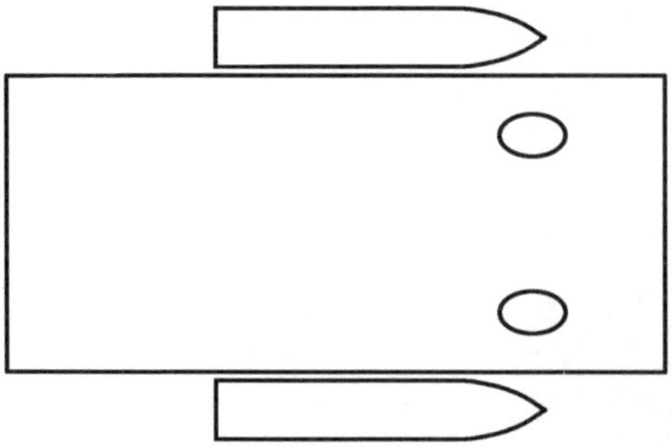

图 4.49　双拖船傍拖示意图

此拖航方式并不常用,其优点是所需水域较小,适合在受限水域操纵。缺点是整个拖航组在外力的作用下容易产生偏荡现象,且容易发生断缆事故。

(4)拖带顶推混合式拖航方式

其是指既有拖船在海上移动平台后面顶推或首拖,又有拖船在海上移动平台前面尾拖,如图 4.50 所示。此拖航方式适合较大型海上移动平台的拖航作业,不仅作业灵活,而且能有效抑制偏荡现象的发生,在受限水域也较容易控制和改变航向。

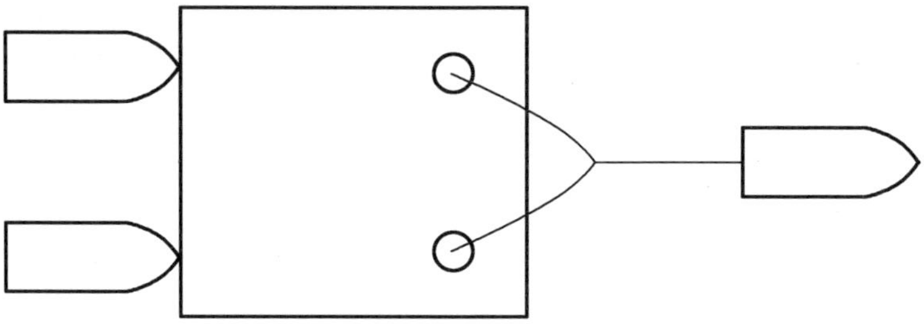

图 4.50　拖带顶推混合式拖航示意图

综上,海上移动平台的拖航作业可根据被拖平台的尺寸大小、结构形式以及后续作业的要求,选择上述拖航方式进行拖航,并且在实际拖航作业中配备护航拖船,保证拖航作业的应急处置及安全进行。如图 4.51 所示为自升式钻井平台的典型海上拖航方式。

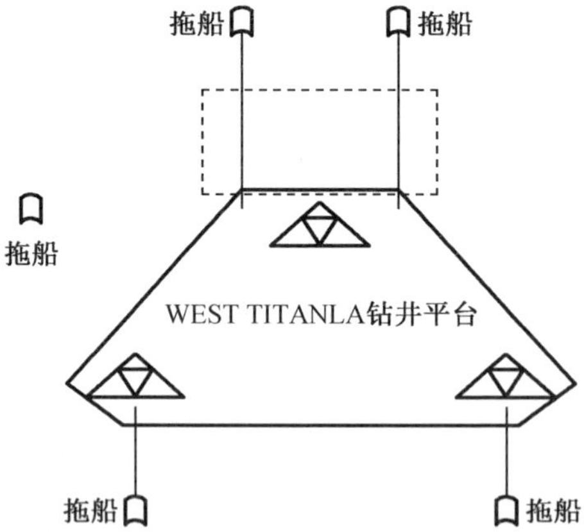

图 4.51　自升式钻井平台拖航示意图

4.8.2　海上移动平台拖航分析

为了最大限度地降低海上拖航的风险，对每一航次的拖航活动所配备的拖轮必须具有足够的有效输出马力，以保证在恶劣的气象、海况情况下能有效地对被拖海上移动平台进行控制，并能够满足最低航速的要求。那么对于某特定的海上移动平台的拖带，应选用多大的拖船呢？又如何来确定被拖海上移动平台的拖曳设备呢？

以常用的单拖船尾拖拖航方式为例。对于某特定的海上移动平台的拖曳设备一般是通过拖轮的主拖缆来确定的，所以在确定被拖海上移动平台拖曳设备之前就要先解决拖轮的选取问题，此时会涉及一个最小有效马力的拖船概念。所谓最小有效马力的拖船即指在满足一定拖航速度要求下具有所需最小系柱拖力 *BP* 的拖船。每条拖轮都有一条速度－有效拖力曲线。有效拖力即指拖轮克服自身阻力后在服务功率下所能提供的拖力。其拖航分析流程如图 4.52 所示。

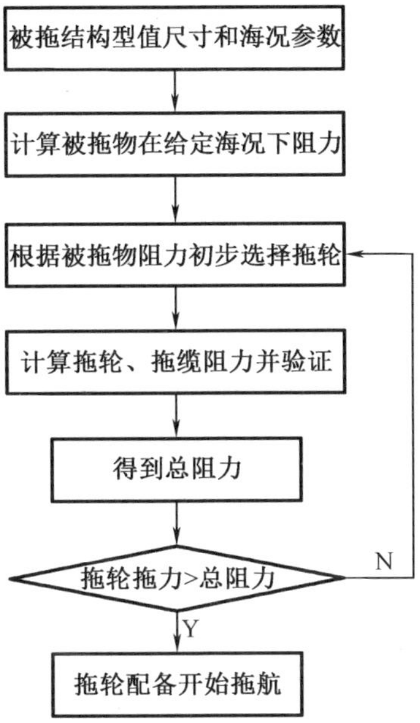

图 4.52　海上移动平台拖航分析流程图

首先应根据海况条件和已知被拖海上移动平台的型值参数计算其在预定海域和海况下的不同拖航速度时的拖航阻力，并根据被拖阻力值计算所需最小马力的拖船，预选取合适的拖船和拖缆，根据已知拖船型值参数计算拖船和拖缆的航行阻力，得到总阻力。验证拖船有效拖力与总阻力之间的关系，如拖船的有效拖力大于总阻力，则拖船选择成功，可以继续分析，否则，则需重新选择更大马力的拖船并重新计算。最后根据所选的拖船，按单拖船尾拖方式来确定被拖海上移动平台的拖曳设备的配置与布置。这其中最关键环节是拖航阻力计算和拖缆长度及悬垂度的确定。

(1)海上移动平台拖航阻力分析

由上可知，在海上拖航中，准确估算被拖海上移动平台的拖航阻力，对选配合适的拖船，满足规范的要求，确保整个拖航航次的安全、经济、有效是十分重要的。不同于常规线性船舶的阻力的估算，在海上移动平台的阻力估算中，要考虑平台结构的特殊迎水面积所产生的前压阻力，在平台后部及型线突变处产生的漩涡阻力，以及平台上部结构较大的受风面积而受到的风压阻力，另还要计及占到整个拖航系统总阻力的10%以上的拖缆阻力，且拖缆阻力的计算往往要与其长度和悬垂度连在一起分析。

(2)拖缆长度及悬垂度的确定

海上安全拖带不仅要确保拖缆有足够的强度和长度，并且要求在拖带过程中保证有一定的悬垂度。悬垂度的作用是吸收涌浪对平台的冲击力，提高拖缆耐冲击的性能，以确保在各种海况下能够安全连续拖带。在海上拖带过程中，往往要随拖航水域的水深、海况的情况调节拖缆的悬垂度，这既要防止拖缆与海底的摩擦或与暗礁等的刮缠，又要防止拖缆跳出水面，造成拖缆受力过大，产生断缆。对于悬垂度的控制，往往通过拖缆机的收放和/或调整拖船的速度来实现的。

在拖航系统中，拖船与被拖海上移动平台的运动完全由拖缆耦合，工程分析计算中，一般按悬链线模型来计算拖缆的拉力并考虑拖缆弹性的影响。适当长度的拖缆有利于缓解拖船与被拖平台之间运动产生的冲击张力，也有利于缓解平台的偏荡。根据JT/T 214—1995《海上拖航技术要求》及海上拖航的实际经验，拖缆的长度可根据下式计算

$$L = k(L_1 + L_2) \tag{4-24}$$

式中 L—拖缆长度，m；

L_1—拖船(主拖船)的长度，m；

L_2—被拖平台的长度，m；

k—风浪系数，取2.3 ~3.3，风浪小时取小值，风浪大时取大值。

按CCS《海上拖航指南(2011)》的规定：拖缆的悬垂深度一般应为水下8 ~12 m，对于深海且长距离拖航的情况，其悬垂值应取为拖缆总长的6%左右，拖缆的下垂量可根据下式计算

$$D = \frac{T}{\omega} - \frac{T}{\omega}\sqrt{1 - \left(\frac{L \cdot \omega}{2T}\right)^2} \tag{4-25}$$

式中 D—拖缆悬垂深度，m；

T—拖缆张力，kg；

ω—拖缆每米质量，kg；

L—拖缆长度。

拖航中，通过采取调控措施，安全地选择拖缆的长度与垂度，使拖缆更具弹性且不拖海底，以避免拖航中损伤或拉断拖缆，从而达到保障海上移动平台的拖航安全。

思 考 题

1. 专业拖船上的固定拖曳设备主要有哪些?
2. 专业拖船上的拖缆，其长度和破断负荷确定的依据?

3. 非专业拖船上的拖缆,其长度和破断负荷确定的依据?

4. 非自航船舶需配置哪些拖曳设备?

5. 非专业拖船上需配置哪些拖曳设备?

6. 专业拖船上的拖钩或拖缆机的设置位置有哪些规定?

7. 在估算拖航阻力时,对被拖浮物的首部形状的影响如何考虑?

8. 以常用的单拖船尾拖带方式为例,说明拖航系统的配置思路。

(1)拖航阻力估算;

(2)最小有效马力的拖船配置;

(3)拖索的配置;

(4)拖带方式。

第5章 救生设备及系统

5.1 概 述

在船舶或海洋平台总体设计中，虽然已充分考虑了船舶或海洋平台的安全性，采取了种种保证安全的措施，但船舶或海洋平台仍不能完全排除严重的海损事故，船沉人亡的惨案以及海洋平台的毁损仍偶有发生。因此，海难救生问题一直为国际所关注，在联合国组织内设立有国际海事海上安全委员会救生分委员会，定期召开会议研究海难救助问题。在众多的海难事故中，救生设备都扮演着极为重要的角色，为海上人命安全救助发挥了巨大作用。从1914年“TITANIC”事故后诞生的第1版《SOLAS公约》开始，在各国政府、相关国际组织和科技进步的推动下，海运船舶或海洋平台救生设备的发展日趋完善，安全标准得以逐步统一和提高。

海上航行和作业的长期使用经验以及人们经过长期以来的实践和调查研究，认为海难救生工作应包括准备、登乘、生存、信号与通信、搜寻、营救等六方面。每一项工作都应有能满足海难救生要求的设备，而每一组设备又应有一定的技术要求，从而组成一个完整的救生系统。但是从船舶或海洋平台必要的装备而言，施救人命的措施主要有两个方面，其一是通过电信设备进行呼救；其二是在船舶或海洋平台上设置可靠的救生设备。因此，为了保证船舶或海洋平台遇险时有足够的救生设备，船舶或海洋平台必须按照相关公约和规范的规定，配备救生艇筏、救生圈、救生衣以及求救信号等。

5.1.1 救生设备的类型及组成

救生设备是指船舶或海洋平台配备的用于在紧急状况下人员从遇难船舶或海洋平台上能安全迅速撤离并逃离危险区域，或对遇难船员实施救助，以及在遇险状态下，可迅速发出信号通知临近船舶和陆上搜救中心的设施和装备。船舶救生设备的主要类型及组成见表5－1。

表5－1 船舶救生设备的主要类型及组成

主要类型	功能及作用	主要组成
共用救生设备	供多人共同使用	救生艇、救助艇、救生筏及救生浮具等救生载具

表 5－1(续)

主要类型	功能及作用	主要组成
个人救生设备	供个人使用	救生圈、救生衣、救生服及保温用具等浮具
降落设备与回收装置	将救生艇筏从其存放位置安全地转移到水上,并可回收	吊艇架、吊筏架、救生艇自由降放设备、艇绞车、自由漂浮装置等
登乘设施	供遇险人员登入救生艇筏	登乘梯、海上撤离系统、登艇平台等
救生用无线电设备	对外发出遇险及求救信号	双向甚高频(VHF)无线电话设备、雷达应答器(SART)、救生艇筏应急无线电示位标等
救生视觉信号设备	对外发出遇险及求救信号	火箭降落伞火焰信号、手持火焰信号、漂浮烟雾信号等
救生通信与报警系统	通信、指挥、集合	无线对讲电话设备、通用应急报警系统、有线广播系统
救生抛绳设备	救助、救援	抛绳枪、抛绳器等

救生设备不是简单提供救生载具和浮具,救生设备要做到安全、可靠、有效,如为保证乘员的生存能力与条件,除了必要的食品、淡水、药品、钓鱼用具外,还有低温保护问题。据目前研究记录,根据一般人的体质,在落到冰冷水中大约只能存活半个多小时;海上遇难者在艇筏上离开淡水最多能活 7 天左右;离开口粮最多能活 20 天左右。因此海上救生方式以及救生设备的形式、数量与性能是人们不断研究的课题。

5.1.2　救生设备的要求

救生设备应配备的种类和数量随船舶或海洋平台的大小、类型和航行区域而异,国际海事组织在《国际海上人命安全公约》(简称《SOLAS 公约》)中,以及中华人民共和国海事局在《国际航行海船法定检验技术规则》和《国内航行海船法定检验技术规则》(简称《MSA 法规》)中均有明确的要求,它们都必须符合一定的技术条件和规格要求。对各类救生设备,在《国际救生设备规则》(简称《LSA 规则》)中有详细的要求。

(1)环境温度的要求

救生设备应能在 －30 ～65 ℃的空气温度范围内存放而不致损坏;应能在 －1 ～30 ℃的海水温度范围内正常使用。对航行于极地水域船舶的救生设备要求须专门考虑。

(2)制造工艺和材料的要求

①救生设备应以适当的工艺和材料制成,在有效期内应能耐腐蚀,并不因阳光、海水、原油或霉菌的侵袭而影响正常的使用。

②救生设备在制造前应将图纸及技术文件提交相关机构审查,在制造或装船时需进行专门检验。

(3)使用要求

配置在船舶或海洋平台上的一切救生设备应保持随时可用的状态,在情况紧急时能即刻使用,在恶劣的气候和工作条件下能安全使用,应使遇险人员在海上较长时间里可维持生命。此外还应具有:

①救生设备应在一切能被探测到的部位具有明显突出的颜色,一般采用橙黄色,并且还应装贴逆向反光材料,容易被前来援救人员发现和施救;

②救生艇筏必须在船舶处于不利纵倾 10°和船舶向任何一舷横倾不小于 20°时,能直接从存放地点降放下水;

③处于持续备用状态的救生艇筏,应能使两名船员在少于 5 min 内完成登乘和降放准备工作;

④按船舶或海洋平台上人员总数配备的所有救生艇筏,要求在发出弃船信号并在载足全部乘员及属具后,客船应能在 30 min 内全部降放至水中,货船要求在 10 min 内全部降放至水中,海洋平台应满足相关规范的要求;

⑤救生艇筏及救助艇均应设置静力压力释放装置,以便在船舶或海洋平台发生海难时能使艇筏自由漂浮出水。

5.2 共用救生设备及基本要求

5.2.1 救生艇

救生艇是在船舶或海洋平台海事弃船时,供乘员撤离失事船舶或海洋平台并能维持遇险人员生命的所乘用的一种特殊要求的小艇,它是船舶或海洋平台的主要救生载具。救生艇具有良好的浮性、稳性和航海性能,当艇全部灌满水时具有不会沉没的功能,艇内备有一定数量的口粮、饮用水、桨、篙等属具。其较其他救生载具有更大的安全性,但它的质量较大,且所占甲板面积与空间较大。

(1)救生艇的分类(图 5.1)

①按艇体的材料区分,主要有木质救生艇、金属救生艇(钢或铝)和玻璃钢救生艇等。

·木质救生艇使用历史最长、修理方便、浮力较大、不易沉没,但保持水密性差、易着火和破损、耗用木材、制造工艺复杂,目前已不使用。

·钢质救生艇耐火性能好,但易锈蚀,现已很少使用。但油船必须按规范规定采用全封闭耐火救生艇。

·玻璃钢救生艇质量轻、强度高、耐腐蚀、表面光滑、制造与维修工艺较简单、保养方便、经久耐用,目前已被广泛采用。

②按推进方式可分为机动救生艇和非机动救生艇。

·机动救生艇以柴油机为动力,既可满载乘员较快地撤离险船,又可以拖带非机动艇或救生筏。

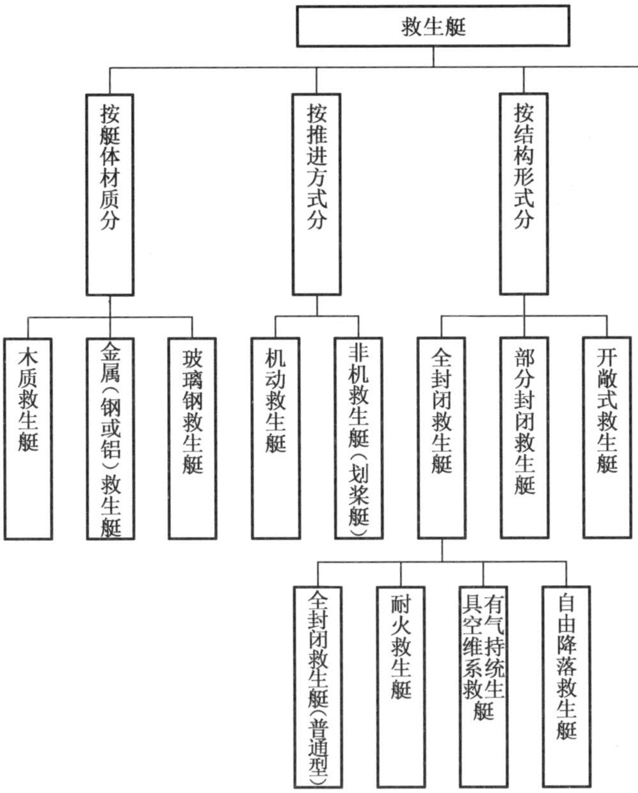

图5.1　救生艇分类

·非机动救生艇主要依靠划桨，或设有手摇、脚踏等人力推进装置，或利用风帆推进。《SOLAS 公约》与《MSA 法规》对新造海船已不提非机动救生艇，即全部救生艇均要求为机动救生艇。因此，目前非机动救生艇只能用于内河船舶或我国沿海航区、遮蔽航区的常规中小型货船。

③按结构形式可分为开敞式救生艇、部分封闭救生艇以及全封闭救生艇3类。其中全封闭救生艇按设备和功能的不同又可分为普通型救生艇(《LSA 规则》称全封闭救生艇)、具有空气维持系统的救生艇、耐火救生艇以及自由降落式救生艇4种。所有救生艇的乘员定额均不得超过150人。

上述各种全封闭救生艇除自由降落式外，如果同时满足《LSA 规则》规定的救助艇要求，可以兼作救助艇，即称为全封闭救生艇兼救助艇。同样，部分封闭救生艇或开敞式救生艇若满足《LSA 规则》规定的救助艇要求，也可以兼作救助艇。

(2)各种形式的救生艇及其特点

①全封闭式救生艇，为机动艇，设有完全罩住救生艇的刚性水密封闭盖，可保护乘员不受恶劣环境条件的伤害，并具有倾覆后自扶正至浮态的功能，是一种较为理想的救生艇。国际海事组织将全封闭式救生艇纳入国际航行客船和货船必须配备的主要救生设备。

全封闭救生艇按乘员进入艇内门的位置可分为侧开门、尾开门及侧尾开门3种形式。尾开门形式的救生艇为方尾型，门布置在艇的尾部。自由降落式救生艇均为尾开门形式。侧尾开门形式的救生艇，一般是在尾开门艇的基础上，再增加一个侧开门。图5.2所示的为普通型全封闭侧开门形式的救生艇,门布置在艇的两侧或一侧(船舶右舷救生艇的门在艇的左侧,船舶左舷救生艇的门在艇的右侧),这种艇的首尾部线型均为尖形。

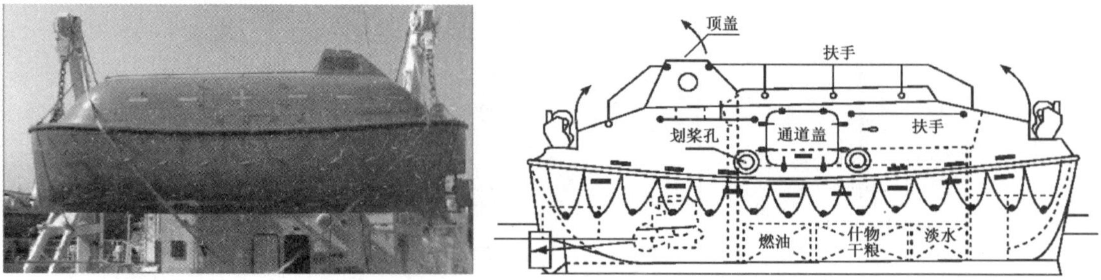

(a)　　(b)

图 5.2　普通型全封闭式救生艇(侧开门形式)

②具有空气维持系统的救生艇。具有空气维持系统的救生艇(或称自供空气救生艇)也是一种全封闭式救生艇,它与普通型全封闭式救生艇的区别是多了一套压缩空气与供气系统的装置。它主要用于运载散发有毒蒸气或毒气货物的化学品液货船和气体运输船。

③耐火救生艇,其也是全封闭式救生艇,如图 5.3 所示。它除备有空气维持系统外,还装有喷水防火系统。耐火救生艇与空气维持系统的救生艇的区别是增加了喷水防火系统装置。它主要用于运载闪点不超过 60 ℃(闭杯试验)的油船、化学品液货船、气体运输船以及海洋平台上。

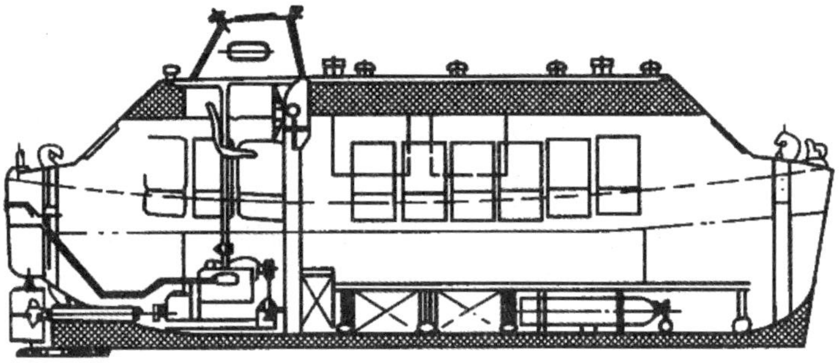

图 5.3　耐火救生艇

④自由降落式救生艇,其也是全封闭式救生艇,如图 5.4 所示。其平时存放在船舶尾部区域或海洋平台的居住区域端部倾斜的滑架上,使用时,人员从设在艇尾的门进入救生艇后用安全装置将人员牢固地缚在座位上,然后操纵释放机构,救生艇依靠重力在倾斜架上滑行后自由降落至水中,再飘浮出水面。这种机动救生艇用于货船、油船、海洋平台等,但不允许用于客船。

自由降落救生艇具有降艇迅速的优点,且解决了母船 5 kn 航速放艇的难度。其不足之处是艇存放高度较高,占用过大尾部空间,不能兼作救助艇,制造费用昂贵等。

⑤部分封闭式救生艇,如图 5.5 所示,与全封闭式救生艇的主要不同之处是,它只在艇的首尾端各有一段固定装设的刚性顶盖,艇的中间部分设有固定附连的可拆式顶篷,它和首尾的刚性顶盖形成一个能挡风雨的遮蔽盖。艇的两端和每一侧均有进出口,以便万一救生艇翻覆时,乘员可以逃出。与全封闭艇相比,部分封闭式救生艇较易于登乘,但稳性及低

温保护性能不如全封闭艇。

图 5.4　自由降落式救生艇

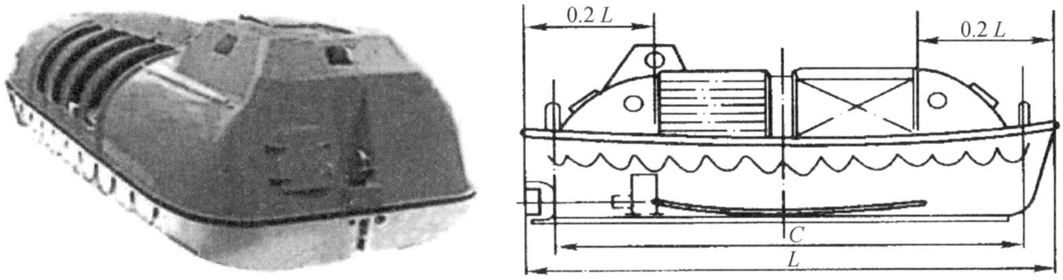

(a)　　　　　　　　　　　　　　　　(b)

图 5.5　部分封闭式救生艇

部分封闭式救生艇仅用于国际及非国际航行的客船，还可用于除油船、化学品液货船及气体运输船以外的在我国沿海航区和遮蔽航区航行的其他货船。

⑥开敞式救生艇，是传统的救生艇，没有顶盖，只能架设临时的顶篷，如图 5.6 所示，有机动及划桨两种，若乘员定额在 60 人以上者则应为机动艇。开敞式救生艇在海上倾覆时，可利用艇底扶手及扶正索将艇扶正。

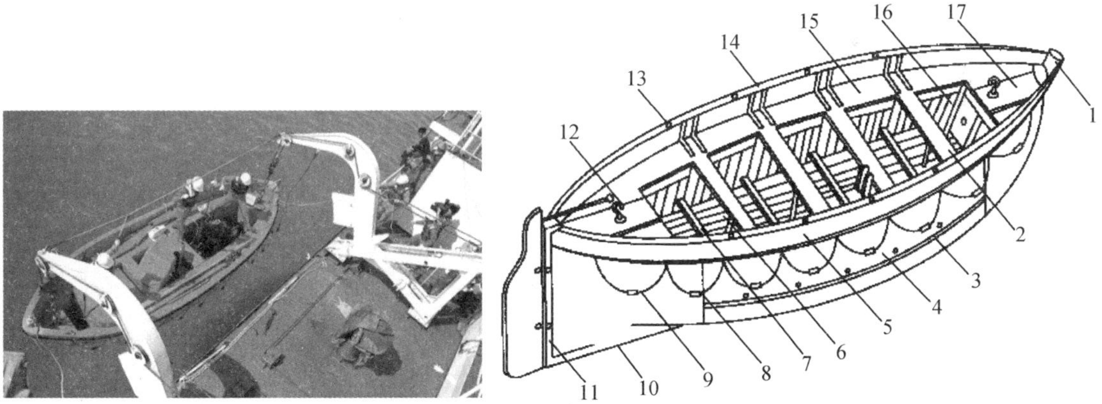

(a)　　　　　　　　　　　　　　　　(b)

1—艏柱；2—横坐板；3—舭龙骨；4—艇壳；5—护舷材；6—艇底垫板；7—脚踏板；8—把手索；9—救生索；10—龙骨；11—艉柱；12—吊艇钩；13—桨叉孔；14—艇缘；15—纵坐板；16—空气箱护板；17—艇艏踏板。

图 5.6　开敞式救生艇

开敞式救生艇结构简单,登乘方便,但因低温保护性能差,乘客易受海浪、大风袭击或烈日暴晒的伤害,不宜在海船及海洋平台上使用。

此外,近几年还开发了一种配备于油船或海上石油钻井装置上的可潜救生艇,具有能供火灾时搭载人员潜入水下驶离着火海域的功能。

(3)救生艇的基本要求

对救生艇有如下基本要求:

①一般救生艇的长度不得小于7.5 m,若因船舶尺度或其他原因所限,救生艇的长度不得小于5.0 m。同时规定,在载足全部额定乘员及属具后,救生艇的总质量不超过20 t。

②当50%乘员定额的乘员以正常姿势坐在艇中心线一侧时,救生艇的干舷应至少为艇长的1.5%或100 mm,取其大者。全封闭救生艇翻转180°后,应能自行扶正。

③当艇内浸水和破漏通海时,仍足以将满载一切属具的救生艇浮起。每个救生艇额定乘员应配备相当于280 N浮力的附加自然浮力材料。该浮力材料应设在艇体内。

④吊放式救生艇在载足全部乘员和属具时,应能经受速度至少为3.5 m/s的船舷横向碰撞冲击,并能经受从至少3.0 m高处到水面的跌落冲击。自由降落式救生艇满载乘员应能承受从规定高度到水面的入水冲击。

⑤金属艇体的救生艇应能经受载足全部乘员和属具后的总质量的1.25倍的负荷;其他救生艇应能经受载足全部乘员和属具后的总质量的2倍的负荷,在卸去负荷后无剩余变形。

⑥配备的所有救生艇(部分封闭和全封闭救生艇)应具有足够的强度,以使其在载足全部乘员及属具后能安全降放水中,并当母船在平静水中以5 kn航速前进时能降放水中并被拖带。

⑦所配备的机动救生艇,当载足全部乘员和属具,并且发动机驱动的所有辅助装置均运转时,在平静水中的航速应至少为6 kn;当拖带1只载足全部乘员和属具的船上或海洋平台上所载的最大型救生筏或其相等负载时,其在平静水中的航速应至少为2 kn。所配备的燃料应能够供满载的救生艇以6 kn的速度运转不少于24 h。

5.2.2 救助艇

救助艇用于救助遇险人员及集结救生艇筏,通常为开敞式方尾机动艇,设有拖带装置以及桨等必要的属具。救助艇在风浪中应具有充分的机动性和操纵性。每艘海船或海洋平台都应配有救助艇,如果救生艇同时符合救助艇的要求,也可当作救助艇使用。救助艇的类型及特点有如下几点。

(1)按结构形式可分为:刚性救助艇、充气救助艇和混合结构救助艇3种类型。刚性救助艇其艇体材料一般为玻璃钢,也有铝质。充气救助艇艇体材料一般为橡胶,通常保持充气备用状态。刚性与充气混合结构救助艇艇体由上述两种材料混合构成。图5.7所示为一型充气式护舷刚性快速救助艇。

(2)按功能可分为专用救助艇和兼有救生艇功能的救助艇。专用救助艇一般为开敞式,艇的长度在3.8~8.5 m,至少能乘载5个坐下人员和1个躺下人员;后者一般为全封闭救生艇兼作救助艇。

图 5.7　充气式护舷刚性快速救助艇

(3)按航速可分为一般救助艇和快速救助艇。

①一般救助艇，应能在满载乘员和属具时，以 6 kn 航速航行至少 4 h，并能从水中拯救人员，集结救生筏。应能以至少 2 kn 的航速拖带母船或海洋平台所配备的载足全部乘员和属具或相当质量的最大救生筏。

②快速救助艇，应能在平静水域载有 3 名乘员的情况下，以至少 20 kn 航速航行，以及在满载乘员和属具时，以至少 8 kn 的航速航行至少 4 h。快速救助艇应能自行扶正，或能由不超过 2 名船员随时扶正。快速救助艇是客滚船上必须配置的救助艇。图 5.8 所示为一型封闭式快速救助艇。

(a)　　　　(b)

图 5.8　封闭式快速救助艇

(4)按艇的发动机形式可分为座机型及舷外挂机型。

座机型的发动机设置在艇体内，舷外挂机型的发动机连带螺旋桨设置在艇体尾部外。高速救助艇大多设置了喷水推进装置。图 5.9 所示的为一型刚性舷外挂机型救助艇。

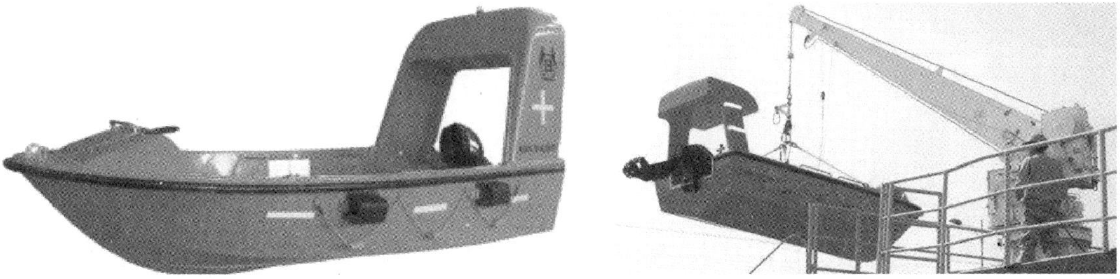

(a)　　　　(b)

图 5.9　刚性舷外挂机型救助艇

(5)按艇吊钩设置形式可分为双吊钩式和单吊钩式。

双吊钩式为艇首尾各设置一个吊钩(与一般救生艇相同)。单吊钩式为艇体上设 3 个或 4 个吊点,用钢索连接成一个吊点,用单臂式吊艇架吊放。

5.2.3　救生筏

救生筏系指从弃船时起能维持遇险人员生命的筏,不同于救生艇,救生筏不自带动力,没有自航能力。对于遇险船舶或海洋平台来说,救生筏也是很重要的救援载具,尤其是在某些突发事故导致船舶或海洋平台快速下沉时,救生筏能快速自动充气和浮起,使遇险人员能很快取得,以实施救援。此外,救生筏还具有质量轻,储存体积小,维修保养简便,经济性好等优点。

(1)救生筏的类型及构造

救生筏按结构形式可分为气胀式救生筏和刚性救生筏两种类型。目前船舶或海洋平台上使用的救生筏绝大多数为气胀式救生筏,且为抛投式和吊架降放式(即可吊式)气胀式救生筏。此外,还有某些船舶专用的救生筏,如高速船配置的开敞式两面可用的气胀救生筏、客滚船配置的自行扶正气胀救生筏或带顶篷两面可用的气胀救生筏、渔船用气胀救生筏以及游艇用气胀救生筏等。

①气胀式救生筏,如图 5.10 所示。典型的气胀式救生筏由橡胶尼龙布制成。平时筏体不充气,折叠后存放在玻璃钢筒内,安置在甲板/平台舷边的专用筏架上。

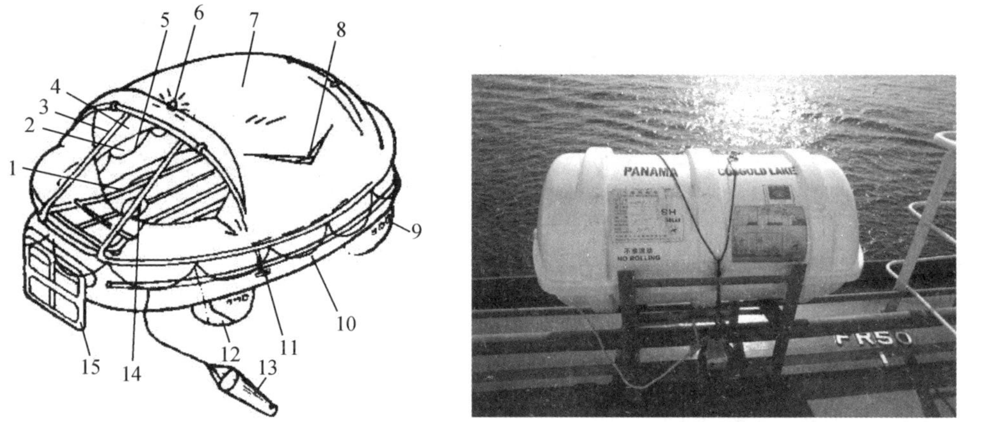

(a)充气后的形态　　　　(b)存放在玻璃钢筒内的状态

1—筏底;2—下浮胎;3—蓬柱;4—上浮胎;5—内扶手索;6—示位灯;

7—篷帐;8—雨水沟;10—外扶手索;11—海水电池袋;12—平衡袋;13—海锚;15—软梯。

图 5.10　气胀式救生筏

气胀式救生筏在筏首、尾处各有一个入口,其中一入口处设有登筏平台,另一入口处设置登筏软梯和拖曳设备。登筏平台或软梯供落水人员登筏用。沿筏体外围及内侧设有扶手索,供落水人员攀附用。气胀式救生筏充气系统通常采用压缩的 CO_2 钢瓶,并配备了维持人员生命的各种属具与用品,常用的类型有:

a. 抛投式气胀救生筏,系指用人力或筏架从舷侧抛投入水的气胀式救生筏。筏入水后,即刻拉动连接在船上的救生筏首缆绳,开启筏体内的 CO_2 气瓶,即可使筏充胀成型,然后,用首缆将救生筏拉向舷旁,船上人员可沿船舷边的登乘(软)梯或其他设施(如撤离滑梯)登入救生筏内。人员登筏后,应立即割断与船舶连接的首缆绳,迅速划离遇险船舶。当船舶下沉来不及释放救生筏时,救生筏的自由漂浮装置也能使救生筏自动释放,并充胀成形浮出水面。

海船使用的抛投式气胀救生筏应符合《LSA 规则》的要求。按核定人员数,常用的规格有 6,8,10,12,15,16,20,25,30 和 35 人等,在船上最大存放高度(最轻载水线以上)不大于 18 m。

此外,国内Ⅱ、Ⅲ类航区作业的渔船和游艇所使用的抛投式气胀救生筏须符合相应规则的要求,这类救生筏在船上的存放高度较低(4 ~8 m)。

b. 可吊式气胀救生筏,系指充胀成形后在满载状态下,用吊筏架降放水中的气胀救生筏。通常用于客船、设置船尾自由降落式救生艇的货船以及某些救生艇配置不足的船舶。使用时,先要将救生筏抬到船舷处,用设在船舷边的降放装置将筏吊离甲板,转出舷外并贴紧舷边,拉动筏的充气绳使其充气膨胀成型,让撤离人员登筏,完后将载人的救生筏降放至水面,割断缆绳,迅速划离遇险船舶。如图 5.11 所示。可吊式气胀救生筏尤其适用于客船,因为客船上妇女、儿童、老人等旅客不易用软梯进入抛投式救生筏。

图 5.11　可吊式气胀救生筏

可吊式气胀救生筏的构造与抛投式气胀救生筏基本相同,只是增加了一个吊点。因此,可吊式气胀救生筏同时具备抛投式气胀救生筏的全部技术与使用性能,在应急情况下或降放装置失效时,也可抛投入水。当船舶下沉来不及释放救生筏时,救生筏的自由漂浮装置也能使救生筏自动释放,充胀成型并浮于水面。

海船使用的可吊式气胀救生筏应符合《LSA 规则》的要求。按核定人员数,常用的规格有 10,12,15,16,20 和 25 人等,在船上最大存放高度(最轻载水线以上)不大于 18 m。

c. 开敞式两面可用气胀救生筏,为抛落下水后任何一面向上均可登乘使用的救生筏,其使用方法与抛投式气胀救生筏相同,且沉没以后能自动释放,充胀成形并浮出水面,如图 5.12 所示。

此种救生筏根据《国际高速船安全规则》《HSC 规则》的要求设计,适用于鉴于航区的遮蔽特性以及营运区域的气候条件经主管机关认可的国际间航行的 A 类高速船舶。按核定人员数,常用的规格有 6,10,25,30,59,65 和 72 人等,在船上的最大存放高度(最轻载水线以上)不大于 10 m。

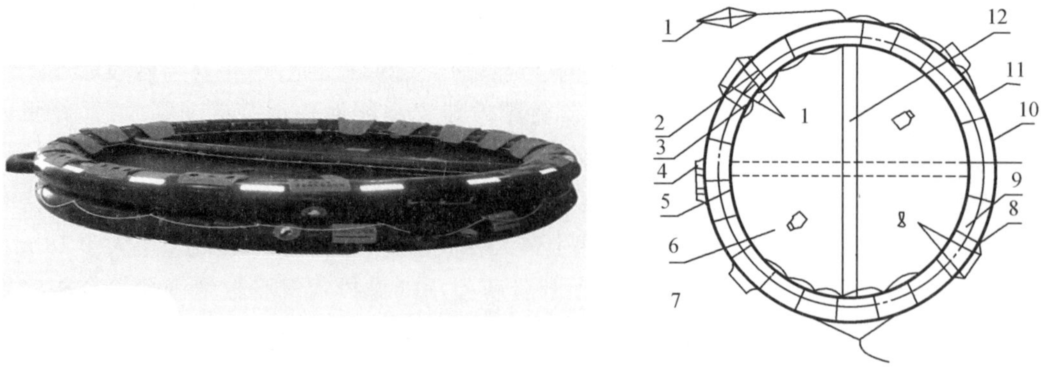

4—海锚;5—示位灯;6—进筏拉梯;7—备品包;8—内扶手索;9—筏底;10—安全小刀;
11—登筏踏板;12—拯救环;13—气瓶;14—反光带;15—充气横管。

图 5.12　开敞式两面可用气胀救生筏

d. 自行扶正气胀救生筏和带顶篷两面可用气胀救生筏。这两种筏的使用方法与抛投式气胀救生筏相同,且沉没以后能自动释放,充胀成型并浮出水面。自行扶正气胀救生筏在充胀成型后,即使是处于颠倒状态,也能在无外界帮助下,翻转至正浮。而带顶篷两面可用气胀救生筏,在抛落水中后,不论哪一面朝上都能使用。这两种筏是《SOLAS 公约》规定的客滚船应配备的救生筏,可任选一种。按核定人员数,自行扶正气胀救生筏常用的规格有 4,6,8,10 和 12 人等;带顶篷两面可用气胀救生筏常用的规格有 6,10,25,30,50,60 和 100 人等。在船上的最大存放高度(最轻载水线以上)不大于 18 m。这两种筏与海上撤离系统(如气胀式撤离斜滑梯)配套使用时应置于该系统附近。

②刚性救生筏,由刚性浮体及筏底组成,刚性浮体分隔成若干水密舱,其中除了供放置属具外,其余均充塞浮力材料,配备的属具及其标志(在筏体上)要求与气胀式救生筏相同。刚性救生筏也有抛投式及吊架降放式两种,投入水中后无论哪一面向上均可使用,船舶沉没以后也能自动释放并浮出水面。由于刚性救生筏存放所占空间较大,且使用效果不如气胀式救生筏,目前已很少采用。

此外,还有一种仅在我国内河或沿海短程客船上被允许使用的救生浮,一般由泡沫塑料制成,外形为矩形或椭圆形,内缘设置绳网,下挂格栅,外缘设连环状救生索,如图 5.13 所示。救生浮的乘员定额不得少于 6 人,也不得多于 20 人,其总质量不大于 180 kg。救生浮的任何一面向上漂浮时都有效和稳定。遇险人员只能浸在水中紧握救生索或站立其中以待救援。平时存放在艇甲板舷边,使用时靠人力投入水中。救生浮的强度应满足自 18 m 高处投入水中而不致损坏。

(2)救生筏的基本要求

对救生筏有如下的基本要求:

①气胀式救生筏从 18 m 高处抛投下水,筏及属具均能符合使用要求。

②救生筏应能在 −30 ~ 65 ℃的温度范围内使用,应能经受在一切海况下暴露漂浮达 30 天。

③漂浮的救生筏应能经受从筏底以上至少 4.5 m 的高度反复多次地登跳。

图 5.13　救生浮

④在载足全部乘员及属具后,在平静水中,至少应能承受 3 kn 的拖航速度。

⑤除了要求用降放设备(如吊筏架)降放的救生筏或不拟用于从安放在一舷侧容易地转移至另一舷侧的救生筏外,气胀式救生筏及其容器和属具的总质量不得超过 185 kg。凡质量超过 185 kg 的救生筏,必须是吊放式救生筏。

⑥气胀式救生筏采用 CO_2 充气系统,其气瓶的容量足以使气胀式救生筏充胀成形。当环境温度为 18 ~20 ℃时,应在 1 min 内完全充足;环境温度为 -30 ℃时,应在 3 min 内完全充足。充气后载足全部乘员与属具应保持形状不变。

⑦应设有不少于一个入口,入口处应设踏板或登筏梯。当筏处于倾覆位置时,不论在风浪中还是平静水中,均能由 1 人扶正。

⑧救生筏的存放应在紧急时能即刻即用。对存放的方式,应使其能在母船沉没时,能从其存放处所自由浮起、充气,并能无阻碍地脱离母船。

5.3　个人救生设备及基本要求

在《SOLAS 公约》中,把个人救生设备一般划分为四种,即救生圈、救生衣、救生服和保温用具。但在《LSA 规则》中,又对其重新划分为五种,即除救生圈、救生衣、保温用具外,把救生服又细分为浸水服(抗浸服)和抗暴露服。

5.3.1　救生圈

(1)救生圈的类型及基本要求

救生圈是用于救援落水人员的具有固有浮力的环状浮体,其构造和性能应符合《LSA 规则》的要求。

救生圈按其形式可分为整体式救生圈和外壳内充式救生圈。此外还有一种兜带式救生圈,采用兜带式救生圈可将人员吊送过舷或用引绳拉动从水面引渡。

整体式救生圈通常为硬质闭孔型泡沫塑料内芯,外包帆布或合成纤维布;外壳内充式救生圈为硬质聚乙烯塑料外壳,内充聚氨酯泡沫塑料。救生圈的外径不大于 800 mm,内径不小于 400 mm。其外围装有长度不小于救生圈外径 4 倍的把手索,并紧固在 4 个等距点上形成4个等长的索环。救生圈表面颜色为橙色，并装有反光材料。为了清楚地指示救生圈的位置，应按航区的使用规定，配备自亮浮灯和烟雾信号。

救生圈的浮力应能在淡水中支持至少14.5 kg的铁块达24 h，其构造应能经受从存放位置至最轻载水线的高度或30 m（取其大者）处，投落水中而不损坏。

船上配置的救生圈，其数量是按船舶类型及船舶长度配置，其种类除了不带任何属具的救生圈外还应有带可浮救生索的救生圈、带自亮灯的救生圈以及带自发烟雾信号和自亮灯的救生圈。其中带自发烟雾信号和自亮灯的救生圈的质量通常不小于4 kg，其他救生圈的质量通常不小于2.5 kg。带可浮救生索的救生圈，其可浮救生索的长度应不小于其存放处离最轻载水线以上高度的2倍或30 m，取较大者。

（2）救生圈的设置与存放

救生圈应放在各层甲板两侧易于取用的地方，并在可能范围内，分放在所有延伸到船舷的露天甲板上，至少有1个应放在船尾附近，平时应保持应急可投掷状态，不应以任何方式永久系牢。

船舶每舷应至少有1只带有可浮救生索的救生圈。至少2只带有自亮灯及自发烟雾信号的救生圈分设在驾驶室两侧的甲板上，以便迅速抛投。其余设有自亮灯的救生圈应均等地分布在船舶两舷。在引航员登乘梯处，应设置带有自亮灯的救生圈。设置在船上的各类救生圈如图5.14所示。

(a)普通救生圈　(b)带可浮救生索救生圈　(c)带自亮灯浮救生圈

图5.14　设置在船上的各类救生圈

救生圈应存放在专用的救生圈架上，常用的救生圈架有三脚式与整体式（图5.15）。其材料为钢质或铝质，常用钢质。三脚式救生圈架固定在船舶围壁或舷墙上，整体式救生圈架固定在船舶栏杆上。钢质救生圈架采用电焊固定，铝质救生圈架采用铆钉固定。

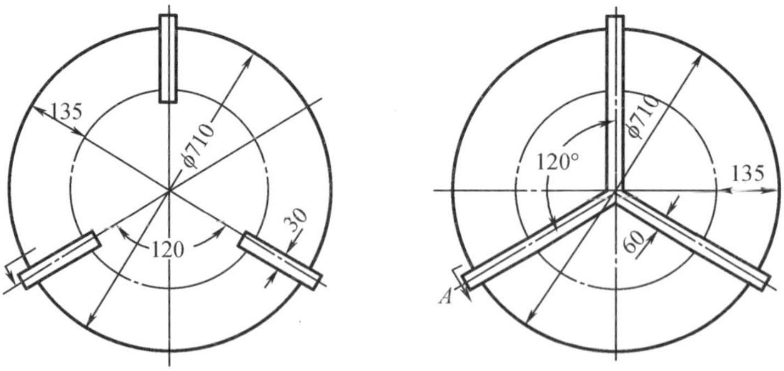

(a)三角式　(b)整体式

图5.15　救生圈存放架

5.3.2　救生衣

船用救生衣是可供随身穿用最轻便的,在水中能提供浮力,使落水人员头部能露出水面的特制背心状救生用具,是船舶或海洋平台上每人必备的个人救生设备,其特点是穿着方便。船舶或海洋平台上人员每人均应配有一种救生衣,驾驶室和机舱等工作处所的值班人员每人另增设 1 件,客船上还应附加船上总人数 5% 的救生衣。

(1)船用救生衣的基本类型

船用救生衣按其尺寸可分为 3 种,即婴儿救生衣、儿童救生衣和成人救生衣。按其构造可分为非气胀式船用救生衣和气胀式船用救生衣。

①非气胀式船用救生衣。其常用的浮力材料为闭孔型泡沫塑料外包合成纤维布。其常用的形式为背心式救生衣、套头式单面救生衣、套头式带领子救生衣以及套头式普通救生衣,如图 5.16 所示。

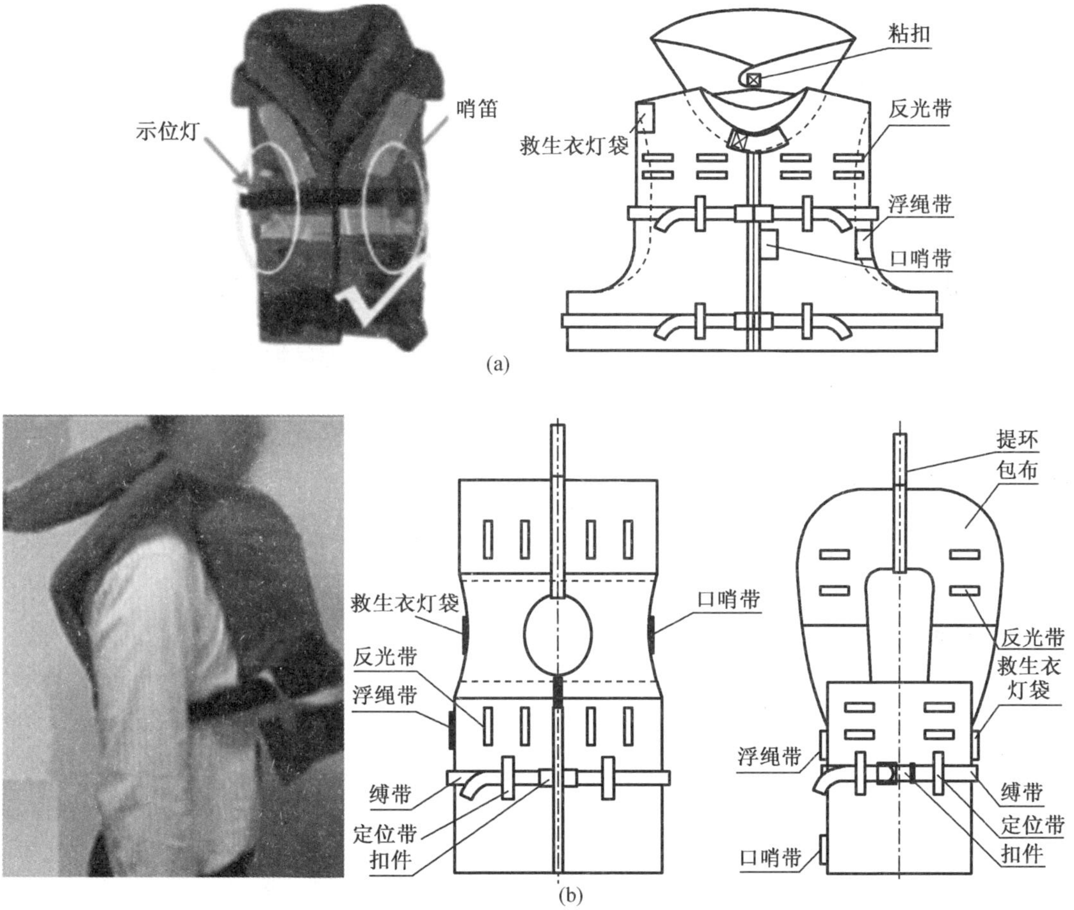

图 5.16　常用的非气胀式船用救生衣的型式

②气胀式船用救生衣。其是依靠充气做浮力的救生衣,通常用橡胶布制成,应设有不少于 2 个独立的气室,并能利用机械或人力方便地向内充气,如图 5.17 所示。气胀式救生衣只供船员使用,且在客船和油船上禁止使用气胀式救生衣。

(2)船用救生衣的基本要求

其构造和性能应符合《LSA 规则》的要求。其通常为正反两面均可穿着,其颜色为橙色,前后两面贴有反光材料,并配有救生衣灯及用绳索系牢的哨笛,还配有一条可抛投的浮索。

①救生衣的水中性能应经形式试验,以确定该救生衣在救助一个无能为力的或处于精疲力竭或失去知觉人的能力,并证明该救生衣不会不当地限制人员的行动。

②不论何种构造的船用救生衣,在浸入淡水中 24 h 后,其浮力下降不应超过 5%。

③船用救生衣的构造应防止可能穿错而引起危险。当其抱紧穿着的救生衣从至少 4.5 m的高度跳入水中或当其手臂上举从至少 1 m 的高度跳入水中,均不致受伤且救生衣或其附件不得脱落或损坏。

除了船用救生衣外,还有一种工作救生衣,其浮力材料也为闭孔型泡沫塑料,但对其的要求低于船用救生衣(主要是结构形式及浮力等方面),其形式如图 5.18 所示。工作救生衣仅供船员在工作时穿着,不能取代船用救生衣,因此也不能计入个人救生设备的配备定额之中,工作救生衣一般存放在舱面工作柜中。

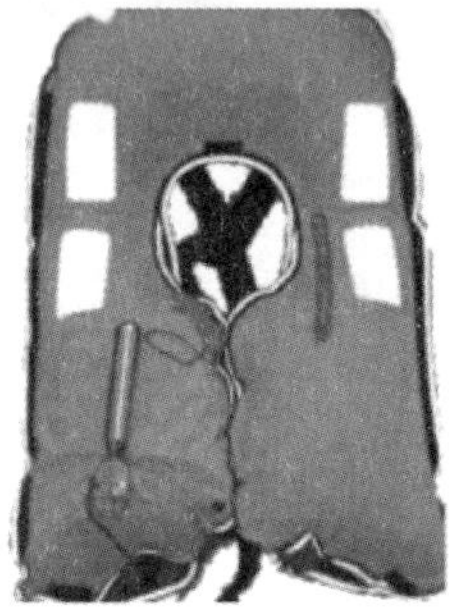

图 5.17　气胀式船用救生衣

图 5.18　工作救生衣

5.3.3　救生服和保温用具

由于普通救生衣不保温,不能满足人在低温水中长期浸泡的情况下仍能维持生命的要求,故早在 20 世纪 60 年代国外开始对此进行了研究,从而产生了救生服和保温用具。

(1)救生服及基本要求

救生服是一种能减少落水人员体热损失的保护服。按结构和使用上的不同,救生服又可细分为浸水服和抗暴露服。浸水服也称防寒救生衣,能减少在水中穿着该服的人员体热散失。抗暴露服是指设计成供救助艇艇员和海上撤离系统人员穿着,以便其在水面工作从事救援作业。二者都是用防水材料制成的集帽(可带有面罩)、衣、裤、靴和手套于一体的具有一定的保温性能的救生用具,如图 5.19 所示。它与救生衣是两种构造和性能各不相同的个人救生用具。

救生服构造和性能应符合《LSA 规则》的要求。按其热性能要求可分为须加穿保暖服的非绝热型救生服(由非自然保温材料制成)和具有保温的绝热型救生服(由自然保温材料制成)。按其浮力特性可分为须加穿救生衣的救生服(由无浮力材料制成)和具有浮力的救生服(由浮力材料制成)。救生服应能遮盖除脸部以外的整个身体,包括双手。加穿救生衣的救生服,其救生衣应穿在救生服的外面。穿着救生服应能从 4.5 m 高度处跳进水中,不致有过多的水进入其内。救生服应在被火完全包围2 s后,不致燃烧或熔化。

具有浮力的救生服,在浸入淡水中24 h后,其浮力下降不应超过5%。并应配有救生衣灯和哨笛。无论是连同救生衣一起穿着的救生服或是具有浮力不须加穿救生衣的救生服,在穿着时,在平静的水中应有足够的浮性和稳性,可将精疲力竭或失去知觉人的嘴部托出水面以上不小于120 mm,并可使穿着者在5 s内由脸朝下的姿势翻转为脸朝上的姿势。

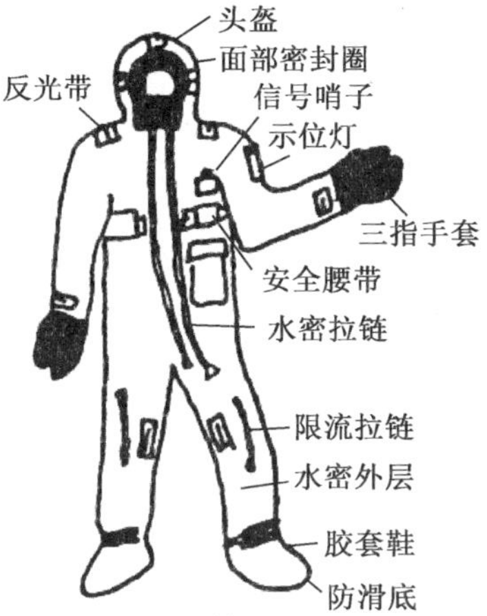

(a)

(b)

图5.19　救生服

用自然保温材料制成的绝热型救生服应能提供足够的热保护,使穿着者在水温为0~2 ℃的平静水中历时6 h后,体温降低不超过2 ℃。用非自然保温材料制成的非绝热型救生服必须同保暖服一起穿着,使穿着者在水温为5 ℃的平静水中历时1 h后,体温降低不超过1 ℃。

(2)保温用具及基本要求

保温用具是采用热导率不大于0.25 W/(m·K)的防水材料制成,其构造应能遮盖穿着救生衣的人员除脸部以外的整个身体,包括双手。其是供遇险人员在登上救生艇筏或救助艇后穿着,可使穿着者保持体温,延长生存时间,以增加获救的机会。保温用具的性能应符合《LSA规则》的要求。

保温用具按其形式可分为保温袋和保温衣。保温袋是一个装有拉链的口袋,穿着时头部可露出在外,也可缩进袋内只露出脸部,保温袋的穿着及抛弃均很方便。保温衣为连衣裤式,其上下肢与躯干部分相连,袖管与裤管封闭,颈部穿着和脱卸口装有拉链,以便封闭衣口和必要时解开后弃衣。保温衣避免了保温袋将人禁锢,使人不能行走,手臂不能伸展等缺点。

5.4　艇筏的降放设备及基本要求

艇筏降放设备是将救生艇筏或救助艇从存放位置安全地转移到水面上的设施。

艇降放设备主要由吊艇架与艇绞车组成。吊艇架形式有很多,总的可分为重力式吊艇架、储存机械动力吊艇架及人力操纵吊艇架三大类。其中以重力式吊艇架形式最为繁多。

目前海船或海洋平台使用的吊艇架形式,大体分类如图 5.20 所示。

各种形式的吊艇架主要根据其工作负荷来划分规格,吊艇架工作负荷系指吊艇架允许使用的最大满载艇的质量负荷。考虑到空载艇的制造误差,在确定吊艇架工作负荷时尽可能按救生艇出厂时船检部门核定的空载艇实际质量为准或留有余量。

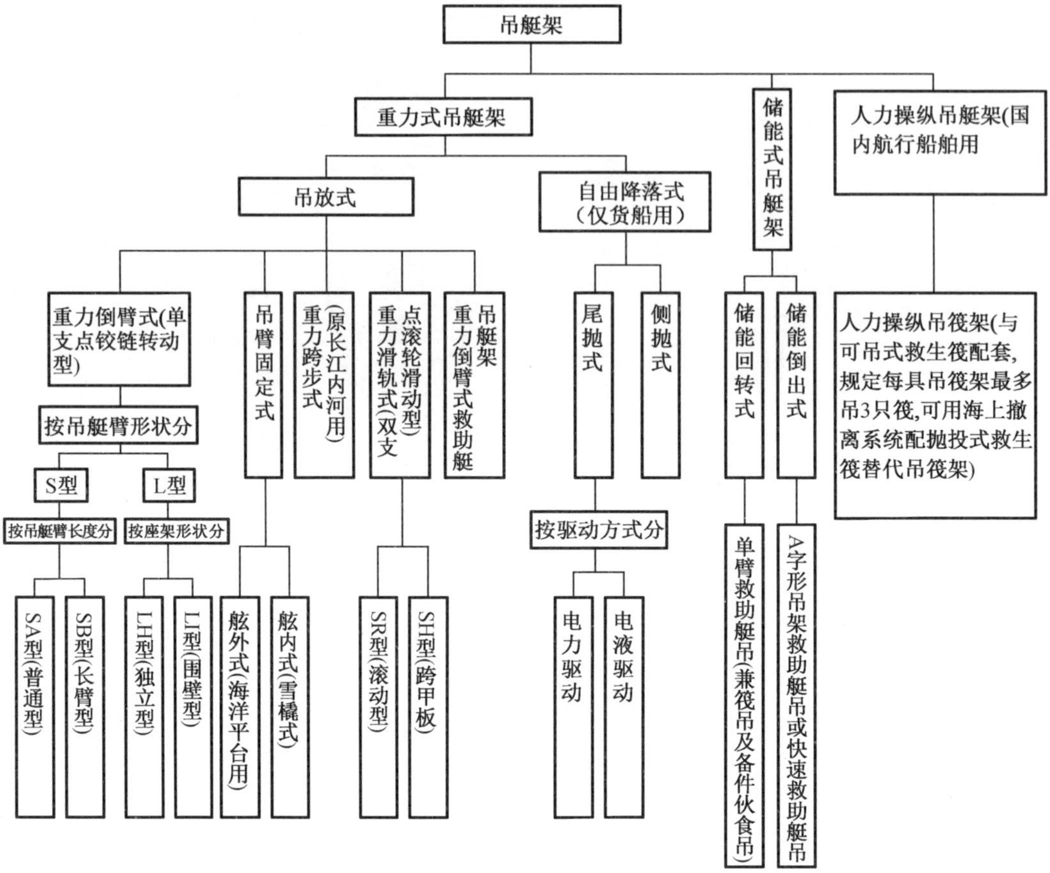

图 5.20　吊艇架分类示意图

5.4.1　重力式吊艇架

重力式吊艇架是依靠艇的重力作用放艇的。即在船上没有任何动力和电源的情况下,或是用吊艇臂将艇移出舷外并降放入水,或是使艇自由降落入水。艇的起升回收则使用艇绞车。重力式吊艇架放艇迅速且安全,是目前国内外最普遍使用的吊艇架。重力式吊艇架可分为吊架降放式(简称吊降式)及自由降落式两类。

(1)吊降式吊艇架及其特点

采用钢丝绳放艇,它是除自由降落式救生艇降放设备以外的所有重力式吊艇架的总称,一般布置在两舷,其安全吊放救生艇的关键是一种联动脱钩装置。吊降式吊艇架主要由座架、吊艇臂、吊艇索和挂艇装置组成,可分为活动吊艇臂式吊艇架和固定吊臂式吊艇架,如图 5.21 所示。

①活动吊艇臂式吊艇架有倒臂式、滑轨式、跨步式等类型,这也是目前应用最多的一型

吊艇架。其大致可分为二类：一是艇架支点固定不动，艇架绕支点倾倒，如倒臂式；二是艇架支点沿一定的轨道滑走，从而使艇架发生倾斜将艇送出舷外，如滑轨式。

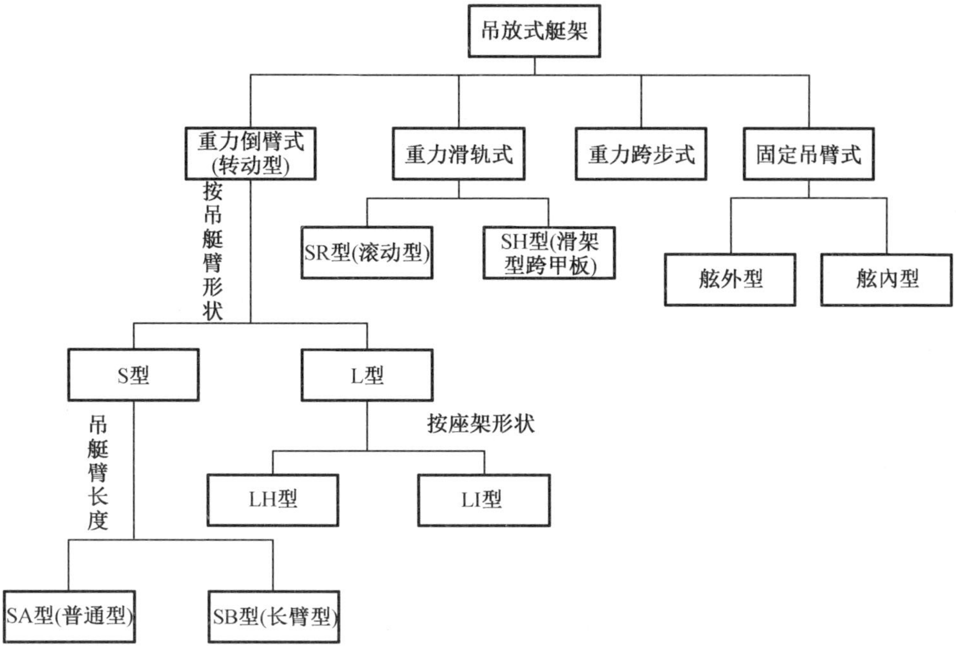

图 5.21　吊降式吊艇架分类

a. 重力倒臂式吊艇架是一种转动型艇架。放艇时，吊艇臂绕着艇架下端销轴转动，使吊艇臂向外倾倒，将艇吊出舷外，因此又称单支点吊艇架。这种吊艇架在吊艇臂倒出舷外过程中支点受力简单，无外移运动。当船舶处于内横倾 20°及纵倾 10°的恶劣工况时，吊艇臂也不会造成卡轧现象。由于一副艇架只有两个支点支撑，即使在船舶或海洋平台受损且甲板变形的情况下，吊艇臂仍能容易转出舷外，不易造成卡轧现象，且放艇速度也较快。对放艇安全性提供了可靠保证。重力倒臂式吊艇架结构简单，制造方便，操作简便，工作可靠，因而得到广泛使用，但吊艇臂的高度和艇的存放高度均较高。

封闭式救生艇使用的重力倒臂式吊艇架以吊艇臂形状可分为 S 型（吊艇臂呈 S 形）与 L 型两种。前者适用于首尾尖削的全封闭救生艇，后者则适用于后开门方尾型全封闭救生艇。

（a）S 型重力倒臂式封闭救生艇吊艇架，按吊艇臂长度分为普通型与长臂型两种。

· 普通型（SA 型）吊艇架，其吊艇臂较短（吊艇链长约 1 m），因而总高 H 较小，便于船舶存放布置，但舷外跨距 l 相对较小。

· 长臂型（SB 型）吊艇架，如图 5.22 所示。其吊艇臂较长（吊艇链长约 2 m），艇架上的浮动滑车距艇的驾驶台顶约 1 m。因此当回收救生艇时，由于海浪作用使艇颠晃的情况下，可避免浮动滑车撞击艇的驾驶台或挂钩艇员头部而导致损伤。SB 型艇架舷外跨距 l 较大，适合安全放艇。表征其结构及艇布放位置的相关几何参数如图 5.22 所示的 H、B、C、b、l 等。

（b）L 型重力倒臂式封闭救生艇吊艇架，其放艇原理及结构形式与 S 型基本相同，是 S 型吊艇架的演变与发展。其特点是人员可在艇存放位置下面行走，减少了救生艇装置占用的甲板面积。常用的 L 型吊艇架主要有 LH 型与 LI 型。

·LH 型吊艇架的座架为 H 形。该型艇架的优点是艇架可以独立安装，不需要依附于艇甲板围壁，且人员可以在座架下面通行，布置紧凑，即使是方尾型（后开门）全封闭救生艇也能存放布置。但是吊艇臂倒出力矩相对 S 型吊艇架来说偏小。表征其结构及艇布放位置的相关几何参数如图 5.23 所示的 H、B、C、b、l 等。

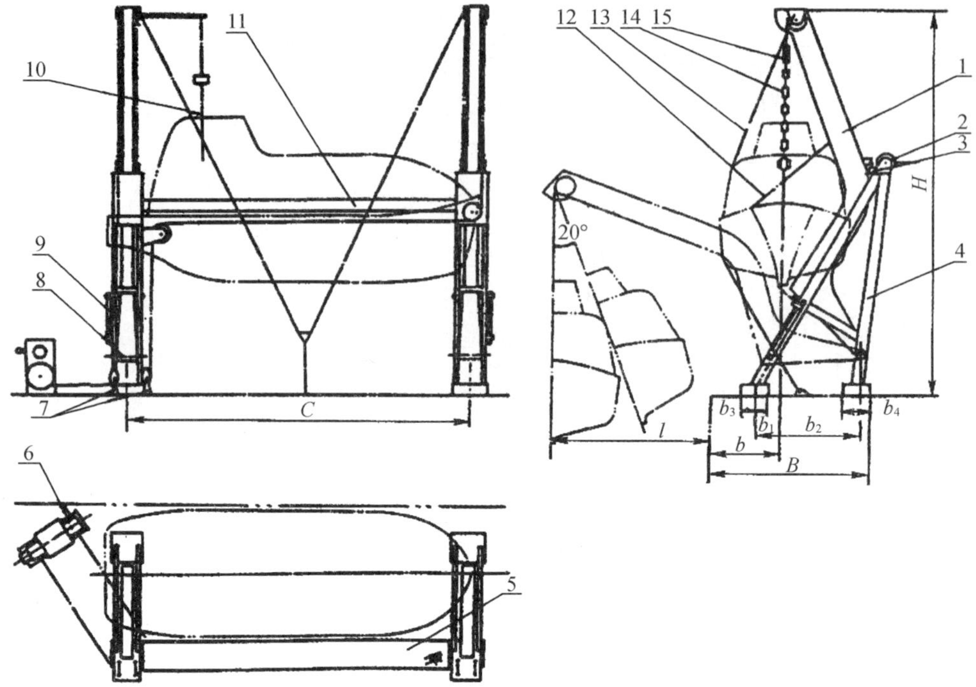

1—吊艇架；2—转向滑轮；3—限位开关装置；4—吊艇架座；5—登艇路台；6—艇绞车；7—甲板垂直转向滑轮；8—转向轴装置；9—止动装置；10—艇内遥控放艇装置；11—支撑横杆；12—系艇装置；13—固艇装置；14—吊艇链装置；15—浮动滑车。

图 5.22 长臂型（SB 型）重力倒臂式封闭救生艇吊艇架

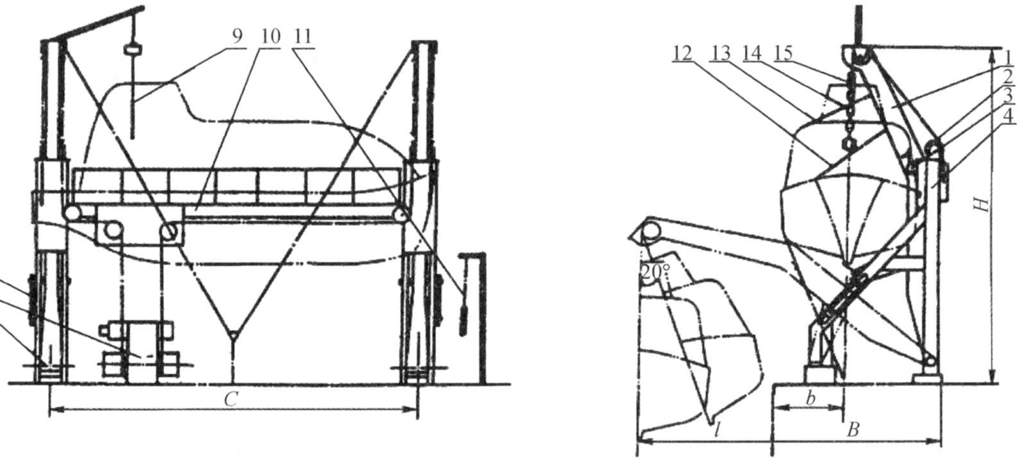

1—吊艇架；2—转向滑轮；3—限位开关装置；4—吊艇架座；5—登艇路台；6—转向轴装置；7—艇绞车；8—止动装置；9—艇内遥控放艇装置；10—支撑横杆；11—甲板遥控放艇装置；12—系艇装置；13—固艇链装置；14—吊艇链装置；15—浮动滑车。

图 5.23 LH 型重力倒臂式吊艇架

· LI 型吊艇架的座架为 I 形,吊艇臂支撑在艇架下部的竖向支脚上,座架背面设横向支脚与围壁连接。LI 型艇架具有与 LH 型艇架相类似的特点,而且布置更加紧凑。唯其不足之处是座架必须依靠围壁支撑。

(c)开敞式救生艇重力倒臂式吊艇架,其结构形式和工作原理同封闭艇用重力倒臂式吊艇架相似。由于开敞救生艇的质量比封闭救生艇小得多,因此所配套的救生艇绞车工作负荷相对来说也小些。常用的开敞救生艇重力倒臂式吊艇架如图 5.24 所示,表征其结构及艇布放位置的相关几何参数如图 5.24 所示的 H、B、C、b、l 等。

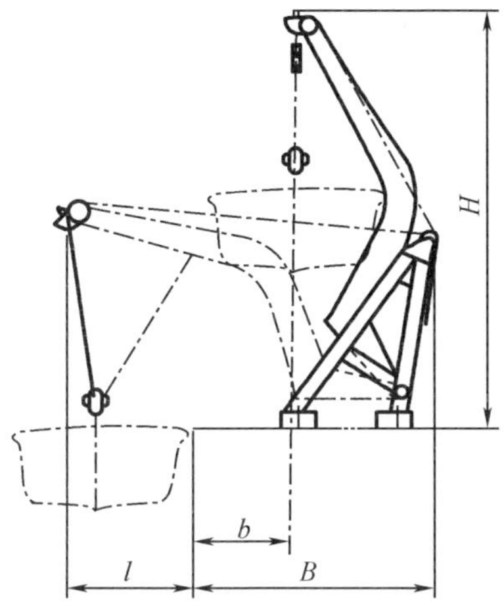

图 5.24　开敞式救生艇用的重力倒臂式吊艇架

对开敞式救生艇或部分封闭救生艇用的吊艇架,在两根吊艇臂头部之间应设置钢丝绳横张索,并在其上设置不少于 2 根足够长度的救生索,能于船舶最轻载航行在不利纵倾 10°的情况下及船舶向任何一舷横倾 20°时,随救生艇到达海面。每根救生索设置一根拉索,它的一端系在登艇甲板的吊艇架座架上,另一端同救生索相连。那些没有随艇一起离船的待撤离人员可利用这根拉索将救生索拉向舷边,抓住后下滑至已放到海面上的救生艇上。

b. 重力滑轨式吊艇架是一种滚动型吊艇架。常见的吊艇臂形式呈 S 形,每根吊艇臂有前后两个支点,每一个支点在臂的两侧各设置一个滚轮。放艇时前后两对滚轮沿座架的导轨向外滚动,使吊艇臂连同艇一起外移并倾倒,将艇吊出舷外。这种吊艇架存放高度较低,对于上层建筑或甲板室较高的中小型船舶比较合适。这种吊艇架的制造精度要求较高,若制造质量欠佳,当船舶内横倾 20°及纵倾 10°时,易影响吊艇臂外移及倒出舷外,易造成卡轧现象。目前常用的重力滑轨式封闭救生艇吊艇架有 SR 型与 SH 型两种。

· SR 型吊艇架是重力滑轨式中较早出现的形式,这种艇架的优点是存放高度较低,但在布置时艇架后面须留有足够的通道。

· SH 型吊艇架是 SR 型吊艇架的改进形式,如图 5.25 所示。其座架的前后支撑点高度差足以使得人员在座架下面通过,适合于甲板室不伸到舷边的船舶。表征其结构及艇布放位置的相关几何参数如图 5.25 所示的 H、B、C、b、h、l 等。

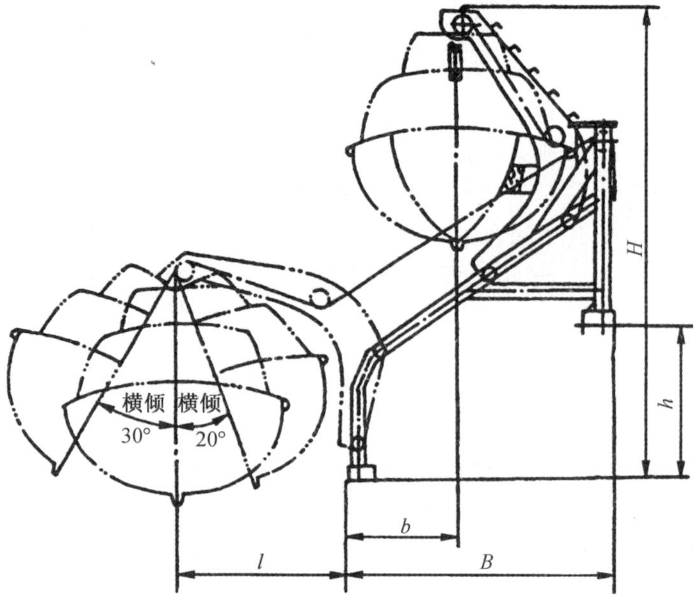

图 5.25　SH 型重力滑轨式吊艇架

c. 重力跨步式吊艇架如图 5.26 所示。其吊艇臂的下端均自由支撑在甲板的支座上，吊艇架存放高度也较低。放艇时吊艇臂下端脱离支座做圆弧轨迹运动，依次绕后支点及前支点倾倒，使艇吊出舷外。但在船舶纵倾较大时放艇，易造成吊艇臂的双支点同时脱离座架而造成致命事故危险，所以不宜在海船上使用。

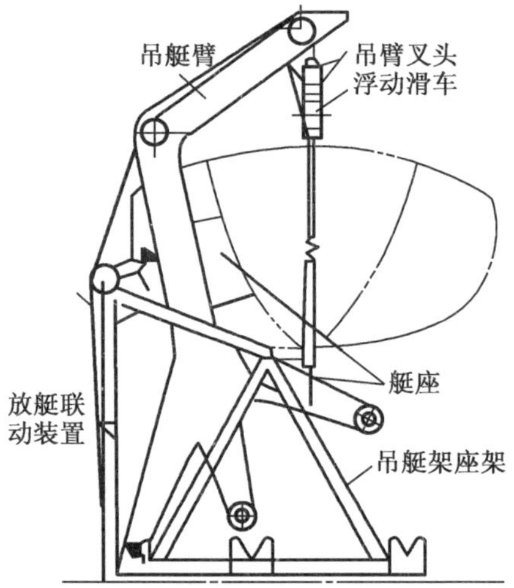

图 5.26　重力跨步式吊艇架

②固定吊臂式吊艇架，有舷内型和舷外型之分。舷内型设置滑橇架与艇连接在一起通过座架的滑轨逐步移出舷外，将艇下降入水，如图 5.27(b)所示。此种艇架能在船舶内横倾 30°及纵倾 10°的恶劣工况下顺利放艇，但制造精度要求较高。舷外型固定吊臂式吊艇架及救生艇设置在舷外端，如图 5.27(a)所示，其结构简单，放艇方便，在海洋平台上用得较多，一般不适合航行船舶使用。

(a)舷外型

(b)舷内型

图 5.27　固定吊臂式吊艇架

(2)自由降落式救生艇降放设备及特点

自由降落式救生艇降放设备(简称自由降落式设备)是一种无约束的重力式降放设备,是依靠重力在斜面滑道上滑落到水上,其关键技术在于为乘员提供承受重力速度和入水瞬间的撞击力保护。其通常用于尾机型货船或海洋平台,在客船上不允许使用。这种降放设备除了以重力自由降落为主要方式放艇外,还应提供辅助方式,即用吊艇索降放艇,且当船舶沉没时,艇能自由漂浮下水,回收艇则需使用绞车。这种降放设备放艇迅速,有利于母船在 5 kn 航速时放艇,不存在一般吊艇架前后两根吊艇索必须在风浪中同步脱钩的困难。

自由降落式救生艇降放设备在船上布置时,应使安装在其上的救生艇最低点至最轻载航行水面的距离,不超过救生艇自由降落的核准高度。目前常用的自由降落式救生艇降放设备按其在船上的位置,可分为尾抛式和侧抛式,大多为尾抛式。

尾抛式自由降落式设备设在尾部,救生艇存放在自由降落式设备的滑道上。滑道一般向船尾倾斜 30° ~35°,救生艇首都朝向船尾,艇内人员的座位全部面向艇尾方向(即船首方向),以使艇内人员能承受自由降落入水时加速度的冲击。救生艇被释放后,即依靠重力沿着滑道自由滑行,脱离轨道后按抛物线轨迹在空中滑行,然后以 50° ~60°的入水角进入水中,在水下滑行一段距离后即漂浮到水面上。尾抛式自由降放设备按回收吊臂的方式分为电动及电液驱动。表征自由降落式设备主要特征的三要素是滑道倾斜角度、滑道长度及艇的存放高度。

电动自由降落式设备主要是由滑道、门字型吊艇臂、吊艇座架及电动绞车等组成。放艇的主要方式是依靠艇的重力自由降落,次要方式则是采用吊艇索借助电动绞车放艇。回收艇则用电动绞车将艇从水面上提起,由门字型吊艇臂吊着艇通过滑道回收到艇存放的位置。图 5.28 为一电液驱动自由降落设备,由滑道、门字型吊艇臂、顶推油缸、液压绞车及其系统等组成。存放状态的救生艇搁置在两根设有滚柱的倾斜滑道上,艇尾被释放钩钩住,在救生艇中部和尾部处的压艇装置用来防止救生艇滑出滑道。放艇时,乘员全部进入艇内后打开释放钩,艇依靠其自身重力(即按主要方式)自由降落。次要方式是利用油缸顶推吊着艇的门字型吊艇臂转出舷外,然后驱动液压绞车降艇(如图 5.28 所示)。不论用何种方式降艇,回收艇均由液压绞车将艇从水面上提起,然后用油缸把吊着艇的门字型吊艇臂转回到艇存放的位置。一旦船舶遇难沉没来不及放艇,此时压艇装置在静水压力的作用下自动释放救生艇,由其依靠自身浮力漂浮出水。

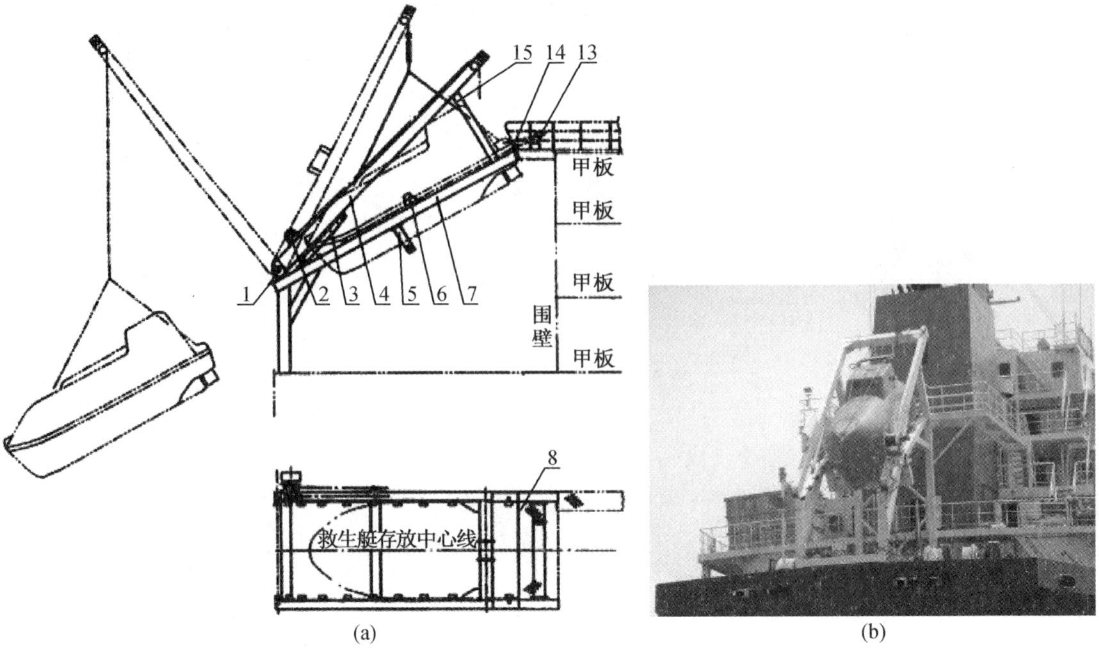

1—转动轴装置;2—液压绞车;3—顶推油缸;4—吊艇臂;5—中部横杆;6—压艇装置;7—滑道;8—登艇平台;9—吊艇链装置;10—横担装置;11—限位装置;12—导向滑轮;13—释放钩装置;14—挂艇装置;15—吊艇臂支撑。

图 5.28 电液驱动自由降落式救生艇降放设备

这种尾抛式自由降落设备由于没有吊艇座架,在尾部占用甲板面积比较小,有利于船舶或海洋平台的总体布置。但尾抛艇存放高度较高,占用较多的尾部空间,故中小型货船不宜采用。此外,要考虑担架病人不能承受艇入水时产生的冲击力。

侧抛式自由降落设备布置在船舶的两舷或海洋平台的端部。也是通过滑道自由降落,其放艇原理与尾抛式相同。

5.4.2 储存机械动力的艇筏降放设备

储存机械动力的艇筏降放设备在船舶或海洋平台无电及无任何动力工况下,由储能装置提供能量将吊艇臂转出舷外,然后依靠艇的重力降放入水。储能装置一般采用囊式蓄能器,设有皮囊将蓄能器内部空间分为两个部分,囊内充氮气。当液压泵将油注入蓄能器时,皮囊受压变形,囊内气体的体积缩小,但压力增加,使得蓄能器储存了一定数量的液压油。当液压系统工作时,蓄能器将液压油排出,使液压系统的能量得到补偿,驱动回转机构,将吊艇臂转出舷外,进行重力放艇。回收时则采用电动绞车。

储存机械动力的艇筏降放设备很少用于救生艇,因为全封闭救生艇质量大,导致储能装置结构复杂、造价较高。目前储存机械动力的降放设备一般为单臂式,常用作救助艇筏的吊放设备,也可兼作其他用途。储存机械动力的救助艇吊艇架设备有两种形式,第一种是单臂回转式救助艇吊艇架设备;第二种是倒出式救助艇吊艇架设备,主要用于快速救助艇。

(1)单臂艇筏吊架兼物料吊及特点

图 5.29 为工作负荷 21 kN 单臂艇筏吊架兼物料吊,可用作救助艇、可吊式救生筏或物料(或伙食)吊三用的单臂吊架。主钩(内钩)用于吊救助艇或可吊式救生筏,副钩(外钩)用于吊物料(或伙食),但两钩不能同时使用。吊救助艇时用储存机械动力将吊艇臂转出舷外,艇作重力吊降;吊救生筏时用人力操纵将吊艇臂转出舷外,筏(包括乘员)做重力吊降;在吊物料杂件(或食品)时用电动回转绞车将吊艇臂转出舷外,降落依靠重力,吊起则使用电动绞车。其几何参数主要有:最大俯仰角下的最小吊臂半径及最大起吊高度、最小俯仰角下的最大吊臂半径及最大起吊高度。救助艇应布置在其作业半径范围内,并配置专用的救助艇托架。

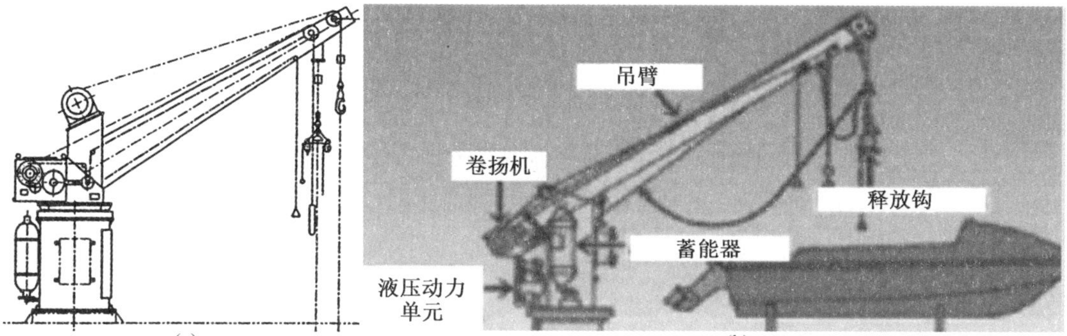

图 5.29　单臂艇筏吊架兼物料吊

(2)救生筏降放设备及特点

救生筏降放设备由吊筏架与筏绞车两部分组成,通常筏绞车固定在吊筏架上成为一体,因而简称为“吊筏架”。救生筏降放设备应符合《LSA 规则》的要求,其基本要求与救生艇降放设备相同,但是不必在存放地点直接登乘筏,不需收回满载的救生筏,且允许人工将救生筏降放设备转出舷外。吊筏架按结构形式可分为单臂回转式及单臂倒出式两类。单臂回转式吊筏架将救生筏吊起后一般用人力操纵转出舷外,也可采用储存机械动力转出舷外。而单臂倒出式吊筏架将救生筏吊起后一般用人力操纵将筏倒出舷外。

单臂回转式吊筏架常用的有仅用于吊放救生筏的救生筏降放设备、救助艇及救生筏两用的艇筏吊以及救助艇、救生筏和物料三用的艇筏吊兼物料吊(如图 5.29)。图 5.30 为工作负荷 20 kN 的单臂回转式吊筏架,回转用人力操纵,降落则依靠救生筏自重,起升回收也用人力操纵(摇手柄)。其几何参数主要有最大俯仰角下的最小吊臂半径及最大起吊高度、最小俯仰角下的最大吊臂半径及最大起吊高度。救生筏应设置在其作业半径范围内。

(3)倒出式快速救助艇吊艇架及其特点

倒出式快速救助艇吊艇架回收救助艇的速度应不小于 0.8 m/s,典型的形式如图 5.31 所示。这种吊艇架的降艇作业分为两种工况,当船舶或海洋平台上有电时,启动液压泵站用油缸将人字臂架(A 字臂架)倒出舷外,然后直接驱动液压绞车或操纵绞车制动器手柄依靠重力将艇降放至水面。当失电时,则利用蓄能器驱动油缸将人字臂架(A 字臂架)倒出舷外,然后操纵绞车制动器手柄依靠重力将艇降放至水面。回收艇时,必须启动液压泵站用液压绞车和油缸完成全部作业。其几何参数主要有人字臂架(A 字臂架)高度、人字臂架(A 字臂架)倒出后最大舷外宽度。

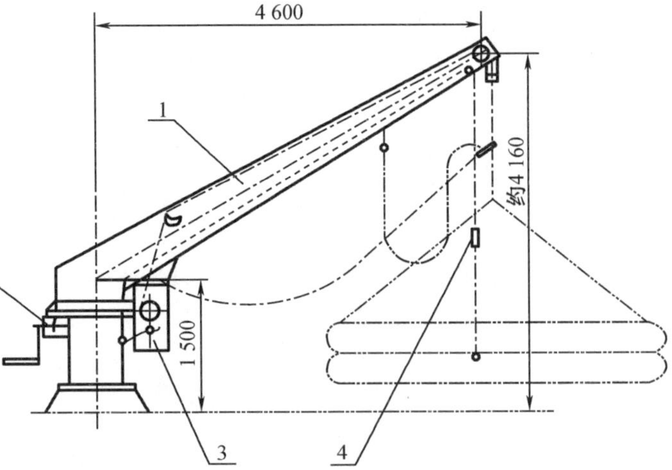

1—吊臂;2—手摇回转机构;3—救生筏绞车;4—遥控装置。

图 5.30　单臂回转式吊筏架

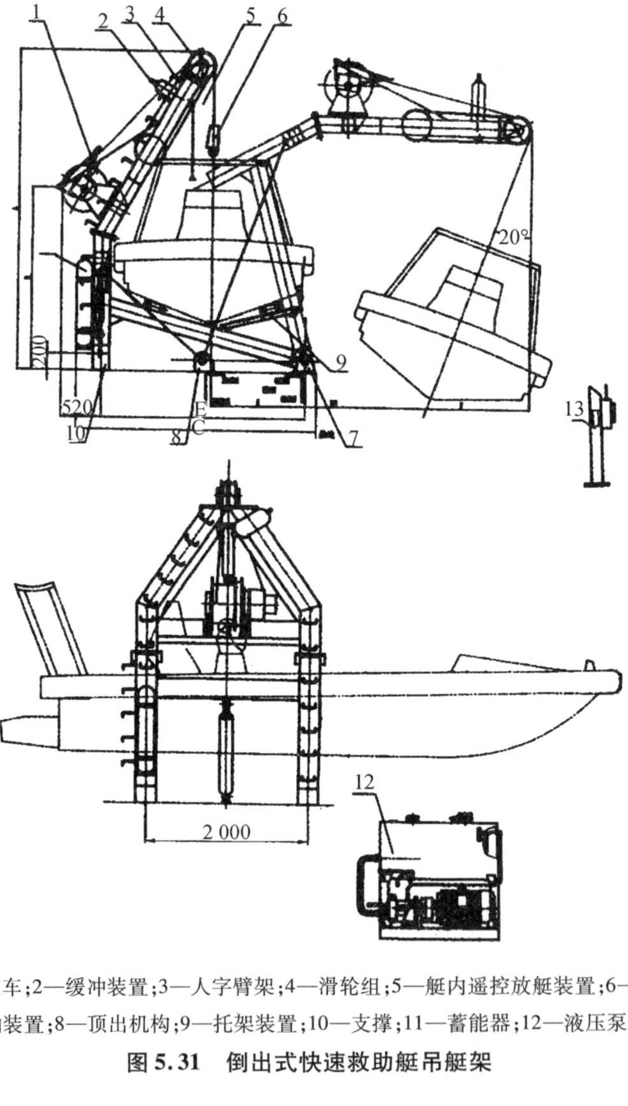

1—液压绞车;2—缓冲装置;3—人字臂架;4—滑轮组;5—艇内遥控放艇装置;6—吊艇钩;
7—支座及转动轴装置;8—顶出机构;9—托架装置;10—支撑;11—蓄能器;12—液压泵站;13—操纵台。

图 5.31　倒出式快速救助艇吊艇架

5.4.3　人力操纵的吊艇架

人力操纵的救生艇吊艇架,其特点是用人力操纵使吊艇臂转出(水平回转)或倒出(垂向倾倒)舷外,然后依靠艇的重力吊降入水。艇的回收则使用人力操纵艇绞车或电动艇绞车。人力操纵的救生艇吊艇架一般为双臂式艇架,它分转出式及摇倒式两类。

(1)转出式吊艇架,又称旋转式吊艇架,其吊艇杆为圆柱形,上部弯曲,可做水平旋转。使用时先操作一端的吊艇杆把该处的艇端转到舷外,继而再操作另一端的吊艇杆将艇的另一端转出舷外,然后用人力操纵降艇,如图 5.32 所示。这种艇架占用甲板面积小,构造简单,但舷外跨距较小,操作烦琐,费时费力。其一般适用于质量小于 1 400 kg 的小艇。

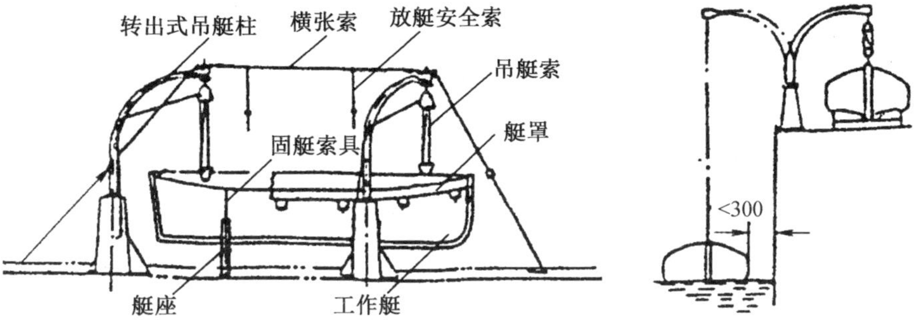

图 5.32　转出式救生艇吊艇架

(2)摇倒式吊艇架,又称摇出式吊艇架,其工作方式是用人力摇动手柄,使吊艇杆连带救生艇倒出舷外,然后用人力或机械操纵降艇。它的特点是可以方便地调节倒出舷外的跨距。这类艇架的形式较多,如倒杆式、弧齿式、镰刀式等。

人力操纵的吊艇架曾广泛用于各类船舶,但是由于其使用不便,放艇时间长,且安全性较差,逐渐被各种效率更高、更安全的降放设备替代,现今新建的各类海船中几乎不采用了。

5.4.4　艇绞车及类型

艇绞车的一般样式如图 5.33 所示。用于收放救生艇的艇绞车被称为救生艇绞车;用于收放救助艇的艇绞车则被称为救助艇绞车,对收放救生艇兼救助艇用的艇绞车则按救助艇的要求配置。救生艇绞车和救助艇绞车的主要区别在于艇回收时的起升速度。救生艇绞车回收救生艇时的起升速度没有具体规定,但一般设计速度约为 0.083 m/s(5 m/min)。救助艇绞车回收救助艇的起升速度按规定应不少于 0.3 m/s,快速救助艇的绞车回收艇的速度不少于 0.8 m/s,因此,在工作负荷相同的情况下救助艇绞车比救生艇绞车所需的功率大得多。

按艇绞车的驱动方式可分为非动力绞车与动力绞车。非动力绞车靠手摇人力操纵回收艇,动力绞车主要有电动、液压、气动等。按艇绞车的构造可分为右式与左式。按艇绞车的安装方式可分为立机型与背机型。立机型安装在甲板的底座上,背机型安装在吊艇架的座架上。按艇绞车卷筒形式可分为双卷筒与单卷筒。前者的两个卷筒分布在绞车箱体的两侧,是目前普遍采用的形式。后者仅配一个用中间隔板分隔的卷筒,设在绞车箱体的一侧。

图 5.33　艇绞车

5.4.5　救生艇筏及救助艇降放设备的基本要求

救生艇筏及救助艇的降放设备是船舶或海洋平台上重要的安全设备，无论是国际还是非国际航行和作业的海船或海洋平台，均应符合《MSA 规则》以及《LSA 规则》的基本要求，择要摘录如下。

(1)一般要求

①除自由降落式救生艇的辅助降放设备以外，每具降放设备的布置应能在船舶纵倾达到 10°并向任何一舷横倾达到 20°的不利条件下安全降放它所配属的装备齐全的救生艇筏或救助艇，并应尽实际可能在结冰情况下保持有效。

②降放设备不得依靠除重力或不依赖船舶或海洋平台动力的任何储存机械动力以外的任何方式来降落其所服务的处于满载、装备齐全状态(即空载状态)和轻载状态的救生艇筏或救助艇。

③降放设备及其附属设备的强度，除绞车制动器外，应足以经受 2.2 倍最大工作负荷的静负荷试验。

④结构构件和一切滑车、吊艇索、眼板、链环、紧固件和其他一切用作连接降放设备的配件应用一个安全系数来设计，该安全系数根据规定的最大工作负荷和结构所选用材料的极限强度来确定。所有构件的最小安全系数为 4.5，吊艇索、吊艇链、链环和滑车的最小安全系数应为 6。

⑤救生艇降放设备应能收回载有艇员的救生艇。

⑥每艘救助艇降放设备都应装设一台能把载足全部乘员和设备的救助艇从水面以不小于 0.3 m/s 的速度升起的动力驱动的绞车电动机。

⑦凡救生艇筏要求的降落设备应设计成具有自由漂浮的功能，即救生艇筏从其存放地点自由脱开应是自动的，因此要求能有效地利用静水压力同步解脱固艇筏装置和艇吊钩。

(2)使用吊艇索和绞车的降放设备基本要求

除了自由降落式救生艇的辅助降放设备以外，使用吊艇索和绞车的降放设备除应符合上述一般要求外，还应符合下列要求：

①降放设备的布置应可由一个人在甲板上某一位置操作，或由一人自救生艇筏或救助艇内某一位置操纵；在艇筏降放及回收过程中，在母船甲板上操作降放设备的人员应能看

到救生艇筏或救助艇的动向。

②应设有收回每艘救生艇筏和救助艇的有效的手动装置。

③凡使用动力收回吊艇架吊臂者,应装设安全装置,在吊艇架吊臂回到原位限制器之前,要自由地切断动力,以防止吊艇索或吊艇架收到过度应力。

④满载救生艇筏或救助艇降放下水的速度应不小于由下列公式得出的速度

$$S = 0.4 + 0.02H \qquad (5-1)$$

式中　S——下降速度,m/s;

H——从吊艇架顶部到最轻载航行水线的距离,m。

配备全部属具但不载人员的救生艇筏的降放速度应不小于上述要求的 70%。

⑤每具降放设备应设有制动器,使载足全部乘员及属具的救生艇筏或救助艇在降放中能刹住并可靠地系留住。

(3)自由降落式救生艇降放设备的基本要求

每一自由降落式救生艇降放设备除应符合上述一般要求外,还应符合下列要求:

①降放设备的设计和安装,应该使降放设备及其服务的救生艇作为一个系统运作,以保护乘员免受有害加速度的伤害以及确保载足全部乘员和属具的救生艇有效地离开船舶或海洋平台。降放设备的构造,应使其在救生艇降放过程中防止发生摩擦火花或碰击火花。

②降放设备的设计和布置,应使其处于准备降放的位置,其距离在船舶纵倾达到 10°并向任何一舷横倾达到 20°的不利情况下,从其所服务的救生艇的最低一点至最轻载航行水面的距离不超过救生艇的自由降落核准高度。

③降放设备的布置,应能防止救生艇在无人看管的存放地点意外脱开。如果提供的系固救生艇的设施无法从救生艇内部脱开,则降放设备的布置应防止先登艇而后脱开的做法。脱开机构的布置,应该要求在艇内至少有两个独立的动作才能降放救生艇。

④每个降放设备都应提供辅助方式用吊艇索降放救生艇,它必须能在船舶纵倾达到 2°及向任何一舷横倾达到 5°的不利条件下降放救生艇。辅助降放方式应至少配备一个单一的卸载能力以脱开救生艇。

(4)救生筏降放设备的基本要求

除了关于在存放地点登乘、收回负载的救生筏,人工操作旋出的降放设备外,每具救生筏降放设备应符合上述一般要求和第(2)部分的要求。降放设备应包括一自动脱开吊钩,其布置应能防止在降放过程中过早脱开,而使救生筏到水面时脱开。脱开吊钩应具有负载状态下脱开的能力。

(5)快速救助艇降放设备的基本要求

每艘快速救助艇降放设备除应符合上述一般要求和第(2)部分的要求外,还应符合下列要求:

①降放设备应安装一个能在快速救助艇降放或回收时降低波浪造成的冲击力的设备。

②满载乘员和属具的快速救助艇的降放速度不应超过 1 m/s。其降放设备应能以不低于 0.8 m/s 的速度将载有 6 名乘员和满载属具的快速救助艇吊起。该降放设备还应能吊起载有可容纳最大乘员数的救助艇。

③绞车应安装一个自动高速张紧装置，用以预防快速救助艇在拟操作时的所有海况下钢索松弛。绞车制动器应有一个逐渐制动动作，当以全速降放快速救助艇并突然制动时，因减速而使吊艇索受到的额外动力载荷应不超过该降放设备工作载荷的0.5倍。

5.4.6 救生筏架

救生筏架系指用于存放气胀救生筏或同时用作滑放抛投式气胀救生筏的专用座架。

救生筏架按筏的存放数量可以分为单筏架、双筏架及多筏架等，如图5.34所示。单筏架仅可存放1只救生筏，在船舶或海洋平台上使用较多。双筏架可存放2只救生筏。两只筏上下布置的层叠式筏架主要用于抛投式气胀救生筏。两只筏在同一平面上平行布置的筏架，主要用于可吊式气胀救生筏。多筏架则可存放3～4只甚至更多的救生筏，如排抛式筏架主要用于客船上的抛投式气胀救生筏，并同海上撤离系统（如滑梯装置）配套使用。也有多只救生筏在同一平面上平行布置的救生筏架，主要用于客船或海洋平台上的可吊式气胀救生筏。

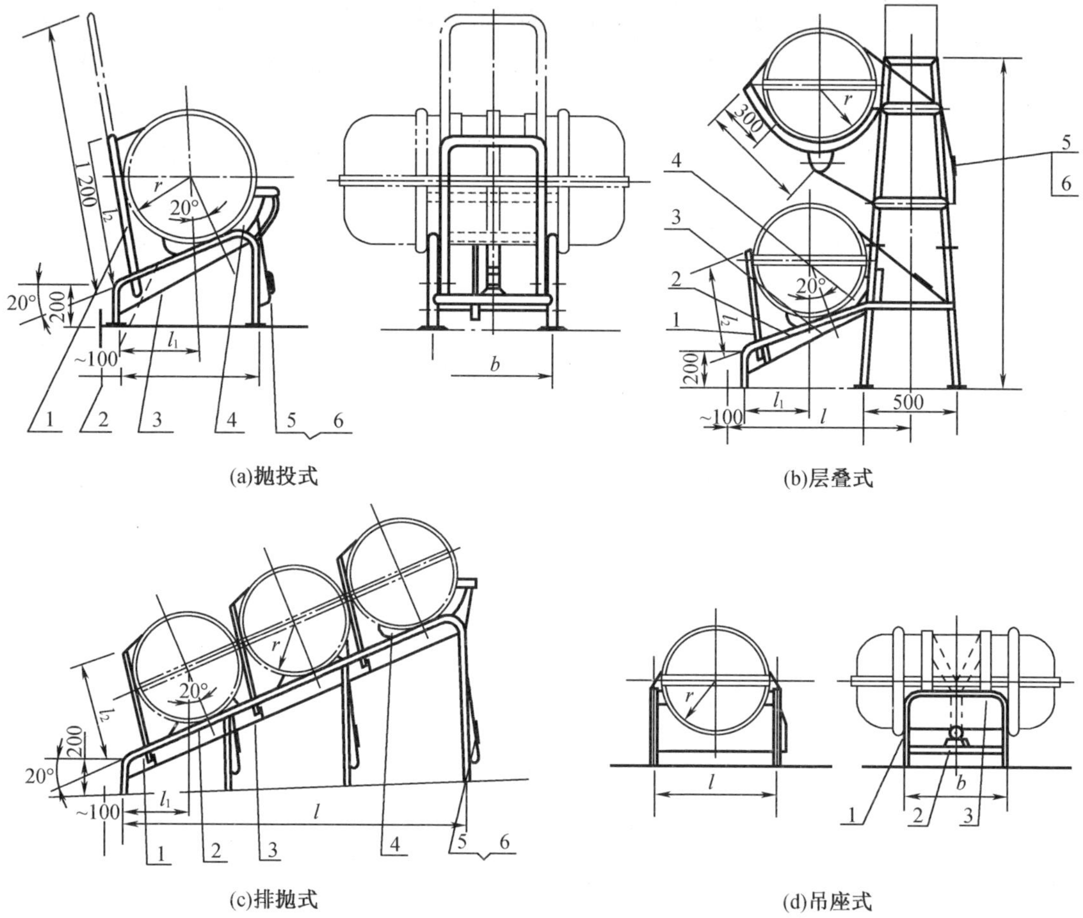

(a)抛投式　(b)层叠式

(c)排抛式　(d)吊座式

1—倒杆；2—座架；3—止动杆；4—动杆；5—静水压力释放器；6—索具扎带。

图5.34　气胀救生筏架

救生筏架按结构形式可以分为斜轨抛投式和平座存放式。斜轨抛投式救生筏架如图5.34(a)、(b)、(c)所示。其主要结构为两根斜置的导轨用作滑放救生筏，而倒杆既是筏固定时的挡杆,也是滑放轨道的一部分,有长臂和短臂之分。这类筏架一般布置在甲板舷边,使用时依靠人力操纵解脱绑扎绳索,救生筏则依靠重力在斜轨上自动滑出舷外抛投到水面充胀成型。通常配置静水压力释放器,以便在沉船时使筏自由漂浮出水。平座存放式救生筏架又称吊座式筏架,其构造为下凹半圆形无倾斜的水平座架,如图 5.34(d)所示。其主要用于可吊式气胀救生筏(筏架应配置静水压力释放器)及货船船艏或船艉附加的抛投式气胀救生筏。

5.5　登乘设施与海上撤离系统及基本要求

5.5.1　登乘梯及其设置要求

救生艇筏的人员登乘方式主要有两种:一种是在艇筏存放位置或登乘甲板上登乘,为此在吊艇架、抛落架处设有斜梯和平台;另一种是从母船上登入已下放到水面的救生艇筏上,这就要求设有登乘梯,即救生绳梯,如图 5.35 所示。登乘梯系供人员安全登入降落在水面上救生艇筏的梯子,通常为软梯。

登乘梯存放在靠船舷处的专用钢质座子上,设有 2 只眼板,供登乘梯端部卸扣的连接。该处甲板边缘的船侧顶板上加焊防磨材,以防止登乘梯边绳的磨损。此外还应设置扶手,以确保人员安全地从甲板到登乘梯的上下。

(a)　(b)

图 5.35　登乘梯

客船与货船及海洋平台,通常在救生艇筏的每处登乘站或每两处相邻的登乘站均应设置登乘梯 1 具,其长度应满足在船舶纵倾 10°和任何一舷横倾 20°的情况下,可从该存放甲板延伸到最轻载水线。在船舶每舷至少设有 1 具登乘梯的情况下,准许采用其他的认可装置供人员登乘在水面上的救生艇筏。在货船船首或船尾配备的救生筏准许使用其他能以控制方式下降至水面的登乘设施,如救生索。

5.5.2　海上撤离系统及基本要求

海上撤离系统(marine evacuation systems,缩写 MES),又称海上疏散系统,是一种高效的逃生装置,可在极短的时间内提供相当庞大的疏散容量。其主要由快速充气的滑道及救生平台组成,如图 5.36 所示。供遇险船舶或遭遇紧急状况时,乘员可以利用此装置迅速进入海面上的救生筏,等待救援。它与抛投式气胀救生筏配合使用,作为中转站的气胀式漂浮平台应可系靠至少两只以上气胀式救生筏。其主要装备于客船、客滚船等船上,也可用于货船或海洋平台上。

(a)

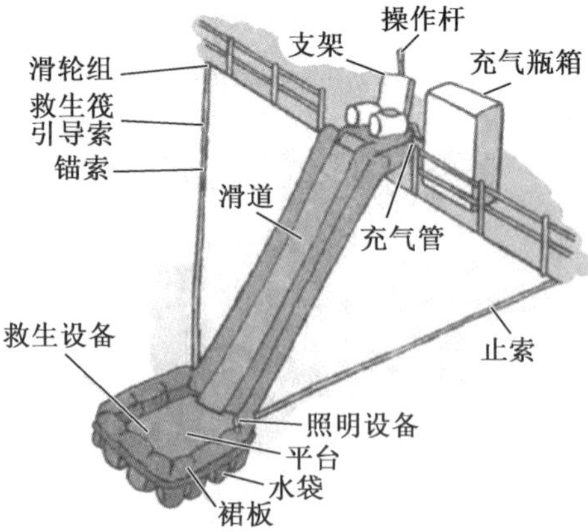

(b)

图 5.36　海上撤离系统

海上撤离系统无论在安全性能方面,还是撤离速度方面均远胜于传统的由救生艇和救生筏组成的救生系统。

(1)海上撤离系统的类型

常用的海上撤离系统主要有两类,即滑道式撤离系统和垂直式撤离系统。

①滑道式海上撤离系统,整套装置通常由控制单元、气胀式斜滑道、漂浮平台及存放容器组成,如图 5.37 所示。按滑道形式又可分为两种:单滑道式(A 型),其核准撤离人数为 250 人(30 min 内);双滑道式(B 型),其核准撤离人数为 500 人(30 min 内)。

滑道式海上撤离系统的斜滑道是气胀式结构,滑道与水平面的夹角为 30°～35°。为防止使用时发生严重的中垂变形而引起损坏,滑道的长度及顶端距水面(最轻载航行水线)的高度受到了限制,目前国内生产的滑道式撤离系统,其高度最大为 12 m。

②垂直式海上撤离系统(螺旋式滑道),整套装置通常由垂直通道、漂浮平台及存放容器组成,按垂直通道形式又可分为两种:单通道垂直式(A 型),其核准撤离人数为 300 人(30 min 内);双通道垂直式(B 型)如图 5.38 所示,其核准撤离人数为 600 人(30 min 内)。

垂直式海上撤离系统的通道采用特殊的有弹性的材料制成,其使用高度不受限制。但是,考虑到《SOLAS 公约》规定的客船救生筏存放高度距最轻载航行水线一般不超过 15 m,以及船舶横倾 20°时干舷的变化,垂直式海上撤离系统的存放高度一般不大于 22 m。

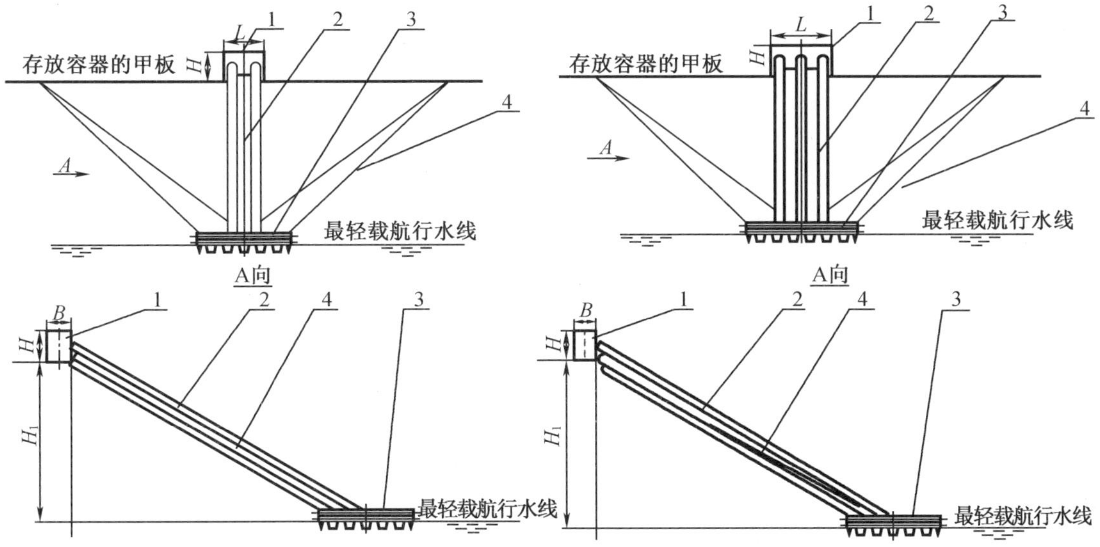

(a)单滑道式(A型)　　(b)双滑道式（B型）

1—存放容器;2—滑道;3—漂浮平台;4—稳定索。

图 5.37　滑道式海上撤离系统

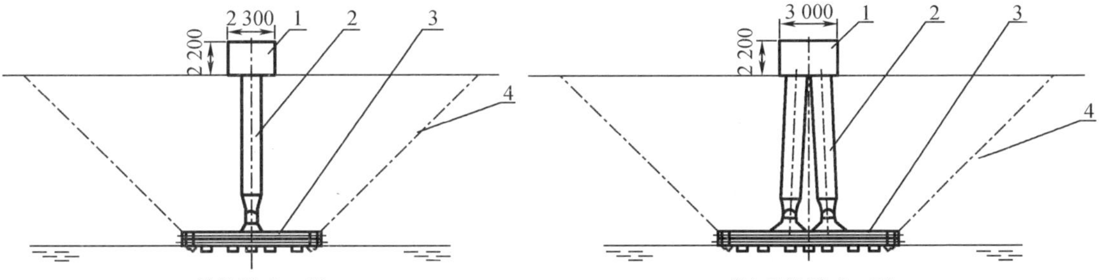

(a)单滑道式(A型)　　(b) 双滑道式(B型)

1—存放容器;2—垂直通道;3—漂浮平台;4—稳定索。

图 5.38　海上撤离系统

此外,还有一种供高速船和小型客船使用的小型气胀式撤离滑梯,其形式如图 5.39 所示。

(2)海上撤离系统的基本要求

海上撤离系统可以部分或全部取代客船或客滚船配备的救生筏降放装置。海上撤离系统应符合《LSA 规则》的要求,它应能由 1 人布放。应能使其设计的人员总数,对客船,在发出弃船信号后 30 min 内从船上撤离到气胀式救生筏上;对货船,在发出弃船信号后 10 min 内从船上撤离到气胀式救生筏上。应能使其在船舶纵倾达 10°以及向任何一舷横倾达 20°的不利状态下,从船上予以布放。并能在蒲氏风级为 6 级的海况下提供令人满意的撤离。

海上撤离系统通常置于船舶两舷,平时折叠包装放在存放箱内,设置在船舶或海洋平台集合与登乘站。该设置位置与最轻载航行水线之间的船侧不应有任何开口,为保证安全降落,应特别注意离开推进器及船体陡斜悬空部分,尽可能使该系统从船舷平直部分降放下水。同时应设有保护该系统免受任何突出物影响的设施以及免受巨浪引起的损坏。

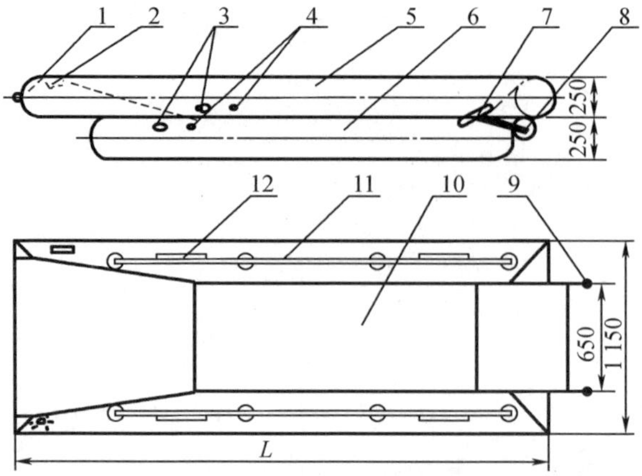

1—下固定座;2—灯具;3—安全阀;4—排气阀;5—上气柱;6—下气柱;7—充气系统;8—钢瓶;9—上固定座;10—滑板;11—扶手索;12—反光带。

图 5.39　小型气胀式撤离滑梯

5.6　海船救生设备的配备要求

海船救生设备的设计主要有三方面内容:一是救生设备的配备;二是救生设备的选型及布置设计;三是集合场所及登乘装置、降放设备的配置。关键是共用救生设备及其降放设备(即救生艇筏及救助艇)的配备、选型和布置。

IMO 体系中的各项规定由各类公约、规则、决议和通函等组成,其内容互相交叉补充。《SOLAS 公约》的第Ⅲ章专门介绍并规定了各类海船的救生设备要求,但这些规定不是唯一的,同时还需要遵守 IMO 发布的国际救生设备规则(LSA)及相关决议和通函的要求。

一般按航行区域将海船划分为国际航线海船和非国际航行海船,其救生设备的配备与布置应随船舶或海洋平台大小和种类而异。国际海事组织(IMO)在《国际海上人命安全公约》(《SOLAS 公约》)中,以及中华人民共和国海事局在《国际航线海船法定检验技术规则》和《国内航行海船法定检验技术规则》(简称《MSA 法规》)中对此有明确要求,它们都必须符合一定的技术条件和规格要求。

《SOLAS 公约》中将所有船舶划分为“客船”与“货船”,后者系指除客船以外的一切船舶,并按此配备救生设备。对海洋平台的救生设备的配备与布置可参照执行,除另有专门规定外。

救生设备的配备主要可分为救生艇筏的配备和个人救生设备的配备,其中救生艇筏是目前船舶或海洋平台最有效的救生设备。对国际航行海船,《SOLAS 公约》的历次修正案也因此不断提高救生艇筏的配备要求和技术标准,来提高发生海难时船舶或海洋平台的自救和救助能力,同时也造成了不同建造年份的船舶或海洋平台救生艇筏的配备要求不一致。对非国际航行海船,我国国内航行海船的法定检验技术规则基于船体结构、防火安全、无线电、海上搜救要求的不断提高,对救生设备要求也在逐步降低。因此要特别注意不同建造年份的船舶救生艇筏配备的差异,准确把握适用范围。

5.6.1　海船救生艇筏的配备特点

由于船舶的航区不同、船型不同,根据规范要求可以设计出多种组合模式。在救生艇筏的配备中,在充分考虑布置的情况下,要协调好艇筏之间的匹配关系。

(1)船上救生艇筏的组合模式

主要有两种组合模式:

①自由降落式救生艇 + 救助艇 + 救生筏。该模式的优点是救生艇释放迅速。但在船尾区域布置一套自由降落式救生艇降放设备,占用空间大,此外船舶还需额外配置救助艇、救生筏以及艇筏吊放设备。

②吊降式救生艇/救助艇 + 救生筏。该模式的优点是在船舶每舷布置吊降式救生艇,其中一舷可以兼做救助艇。在船宽相对富裕的船舶会选择这种组合。

(2)客船上救生艇筏的配置特点

①客船上的救生艇应是部分封闭式救生艇或全封闭式救生艇。

②客船上救生筏应是可吊式救生筏(由吊筏架吊放)或与海上撤离系统配套使用的救生筏。但500总吨以下且乘客数200人以下的普通客船,可以是抛投式救生筏。

③客滚船除满足一般客船要求外,还有以下附加要求:

a. 救生筏还应具备自扶正能力或有篷两面均可用(即"可逆转")的救生筏;

b. 每船至少有1艘快速救助艇(航速20 kn以上);

c. 由于客滚船上乘客多,且没有经过救生训练,为了能迅速安全地撤离遇险人员,客滚船上通常配置价格昂贵的海上撤离系统。

(3)货船上救生艇筏的配置特点

由于货船上的人员基本上都是船员,人数远少于客船,且船员都必须经过救生训练,并经常进行救生演习,对船上救生设备的布置、功能和使用方法均比较熟悉。因此,货船上的救生设备配置比客船相对简便一些。

①货船上配置的救生艇类型。一般货船应配备全封闭救生艇。运载散发有毒蒸气或毒气的货物的化学品液货船和气体运输船应配备自供空气救生艇。运载闪点不超过60°(闭杯试验)的油船、化学品液货船和气体运输船应配耐火救生艇。上述救生艇可以是吊架降放式的,也可以是自由降落式的。

②各类货船上配置的救生筏可以是气胀式救生筏或刚性救生筏,而且基本上不要求是可吊式的或符合海上撤离系统要求的救生筏,只有当与自由降落式救生艇配套设置的救生筏中一部分要求为可吊式救生筏。

③救助艇的配置。当货船上配置的是吊架降放式救生艇时,通常采取由1艘救生艇兼作救助艇的配置方式,这样可以节省船舶甲板面积和降低造价成本。但如果是自由降落式救生艇,由于其回收难度较大,一般不兼作救助艇,而应另配置专用救助艇。

5.6.2 国际航行海船救生设备的配备要求

国际航行海船救生设备的配备应符合经修正的《SOLAS 公约》和《MSA 法规》的要求，两者实际上是一致的。但这些要求不适用于小于500总吨的货船、非机动船及渔船等。

对在航程中距最近陆地不超过20 n mile的个别船舶或某些类型的船舶，如考虑到航程的遮蔽性及条件，认为实施公约（或法规）的任何具体要求为不合理或不必要时，则可免除这些要求。

（1）客船救生艇筏及救助艇的配备要求

①救生艇筏的配备要求，可按从事非短程国际航行和短程国际航行的客船以及500总吨以下的客船分别讨论。

a. 对从事非短程国际航行的客船，根据条款其救生艇筏的配备方式见表5-2。

· 应配备部分封闭或全封闭的救生艇，其在每舷的总容量应不少于船上人员总数的50%。准许以相等总容量的救生筏来代替救生艇，但船舶每舷必须配备足够容纳不少于船上人员总数37.5%的救生艇。气胀式或刚性救生筏应使用均等分布在船舶每舷的降放设备，也可用一个或几个海上撤离系统代替所要求的救生筏和降放设备的等效容量。

· 另外，还应配备总容量至少能容纳船上人员总数25%的气胀式或刚性救生筏。这些救生筏应使用每舷至少1台降放设备，该设备可以是按上述要求装设的设备，或是能在两舷均可使用的等效认可设备。

表5-2 从事非短程国际航行的客船救生艇筏的配备方式（供参考）

配备方式一	配备方式二
（1）部分封闭，自扶正部分封闭救生艇多艘，其总容量可容纳船上的总人数的100%（即每舷50%）； （2）救生筏多只，其容量可容纳全船总人数的25%（每舷应设有降放设备）	（1）部分封闭，自扶正部分封闭救生艇多艘，其总容量可容纳船上的总人数的75%（即每舷37.5%）； （2）救生筏多只，其容量可容纳全船总人数的50%（每舷应设有降放设备）
（3）救助艇2艘（每舷1艘），（如救生艇兼作救助艇可不必配备）	

注：除上述两种配备方式外，还有其他配备方式，即还要考虑其他相关的限定条件，如拖带救生筏的数量限制等。

b. 对从事短程国际航行的客船，根据条款其救生艇筏的配备要求见表5-3。

· 应配备部分封闭或全封闭的救生艇，其总容量应至少能容纳船上人员总数的30%。救生艇应尽可能均等地分布在船舶的每舷。此外，气胀式或刚性救生筏的总容量，连同救生艇的总容量，应能容纳船上人员总数。这些救生筏应使用均等分布在船舶每舷的降放设备，也可用一个或几个海上撤离系统代替所要求的救生筏和降放设备的等效容量。

· 此外，还应配备总容量至少为船上人员总数25%的气胀式或刚性救生筏。这些救生筏应使用每舷至少1台降放设备，该设备可以是按上述要求装设的设备，或是能在两舷均可使用的等效认可设备。

表 5－3　从事短程国际航行的客船救生艇筏的配备方式(供参考)

<table>
<tr><th>符合分舱特种标准</th><th>不符合分舱特种标准</th></tr>
<tr><td colspan="2">(1)部分封闭,自扶正部分封闭或全封闭救生艇多艘,其总容量可容纳船上总人数的 30%；
(2)救生筏多只,其容量可容纳全船总人数的 70%(每舷应设有降放设备)；
(3)救助艇 2 艘(每舷 1 艘),(如救生艇兼作救助艇可不必配备)</td></tr>
<tr><td></td><td>(4)气胀式或刚性救生筏总容量至少为船上人员的 25%(每舷应设有降放设备)</td></tr>
</table>

注：除上述配备方式外,还有其他配备方式,即,还要考虑其他相关的限定条件,如拖带救生筏的数量限制等。

c. 对 500 总吨以下的国际航行客船,凡船上人员总数少于 200 人者,根据条款其救生艇筏的配备要求见表 5－4。

(a)船舶每舷所配备的气胀式或刚性救生筏,其总容量应能容纳船上人员总数。除非这些救生筏是存放在一个能在单独的开敞甲板层面上方便地做舷对舷转移的地方,否则应配备附加救生筏,使每舷可用的总容量能容纳船上人员总数的 150%。

(b)如果所配备的救助艇也符合《LSA 规则》要求的部分封闭或全封闭的救生艇,则可计入上述(a)所要求的总容量,但是船舶任何一舷的总容量应至少是船上人员总数的 150%。

(c)在任何一艘救生艇筏掉失或不能使用时,每舷可供使用的救生艇筏,包括存放在一个能在单独的开敞甲板层面上方便地做舷对舷转移地方的救生艇筏,应能足够容纳船上的人员总数。

表 5－4　500 总吨以下的国际航行客船,如船上人员总数少于 200 人救生艇筏的配备方式(供参考)

<table>
<tr><th>配备方式一</th><th>配备方式二</th></tr>
<tr><td>(1)救生筏多只,总容量可容纳船上人员总数的 200%(每舷 100%,并可移动至任何一舷降落)；
(2)救生艇 1 艘或多艘,计入(1)中的总容量</td><td>(1)救生筏多只,总容量可容纳船上人员总数的 300%(每舷 150%,不可移动至另一舷降落)；
(2)救生艇 1 艘或多艘,计入(1)中的总容量</td></tr>
<tr><td colspan="2">(3)救助艇 1 艘,如(2)中所述的救生艇兼作救助艇时,可不必配备</td></tr>
</table>

注：除上述 2 种配备方式外,还有其他配备方式,即,还要考虑其他相关的限定条件,如拖带救生筏的数量限制等。

②救助艇的配备要求,可按 500 总吨及以上的客船、500 总吨以下的客船分别讨论。

500 总吨及以上的客船应在船舶每舷至少配备 1 艘救助艇。500 总吨以下的客船应至少配备 1 艘救助艇。如果救生艇及其降放设备和回收装置也符合对救助艇的要求,则可以接受此救生艇作为救助艇。

③救生筏的集结要求

a. 配备于客船上的救生艇和救助艇的数量应能足以确保母船上全体人员弃船使用时,每艘救生艇或救助艇需要集结的救生筏不多于 6 只。

b. 配备于从事短程国际航行客船上的救生艇和救助艇的数量应能足以确保母船上全体人员弃船使用时，每艘救生艇或救助艇需要集结的救生筏不多于9只。

(2)客船个人救生设备的配备要求

①救生圈的配备要求

· 按船长的不同，客船配备的救生圈数量应不少于表5-5的规定。

表5-5　客船配备的救生圈数量(按船长)

船长/m	最少救生圈数/只	设有可浮救生索/只	带有自亮灯的/只	
			总数/只	其中带有自发烟雾信号/只
60以下	8	每舷至少有1只	不少于4	不少于2
60~120以下	12	每舷至少有1只	不少于6	不少于2
120~180以下	18	每舷至少有1只	不少于9	不少于2
180~240以下	24	每舷至少有1只	不少于12	不少于2
240及以上	30	每舷至少有1只	不少于15	不少于2

· 船舶每舷至少有1只救生圈应设有可浮救生索，其长度不小于其存放处在最轻载航行水线以上高度的2倍或30 m，取较大者。

· 不少于总数一半的救生圈应设有自亮灯，但长度60 m以下的客船仍应配备不少于6只带有自亮灯的救生圈，这些救生圈中不少于2只还应设有自发烟雾信号，并应能自驾驶室(外)迅速抛投。设有自亮灯的和设有自亮灯及自发烟雾信号的救生圈，应均等地分布在船舶两舷，这类救生圈不应是装有可浮救生索的救生圈。

②救生衣及救生衣灯的配备要求

a. 应为船上每个人员配备1件船用救生衣。另外还应：

(a)对于航程小于24 h的客船，应配备至少船上乘客总数2.5%的婴儿救生衣；对于航程等于或大于24 h的客船，应为船上每一个婴儿配备救生衣。

(b)配备若干适合儿童穿着的救生衣，其数量至少相等于船上乘客总数的10%，或为每个儿童配备1件救生衣。

(c)配备足够数量的船用救生衣，以供值班人员使用的，并供设置在远处的救生艇筏站使用。供值班人员使用的船用救生衣应存放在驾驶室、机舱控制室和任何有人值班的其他地方。

b. 除上述a项要求的救生衣外，每艘客船还应配备不少于船上人员总数5%的船用救生衣。这些救生衣应存放在甲板上或集合站明显易见的地方。

c. 在所有客船上，每件救生衣应配备1盏救生衣灯。

③救生服和保温用具的配备要求。所有客船上的每艘救生艇应配至少3件救生服。此外，应为每个被指派为救助艇员和海上撤离系统的工作人员分别配备1件救生服。还应为救生艇中没有配备救生服的每个人应配备保温用具。在下列情况下，可不必配备这些救生服和保温用具：

a. 全封闭或部分封闭救生艇中的人员；

b. 船舶一直在温暖气候航区航行。

(3)客滚船上救生设备配备的附加要求

除应符合上述一般客船救生艇筏及救助艇的配备与布置要求外,客滚船上的救生设备还应满足下述附加要求。

①救生筏配备及布置的附加要求:

a. 客滚船的救生筏应使用海上撤离系统或降放设备,并应均等地分布在船舶两舷。

b. 客滚船的每只救生筏应配备自浮式存放装置,应设置登筏踏板。

c. 客滚船的每只救生筏应为自行扶正救生筏或为带顶篷两面可用的救生筏,其在海上应是稳定的,不论哪一面朝上,都能安全操作。或者,船上除配备正常额定乘员的救生筏之外,还应配备自行扶正的救生筏或带顶篷两面可用的救生筏,其总容量至少为未计入救生艇乘员的50%。该附加的救生筏容量应根据船上总人数和救生艇乘员数之间的差额来确定。

②快速救助艇配备的附加要求。客滚船上的救助艇中应至少有 1 艘为快速救助艇。每艘快速救助艇应使用适当的降放设备。

③救助方式上的附加要求。在救助方式上,每艘客滚船应配置有效的设施,应能从水中迅速救回幸存者并把他们从救助装置或救生艇筏转移到船上。转移幸存者到船上的方式可以是海上撤离系统的一部分,或是为救助目的而设计的系统的一部分。

④救生衣配备的附加要求。尽管按前述一般客船的要求配备了船用救生衣,但还应有足够数量的船用救生衣存放在集合站附近,这样乘客不必回到自己的舱室内去取救生衣。客滚船上每件救生衣应配备 1 盏救生衣灯。

(4)货船救生艇筏及救助艇的配备要求

①救生艇筏的配备要求,可按船舶类型,即一般货船、运载散发有毒蒸气或毒气的货物的化学品液货船和气体运输船分别讨论。根据条款对船长等于及大于 85 m 的国际航行货船救生艇筏的配备要求见表 5 – 6。

a. 货船应配备

(a)每舷 1 艘或多艘全封闭救生艇,其总容量应能容纳船上人员总数。

(b)另外,还应配备 1 只或多只气胀式或刚性救生筏,其质量小于 185 kg,存放在一个能在单独的开敞甲板层面上方便的做舷对舷转移的地方,并且其总容量应能容纳船上人员总数。如上述救生筏的质量大于 185 kg,且不是存放在能在单独的开敞甲板层面上方便地做舷对舷转移的地方,则每舷可用的总容量应能容纳船上人员总数。

b. 为代替满足上述 a 项的要求,货船可配备

(a)1 艘或多艘自由降落下水的全封闭救生艇,其总容量应能容纳船上人员总数。

(b)另外,船舶每舷还应配备 1 只或多只气胀式或刚性救生筏,其总容量应能容纳船上人员总数。至少在船舶一舷的救生筏应使用降放设备。

表 5－6　船长等于及大于 85 m 的国际航行货船的救生艇筏的配备方式(供参考)

<table>
<tr><th>配备方式一</th><th>配备方式二</th><th>配备方式三</th></tr>
<tr><td>(1)救生艇加救生筏总容量为 400%；
(2)救生艇 2 只,全封闭、机动、总容量 200%；
(3)救生筏多只,总容量 200%(救生筏不能移动至另一舷降放)</td><td>(1)救生艇加救生筏总容量为 300%；
(2)救生艇 2 只,全封闭、机动、总容量 200%；
(3)救生筏多只,总容量 100%(可移动至任一舷降放)</td><td>(1)救生艇加救生筏总容量为 300%；
(2)救生艇 1 只,全封闭、容量 100%,船艉自由降落式；
(3)救生筏多只,总容量 200%(每舷 100%),至少一舷应设有认可的降放设备</td></tr>
<tr><td colspan="3">(4)救助艇 1 只(如救生艇兼作救助艇时可以不必配备)；
(5)船艏距艇筏存放位置大于 100 m 时,船艏应增加 1 只救生筏</td></tr>
</table>

注：除上述 3 种配备方式外,还有其他配备方式,如救生筏的类型及数量等。

c. 除油船、化学品液货船和气体运输船外,根据条款对船舶的长度为 85 m 以下的货船救生艇筏的配备要求见表 5－7。

(a)船舶每舷配备 1 只或多只气胀式或刚性救生筏,其总容量应能容纳船上人员总数。

(b)除非上述(a)所要求的救生筏质量小于 185 kg,并存放在一个能在单独的开敞甲板层面上方便地做舷对舷转移的地方,否则应配备附加救生筏,使每舷可用的总容量能容纳船上人员总数的 150%。

(c)如所配备的救助艇也符合《LSA 规则》要求的全封闭救生艇,则该艇亦可计入上述(a)所要求的总容量,但是船舶任何一舷可用的总容量应至少是船上人员总数的 150%。

(d)在任何一艘救生艇筏掉失或不能使用的情况下,每舷可供使用的救生艇筏,包括任何质量小于 185 kg 并存放在一个能在单独的开敞甲板层面上方便地做舷对舷转移的地方的救生艇筏,应能足够容纳船上的人员总数。

表 5－7　船长小于 85 m 的国际航行货船的救生艇筏的配备方式(供参考)

<table>
<tr><th>配备方式一</th><th>配备方式二</th></tr>
<tr><td>(1)救生筏总容量为 300%；
(2)救生筏多只,每舷 150%,总容量为 300%(不可移动到另一舷降放)</td><td>(1)救生筏总容量为 200%；
(2)救生筏多只,每舷 100%,总容量为 200%(可移动至任一舷降放)</td></tr>
<tr><td colspan="2">(3)救助艇 1 只。</td></tr>
<tr><th>配备方式三</th><th>配备方式四</th></tr>
<tr><td>(1)救生筏和救生艇总容量为 300%；
(2)救生筏多只,救生艇 1 只,总容量为 300%,每舷能保证容量 150%,筏不能移动至另一舷降放</td><td>(1)救生筏加救生艇总容量为 200%；
(2)救生筏多只,救生艇 1 只,总容量为 200%,每舷能保证容量 100%,救生筏可移动至另一舷降放</td></tr>
<tr><td colspan="2">(3)救生艇兼作救助艇。这个方式增加 1 只救生艇后,既可替代救生筏容量,又可不设救助艇</td></tr>
</table>

注：除上述 4 种配备方式外,还有其他配备方式,如救生筏的类型及数量等。

d. 对于从船首最前端或船尾最末端至最靠近的救生艇筏存放地点最近一端之间的水平距离超过 100 m 的货船，除配备上述 a 项中的(b)和 b 项中的(b)所要求的救生筏外，还应在合理和可行的范围内配备 1 只救生筏，其尽量靠前或靠后存放，或两只救生筏，1 只尽量靠前，另 1 只尽量靠后存放。该救生筏或该两只救生筏可按能用人力脱开的方式系牢，并不必为能用认可的降放设备降放的类型。

e. 除了能从最轻载航行水线以上小于 4.5 m 高度的甲板上登乘的且其质量不大于 185 kg的救生艇筏外，为船上人员总数弃船所需配备的所有救生艇筏，应能在从发出弃船信号后 10 min 内，载足全部人员及属具后降放至水面。

f. 运载散发有毒蒸气或毒气的货物的化学品液货船和气体运输船，应配备有自备空气补给系统的救生艇，以替代全封闭救生艇。

g. 运载闪点不超过 60 ℃(闭杯试验)货物的油船、化学品液货船和气体运输船，应配备耐火救生艇，来替代全封闭救生艇。

②救助艇的配备要求。货船应至少配备 1 艘救助艇。如救生艇及其降放设备和回收装置亦符合对救助艇的要求，则可接受将此艇作为救助艇。

(5)货船个人救生设备的配备要求

①救生圈的配备要求

· 按船长的不同，货船配备的救生圈数量应不少于表 5－8 的规定。

表 5－8　货船配备的救生圈数量(按船长)

船长/m	最少救生圈数/只	设有可浮救生索/只	带有自亮灯的/只	
			总数/只	其中带有自发烟雾信号/只
100 以下	8	每舷至少有 1 只	不少于 4	不少于 2
100～150 以下	10	每舷至少有 1 只	不少于 5	不少于 2
150～200 以下	12	每舷至少有 1 只	不少于 6	不少于 2
200 及以上	14	每舷至少有 1 只	不少于 7	不少于 2

· 船舶每舷至少有一个救生圈应设有可浮救生索，其长度不小于其存放处在最轻载航行水线以上高度的 2 倍或 30 m，取较大者。

· 不少于总数一半的救生圈应设有自亮灯，这些救生圈中不少于两只还应设有自发烟雾信号，并应能自驾驶室(外)迅速抛出。设有自亮灯的和设有自亮灯及自发烟雾信号的救生圈，应均等地分布在船舶两舷，这类救生圈不应是装有可浮救生索的救生圈。

· 配在液货船上的救生圈用自亮灯应为电池型。

②救生衣及救生衣灯的配备要求

· 应为船上每个人配备 1 件船用救生衣。

· 另外还应配备足够数量的船用救生衣，以供值班人员使用，并供设置在远处的救生艇筏站使用。供值班人员使用的船用救生衣应存放在驾驶室、机舱控制室和任何其他有人值班的地方。

· 货船上的每件救生衣应配备 1 盏救生衣灯。

③救生服的配备要求

·应为每个被指派为救助艇员的人,分别配备1件救生服。如果船舶一直在温暖气候区域航行,则可不必配备该救生服。

·应为船上每人提供1件尺寸适宜的救生服。但对于除了主要用于运输散装干货的船舶包括诸如矿砂船和兼装船等船型的散货船外的船舶,如果该船一直从事温暖气候航区航行,则不必要求配备这些救生服。

·如果船舶有任何值班站或远离通常存放救生服的地方,则任何时候均应另外为通常在这些处所值班或工作的人员按其人数配备尺寸适宜的救生服。

5.6.3 非国际航行海船救生设备的配备要求

非国际航行海船,按航区可划分为远海航区、近海航区、沿海航区以及遮蔽航区。对客船按航行时间及载客数,其等级可划分为Ⅰ级客船、Ⅱ级客船、Ⅲ级客船。非国际航行海船救生设备的配备应符合《国内航行海船法定检验技术规则》(MSA)及其修改通报的要求,该法规适用于非国际航行的中国籍海船包括船长20 m及以上的排水型船舶和高速船。

(1)救生艇筏和救助艇的配备要求

①一般要求

a. 按规定配备的救生艇、救生筏、海上撤离系统(如设有)应尽可能沿船长左右舷均匀分布。

b. 如救生艇及其降放设备和回收装置也符合救生艇的要求,则可以接受此救生艇作为救助艇而不必另外配备救助艇。该救生艇的额定乘员人数仍可计入救生艇容量之中。

c. 所有新船上所配的救生筏均应为自扶正救生筏(额定乘员6人及以下的救生筏除外)或为带顶篷的两面可用救生筏。

d. 对客船,为船上人员总数弃船所需配备的所有救生艇筏,应能在发出弃船信号后,船上人员集合在指定的集合站,从开始登乘救生艇、筏和/或从海上撤离系统撤离起30 min内,载足全部乘员及属具后降落水面。

e. 对客船以外的船舶,为船上人员总数弃船所需配备的救生筏(不包括质量185 kg及以下的从最轻载航行水线以上少于4.5 m高度的甲板上登乘的救生筏),应能在发出弃船信号后10 min内,载足全部人员及属具后降放至水面。

②客船救生艇筏和救助艇的配备要求。根据船舶等级和船长的不同,每艘客船配备的救生艇筏、救助艇的乘员定额数对船上总人数的百分比应不少于表5-9的规定。

表5-9 客船救生设备的配备(%)

<table>
<tr><th colspan="2">船舶等级/L船长</th><th>救生艇</th><th>气胀式救生筏②</th><th>全船总容量</th><th>救助艇</th></tr>
<tr><td>Ⅰ</td><td>-</td><td>30①</td><td>95</td><td>125</td><td>1艘</td></tr>
<tr><td rowspan="2">Ⅱ,Ⅲ</td><td>L≥85 m</td><td colspan="2">110①</td><td>110</td><td>1艘</td></tr>
<tr><td>L<85 m</td><td>-</td><td>110</td><td>110</td><td>1艘</td></tr>
</table>

注:①每舷至少应配备1艘部分封闭式或全封闭式救生艇。

②应视登乘位置距最轻载航行水线的高度,按要求配备降放设备。

a. Ⅰ级客船和船长 85 m 及以上的Ⅱ级客船，除应符合表 5－9 的规定外，全船救生艇、救助艇（如设有时）总数与救生筏的比值不得小于 1∶9。

b. 载客 500 人及以上的Ⅱ级客船，救生设备的配备应符合Ⅰ级客船的规定。

c. 载客 500 人及以上的Ⅲ级客船，救生设备的配备应符合Ⅱ级客船的规定。

d. 载客 1 000 人及以上的Ⅲ级客船，救生设备的配备应符合Ⅰ级客船的规定。

e. 一个或几个海上撤离系统可代替表 5－9 中的等效容量的吊架式降放救生筏。

③货船救生艇筏和救助艇的配备要求

a. 航行于远海航区的货船，救生艇应按下列要求配备：

（a）所有油船、化学品液货船和气体运输船和船长 $L \geqslant 85$ m 的其他货船，应不低于按表 5－10 的规定配备，除另有规定外。

表 5－10　油船、化学品液货船、气体运输船和船长 $L \geqslant 85$ m 的其他货船救生设备的配备（%）

全封闭救生艇	气胀式救生筏①	救助艇	附加救生筏（存放间距＞100 m）	总容量%
每舷 100	100（可舷对舷转移）	1 艘（不计入总容量）	1 或 2 只（不计入总容量）	300
	每舷 100（不可转移）			400
或				
自由降落式救生艇	气胀式救生筏②	救助艇	附加救生筏（存放间距＞100 m）	总容量%
100	每舷 100	1 艘（不计入总容量）	1 或 2 只（不计入总容量）	300

①应视登乘位置距最轻载航行水线的高度，按要求配备降放设备。

②每舷至少配 1 只气胀式救生筏，其容量应能容纳船上总人数，并且至少船舶一舷的救生筏应使用降放设备。

（b）对化学品液货船和气体运输船，如载运散发有毒蒸气或毒气的货物（参见《国际散装运输危险化学品船舶构造和设备规则》第 17 章以及《国际散装运输液化气体船舶构造和设备规则》第 19 章中紧急脱险需加呼吸保护的货品），其救生艇应为有自备空气补给系统的救生艇。

（c）对油船、化学品液货船和气体运输船，如载运闪点不超过 60 ℃（闭杯试验）的货物，其救生艇应为耐火救生艇。

（d）除油船、化学品液货船和气体运输船外的其他船长 $L < 85$ m 的货船，应按表 5－11 配备。

表 5-11　$L<85$ m 的货船救生设备的配备(%)

气胀救生筏①	救助艇	总容量%
每舷 100(可舷对舷转移)	1 艘	200
每舷 150(不可转移)		300

注:任何 1 只救生筏掉失或不能使用时,每舷可供使用的救生筏应为 100%,且应视登乘位置距最轻载航行水线的高度,按要求配备降放设备。

b. 航行于近海航区的货船,救生艇应按下列要求配备:

(a)对船长 $L>45$ m 的油船、化学品液货船和气体运输船和船长 $L\geqslant85$ m 的其他货船,应不低于按上述 a 项(a)至(c)对远海航区船舶的相应规定配备。

(b)除油船、化学品液货船和气体运输船外的其他 45 m $<L<$ 85 m 的货船,应不低于按上述表 5-11 的规定配备。

(c)对于 $L\leqslant45$ m 的货船(包括油船、化学品液货船和气体运输船),除另有规定外,救生设备数量应不低于按表 5-12 的规定配备。

表 5-12　$L\leqslant45$ m 的货船救生设备的配备(%)

气胀救生筏①	总容量%
每舷 100(可舷对舷转移)	200
每舷 150(不可转移)	300

注:应视登乘位置距最轻载水线的高度,按要求配备降放设备

(d)对 $L\leqslant45$ m 的化学品液货船和气体运输船,如载运散发有毒蒸气或毒气的货物,应在每舷配备经认可的有自备空气补给系统的能容纳船上总人数的救生艇。此外,全船还应配备 1 艘救助艇和能容纳船上总人数 50% 的气胀式救生筏。

(e)对 $L\leqslant45$ m 的油船、化学品液货船和气体运输船,如载运闪点不超过 60 ℃(闭杯试验)的货物,应在每舷配备经认可的能容纳船上总人数的耐火救生艇。此外,全船还应配备 1 艘救助艇和能容纳船上总人数 50% 的气胀式救生筏。

(f)对上述(d)和(e)要求的救生艇筏配备也可用以下要求等效替代:至少 1 艘能在船尾自由降落式下水的救生艇,其容量应能容纳船上人员总数;每舷至少配 1 只气胀式救生筏,其容量应能容纳船上人员总数,并至少船舶一舷的救生筏应使用降放设备;配备 1 艘救助艇。

c. 航行于沿海和遮蔽航区的货船,救生艇应按下列要求配备:

(a)除另有规定外,货船和载运闪点超过 60 ℃(闭杯试验)货物的油船、化学品液货船和气体运输船,配备的救生艇筏的乘员定额对船上总人数的百分比应不少于表 5-13 的规定。

表 5 - 13　货船救生设备的配备(%)

气胀救生筏①	总容量%
每舷 100	200

注:应视登乘位置距最轻载水线的高度,按要求配备降放设备。

(b)对载运闪点不超过 60 ℃(闭杯试验)的货物的油船、化学品液货船和气体运输船,应在每舷配备经认可的能容纳船上总人数的耐火救生艇。此外,全船还应配备 1 艘救助艇和能容纳船上总人数 50% 的气胀式救生筏。

(c)对载运散发有毒蒸气或毒气的货物的化学品液货船和气体运输船,应在每舷配备经认可的有自备空气补给系统的能容纳船上总人数的救生艇。此外,全船还应配备 1 艘救助艇和能容纳船上总人数 50% 的气胀式救生筏。

(d)对上述(b)和(c)要求的救生艇筏配备也可用以下要求等效替代:

至少 1 艘能在船尾自由降落式下水的救生艇,其总容量应能容纳船上人员总数;每舷至少配 1 只气胀式救生筏,其总容量应能容纳船上人员总数,并至少船舶一舷的救生筏应使用降放设备;配备 1 艘救助艇。

d. 对所有货船,如从船首最前端或船尾最末端至最靠近的救生艇筏存放地点最近一端之间的水平距离超过 100 m,除配备上述要求的救生筏外,还应在合理和可行的范围内配备 1 只救生筏,其应尽量靠前或靠后存放;或配备 2 只救生筏,1 只尽量靠前,另 1 只尽量靠后存放。该救生筏可按能用人力脱开的方式系牢。在救生筏的存放处,应配备至少 2 件救生衣和至少 2 件救生服,若船员登乘位置距最轻载航行水线大于 4.5 m,应配备至少 1 具登乘梯或等效的其他登乘设施。

④其他船舶救生艇筏和救助艇的配备要求

a. 配员非机动船舶(包括配员非机动工程船)的配备要求:

(a)应至少配备 100% 船上人员的气胀式救生筏,对载运闪点不超过 60 ℃(闭杯试验)的货物的船舶则应至少配备 150% 船上人员的气胀式救生筏。船上任一气胀式救生筏失效时,其余气胀式救生筏应满足 100% 船上人员的容量。

(b)每人配备 1 件救生服,除非船上配备有降放救生筏的吊架设备或海上撤离系统,或船舶仅航行于珠江口以南海域。

b. 航行状态无人但作业状态有人的非机动船舶的配备要求。应根据船舶的大小、使用功能和作业状态人员的数量等实际情况进行特殊考虑。

c. 特种用途船舶的配备要求:

(a)运载 50 名以上特殊人员的,其救生设备的配备应按对客船的配备要求。

(b)运载不超过 50 名特殊人员的,其救生设备的配备可按除液货船、液化气体船和散装化学品船外其他货船的配备要求。

d. 近海供应船的配备要求:

(a)对载运超过 12 名特殊人员的,其救生设备的配备应按对客船的配备要求。

(b)对运载不超过 12 名特殊人员的,其救生设备的配备可按除液货船、液化气体船和散装化学品船外其他货船的配备要求。

e. 机动工程船舶的配备要求。可按特殊用途船舶进行特殊考虑。

(2)客船与货船个人救生设备的配备要求

①救生圈的配备要求

a. Ⅰ级客船,按船长的不同,配备的救生圈数量应不少于表5-14的规定。

表5-14　Ⅰ级客船救生圈的配备(按船长)

船长/m	最少救生圈数/只	船长/m	最少救生圈数/只
60以下	8	120~180	18
60~120	12	180~240	21

b. 远海航区和近海航区货船,按船长的不同,配备的救生圈数量应不少于表5-15的规定。

表5-15　远海航区和近海航区货船救生圈的配备(按船长)

船长/m	最少救生圈数/只	船长/m	最少救生圈数/只
100以下	8	150~200	12
100~150	10	200以上	14

对Ⅰ级客船、远海航区和近海航区货船,救生圈自亮灯及烟雾信号应按以下要求配备:不少于总数一半的救生圈应设有自亮灯。这些救生圈中不少于2个还应带烟雾信号,并应能自驾驶室迅速抛投;设有自亮灯的和设有自亮灯及自发烟雾信号的救生圈,应均匀地分布在船舶两舷。

c. 除以上以外的客船和货船,按船长的不同,配备的救生圈数量应不少于表5-16的规定。

表5-16　其他客船和货船救生圈的配备(按船长)

<table>
<tr><th rowspan="2">船舶类型/等级</th><th rowspan="2">船长 m</th><th rowspan="2">救生圈总数/只</th><th colspan="2">带自亮灯</th></tr>
<tr><th>总数/只</th><th>其中带烟雾信号/只</th></tr>
<tr><td rowspan="5">Ⅱ、Ⅲ级客船</td><td>45 > L≥20</td><td>4</td><td>2</td><td>-</td></tr>
<tr><td>60 > L≥45</td><td>8</td><td>4</td><td rowspan="4">每舷至少1只</td></tr>
<tr><td>120 > L≥60</td><td>12</td><td>6</td></tr>
<tr><td>180 > L≥120</td><td>18</td><td>9</td></tr>
<tr><td>240 > L≥180</td><td>24</td><td>12</td></tr>
</table>

表 5－16(续)

船舶类型/等级	船长 m	救生圈总数/只	带自亮灯	
			总数/只	其中带烟雾信号/只
沿海航区、遮蔽航区货船	$45>L\geq20$	4	1	–
	$75>L\geq45$	6	3	–
	$100>L\geq75$	8	4	每舷至少 1 只
	$150>L\geq100$	10	5	
	$200>L\geq150$	12	6	
	$L\geq200$	14	7	

d. 船舶每舷至少有 1 个救生圈设有可浮救生索,其长度不少于自存放处在最轻装载工况航行水线以上高度的 2 倍,或 30 m,取大者。

②救生衣的配备要求

a. 除另有规定外,所有船舶,船上每人至少应配备 1 件救生衣。

b. 应为值班人员和在远处的救生艇筏站配备足够数量的船用救生衣。供值班人员使用的船用救生衣应存放在驾驶室、机舱控制室和任何其他有人值班的地方。

c. 客船还应配备至少为船上乘客人数 5% 的适合儿童穿着的救生衣。

d. 客滚船和货船上配备的每件救生衣应配备 1 盏救生衣灯,其他客船应在 50% 的救生衣上配备 1 盏救生衣灯。

③救生服的配备要求

a. 除另有规定外,对货船,应为每个船员配备 1 件合身的救生服。

b. 对客船、救助艇艇员、海上撤离系统的每个工作人员应配备 1 件合身的救生服。

c. 一直在珠江口以南海域航行的船舶,可不必配备救生服。

5.6.4　艇筏降放设备的配备要求

降放设备主要分为吊降式和自由降落式二大类,具体有自由降落式救生艇降放设备、吊降式降放设备、储蓄机械动力的艇筏降落设备以及吊筏架,承载着释放与回收救生艇筏的功能。

(1)救生艇降放设备的配备要点

由前述可知,主要有吊降式和自由降落式两种降放设备可选配,每艘救生艇应配备 1 台能降放和回收该艇的设备。

①吊降式降放设备,是依靠电力及液压系统控制,通过绞车驱动钢丝绳及与救生艇上的前后两个钓钩连接的起吊部件,进行释放及回收的,特别是在释放的过程中,主要是通过绞车进行释放,其下降的速度是由绞车的绞盘运转的速度决定的。其主要类型有重力倒臂式和重力滑轨式,可依据母船的艇甲板空间及结构情况来选配。

②自由降落式救生艇降放设备,是有滑道的,紧急状态下救生艇通过艉部吊钩的打开,直接沿着轨道依靠自身重力进行自由释放,速度很快。自由降落式救生艇降放设备有两种工作状态:即沿艇架的滑道自由降放和利用绞车下放油缸伸缩吊艇臂配合操作释放救生

艇。规范规定该降放设备不能用于客船。

综合这两类降放设备在紧急操作的简洁性,以及在紧急状态下的反应速度,一般的海洋工程平台以及石油化学品船舶都会配备自由降落式救生艇降放设备。

(2)救生筏降放设备的配备要点

由前述可知,主要有抛落式筏架和吊筏架两种降放设备可供选配。根据按规范要求配备的救生筏来配置相应的降放设备。

①抛落式筏架,是一种具有向舷外倾斜的轨道支架,用绳索将气胀式救生筏筒体固定其上,只要脱开固定索,气胀式救生筏就会滚落水中充气张开。

②吊筏架,是靠人力旋出舷外再依靠重力将救生筏吊放到水面,其关键是一个安全可靠而能自动脱开的吊钩。其主要类型有单臂回转式和单臂倒出式。对可吊式救生筏应配置相应的吊筏架,大都采用单臂回转式的吊筏架。

(3)救助艇降放设备的配备要点

由前述可知,主要有储蓄机械动力的艇筏降放设备和人力操纵及电动回转吊艇架可供选配。根据按规范要求配备的救助艇来配置相应的降放设备。对采用救生艇兼救助艇的,共用其吊降式降放设备,但降放设备应满足救助艇的使用要求。

①储蓄机械动力的艇筏降放设备,用储能装置提供能量使吊臂旋出舷外,再依靠救助艇自身重力降放至水面,使用电动绞车回收。对专配的救助艇,大都采用该降放设备。

②人力操纵及电动回转吊艇架,依靠人力操纵使吊臂旋出或倒出舷外,然后依靠艇自身重力降放至水面,使用人力操纵艇绞车或电动艇绞车回收。这类吊艇架一般只能在非国际航行船舶上配备质量小于2 300 kg救助艇时使用。其中倒出式快速救助艇吊艇架常用于客滚船和工程作业船舶以及海洋平台上。

(4)艇绞车的选择要点

①艇绞车形式的选择。船舶一般采用电动艇绞车。对于运载闪点不超过60 C°(闭杯试验)的原油和石油产品船舶或海洋平台,如果艇绞车的位置可以避开规定的危险区,仍可使用电动艇绞车。由于在任何危险区域或处所,原则上不应安装电气设备,包括电动艇绞车。若确属无法避免,根据规范规定,可安装适用于露天甲板的防爆电气设备,包括装有防爆电机的艇绞车。若在危险区域内设置液压艇绞车,也应注意其液压系统的电控设备必须选用防爆产品。

船舶或海洋平台一般选用立机型艇绞车,但若艇的存放处所较宽敞,在不影响人员集合通行的情况下,也可以选用背机型艇绞车。艇绞车选择右式还是左式应予重视,一般来说,装有绞车制动器及其重锤的一侧(即绞车摇手柄一侧)应使站在机侧操纵重锤的人员能观察到艇入水或回收的情况。如果艇绞车从舷边或艇内遥控放艇,则应根据遥控钢索与小滑轮等系统的安装方便性来选择艇绞车是右式还是左式。

②艇绞车最大工作负荷的确定。艇绞车的最大工作负荷应根据艇收放时各个运动阶段(满载放艇、轻载艇起升、轻载艇连同吊艇臂回收翻艇)的受力计算决定。一般来说,轻载艇回收翻艇时艇绞车的工作负荷最大,但是乘员较多的大型救生艇满载放艇时艇绞车的工作负荷可能超过翻艇工况。

③起升负荷的确定。艇绞车的设计起升负荷总是小于艇绞车的最大工作负荷。救生

艇一般是轻载状态起升(严禁满载起升),其起升负荷应不小于所选救生艇的轻载艇重(包括 2 名艇员)。救助艇的起升负荷应不小于所选艇的空载艇重加上 6 名乘员的负荷。

④起升绳速的确定。救生艇吊艇架通常设有浮动滑车,所以救生艇绞车的起升绳速应为艇起升速度的两倍,即 0.166 m/s(10 m/min)。救助艇以及救生艇兼救助艇,若所配备的吊艇架没有浮动滑车,如单臂式救助艇架,则该救助艇绞车的起升绳速为艇起升速度,即不小于 0.3 m/s。若所配备的吊艇架设有浮动滑车,该救助艇绞车的起升绳速应为艇起升速度的两倍,即不小于 0.6 m/s。

⑤放艇绳速的确定。放艇绳速应按降艇速度确定。吊艇架有浮动滑车时,艇绞车的放艇绳速为降艇速度的两倍,常用艇绞车的放艇绳速为 96 m/mim,已能满足一般船舶或海洋平台的要求。

⑥艇绞车容绳量及吊艇索的长度确定。吊艇索的长度应按该船在最轻载吃水时,内横倾 20°及艏纵倾 10°的不利工况予以确定。该长度应包括艇在存放位置时艇绞车以外的吊艇索以及绕在绞车卷筒上的吊艇索,后者应考虑吊艇臂从存放位置转出舷外直至艇降到水面所需的吊艇索长度以及绞车卷筒的容绳余量(一般不少于 3 整圈)。

通常情况下,登乘位置距最轻载航行水线的高度达 4.5 m 或以上的所有救生艇筏及救助艇均应配备重力式或储存机械动力式降放设备,但是具有下列情况之一者可予免除。

①如采用海上撤离系统,配套的抛投式气胀式救生筏可不必另行配备降放设备与回收装置。

②除另有明文规定外,下列艇筏可不配备降放设备与回收装置:

· 从最轻载航行水线以上少于 4.5 m 高度的甲板上登乘的质量不大于 185 kg 的救生艇筏。

· 超过按船上总人数 200% 所配备的救生艇筏范围的救生艇筏,且其质量不大于 185 kg。

5.6.5　其他救生设备的配备要求

(1)抛绳设备的配备要求

抛绳设备是使遇险船(或岸上)建立直接联系的装置。抛射绳作为引缆,在两船间传送拖索,然后将遇险船舶拖离。常用的抛绳设备有两种,即救生抛绳器和抛绳枪。抛绳设备一般存放在驾驶室或其附近。

· 对国际航行海船,每船应配备 1 具抛绳设备。应配备不少于 12 支火箭降落伞信号。

· 对航行于远海航区、近海航区和沿海航区,且船长大于或等于 40 m 的客船和船长大于或等于 60 m 的其他船舶(非机动船除外),应配备手提式救生抛绳器 4 具,或抛绳枪 1 套。

(2)视觉信号设备的配备要求

视觉信号为船舶遇险时请求救援的火焰信号。船用的红光降落伞信号、红光火焰信号以及橙色烟雾信号均为救生艇筏和救助艇必须配置的属具。视觉信号设备应存放在驾驶室或其附近。

对 500 总吨以上的船舶应配备 12 支认可的火箭降落伞火焰信号;对 500 总吨及以下的

船舶可减半配备。

(3)直升机降落和搭乘区域的配置要求

①所有客滚船应设有1个直升机搭乘区域。

②对长度为130 m及以上的客滚船,应设有1个直升机的降落区域。

(4)救生用无线电设备的配备要求,按《SOLAS公约》和《MSA法规》的规定配备。

5.7 海船救生设备的选型及布置设计要点

海船救生设备的存放、集合、登乘、降放与回收的布置,在《SOLAS公约》中第Ⅲ章和《MSA法规》以及《LSA规则》上都有详细和具体的要求。救生艇筏应合理选择放置位置,并配备专用的吊艇架,以保证紧急情况下能安全迅速地卸放。

5.7.1 艇筏的选型、存放及布置要点

(1)救生艇及救助艇的选择要点

各类船舶应根据不同航区与不同船型,按《SOLAS公约》或《MSA法规》的要求,并考虑船东的特殊要求选择救生艇和救助艇。

①对客船,其要点主要反映在:

a.客船不允许选用自由降落救生艇。

b.由于全封闭救生艇价格较贵,因此,客船一般选用部分封闭救生艇。客船所选用的部分封闭或全封闭救生艇如同时符合救助艇要求时可兼作救助艇。

c.在客滚船所配置的救助艇中,至少有一艘为快速救助艇。

若选用的是全封闭救生艇,应考虑担架病人如何搬进全封闭救生艇,采用尾开门式全封闭救生艇,在尾部设置平台与斜梯容易解决。如果采用侧开门全封闭救生艇,由于艇与围壁距离较小,设置路台与斜梯较困难,再考虑担架进入艇内转弯就更困难。

②对货船,有两种配备方案,其要点主要反映在:

a.当货船在左右舷设置两艘吊架降放的全封闭救生艇时,通常将右舷的一艘救生艇兼作救助艇,这样可省去一艘救助艇的配备。至于全封闭救生艇是选用侧开门还是后开门,则要根据母船艇甲板结构及围壁布置情况来决定。

b.如果货船采用自由降落式救生艇,由于该型艇不能兼作救助艇,因此,必须另行配备一艘救助艇,且一舷的救生筏必须采用可吊式筏,而不能采用抛投式筏。所以从总体上看,配置自由降落救生艇比配置两艘吊架降落救生艇在经济上更为昂贵。

③对低闪点液货船,尾部自由降落式救生艇的布置相比于两舷全封闭救生艇的布置,在弃船逃生时有以下优势:

a.尾部自由降落式救生艇位于生活区等上层建筑的后部,由于有生活区等上层建筑的有效遮蔽,在发生火灾和爆炸初期可以为逃生船员提供有效的遮蔽和防护,确保逃生船员在短时间内不会受到大火和爆炸的直接冲击,同时也可以阻挡部分有毒气体的扩散,为逃

生船员争取更多的逃生时间。同时也为救生艇提供了保护，减少救生艇因为受到大火及爆炸的冲击而产生损伤。

b. 尾部自由降落式救生艇的放艇程序较两舷全封闭救生艇方便且快速，人员在解除救生艇的系固装置后可以全部进入艇内，可在救生艇内进行遥控释放而不需要船员在甲板上进行操作，确保所有船员均能在第一时间登艇逃生。

c. 尾部自由降落式救生艇在启动释放装置后，由于存放高度差产生的动能将为救生艇提供较高的初速度，便于救生艇迅速离开遇难船驶向安全水域。

综上所述，从对逃生路线的人员防护及救生艇在火灾和爆炸中的保护，以及实现逃生船员快速安全离船的角度考虑，低闪点液货船救生艇的配备应为尾部自由降落式防火救生艇，同时该救生艇应配备满足规则要求的自备空气补给系统。

(2) 救生艇筏的存放、集合与登乘布置要点

主要原则及设置要点：

①救生艇筏应存放在尽可能靠近起居和服务处所的地方，但油轮的救生艇筏不能布置在具有爆炸或危险品舱室的区域。对客船上吊架降放的救生艇筏，其在登乘位置的吊架顶部至最轻载航行水线之间的高度应尽可能不超过 15 m。救生艇筏降落站位置应尽可能使救生艇筏从船舷平直部分降放下水，如降落站设于船的前部，则应设置在防撞舱壁后有遮蔽的地方。

②顺船舷降放的救生艇的存放布置要尽可能地远离推进器(含侧推装置)。在船长为 80 m及以上但小于 120 m 的货船上，救生艇应存放在使救生艇尾端至少在推进器之前不小于救生艇长度的地方。在船长为 120 m 及以上的货船与 80 m 及以上的客船上，救生艇应存放在使救生艇尾端至少在推进器之前不小于 1.5 倍救生艇长度的地方。

③在安全和可行的情况下，救生艇筏应存放在尽可能靠近水面处且不能突出船舶的舷外，而且艇筏(需抛出船外降落的救生筏除外)应处于这样的位置：在登乘位置上的救生艇筏，当满载船舶在纵倾 10°和向任何一舷横倾 20°或横倾到船舶露大甲板的边缘浸入水中的角度(以两者中较小角度者为准)时，应离水线不小于 2 m。

④集合与登乘地点两者应紧靠在一起，且设在容易从起居和工作处所到达的地方，其布置应能使担架病人抬进艇筏。每个集合地点应有足够的场所，以容纳指定在该地点集合的所有人员，每人的甲板面积至少为 0.35m^2。应适于从存放处，或者从登乘甲板直接登乘并降放。

此外，对救生筏的存放还应满足下述要求：

①在救生筏存放处的上方，不应有任何影响救生筏脱离船舶的障碍物，以避免沉船时影响救生筏的自由漂浮。

②救生筏的存放应能做到，当筏从系固装置上解脱时，能用人工释放。对于气胀式救生筏，在船舶下沉时应能自动充气。

③除货船船首或船尾附加的救生筏外，每只救生筏存放时应将其首缆牢固地系在船上。每只救生筏或救生筏组的存放应设有自由漂浮装置，以使每只救生筏能自由漂浮。

④除非设有某些转移设施，吊架降放的救生筏应存放在吊筏钩可到达的范围内，且该设施在规定的船舶纵倾和横倾范围内并非无法操作，也不因船舶运动或动力故障而无法操作。

⑤用于抛出舷外降放的救生筏的存放,应能容易地转移到船舶的任何一舷降放,否则应按规定增加每舷可供使用的救生筏总容量。

(3)救助艇的存放与布置要点

主要原则及设置要点:

①救助艇应存放在适宜降放并收回的位置,并处于5 min内降放下水的备用状态。如救助艇兼作救生艇,则应符合救生艇的存放要求。

②如救助艇是船舶救生艇之一,其登乘布置与降落站应符合救生艇的集合、登乘布置与降落站的要求。

③客船救助艇的布置还应使艇可在载足指定船员的情况下从存放处直接登乘并降落。如救助艇兼作救生艇,且其他救生艇均从登乘甲板登乘并降落,此时救助艇布置也应能从登乘甲板登乘并降落。

5.7.2 艇筏降放设备选型及结构尺寸的确定

(1)各型艇架特点及选用要点

各种形式艇架各有其特点及局限性。应根据船舶的不同种类、大小、用途及总体布置状况按需选用,如尾抛式适用于大中型集装箱货船及多用途货船,海上平台宜用舷外固定吊臂式,艇甲板露天部分宽度偏小时,适用L形重力倒臂式艇架。在船舶总体方案设计时就应充分考虑艇架的形式问题,使艇甲板围壁的设置与艇架的具体尺寸妥善配合协调,包括人员集合面积、通道、登乘平台、斜梯、抬病员担架问题等。

·从艇架倒出性能方面分析,舷内固定吊臂式、重力倒臂式以及自由降落式艇架较为有利。

·从合理处理艇架占用甲板面积,人员集合及安全通行问题方面分析,舷内固定吊臂式、L形重力倒臂式艇架、H形重力滑轨型艇架较为有利,其共同特点是艇架下面人员可通行,占用甲板面积较少。

·从配套的经济性与占用甲板面积方面分析,对货船来说,尾抛式(1套艇架、绞车、救生艇)的配套价格比两舷吊降式(2套艇架、绞车、救生艇)贵2倍以上,再加上国际上许多船级社有自由降落式救生艇不得兼作救助艇的规定,需增加1套救助艇系统(含艇架、吊放设备、救助艇)以及公约规定的采用尾抛式必须再增加一舷的可吊式救生筏及吊筏架,这样就占用了一定的甲板面积,而在两舷吊降式中可选其中1艘救生艇兼作救助艇,且只需配置抛投式救生筏即可。

·从集合登乘的时间方面分析,按公约要求,货船必须从发出弃船信号后10 min内将艇降放至水中,从放艇时间来说尾抛式无疑要比两舷吊降式短得多,但集合登乘时间就不一定了,同样数量船员分别进入2艘艇比进入尾部1艘艇时间要短得多。

·从存放高度方面分析,尾抛式占用了尾部的空间,存放高度较高,因此,除客船不允许采用外,并不是所有船型都能适用的,如中小型货船等。

综上,两舷吊降式艇架和尾抛式艇架各有其特点,应从多方面综合分析后进行选配。其中在吊降式艇架中,重力倒臂式(S形、L形)、重力滑轨式(R形、H形)、舷内固定吊臂式等类型的选型应视艇甲板的面积及结构情况来确定。

(2)吊降式艇架结构尺寸的确定

以图 5.40 所示的重力倒臂式艇架为例,在设计艇架的结构尺寸时,要考虑两种状态,即艇的存放状态和放艇的初始状态(登艇状态),以所选定艇的尺度(艇长、艇宽、艇高)为依据,确定艇架的主要结构参数,可采用三维建模的手段。

①艇架吊艇臂长度的确定

· 放艇的初始状态(登艇状态),所需的舷外跨距 b_{min},同时要求艇的舷侧距母船舷侧最小间距不小于 300 mm。

· 艇的存放状态,吊肘叉头处的悬点净高 h_{min} 应保证艇的存放,同时要求 B 大于艇宽,艇的舷侧不超过母船的舷侧。艇架安装位置按 $b_1+b_2>$ 艇宽确定。

②艇架的两吊艇臂间距 C,应大于艇长,并结合艇甲板结构情况。

③艇架在艇甲板上的安装位置以及与艇甲板结构的连接,视艇甲板布置及结构情况,同时结合登艇平台的配置统筹考虑。

④艇绞车的功率及吊艇索最小长度的确定。依据艇的空载和满载质量确定所需艇绞车的功率。依据母船的艇甲板到轻载水线的高度,并考虑到纵倾 10°、横倾 20°的不利的状态确定吊艇索的最小长度。

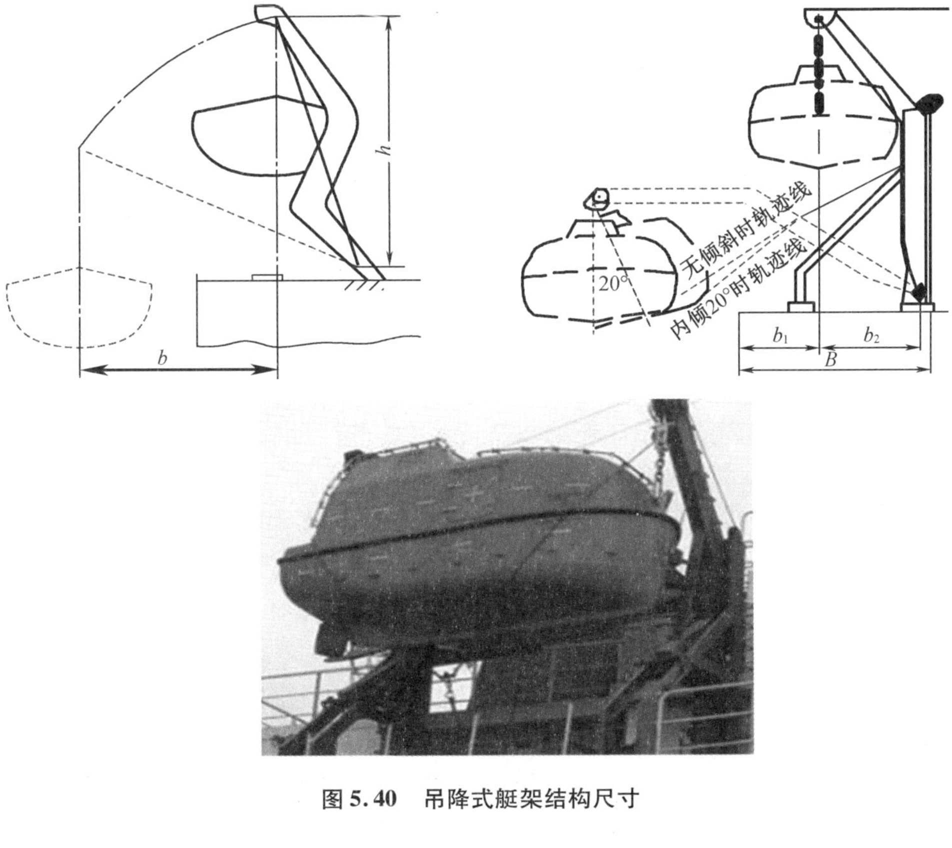

图 5.40　吊降式艇架结构尺寸

(3)自由降落式艇架结构尺寸的确定

如何保证在艇架上的救生艇能安全自由降落下水,已有研究考察了艇在不同下水参数下的抛落轨迹(呈抛物线状)。艇架的结构设计要和救生艇做好配合,包括艇架结构尺寸的配合、艇架功能实现的配合等,需要综合考虑。反映艇架特性的参数主要有滑道倾斜角度、滑道长度及艇的存放高度，即艇架的三要素。必须综合考虑三要素的变化对救生艇安全自由降落下水并远离母船能力（即抛落点、入水角及入水速度）、艇体所受冲击、人体各方向所受的冲击以及母船尾甲板的空间布置、结构处理等诸方面的影响因素。

以图5.41所示的自由降落式艇架为例，在设计艇架的结构尺寸时，要考虑自由降落式放艇的初始状态（也就是艇的存放状态），以所选定艇的尺度（艇长、艇宽、艇高）为依据，确定艇架的主要结构参数，可采用三维建模的手段。

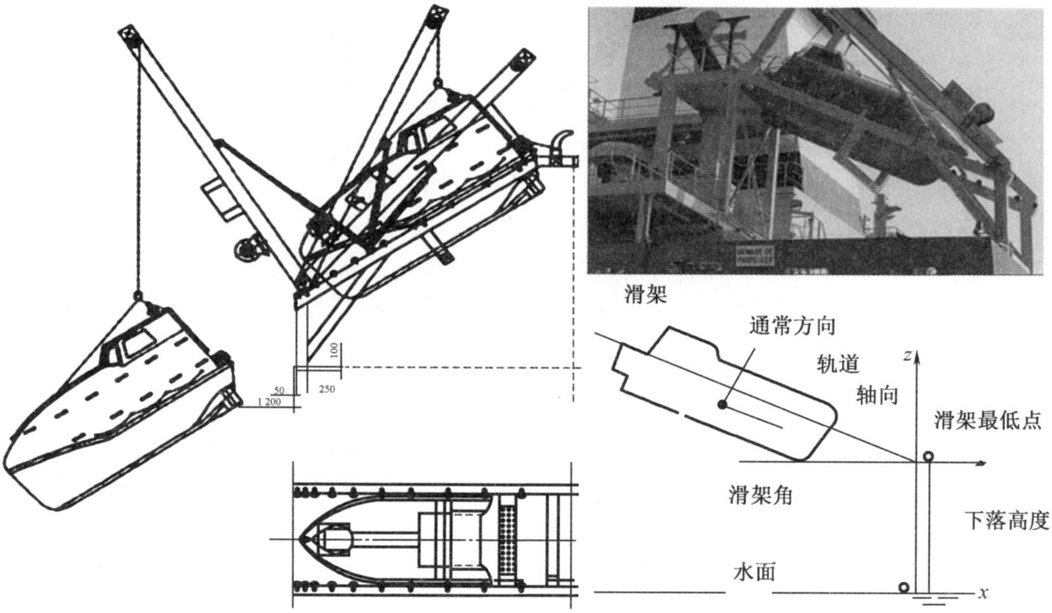

图5.41　自由降落式救生艇降放设备的结构尺寸

①艇架结构尺寸的确定。根据所配救生艇的参数（艇长、艇宽、艇高）可以确定艇架的宽度及滑道长度，即艇架的最小宽度 > 艇宽；最佳的滑道长度与艇长度的比值为1.3 ~ 1.5。适当地增加滑道长度可以加大救生艇的出轨速度，使救生艇入水更安全，但要关注救生艇在离开滑道时重心位置的变化情况。

②艇架滑道倾斜角度的确定。经过试验可得出，使艇入水时获得最佳入水角、最佳入水姿态及最佳前冲速度的最佳滑道倾斜角度为30° ~ 35°。

③艇架最低点到轻载水线的最小高度的确定。当在船舶处于最小吃水，从自由降落式救生艇的最低点量至水面的高度不超过核准高度（核准高度是指救生艇核准的自由降落的最大距离）。结合母船艇甲板到轻载水线的高度（一般不超过50 m）及结构情况，可确定艇架最低点到轻载水线的最小高度，即最佳自由降落高度，同时就可确定艇的存放高度。

④艇架在母船尾甲板上的安装位置以及与艇甲板结构的连接，视尾甲板、艇甲板布置及结构情况，同时结合登艇平台的配置统筹考虑。

5.7.2　艇筏登乘设施的配置要点

艇筏的人员登乘方式一般有两种：一种是在艇筏存放位置或登乘甲板上登乘，为此需在艇架、抛落架上设有斜梯和平台；另一种是从母船上登入已下放到水面的救生艇筏上，这就要求设有登乘梯或海上撤离系统。其中海上撤离系统是客滚船上人员逃生撤离的主要工具，按照《SOLAS》的要求，为船上人员总数弃船所需要配备的所有救生艇筏，应能在发出弃船信号之时起 30 min 内，载足全部乘员及属具后撤离，所以所配置的海上撤离系统能否有效地撤离尤为重要。

为满足在艇筏存放位置或登乘甲板上登乘，结合现场情况配置的登艇平台和登乘斜梯如图 5.42 所示。

(1)登艇平台的配置

登艇平台系位于艇存放位置的登乘平台，高度与艇甲板高度相同以便跨步登艇。若艇为侧开门，登艇平台安装在艇的侧面，与吊艇架连在一起；若艇为尾开门，登艇平台安装在艇的尾部。

(2)登艇斜梯的配置

登艇斜梯系集合与登乘甲板至登艇平台的斜梯，一般宽度不小于 650 mm，斜梯与水平线夹角不大于 60°，以便搬运尺寸为 610 mm × 2 130 mm 的担架通过登艇斜梯与登艇平台进入救生艇内。

(a)　　　　(b)

图 5.42　登艇平台和斜梯的配置

5.7.3　30000DWT 散货船救生艇筏及救助艇的选配与布置设计简介

(1)30000DWT 散货船简介

该船满足 CSR 共同结构规范要求，入 LR 船级社，适合无限航区。其为尾机型单机单桨单舵船，单舷侧双层底，共有 5 个货舱。其主要参数见表 5 – 17。

表 5 – 17　30000DWT 散货船主要参数

总长	178.00 m	载重量(结构吃水)	Abt. 33400 t
垂线间长	170.80 m	主机	MAN B&W 6S42MC × 1set
型宽	27.60 m	MCR	6 480 kW × 136 r/min
型深	13.90 m	SMCR	5 830 kW × 131.3 r/min
设计吃水	9.60 m	CSR	5 250 kW × 126.8 r/min
结构吃水	10.15 m	服务航速	Abt. 13.50 knots
载重量(设计吃水)	Abt. 30990 t	定员	30 人

(2)救生艇筏及救助艇的选配与布置设计

根据《SOLAS 公约》第Ⅲ章救生设备和装置 B 部分相关条款,结合 30000DWT 散货船上层建筑艇甲板区域及尾部空间情况,有如下配置方案可考虑:

①采用舷侧吊架降落式救生艇方案。根据《SOLAS 公约》第Ⅲ章第 3 节 31 条 1.1.1,货船每舷应配备至少 1 艘全封闭救生艇,其总容量大于船上总人数。另根据第 3 节 31 条 2 规定,还应该另配 1 艘专用救助艇,或在设置 2 艘全封闭式救生艇中,将右舷一侧的救生艇兼作救助艇以省去一艘救助艇的配备,因此可有两种配置方案。

方案一:在上层建筑艇甲板区域两舷各配置 1 艘吊架降落式全封闭救生艇,另考虑使用方便,在船尾部区域另配 1 艘专用救助艇。在每艘全封闭救生艇后方各配备 2 只自扶正气胀救生筏。其配置及布置情况见表 5－18 和图 5.43。

表 5－18　方案一的配置(救生艇＋救助艇)

救生设备类型	全封闭救生艇	充气式护舷刚性救助艇	自扶正气胀救生筏		
布置位置型号	艇甲板左右两舷各一个	尾部	右舷	左舷	首部
每只额定人数	16	9	20	20	30
只数	2	1	2	2	1
尺度/(mm × mm × mm)	6 600 × 2 750 × 3 100	6 800 × 2 450 × 2 300	1 520 × 750	1 520 × 750	

说明:

a. 筏不可移动到另一舷,故每舷救生筏总容量 100%,为每只救生筏配置斜轨抛投式救生筏架,配置登乘梯。

b. 救生艇区域所需最小集合登乘面积:$0.35 \times 16 = 5.6\ m^2$,经核算,此处有足够的空间作为集合登乘站。救生艇是采用尾开门或侧开门形式应视该区域结构情况来定。为每艘救生艇配置吊降式吊艇架,是采用倒臂式或滑轨式应视该区域结构情况来定,并进行吊降式吊艇架的结构设计。配置合适的登艇平台和/或斜梯,并进行登艇平台的结构设计。

c. 在船尾区域,经核算,也有足够的空间布置 1 艘充气式护舷刚性救助艇(也可采用刚性救助艇),为舷外挂机型,且在杂物吊的工作范围内,为救助艇配备合适的存放架,并进行存放架的结构设计。

d. 因船首距船尾艇筏存放位置大于 100 m,故在船首应增加 1 只自扶正气胀救生筏,设置在艏楼甲板右舷(或左舷),并配置斜轨抛投式救生筏架。

方案二:在上层建筑艇甲板区域两舷各配置 1 艘吊架降落式全封闭救生艇,但不再另配救助艇,右舷救生艇兼有救助艇的功能。在每艘全封闭救生艇后方各配备 2 只自扶正气胀救生筏。其配置及布置情况见表 5－19 和图 5.44。

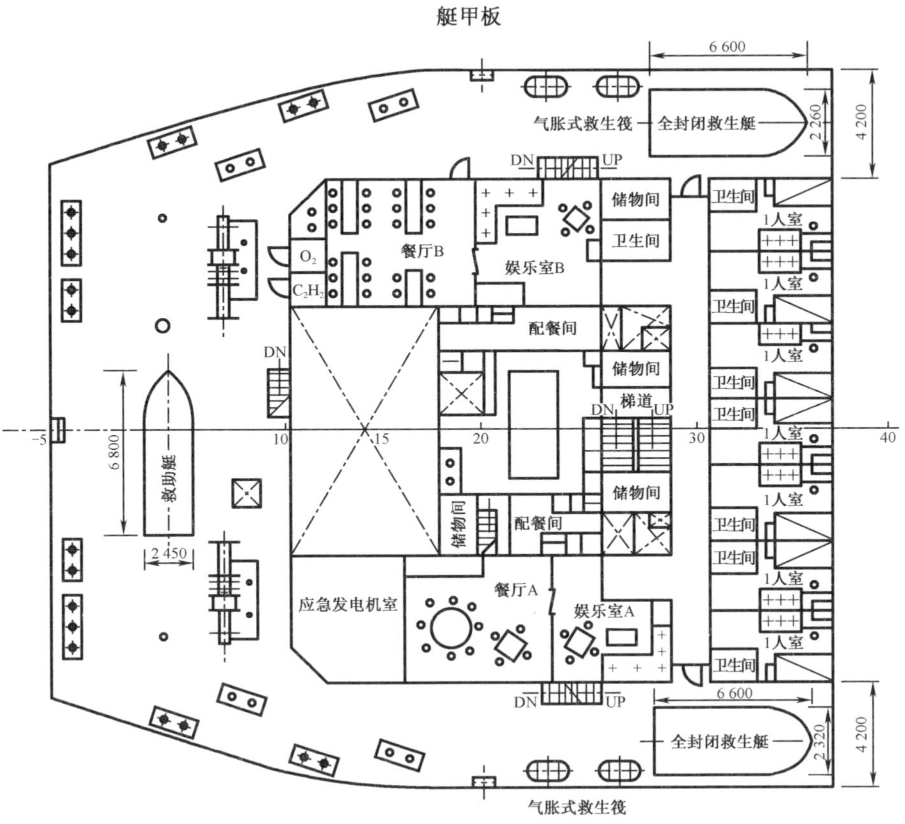

图 5.43　方案一布置图

表 5 - 19　方案二的配置

救生设备类型	全封闭救生艇	救生艇兼救助艇	自扶正气胀救生筏		
布置位置型号	艇甲板左舷	艇甲板右舷	右舷	左舷	首部
每只额定人数	16	16	20	20	30
只数	1	1	2	2	1
尺度/(mm × mm × mm)	6 600 × 2 750 × 3 100	5 800 × 2 320 × 310	1 520 × 750	1 520 × 750	

说明：

a. 筏不可移动到另一舷，故每舷救生筏总容量 100%，为每只救生筏配置斜轨抛投式救生筏架，配置登乘梯。

b. 救生艇区域所需最小集合登乘面积：$0.35 \times 16 = 5.6\ m^2$，经核算，此处有足够的空间作为集合登乘站。救生艇是采用尾开门或侧开门形式应视该区域结构情况来定。为每艘救生艇配置吊降式吊艇架，是采用倒臂式或滑轨式应视该区域结构情况来定，并进行吊降式吊艇架的结构设计。配置合适的登艇平台和/或斜梯，并进行登艇平台的结构设计。

c. 右舷救生艇兼有救助艇的功能，因此在配置时注意其特殊性。

d. 因船首距船尾艇筏存放位置大于 100 m，故在船首应增加 1 只自扶正气胀救生筏，设置在首楼甲板右舷(或左舷),并配置斜轨抛投式救生筏架。

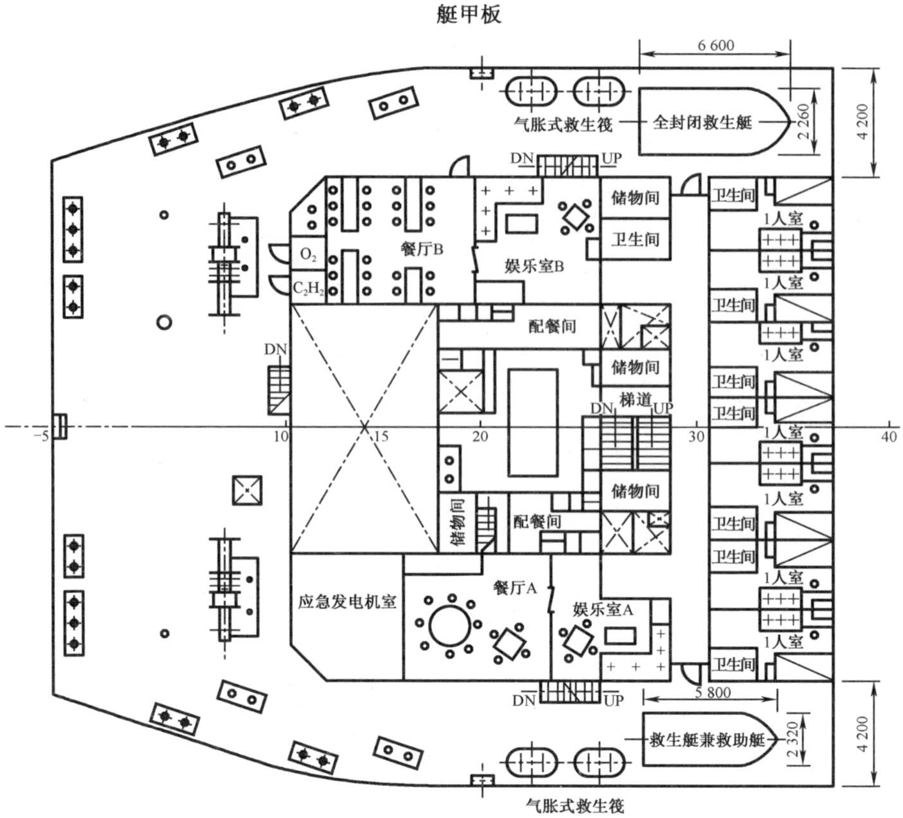

图 5.44　方案二布置图

②采用船尾抛落式救生艇 + 救助艇的方案。根据《SOLAS 公约》第Ⅲ章第 3 节 31 条 1.2和 2 规定,可在船艉配备 1 艘可以自由降落的救生艇。由于自由降落式救生艇回收难度大,为此需要在艇甲板右舷另配备 1 艘专用救助艇。另在艇甲板区域左舷配备 2 只自扶正气胀救生筏,右舷配备 1 只可吊式自扶正气胀救生筏。其配置及布置情况见表 5 - 20 和图 5.45。

表 5 - 20　尾抛艇 + 救助艇的方案

救生设备类型	自由降落式救生艇	刚性救助艇	可吊式自扶正气胀救生筏	自扶正气胀救生筏	
布置位置型号	船尾	右舷	右舷 1 只	左舷 2 只	首部
每只额定人数	30	6	30	20	30
只数	1	1	1	2	1
尺度/(mm×mm×mm)	6 600×2 750×3 100	4 080×1 860×2 200	1 520×750	1 520×750	

说明：

a. 筏不可移动到另一舷，故每舷救生筏总容量 100%，为左舷 2 只救生筏配置斜轨抛投式救生筏架。为右舷 1 只救生筏配置专门的救生筏架及专门的降落装置。配置登乘梯。

b. 自由降落式救生艇区域所需最小集合登乘面积：$0.35 \times 16 = 5.6\ m^2$，经核算，此处有足够的空间作为集合登乘站。配置自由降落救生艇降落装置，并进行自由降落装置的结构设计。配置合适的登艇平台和斜梯，并进行登艇平台的结构设计。

c. 在艇甲板右舷区域，经核算，也有足够的空间布置 1 艘刚性救助艇，为救助艇配备合适的倒出式吊艇架，并进行倒出式吊艇架的结构设计。

d. 因船首距船尾艇筏存放位置大于 100 m，故在船首应增加 1 只自扶正气胀救生筏，设置在首楼甲板右舷（或左舷），并配置斜轨抛投式救生筏架。

艇甲板

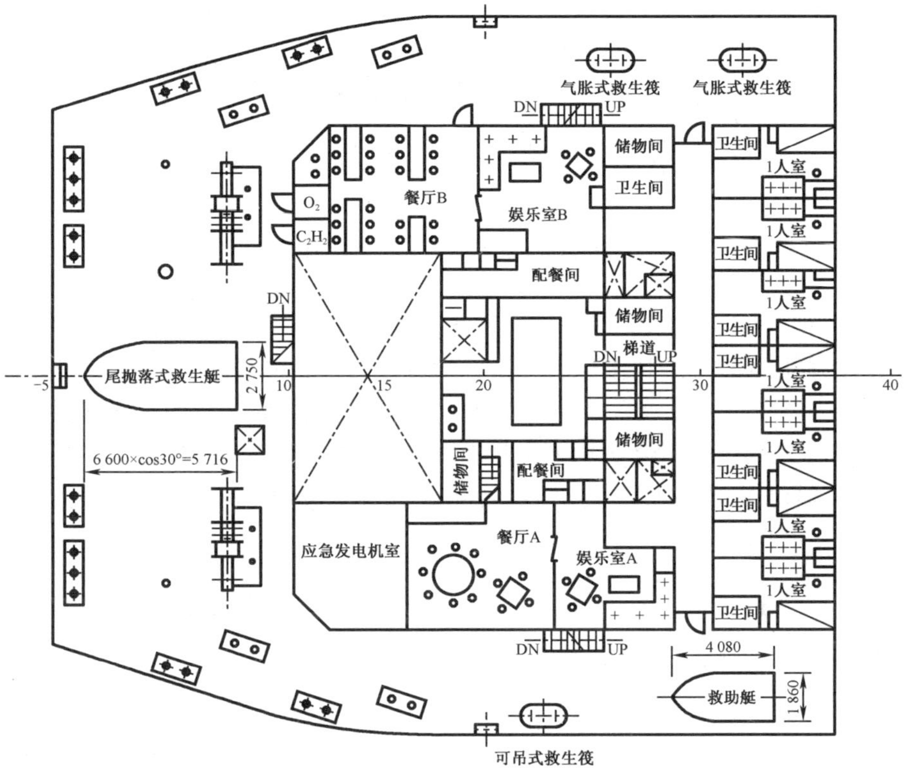

图 5.45　尾抛艇 + 救助艇的方案布置图

③方案对比及优选。如表 5－21 所示，通过对比以上所给出的三种方案，优选出最佳方案。

表 5-21　方案对比分析

对比项目＼配置方案	吊放式方案		抛投式方案(方案三)
	方案一	方案二	
布置位置	左/右舷救生艇 + 尾部救助艇	左/右舷救生艇	尾部救生艇 + 右舷救助艇
占用面积/空间	3 艘艇的面积	2 艘艇的面积	占用尾部空间;1 艘艇的面积
救生艇数量	2	2	1
救助艇数量	1	0(救生艇兼)	1
救生筏数量	5	5	4(其中一只为可吊式)
艇筏降放装置	左/右吊放式降放装置	左/右吊放式降放装置	自由式降落装置 + 右吊筏架 + 求助艇专用吊艇架
艇筏的登乘装置	左/右舷救生艇集合登乘	左/右舷救生艇集合登乘	尾部救生艇集合登乘 + 右吊筏集合登乘
操作安全可靠性	良好	一般	好
经济分析	3 艘艇,成本较高	2 艘艇,经济性好	1 艘尾抛艇 + 1 艘救助艇,成本高

在上述三个方案中,救生艇均配有专用吊艇架,均要设置集合场所和登乘装置。方案三的可吊式救生筏配有专用吊筏架,也需要设置集合场所和登乘装置。方案一的救助艇采用单臂杂物吊兼,方案三的救助艇配有专用吊艇架,方案二虽然经济性好,但用救生艇兼救助艇,给船上的日常工作带来了不便。在方案三中,救助艇和可吊式救生筏也可考虑采用单臂杂物吊兼的形式。

综合分析结果,建议采用方案三,即,尾部救生艇 + 右舷救助艇方案。虽然相对其他方案,成本高了一些,但操作安全可靠,专一的救助艇和可吊式救生筏,方便了船上的日常工作。

5.8　有关专题简介

5.8.1　极地航行船舶救生设备简介

极地航线属于《国际救生设备规则》(LSA)中所述的特殊航线,满足《LSA 规则》要求的救生艇和气胀式救生筏是否能适用于极地环境。极地航行存在附加风险,超出了常规船舶救生设备性能标准的要求。极地救生设备应能适用于海冰、低温及其他极地环境条件。在现有《国际救生设备规则》(LSA)的基础上,根据《国际极地水域航行船舶规则》(极地规则)要求,针对典型的救生设备——救生艇、气胀式救生筏及其降放装置,由于是布置在露天的甲板面上，直接受到了极地环境的影响。因此，识别极地环境与常规环境的差异，逐项分析极地危险源对救生艇及其降放装置和气胀式救生筏的存放及操作的不利影响是非常重要的。

(1)极地环境及影响分析

极地水域存在着区别于常规航行水域的潜在危险源，主要包括：海冰、结冰、低气温、极昼/夜、高纬度、地处偏远或缺失水文数据与资料、船员可能缺乏极地操作经验、可能缺乏合适的应急响应设备、快速变化且恶劣的气候条件以及环境敏感性的影响。各种极地危险源都有可能影响救生艇和气胀式救生筏的使用功能和实际效果，如在冰区环境下可能无法正常降放救生艇、在低温环境下气胀式救生筏可能无法充气等。所有的这些都需要得到充分地研究论证，进而提出合适的技术解决方案和管理措施。如在设计建造环节研发诸如加热、防冻、遮蔽保护等相应的应对技术手段，尤其需要考虑在恶劣的极地环境下如何确保全部功能有效，以避免紧急情况下无法使用的问题。

船舶救生设备/系统种类繁多、用途多样、布置上千差万别，极地环境对不同救生设备的影响范围和程度都不尽相同，准确地识别极地风险对救生设备/系统的影响是关键。

国内外开展了以极地环境为背景的救生艇筏研究，识别现有技术标准与极地规则要求之间的差距，并发现救生艇筏极地使用时的低温条件下的吊放/释放问题、隔热问题、通风换气问题、低温燃料问题以及充气救生筏的打开问题等，提出需要根据极地实际情况修订救生设备的相关技术标准。通常假定极地救生艇筏的极地服务温度为 -35 ℃(工作温度)，预期最低环境温度为 -45 ℃(存放温度)，而满足《LSA 规则》要求的常规救生艇的存放温度仅为 -30 ~65 ℃，工作温度仅为 -1 ~30 ℃，为此，需要对救生艇筏在极地环境下的性能标准进行分析。

(2)极地环境对救生艇及其降放装置性能标准的影响及应对措施

救生艇的释放及回收系统，在极地低温条件下艇钩系统外露在艇甲板外的活动部件可能被冰雪覆盖，必须确保该情况下艇钩逃生的功能要求。在救生艇降放过程中，绞车起到起升、下放的关键作用，因此绞车在极地环境下的运转能力尤为重要。其影响分析及应对措施见表5-22。

表5-22　极地环境对救生艇及其降放装置性能标准的影响及应对措施

部件	构成	危险源	影响分析	应对措施
材料	涂层材料	低温	导致在受力情况下表面开裂，影响玻璃钢表面的防水	可选用适用于 -35 ℃环境的涂层树脂
	艇壳材料		导致物理机械性能变化，对救生艇的安全使用构成威胁	需研发适用于 -35 ℃环境的玻璃钢材料或采用耐低温的新型材料
	浮体材料		在低温环境下可能收缩开裂，引起艇体玻璃钢壳板收缩变化，可能会降低救生艇的储备浮力	目前浮体材料仅适用于 -30 ~ +65 ℃；需研发
	降放装置材料		降低钢材的材料韧性，导致脆性断裂	选择适用的低温材料

表 5－22(续)

部件	构成	危险源	影响分析	应对措施
艇体	门和舱盖	结冰	冰雪覆盖门和舱盖时,开启困难,导致人员无法及时进入救生艇,延误救生艇逃离母船的时间	在门框上设置加热带,使密封条与门框不结冰
	驾驶窗	结冰	冰雪覆盖导致驾驶室窗视线模糊,致使驾驶员无法正常驾驶,影响艇的撤离时间和撤离安全	玻璃加热或其他方法
	艇体或龙骨	海冰	玻璃钢船体或龙骨有可能碰到浮冰,易造成艇损坏	在冰水结合处和龙骨部位适当加强,避免在释放或航行过程中造成损伤
发动机	润滑油	低温	机油在低温下凝固,导致发动机难启动甚至不能启动	(1)曲轴箱内机油加热 (2)冷却水系统加热 (3)使用发动机低温启动液
	冷却系统	结冰	冷却管道结冰破损而造成发动机不能正常运转	
		海冰	冷却器被海冰碰撞损坏导致发动机无法正常启动	
	燃油系统	低温	燃油凝固造成发动机无法启动	采取艇内加热或其他方法
	高压空气瓶		常温充装的高压空气瓶,在低温环境下,压力减小,可能无法满足发动机和人员呼吸的需求	选择符合低温使用的高压气瓶
释放装置	艇钩	结冰	冰雪覆盖时艇钩可能无法打开	在吊钩转轴增设加热器及时融化冰雪,或其他方法
	钢丝绳	低温	如果出现普通钢材的低温脆性,十分危险	采用耐低温的钢丝绳
	绞车	低温	热胀冷缩严重时会卡死	采用耐低温的合金钢材料的轴和齿轮;箱体采用EH36的船用钢板
		结冰	使活动部件功能失效	绞车内加注低温润滑油;绞车外露转动部位涂上润滑油脂
	外露部件	结冰	如机械限位开关等外露部件可能会卡死,功能失效	适时除冰或其他保护措施,能满足降放装置的使用功能

表 5－22(续)

部件	构成	危险源	影响分析	应对措施
电气设备	电器	低温	电器、电缆在低温时可能无法正常工作,将影响救生艇的正常使用	采用耐低温的电器及电缆
	蓄电池		低温下放电量急剧下降,导致电量不足而无法启动发动机	采用低温电池,可满足相应的低温使用环境
	发动机和控制箱		会出现水汽、凝露现象,如不能正常工作,救生艇将不能正常吊放	电气控制箱尽可能装在室内,以避免水汽、凝露等
液压系统	液压油	低温	出现液体冻结和增大黏度的现象,使液压系统失效	采用满足设定温度的低温液压油
	密封件		影响液压系统中的密封件,可能产生漏油	可选用丁腈橡胶、氟橡胶

注:另在救生艇及艇架上适当位置配置破冰锤。

(3)极地环境对气胀式救生筏性能标准的影响及应对措施

在假定的极地服务温度－35 ℃(工作温度)下,气胀式救生筏可能无法正常使用,如充气时存放筒不能正常打开,救生筏不能在 3 min 内正常充气成形等;在假定的预期最低环境温度为－45 ℃(存放温度)下,气胀式救生筏可能无法正常存放(如救生筏和备品属具损坏,备品属具不能使用等)。为此,需要对气胀式救生筏在极地环境下的性能标准进行分析。其影响分析及应对措施见表 5－23。

表 5－23　极地环境对气胀式救生筏性能标准的影响及应对措施

部件	构成	危险源	影响分析	应对措施
材料	胶布	低温	救生筏表面出现龟裂、脆化、漏气等	采用能适用低温环境要求的胶布材料
	胶粘剂		可能失效	采用能适用低温环境要求的胶黏剂
筏体	容积	低温等	人均浮筏容积和筏底面积虽可达到 LSA 要求,但由于增配了适用极地的个人或集体求生装备,容积不足	增加极地气胀式救生筏的人均浮筏容积和人均筏底面积
	气瓶		在－35 ℃充气时,钢瓶内 CO_2 气瓶更容易结干冰,堵塞充气管路	调整钢瓶内混合气体的充装比例
	抛投	海冰	不能在结冰水面(冰面)正常抛投,易被锋利的冰缘划破损坏	限定极地气胀式救生筏的类型为可吊式自扶正气胀救生筏

表 5 - 23(续)

部件	构成	危险源	影响分析	应对措施
筏体	起吊	低温	在 -35 ℃下筏内加载 1.1 倍核定乘员及属具的质量后,起吊组件及连接部位可能损坏、失效	在设定低温环境下,进行 1.1 倍载荷吊重试验,以验证起吊装置的可靠性
	静水压力释放器	结冰	可能结冰堵塞,橡胶膜片可能硬化,不能保证救生筏在水下正常释放	可采取加热保温措施或定期机械除冰
	存放箱		可能结冰,使存放箱上下盖冻结而无法打开,不能保证救生筏正常充气成型,甚至损坏救生筏	定期机械除冰
备品属具	应急口粮	低温	可能无法满足寒冷条件下最长预期待救时间	对气胀式救生筏配备的口粮和淡水在 LSA 要求的基础上加配 30%
	淡水	结冰	淡水冻结,无法使用	

注:另在救生筏及筏架上适当位置配置破冰锤。

(4)适当优化救生设备设计方案

极地船舶使用的救生设备具有自身的功能需求和使用特点,需要在设计中给予关注,除应考虑极地环境对救生设备功能影响外,还应考虑到极地应急操作的特点,对救生设备的选型及布置,尤其是艇筏需专门考虑。如极地救生艇或筏的容积、座位、门等应考虑到穿极地服人员的因素给予适当增加;极地救生艇/筏的储备浮力应考虑到备品属具的增配而适当增加;应考虑穿戴厚重手套的因素对极地救生设备的操作按钮/开关进行适当优化设计;极地救生艇/筏的保温措施及除冰方式等。

5.8.2 海洋平台救生设备简介

海洋石油平台在海上作业,远离陆地,无论是钻井还是采油作业期间,危险性极大,一旦出现爆炸、弃平台的信号,所有人员必须快速撤离,且平台工作人员容易产生惊慌失措的情绪,很难及时疏散,逃生困难。因此,对于有人驻守的海洋平台的整套安全救生系统的要求十分苛刻。对于救生设备在平台上的配备及布置位置,既要保证救生设备不在危险区内,又要保证人员能够在最短的时间内到达救生设备处,以完成自救。对有人驻守的海洋平台一般有以下几种逃生方式:

①借助直升机;

②借助救生艇、救生筏;

③借助救援船只;

④借助辅助救生设备。

尤其是救生艇筏作为海洋平台最重要的法定安全设备,它的安全性、设计布置的合理性和作用的有效性越来越受到关注。依据《海上固定平台安全规则》中救生设备配备及布置的相关要求进行讨论。

(1)有关海洋平台救生设备配备的相关规范对比分析

不同类型的海上平台或设施会根据实际需求按相关规范的要求进行救生设备的配置及布置。以救生艇筏的配置为例进行比较,以说明相关规范的应用,见表 5－24。

表 5－24　有关海洋平台救生设备配备的相关规范对比

救生设备	海上固定平台安全规则	IMO MODU	SOLAS(货船部分)	
救生艇	满足平台定员的 100%	满足平台定员的 200%	满足平台定员的 200%	满足平台定员的 100%,但救生艇形式为自由降落式
救生筏	满足平台定员的 100%	满足平台定员的 100%	满足平台定员的 200%	满足平台定员的 200%,但救生筏应使用降落设备

说明:

a. 张力腿(TLP)平台属于深水浮式平台,按其构造形式更接近于浮式结构中的柱稳式平台,所以《海上固定平台安全规则》中对救生设备的相关要求不再适用。

b. SOLAS 的要求又比较宽泛,并不是针对 TLP 平台的。TLP 平台救生设备布置宜遵循(IMO MODU)中柱稳式平台的相关要求。

c. 平台下浮体被定义为无人处所,原则上不需要另外配置救生设备,但是为了提高下浮体作业时的安全性,也应布置救生筏。

d. 对于平台的救生圈、救生衣及遇难信号等其他个人救生装置,一般按《SOLAS 公约》要求配置即可。

(2)救生艇筏的配备及布置要求

①救生艇装置的配备要求

· 有人驻守平台应配备救生艇装置,该装置包括刚性全封闭机动耐火救生艇、吊艇架、起艇机及登乘平台等。

· 平台配备的救生艇应能容纳其总人数,若平台总人数超过 30 人,所配备的救生艇装置不得少于 2 套。

②救生筏的配备要求

· 受其甲板面积及质量影响,通常只采用气胀式救生筏,而气胀式救生筏主要分为抛投式和可吊式 2 类,当救生筏最大抛落高度不大于 40 m 时,考虑平台对甲板面积及质量控制的特点,推荐采用较为轻便的抛投式气胀救生筏。当救生筏最大抛落高度大于 40 m 时,则推荐采用可吊式气胀救生筏,以保证其设备在使用过程中的可靠性。

· 对有人驻守平台,包括平台群中的生活平台应配备能容纳其总人数的气胀式救生筏,平台群中的其他平台应按各自实际工作的最多人数和特点配备气胀式救生筏。无人驻守平台可按定员 12 人考虑。

③救生艇筏的存放及布置要求

· 救生艇筏应尽可能设置在靠近起居和服务处所;应存放在安全区内;应存放在有遮蔽保护的位置,使其免受因火灾或爆炸而造成损坏;保证在应急时能安全使用。

· 救生艇或需要认可降落装置的救生筏应附连于降落装置上,应处于随时可用状态,使2名艇员能在5 min内完成登乘或降落准备工作。

·每只救生筏或成组救生筏的存放,应设有自由漂浮装置,以便每只救生筏能自由漂浮。

·除非设有某些转移设施,吊架降落的救生筏应存放在吊筏钩可到达的范围内。

④救生艇筏集合与登乘布置要求

·集合与登乘地点均设在容易从起居和工作处所到达的地方。集合地点应紧靠登乘地点,每个集合地点应有足够的场所,人均占有面积至少为0.35 m^2,以容纳指定在该地点集合的所有人员。

·救生艇可以在存放处直接登乘和降落。对吊架降落式救生筏的布置,应使救生筏的全部乘员能迅速地登上救生筏。

·从起居处所或每层甲板至救生艇筏的存放处至少应设有尽可能远离的两个逃生通道,并用放射荧光的胶带制成的箭头或荧光漆涂刷的箭头加以指明,以便人员能及时地逃离和登乘。

·救生艇筏的每处降落地点或每两处相邻的降落地点应设置1具登乘梯。此外,对有人驻守平台或平台群中的居住平台应设置至少两套尽量远离的应急逃生用固定式金属梯。

(3)救助艇的配备及布置要求

①对有人驻守的平台,包括平台群中的居住平台应配备1艘救助艇。如果救生艇符合救助艇的要求,则可同意将此救生艇作为救助艇。

②救助艇应存放在安全区内,应存放在适宜降落并回收的位置,应处于5 min内降落下水的随时可用状态。

③救助艇的登乘与降落装置,应在尽可能短的时间内,使人员登上并降落救助艇。

④救助艇的登乘和回收装置应能安全有效地搬运担架病人,应在载足全部乘员(至少6人)及属具在中等海况下回收的时间应不超过5 min。

(4)个人救生设备的配备及布置要求

①救生圈。对有人驻守平台,包括平台群的居住平台上至少应配备10个救生圈,其中6个救生圈应带有自亮浮灯和自发烟雾信号,其余的4个救生圈均应配备一根可浮救生索。平台群中的其他每座平台上,至少应配备6个救生圈,其中至少有4个救生圈应带有自亮浮灯,带自亮浮灯的救生圈中至少有2个带有自发烟雾信号,其余的2个救生圈应配备一根可浮救生索。救生索的长度应为从救生圈存放位置至最低天文潮水面高度的2倍,或30 m,取其大者。救生圈应沿甲板边缘布置,应存放于人员易于到达处,并放置在支架上,不应以任何方式永久系牢,以便能随时迅速取用。

②救生衣。对有人驻守平台,包括平台群中的居住平台,应配备其总人数210%的救生衣。其中:居室内100%;平台甲板工作区内10%;救生艇筏登乘站100%。平台群中的其他每座平台,应按其上实际最多工作人数,每人配备1件救生衣。每件救生衣应具有哨笛1只,每件救生衣应具有1只救生衣灯。救生衣应存放在易于到达和易于取用之处,并应具有醒目标示。

③救生服。对处于寒冷地区的有人驻守平台,包括平台群中的居住平台每人应配备1套带有哨笛和救生衣灯的救生服。

(5)其他救生设备的配备及布置要求

①抛绳设备。对有人驻守平台,包括平台群中的居住平台应配备 1 具抛绳设备。抛绳设备应存放在易于到达之处,并随时可用。

②遇险信号。对有人驻守平台,包括平台群中的居住平台应至少配备 12 支红光降落伞信号。遇险信号存放在易于到达和易于取用之处,应避免受热辐射的影响。

(6)两种不同类型救生艇的布置模式比较

救生艇按其释放方式分为 2 类:自由降落式救生艇和吊降式救生艇,吊降式救生艇和自由降落式救生艇这两种不同的布置模式各有利弊。

①吊降式救生艇布置模式,如图 5.46 所示。全封闭耐火救生艇设施是海洋石油平台上最基本的逃生工具,它具备人员逃生所需的一切条件并且不需要依靠外界支援。平台上的逃生路线的方向都是通向救生艇附近的集合区。在接到紧急状况的报警后,人员首先到救生艇集合区集合待命,做好逃生准备。全封闭耐火救生艇可在溢油着火的海面行驶,保护艇内人员逃离危险海域。吊艇架焊接固定在平台上,起艇机安装在吊艇架上,可通过吊艇架对救生艇进行重力放艇、电动或手动起艇等操作。

(a)　　　　(b)

图 5.46　吊降式救生艇布置模式

②自由降落式救生艇布置模式。该模式在海洋平台和散货船、油船上的应用已比较普遍,它占用的甲板面积少,救生快速。但吊艇装置复杂,抛落高度有限,艇的回收作业比较麻烦,保养要求高,价格高,另外抛落式救生艇不能兼做救助艇,故一般还须与高速救助艇配套装备平台。

规范并未明确平台所采用救生艇的类型,救生艇选型主要与其安装高度及业主要求有关。当救生艇安装高度小于 50 m 时,救生艇可选用吊降式和自由降落式 2 种形式。从缩短逃生时间的角度考虑,自由降落式救生艇更满足要求,但需要增加相关救助设备。从经济实用角度考虑,吊降式救生艇更满足要求,国内产品就能达到相关技术要求,而且不需额外增加救助设备。当救生艇安装高度大于 50 m 时,自由降落式救生艇不再满足技术要求,只能采用吊降式救生艇。

我国海洋平台应根据各平台布置的特点和技术经济性分析来选择合适的布置模式,两种布置模式将长期共存与发展,不存在相互淘汰与取代的问题。

5.8.3 援潜救生系统简介

(1)潜艇失事的救生方式

当前,国际上潜艇救生大体上可分为集体脱险和单人脱险两种方式。

①单人脱险方式。如果失事潜艇所处的深度较浅,则艇员可以实施自救脱险。这种方法主要依靠失事潜艇的自身力量,组织艇员脱险。其具体又分为自由上浮法、着装减压法、快速上浮法三种。其中,由自由上浮法发展而来的快速上浮法是一种新的出艇脱险技术。艇员着艇上配置的特制个人艇装具或充气头罩式服装,按规定沿浮标索逐站减压上升,浮出水面;或出艇后,再沿救援缆绳攀登至已潜到水下的救援装置上;或经艇上装备的专用调压间快速加压后,直接上浮至水面。该方法安全简便,但此法仅限于失事艇处于常压时采用。自救方式的极限水深一般不超过 200 m,并且与失事潜艇的状态密切相关。

②集体脱险方式。如果失事潜艇所处的深度在 180 m 至潜艇的极限深度之间,则必须实施援救脱险。这种方法是依靠各种救生装置来营救艇员,因此救生装备的性能是援救能力的重要标准。目前,各国普遍用于营救失事潜艇艇员的重要救生装备有救生钟、救生舱和深潜救生艇三种。其援救脱险方式是将艇员转移至潜艇上配置的上浮救生舱内出艇;或是将救生钟(或小型海底救生舱)吊至搁浅潜艇顶部甲板处,与艇的应急出口对接来接应艇员脱险;或是将援救深潜救生艇潜至潜艇搁浅位置与其顶部甲板处的应急出口对接来接应艇员脱险。

(2)常用脱险法工作原理简介

①减压脱险法。其是指潜艇艇员着出艇装具(呼吸器)逐站减压上浮的脱险方法。这是一种较早出现的单人脱险法,早在 1928 年即被采用。采用这种方法出艇时,艇员必须穿着出艇装具,经出艇部位出艇,按规定沿浮标索逐站减压上升,浮出水面。据国外有关资料报道,采用这种方法出艇脱险的实际水深都在 40 m 左右,但在理论上认为这种方法从 100 ~200 m 水深脱险是完全有可能的。

②快速漂浮脱险法。这种脱险方法是艇员脱险时着相应的充气头罩式服装,分组进入艇上装备的专用快速调压筒内,经过快速加压后,艇员出艇直接上浮至水面。上浮速度可达 2.7 m/s,相当于 162 m/min。英国从 1956 年最早开始研究和试验快速漂浮脱险,1962 年试验获得成功。

③救生钟援救脱险法。救生钟是最早出现的集体援救脱险装备。早在 1939 年 5 月,美国就利用“麦凯恩”救生钟营救了沉没在 242 英尺水深的“斯克瓦斯鱼”号潜艇中的 33 名艇员。救生钟是一个可承受内、外压的圆柱状舱室,有一两名操纵人员,本身无动力,用母船的绞车吊放到失事潜艇的升降口处,通过调节压载并在潜水员的帮助下与潜艇实施对接,一次可营救 6 ~8 名艇员,到目前仍有一些国家采用这种救生方式。有的国家在救生钟上安装了推进器(称为“移动式救生钟”),提高了对口救生作业的抗水流能力。但是,由于救生钟的机动性较差,又必须由水面母船吊放,极易受水文、气象条件的影响,吨位也不能太大,因此救生人数受到一定限制。

④深潜救生艇援救脱险法。深潜救生艇是一种能在大深度下对失事潜艇艇员实施集体脱险救生的先进装备,它是由于军事上的需要由深潜器发展而来的。深潜救生艇属于高

技术装备,一般艇上装有液压或电力推进系统、操纵控制系统、通信导航系统、动力定位系统、生命支持系统、电池系统、机械手、应急装置等复杂的系统。艇体下方设有对接裙口,能够和失事潜艇的救生平台对接实施艇员转移。

(3)深潜救生系统简介

援潜救生系统主要装备有:深潜救生艇、救生钟、作业型遥控潜水器、饱和潜水系统、常规潜水系统以及甲板加压舱等,其中主要救生设备为深潜救生艇和救生钟,其他的为援救设备。在提倡立体救援的新形势下,各种援潜救生装备的配套使用,功能互补,扬长避短,协同作战,才能真正满足援潜救生的要求。

在大海流、能见度低和失事艇大倾斜三种恶劣条件同时存在的情况下如何实现快速有效的救生是深潜救生中主要探讨的问题。

深潜救生艇是一种人工操纵的可在水下机动航行的潜水装置,这是美国海军在 20 世纪 70 年代初首次研制的。使用深潜救生艇救援,是一种能在大深度下对失事潜艇艇员实施集体脱险救生的方法,由于其能实现在常压下营救失事艇艇员,不需减压过程,而且一次救生的人数较多,对失事潜艇姿态适应性强,机动性好,对海情适应性较高,救生安全性高等多种优越性。因此被认为是大深度援潜救生和潜艇保障的主要手段,也是今后潜艇救生发展的主要方向。由于救生钟的限制较多,且与深潜救生艇相比,救援人数和装备的灵活性和可操作性都存在较大差别,现今,深潜救生艇已成为现代潜艇救生装备的首选。

①深潜救生艇主要有两大类,即无缆式的和有缆式的。

· 无缆潜器(DSRV),其结构如图 5.47 所示。

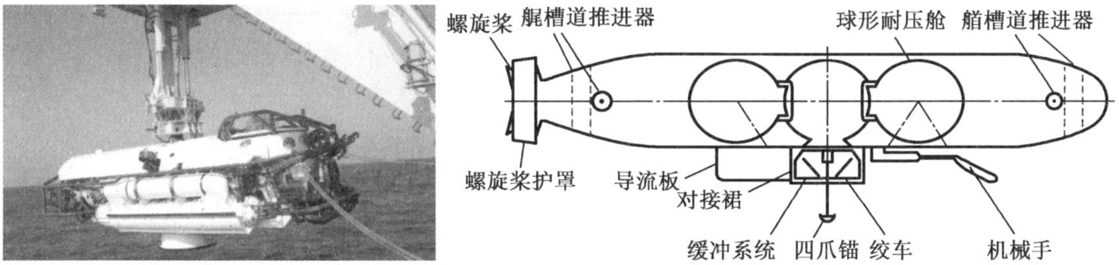

(a)　　(b)

图 5.47　无缆深潜救生艇(DSRV)

深潜救生艇结构是由 3 个彼此连接的球形耐压结构组成,相互之间互相连通。其耐压壳体采用厚约 19 mm 的 HY－140 钢,非耐压壳体用玻璃钢制成。前部球形舱是操纵室,布置有艇上使用的各种控制设备,可容纳 2 名驾驶操纵人员。中部为救生舱,后部为机械和动力舱,可同时容纳 24 名被救艇员。在中部球形救生舱的下部,连接着一个可与失事潜艇的救生口对接的半球形耐压设闸室。DSRV 的操纵和电子设备先进,它的推进和水下姿态控制是由尾部的螺旋桨及其可转动的导流罩以及 4 个导管螺旋桨来完成的。深潜救生艇内不但装有电视摄像机、声呐和导航设备,还有一对机械手。此外还装备有横向推动器,可以像螃蟹那样横着行走。由于没有缆绳的限制,可以在水下自由机动,因此使用最为广泛。除澳大利亚"REMORA"型深潜救生艇外,其他各国的救生艇的内部结构基本相同,均属无缆潜器,采用蓄电池供电。

·有缆潜器,典型代表是澳大利亚“REMORA”型深潜救生艇,采用动力电,其体积小,操作灵活,它的模块式结构使运输极为方便,而且救援次数不像无缆式的受电池能量限制,但其长的电缆在海流作用下会产生较大的力,严重影响艇在水中的机动。

②深潜救生艇的救生方法。深潜救生艇的主要任务是援救失事潜艇的艇员。其援救方法有两种,即对口救生和开舱湿救。

·对口救生又称干救,这种救生方法的特点是深潜救生艇的对口裙与失事潜艇的救生平台相对接,被救人员不与海水相接触,从失事潜艇内通过对口裙直接转移到深潜救生艇内。

·开舱湿救的特点是深潜救生艇的对口裙不与失事潜艇的救生平台相对接,而是悬浮在失事潜艇的上方,被救人员必须首先利用脱险装具脱离失事潜艇,然后才能转移到深潜救生艇内。

由于在具体实施中,湿救的难度较大,很少采用,广泛采用的是干救。实施干救的前提条件是深潜救生艇必须与失事潜艇成功对接。

③援潜救生作业流程,如图 5.18 所示。

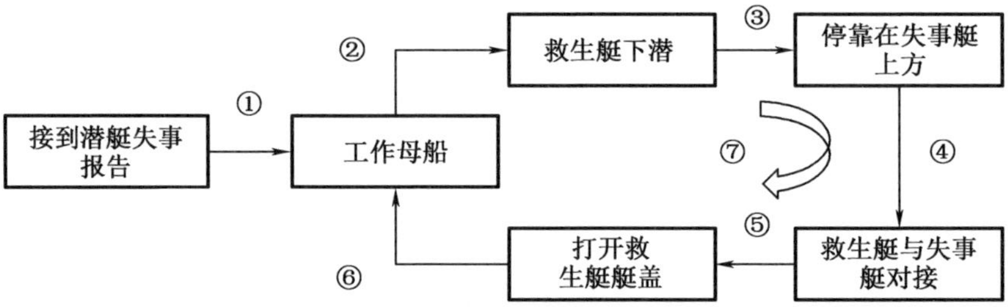

①运送救生艇;②利用声呐、浮标等搜寻至失事艇;③动力定位或人工操纵;①人工操纵;⑤调整救生艇与失事艇的压力平衡;⑥失事艇艇员进入救生艇;⑦一次救生过程(根据受援艇上的待救人数需 N 次循环)。

图 5.48　典型援潜救生作业流程图

深潜救生艇拥有动力、观察、通信、导航等设备。执行救生任务时,只要由救生母船或母潜艇将其载到潜艇失事海域,便可在水下自行搜索和执行艇员救生任务。它能够在水下一定深度范围内与失事潜艇对接,将失事潜艇上的被困艇员直接转移到救生船进行救治,因此,深潜救生艇在潜艇脱险与救援方面具有其他救生设备所无法比拟的重要作用。为了保障深潜救生艇安全迅速地完成潜水救援工作,在母船上必须配置专用的收放装置,以实现深潜救生艇的释放和回收工作。

深潜救生艇收放装置是深潜救生艇的水面支持系统,是援潜救生系统的重要组成部分,担负着将深潜救生艇从母船甲板释放到水面和从水面回收放到母船的任务。为了争取救援时间,能在恶劣海况条件下安全、快速收放深潜救生艇是十分重要的,因此能在较高海况下收放深潜救生艇的收放装置是援潜救生体系中的关键设备之一。深潜救生艇收放装置的组成主要包括:A 型门架及其驱动液压缸、摆动架、起吊绞车、伸缩架、对接装置、纵摇、横摇缓冲液压缸,牵引绞车,液压和控制系统,其结构如图 5.49 所示。

(a)　　(b)

图 5.49　深潜救生艇收放装置结构示意图

思　考　题

1. 与吊降式救生艇降放设备相比,自由降落式救生艇降放设备有哪些优点?

2. 反映自由降落式救生艇降放设备抛落特性的有哪三个要素?

3. 简述救生艇的基本性能要求。

4. 与救生艇相比,救助艇有哪些特点,其主要任务是什么?

5. 简述救生筏的基本性能要求。

6. 对货船,何种情况下需配置可吊式救生筏?

7. 极地航行船舶对救生设备的特性(以艇筏为例)提出了哪些要求?

8. 对油船或化学品船上的救生艇配置有何特殊要求?

9. 如何选配吊降式救生艇降落设备,其结构参数如何确定?

10. 某 53000DWT 国际航行散货船,定员 25 人。按《SOLAS 公约》的要求配备该船的救生艇筏。

(1)若采用在每舷配备 1 艘吊降式救生艇的方案,该如何配备,请写出该船的艇筏配备方案。

(2)若采用在船艉配备自由降落式救生艇 1 艘的方案,该如何配备,请写出该船的艇筏配备方案。

11. 气胀式救生筏有哪些优点?

12. 船舶主要使用哪几种个人救生器具,对其结构和性能有何要求?

第6章　起重设备及系统

6.1　概　　述

船舶的装卸作业,既可依靠在船上装设起货设备的方法来完成,也可借港口的起货设备或两者的联合运用来进行。但并非所有港口都具有足够的起货设备,即使是现代化港口,也往往会因在港船舶过多而一时难以应付。此外,尚需考虑船舶在开阔水面上进行装卸和过驳的需要等。所以,除固定航线的专用船舶,在码头上装有专用装卸机械的情况外,对大多数一般用途的运输船舶来说,都需要在船上装设起货设备。装卸干货的船舶起货设备类型如图6.1所示。

货船的装卸效率取决于多方面的因素,而其中货物的装卸方式在很大程度上决定了船舶的装卸效率。货船所载运的货物种类不同,其装卸方式也各异。船舶起货设备和装卸方式随船舶用途和所运货物的种类而定。例如,矿砂船和运煤、盐、谷物等散装颗粒货物的散货船,就常利用港口的传送带进行装卸;运送液体货的油船,则依靠装设于货泵间的货油泵和相应的货油装卸系统与扫舱系统进行装卸;而专门用于运输车辆、集装箱以及某些成组货物的滚装船,则在船尾、船首或舷侧开门,并用跳板将船与码头连接,以使货载能够经跳板直接开上、开下(或滚上、滚下),从而大大提高装卸速度,实现不经中转即可将货物直接拖运到户的所谓"门对门"式的运输等。但对大多数运送成箱、扎捆、袋装或打包等件状货物以及特重件的干货船来说,则主要还是依靠起重设备来进行装卸。此外诸如起重船等工程船舶、海洋调查船、各类海洋平台以及渔船上均装备有起重设备。

船舶起重设备是指安装在船上用以装卸货物的装置的总称。其能力直接关系到船舶装卸货物的速度和滞港时间及费用,是制约船舶营运效率和作业能力的主要因素之一。因此,改进和提高船舶起重设备的能力和效率历来受到船东和造船业界的关注。

常用的船舶起重设备主要有两大类,即吊杆式起重设备和甲板起重机。吊杆式起重设备曾经是除矿砂船等以外的大多数干货船使用的主要起货设备,其主要优点是设备构造简单、初期投资较低,但所占用的甲板面积和空间相当大、操作复杂、效率低,且起重量较小。随着近代海运事业的发展,尤其是集装箱船的出现,回转式起重机得到越来越广泛的使用,发展到如今,新建的货船以及海洋平台几乎都是采用甲板起重机作为主要的起货设备。甲板起重机形式多样、起重量大、操作性能优良,能满足集装箱船和大件货物的装卸及其他作业要求,从而逐步取代了吊杆式起重设备。但是在某些诸如渔船及其他一些中、小型船舶上,仍然可以看到吊杆式起重设备的使用。

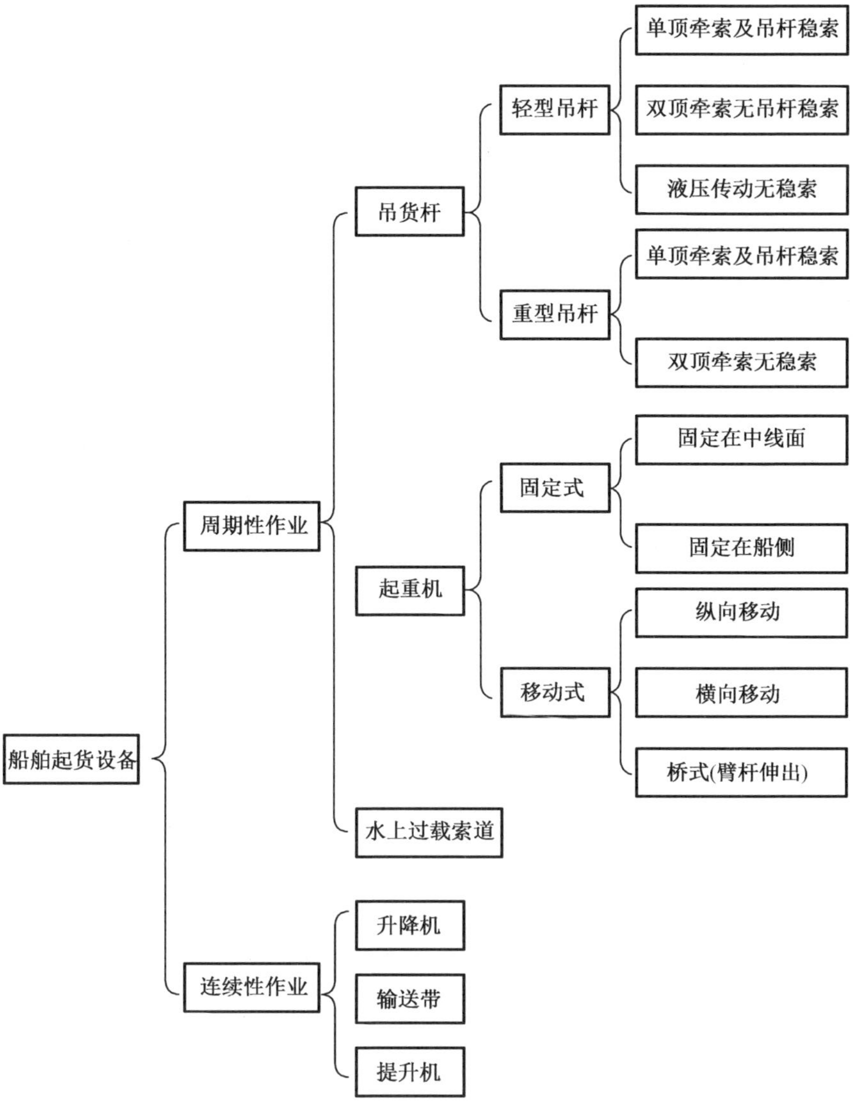

图6.1　船舶起货设备类型

一般船舶的起重作业均在港口内进行,但某些船舶则要求在海上进行,如起重船、海洋调查船以及渔船等需在风浪中要进行起重作业。对于这类船舶,在起重作业时的船舶稳性应该加以慎重地考虑并进行必要的计算。特别是在设计装备有巨大起重能力起重机的船舶时,应注意船体主要尺度能否保证足够的稳性。吊装重物时船舶会发生很大的横倾,其横倾应使得起重机能正常工作(一般为3°~5°),不宜过大。常用的横倾调整方法是在吊物的另一侧增加压载水量或设置平衡浮箱。

6.2 吊杆式起重设备

吊杆式起重设备通常由四个部分组成：

①吊货杆，包括吊杆头部和根部的四耳箍环和叉头等；

②吊杆索具，包括顶牵索、起货索、稳索、滑轮、吊钩等活动零部件；

③起货绞车，通常的船舶起货绞车都具有收放吊货索的卷筒及顶牵索的副卷筒；

④起重柱及其上的承座、固定眼板、卸扣等固定连接部件，如图6.2所示。

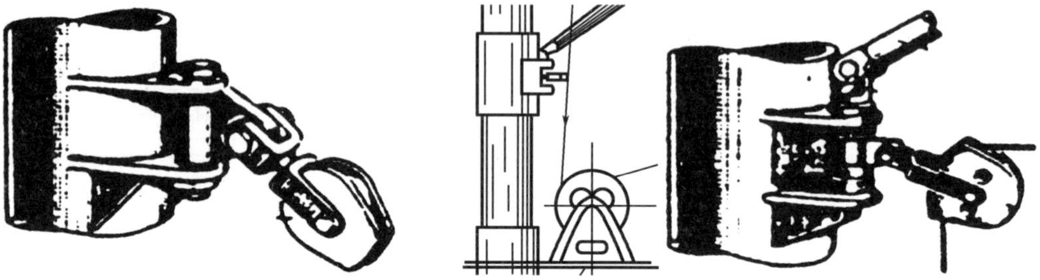

(a)起重柱上端承座部件（顶牵索）　(b)起重柱下端承座部件（吊杆、起货索）

图6.2　起重柱及其上的承座部件

吊杆式起重设备的作业方式主要有两种，一是摆动式作业，另一是固定双杆联合作业。

6.2.1 吊杆起重设备的形式

主要有轻型吊杆装置、重型吊杆装置和自回转变幅吊杆装置三种类型。

(1)轻型吊杆装置

轻型吊杆装置通常系指起重量不超过10 t的吊杆，有单杆操作和双杆操作两种方式，其吊货钩的形式为单钩。起重量较小时，千斤索为单根钢索；起重量较大时(单杆5 t以上)，千斤索设置滑车组。

·单杆操作方式。吊杆的回转可由人工操作吊杆牵索实现，也可采用吊杆牵索绞车来实现，其装卸速度较慢。在吊货时，为保持吊杆的吊举角不变，千斤索同吊杆定位链连接，或设置千斤索绞车。该绞车利用起货绞车的系缆卷筒带动。吊货索采用单根钢索或设置起货滑车组，由配置的起货绞车拉力决定。图6.3为单千斤索单吊杆装置及配置情况。

·定位双吊杆联合作业方式。一根吊杆位于货舱口上部，另一根吊杆位于舷外，两根吊杆除了各自配有舷边固定的吊杆牵索外，在两根吊杆之间还设有吊杆间牵索，在装卸货时不需要摆动吊杆，但在操作时吊杆和牵索受力大，其安全工作负荷仅为单杆操作时的40%～60%。通常货物质量超过3 t时，一般不采用定位双杆联合操作。图6.4所示为常见的定位双吊杆装置及配置情况。

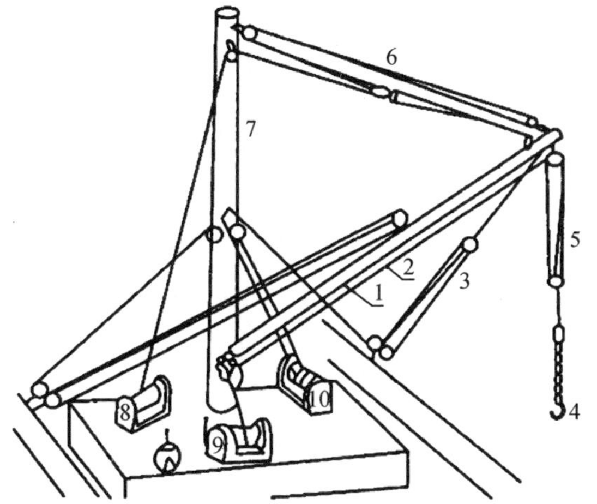

1—吊杆;2—吊货索;3—牵索(稳索);4—吊货钩;5—吊货索滑车组;6—千斤索滑车组;
7—起重柱;8—千斤索绞车;9—起货绞车;10—牵索绞车。

图6.3　单千斤索单吊杆装置及配置

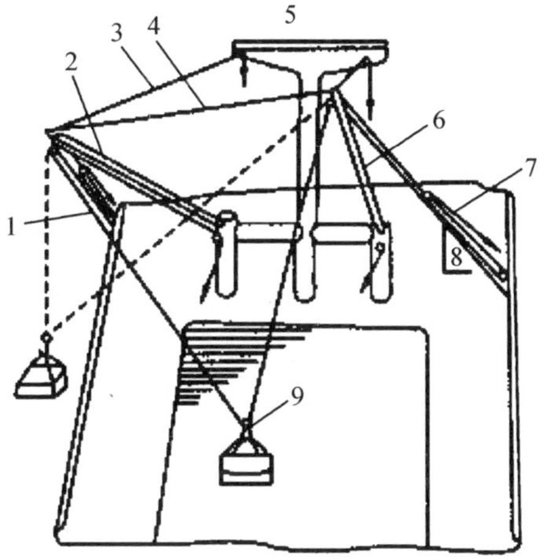

1—吊货索;2—舷外吊杆;3—千斤索;4—吊杆间牵索;5—桅肩;
6—舷内(舱口)吊杆;7—摆动牵索;8—保险牵索;9—三角眼板。

图6.4　定位双吊杆装置及配置

摆动双杆操作(又称并联双杆操作)方式。两根吊杆的两只吊钩同时钩住货物或吊梁,两根吊货索同时吊起货物,再用两组牵索使两根吊杆旋转,带动货物摆动。图6.5为摆动双杆操作示意图。

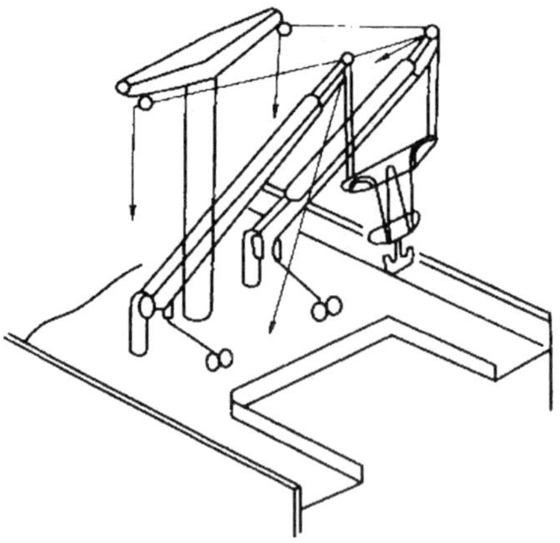

(a)两吊杆在舱口同一端

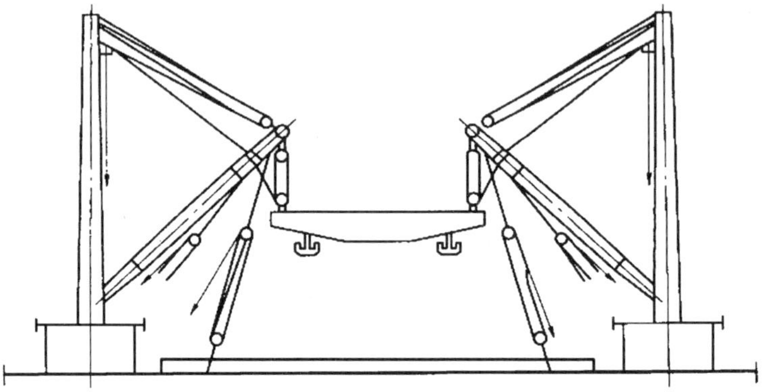

(b)两吊杆分别在舱口两端

图 6.5　摆动双杆操作示意图

(2)重型吊杆装量

重型吊杆装置系指起重量超过 10 t 的吊杆,采用单吊杆回转摆动的作业方式,作业时吊杆可变幅。常用的重吊有普通重型吊、哈列恩型重吊和 V 形重吊灯。图 6.6 所示为典型的普通重型吊杆装置。与轻型吊杆装置相比,其主要在吊杆头部、根部和吊货索三个方面有区别。

重型吊杆下部的支承端大多直接固定安装于甲板或平台上的带有转轴的基座上,如图 6.7 所示。吊货索不与吊杆平行,吊货索从吊杆端部的导索滑轮处引出后通过装于起重柱上方的导向滑车,再引导至绞车上,这样可减小吊杆的轴向压力。

重型吊杆的头部不用吊杆箍,其头部装置有多种形式,图 6.8 为常用的嵌入滑轮形式。

目前,在较大型船舶上,起重量较大的重型吊杆常采用可供相邻两舱共用的翻转型重吊,即在两根呈 V 形的起重柱之间布置一根重型吊杆,配置左右两套千斤索索具和适用于前后两舱的吊货索索具,以简化装置。安装在 V 形起重柱上的重型吊杆,其吊货滑车组的翻转方式很多,主要有叉式、单摆式与双摆式三种类型,如图 6.9 所示,其中叉式翻转型重吊因操作不便,已被淘汰。

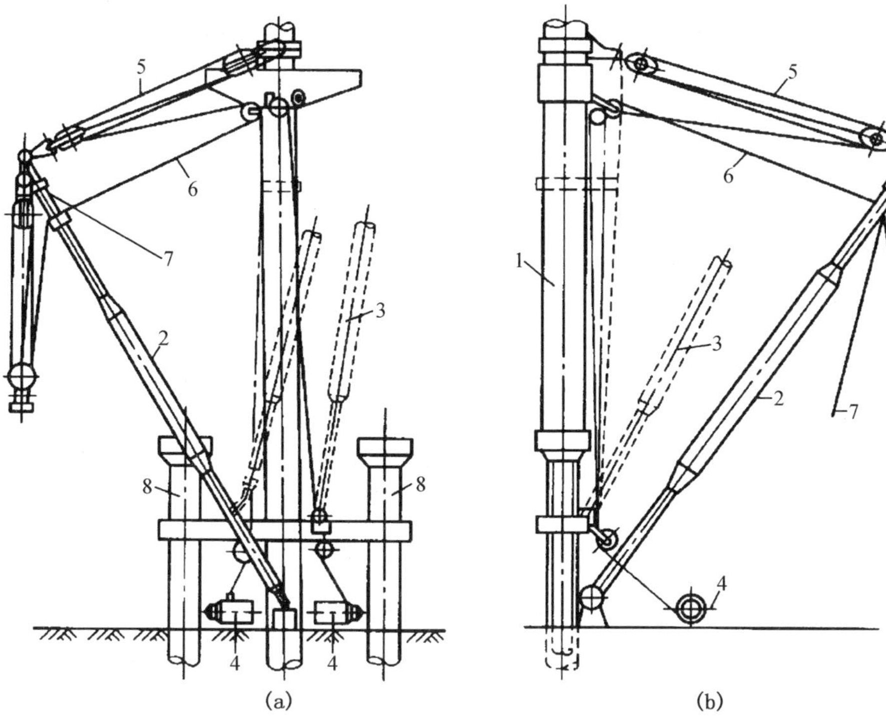

1—起重柱;2—重型吊杆;3—轻型吊杆;4—起货绞车;5—千斤索索具;6—吊货索;7—牵索(稳索);8—通气筒柱及横档。

图 6.6　普通重型吊杆装置

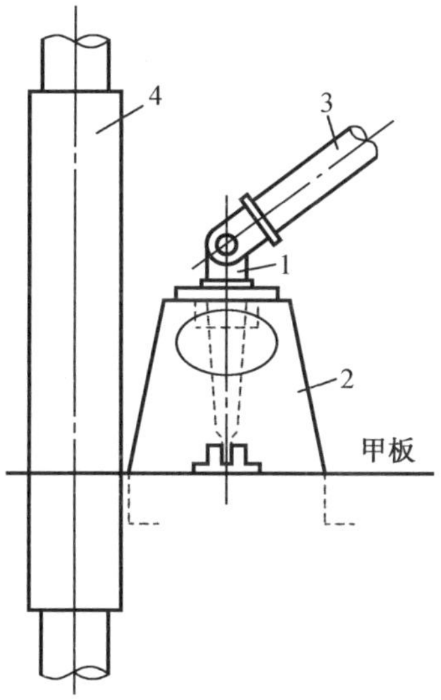

1—垂直转轴;2—吊杆座;3—吊杆;4—起重柱。

图 6.7　重型吊杆根部装置

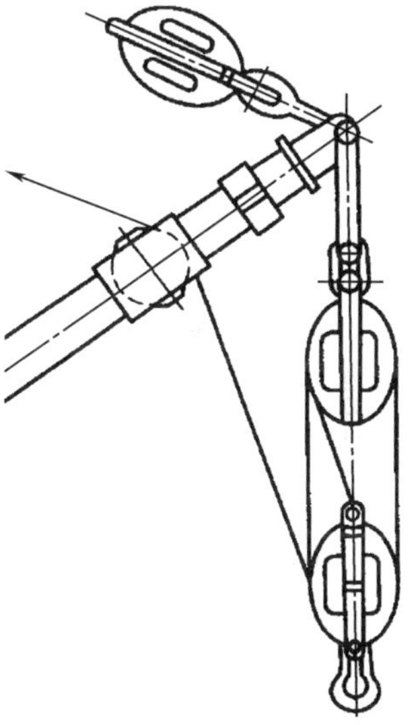

图 6.8　重型吊杆头部装置

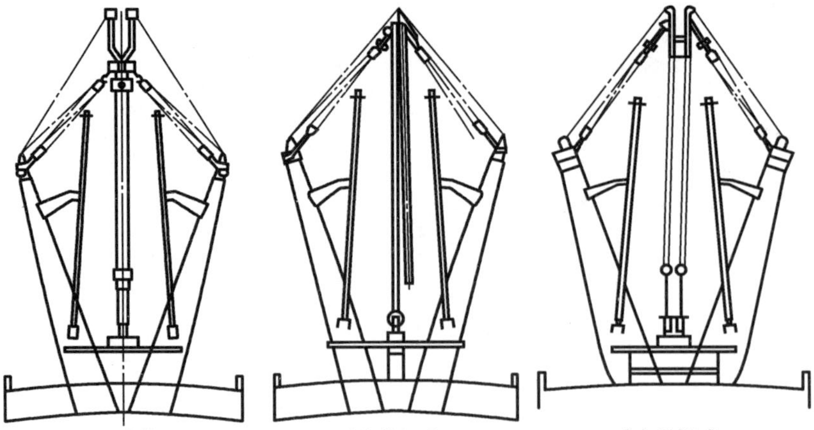

图 6.9　翻转型重吊装置

(3)自回转变幅吊杆装置(也称吊杆式起重机)

由于实现单杆摆动的方法不同,出现了各种不同型式的吊杆装置,通常根据开创者的名字来命名吊杆装置的名称,其中具有代表性的有哈伦式、维列式、汤姆森式、斯道尔根式以及 K-7 式、K-S 式和莫·斯列文式,等等。它们的基本组成大同小异,而它们之间的具体差别表现在顶牵索、稳索和起货索的布置、走向以及绞车的数量、位置等方面。比较典型的有以下几类。

①双顶牵索(千斤索)吊杆装置

在这种形式的装置中,单根吊货杆配置了两根顶牵索,顶牵索与吊杆端部连接,经过设置在桅肩上的导向滑车,通向两台顶牵索绞车,如图 6.10 所示。在这一对顶牵索绞车同时而又均衡地旋转的情况下,吊杆将会升高或降低,当绞车的滚筒不是均衡地旋转或是按不同的方向旋转时,吊杆在升高或降低的同时就向着需要的方向回转。该装置在负载情况下由一人即可进行吊杆的回转、变幅操作,所以又称为吊杆式起重机。

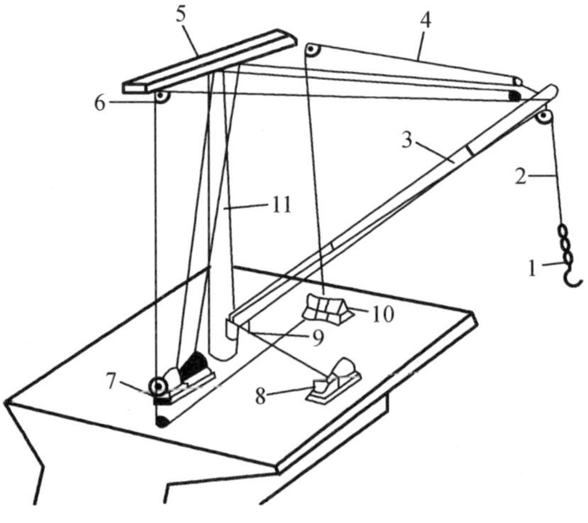

1—吊货钩;2—吊货索;3—吊杆;4—千斤索;5—桅肩;6—千斤索导向滑车;7—千斤索变幅绞车;8—吊货索绞车;9—吊货索导向滑车;10—千斤索回转绞车;11—起重柱。

图 6.10　双顶牵索单吊杆装置

②两套双顶牵索吊杆装置

在这种形式的装置中，采用两套双顶牵索，顶牵索通过横担同吊杆端部连接。其装置如图 6.11 所示。吊杆的动作由 3 台绞车操纵，其中一台是普通的起货绞车，用于装卸货物；两台顶牵索绞车同起货绞车的不同之处在于前者是双滚筒绞车，顶牵索的动端正是绕在这一对滚筒上，每一根顶牵索有两个动端。其中一台顶牵索绞车用于吊杆起升和下降，把右面的和左面的顶牵索动端之一，按相同的方向绕到这台绞车的一对滚筒上。另一台顶牵索绞车用于吊杆在水平面上的回转，为此，右面的和左面的顶牵索另一动端按相反方向绕到绞车的一对滚筒上。横担在顶牵索的牵制下，可以在吊杆的整个回转范围内，甚至当船舶倾斜时都可保持平衡状态。电动顶牵索绞车工作的同步是由专用的双联控制器保证，这种控制器由一个人操作就可以操纵吊杆的全部动作。

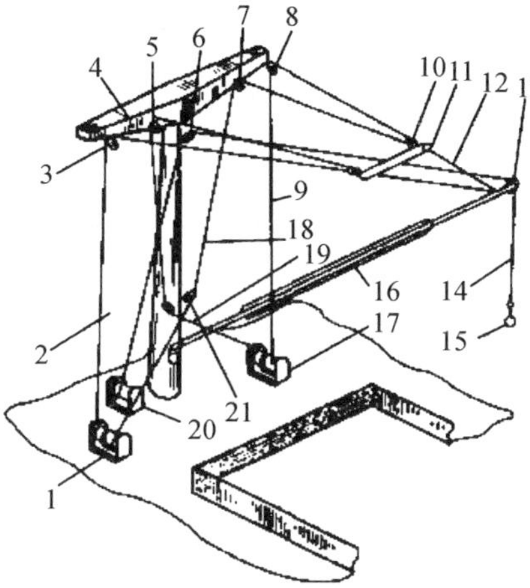

1,17—顶牵索绞车;2,9,18,19—顶牵索动端;3,5,7,8—顶牵索上导向滑车;4—桅肩;6—吊货索导向滑车;
10—顶牵索横担滑车;11—横担;12—横担牵索;13—嵌入式起货滑车;
14—吊货索;15—吊货钩;16—吊杆;20—起货绞车;21—顶牵索下导向滑车。

图 6.11　两套双顶牵索吊杆装置

6.2.2　吊杆装置的配置及几何参数的确定

吊杆装置设计的主要内容包括吊杆装置的配置、绞车的配置、吊杆装置几何参数的确定、吊杆装置的布置，以及根据所承受负荷的大小从相应标准中选取吊杆结构尺寸、零部件及索具，必要时对重要结构作强度校核。

(1)吊杆起货设备的配置

船舶起货设备的能力与数量，目前尚无统一的标准，一般多参考相近型船舶资料，或按统计资料确定。在配置吊杆起货设备时，主要考虑的因素是起货吊杆的起重量；每一舱口必需和合理的吊杆数量及其布置、绞车的数量、形式以及起重柱的型式等。其主要取决于船舶的类型、任务及尺度，如船舶的结构、所载运货物的种类、包装货物的质量和体积特征、船舶排水量和载重量、货舱的数量与容积、舱口的大小等。合理的吊杆装置的配置，应使各舱所需的装卸时间大致相等。此外还应考虑到航线及码头的设施情况。

①起货吊杆的起重量

通常轻型吊杆起货设备，其单位指标随船舶的载重量及船速的增加而增大，其平均值见表 6－1 所示的统计参考值。

表 6－1　吊杆的起重能力与船舶的载重量间的关系

船舶载重量 *DW*/t	1000	4000	8000	12000	12000
每 1t 轻吊或起重机承担的 *DW*/t	90	120	170	220	270
每一根轻吊或起重机承担的 *DW*/t	200	400	700	1000	1300
每一根轻吊或起重机对应的舱容/m^3	400	600	1000	1400	1800

根据统计资料，不同航区、不同载重量、不同类型的货船，其吊杆装置类型及起重量的配置情况如表 6－2 所列。

表 6－2　吊杆装置起重量配置（仅供参考）

货船类型	载重量	吊杆装置类型	安全工作负荷	备注
沿海航行船舶	<1 500 t	轻吊	<3 t	常用 1～1.5 t
		重吊		有时也采用起重量超过 10 t 的单独重型吊杆
无限航区各类干货船	<3 000 t	轻吊	2.5 t～3.5 t	
		重吊	10 t	
	3 000～6 000 t	轻吊	3 t～5 t	
		重吊	15 t～35 t	
	>6 000 t	轻吊	5 t～10 t	
		重吊	25 t～60 t	
运木船		轻吊	3 t～5 t	木材体积较大，每次吊的数量不能很多
渔船		轻吊	1 t～3 t	用以起吊渔具，吊杆数量和起货能力应按具体需要
集装箱船		专用起重机	25 t～30 t	

对起重量大于 60 t 的重型吊杆，通常指设置在万吨级以上具有大舱口的船上。若需要载运大件重型货物，如机床、机车、大型机电设备、小型船舶及其他特殊货物时，重吊（或专用起重机）的起重量可参考大件货物或组装化货物的单件质量选定。在现代大型船舶上，起重量达 500 t 的重吊已投入使用，如重吊船；在某些重型起重船上，吊杆装置的起重量可达千吨以上。

②吊货杆的数量

图 6.12 为不同吨位货船上吊杆装置的配置情况。

对于载重量不大的近海航行船舶、辅助船舶（如拖船、挖泥船）、驳船等，即装载少量机电及化工设备的船舶及吊杆使用机会较少的船舶，每一货舱口上部只设置 1 根吊杆装置。

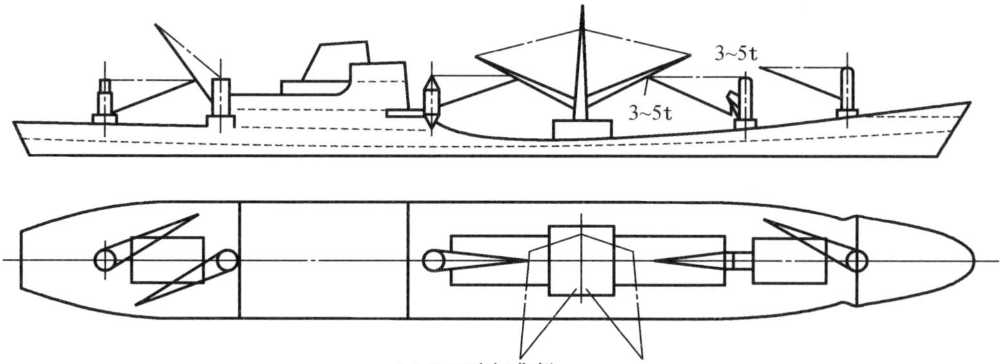

(a)6000吨级货船

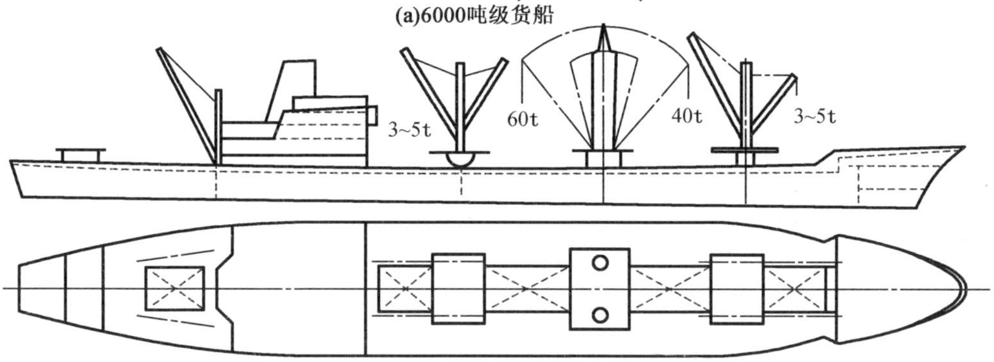

(b)万吨级货船

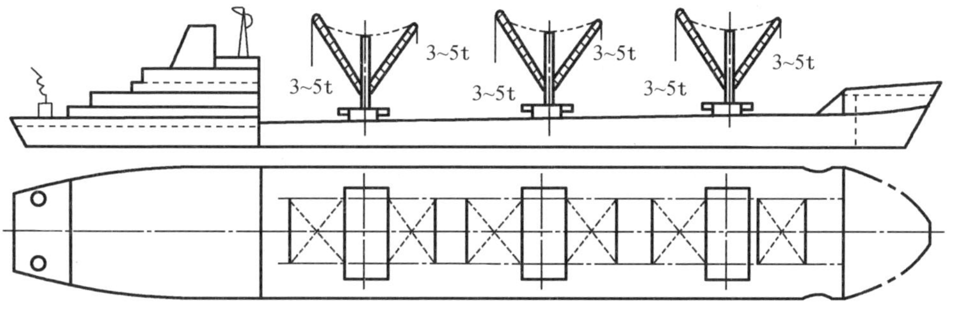

(c)2.5万吨散货船

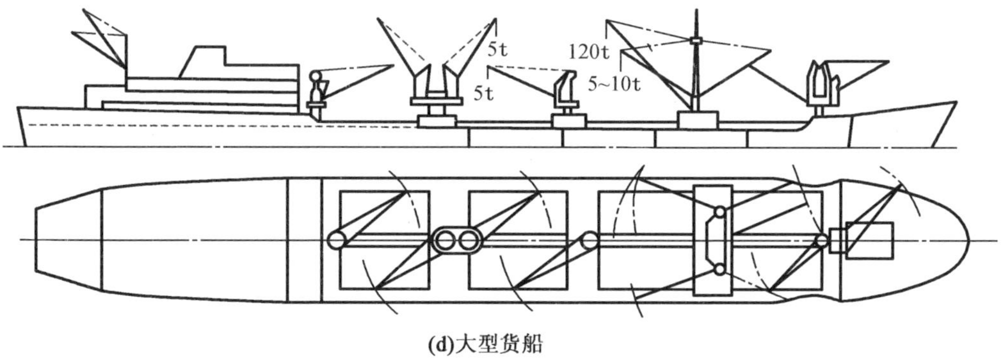

(d)大型货船

图 6.12　不同吨位货船上吊杆装置的配置

通常载重量 5 000 ~7 000 t 的中型货船上，每一货舱口设置两根轻型吊杆，既可实行单杆操作，也可实行双杆操作，可保证有效的装卸作业。在巨型干货船上，当舱口长度较大时(超过 10 m)，每一货舱口的两端，各设置两根吊杆。

在不是专门用于运送重货的普通运输船舶上，当载重量为 5 000 t 以下时，设置 1 根重型吊杆；载重量超过 5 000 t 时，设置 2 ~3 根重型吊杆。对具有翻转功能的重型吊杆装置，可设置在两个货舱口间以供相邻的货舱口使用。

③起货绞车的数量及形式

如果轻型吊杆配有通常的索具(千斤索和吊杆牵索)，则起货绞车的数量同吊杆数量相同。当仅配置双千斤索且没有吊杆牵索的轻型吊杆时，起货绞车的数量取决于这类吊杆的结构，可以达到一根吊杆配置 3 台起货绞车。

重型吊杆通常配置轻型吊杆的起货绞车，此时吊货钩配有起货滑车组。但是当设置起重量很大的重型吊杆(超过 60 t)时，则应考虑配置起重量超过 10 t 的起货绞车。

绞车拉力取决于轻型吊杆使用的起货重量。所有轻型吊杆使用具有同样拉力的起货绞车，从经济和技术上考虑是合理的，所以，当船上配有不同起重量的吊杆时，设置起货滑车组。但是，一般不推荐采用带有很多滑轮的起货滑车组。在造船实践中所采用的绞车拉力和吊杆起重量的关系见表 6 –3 所示。

表 6 –3　绞车拉力和吊杆起重量的关系

绞车拉力/kN	轻型吊杆起重量/t
15	3
30	5 和 10
50	7 ~8 和 10

绞车拉力的选择应考虑吊杆的工作方法。在双杆操作时，吊杆的起重量受到限制，相应的起货绞车拉力应减小。如常用的 50/30 kN 起货绞车，单杆作业时拉力为 50 kN，双杆作业时拉力为 30 kN。

④起重柱的形式

吊杆起重设备的起重柱按其结构形式可分为两大类，一类为单柱式，可分为无桅肩和有桅肩两种基本形式；另一类为双柱式，即门形、人字形和 V 形起重柱等，如图 6.13 所示。

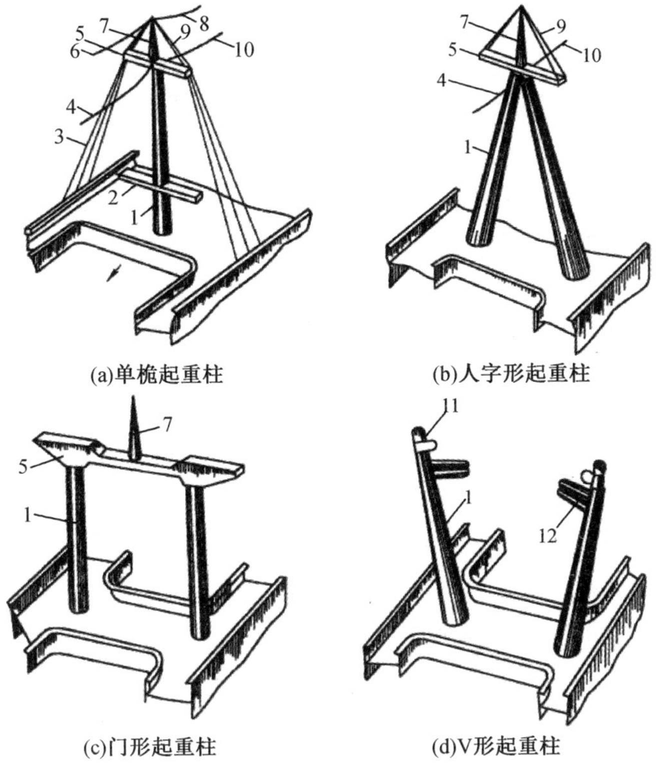

(a)单桅起重柱　(b)人字形起重柱

(c)门形起重柱　(d)V形起重柱

1—起重柱；2—横梁；3—稳索；4—桅顶索；5—顶桅横桁；6—桅顶牵索；7—顶桅；8—桅樯联索；9—顶桅稳索；10—桅樯稳索；11—转动的桅头；12—悬臂式桅顶桁。

图 6.13　各类型起重柱

起重柱形式的选择各船多不相同，通常应按起货设备的要求和货舱口的布置情况而定，同时亦应考虑到船体结构，外形美观，驾驶视线和经济效果等方面。无桅肩的单桅起重柱一般用于不大的船舶，这类船舶在舱口上设置一根吊货杆。从驾驶视线方面而言，门形起重柱最好，人字形起重柱较差，当桅肩与驾驶室的位置在同一水平线上，人字形起重柱就会严重地影响驾驶视线。因此，在选择起重柱时亦应考虑货舱口的尺度和船宽。如果船宽较大，货舱口又较短，则采用门形起重柱较为合适。一般在较大的油船上，很多采用门形起重柱。单桅起重柱在一般船舶上是最常用的，它的优点是结构简单。*V* 形起重柱一般用于运送大型重货的货船，设置翻转式重型吊杆装置，可供相邻两个货舱使用。

(2)吊杆装置计算工况和计算负荷的规定

CCS《起重设备规范》对于吊杆装置的计算工况和计算负荷要求如下：

①吊杆仰角，吊杆轴线与水平面的夹角，即所谓的吊举角，轻型吊杆取 15°，重型吊杆取 25°，如吊杆不可能在此仰角下工作时，则吊杆仰角可取为实际工作的最小仰角，但任何情况下，对轻型吊杆不得超过 30°，对重型吊杆不得超过 45°。

②船舶倾斜，规定船舶横倾 5°、纵倾 2°为吊杆装置工作时的基本状态，如实际工作产生的船舶倾斜大于船舶横倾 5°、纵倾 2°时，应计及实际角度产生的影响。

③吊杆装置的基本负荷，为安全工作负荷及吊货杆与吊钩及以上有关属具的自重，应考虑滑轮的摩擦系数和钢索的僵性损失，此数值对滑动轴承取 5%，对滚动轴承取 2%。相对于钢索和纤维索破断负荷的安全系数按有关规定确定。

(3)吊杆装置几何参数的确定

任何形式的吊杆装置除了规定其起重量外,还应确定其各项几何参数,包括吊杆座的位置、吊货杆的长度以及千斤索眼板悬挂点高度等,这样才能进行吊杆装置的受力计算。在吊杆装置设计计算时,必须事先明确如下诸方面的问题:

· 船舶经常使用的装卸作业方式;
· 根据船舶的载重量以及货物性质等确定使用的起货能力;
· 起重柱的布置位置;
· 吊杆承座与起货机卷筒的相对位置;
· 货舱舱口开口大小以及舱口围板高度;
· 货舱舱口形式及其开闭方式和所需的存储空间;
· 舷墙(或舷侧栏杆)的高度;
· 起货绞车控制台数目和位置等等。

①吊杆座的位置,如图 6.14 所示,主要有离开甲板的高度 h_0 和至货舱口横围板的距离 d_1 以及距船体舯纵剖面的横向距离 r。

通常由两个因素决定,一是方便人员行走,宜于操作,二是能使经承座下导向滑轮的吊货索迅速而整齐地收卷在绞车的卷筒上,并无挤压现象。为此,要求从导向滑轮至卷筒的一端起货索的摆角(快捷角不大于 10°,最好不大于 5°),导向滑轮轴心至卷筒轴心间距,取不小于 3 倍卷筒毂长(最好取为 6 倍卷筒毂长)。

轻型吊杆座通常直接装在起重柱上(如上图 6.14)或装在它们的横档上(参见图 6.6),其安装高度 h_0 通常为 2.25 ~3.5 m。重型吊杆的支座在大多数情况下设置于起重柱的根部处,离开甲板只有很小的高度,为 0.7 ~1.0 m。

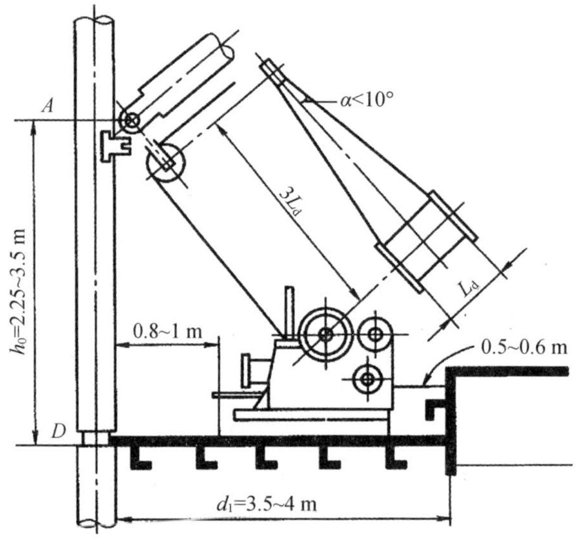

图 6.14　吊杆支座的位置参数

吊杆承座至货舱口横围板的距离 d_1(图 6.14),即起重柱到货舱口横围板的距离,主要取决于起货绞车的尺寸、工作走道的尺寸及货舱舱盖所需的存储空间,一般可取 3.5 ~4.0 m。

如,滚翻式金属舱盖所需的存储空间为

$$S = X + C + D(n-1) + 0.061 \tag{6-1}$$

式中　S—存储空间长度,m;

D—舱口盖厚度,m;

n—舱盖数目;

C—裕度,当 $n=2$、3 时,取0.15 m;当 $n=4$、5 时,取0.18～0.20 m;$n=6$、7 时,取0.23～0.25 m;

X—其他需要,如舱盖翻倒空间,一般取$\frac{1}{2}$舱盖长度(x 轴方向)。

又如,滚折式舱盖:

$$\left.\begin{aligned} n=1,\quad & S=D+0.20 \\ n=2,\quad & S=2D+0.23 \\ n=3,\quad & S=3D+0.30 \\ n=4,\quad & S=4D+0.33 \end{aligned}\right\} \tag{6-2}$$

此外,还有吊杆承座的偏距 r,即吊杆座距船体中纵剖面的横向距离 r,从结构上应与甲板纵桁的间距一致,这样有利于对起重柱的支持和局部加强;增加吊杆舷外跨距或减少吊杆的长度,则要求将 r 取得偏大些。但在单桅起重柱结构的情况下,则受到桅肩长度及安装吊杆座的横档长度的限制。

更要注意的是,起重柱是一强力构件,从受力的观点出发,要求起重柱支持在船体纵横结构的交叉点上,也有将起重柱支持在货舱壁上,支持处的船体结构要做局部加强,因此,常在结构设计中做全面的考虑后选定。

②吊货杆长度的确定

为了减轻吊杆及起重柱的重量,在满足装卸货的要求下,应尽量缩短吊杆的长度。

a. 单杆操作吊货杆长度的确定(图6.15),一般可采用比较简便的几何作图法求得。

单杆操作时吊货杆的长度应保证能通过相应的舱口对货舱内的货物进行装卸以及向港口码头或船只进行货物装卸。

轻型吊杆在吊举角不变的情况下进行单杆操作时,吊杆在转动时,其在平面上的投影长度保持不变。因而吊货杆长度的确定主要取决于:吊举角、船宽、货舱口长度、起重柱到舱口围板的距离、吊杆必需的舷外跨距、吊杆自船体中心线量起的回转角以及吊杆支承点离开舷墙顶部的高度等。

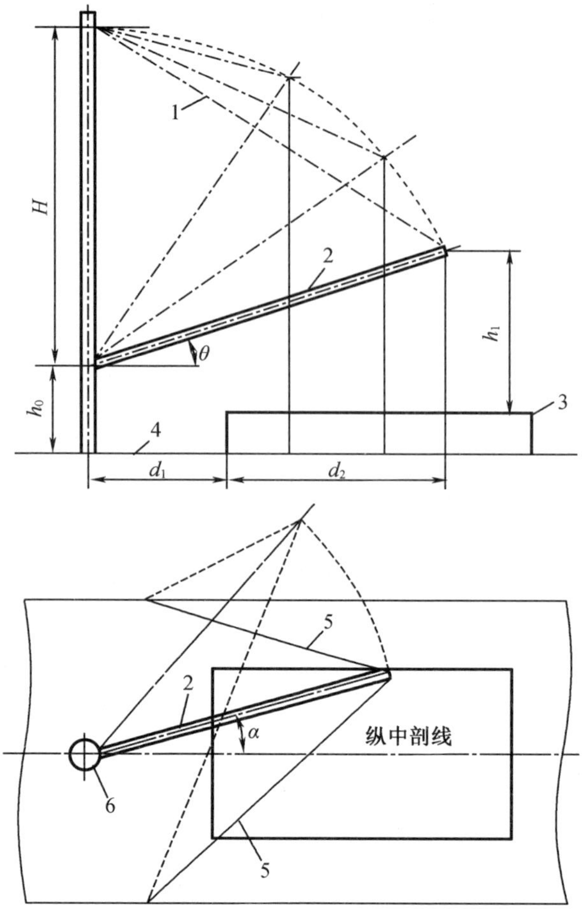

1—千斤索;2—吊杆;3—舱口围板;4—甲板;5—牵索;6—起重柱。

图 6.15　单杆操作吊杆的工作范围和长度

吊举角可按下述方法确定:

·吊杆端部在货舱口平面的投影位置,离开最靠近起重柱的货舱口围板的距离 d_2,舱口一端设吊杆时,应不小于2/3 舱口长度;两端设吊杆时,应不小于1/3 舱口长度;

·吊杆端部的高度,如果运送货物的尺寸没有特殊要求,则从舱口围板(或舷墙)上缘 h_R 不小于5 ~6 m。

吊杆的舷外跨距 C 应从最大船宽处的舷边量起,而且应保证能伸到码头上货物装卸的位置(为了货物的安全,离开码头边缘应有足够的距离)。通常对于轻型吊杆(吊举角为45°时),最小跨距为2.0 ~2.5 m;一般情况下为3 ~5 m。对于重型吊杆(吊举角为30° ~45°时),最小跨距为4 ~5 m;一般情况下为5.5 ~6 m。

吊杆舷外极限回转角 α。当吊杆安装在无支索的起重柱上时,其回转角为45° ~60°,此时吊杆牵索(或千斤索)的极限位置应能保证吊杆从舷侧转到货舱口上部位置。当吊杆安装在有支索的起重柱上时,支索的分布限制了吊杆的回转角。

吊杆支承固定点离开船舷的距离,取决于起货设备配置的结构特点。单桅起重柱的桅肩长度和安装吊杆座的横档长度不超过4.5 ~5.0 m,门形起重柱,其两柱之间的距离可达6 m ~8 m。

b. 双杆操作吊货杆长度的确定，一般可采用比较简便的几何作图法求得。

在货舱口的一端配有 2 根吊杆时，吊杆的长度应满足有关规范所要求的双杆操作的工作范围。按 CCS《起重设备规范》的规定，双杆操作时，舷内、外吊货杆处于同一实际工作中的最小仰角下，吊货杆的工作范围和长度应满足以下要求，如图 6.16 所示。

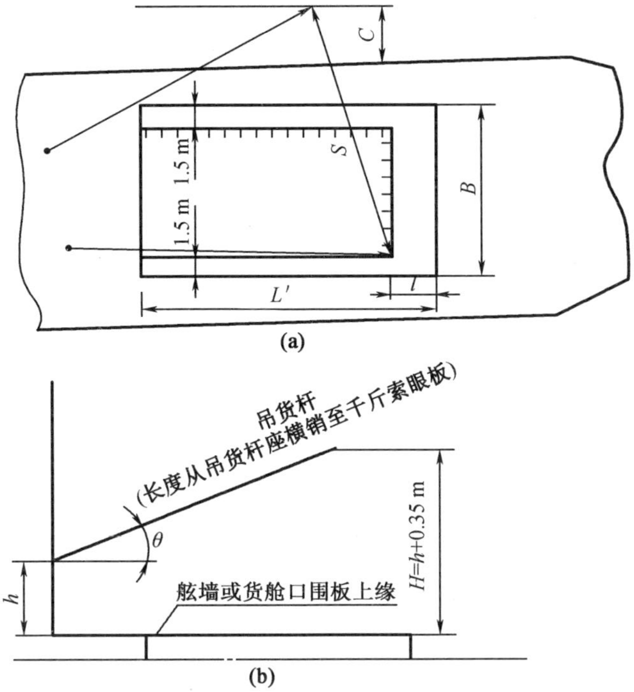

θ—吊杆仰角，双杆相等；C—舷外跨距；S—吊杆头水平投影距离；h—吊货索连接点距舷墙或货舱口围板上缘的高度。

图 6.16　吊货杆的工作范围和长度

· 舷外吊货杆的舷外跨距 C 应不小于中部船宽以外 3.5 m，或船舶设计任务书要求的舷外跨距。

· 舷内吊货杆头部在货舱口内的投影位置应位于：

(a) 货舱口配有一对吊杆时，离货舱口对边距离 l 不大于 $L'/5$（L'为货舱口长度）；

(b) 货舱口配有两对吊杆时，离货舱口对边距离 l 不大于 $L'/3$；

(c) 离货舱口边的距离为 1.5 m。

· 在起货索夹角为 120°时，其连接点（三角眼板）距舷墙或货舱口围板上缘的高度 h 应不少于：

当 $SWL \leqslant 19.6$ kN 时，$h \geqslant 5$ m；

当 $SWL > 19.6$ kN 时，$h \geqslant 6$ m。

其中：SWL 为双杆操作安全工作负荷。

在某些情况下，如上述高度 h 尚不能满足使用情况时应做适当的增加。

③千斤索眼板的高度

原则上取大些好，可减少吊杆的轴向压力。千斤索眼板距吊杆座的支悬高度（H）同吊杆长度（L）的比值 H/L 是吊杆装置零部件受力分配的基本参数。H 值应根据起重柱的高度予以确定或选择。比值 H/L 的范围很大，常用的如下：

· 当轻型吊杆安装在桅杆（兼作起重柱的桅）上时，$H/L=0.8\sim1.2$；

· 当轻型吊杆安装在起重柱上时，$H/L=0.4\sim0.8$；

· 当设置重型吊杆时，$H/L=0.9\sim1.2$。

减小比值 H/L，从缩减起重柱结构尺寸的观点来看是合理的。因为弯矩同高度 H 无关。但是当比值 H/L 减小时，吊杆的压力和千斤索张力都会增加。

6.2.3 吊杆装置的受力分析

吊杆受力分析不仅是设计起货设备有关零部件选定规格尺寸和进行强度核算的依据，而且是吊杆布置调整和确保货物装卸安全的依据。吊杆的受力分析方法主要有图解法和解析法，图解法比较简明、直观。

(1)起货滑车组受力计算

①起货滑车组，如图 6.17 所示，其受力关系可按下述两种情况计算

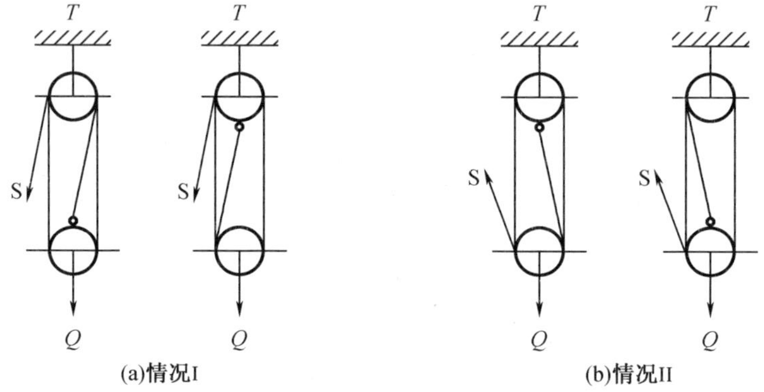

图 6.17　起货滑车组形式

情况Ⅰ，如图 6.17(a)所示，钢索从定滑轮离开：

当起货时

$$\left.\begin{aligned} S &= Q\frac{k^n(k-1)}{k^n-1} \\ T &= Q\frac{k^{n+1}-1}{k^n-1} \end{aligned}\right\} \tag{6-3}$$

当降货时

$$\left.\begin{aligned} S' &= Q\frac{k-1}{k(k^n-1)} \\ T' &= Q\frac{k^{n+1}-1}{k(k^n-1)} \end{aligned}\right\} \tag{6-4}$$

情况Ⅱ，如图 6.17(b)所示，钢索从动滑轮离开：

当起货时

$$\left.\begin{aligned} S &= Q\frac{k^n(k-1)}{k^{n+1}-1} \\ T &= Q\frac{k^n-1}{k^{n+1}-1} \end{aligned}\right\} \tag{6-5}$$

当降货时

$$\left.\begin{aligned} S' &= Q\frac{k-1}{k^{n+1}-1} \\ T' &= Q\frac{k(k^n-1)}{k^{n+1}-1} \end{aligned}\right\} \tag{6-6}$$

式中　n——滑轮并数；

k——系数，$k=1+\mu$；

μ——钢索每绕过一次滑轮时的摩擦损耗，为3%～10%。

在起货设备计算中，对于钢索滑车采用滑动轴承时，可取$\mu=0.05$；采用滚动轴承时，可取$\mu=0.02\sim0.03$。对于植物纤维索滑车，可取$\mu=0.1$。

②导向滑车。钢索经过n个导向滑轮时：

当起货时

$$S = Q\times k^n$$

当降货时

$$S' = Q/k^n \tag{6-7}$$

(2)轻型吊杆单杆作业时的受力分析

单杆操作时，除稳索外，整个装置的受力是简单的平面汇交力系，所有的力都作用在吊杆和千斤索组成的垂直平面内，稳索的布置几乎不影响其他索具受到的力。为简化起见，可近似认为这些力分别汇交于吊杆的头部、根部及千斤索眼板三处。这样就可将吊杆式起货设备简化成如图6.18所示的平面力系，主要求取吊杆轴线压力R，各索的张力等。

已知外载荷是吊杆的起重量Q(安全工作负荷)，当吊杆自重等于或大于其起重量的20%时，应将吊杆的自重P视为分别作用于吊杆两端的已知作用力，该作用力由顶牵索和吊杆承座承担，初估时可根据吊杆的长度L近似取

$$\frac{P}{2} = q = 14\times\sqrt[3]{Q}(3.4L-16)\times9.8 \tag{6-8}$$

因此，由Q、q引发出顶牵索(千斤索)上的拉力T，起货索的拉力S以及杆轴向作用力R，并诸力汇交于吊杆头部，组成平面汇交力系。根据平衡力系多边形封闭的原理，可采用图解方法确定力系中诸力大小。

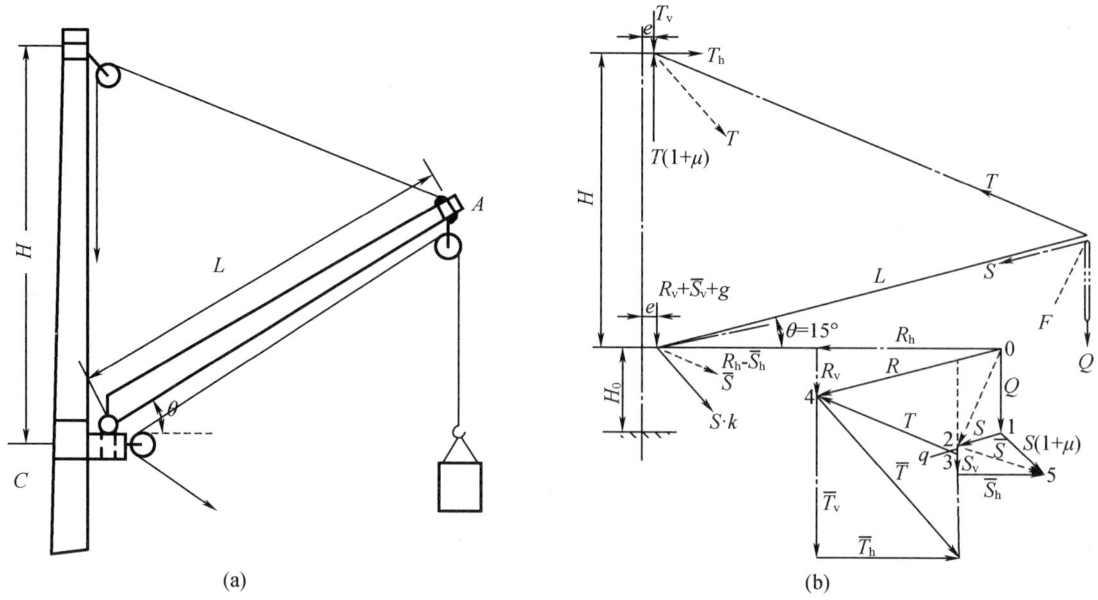

图 6.18　轻型吊杆单杆作业受力分析

根据余弦定理，由图 6.18 中不难导出吊杆的轴向力与顶索的拉力为

$$\left.\begin{aligned} R &= \frac{L}{H}(Q+q)+S \\ T &= (Q+q)\sqrt{1+\left(\frac{L}{H}\right)^2-2\frac{L}{H}\sin\theta} \end{aligned}\right\} \tag{6-9}$$

当 $\theta=15°$时

$$T=(Q+q)\sqrt{1+\left(\frac{L}{H}\right)^2-0.52\frac{L}{H}} \tag{6-10}$$

由式(6-9)不难看出，在同样的载荷作用下，吊杆的轴向压力 R 的大小取决于 L/H 及起货索滑轮组的滑轮数 n，即，L/H 愈大、n 愈小（S 大），则吊杆的轴向力 R 愈大，但与吊举角 θ 的大小无关；而顶牵索的拉力 T，是依 L/H 及吊举角 θ 的变化而变化的，即吊举角愈小，L/H 愈大，T 亦愈大，但是 T 与滑轮数 n 无关。

(3)定位双杆联合作业受力分析

在定位双杆联合作业时，吊杆装置中各构件受力情况与单杆作业时有很大的差别，双杆操作则是空间力系的平衡问题。必须考虑到双杆的稳定性和各部件受力的牵连性。首先，被举吊的货物重量将由两个吊杆共同分担，各吊杆所分担的重量又随货物的移动位置而相互增减。而在单杆作业时，这种载荷的大小与方向几乎都是不变的。其次，起货索及吊杆的受力都不在千斤索与吊杆所组成的垂直平面内，由起货索引起的作用于吊杆头部的水平分力必须由稳索承受。因此，稳索的布置不仅影响其本身的受力情况，而且影响吊杆、吊货索及顶牵索的受力。而在单杆作业时，稳索与上述各构件受力情况几乎是无关的。

空间汇交力系处于平衡状态时，这个力系在任意平面内和任意方向上的分力也是平衡的，所作出力的多边形都是封闭的。基于这个原理，可用图解法确定定位双杆操作时吊杆装置的受力。将作用在吊杆头部的空间汇交力系，通过向水平面和各垂直面的分解，最后转化到吊杆与千斤索所组成的垂直平面，依次求出各个未知力。在计算双杆操作受力时，不必将吊举角选择为 15°，因为在一般情况下，吊举角较大时，吊杆受力大。按 CCS《起重设备规范》的要求，应根据吊杆实际工作范围中，使吊货杆和保险稳索（吊杆牵索）计算所得的力为最大的位置下进行计算，此时，起货索之间的夹角取 120°，连接两吊货索的三角眼板位于最低位置。双杆系统中连接两根吊杆头部的内牵索工作负荷应取双杆系统安全工作负荷的 20%，但不小于 9.8 kN。

（4）重型吊杆装置受力分析

重型吊杆通常都是单杆作业，因此其受力分析应以单杆为主。它与轻型吊杆单杆作业的区别是重型吊杆各索具都采用滑轮组，起货索方向不是顺吊杆轴线方向，吊杆承座不在桅上而是设在专设的平台上；在确定重型吊杆的负荷时，也与轻型吊杆有区别，重型吊杆要考虑带负荷的情况下，吊杆转向舷外时会引起的船舶倾斜，若横倾角不大于 5°，纵倾角不大于 2°时可不考虑；分析重型吊杆受力时，吊举角取为 25°，当作业条件要求这个角度更大时，其角度可取为实际工作角度的最小吊举角。其有关要点如下：

· 普通重吊负重时，其轴向压力与 L/H 成正比，并随起重负荷的增加而增加；

· 千斤索的张力 T 与负载、L/H、仰角 θ 和吊货索拉力等有关；

· 吊货索与千斤索在到达绞车之前，均要经过若干导向滑车，张力逐渐增大，故应按最后末端张力来选取吊货索与千斤索；

· 重型吊杆的稳索受力与轻型吊杆类同，但由于起重量大，应充分估计重物运行的惯性力、船舶倾斜引起的横向分力和吊杆支承转轴转动时的摩擦力。

（5）双顶牵索（千斤索）单杆装置受力分析

具有双千斤索的轻型吊杆起货设备，通过操纵这一对千斤索实现吊杆的提升和回转。当同时收紧或放松这一对千斤索时，吊杆升高或下降。如果收紧其中一根千斤索，同时放松另一根千斤索，则吊杆向舷侧回转。计算时可简化成如图 6.19 所示的作用力分解图。

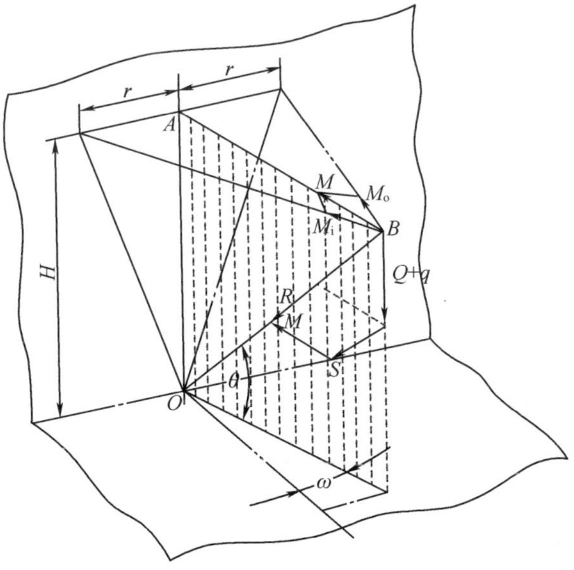

图 6.19　双千斤索单杆作用力分解图

可见,吊杆的轴向压力 R、起货索拉力 S 以及千斤索的拉力 M(视摆动方向,分别由内顶牵索和外顶牵索承担)的关系,这些力都汇交于吊杆的头部 B 点。由此可导出作用于吊杆的轴向压力与内、外顶牵索的拉力分别为

$$\left.\begin{aligned} R&=(Q+q)\frac{L}{H}+S \\ M_i&=0.5(Q+q)\sqrt{\Psi-2\frac{L}{H}\sin\theta+2\frac{r}{H}\frac{L}{H}\cos\theta\sin\omega} \\ M_0&=0.5(Q+q)\sqrt{\Psi-2\frac{L}{H}\sin\theta-2\frac{r}{H}\frac{L}{H}\cos\theta\sin\omega} \end{aligned}\right\} \tag{6-11}$$

式中系数 $\Psi=1+(\frac{L}{H})^2+(\frac{r}{H})^2$,对于不同的$\frac{L}{H}$、$\frac{r}{H}$的布置尺度,$\Psi$ 值有一定的范围。ω 为吊杆摆角(回转角)。

当吊举角 $\theta=15°$时,内、外顶牵索的拉力分别为

$$\left.\begin{aligned} M_i&=0.5(Q+q)\sqrt{\Psi-0.52\frac{L}{H}+1.94\frac{r}{H}\frac{L}{H}\sin\omega} \\ M_0&=0.5(Q+q)\sqrt{\Psi-0.52\frac{L}{H}-1.94\frac{r}{H}\frac{L}{H}\sin\omega} \end{aligned}\right\} \tag{6-12}$$

可见,内、外顶牵索拉力是随摆角的变化而变化的。当吊杆摆动时,内顶牵索的拉力 M_i 随摆动角的加大而增大;而外顶牵索的拉力 M_0 则相反,只有 $\omega=0°$时为最大,即处于中线面位置时外顶牵索的拉力最大。不难看出,r/H 对外顶牵索最大拉力 $M_{0,\max}$影响不大,对应于每一个 L/H 值相差只有2% ~8%;而内顶牵索的最大拉力 $M_{i,\max}$变化为10% ~18%,也就是说,顶牵索的两个吊点间距离对作用力影响不大,这对布置设计是有利的。

对带有两套千斤索滑车组的重型吊杆装置图解时,若不考虑船舶的倾斜,原则上同上述轻型吊杆的方法类似。如果船舶的倾斜超过规定值,则必须计及其影响。

6.2.4 吊货杆及其附件的结构与强度

(1)吊货杆(简称吊杆)

现代船舶的吊货杆几乎都采用钢质管状结构。按其起重量可分为轻型吊杆和重型吊杆。轻型吊杆有两种形式,一种为等截面的圆柱形结构;另一种为变截面的圆柱形结构。重型吊杆均为变截面的圆柱形结构。

吊杆常用无缝钢管或用钢板滚卷后焊接而成,也可采用两块钢板弯成半圆形合成,其壁厚应不小于中段外径的1/40,亦不需大于1/30,吊杆中段为圆柱形,两端为锥形,为了保持等强度,吊杆两端的直径可减少,为中段直径的2/3 ~3/4。CCS 规范要求,吊杆的壁厚均不得小于4.0 mm;中段的外径应不小于其壁厚的30 倍,亦不大于50 倍,且直径应至少在其长度的1/3 范围内不变。

吊杆下端(根部)设有叉头,用螺栓与垂直转轴连接,在摆动吊杆时,垂直转轴在吊杆座中转动;吊杆上端(头部)设有挂吊起货索的滑轮和固定稳索及顶牵索的箍环,这些零部件由锻钢或铸钢制成。在吊杆端部千斤索眼板、吊货眼板和稳索眼板等部位,应做适当加强或设置复板加强。国家标准中对其直径和零部件的结构尺寸都有规定,可按吊杆的轴向力及吊杆的长度据以选取,只有超出标准规定的吊杆装置,才有必要进行强度计算。

吊杆在吊货时是一根端点为铰链支承的受轴向压缩负荷作用的杆件，根据其作业情况，吊杆上作用力的主要成分是轴向压力，应当具有足够的稳定性储备，以保证吊杆工作的可靠性和安全性。因此，对于细长的吊杆应校核其稳定性，按欧拉公式，等截面压杆其临界载荷为

$$R_{cr} = \frac{\pi^2 EJ}{L^2} \tag{6-13}$$

如果许用载荷 $P_{cr} = R_{cr}/n$，其中 n 为稳定储备系数，则等截面的压杆实际可承受的载荷为

$$P_{cr} = \frac{\pi^2 EJ}{nL^2} \tag{6-14}$$

在受实际载荷 R 时，吊杆所需要的断面惯性矩为

$$J = \frac{nL^2 R}{\pi^2 E} \tag{6-15}$$

如果压杆沿长度方向的截面是变化的，那么，可根据弹性体的稳定性理论，得其临界荷重为

$$P'_{cr} = k\frac{EJ}{L^2} \tag{6-16}$$

则变截面的压杆的中央剖面惯性矩为

$$J = \frac{n' L^2 R}{kE} \tag{6-17}$$

对比式(6－13)至式(6－17)，可得

$$n = \frac{\pi^2}{k} n' \tag{6-18}$$

式中　n——等截面压杆的稳定储备系数：

J——吊杆中央截面的惯性矩，cm^4（m^4）；

E——吊杆材料的弹性模数，钢质取：$E = 2\times10^7\ N/cm^2$，或 $2\times10^8\ kN/m^2$，木质取 $E = 1\times10^5\ N/cm^2$；

L——吊杆的长度，单位为 cm(m)；

P_{cr}、P'_{cr}——吊杆的临界荷重（欧拉力），N（kN）；

R——吊杆的实际载荷（轴向力），N(kN)；

n'——变截面压杆的稳定储备系数，一般钢质取 4～5，如按 CCS 规范，当吊杆的长细比（即吊杆长度与中央截面惯性半径的值）大于 145 时，该系数取值如下

吊杆安全工作负荷/(kN)	≤98	294	≥588
稳定性安全系数 n'	5	4.5	4

k 为计入吊杆沿长度方向变化的修正系数，其值取决于吊杆端部的惯性矩 J_0 与中央截面的惯性矩 J 之比以及中央截面的杆段长度 l_0 与吊杆的长度 L 之比值。

上述计算显然还比较粗糙，吊杆是在复杂的应变条件下工作的，除了轴向负荷引起的压应力外，还应考虑作用于吊杆的其他因素，如吊杆自身的初始挠度、吊杆的自重，以及由于顶牵索、起货索都是作用在吊杆的箍环上，而不是作用在吊杆的轴线上，加之吊杆可能存在的初始挠度，则吊货杆上作用的是一种偏心负荷弯矩，偏心作用的情况如图 6.20 所示。偏心距随吊杆吊举角的变化而变化，且吊杆自重所引起的弯矩也会随吊杆吊举角的改变而变化。所以，必须考虑由上述弯矩和轴向力联合作用所引起的应力变化；必须考虑轴向力影响吊杆挠度的增大而造成应力的增大。

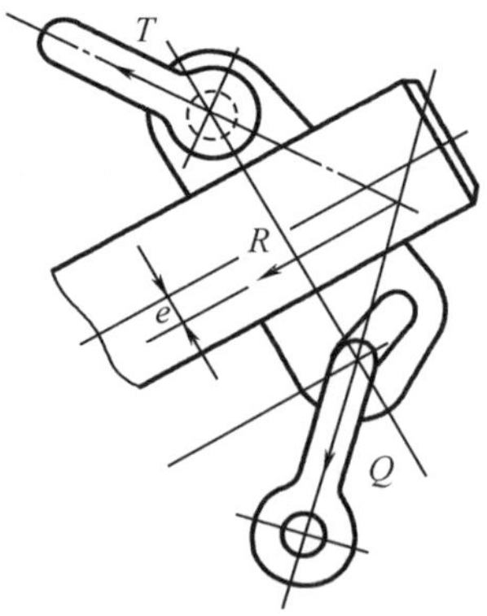

图 6.20　吊杆头部的偏心载荷作用

从强度观点，吊杆亦应中间粗两端细，且惯性矩 J 也不是一个常数。通常吊杆长度较长，起决定作用的是稳定条件，而不是强度条件。在现行规范中，对于受偏心力作用的吊杆，按弹性稳定理论计算，其稳定安全系数 n 的取值，当安全工作负荷≤98 kN 时，$n=2.5$；而安全工作负荷≥588 kN 时 $n=2.0$。

吊杆根部叉头的基本尺寸，也取决于吊杆的轴向压力，应校核由吊杆轴向负荷作用引起的挤压应力。叉头上每侧眼板的挤压应力为

$$\sigma=\frac{R_0}{2sd_0} \tag{6-19}$$

式中　s——叉头眼板的厚度，mm；

d_0——叉头眼孔直径，mm；

R_0——吊货杆的轴向力，N。

吊杆叉头通常为焊接结构，也可采用铸钢或锻钢结构。对焊接吊杆叉头还要校核其焊缝的强度。

吊杆头部的四耳箍环的各眼板，用于固定起货索滑轮，顶牵索和稳索卸扣等，一般均采用钢板制作，其结构形式如图 6.21 所示。在连接顶牵索的上眼板截面处，应校核其拉伸应力和压缩应力。而用于连接稳索或杆头联索的两列眼板，通常应校核其截面处的弯曲应力。

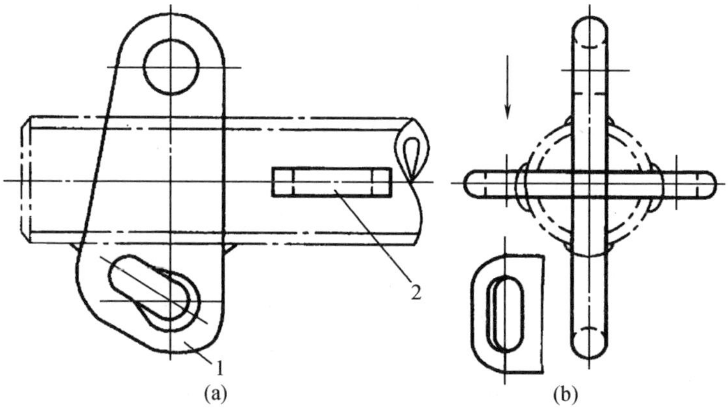

1—吊货眼板；2—牵索眼板。

图 6.21　吊杆头部的眼板

(2)吊杆承座和转轴、顶牵索和稳索眼板

图 6.22 为吊杆承座和转轴,作用在轻型吊杆承座上的力,有吊杆的轴向压力 R,其水平分力 R_H 和垂直分力 R_V,使转轴产生弯曲和压缩,导向滑轮眼板的作用力一般情况近于水平,可以简化成简支梁进行计算,就可求出其最大弯矩 M_{max} 及转轴的总压力 Q,则转轴的最大正应力为

$$\sigma_{max} = \frac{M_{max}}{W} + \frac{Q_{max}}{F} \approx \frac{M_{max}}{0.1d^3} + \frac{Q_{max}}{0.785d^2} \tag{6-20}$$

式中　W——转轴的剖面模式,mm^3;

F——转轴的横剖面面积,mm^2;

d——转轴的直径,mm。

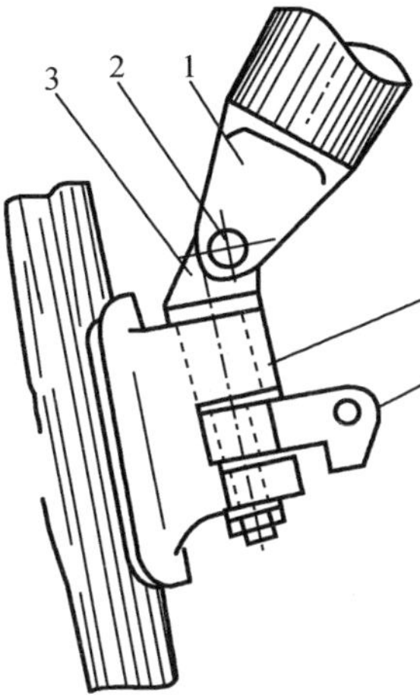

1—吊杆叉头;2—叉头横销;3—转轴;4—承座;5—导向滑轮眼板。

图 6.22　吊杆承座和转轴

转轴转动时的切应力为

$$\tau = \frac{M_f}{0.2d^3} \tag{6-21}$$

式中 M_f 为转轴的摩擦扭矩,N · m。

(3)索具

起货索、顶牵索、摆动稳索等按其作业的最大拉力,应满足相关规范的规定,如 CCS 规范的许用拉力要求,相对于钢索和纤维破断负荷的安全系数 n 应满足表 6－4 的要求。

表 6－4　不同索具对应的安全系数

绳索种类和用途		安全系数
钢索的动索	吊货索,顶牵索的摆动稳索	$n = 10^4/(0.9 \times SWL \times 1910)$ 不大于 5 也不小于 3
钢索的静索	起重柱的支索	与动索同,但不大于 3.5
	保险稳索	4
纤维索		8

另外，尚应注意滑轮的直径必须充分，CCS 规范的相关规定是：对于钢索的动索，滑轮直径与索直径之比不小于 12.8，静索时比值不小于 8；一般纤维索要求滑轮直径与索径之比不小于 6。这是因为钢索绕过滑轮时不仅受拉应力，还要承受弯曲应力的作用，其综合应力一般可用巴赫近似式表达

$$\sigma = \frac{P_{max}}{F} + \frac{3}{8}E\frac{\delta}{D} \tag{6-22}$$

式中 P_{max}——钢索的最大拉力，N；

F——钢索中所有钢丝截面面积的总和，mm^2；

δ——钢索中钢索直径，mm；

D——滑轮或卷筒的直径，mm；

E——索中钢丝材料的弹性模量，N/mm^2，通常钢索的弹性模量 $E' \approx \frac{3}{8}E$。

可见，增加滑轮的直径可减少弯曲应力。

对摆动稳索的工作负荷。CCS 规范中的规定，如表 6－5。

表 6－5　吊杆及摆动稳索的工作负荷

吊杆的安全工作负荷/kN	摆动稳索的工作负荷/kN
$SWL \leqslant 49$	$0.5SWL + 4.9$
$49 < SWL \leqslant 157$	$0.1SWL + 24.5$
$157 < SWL \leqslant 588$	$0.25SWL$
$SWL \geqslant 735$	$0.20SWL$

6.2.5　起重柱的结构与强度

起重柱是吊杆装置中的一个重要组成部件，一般为空心圆柱体或圆锥体，由钢管组合成或钢板卷弯成。起重柱在千斤索眼板座处的外径应不小于根部处外径的 85%。各种形式起重柱的下部至少应有两个牢固的支点，支持起重柱的甲板或上层建筑顶板须做有效地加强，并与起重柱牢固连接。装有重型吊杆的起重柱通常要穿入舱内，直至双层底上，并尽可能支承在船体纵横构件连接处。CCS《起重设备规范》中对起重柱结构尺寸做了相关规定，如起重柱的外径 D，当起重柱的壁厚 $t \leqslant 15$ mm 时，$D = 1\,000/(25 - t)$（mm），当 $t > 15$ mm 时，$D = 100t$。且起重柱的最小壁厚应为 6.0 mm，如果兼作通风筒应为 7.0 mm。

（1）各类起重柱的结构及特点

常见的单桅起重柱（参见图 6.13（a）），一般都设在船体中心线上，并设有上、下平台。上平台亦称桅肩，用以装设顶牵索眼板，下平台用以支承吊杆承座。单桅起重柱结构简单，制造方便，在中小型船舶上常采用。单桅起重柱可以是支张的或非支张的，带支张的单桅起重柱的前后左右拉有牵索，用以分担一部分起重柱的负荷，减少起重柱的变形，从而减轻起重柱的质量和减少起重柱顶振动时的振幅，但支张索的存在将影响吊杆的作业、驾驶的视线和船舶整体的美观。目前很多船舶的起重柱均不设置支索，但在单桅起重柱的情况

下,其结构需要大大加强。人字形起重柱(参见图 6.13(b)),其结构紧凑、质量较轻,但结构复杂,制造难度较大,对驾驶视线有一定的影响,目前已很少采用。门字形起重柱(参见图 6.13(c))是为了缩短吊杆的长度,要求吊杆承座(也是顶牵索的上悬点)距船体中线远些而采用的一种形式,它是在一对起重柱上端联一横桁,而在横桁上设置顶桅以利装设桅灯和天线等,顶桅可以倒下,以适用于内河船和船宽较大的船舶,不过门字形起重柱的结构质量较大。V 形起重柱(参见图 6.13(d))是一对倾斜的起重柱,除前后设一副轻型吊杆外,可设置前后两舱共用的一根重型吊杆,近来采用得比较多。

重型吊杆总是布置在船舶的中纵线上,要具有充分的舷外跨距,必然使吊杆长度很长,同时使用的机会很少,且要求直立存放,因此需要有较大的起重柱高度与之配合。加之顶牵索的悬挂点以及重型吊杆都是布置在较大舱口的上方,这将影响起重柱的布置位置和形式。

(2)起重柱的强度

船舶在使用的过程中,作用在起重柱上的载荷主要有风力、船舶摇摆时的惯性力以及装卸作业时的吊杆装置的作用力。起重柱上的这三种载荷,通常并不是同时发生的,前两者多发生在航行期间,后者仅发生在停泊时装卸货物的作业过程中。运输船舶作用在起重柱上的载荷,一般为吊杆装置工作时所产生的负荷,因此,在决定起重柱及其索具的强度尺寸时,均以吊杆作业时的最大载荷为计算的基础,包括吊杆的轴向力;千斤索悬挂点的张力;在导向滑车处的吊货索张力以及通到起货绞车上去的吊货索张力等。这些力都是已知值,把这些力分解为水平分力和垂直分力,如图 6.23 所示的非支张单起重柱受力分解情况。

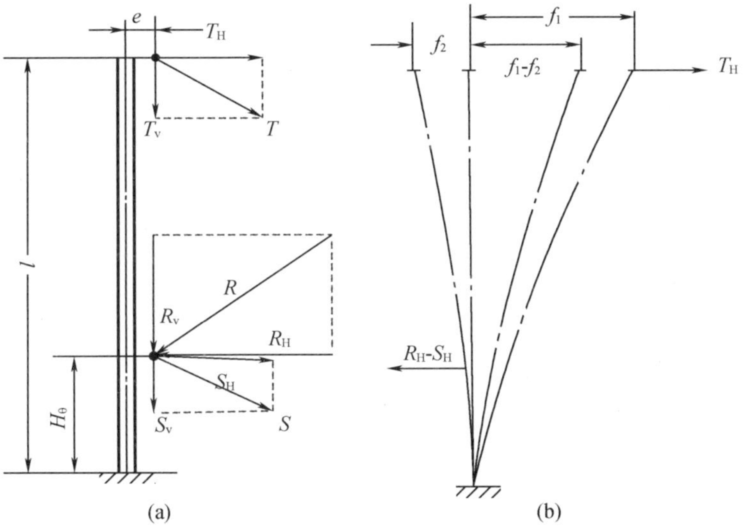

图 6.23　非支张单起重柱强度计算简图

①非支张起重柱的强度校核

通常将非支张起重柱近似地视为下端刚性固定的悬臂梁,而对于偏心载荷引起的弯矩及扭矩忽略不计。在图 6.23 所示的载荷作用下,起重柱顶的挠度 f 可视为起重柱顶上的水平作用力 T_H 产生的挠度 f_1 与作用在吊杆承座处的水平作用力 R_H、S_H 产生的挠度 f_2 的叠加,即:$f = f_1 - f_2$。

对于等直杆

$$f_1=\frac{T_H l^3}{3EJ_0} \tag{6-23}$$

式中 l—起重柱的高度,cm;

E—起重柱材料的弹性模量,钢质取 $2\times10^7\ \mathrm{N/cm^2}$;

J_0—起重柱在甲板处的断面惯性矩,$\mathrm{cm^4}$。

如果起重柱的断面是变化的,则起重柱顶作用力产生的挠度为

$$f_1=\frac{T_\mathrm{H} l^3}{3EJ_0}\varphi \tag{6-24}$$

式中 φ 为断面系数,可用辛氏法进行近似积分。

同理,在吊杆承座处的作用力,从偏于安全的考虑可取为 $R_\mathrm{H}-S_\mathrm{H}$,则其在起重柱顶产生的挠度为

$$f_2=\frac{R_\mathrm{H}-S_\mathrm{H}}{3EJ_0}H_0^3 x \tag{6-25}$$

令 $x=\frac{3}{2}\frac{l}{H_0}-\frac{1}{2}$,则起重柱的刚度条件要求起重柱顶的总挠度不应大子起重柱高的1/170,即

$$f=f_1-f_2=\frac{T_\mathrm{H} l^3}{3EJ_0}\varphi-\frac{R_\mathrm{H}-S_\mathrm{H}}{3EJ_0}H_0^3 x\leqslant\frac{l}{170} \tag{6-26}$$

起重柱的强度条件,则要求校核吊杆承座处和甲板处的应力,为此,要确定这两处的弯矩与压力以及扭曲作用力矩,按第四强度理论校核综合应力是否满足强度标准。

在吊杆承座处的弯矩及压力

$$\left.\begin{aligned}M_\mathrm{A}&=T_\mathrm{H}(l-H_0)+T_\mathrm{V}(f+e)\\ \mathrm{V}_A&=\mathrm{T}_V+\mathrm{G}_0\end{aligned}\right\} \tag{6-27}$$

在甲板支承处的弯矩及压力

$$\left.\begin{aligned}M_0&=T_\mathrm{H}l-H_0(R_\mathrm{H}-S_\mathrm{H})+T_\mathrm{V}(f+e)+(R_\mathrm{V}+S_\mathrm{V})(e+f)\\ V_0&=T_\mathrm{V}+R_\mathrm{V}+S_\mathrm{V}+G_0\end{aligned}\right\} \tag{6-28}$$

当钢材的屈服强度 σ_s 大于抗拉强度 σ_b 的70%时,应进行修正。

起重柱的复合应力 σ_e 为

$$\sigma_e=\sqrt{(\sigma_\mathrm{b}+\sigma_\mathrm{c})^2+3\tau^2} \tag{6-29}$$

式中 σ_b—弯曲应力,$\mathrm{N/mm^2}$;

σ_c—压缩应力,$\mathrm{N/mm^2}$;

τ—由扭矩引起的剪应力,$\mathrm{N/mm^2}$。

②支张起重柱的强度

计算支张起重柱时,一般近似地认为起重柱的下端在甲板处为刚性固定,而在起重柱顶为弹性支承的超静定体系。在工程力学中有许多计算这种超静定体系的方法,有图解法、分析法和矢量分析法等。由于外力作用方向是变化的,都需要进行图解。

6.3　船用甲板起重机

船用甲板起重机(deck crane),俗称克令吊,是装在船舶甲板上的起重设备。随着船舶大型化和高速化,更迫切希望缩短船舶停港时间,其中就要求加快装卸速度,从而出现了结构紧凑、机械化和自动化程度高、装卸效率高、操作方便可靠和起重能力大的甲板起重机,并在大中型船舶上得到了广泛应用。但其自重大、重心高、功率大,对船舶的稳性和驾驶视线有一定的影响以及对船舶电站要求高的特点,在船舶的配置中应引起注意。

6.3.1　甲板起重机的类型

甲板起重机的类型很多,按其动力源可分为液压式和电动式;按构造分为桥架式和臂架式等;按运移方式有固定式和行走式等;按回转能力有回转式和非回转式,常用的有回转式和悬臂式。甲板起重机根据装卸货物的类型,可配置相应的吊钩、抓斗、集装箱吊具等。

甲板起重机虽因结构类型、驱动方式和制造厂商的不同而种类繁多,但无论何种类型的甲板起重机都必须满足如下一些基本要求:

①能以额定起吊速度吊起额定负荷,并能按起吊轻货、重货、空钩以及货物着地等不同情况,在较大的范围内调节其速度,且具有良好的加速和减速的特性;

②能按操作者的要求,方便灵活地装卸货物,并在起货和卸货的过程中,能根据需要可随时停止,且能牢靠地握住货物。

(1)回转式起重机简介

回转式起重机是船用甲板起重机中最常见的类型,它能在起吊货物之后随意改变吊货钩着落点的位置,准确地把货物放到舱内各处。现代货船上,大多配备了回转式起重机。

回转式起重机由基座、回转塔架、吊臂、操纵室和操纵控制装置等组成,具有同时起升、回转、变幅等功能。其机构形式有两种,一种是钢索变幅起重机,另一种是油缸变幅起重机。

①钢索变幅起重机结构与工作原理

钢索变幅起重机如图6.24所示。基座固定在甲板上,与甲板主船体结构进行有效连接。回转塔架支承在基座上。吊臂根部固定在回转塔架底部,可绕根部支点上下俯仰,其头部装有两套滑车组供吊货索和千斤索使用。在吊臂上端有变幅及起货钢索通向起重机塔身上部,具有水平变幅的性能。

作业时,吊臂1伸至舱口上方,将货物从舱内吊至舱口上适当高度,然后转动机身,把货物吊至码头;装货作业顺序与上述相反。

a.变幅功能　利用变幅绞车4绞紧或松出千斤索18,可控制吊臂1的仰角,调整其幅度。

b.起升功能　利用起货绞车2绞紧或松出吊货索9,可将货物升高或降低。

c.回转功能　旋转机构6包括马达及变速机构等,通过小齿轮7带动大齿轮8,使机身绕定柱 3 旋转，上下支承 12、13 设有轴承，可使机身灵活旋转 360°。

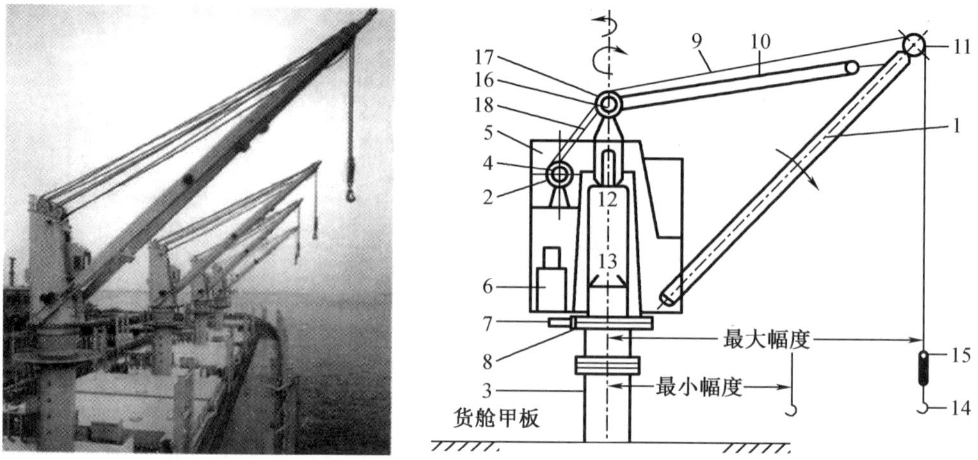

(a) (b)

1—吊臂；2—起货绞车；3—定柱；4—变幅绞车；5—机房；6—旋转机构；7/8—大、小齿轮；9—吊货索；10—千斤索滑车组；11—吊货索导向滑车；12/13—上、下支承；14—吊货钩；15—转环；16—吊货索导向滑车；17—千斤索导向滑车；18—千斤索。

图 6.24　千斤索变幅回转式起重机

②油缸变幅起重机结构与工作原理

油缸变幅起重机如图 6.25 所示。吊臂转动端在塔身顶部，借助变幅油缸改变工作半径，这种结构形式，一般无水平变幅性能。这类起重机除了固定长度的直臂式外，还有折叠臂和伸缩臂两种，以减少占用甲板空间。前者采用两个变幅油缸，吊臂可以折叠；后者吊臂可通过液压伸缩，具有伸缩臂、变幅、起升、回转等功能。折叠臂和伸缩臂型的起重机主要用于大型船舶起辅助作用的起重设备，如软管吊、杂物吊、小艇吊等，或中小型船舶上。

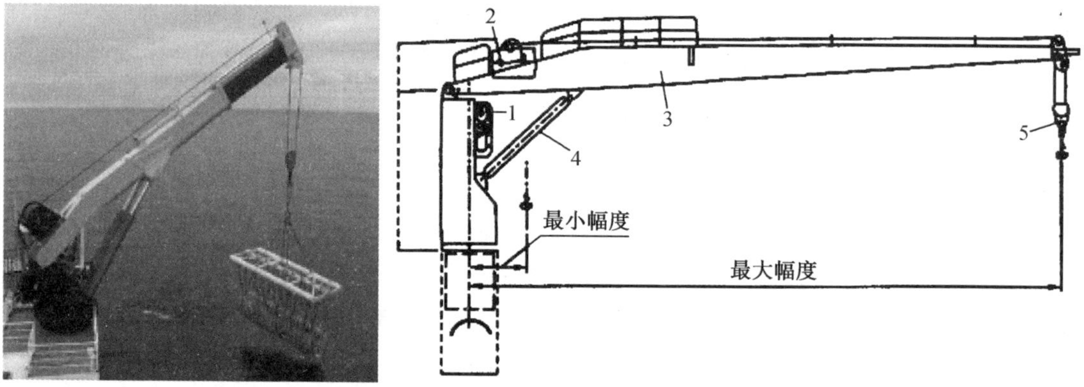

1—控制室；2—起货机；3—吊臂；4—液压千斤顶；5—吊货滑车。

图 6.25　油缸变幅回转式起重机

（2）悬臂式起重机简介

悬臂式起重机如图 6.26 所示，其吊臂为水平状态，不能做俯仰变化。吊货装置的移动可通过沿吊臂行走来实现。即，利用可伸出或转出舷外的水平悬臂和在悬臂上行走的滑车组来起吊和移动货物。其常见的形式有龙门式和柱式(又称旋臂式)。柱式悬臂起重机的基架为固定立柱,水平悬臂可通过回转机构回转,或利用悬臂牵索把悬臂拉进舷内或拉出舷外,吊货滑车组可沿着悬臂滚动,同时可进行起升。

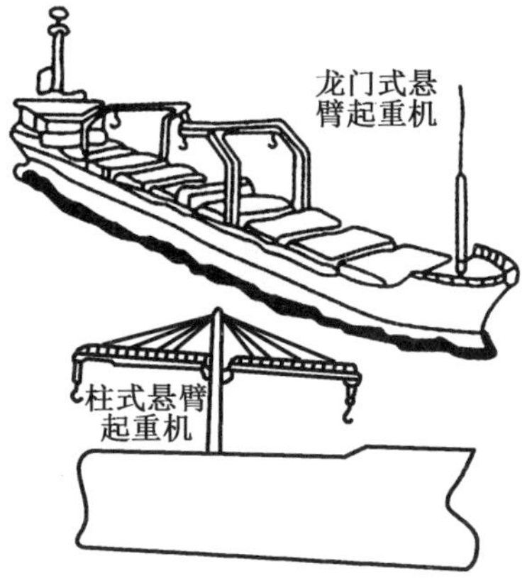

(a)

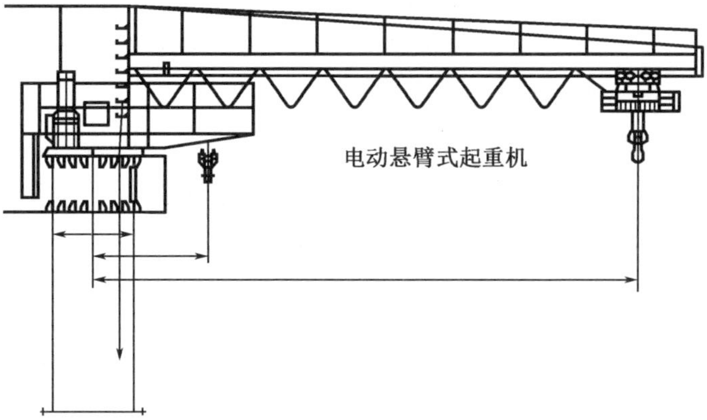

(b)

图 6.26　悬臂式起重机

(3)组合式起重机简介

组合式起重机如图 6.27 所示,又称双联回转式起重机。它由两个单回转式起重机装于同一个转动平台上,它们可以各自进行独立的作业,也可以合并在一起作业,用于起吊质量大的货物。

(a)

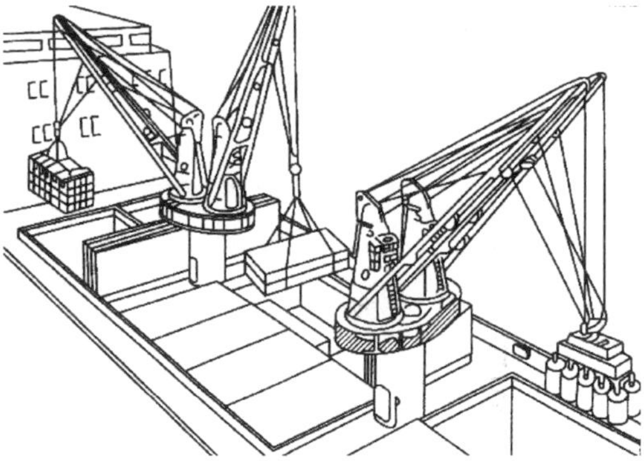

(b)

图 6.27　组合式起重机

6.3.2　甲板起重机的选择与布置

(1)甲板起重机的形式和主要参数的选择

甲板起重机的形式和主要参数的选择主要有以下一些原则。

①起重机形式的选择。虽然船东提供的技术规格书中一般会对起重机形式提出要求,但还应根据船舶主尺度和布置情况、航线条件以及装载货品的特性等情况综合考虑。一般小型船舶选用油缸变幅的起重机较多,大中型船舶选用钢丝绳变幅的起重机较多。航线对

净空高度限制大的船舶，一般选用油缸变幅的起重机，航线对净空高度无要求的船舶，选用钢丝绳变幅的起重机较多。装载和吊运超大型设备的船舶，双联起重机是合适的选择。

②起重机驱动形式的选择，主要取决于船东的选择。电动液压驱动的起重机，其起升、回转和变幅的速度能连续调控，过载性能好，广受用户欢迎。而普通交流电动机驱动的起重机，一般不能进行连续调速，其调速性能差，但新型的变频控制电动起重机，解决了不能实现连续调速的难题。

③起重机技术参数的确定。一是起重载荷，散货船应根据装运的货物种类，一般用抓斗进行装卸，其起重能力应根据选择的抓斗容量和自重来确定。对装运包装货和机械设备的船舶，其起重载荷应由船东提供。集装箱船则根据装载的集装箱的最大规格来确定。二是起重机吊臂跨度的大小(可参照6.2.2中的吊杆装置几何参数的确定，如最大、最小工作半径)，通常最小舷外跨距应不小于3.5 m，同时也要满足舱内装卸的要求，即，能够覆盖整个货舱区域，到达货舱口区域的任何位置。此外还要考虑吊臂搁置的位置。三是起重机回转、变幅和起货速度等参数，可根据母型船、船东的要求以及各生产厂商的产品样本来综合考虑。

④起重机的功率。相关技术参数确定后，其功率一般按照厂商提供的系列参数表选取。

(2)甲板起重机的布置

①散货船起重机的布置。通常布置在两货舱之间的船体中心线上，可用于前后两个货舱的装卸作业。吊臂的最大工作半径应根据货舱口的大小和起重机的布置位置确定，其原则是，一台起重机应能涵盖相邻的两个货舱，如图6.28所示。当吊臂以最大工作半径(最小吊举角)作业时，吊钩的最大起升高度应不小于吊具和/或被吊货物高度+舱口围板高度+足够的裕量，由此可确定起重机基座的高度，其基座通常由上下两端组成。

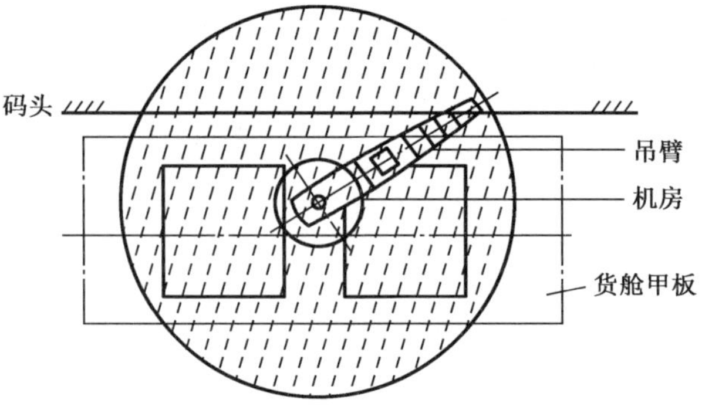

图6.28　回转式起重机应能涵盖的范围

②多用途货船起重机的布置，与散货船相似，其特点是除装卸散装货物、包装货物和机电设备等外还要吊运集装箱。因此，起重机的起重能力还需满足船东规定的最大规格集装箱质量的要求。其基座的高度取决于甲板和货舱盖上集装箱的装载高度(堆高)和吊具高度。吊臂在最大工作半径(最小吊举角)作业时，吊钩的最大起升高度应大于动力转盘的高度+集装箱吊架的高度+集装箱堆高+足够的裕量。

③集装箱船起重机的布置与多用途船相似，但主要是吊运集装箱。为了减少起重机对集装箱装载空间的影响，一般采用细长型甲板起重机，而且布置在舷边，此种布置可以增加

装箱数,如图 6.29 所示。但应特别注意船舶横向平衡问题,尤其是千吨级及以下的船舶。

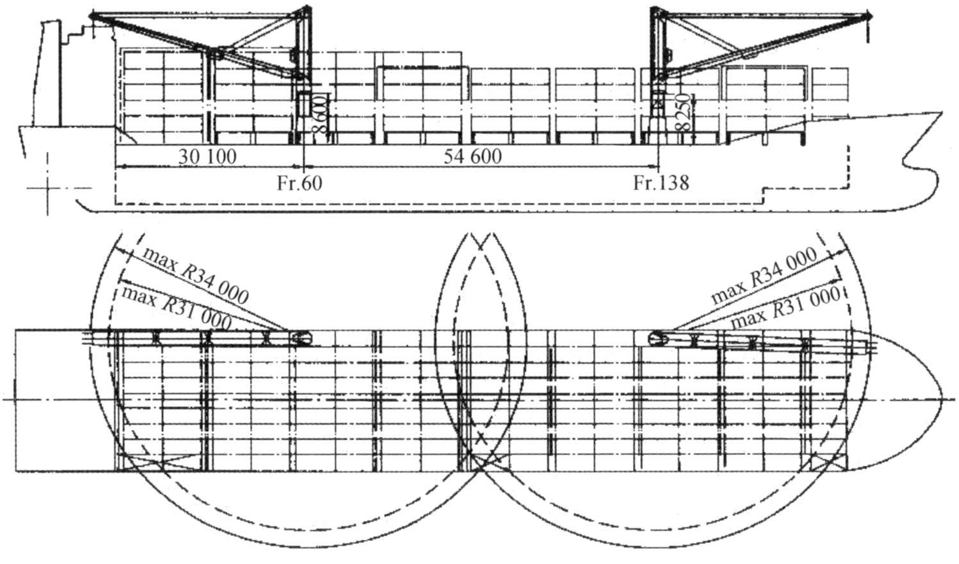

图 6.29　集装箱船舷边起重机布置

(3)杂物吊的形式与布置

一般运输船舶均配置了杂物吊,其主要用途为:在船舶补给食品时,吊运粮食、副食等;吊运机械备件和舾装品以及吊放救助/工作艇等。一般采用油缸变幅的回转起重机,其安全工作负荷通常根据需吊运的机械设备或工作艇的最大质量来确定,最大工作半径应按吊臂伸出舷外 3.5 m 以上计算。一般运输船舶的杂物吊均设置于尾部,其布置位置应考虑尾部的系泊设备和救生设备以及工作艇的布置情况。当考虑兼用于救助艇或可吊式气胀救生筏的降放和回收时,则杂物吊须满足救助艇对吊机的相关要求。

6.3.3　重吊船简介

随着国际贸易的发展以及海洋的开发,全球航运中重大件货物的运输越来越多,其质量特别大、或外形尺寸特别大、或形状特殊,在运输过程中又不可拆解。而运送此类重大件货物的最大特点是没有常规或标准做法,必须针对运输对象的特性和货主的要求设计专门的运输方案。因此,需要有一种能运载这种不确定性重大件货物的高度专门化船型,重大件运输专用船即可满足这些要求,这种船一般设有单个或以上大开口货舱,可兼顾集装箱或重大件货物的运输,同时在船的单侧配置了大型重吊,如图 6.30 所示。

(a)

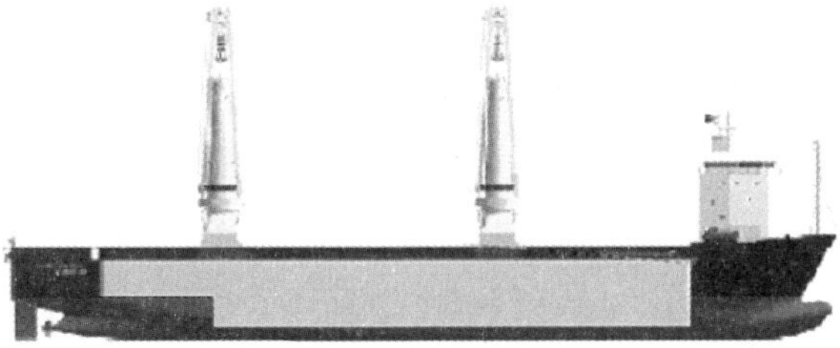

(b)

图 6.30　重大件运输专用船

所谓重大件运输专用船(简称重吊船),是指配置有重吊的船舶,与常规的多用途船或干杂货船在船体结构、船舶稳性等方面有其特殊性。在装卸大件、重货时,采用重吊吊装方式。这种船在船型上有以下明显的特点:

①多设有重吊,起重量一般要达到 350 t 以上,有的起重量甚至超过 1 000 t,装备有两台的重吊,其联合作业可达 2 000 t 以上;

②船型较为肥胖,其船型系数较其他船舶要大,具有贯穿整个货舱区的特大货舱,货舱口开敞,便于装载大型设备或装置;

③设有高强度的装载甲板,且甲板平坦、位置低、面积大、承重能力强;

④为了减少装卸操作过程中船舶的横倾角和保持稳性,在双层底、舷侧,甚至甲板附近设置了大量压载水舱,同时在船舶上配备了专用计算机,以便及时显示注、排压载水时对船舶横倾角和稳性的影响。

由于这种船的特殊布置,当装卸重大件货物时,货物从一舷侧吊起,会产生很大的横倾力矩,另外在吊装过程中,吊物突然坠落是很危险的情况,严重的会导致船舶倾覆,因此,重大件货物吊装稳性以及吊物丢失是此类重吊船设计中必须要着重考虑的。

(1)重吊船的稳性问题

对于重吊船,各船级社都有自己的规定,对于这类在船中有大开口货舱并在一舷设置大型重吊的船舶来说,分舱及稳性都需要谨慎考虑。针对重吊船的特殊性,对于其完整稳性,应分为航行和起重作业状态,而起重作业又分为港内(码头)和港外两种环境。重点是起重作业状态的稳性,可分为正常作业状态和吊物突然丢失的短时状态,需要按照船级社规范进行校核,分析吊装对稳性的影响。船舶在吊装重大件货物时,货物会随着吊臂进行垂向运动和水平移动,当吊臂吊点垂向运动至最高点时,相当于提高了船舶重心,使得船舶初稳性减小,则船舶抵抗外力的能力降低。货物的水平运动会对船舶产生横倾力矩,使船舶发生很大的横倾,从而会使静稳性曲线下移、大倾角稳性和动稳性也会降低,这对船舶的稳性是非常不利的。

(2)横倾调整方法

常用的横倾调整方法是在吊物另一侧增加压载水量或设置平衡浮箱。

①调节压载水的方法,是设置调平衡压载舱,通过压载泵实现压载水的快速调拨,其工作原理是通过增加重物另一舷的横倾力矩,平衡重物所产生的倾侧力矩。

②设置平衡浮箱,平衡浮箱一般为长方体,工作时,通过呈 90°折角的浮箱臂与主船体一舷侧销孔链接,并靠在船舷处,如图 6.31 所示。其工作原理是相当于增加船宽,从而提高了初稳性,且浮箱会随着船舶倾斜产生被动调节,当船体向浮箱一侧倾斜时,浮箱吃水增加,浮箱外水平面高于浮箱内的压载水面,浮力大于重力,产生回复力矩;当船体向无浮箱的一侧倾斜,浮箱吃水减小,浮箱外水平面低于浮箱内压载水面,重力大于浮力,同样产生回复力距帮助船体恢复平浮状态。

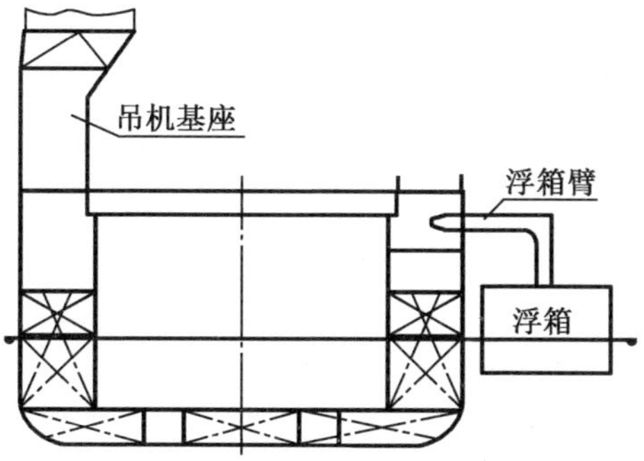

图 6.31　平衡浮箱的设置

(3)吊装及吊物丢失稳性

为保证船舶安全,应使得船舶在任何可能出现的危险情况下都能有足够的稳性。重吊船最为特殊的是船上配备了大型重吊,在进行起重作业时,千吨级的货物会随着吊臂移动及起升影响船舶的稳性,极端情况下,若发生吊物丢失,由于反向压载的存在,会对船舶产生一个横倾力矩,使得船舶发生很大的横倾。

重吊船的吊装可分为港内(码头)及港外两种工况,每个工况均可分为三个步骤:开始吊装前——吊装——吊物丢失后。船舶吊装时其横倾应使得重吊能正常工作,一般为 3°~5°,当有浮箱辅助时应控制在不大于 3°。对于吊物丢失稳性,相关规范也给出了衡准,如 DNV 在其规范中对于吊物丢失衡准如图 6.32 所示,但仅作为推荐,若结果超出许用值,船长可根据具体情况(材质、天气状况、操作经验等)判断当时是否安全。需要满足的衡准为:$A_2 \geqslant 1.4A_1$ 及 $\theta_e \leqslant 15°$。

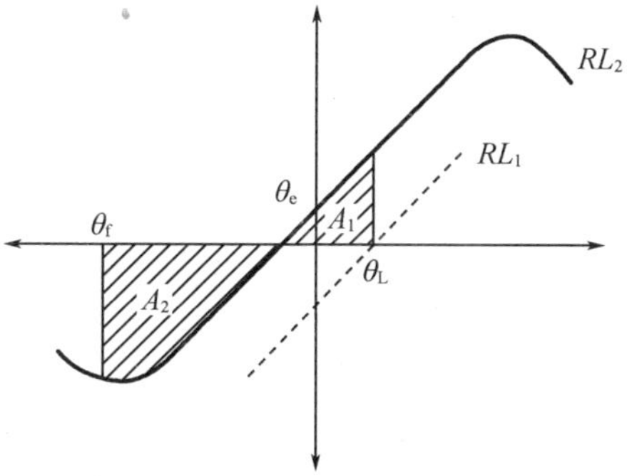

RL_1—吊物丢失前的 GZ 曲线;RL_2—吊物丢失后的 GZ 曲线;θ_L—吊物丢失前的平衡角;

θ_e—吊物丢失后的平衡角;θ_f—吊物丢失后的浸没角

图 6.32　DNV 规范对于吊物丢失衡准

目前,重吊船一般配备了数台起重机,其起重能力达几百吨,新近开发的一些船型,其起重能力已超过了千吨,船体设有 2~3 层货舱甲板,主甲板区域及舱口均较大,适合装载大型的整套设备、设备部件、重型机械等,部分船型还可装载集装箱。随着海上工程开发逐步转向深海区域,所带来的技术挑战也越来越大,促使重吊船进行更新换代,大型化和动力定位系统成为目前的两大趋势。另外由于极地活动的增多,冰级重吊船也越来越多地出现在人们的视野中。

6.4 起重船简介

起重船是水上工程建设必不可少的工程船舶。最早出现的起重船是在船首甲板上加装一吊车而具有了水面上的起重能力，之后对这种船加吊车的形式进行了改造，出现第一台船用起重机。随着科学技术的不断发展，起重船的能力越来越大，由于经济的发展和使用目的的变化，对起重船的要求也越来越多。同时也针对不同的定位、目标和环境发展出现了形式多样的新型海洋工程起重系统。

(1)起重船的类型及特点

所谓起重船，是指专门用于起重的工程船，其甲板上装有起重设备，专供水上作业起吊重物用，俗称浮吊。起重船按航行状态可分为自航式和非自航式。按船型可分为驳型、船型、半潜型和双体型。各类型特点如下：

①驳型起重船，如图6.33所示。驳型起重船的甲板类似长方形、宽大而开阔，同时为便于作业也可不设梁拱和舷弧，船体结构与型线均较简单，易于布置设备和装载货物，型深较小也利于从甲板上进行潜水作业。但驳型起重船由于长宽比较小，所以船舶的横摇周期较短，惯性加速度较大，其上部结构所受的惯性力也较大。另外驳型起重船的拖航阻力较大，当船体设计不当时，拖航过程中可能产生过大偏荡，会危及自身和过往船舶的安全。但在大多数情况下，驳型起重船更能满足起重等的工作要求，因此，驳型的工程起重船最为常见。

②船型起重船，如图6.34所示。船型起重船可自航、调遣速度快、易于采用动力定位、甲板不易上浪等，但船型起重船的船体在布置上受到很多限制，尤其是其干舷太高、甲板不阔等不利因素，故采用这种形式的工程起重船不多。

图6.33　驳型起重船

图6.34　船型起重船

③半潜式起重船，如图6.35所示。类似于半潜式平台，船体主要由三部分组成：浮体、上层甲板和起重机。下层的浮体起到提供稳性支持的作用，因而其起重能力大大增加。半潜式起重船的船体集成了以上两种类型船体优点，又克服了各自的不足。特别是半潜体在风浪条件下具有非常好的稳定性。但由于半潜体结构复杂、造价高，因此，半潜型起重船需

要经过多方面综合考虑才能确定。

④双体起重船，其优点是甲板面积大，稳性好，抗沉性高，操纵性强，具有快速、便利和良好的安全性。但由于双体船连接桥增加了大量甲板面积，带来了钢料重量的明显增加，同时，双体船的横摇周期容易接近纵摇周期，形成“扭摇”，这可能会对其上部人员生活和正常施工作业将造成很大影响。另外，双体船的回转半径要比同尺度、同排水量的单体船大，对应的其漂角小、进程大，会对双体船的动力定位带来新的问题。

(2)起重船的关键设备——起重机

起重船的关键设备之一就是其上的重型起重机，按其动作方式主要可以分为两类：固定式和回转式。

①固定式起重机，又称扒杆式起重船，如图6.36所示。其臂架在船上的安装位置是固定的，只能通过前后改变摆幅实现起吊重物的目的，而且吊点就位要靠起重船的移位实现，因此其作业效率低下，作业能力受限。但是由于其结构比较简单，建造成本低廉，因此在当前仍有相当的可使用性。

图6.35　半潜式起重船

图6.36　固定式起重机

②回转式起重机，如图6.33、图6.34所示。通过安装一可旋转式基座克服了固定式起重机不能左右移动的缺陷。不仅可以实现吊臂的前后方向移动，还可通过转台的回转，在起重船不移位的情况下完成吊物的横向位移，其机动性大大优于固定式起重机，特别在起重船两舷转移吊重物时更为显著。由于回转式起重机吊臂可以自由旋转，因此起重船在调遣(航行或拖航)时，可将臂架转向船内放在专门的搁架上，再用其他手段，使起重机与船体牢固地成为一体，能在全球调遣、使用。大大提高了其调遣的安全性。然而，回转式起重机机构复杂，对船舶结构、稳性要求也高，致使其建造成本巨大。但由于其不可替代的优越性，使其在海洋平台及海上工程吊装、拆卸作业中的需求日见旺盛。

回转式起重机又可以按照主体结构形式不同分为基座式起重机和桅柱式起重机。这两类起重机在结构组成、旋转部件、主旋转轴受力和与船体连接方式上都存在很大的差别。

a. 基座式起重机，如图6.34所示。其主要通过旋转基座与船体连接，由于其质量及倾覆力矩巨大，回转支承机构大多采用滚轮式(多排)，其支柱为焊在船舶主甲板上的大直径圆筒，并从主甲板延伸到船底，形成强固的船体框架+圆筒框架，便于巨大力与力矩的传递。

b. 桅柱式起重机，与基座式起重机相比，其最大的特点在于它围绕桅柱的旋转吊臂。桅柱是固定在基座上的，不再需要旋转轴承，这很大程度上降低了起重机的尾摇幅度，使起重机具有较小的空间占用率和尾摆度空间,同时可以节约甲板面积。由于桅柱式起重机是通过框架式结构与船体相连接,连接部相对简单,不需要特定的桶形基础,也不需要配重,可以降低起重机的整体质量,同时,各部件的连接也比较简单,便于快速安装,但桅柱式起重机起重能力偏小。

出于高效、安全性考虑,大多采用回转式起重机,其中又以基座式起重机占大多数。对于超大型起重量要求,大都采用半潜式船型。为了满足不同的工程需求,主钩、副钩和小钩的起重量和起重臂长度都是可变参数。

(3)起重船的关键技术

随着大型海上工程起重船舶的发展,各国对该类船舶的关键技术也开展了有针对性的研究。对于起重船用大型起重机,其最终受力部分为船体,施工条件变化多样(海上施工条件受风浪流影响),极限起重重量大,这就决定了起重船用大型起重设备的结构、驱动等都具有特殊要求,其关键技术主要体现在以下几个方面。

①吊臂桁架结构受力分析及结构设计。目前,高强度钢的桁架式臂架,以其重量轻、受风面积小、力传递合理等优点,已渐渐取代板梁、箱型梁臂架。而吊臂整体结构也在由“门”形结构向“人”形结构发展。桁架结构受力分析及结构设计就是在保证起重设备起吊能力的情况下,增加设备的安全性和合理性,同时为吊臂的制造提供技术文件。

②起重设备与船体连接结构(包括起重设备底座)研究。起重设备在起吊重物时,其最终受力将传递到船体上。目前,基座式起重机的回转支承结构已全部采用滚轮式(多排),并从主甲板延伸到船底,形成强固的船体框架加圆筒框架结构,将起重设备受力传递到整个船体。起重设备与船体的连接不仅决定了起重设备的起重能力,而且对船体的稳性具有重要影响。对起重设备与船体连接进行研究,不仅可提供起重设备与船体的合理连接结构和相应的技术文件,而且能为船体的结构设计提供帮助。

③驱动控制技术研究及驱动控制系统设计。大型起重设备的驱动系统经历了变流机组驱动到液压驱动,再到现在采用变频调速交流电动机驱动的过程。这中间体现了技术的进步,同时也说明起重安全作业的必要性。液压驱动系统和电力驱动系统各自具有其优缺点,液压系统执行机构结构小重量轻,但由于泄露等原因效率低,且维修困难。电力系统效率高,维修方便,但执行机构体积大重量大,增大了吊臂的负荷。

④起重机操作安全性设计。大型起重机的操作安全性是最主要的,因此,起重机各机构(主副起升、变幅、回转)的驱动系统,不要求速度,而是要求调速平稳和范围大。现在的操作、安全、保护系统日趋完善,数字化、可视化、集控化已使重大件的海上吊装安全可靠。其主要的安全保护措施有:力矩显示、超限报警、停止、起升高度显示、限位、起重量、吊钩极限位置限速、臂架角度显示和限位、变幅行程终点减速、(多机)变幅同步及绞车运行显示等。

⑤起重设备吊物对船体稳性影响研究。对于大型起重船,起重设备在吊物施工过程中,会在短时间内给船体增加上万吨的排水量,随着吊物的重心上移,使全船的重心提高了很多,这对船舶稳性极其不利。起重重物的重量与吊幅的乘积产生巨大的倾覆力矩,对船舶浮态产生很大影响(而且是在数分钟内发生),直接影响到船舶的安全性。通过对起重设备吊物时对船体的稳性影响研究,不仅可以对起重设备结构合理性进行论证,而且可对船

体主尺度的合理设计提供帮助。

⑥起重设备吊物受风浪影响的动力响应研究。由于起重船作业处于海洋环境中，在风浪的作用下会导致吊重产生危险的大幅摆动，这不仅会降低吊装的就位精度，增加作业的危险性，还会在结构上产生附加动载荷，严重时会导致设备的损坏和人员的伤亡。因此对起重船吊物系统动力响应进行分析，进行吊重摆振的预测与控制，对保证起重船海上作业安全具有重要的意义，并且能为海上施工方案的制定提供帮助。

⑦信息集成技术的研究。研究信息集成技术，将发动机控制、液压控制、安全监测状态监控和极限载荷限制为一体，通过总线方式进行信息传递和控制，实现控制上真正意义的自动化和智能化。这样可以显著提高控制系统的可靠性、作业安全性、操作舒适性和工作效率。

⑧起重机升沉补偿系统研究。起重船在海上进行作业时，船体会产生横摇、纵摇、首摇、横漂、纵漂、垂荡（即升沉）六个自由度的摇荡运动。为了保证起重作业的稳定性，必须对起重船的六个自由度运动进行控制。起重船的横荡、纵荡可以由起重船的动力定位系统来控制，以保证起重船不偏离预定的起重区域，起重船也可采用专门的用于补偿横摇、纵摇、首摇的装置。而对于重力方向上的升沉运动，就起重船本身来说，其升沉运动很难补偿，但可以在起重机上加装升沉补偿装置，以保持起重作业过程中的稳定性。

从起重船的发展可以看出，起初的起重船的设计建造是为了满足水上重物起吊的目的，随着后来水上建筑、港口工程和造船项目的发展，起重船的应用范围越来越广，其形式得到了不断的更新，在原先驳型起重船的基础上发展出了船型起重船、半潜式起重船等形式。起重船的功能也趋于多样化，除了满足一般的水上吊装外，还被应用到桥梁架设、水上安装、海难救助以及打捞等方面。当前起重船的发展趋于更大型化和多功能化，为了适应深海开发的需求，设计建造了新型的工程起重船。如新开发的一种举力式起重船，其原理是通过专用的装备，借助船体的浮力，利用船体的起升来完成起重作业，该类型的起重船起重能力非常大，能达到数万吨，目前已应用于海上平台的拆除工作。

思　考　题

结合图 6.37 所示的单吊杆装置，请解答下列问题：

（1）何谓悬高比？悬高比的变化对吊杆的轴向压力及千斤索的张力有何影响？

（2）若货船的一货舱只配置一根单吊杆装置，请问其吊杆的长度如何确定，应满足哪些一起？

（3）分析吊杆头部、吊杆根部以及千斤索眼板处受力情况，并画出受力图。

（4）给出吊杆和起重柱的力学模型，在强度校核中关注那些指标？

（5）吊杆装置受力计算的工况是如何规定的？

（6）单杆操作时，吊杆仰角（吊举角）变化对千斤索的张力及吊杆的轴向压力有何影响？

（7）在确定其吊杆承座及千斤索眼板的高度时应考虑哪些因素？

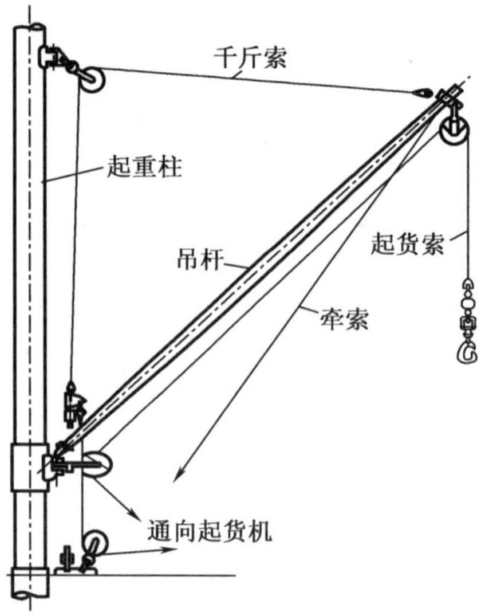

图 6.37 单吊杆装置图